THEORY AND PRACTICE OF DEVELOPMENTAL PLAYTHERAPY FOR CHILDREN WITH DEVELOPMENTAL DISABILITIES

발달장애 아동을 위한

발달놀이치료의 이론과 실제

전성희 · 남은정 공저

학지사

머리말

발달장애 아동은 성장하는 과정에서 다양한 어려움을 경험하게 되지만, 그 안을 치료사의 눈으로 자세히 들여다보면 오히려 무한한 잠재력과 가능성이 숨어 있다는 것을 알게 된다. 따라서 발달심리학적 관점에서 아동의 발달 특성을 이해하고 그 과정에 적절한 도움을 제공하는 것은 매우 중요한 과제이다. 특별히 놀이치료는 아동이 자연스럽게 세상을 탐색하고 자신을 표현할 수 있는 방법으로 발달을 촉진하는 효과적인 수단이기에 놀이치료사의 역할이 매우 크다고 할 수 있다.

이 책은 그간 놀이치료 분야를 공부하거나 실제로 강의하면서 느낀 점과 놀이치료사로서 아동을 만나면서 경험했던 고민에서 시작되었다. 대부분의 놀이치료사가 느끼는 부분이지만 놀이치료 장면에서 발달장애 아동과 함께할 때 '아동과 어떻게 관계를 맺어갈 것인지', 또한 '발달장애 아동의 성장을 도모할 수 있는 실제적 놀이치료 치료개입에는 무엇이 있는지'에 대한 쉽게 대답하지 못하는 물음 속에서 어려움을 경험한다. 이는 발달놀이치료를 강의하던 때의 나의 막막함과도 맞닿아 있다. 발달놀이치료에 적용할 수 있는 여러 상담적 개입을 한데 모아 둔 교재가 없다 보니 주교재 없이 여러 부교재를 선정하고 그것을 요약하여 전달하면서 강의를 진행한 나로서 발달장애 아동을 만나는 놀이치료사들을 위한 교재가 꼭 필요하다는 생각을 했다.

게다가 최근 발달장애 아동을 위한 지원은 교육, 상담, 사회적 통합 등 다양한 영역에서 확대되고 있으며, 그만큼 전문적이고 체계적인 개입 방법의 필요성이 커지고 있는 상황에서, 이 분야에 전문성을 갖춘 치료사가 되기 위해서는 무엇보다 발달장애 아동의 발달적 특성에 대한 이해가 필요하며 그 교육이 절실하다는 생각이다.

이러한 고민을 함께 나누며 마음을 통하던 동료이자 공동 저자인 남은정 소장님과 늘 기회가 되면 발달장애 아동을 위한 교재를 만들어 보자는 약속을 참 많이 했는데, 감사한 기회로 함께 집필하게 되었다. 이 책은 그간의 고민과 생각을 기반으로 내용이 구성되고 채워졌다.

책은 총 4부로 구성되어 있는데, 제1부는 '발달놀이치료의 개요'로, 발달놀이치료가 무엇인지에 대한 이해를 시작으로 발달장애 아동에 대한 정의 및 진단기준 등을 소개하면서 발달놀이치료와 발달장애 아동에 대한 이해를 목적으로 구성되었다. 또한 발달놀이치료사가 부모상담에서 유의해야 하는 내용까지 포함되어 있다.

제2부는 '신경생물학과 아동 발달, 그리고 놀이'로, 신경계 발달 및 감각통합과 아동의 발달, 대인관계 신경생물학에 대해 다룬다. 많은 놀이치료사가 심리학을 기반으로 한 여러 이론에 대해서는 많이 알고 있는 반면, 신경계 발달과 관련해서는 생소하게 생각하는 경우가 많다. 하지만 발달장애 아동은 신경발달장애 측면에서 이해되어야 하기 때문에 신경계 발달에 대한 다양한 이론을 숙지하는 것이야말로 궁극적으로 발달장애 아동을 이해하는 일이라 볼 수 있다. 또한 발달놀이치료 교재에 신경 발달에 대한 이해를 포함시켜야 한다는 것이 이 책을 쓰게 된 필요성이자 목적이기도 하다.

제3부는 '발달놀이치료를 위한 다양한 접근'으로, 발달놀이치료 시 적용할 수 있는 다양한 개입을 소개한다. 여기에는 대부분 많이 적용하게 되는 Brody의 발달놀이치료, DIR 플로어타임, 치료놀이, 조기개입덴버모델(ESDM), 집단 놀이치료와 부모-아동 상호작용 치료(PCIT)를 다룬다. 그뿐만 아니라 그간 발달장애 아동에게 적용하는 데 제한점을 두었던 아동중심 놀이치료 및 모래놀이치료를 통한 발달장애 아동 치료의 적용 가능성에 대해서도 다루게 된다.

제4부는 '아동발달평가와 치료적 개입의 통합적 관점'으로, 놀이치료사들이 발달장애 아동과 놀이치료를 진행하면서 사용할 수 있는 발달놀이평가 및 발달평가에 대해 소개하고, 그 외에 발달장애 아동들이 경험하는 다양한 치료적 접근으로서 작업치료와 언어치료, 응용행동분석 및 약물치료와 보완대체치료에 대해서 다룬다.

바라건대 이 책이 아동상담분야에서 놀이치료를 전공하고 있는 학생들뿐만 아니라 실제 발달장애 아동과 놀이치료를 하고 있는 놀이치료사들에게 발달놀이치료의 의미와 가능성을 재조명하고, 더 나은 실천을 위한 학문적 · 임상적 기반이 되기를 기대한다.

끝으로, 이 책의 집필 과정에서 많은 격려와 자문을 해 주신 교수님들과 전문가 선생님들, 그리고 아동의 성장을 함께 지켜보며 배움의 길을 함께 가고 있는 선생님들께 깊이 감사드린다. 또한 이 책의 출판의 기회를 허락해 주신 학지사 대표 및 이하 담당해 주신 분들께도 감사드린다. 무엇보다 발달장애 아동과 그 가족의 용기와 노력에 경의를 표한다.

2026년 2월

저자 전성희, 남은정 드림

차례

제 2 부
신경생물학과 아동 발달, 그리고 놀이

제 3 부
발달놀이치료를 위한 다양한 접근

제 4 부

아동발달평가와 치료적 개입의 통합적 관점

제1부

발달놀이치료의 개요

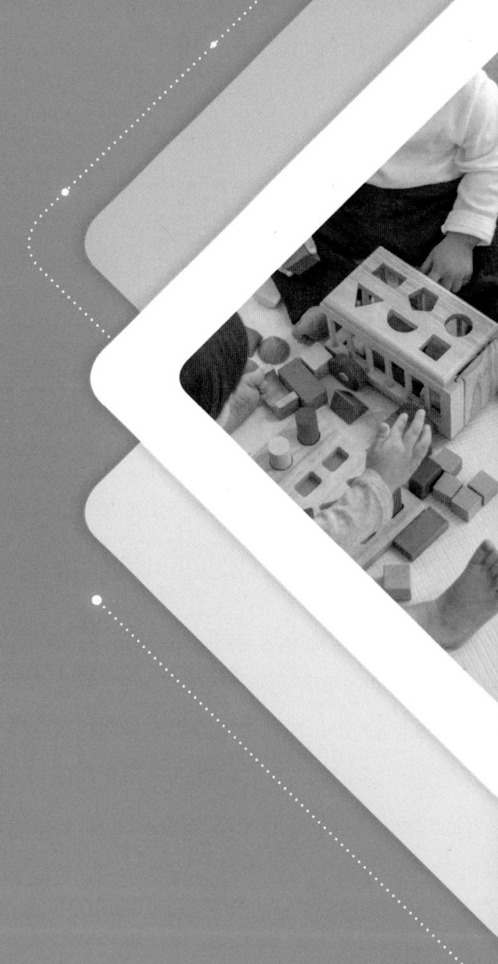

제 1 장

발달놀이치료의 이해

학습목표

1. 일반적인 놀이 및 발달장애 아동의 놀이에 대해 이해할 수 있다.
2. 발달놀이치료의 특징 및 역사에 대해 이해할 수 있다.
3. 발달놀이치료의 과정과 놀이치료사의 태도 등에 대해 이해할 수 있다.

●●● 아동은 출생 이후 영유아기와 아동기, 그리고 청소년기를 거치며 다양한 발달의 영역, 즉 신체, 인지, 언어, 정서 및 사회성 발달 측면에서 성장해 간다. 이러한 과정 중 일부 아동에게서 비전형적인 발달의 특성이 나타나기도 한다(Mattern, 2015). 어떤 아동은 신체발달 영역에서 비전형성이 드러나기도 하고, 어떤 아동은 여러 발달 영역에 걸쳐 비전형성을 보이기도 한다. 혹은 비전형성이라고 볼 수는 없지만 일반 또래에 비해 다소 지체된 발달적 특성을 보일 수도 있다. 중요한 것은 만약 아동에게서 이러한 특성이 나타난다면 반드시 그에 맞는 대처가 필요하다는 것이다. 발달 시기에 이루어지는 적절한 치료적 개입은 아동의 발달을 촉진시킬 수 있으며, 이는 아동의 성장에 매우 중요한 역할을 한다.

일반적으로 발달장애 아동을 위한 치료적 개입의 목적은 아동의 잠재력을 최대한 발휘하도록 하는 것으로, 다학문적이고 종합적인 중재가 필요하다. 그러한 중재 중 발달놀이치료(Developmental Playtherapy)는 놀이를 매체로 활용하여 아동의 건강한 정서적 · 사회적 · 인지적 발달을 촉진하는 놀이치료 접근 방식 중 하나이다. 큰 맥락에서 볼 때 놀이를 매개로 하기 때문에 놀이치료의 한 부분으로 볼 수도 있지만, 발달놀이치료만의 특징을 내포하고 있기 때문에 그 특징을 잘 이해하는 것이 필요하다.

따라서 이 장에서는 아동 놀이의 특성과 함께 발달놀이치료의 정의 및 특성, 그리고 발달놀이치료의 역사 및 과정 등에 대해 살펴보면서 발달놀이치료를 이해하고자 한다.

1. 놀이의 이해

1) 놀이의 일반적 이해

아동에게 있어 놀이란 이미 그 자체로 다양한 특성을 갖게 되는 구성 요소이다. 아동은 놀이에 참여하면서 즐거움이라는 정서적 경험을 하기도 하고, 시간 개념이나 중력과 같은 신체적 경험을 하기도 하며, 자신의 신체적 측면과 사회적 측면 간의 조화를 경험하기도 한다(Erikson, 1963). 그뿐만 아니라 역할놀이 등을 통해 앞으로 마주하게 될 다양한 역할에 대해 미리 숙달하고 연습하기도 하고(Sutton-Smith, 2008), 다양한 시도를 통해 자신의 문제해결 능력을 시험해 보기도 하며(Piaget, 1962), 표상과 상징이라는 추상적인 사고와 사회적인 연결을 시도해 보기도 한다(Vygotsky, 1978). 무엇보다 놀이를 통해 아동의 현재 발달의 다양한 측면을 관찰하고 평가할 수도 있다. 이처럼 놀이는 다양한 발달의 특성을 포함하면서 그 자체로서 이미 아동을 이해하는 중요한 자원이 된다.

(1) 놀이의 특성

그렇다면 놀이란 어떤 특성을 가지는가? 우리가 놀이를 이해하기 위해서는 놀이 안에 존재하는 필수적인 특성 요소를 알아볼 필요가 있다. 놀이의 특성은 〈표 1-1〉과 같다(Rubin, Fein, & Vnderberg, 1983).

표 1-1 놀이의 특성

내적으로 동기화된 (intrinsically motivated)	놀이는 그 자체가 목적이 되며 만족감을 주는 내적으로 동기화된 것이다.
자유롭게 선택하는 (freely chosen)	놀이는 그 놀이에 참여하는 사람이 자유롭게 선택해야 한다.
즐거운(pleasurable)	놀이는 즐거운 것이다.
융통적인(flexible)	놀이는 참여하는 사람의 흥미에 따라 가장(make-believe)되고 현실을 왜곡시킬 수 있는 융통성을 가지고 있다.
적극적으로 참여하는 (actively engaged in)	놀이는 참여하는 사람이 신체적으로나 심리적으로 몰입을 하는 매우 적극적인 참여이다.
의존하지 않는 (object independence)	놀이는 외부적인 보상이나 다른 사람에게 의존하지 않는다.

비기계적 & 목적이 없는 (noninstrumental & no goal)	놀이는 기계적이지 않으며, 특정한 의도나 목적이 없다.
낯설거나 두렵지 않은 (no unfamiliar & no scared)	놀이는 낯설거나 두려운 상황에서 일어나지 않는다.

(2) 놀이의 기능

놀이는 아동에게 어떤 역할을 할까? 그것을 이해하기 위해서는 놀이의 기능을 살펴볼 필요가 있다. 놀이의 기능은 크게 생물학적 기능, 개인 내적 기능, 대인관계적 기능, 심리치료적 기능으로 나누어 볼 수 있다.

먼저, 생물학적(biological) 기능으로, 아동은 놀이를 통해 기본적인 기술을 익힌다. 예를 들어, 공 던지기, 달리기 등의 신체적인 활동을 통해서 에너지를 배출하거나 이완하는 것을 경험하기도 하고, 다양한 놀이 활동을 경험함으로써 대근육, 소근육을 사용하는 운동 기술을 익힐 수도 있다.

개인 내적(intrapersonal) 기능으로, 아동은 엄마와 동일시하고 싶은 욕구를 역할놀이 상황에서 엄마가 되어 봄으로써 자신이 가지는 욕구를 충족시킬 수도 있고, 상징이나 소망 충족을 통해서 갈등을 해결하기도 한다. 이러한 과정을 통해 특정 상황을 극복하는 경험을 하게 되면서 아동이 속한 세상의 기능에 대한 이해를 가지게 한다.

그 외에 대인관계적(interpersonal) 기능으로, 아동은 놀이를 통해 사회적 기술이 발달하게 되며 분리-개별화(separation-individuation)라는 과제를 성취하도록 도와준다. 그뿐만 아니라 사회문화적(sociocultural)으로 놀이를 통해 바람직한 역할을 연습해 보면서 사회적 역할을 익힐 수 있도록 해 준다.

마지막으로, 놀이에는 심리치료적(psychotherapeutic) 기능이 존재한다. 놀이의 심리치료적 기능은 다음과 같다(Guerney, 1984; Schaefer, 1985; Thompson & Rudolph, 1988).

놀이의 심리치료적 기능

- 놀이는 아동에게 자연스러운 과정으로, 아동은 놀이를 통해서 자신의 감정을 전달할 수 있다.
- 놀이는 성인으로 하여금 아동의 세계로 들어갈 수 있는 기회를 제공해 줌으로써, 놀이를 통해 아동의 세계를 인식하고 수용할 수 있는 기회를 주며, 성인과 놀이하는 과정에서 성인으로부터의 위협을 덜 느끼게 된다.

- 놀이를 통해 아동을 관찰함으로써 아동을 좀 더 잘 이해할 수 있게 된다.
- 놀이는 즐거운 것이기 때문에 아동은 놀이를 하면서 불안과 방어가 줄어들게 된다.
- 놀이는 아동으로 하여금 표현하기 어려운 분노와 두려움 같은 감정을 표현할 수 있도록 도와준다. 아동은 놀이를 통해 성인의 비난을 듣지 않으면서 자신의 좌절감을 표현할 수 있도록 해준다.
- 놀이는 아동으로 하여금 사회적 기술을 발달시킬 수 있는 기회를 준다.
- 아동은 놀이를 통해 새로운 역할을 해 볼 수도 있고, 안전한 환경에서 다양한 문제해결 접근을 시험해 볼 수도 있다.

출처: Hughes (1999).

2) 발달장애 아동의 놀이

발달장애를 지닌 아동의 놀이는 비장애 아동의 놀이와 다른가? 이에 대해 많은 연구가 진행되어 왔다. 우리가 일반적으로 알고 있는 것은 발달장애 아동, 특별히 자폐스펙트럼장애 아동은 실제 사회적 맥락에 맞게 놀이를 하지 못한다는 점이다. 좀 더 구체적으로 말하면, 상징적인 능력의 결여로 가상놀이를 할 수 없고, 사회적인 놀이에 참여하지 못하며 이를 즐기지 않는다(Boucher & Wolfberg, 2003). 예를 들어, 어떤 아동은 놀잇감들을 줄지어 놓는 것에만 몰입하기도 하고, 어떤 아동은 자신이 좋아하는 숫자에 대한 이야기만을 즐기기도 한다.

(1) 장애에 따른 놀이 특성

자폐스펙트럼장애 이외에도 그 밖에 연구들에서 다양한 장애 아동의 놀이 특성을 보고하고 있다. 예를 들어, 시각장애 아동의 경우에는 혼자놀이(solitary play) 경향성이 많이 나타나며, 판타지 놀이에서 상상력이 낮고 물리적 환경을 조작하거나 탐색하려는 경향성이 낮다고 말한다(Parsons, 1986; Recchia, 1987; Retting, 1994). 다른 연구에서 언어 지체를 보이는 아동의 경우에는 비장애 아동에 비해 극놀이를 지속하는 것이 힘들고, 이로 인해 요구 사항이 적은 혼자놀이를 즐긴다고 보고한다(Lombardino & Sproul, 1984; McCune, 1986). 청각장애 아동의 경우 청각장애를 지니지 않은 아동보다 협동적 가장놀이에 참여하는 정도가 낮았으며, 사물을 상징적으로 사용하는 빈도도 낮았다(Esposito &

Koorland, 1989; Mann, 1984). 지적장애를 지닌 아동의 놀이 특성은 비장애 아동들이 창조적이고 상상적인 재료를 선호하는 반면, 퍼즐과 같은 구조화된 놀이를 선호하는 경향성을 보이며(Horne & Philleo, 1942), 상징놀이도 늦게 나타나고 비장애 아동에 비해 낮은 수준의 단계를 보인다고 말한다(Li, 1985). 이처럼 장애를 지닌 아동의 놀이 특성은 그 장애의 특성에 기인한다고 볼 수 있다.

(2) 마음이론과 공동주의 부재

그렇다면 발달장애 아동의 놀이는 놀이라고 볼 수 없는가? 발달장애 아동은 가장놀이나 상징놀이를 할 수 있는 능력이 없다고 보아야 할 것인가? 이러한 개념을 이해하기 위해서는 마음이론과 공동주의에 대한 이해가 필요하다. 우리가 장애 아동, 특별히 자폐스펙트럼장애 아동에게 있어 상징놀이가 어렵다고 이해하게 되었던 것은 인지적인 개념의 마음이론(theory of mind)과 사회적인 개념의 공동주의(joint attention)라는 맥락에서 살펴보았기 때문이다.

마음이론의 관점에서 볼 때 자폐스펙트럼장애 아동은 자신에 대한 감각이나 내적 상태에 대한 인식이 어려울 뿐만 아니라 다른 사람의 감정을 잘 이해하지 못하는데, 이러한 이유로 친구가 자신과 다른 생각이나 감정을 가졌다는 것을 이해하지 못하며 모든 사람이 자신과 똑같이 생각하고 느끼는 특성을 가지고 있다고 본다. 그래서 자폐스펙트럼장애를 일컬어 '마음맹(mind-blindness)'이라고 부르기도 한다.

또한 공동주의 맥락에서 볼 때 자폐스펙트럼장애는 타인과의 정서적 공유 능력이 부족하기 때문에 자신의 감정을 다른 사회 구성원의 감정에 조율하기 어려워 자신만의 세계 속에 갇혀 있다고 본다. 마음이론이나 공동주의 측면에서는 이러한 이유로 자폐스펙트럼장애 아동이 자신만의 혼자놀이에 많이 몰입하는 특성을 보인다고 이해하였다.

(3) 상징놀이에 대한 새로운 견해

만약 그렇다면 정말로 자폐스펙트럼장애 아동은 상징놀이나 가장놀이가 불가능한 걸까? 이에 대해 다른 연구들에서는 자폐스펙트럼장애 아동이 가장놀이뿐만 아니라 주변의 격려와 지지를 경험하는 과정에서 상징놀이에도 가담할 수 있다고 보았다(Beyer & Gammeltoft, 2000). 또한 자폐스펙트럼장애 아동에게 놀이 촉진과 조절, 그리고 모델링 등의 특별한 조건이 제시된다면 이 아동들 또한 상상놀이에 자발적으로 참여할 수 있다는 연구 결과도 있다(Hobson, Lee, & Hobson, 2009). 어떤 경우에는 자폐스펙트럼장애를

마음이론이 확립되지 않은 결과로 보는 시각에서 변화하여 좀 더 능동적 가설(conative hypothesis)인 동기의 문제로 보면서 자폐스펙트럼장애 아동이 단지 비장애 아동이 선호하는 것만큼 상징놀이를 선호하지 않기 때문에 놀이가 드러나지 않는다고 주장하기도 한다. 이러한 연구 결과들은 최근 신경과학 및 뇌과학의 발달로 인해 신경계적 특성을 보이는 발달장애 아동에 대한 이해가 깊어 가면서 더 늘어나고 있는 추세이다.

놀이에 대한 그간의 연구 결과들을 살펴볼 때, 초기에는 응용행동분석(ABA)이 주축이 되는 행동적인 개입에서 발달장애 아동을 대상으로 상징놀이와 상호작용 놀이를 가르쳐 왔으며, 그러한 개입을 통해 가리키기, 요구하기, 반응하기 등의 상호작용 기술에 대한 훈련을 통해 공동주의 기술이 향상되었음을 보고하고 있다(Carr, 2004; Lovaas, 1977). 또한 발달장애 아동을 대상으로 통합놀이집단에 참여시킨 결과도 같은 결론을 도출하였다(Wofberg & Schuler, 1993). 최근에는 '플로어타임'이나 '아동중심 놀이치료'를 발달장애 아동에게 적용하면서 그 효과성을 주장하는 연구들도 나오고 있는데, 그중 특정한 놀이 개입이 자폐스펙트럼장애의 전반적인 상징놀이의 증가를 보였다고 보고하고 있다(Stahmer & Schreibman, 1992; Thorp, Stahmer, & Schreibman, 1995).

2. 발달놀이치료

1) 발달놀이치료의 이해

(1) 발달놀이치료의 특성

발달놀이치료는 놀이를 매체로 활용하여 아동이 가지는 발달적 문제를 해결하고 최적의 발달을 이루도록 도와준다는 면에서 놀이치료와 맥락을 함께하지만 발달놀이치료만의 특성이 존재한다.

① 대상 아동

우선, 첫 번째 두드러진 특성은 대상 아동의 특성에서 찾아볼 수 있다. 발달놀이치료는 자폐스펙트럼장애나 지적장애, 발달지연 등의 발달장애 및 신경발달장애를 가진 아동을 대상으로 한다. 발달장애 아동을 대상으로 하기 때문에 발달놀이치료를 진행하는 놀이치료사라면 일반적인 발달 과정과 다른 특성을 보이는 발달장애 아동의 발달적 특성을 이해해야 한다. 무엇보다 발달장애 아동들은 대부분 신경계 발달에 그 원인이 있기 때문에 신경계 발달의 특성에 대해서도 면밀히 이해할 필요가 있다. 최근 아동심리재활에 대한 사회적 지원이 확대되면서 도움을 받는 아동들이 증가하고 있는 실정으로 이 분야에 전문성을 갖춘 치료사가 되기 위해서는 이러한 발달적 특성에 대한 이해가 필요하며 그 교육이 매우 절실하다.

② 지시적인 요소의 포함

다음으로 일반적인 놀이치료와 다른 발달놀이치료의 특징은 일반적인 놀이치료 접근에 지시적인 요소가 결합되었다는 것이다. 발달장애 아동의 경우 발달지연 혹은 발달의 불균형, 인지 발달의 제한성으로 인해 통찰을 통한 치료적 접근은 한계가 있고, 반복과 고정된 놀이, 유연성 결여, 낮은 수준의 가상놀이 등의 놀이 행동이 특징적이기 때문에 성인의 주도적이고 활동 중심적인 개입이 놀이 상호작용을 증진시킬 수 있다(오지현, 박소연, 2021).

그간 발달장애 아동들에게 적용하던 놀이의 개입으로는 놀잇감을 가지고 구체적인 놀이를 가르침으로써 아동의 부적응 행동을 줄이게 하거나, 사회성 발달에 대한 개입으로 상징놀이 등을 가르쳐 왔다(Weiner, Sandgrund, & Schaefer, 2000). 그러나 최근 발달놀이치료에 대한 다양한 이론이 발달하게 되면서 발달놀이치료는 정서조절, 사회적 기술 및 관계 맺기와 더불어 감각처리, 불안 감소, 행동 변화에 대해서도 다루게 되었다.

특별히 발달놀이치료가 가지는 이러한 지시적 요소는 놀이 기술, 사회적 기술, 정서적 기술과 같이 아동에게 필요한 기술과 능력을 향상시키는 데 도움이 될 수 있다(Grant, 2017). 따라서 발달놀이치료를 하는 놀이치료사는 발달장애 아동의 발달 수준에 맞추어 적절하게 조절할 줄 알아야 하며, 놀이가 가지고 있는 치료적 요인에 중점을 두어 타인과의 상호작용을 증진하도록 해야 한다(송영혜, 2002).

(2) 발달놀이치료의 목적

일반적인 놀이치료와 다소 차별성을 보이는 발달놀이치료의 목적은 놀이를 통하여 발달장애 아동의 전반적인 발달·성장을 촉진하고, 궁극적으로 아동과 그 가족의 전반적인 삶의 질을 향상시키는 데 있다.

발달놀이치료의 목적

"놀이를 통하여 발달장애 아동의 전반적인 발달 · 성장을 촉진하고
전반적인 삶의 질을 향상시키는 것"

송영혜(2002)는 발달장애 아동의 심리치료적 접근에는 두 가지 측면이 고려되어야 함을 밝히면서, 먼저는 발달장애 아동에게 기대되는 수준을 아동의 발달 수준에 맞추어 적절하게 조절하는 것이 필요하며, 다음으로 놀이가 갖는 치료적 요인에 초점을 맞추어 타인과의 관계 형성에 중점을 두고 상호작용을 증진시키는 것으로 보았다.

또한 Grant(2017)는 발달놀이치료의 목적을 정서조절, 사회적 기술 개발, 관계 맺기로 설명하면서, 아동의 발달적 문제를 평가하고, 발달 수준에 대해 지속적으로 인식할 수 있게 도와주며, 아동의 행동을 관찰하고 개선에 도움을 주는 것이라고 하였다.

따라서 발달놀이치료를 하는 놀이치료사는 발달놀이치료가 발달장애 아동에게 특별히 개별화된 치료적 접근이라는 사실을 이해할 필요가 있으며, 이와 더불어 아동의 고유한 특징과 강점, 아동의 발달 수준, 감각 발달에 맞게 적절한 놀이 활동을 조정하여 접근해야 한다.

2) 발달놀이치료의 역사

놀이치료는 다양한 학자와 임상가의 공헌을 통해 오랜 기간에 걸쳐 발전해 왔다. 초기 놀이치료는 심리학적 이해를 토대로 발달하였는데, 이 때문에 발달장애 아동에게 심리치료가 효과적인가라는 입장에 회의적이기도 하였다. 이러한 이유에는 발달장애 아동의 치료적 개입이 대체로 행동치료적 접근에 초점을 두어 발달되어 온 것이 있다. 실제로 발달놀이치료에 대한 연구와 적용이 시작된 것이 20세기 초반이었음을 통해 볼 때, 발달장애 아동의 놀이치료에 대한 효과성에 대한 긍정적인 입장이 아니었음을 알 수 있다.

발달놀이치료에 대한 관심이 발달하게 된 배경에는 20세기 초반에 일어난 신경과학의 발전과 맥을 같이한다고 볼 수 있다. 20세기 초반 신경과학에 대한 연구가 활발해지면서 발달장애를 신경생물학적 토대 위에서 이해하게 되고 그에 대한 다양한 치료 방법이 등장하게 되었다.

놀이치료와 함께 발달놀이치료가 어떻게 발달되어 왔는지 구체적으로 살펴보도록 하자. 놀이치료의 역사는 20세기 초반 Sigmund Freud(1856~1939)까지 거슬러 올라가는데, Freud는 놀이를 아동이 무의식적인 욕망과 불안을 표현하는 의사소통의 한 형태로 보았다. 아동의 내면세계를 이해하기 위한 놀이의 중요성을 다룬 Freud의 연구는 놀이의 치료적 접근으로서의 가능성을 보여 준 것이라고 볼 수 있다.

그 뒤를 이어 Melanie Klein(1882~1960)은 아동의 심리치료에 놀이를 처음으로 도입하였으며, 놀이가 무의식적인 갈등을 드러내고 감정 표현을 용이하게 하는 역할을 한다는 것을 강조하면서 놀이의 치료적 가치를 주장하였다. 그와 동시대에 Anna Freud(1895~1982)는 정신분석학적 원리를 아동의 발달과 치료에 적용함으로써 장난감과 놀이를 이용해 아동이 자신의 생각과 감정을 전달하는 '정신분석적 놀이치료' 기술을 개발하였다. 또한 아동의 연령과 발달 진행에 맞춰 놀이 및 치료적 개입이 이루어져야 함을 주장하였다. 또한 Hermine Hug-Hellmuth(1871~1924)는 아동의 정서적 문제를 이해하고 치료하는 수단으로 놀이를 통합하여, 아동의 정서적 · 심리적 문제를 이해하고 치료하는 데 놀이를 사용함으로써 상당한 진전과 발전을 이루었다.

이렇듯 초기 학자들에 의해 아동의 심리치료에 놀이가 적용될 수 있다는 가능성에 대해 다루어지다 20세기 중반 Virginia Axline(1911~1988)이 『딥스: 자아를 찾은 아이(Dibs in Search of Self)』라는 책을 통해 아동중심 놀이치료의 개념을 세계에 알리게 되었으며, 그와 더불어 이전에는 놀이치료 대상으로 여겨지지 않았던 발달장애 아동에게 놀이의 치료적 개입이 고려되기 시작하였다. 이러한 흐름에 따라 Brody(1978)는 발달장애 아동에 대한 놀이치료적 접근을 주장하면서 '발달놀이치료(developmental play therapy)'를 발전시켰다. 그 이후 Brody의 발달놀이치료는 대표적인 발달놀이치료의 이론으로 자리매김하게 되었다.

20세기 후반에 들어서면서 Garry Landreth의 아동중심 놀이치료(CCPT)가 발전하게 되었는데, 이는 아동이 놀이를 통해 자신을 표현할 수 있는 따뜻하고 수용적이며 공감적인 치료 환경을 조성하는 것의 중요성을 강조한다. 이러한 아동중심의 원리를 바탕으로 Stanley I. Greenspan(1941~2010)은 '플로어타임(floortime)'이라고도 불리는 발달, 개인 차이, 관계 중심(DIR) 모델을 제시하였다. 플로어타임은 신경생물학에 기초하여 발달장애 아동을 이해하면서 아동의 발달 수준에서 그들의 놀이 세계에 참여하는 것을 강조하고 정서적인 관계 안에서 그들의 강점을 키우고, 발달을 촉진시킬 수 있다고 주장하였다. Bernard G. Guerney(1924~2017)는 부모-자녀 관계를 강화하고 자녀의 정

서적 및 행동적 문제를 해결하는 것을 목표로 하는 부모-자녀 관계치료(filial therapy)를 제시하였다. 그 이후 Landreth(1991)는 10회기 훈련 프로그램으로서 자녀와 함께 놀이 회기를 수행하도록 부모를 훈련시키는 것을 포함하는 Child-Parent Relationship Therapy(CPRT)에 초점을 맞추어 놀이치료 분야에 기여하였다.

이렇듯 발달놀이치료는 놀이를 아동의 치유와 성장을 위한 도구로 적용시켜 온 심리학자, 임상가들의 연구와 노력으로 다양한 치료 방법과 이론이 성립되었다. 현재 발달장애 아동에 대한 비율은 계속해서 증가하는 추세이며 이를 위한 연구와 프로그램 개발이 지금도 활발히 이루어지고 있다.

3) 발달놀이치료의 과정

발달놀이치료는 발달장애 아동의 발달 문제를 평가하고 개선하는 데 도움이 되는 치료 방법으로 발달놀이치료가 진행되는 과정은 다음과 같다.

(1) 접수 및 평가 단계

발달장애 아동이 놀이치료에 의뢰하게 되는 사유는 다양하다. 어떤 경우에는 부모가 양육하는 과정에서 눈맞춤이 되지 않는다거나, 발달이 다소 늦는 등의 발달상 제한을 발견하고 이를 확인하고자 방문하는 경우도 있고, 경우에 따라서 이미 진단을 받았거나 장애의 가능성에 대한 타 기관(병원 포함) 전문가의 의견에 따라 발달놀이치료를 진행하고자 방문하기도 한다. 따라서 놀이치료사는 초기 접수 상황에서 놀이치료에 의뢰하게 된 배경을 잘 이해할 필요가 있다.

① 접수상담

발달놀이치료의 접수상담 회기 진행은 다양하게 진행될 수 있는데, 놀이치료사가 아동을 만나기 이전 부모 회기로 진행하면서 충분히 정보를 수집하는 경우가 있고, 혹은 접수상담 회기에 아동의 평가와 함께 부모로부터의 정보를 수집하는 것으로 진행하게 될 수도 있다. 이러한 결정은 아동의 발달 상황, 부모와의 관계, 기관의 성격 등을 고려하여 이루어질 수 있다. 만약 아동이 낯선 상황에 대한 거부감으로 인해 부모와의 분리가 어렵다고 판단될 경우에는 부모 회기를 먼저 가짐으로써 부모를 통해 충분한 정보를 얻는 것이 필요할 수도 있다.

② 고려 사항

아동과 만나게 되는 첫 회기에 놀이치료사가 중요하게 고려해야 할 사항은 먼저, '안전한 환경'을 만드는 일이다. 아동뿐 아니라 인간은 누구나 안전감을 느낄 때 놀이할 수 있기 때문에 안전한 환경은 매우 중요한 요소이다. 예를 들어, 시각처리의 강한 민감성을 보이는 아동의 경우 낯선 놀이실에 들어가는 일은 매우 불안한 경험일 수 있다. 이때 적절하게 놀잇감을 배치하거나 너무 많은 놀잇감으로 아동이 압도감을 느끼지 않도록 하는 배려가 필요할 수도 있다. 인간은 누구나 안전감을 느끼면 서로 간의 연결성을 경험할 수 있다. 따라서 안전한 환경은 아동을 만나는 처음 환경에서 무엇보다 중요한 요소라고 볼 수 있다.

다음으로 고려되어야 할 사항은 아동의 발달적 기능 수준이다. 발달장애 아동의 경우 아동마다 전체적인 기능 수준이 매우 다르다. 예를 들어, 언어적 표현의 수준이 매우 높은 아동부터 언어적 표현의 제한으로 인해 대안적 의사소통 수단(예: 보완대체 의사소통 도구)을 사용해야 하는 아동까지 그 범위가 매우 넓다. 따라서 놀이치료사는 아동을 만나기 이전에 아동의 발달적 특성에 대해 충분히 숙지하고 있는 것이 필요하다. 놀이치료사가 아동의 현재 기능 수준에 맞추어 의사소통할 수 있을 때 아동은 훨씬 참여적이게 될 수 있다.

또한 아동의 감각통합 능력을 이해할 필요가 있다. 앞의 예와 같이 어떤 아동의 경우 시각적 민감성을 강하게 나타내기도 하고, 어떤 아동은 청각적 · 촉각적 처리의 민감성을 강하게 보일 수도 있다. 예를 들어, 청각적 민감성을 보이는 아동 중에는 놀이실에 있는 시계의 초침 소리에도 민감하게 반응할 수도 있으며, 촉각적 민감성으로 인해 놀이실 바닥의 모래 느낌에 대해 심한 저항을 보이는 아동이 있을 수도 있다. 만약 아동이 특정 감각에 대해 느끼는 감각 방어가 크고 견딜 수 있는 범위를 넘어서게 되면 아동은 심한 저항이나 불안감을 보일 수 있다. 특별히 발달장애 아동은 대체적으로 감각통합의 어려움을 경험하는 경우가 많기 때문에 이러한 감각적 수준을 면밀히 살피는 것이 필요하다.

③ 아동 평가

아동과의 평가에서 치료사는 먼저 아동과의 관계를 설정하고 아동이 치료실 및 치료사에 대해 편안하게 느끼도록 도와야 한다. 일반적으로 평가 과정은 놀이치료실에서 이루어지게 된다. 이때 아동의 여러 발달적 특성 및 치료적 개입이 필요한 상황에 대한 파악을 하는 것이 필요하다.

일반적으로 놀이평가를 통해 놀이치료사는 아동의 현재 발달적 특성에 대한 정보를 얻게 된다. 이 외에도 필요할 경우 부모와 아동의 상호작용 평가도 이루어지는데 일반적으로 부모와 아동의 상호작용 평가에 사용되는 방법이 있다. 이에 대한 자세한 내용은 제14장에서 다루기로 한다.

④ 사례개념화와 라포 형성

지금까지 설명한 대로, 접수상담 및 아동 평가, 부모와 아동의 상호작용 평가, 그리고 부모를 통해 정보를 수집하는 것으로 초기 단계를 진행하게 된다. 이때 무엇보다 중요한 것은 아동에게 필요한 상담 목표를 설정할 수 있도록 사례 개념화를 하고, 아동이 치료사나 놀이실을 좀 더 편안하게 인식하고 치료사와 라포를 형성할 수 있도록 하는 것이다. 또한 이러한 평가가 진행된 이후에 부모와 앞으로의 상담 과정과 발달놀이치료의 개입 방식에 대해 설명하고 치료 목표를 합의하게 된다.

(2) 발달놀이치료 진행 단계

접수 및 평가 단계를 거치면서 아동의 특성에 대해 파악하고 치료 목표가 정해졌다면 본격적인 발달놀이치료가 진행된다. 일반적으로 발달놀이치료는 사례에 적용하는 이론에 따라 단기적 개입이 되기도 하고 장기적 개입이 되기도 한다. 이는 놀이치료사가 어떠한 이론적 배경에 따라 상담 회기를 진행하는지, 그리고 아동의 현재 주호소가 어떠한지에 따라 달라질 수 있다.

일반적으로 발달놀이치료 회기는 먼저 30~40분간 아동과의 개별 놀이시간으로 진행되고, 개별 놀이시간이 끝난 후 부모상담이 진행된다. 아동의 개별 놀이시간에 대한 구조화는 아동의 연령과 기능 수준, 그리고 기관이 정한 바에 따라 진행된다.

부모상담 시간은 일반적으로 매주 아동의 개별 놀이시간이 끝난 이후에 진행되는데, 이때 아동에게 필요한 놀이 기술 및 이러한 기술을 가정에서 어떻게 사용할 것인지에 대해 논의하는 시간을 가지게 된다. 발달놀이치료에서 부모상담의 목적이라면 부모가 아동의 장애 특성을 잘 이해하고 발달을 촉진시키기 위한 여러 개입 방법 등을 배워서 가정에서도 놀이실에서의 경험이 확장될 수 있도록 돕는 것이라 할 수 있다. 부모상담에 대한 자세한 사항은 제3장에서 다루기로 한다.

발달놀이치료에서는 놀이치료사와 부모가 함께 합의한 치료 목표가 달성되고 있는지에 대해 주기적으로 재평가를 진행할 필요가 있으며, 만약 추가적 치료 목표가 필요하다면 재평가 이후 부모와 다시 합의하는 과정을 통해 재구조화해 간다.

(3) 종결 단계

만약 놀이치료사와 부모가 설정한 치료 목표가 어느 정도 달성되었다고 생각되면 종결 단계를 준비하게 된다. 이때 놀이치료사가 해야 하는 일은 재평가이다. 부모와 함께 치료 계획을 검토하고, 치료 목표가 적절하게 달성되었으며, 다른 치료 목표가 없는지 평가한다.

발달놀이치료에서 무엇보다 중요한 것은 부모가 부모상담을 통해 배운 발달적 촉진 기법들을 양육에 잘 적용하고 있는지를 검토하는 일이다. 놀이치료사는 종결의 과정 가운데 부모가 습득한 기술을 종결 이후에도 유지하는 것이 중요함을 교육할 필요가 있다.

종결에 대해 부모와 합의를 하게 되면 종결을 준비하는 회기가 결정된다. 만약 종결 회기가 정해졌다면 놀이치료사는 아동에게 몇 회기 이후에 종결하게 되는지를 설명하고 아동이 종결을 수용할 수 있도록 도와야 한다. 만약 시간 및 숫자에 대한 인식이 가능한 아동이라면 종결을 준비하는 회기만큼의 막대 사탕이나 스티커 작업 등을 통해서 종결을 준비할 수 있도록 하는 것도 좋다.

마지막 종결 회기를 어떻게 진행할지에 대해서는 놀이치료사마다 다를 수 있지만 좀 더 의미 있는 종결 회기를 가지려는 놀이치료사라면 놀이실에 부모를 초대하거나 놀이치료를 잘 마무리하는 것에 대해 축하하고 격려하는 시간을 가질 수도 있다.

4) 발달놀이치료에서 놀이치료사의 태도

Landreth(2012)는 놀이치료사를 아동의 삶에 있어 특별한 성인이라고 설명하면서, 놀이치료사 특성 및 태도에 대해 〈표 1-2〉와 같이 밝히고 있다.

표 1-2 놀이치료사의 특성 및 태도

객관성과 융통성	놀이치료사는 아동이 독립적인 개인이 될 수 있도록 객관적인 태도를 유지하는 것이 중요하며, 그와 함께 새로운 것에 수용적인 태도를 가지고 예기치 않은 것을 수용하고 받아들일 만큼 융통적이어야 한다.
평가나 판단 하지 않기	놀이치료사는 아동의 놀이를 평가하거나 판단하지 않는다.

개방된 마음	놀이치료사는 아동의 세계에 대한 개방성과 민감성, 그리고 있는 그대로의 아동의 장점에 기초해서 아동과 관계를 맺어야 한다.
인내심	놀이치료사는 아동이 자신의 속도로 나아가도록 기다리고, 아동의 진행 과정과 표현 등 그 어떤 순간에도 인내심이 있어야 한다.
모호함 견디기	놀이치료사는 아동의 놀이 세계를 따라가는 사람으로서 아동에게 책임감을 돌려주고, 아동이 활동, 주제, 방향, 내용을 주도하도록 그 모호함을 견딜 수 있어야 한다.
미래 지향성	아동은 항상 진행 과정에 있으므로, 놀이치료사는 아동의 지금 모습보다 발전 가능성을 보고 반응해야 한다.
개인적 용기	놀이치료사는 자신의 실수를 인정함으로써 개인의 지각이 부정확하다는 것을 받아들이는 개인적인 용기를 가지고 행동하고 반응해야 한다.
사실성, 따뜻한 보살핌, 수용, 민감한 이해	놀이치료사는 아동에 대해 사실성과 따뜻한 보살핌, 그리고 수용과 민감한 이해를 보여야 한다.
개인적 안정	놀이치료사는 개인적으로 안정되어 있어 자신의 한계를 인식하고 수용할 수 있어야 한다.
유머감각	놀이치료사는 유머감각을 가지고 있어야 하며, 아동이 재미있어 하는 경험에 대해 놀이치료사 자신도 재미를 느낄 수 있어야 한다.

출처: Landreth (2012).

발달놀이치료에 임하는 놀이치료사에게 아동에 대한 신념과 아동을 대하는 태도에 이러한 특성이 드러나야 하는 것은 두말할 나위 없이 중요한 부분이다. 이에 더해 O'Connor, Schaefer와 Braverman(2016)은 장애 아동을 대상으로 놀이치료를 제공하는 놀이치료사에게 추가적으로 필요한 요소를 네 가지로 설명하고 있다. 그 네 가지 요소는 다음과 같다.

먼저, 아동의 장애 진단과 그 특성 및 개념에 대하여 잘 알고 있어야 한다. 발달놀이치료는 대체로 자폐스펙트럼장애, 지적장애와 같이 장애로 진단이 내려진 아동을 대상으로 하기 때문에 놀이치료사는 아동의 진단에 대한 기준 및 특성 등에 대해 잘 이해할 필요가 있다.

둘째, 발달장애 아동에게 제공되고 있는 서비스의 종류에 대한 내용과 법률 지침, 그리고 윤리에 대한 정보를 이해해야 할 필요가 있다. 현재 발달장애 아동을 대상으로 시행되고 있는 '발달재활 서비스'에 대한 부분 및 그 외에 발달장애 아동이 성장하면서 경험하게 되는 교육적 개입 등에 대해서도 이해할 필요가 있다.

셋째, 발달놀이치료를 하는 놀이치료사라면 일반적인 놀이치료에 대해 잘 훈련받아야 하며, 거기에 더해 발달장애 아동과 작업하기 위한 특별한 적용에 대한 훈련 또한 필요하다.

마지막으로, 장애의 수준이 심각하면 할수록 아동과 놀이치료사 간의 상호작용이 어려워지기 때문에 이는 놀이치료사에게 힘겨운 도전이 될 수 있다. 따라서 놀이치료사는 다양한 장애를 다루고 발달장애 아동의 특별한 욕구를 수용하기 위해 많은 사례를 공부할 필요가 있다.

실제로 놀이치료사는 수련 과정에서 놀이치료의 이론뿐 아니라 아동 발달, 아동 정신병리, 상담이론 및 성격이론 등의 다양한 이론적 이해와 더불어 실제 상담을 진행하면서 놀이치료사로서의 역량을 키워 간다. 하지만 막상 수련 과정을 마치고 실제 상담 장면에서 발달장애 아동을 만나게 될 때 그간 공부했던 이론들이나 아동 발달에 대한 이해만으로 아동을 이해하기 힘들다는 것을 느끼게 되면서 아동에 맞는 적절한 개입을 하고 있는지 자신할 수 없게 된다.

이는 발달장애 아동의 진단에 대한 이해와 신경생물학적 이해, 다학제적 치료 접근에 대한 이해 부족에서 오는 경우가 많다. 발달장애 아동은 발달에 영향을 미치는 신경생물학적 도전과 어려움을 지니고 있다. 이로 인하여 놀이 양상이 비장애 아동과 다르며 전반적인 발달 영역의 어려움으로 발달놀이치료 외에 타 영역의 치료들을 병행해야 하는 경우가 많이 있다. 그렇기 때문에 놀이치료사는 아동의 병리적·신경생물학적 이해와 더불어 타 영역 치료 전문가들과 협업을 할 수 있는 지식과 역량, 아동의 전반적인 발달을 아울러 볼 수 있는 통합적인 시야를 갖출 필요가 있다.

5) 발달놀이치료실

발달장애 아동을 위한 놀이치료실은 아동의 장애에 따라 수정될 필요가 있다.

(1) 놀이치료실

먼저, 놀이치료실의 시설에서 고려되어야 할 점은 발달장애 아동이 놀잇감들에 손쉽게 접근할 수 있도록 준비해야 한다는 것이다. 일반적으로 놀잇감은 선반에 배열되어 있어 아동이 한눈에 전체를 볼 수 있도록 되어 있는데 여기에 장애 아동을 위한 몇 가지 수정이 필요할 수도 있다. 예를 들어, 휠체어를 타는 아동이 있다면 아동의 손이 닿지 않은

선반의 놀잇감을 꺼낼 수 있는 방법이 제공되어야 하며, 시각장애 아동에게는 놀잇감이 늘 정해진 자리에 놓여 있는 것이 중요하다. 그리고 이동에 제한이 있는 아동들을 위해서 다양한 종류의 베개나 빈백의자를 갖추는 것이 도움이 된다. 혹은 놀잇감을 고정시킬 수 있는 베개 등을 배치하면 좋다. 가구의 모서리에는 고무 범퍼를 붙여서 아동의 사고를 방지할 필요가 있다(Camichael, 1994).

(2) 놀잇감

놀이치료실의 시설이 조정되었다면, 다음으로 놀잇감이 필요한데 장애 아동을 위해 놀잇감을 선택할 때 고려할 점은 다음과 같다(O'Connor, Schaefer, & Braverman, 2016).

첫째, 손쉽게 조작 가능한 놀잇감이어야 한다. 특별히 운동 조절 문제가 있는 아동의 경우라면 아동이 놀잇감을 가지고 놀이하는 동안 놀잇감의 조작을 통해 좌절감을 경험하지 않도록 하는 것이 중요하다. 만약 놀잇감이 너무 복잡하고 다루기 어려워 좌절감을 주게 된다면 아동은 놀이에서 놀잇감을 사용해 자신을 표현하는 능력이나 숙달감을 갖게 되는 것을 방해받을 수 있다.

둘째, 장애 아동의 특성에 맞는 놀잇감을 구성해야 한다. 예를 들어, 조작이 어려운 아동이라면 놀잇감이 커야 하겠지만, 미세한 조작에 몰입하는 자폐스펙트럼장애 아동이라면 아주 작은 크기의 놀잇감도 필요할 수 있다.

셋째, 놀잇감은 아동의 놀이 수준에 맞고 자신을 표현하는 능력에 방해받지 않을 만큼 복잡하지 않아야 한다. 예를 들어, 인지적으로 어려움이 있는 아동이라면 자신보다 나이 어린 아동이 사용할 만한 단순하고 다루기 쉬운 놀잇감과 함께 아동에게 필요한 발달상의 진보를 이루게 독려할 수 있도록 또래 수준에 맞는 놀잇감도 필요할 수 있다. 따라서 놀이치료사는 아동의 놀잇감이 가지는 표상적 가치, 중요도, 사용상의 용이성 등을 모두 고려할 필요가 있다.

넷째, 놀잇감은 물리적으로나 심리적으로 안전해야 한다. 여기서 한 가지 고려할 점은 공격성향이 있는 아동과의 작업에서 무기 형태의 놀잇감을 구비할지에 대한 논의이다. 물론 아동이 놀이에서 자신의 공격성을 적절하게 표현할 수 있는 놀잇감은 필요하다. 만약 장난감 총이나 칼이 있다면 놀이치료사는 놀이를 통해 아동에게 공격성을 적절히 표현할 수 있는 방법을 가르칠 기회가 될 수 있다. 하지만 아동의 공격행동을 자극하게 되는 것에 대한 우려가 된다면 던질 수 있는 스펀지 솜뭉치, 찢어도 되는 화장지, 무너뜨릴 수 있는 나무젓가락과 같은 물건들을 둠으로써 아동들이 분노를 부드러운 방식으로 표현할 수 있도록 도울 수 있다. 또한 아동의 상황에 따라서 놀이치료실에서 장난감을 더하거나 뺄 수 있는데, 만약 탐색하는 데 어려움을 보이는 아동이라면 한번에 하나의 놀잇감을 소개하거나, 선택을 제한하는 것이 도움이 될 수 있다. 특히 주의집중이 어려운 아동들에게 많은 색깔이 있는 놀이치료실과 너무 많은 장난감은 지나치게 자극적일 수 있다.

요약하기

- 놀이는 다양한 발달의 특성을 포함하면서 아동을 이해하는 중요한 자원이 되는데, 발달장애 아동의 놀이는 그 장애의 특성에 기인하여 그 특성이 나타난다.
- 발달놀이치료는 놀이를 통하여 발달장애 아동의 전반적인 발달 · 성장을 촉진하고 전반적인 삶의 질을 향상시키는 것을 목적으로 한다.
- 발달놀이치료는 놀이를 매체로 활용하여 아동의 발달을 이루도록 도와준다는 면에서 놀이치료와 맥락을 함께하지만 대상 아동의 특성이나 지시적인 요소의 포함과 같은 발달놀이치료만의 특성이 존재한다.
- 발달놀이치료는 초기 행동치료적 접근에 초점을 두었으나 20세기 초반 신경과학의 발달과 함께 다양한 치료 방법이 등장하게 되었다.
- 발달놀이치료가 진행되는 과정에서 무엇보다 고려해야 할 부분은 안전과 발달적 기능 수준 등으로 발달놀이치료에 임하는 놀이치료사는 놀이치료사의 기본적인 태도와 함께 발달장애 아동의 진단기준 및 특성, 제공되는 사회서비스의 내용 및 법률 지침 등에 대해서도 이해할 필요가 있다.
- 발달장애 아동을 위한 놀이치료실 시설은 아동의 장애에 따라 수정되어야 할 필요가 있다.

생각해 보기

Q1. 놀이치료와 발달놀이치료의 차이점은 무엇이라고 생각하는가?

Q2. 발달놀이치료를 진행하기 위한 놀이치료사로서 준비해야 할 역량은 무엇인가?

Q3. 발달장애 아동을 위한 놀이치료 시 치료실 세팅은 어떤 점을 고려해야 하는가?

참고문헌

송영혜(2002). 발달장애 아동을 위한 놀이치료의 과제와 전망. **발달장애학회지**, 6(2), 167-180.

오지현, 박소연(2021). 온라인 기반 놀이치료 훈련 프로그램 만들어 가기에 관한 참여적 실행연구: 숙련 놀이치료자의 발달장애 아동 놀이치료 교육. **아동학회지**, 42(2), 200.

Beyer, J., & Gammeltoft, L. (2000). *Autism and play*. Jessica Kingsley Publishers.

Boucher, J., & Wolfberg, P. (2003). Editorial. *Autism, 7*(4), 339-346.

Brody, V. A. (1978). Developmental Play: A relationship-focused program for children. *Child Welfare, 57*(9), 591-599.

Camichael, K. D. (1994). Plat therapy for children with physical disabilities. *Journal of Rehabilitation, 60*(3), 51.

Carr, W. (2004). Philosophy and Education. *Journal of Philosophy of Education, 38*, 56-73.

Charman, T. (1997). The relationship between joint attention and pretend play in autism. *Development and Psychopathology, 9*, 1-6.

Csikszentmihalyi, M. (1976). What play says about behavior. *Ontario Psychologist, 8*(2), 5-11.

Erikson, E. (1963). *Childhood and society*. W. W. Norton & Company.

Esposito, B. G., & Koorland, M. A. (1989). PLay behavior of hearing impaired children: Integrated and segregated settings. *Exceptional Children, 55*, 412-419.

Gitlin-Weiner, K., Sandgrund, A., & Schaefer, C. (2000). *Play diagnosis and assessment* (2nd ed.). 송영혜, 윤지현, 이승희, 오미경, 김은경, 김향지, 김영순, 권영주, 김경선, 박진희, 이은진, 장경연 공역(2004). **놀이진단 및 평가(제2판)**. 시그마프레스.

Grant, R. J. (2017). *AutPlay therapy for children and adolescents on the autism spectrum: A behavioral play-based approach* (3rd ed.). 진미경, 김혜진, 박현숙, 채은영, 김모라, 오형경 공역(2021). **자폐스펙트럼 아동과 청소년을 위한 발달놀이치료(3판)**. 학지사.

Guerney, L. F. (1984). *Play therapy in counseling setting*. In T. D. Yawkey & A. D. Pellegrini (Eds.), *Child's play: Developmental and applied* (pp. 291-322). Eribaum.

Hobson, P., Lee, A., & Hobson, J. (2009). Qualities of symbolic play among children with autism: A Social-developmental perspective. *Journal of Autism Developmental Disorder, 37*, 1107-1115.

Horne, L. W., & Philleo, C. F. (1942). A comparative study of the spontaneous play activities of normal and mentally defective children. *Journal of Genetic Psychology, 61*, 32-36.

Hughes, F. P. (1999). *Children, play and development*. 김광웅 외 공역(2003). **놀이와 아동발달.** 시그마프레스.

Landreth, G. L. (1991). *Play therapy: The art of the relationship*. Accelerated Development Press.

Landreth, G. L. (2012). *Play therapy: The art of the relationship* (3rd ed.). 유미숙 역(2015). **놀이치료: 치료관계의 기술(원서 3판).** 학지사.

Li, A. K. F. (1985). Toward more elaborate pretend play. *Mental Retardation, 23*, 131-136.

Lombardino, L. J., & Sproul, D. J. (1984). Patterns of correspondence and non-correspondence between play and language in developmentally delayed preschoolers. *Education and Training of the Mentally Retarded, 19*, 5-14.

Lovaas, O. I. (1977). *The Autism child: language development though behavior modification.* Irvington Publishers.

Mann, L. F. (1984). Play behavior of deaf and hearing children. In D. S. Martin (Ed.), *International Symposium on Cognition, Education, and Deafness*. Gallaudet College Press.

Mattern, J. A. (2015). A mixed-methods study of early intervention implementation in the commonwealth of pennsylvania: Supports, services, and policies for young children with developmental delays and disabilities. *Early Childhood Education Journal, 43*(1), 57-67.

McCune, L. (1986). *Play-language relationship: Implications for a theory of symbolic development.* In A. W. Gottfried & C. C. Brown (Eds.), *Play interactions: The contribution of play materials and parental involvement to children's development* (pp. 67-80). Heath.

O'Connor, K. J., Schaefer, C. E., & Braverman, L. D. (2016). *Handbook of play therapy* (2nd ed.). 송영혜, 김귀남, 강민정 공역(2018). **놀이치료 핸드북(제2판).** 시그마프레스.

Parsons, S. (1986). Function of play in low vision children (Part 1): A review of the research and Literature. *Journal of Visual Impairment and Blindness, 80*, 627-630.

Parsons, S. (1986). Function of play in low vision children (Part 2): Emerging patterns of behavior. *Journal of Visual Impairment and Blindness, 80*, 777-784.

Piaget, J. (1962). *Play, dreams and imitation in childhood*. W. W. Norton.

Recchia, S. L. (1987). *Learning to play-Common concerns for the visually impaired child.* Los Angeles, CA: Blind Children's Center (ERIC document reproduction service number ED

292240).

Retting, M. (1994). The play of young children with visual impairments: Characteristic and intervention. *Journal of Visual Impairment and Blindness, Sept-Oct*, 410-420.

Rubin, K. H., Fein, G. C., & Vnderberg, B. (1983). Play. In P. H. Mussen (Ed.), *Handbook of child psychology* (4th ed., pp. 693-774). Wiley.

Schaefer, C. E. (1985). Play therapy. *Early Child Development and Care*, *19*, 95-108.

Stahmer, A. C., & Schreibman, L. (1992). Teaching children with autism appropriate play in unsupervised environments using a self-management treatment package. *Journal of Applied Behavior Analysis, 25*, 447-459.

Sutton-Smith, B. (2008). A personal journey and new thoughts. *American Journal of Play, 1*(1), 80-103.

Thompson, C. L., & Rudolph, L. B. (1988). *Counseling children* (2nd ed.). Brooks/Cole.

Thorp, D. M., Stahmer, A. C., & Schreibman, L. (1995). Teaching sociodramatic play to children with autism using pivotal response training. *Journal of Autism and Developmental Disorders*, *25*, 265-282.

Vygotsky, L. (1978). *Mind in society: The development of higher psychological processes.* Harvard University Press.

Weiner, K., Sandgrund, A., & Schaefer, C. (2000). *Play diagnosis and assessment* (2nd ed.). Wiley.

Wieder, S., & Greenspan, S. I. (2003). Climbing the symbolic ladder in the DIR model through floor time/interactive play. *Autism, 7*(4), 425-435.

Wolfberg, P. J., & Schuler, A. L. (1993). Integrated play groups: A model for promoting the social and cognitive dimensions of play in children with autism. *Journal of Autism and Developmental Disorders, 23*(3), 467-489.

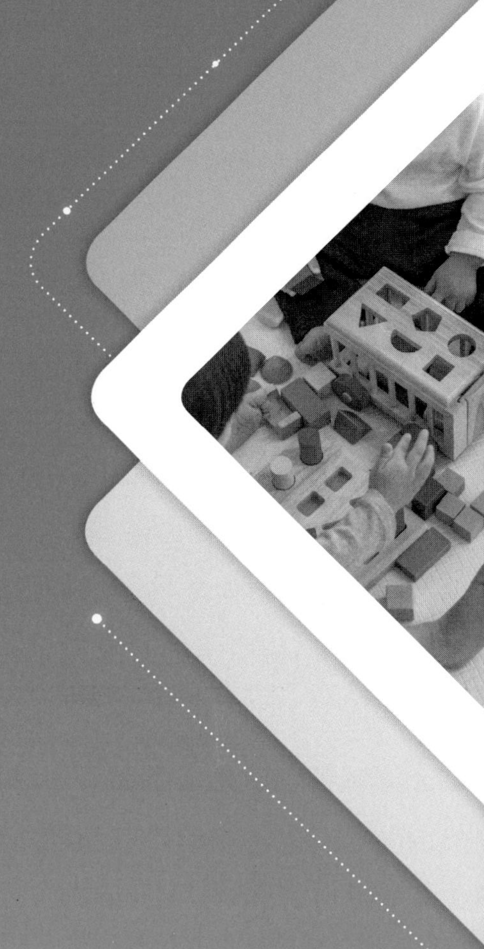

제2장

발달장애 아동의 이해

학습목표

1. 발달장애의 다양한 측면에 따른 정의에 대해 이해할 수 있다.
2. 신경발달장애에 대해 이해할 수 있다.
3. 신경발달장애 아동의 특성에 대해 이해할 수 있다.

●●● 장애 아동의 집단을 분류하고 정의하는 방법은 다양하다. 실제로 현재 우리나라에서는 '발달장애' 혹은 '발달지연' '발달지체' 등의 여러 가지 용어가 사용될 뿐만 아니라 학문적 관점에서 따라 다르게 정의되기도 한다. 여러 다양성이 있겠지만, 이 장에서는 발달장애라는 용어를 법적 · 교육적 · 정신의학적 측면에서 어떻게 정의하는지 살펴보려 한다.

일반적으로 발달장애 아동은 발달적 · 사회적 · 정서적 어려움을 경험한다(Traver-Behring & Spagna, 2004). 대부분의 경우 대근육이나 소근육의 기능, 시각, 청각, 의사소통, 학습 등의 영역에서 손상을 수반하며, 여러 가지 장애가 중복되어 나타나기도 한다. 많은 연구 결과에서 중복장애를 경험하는 경우, 장애 아동은 물론 그 가족까지 큰 어려움을 경험하며, 비장애 아동에 비해 정서 및 행동 문제가 3~7배가 더 나타난다고 보고되고 있다(Alimovic, 2013).

따라서 발달장애 아동을 상담하는 놀이치료사라면 무엇보다 각 발달장애의 범주에서 진단받게 된 아동의 특성 및 그에 수반하여 나타나는 문제들에 대해 이해할 필요가 있다. 이러한 필요에 따라 이 장에서는 발달장애의 정의, 특별히 신경발달장애에 대해 더 구체적으로 살펴보고자 한다.

1. 발달장애의 이해

일반적으로 발달장애란 "어느 특정한 질환 또는 장애를 지칭하는 것이 아니라, 해당하는 나이에 이루어져야 할 발달이 성취되지 않는 상태로, 발달 · 선별검사에서 해당 연령의 정상 기대치보다 25%가 뒤처져 있는 상태"(서울대학교병원 의학정보, 2016)로 정의하기도 하고, "발달이 평균적으로부터 유의미하게 일탈하여 신체적 · 정신적 또는 두 가지 영역 모두에서 심각하고(severe), 만성적인(chronic) 장애가 지속될 가능성이 있는 장애"(국립특수교육원, 2009)로 정의하기도 한다.

발달장애에 관한 일치된 정의를 찾아보기는 어렵지만, 일반적으로 이해할 때, 발달장애는 발달기에 여러 가지 원인에 의해 중추신경계 이상 혹은 인지, 언어, 사회성 및 운동 능력 발달에 지체를 보이는 상태를 총칭한다고 볼 수 있다(김삼섭, 나경은, 김기룡, 2016).

발달장애(developmental disability)라는 용어는 1970년 미국의 「발달장애 서비스 및 시설 구축에 대한 법률(Developmental Disabilities Services and Facilities Construction Act)」이 통과되면서 대두되었다(Accardo & Whiteman, 1996). 여기에서는 발달장애를 "정신지체, 뇌성마비, 간질 또는 18세 이전에 발생하는 기타 여러 신경학적 장애를 의미하는 것으로, 비교적 항구적으로 증상이 나타날 수 있다."라고 정의하면서 주요 일상생활에서 적어도 세 가지 이상의 기능에 명백한 제한이 나타나야 한다고 규정하였다. 여기서 말하는 주요한 일상생활이란, ① 자기관리, ② 수용 및 표현 언어, ③ 학습, ④ 이동, ⑤ 자기지시, ⑥ 독립생활 능력, ⑦ 경제적 자족의 일곱 가지 영역이다.

우리나라의 경우에는 1990년 초반에 발달장애의 개념이 소개되면서, 그 이후의 많은 문헌이 발달장애라는 용어를 사용하고 있다(이승희, 조홍중, 2001). 실제로 2000년에 「장애인복지법」 관련 규정에서 발달장애라는 장애 유형이 만들어지면서 전반적 발달장애, 아스퍼거증후군, 고기능 자폐증 등과 같은 자폐성 장애에 대해 발달장애라고 장애인 등록을 할 수 있게 되었고, 2007년 발달장애에서 자폐성장애로 바뀌게 되었다. 2014년 「발달장애인 권리보장 및 지원에 관한 법률」(약칭: 「발달장애인법」)이 제정되면서 발달장애는 지적장애와 자폐스펙트럼장애를 포함하게 되었다. 그러나 더 넓은 개념에서 보면 발달장애는 신경발달장애라는 개념에서 ADHD를 비롯한 정서 · 행동장애, 학습장애, 틱장애 등을 포함한다고 볼 수 있다. 그렇다면 이러한 발달장애에 대해 다양한 정의는 어떠한가를 살펴보기로 하자.

1) 법적인 측면에서의 발달장애

발달장애는 다양한 측면에서 정의할 수 있는데, 먼저 법적인 측면으로서 「발달장애인 권리보장 및 지원에 관한 법률」 제2조(정의)를 살펴볼 수 있다. 특징이라면 여기서는 크게는 지적장애와 자폐스펙트럼장애로 규정하고 있다.

"발달장애인"이란 「장애인복지법」 제2조 제1항의 장애인으로서 다음 각 목의 장애인을 말한다.

가. 지적장애인: 정신 발육이 항구적으로 지체되어 지적 능력의 발달이 불충분하거나 불완전하여 자신의 일을 처리하는 것과 사회생활에 적응하는 것이 상당히 곤란한 사람

나. 자폐성장애인: 소아기 자폐증, 비전형적 자폐증에 따른 언어 · 신체 표현 · 자기조절 · 사회적응 기능 및 능력의 장애로 인하여 일상생활이나 사회생활에 상당한 제약을 받아 다른 사람의 도움이 필요한 사람

다. 그 밖에 통상적인 발달이 나타나지 아니하거나 크게 지연되어 일상생활이나 사회생활에 상당한 제약을 받는 사람으로서 대통령령으로 정하는 사람

2) 교육적 측면에서의 발달장애

교육적 측면에서는 이러한 부분을 「장애인 등에 대한 특수교육법」에서 다루고 있는데, 먼저는 특수교육 및 특수교육 관련서비스, 특수교육대상자를 다음과 같이 정의하고 있다.

제2조(정의) 이 법에서 사용하는 용어의 정의는 다음과 같다.

1. "특수교육"이란 특수교육대상자의 교육적 요구를 충족시키기 위하여 특성에 적합한 교육과정 및 제2호에 따른 특수교육 관련서비스 제공을 통하여 이루어지는 교육을 말한다.
2. "특수교육 관련서비스"란 특수교육대상자의 교육을 효율적으로 실시하기 위하여 필요한 인적 · 물적 자원을 제공하는 서비스로서 상담지원, 가족지원, 치료지원, 지원

인력배치, 보조공학기기지원, 학습보조기기지원, 통학지원 및 정보접근지원 등을 말한다.

3. "특수교육대상자"란 제15조에 따라 특수교육이 필요한 사람으로 선정된 사람을 말한다.

특수교육대상자에 대해서는 같은 법의 제15조에 제시되어 있다. 여기에서는 특수교육대상자의 유형을 시각장애, 청각장애, 지적장애, 지체장애, 정서・행동장애, 자폐성장애, 의사소통장애, 학습장애, 건강장애, 발달지체, 그 밖에 두 가지 이상의 장애가 있는 경우 등 대통령령으로 정하는 장애를 제시한다.

제15조(특수교육대상자의 선정)

① 교육장 또는 교육감은 다음 각 호의 어느 하나에 해당하는 사람 중 특수교육이 필요한 사람으로 진단・평가된 사람을 특수교육대상자로 선정한다.

1. 시각장애
2. 청각장애
3. 지적장애
4. 지체장애
5. 정서・행동장애
6. 자폐성장애(이와 관련된 장애를 포함한다)
7. 의사소통장애
8. 학습장애
9. 건강장애
10. 발달지체
11. 그 밖에 두 가지 이상의 장애가 있는 경우 등 대통령령으로 정하는 장애

② 교육장 또는 교육감이 제1항에 따라 특수교육대상자를 선정할 때에는 제16조 제1항에 따른 진단・평가결과를 기초로 하여 고등학교 과정은 교육감이 시・도특수교육운영위원회의 심사를 거쳐, 중학교 과정 이하의 각급학교는 교육장이 시・군・구특수교육운영위원회의 심사를 거쳐 이를 결정한다.

3) 정신의학적 측면에서의 발달장애

마지막으로, 정신의학적 측면에서 발달장애는 신경발달장애라는 범주에서 이해할 수 있다. 신경발달장애는 일반적으로 아동이 모의 태내에서부터 출생과 그 이후 발달 과정을 거치면서 신경계가 발달하는 과정에서 유전적이거나 선천적으로 어려움이나 특이성을 보이는 것으로(박랑규 외, 2019), 발달기에 시작되는 장애의 집합이다. 이 장애는 전형적으로 발달 초기에 발현되기 시작하여, 개인적, 사회적, 학업적 또는 직업적 기능에 손상을 야기하는 발달 결함이 특징적이다. 발달 결함의 범위는 학습 혹은 실행 기능을 조절하는 것과 같이 매우 제한적인 손상부터 사회 기술이나 지능처럼 전반적인 손상에 이르기까지 다양하다.

정신의학적 측면에서 발달장애를 정의하고 분류하게 될 때 일반적으로 사용되는 것이 ICD-11과 DSM-5-TR이다. 국제적 분류체계인 ICD-11(International Classification of Diseases)은 신체 질병에 대한 일관성 있는 진단기준을 제공하기 위해 세계보건기구(World Health Organization)에서 만들었으며 이 안에 정신적 장애도 포함되어 있다. 이와 함께 미국정신과협회(American Psychiatric Association)에서 만들어진 『정신질환의 진단 및 통계 편람[Diagnostic and Statistical Manual of Mental Disorders(DSM)]』이 있다. DSM-5-TR에서는 신경발달장애의 범주를 지적장애, 의사소통장애, 자폐스펙트럼장애, 주의력결핍과잉행동장애, 신경발달적 운동장애, 특정학습장애의 여섯 가지 하위 장애로 분류하고 있다.

ICD-11과 DSM-5-TR 외에 초기 아동기 정신장애의 진단지침서로 활용되고 있는 『DC:0-5: 영유아기 정신건강 및 발달장애 진단분류[Diagnostic Classification od Mental Health and Developmental of Infancy and Early Childhood(DC:0-5)]』에서는 신경발달장애 외에 아직 DSM-5-TR에서 논의되지 않는 감각처리장애(sensory processing disorders)를 소개하고 있는데, 실제로 신경발달장애로 진단받은 다수의 아동에게서 감각처리의 어려움을 발견하게 되기 때문에 발달장애 아동을 이해하기 위해서는 감각처리장애에 대한 이해도 함께할 필요가 있다. 따라서 이 장에서는 DSM-5-TR의 신경발달장애의 진단기준에 대한 이해와 함께 감각처리장애에 대한 진단기준 및 특성들에 대해서도 함께 다루어 보고자 한다.

2. 신경발달장애와 감각처리장애

1) 신경발달장애의 진단기준 및 특성

이 장에서 다루는 신경발달장애의 진단기준 및 특성은 DSM-5-TR의 진단기준 및 특성에서 발췌한 것으로 더 자세한 내용은 DSM-5-TR을 참고하면 좋겠다. 다음의 진단기준 및 특성은 DSM-5-TR의 내용을 요약한 것이다.

(1) 지적장애/지적발달장애(Intellectual Disabilities/Intellentual Developmental Disorder)

① 진단기준

지적장애(지적발달장애)는 발달 시기에 시작되며, 개념, 사회, 실행 영역에서 지적 기능과 적응 기능 모두에 결함이 있는 상태를 말한다. 다음의 세 가지 진단기준을 충족해야 한다.

A. 임상적 평가와 개별적으로 실시된 표준화된 지능검사로 확인된 지적 기능(추론, 문제해결, 계획, 추상적 사고, 판단, 학업, 경험 학습)의 결함이 있다.
B. 적응 기능의 결함으로 인해 독립성과 사회적 책임 의식에 필요한 발달학적 · 사회문화적 표준을 충족하지 못한다. 지속적인 지원 없이는 적응 결함으로 인해 다양한 환경(가정, 학교, 일터, 공동체)에서 한 가지 이상의 일상 활동(의사소통, 사회적 참여, 독립적 생활) 기능에 제한을 받는다.
C. 지적 결함과 적응 기능의 결함은 발달 시기 동안에 시작된다.

주의점: 지적장애라는 진단명은 ICD-11의 지적발달장애와 동의어이다.

② 특징

지적장애는 신경발달장애 중 가장 많은 비율을 차지하는 장애로 지적 능력의 결함과 적응 기능의 손상을 보이며 이것이 발달 시기에 시작된다는 세 가지 필수적인 특징을 가지고 있다. 지적장애의 원인으로는 염색체 이상 등을 포함하는 출생 전 요인과 분만 과정에서의 사고 등과 같은 주산기 요인, 그리고 외상성 뇌손상 등의 출생 후 요인 등 다양하다. 만약 중증의 지적장애 아동의 경우라면 발달이 지연되는 특징을 생후 2년 이내에 확인할 수 있지만, 경도의 지적장애의 경우에는 학령기가 되기 전까지는 잘 알아차리지 못하는 경우도 있을 수 있다.

일반적으로 지적장애는 사회적 판단이나 자기조절, 대인관계 기술, 환경에서 동기의 어려움을 그 특징으로 하는데, 만약 의사소통 기술이 부족하다면 그 이후 성장 과정에서 파괴적이고 공격적인 행동이 나타날 가능성이 높다. 대체로 지적장애 아동이 가지고 있는 순진한 행동으로 인해 타인에게 잘 속는 경향이 있고, 신체적이나 성적 학대의 위험에 노출될 수 있으며, 위험에 대한 인식이 부족해서 사고의 위험이 따르기도 한다. 또한 정신질환이 함께 동반될 때 자살 위험이 있을 수 있으므로, 평가 과정에서 자살 사고에 대한 선별검사가 꼭 필요하다. 지적장애는 비진행성으로 평생 지속되며 다른 장애와 동반되는 경우가 흔한데, 흔하게 동반되는 장애로 ADHD, 우울장애와 양극성 장애, 불안장애, 자폐스펙트럼장애, 상동증적 운동장애, 충동조절장애, 주요 신경인지장애를 들 수 있다.

(2) 의사소통장애(Communication Disorder)

① 언어장애(Language Disorder)

㉠ 진단기준

A. 언어에 대한 이해나 생성의 결함으로 인해 언어 양식(즉, 말, 글, 수화 또는 기타)의 습득과 사용에 지속적인 어려움이 있으며, 다음 항목들을 포함한다.
   1. 어휘(단어에 대한 지식과 사용) 감소
   2. 문장구조(문법이나 형태론적 법칙을 기초로 단어와 의미를 배치하여 문장을 만드는 능력)의 제한
   3. 담화(주제나 일련의 사건을 설명하거나 기술하고 대화를 나누기 위해 어휘를 사용하고 문장을 연결하는 능력)의 손상

B. 언어 능력이 기대되는 수준보다 상당히, 그리고 정량적으로 낮으며, 이로 인해 개별적으로나 어떤 조합에서나 효율적인 의사소통, 사회적 참여, 학업적 성취 또는 직업적 수행의 기능적 제한을 야기한다.

C. 증상의 발병은 초기 발달 시기에 시작된다.
D. 이러한 어려움은 청력이나 다른 감각 손상, 운동 기능이상 또는 다른 의학적 · 신경학적 조건에 기인한 것이 아니며, 지적장애(지적발달장애)나 전반적 발달지연으로 더 잘 설명되지 않는다.

ⓛ 특징

언어장애의 핵심적인 특징은 어휘, 문장구조, 언어에 대한 이해와 생성의 결함으로 인해서 언어의 습득과 사용에 어려움을 겪는다는 것이다. 언어는 일반적으로 수용언어와 표현언어로 구성되는데, 수용언어의 결핍을 보이는 아동이 표현언어의 결핍을 보이는 경우보다 예후가 더 좋지 않다. 언어장애 아동은 일반적으로 어휘량이 적고, 문장에서 문법적 오류가 많으며 짧고 단순하게 언어를 사용한다. 단어를 찾는 데 어려움이 생기기도 하고, 동의어나 다양한 의미에 대한 이해가 부족할 수도 있다. 대체로 긴 지시를 따르지 못하고, 전화번호 기억하기 등의 언어 정보를 반복하기 어려워할 수 있다. 이러한 언어장애는 특정학습장애, ADHD, 자폐스펙트럼장애, 발달성 협응장애, 사회적(실용적) 의사소통장애와 연관이 있다.

② **말소리장애**(Speech Sound Disorder)

㉠ 진단기준

A. 말소리 내기에 지속적인 어려움이 있고, 이는 언어 명료도를 방해하거나 전달적인 언어적 의사소통을 막는다.
B. 장애가 효과적인 의사소통을 제한하며, 사회적 참여, 학업적 성취, 또는 직업적 수행을 각각 혹은 조합해서 방해한다.
C. 증상의 발병은 초기 발달 시기에 시작된다.
D. 이러한 어려움은 뇌성마비, 구개열, 청력 손실, 외상성 뇌손상이나 다른 의학적 또는 신경학적 조건과 같은 선천적 혹은 후천적 조건으로 인한 것이 아니다.

㉡ 특징

말소리를 낸다는 것은 음소를 정확하게 소리 내어 구어를 만들어 내는 것을 말한다. 따라서 말을 하기 위해서는 언어음에 대한 음성학적 지식, 조음기관의 움직임과 호흡 및 발성을 조절하는 능력 등이 모두 필요하다. 이러하기에 말소리 장애는 음성학적 장애와 조음장애를 모두 포함한다. 대체로 언어장애, 특별히 표현언어의 결함은 말소리 장애와 동반되어 나타날 수 있다. 말소리 장애의 경우 치료에 대한 예후가 좋은 편이며, 시간이 흐르면서 개선되는 경우도 있어 평생 지속되지 않을 수 있다. 그러나 언어장애와 공존한다면 예후가 나쁘며, 특정학습장애와의 연관성도 고려하여야 한다.

③ **아동기 발병 유창성 장애/말더듬**(Childhood-Onset Fluency Disorder/Stuttering)

㉠ 진단기준

A. 말의 정상적인 유창성과 말 속도 양상의 장애로서 이는 연령이나 언어 기술에 비해 부적절하며, 오랜 기간 지속된다. 다음 중 한 가지 이상이 자주, 뚜렷하게 나타나는 것이 특징이다.
  1. 음과 음절의 반복
  2. 자음과 모음을 길게 소리 내기
  3. 단어의 깨어짐(예: 한 단어 내에서 머뭇거림)
  4. 소리를 동반하거나 동반하지 않는 말 막힘(말의 중단 사이가 채워지거나 채워지지 않음)
  5. 돌려 말하기(문제 있는 단어를 피하기 위한 단어 대치)
  6. 과도하게 힘주어 단어 말하기
  7. 단음절 단어의 반복(예: "나-나-나-나는 그를 본다.")

B. 개별적으로나 복합적으로 장애는 말하기에 대한 불안 혹은 효과적인 의사소통, 사회적 참여 또는 학업적 · 직업적 수행의 제한을 야기한다.

C. 발병은 초기 발달 시기에 시작된다.

D. 장애는 언어-운동 결함 또는 감각 결함, 신경학적 손상(예: 뇌졸중, 종양, 외상)에 의한 비유창성, 또는 다른 의학적 상태로 인한 것이 아니며, 다른 정신질환으로 더 잘 설명되지 않는다.

㉡ 특징

이 장애는 연령에 부적절한 말의 유창성과 말 속도 장애로, 음이나 음절을 자주 반복하거나 길게 하는 특징이 있다. 장애의 정도는 상황에 따라 다양한데, 학교에서 발표하기 등과 같이 의사소통에 대한 특별한 압력이 있을 때 더 심해진다. 비유창성은 종종 소리 내어 읽거나 노래하기, 또는 무생물이나 애완동물에게 이야기할 때는 나타나지 않는다. 종종 말더듬 문제에 대한 예기 공포가 생길 수도 있으며 스트레스나 불안에 의해서도 악화될 수 있다. 아동기에 발병하는 유창성장애는 눈 깜박임이나 틱과 같은 운동성 움직임이 동반될 수 있다. 대체로 성장하면서 자신의 말하기 문제를 인식하게 됨에 따라 다른 사람 앞에서 말하기를 회피하거나 짧고 간결하게 말하는 것 등으로 비유창성과 감정적 반응을 피하기 위한 방법을 개발하기도 한다. 대부분의 경우 비유창성을 회복하게 되지만, 8세경의 유창성 장애의 심각도에 따라 청소년기 이후 지속 가능성에 대해 예측할 수 있다고 보고 있다.

④ **사회적(실용적) 의사소통장애**[Social(Pragmatic) Communication Disorder]

㉠ 진단기준

A. 언어적 · 비언어적 의사소통의 사회적인 사용에 있어서 지속적인 어려움이 있고, 다음과 같은 양상이 모두 나타난다.
  1. 사회적 맥락에 적절한 방식으로 인사 나누기나 정보 공유 같은 사회적 목적의 의사소통을 하는 데 있어서의 결함
  2. 교실과 운동장에서 각기 다른 방식으로 말하기, 아동과 성인에게 각기 다른 방식으로 말하기, 그리고 매우 형식적인 언어와 사용을 피하는 것과 같이 맥락이나 듣는 사람의 요구에 맞추어 의사소통 방법을 바꾸는 능력에 있어서의 손상
  3. 자기 순서에 대화하기, 알아듣지 못했을 때 좀 더 쉬운 말로 바꾸어 말하기, 상호작용을 조절하기 위해 언어적 · 비언어적 신호를 사용하기와 같이 대화를 주고받는 규칙을 따르는 데 있어서의 어려움
  4. 무엇이 명시적 기술이 아닌지(예: 추측하기), 언어의 비문자적 또는 애매모호한 의미(예: 관용구, 유머, 은유, 해석 시 문맥에 따른 다중적 의미)가 무엇인지를 이해하는 데 있어서의 어려움

B. 개별적으로나 복합적으로 결함이 효과적인 의사소통, 사회적 참여, 사회적 관계, 학업적 성취 또는 직업적 수행의 기능적 제한을 야기한다.
C. 증상의 발병은 초기 발달 시기에 나타난다(그러나 결함은 사회적 의사소통 요구가 제한된 능력을 넘어설 때까지는 완전히 나타나지 않을 수 있다).
D. 증상은 다른 의학적 또는 신경학적 상태나 부족한 단어 구조 영역과 문법 능력에 기인한 것이 아니며, 자폐스펙트럼장애, 지적장애(지적발달장애), 전반적 발달지연, 또는 다른 정신질환으로 더 잘 설명되지 않는다.

ⓛ 특징

이 장애는 의사소통의 사회적 사용 문제가 가장 큰 특징이다. 또한 부수적인 특성으로 언어 손상이 나타나기도 한다. 이 장애를 지닌 아동은 사회적인 상호작용을 피할 수 있으며, ADHD, 행동 문제, 특정학습장애와 흔히 동반되기도 한다.

(3) 자폐스펙트럼장애(Autism Spectrum Disorder)

① 진단기준

A. 다양한 분야에 걸쳐 나타나는 사회적 의사소통 및 사회적 상호작용의 지속적인 결함으로 현재 또는 과거력상 다음과 같은 특징으로 나타난다.
   1. 사회적 · 감정적 상호성의 결함(예: 비정상적인 사회적 접근과 정상적인 대화의 실패, 흥미나 감정 공유의 감소, 사회적 상호작용의 시작 및 반응의 실패)
   2. 사회적 상호작용을 위한 비언어적인 의사소통 행동의 결함(예: 언어적 · 비언어적 의사소통의 불완전한 통합, 비정상적인 눈 맞춤과 몸짓 언어, 몸짓의 이해와 사용의 결함, 얼굴 표정과 비언어적 의사소통의 전반적 결핍)
   3. 관계 발전, 유지 및 관계에 대한 이해의 결함(예: 다양한 사회적 상황에 적합한 적응적 행동의 어려움, 상상 놀이를 공유하거나 친구 사귀기가 어려움, 동료들에 대한 관심 결여)

B. 제한적이고 반복적인 행동이나 흥미, 활동이 현재 또는 과거력상 다음 항목들 가운

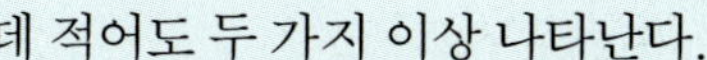
데 적어도 두 가지 이상 나타난다.

1. 상동증적이거나 반복적인 운동성 동작, 물건 사용 또는 말하기(예: 단순 운동 상동증, 장난감 정렬하기, 또는 물체 튕기기, 반향어, 특이한 문구 사용)
2. 동일성에 대한 고집, 일상적인 것에 대한 융통성 없는 집착, 또는 의례적인 언어나 비언어적 행동 양상(예: 작은 변화에 대한 극심한 고통, 변화의 어려움, 완고한 사고 방식, 의례적인 인사, 같은 길로만 다니기, 매일 같은 음식 먹기)
3. 강도나 초점에 있어서 비정상적으로 극도로 제한되고 고정된 흥미(예: 특이한 물체에 대한 강한 애착 또는 집착, 과도하게 국한되거나 고집스러운 흥미)
4. 감각 정보에 대한 과잉 또는 과소 반응, 또는 환경의 감각 영역에 대한 특이한 관심(예: 통증/온도에 대한 명백한 무관심, 특정 소리나 감촉에 대한 부정적 반응, 과도한 냄새 맡기 또는 물체 만지기, 빛이나 움직임에 대한 시각적 매료)

C. 증상은 반드시 초기 발달 시기부터 나타나야 한다(그러나 사회적 요구가 개인의 제한된 능력을 넘어서기 전까지는 증상이 완전히 나타나지 않을 수 있고, 나중에는 학습된 전략에 의해 증상이 감춰질 수 있다).

D. 이러한 증상은 사회적, 직업적 또는 다른 중요한 현재의 기능 영역에서 임상적으로 뚜렷한 손상을 초래한다.

E. 이러한 장애는 지적장애(지적발달장애) 또는 전반적 발달지연으로 더 잘 설명되지 않는다. 지적장애와 자폐스펙트럼장애는 자주 동반된다. 자폐스펙트럼장애와 지적장애를 함께 진단하기 위해서는 사회적 의사소통이 전반적인 발달 수준에 기대되는 것보다 저하되어야 한다.

주의점: DSM-IV의 진단기준상 자폐성장애, 아스퍼거 장애 또는 달리 분류되지 않는 광범위성 발달장애로 진단된 경우에는 자폐스펙트럼장애의 진단이 내려져야 한다. 사회적 의사소통에 뚜렷한 결함이 있으나 자폐스펙트럼장애의 다른 진단 항목을 만족하지 않는 경우에는 사회적(실용적) 의사소통장애로 평가해야 한다.

② 특징

자폐스펙트럼장애의 필수적인 특징은 사회적 의사소통과 사회적 상호작용의 지속적인 손상, 제한적이고 반복적인 양식의 행동, 관심 또는 활동이다. 많은 경우에서 지적 손상 혹은 언어 손상을 동반한다. 평균적인 지능을 보이더라도 각 영역 간의 편차가 크며,

지적 기능과 적응 기능 기술 간의 차이도 크게 나타난다. 기이한 걸음걸이, 서투름, 기타 비정상적 운동 징후를 포함하는 운동 결함도 자주 나타난다. 자해가 나타날 수도 있고, 파괴적/저항적 행동은 다른 장애에 비해 자폐스펙트럼장애의 아동에게 좀 더 흔하게 나타난다. 성장하여 청소년이나 성인이 된 이후 불안이나 우울을 경험하기 쉽다. 이 장애는 보통 생후 2년 이내에 장애를 인식하기 시작하나, 만약 발달지연이 심각하다면 생후 12개월 이전에, 증상이 미묘한 경우에는 24개월 이후에 인식될 수도 있다. 초기 증상으로 언어발달의 지연이 흔하게 나타나며, 종종 사회적 관심의 결핍이나 특이한 사회적 상호작용, 이상한 놀이 방식, 특이한 의사소통 방식이 동반된다. 이 장애는 퇴행성 질환이 아니며 삶을 살면서 계속 배우고 보완해야 하는 장애다.

(4) 주의력결핍 과잉행동장애(Attention-Deficit/Hyperactivity Disorder)

① 진단기준

A. 기능 또는 발달을 저해하는 지속적인 부주의 및 과잉행동-충동성이 (1) 그리고/또는 (2)의 특징을 갖는다.

1. 부주의: 다음 9개 증상 가운데 6개 이상이 적어도 6개월 동안 발달 수준에 적합하지 않고 사회적·학업적/직업적 활동에 직접적으로 부정적인 영향을 미칠 정도로 지속됨

주의점: 이러한 증상은 단지 반항적 행동, 적대감 또는 과제나 지시 이해의 실패로 인한 양상이 아니어야 한다. 후기 청소년이나 성인(17세 이상)의 경우에도 적어도 다섯 가지 증상을 만족해야 한다.

a. 종종 세부적인 면에 대해 면밀한 주의를 기울이지 못하거나, 학업, 직업 또는 다른 활동에서 부주의한 실수를 저지름(예: 세부적인 것을 못 보고 넘어가거나 놓침, 작업이 부정확함)
b. 종종 과제를 하거나 놀이를 할 때 지속적으로 주의집중을 할 수 없음(예: 강의, 대화, 또는 긴 글을 읽을 때 계속해서 집중하기 어려움)
c. 종종 다른 사람이 직접 말을 할 때 경청하지 않는 것처럼 보임(예: 명백하게 주의집중을 방해하는 것이 없는데도 마음이 다른 곳에 있는 것처럼 보임)
d. 종종 지시를 완수하지 못하고, 학업, 잡일 또는 작업장에서의 임무를 수행하지

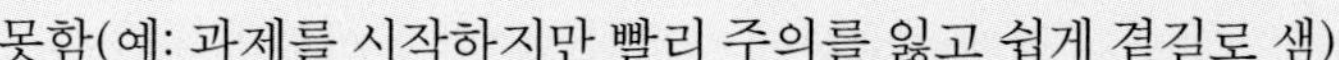

못함(예: 과제를 시작하지만 빨리 주의를 잃고 쉽게 곁길로 샘)

e. 종종 과제와 활동을 체계화하는 데 어려움이 있음(예: 순차적인 과제를 처리하는 데 어려움, 물건이나 소지품을 정리하는 데 어려움, 지저분하고 체계적이지 못한 작업, 시간 관리를 잘하지 못함, 마감 시간을 맞추지 못함)

f. 종종 지속적인 정신적 노력을 요구하는 과제에 참여하기를 기피하고, 싫어하거나 저항함(예: 학업 또는 숙제, 후기 청소년이나 성인의 경우에는 보고서 준비하기, 서류 작성하기, 긴 서류 검토하기)

g. 과제나 활동에 꼭 필요한 물건들(예: 학습 과제, 연필, 책, 도구, 지갑, 열쇠, 서류 작업, 안경, 휴대폰)을 자주 잃어버림

h. 종종 외부 자극(후기 청소년과 성인의 경우에는 관련이 없는 생각들이 포함될 수 있음)에 의해 쉽게 산만해짐

i. 종종 일상적인 활동을 잊어버림(예: 잡일하기, 심부름하기, 후기 청소년과 성인의 경우에는 전화 회답하기, 청구서 지불하기, 약속 지키기)

2. 과잉행동–충동성: 다음 9개 증상 가운데 6개 이상이 적어도 6개월 동안 발달 수준에 적합하지 않고 사회적·학업적/직업적 활동에 직접적으로 부정적인 영향을 미칠 정도로 지속됨

주의점: 이러한 증상은 단지 반항적 행동, 적대감 또는 과제나 지시 이해의 실패로 인한 양상이 아니어야 한다. 후기 청소년이나 성인(17세 이상)의 경우, 적어도 다섯 가지 증상을 만족해야 한다.

a. 종종 손발을 만지작거리며 가만두지 못하거나 의자에 앉아서도 몸을 꿈틀거림

b. 종종 앉아 있도록 요구되는 교실이나 다른 상황에서 자리를 떠남(예: 교실이나 사무실이나 다른 업무 현장, 또는 자리를 지키게 요구되는 상황에서 자리를 이탈)

c. 종종 부적절하게 지나치게 뛰어다니거나 기어오름(주의점: 청소년 또는 성인에서는 주관적으로 좌불안석을 경험하는 것에 국한될 수 있다.)

d. 종종 조용히 여가 활동에 참여하거나 놀지 못함

e. 종종 '끊임없이 활동하거나' 마치 '태엽 풀린 자동차처럼' 행동함(예: 음식점이나 회의실에 장시간 동안 가만히 있을 수 없거나 불편해 함, 다른 사람에게 가만히 있지 못하는 것처럼 보이거나 가만히 있기가 어려워 보일 수 있음)

f. 종종 지나치게 수다스럽게 말함

g. 종종 질문이 끝나기 전에 성급하게 대답함(예: 다른 사람의 말을 가로챔, 대화 시 자신의 차례를 기다리지 못함)

h. 종종 자신의 차례를 기다리지 못함(예: 줄 서 있는 동안)

I. 종종 다른 사람의 활동을 방해하거나 침해함(예: 대화나 게임, 활동에 참견함, 다른 사람에게 묻거나 허락을 받지 않고 다른 사람의 물건을 사용하기도 함, 청소년이나 성인의 경우 다른 사람이 하는 일을 침해하거나 꿰찰 수 있음)

B. 몇 가지의 부주의 또는 과잉행동-충동성 증상이 12세 이전에 나타난다.

C. 몇 가지의 부주의 또는 과잉행동-충동성 증상이 두 가지 또는 그 이상의 환경에서 존재한다(예: 가정, 학교나 직장, 친구들 또는 친척들과의 관계, 다른 활동에서).

D. 증상이 사회적·학업적 또는 직업적 기능의 질을 방해하거나 감소시킨다는 명확한 증거가 있다.

E. 증상이 조현병 또는 기타 정신병적 장애의 경과 중에만 발생되지는 않으며, 다른 정신질환(예: 기분장애, 불안장애, 해리장애, 성격장애, 물질 중독 또는 금단)으로 더 잘 설명되지 않는다.

② 특징

ADHD의 특징적인 증상은 지속적인 양상의 부주의 또는 과잉행동-충동성이며, 언어, 운동, 사회적 발달의 경미한 지연이 흔히 동반된다. 이에 더해 좌절에 대한 인내력, 과민성 또는 불안정한 기분이 포함되기도 하고, 특정학습장애가 아님에도 학업에 어려움을 보일 수 있다. 보통 ADHD는 걸음마기에 과도한 운동 활동이 관찰되기도 하지만 대체로 초등학교 기간에 흔히 인식되기 시작하며, 부주의가 더욱 또렷해지고 손상을 유발하게 된다. 초등학교 입학 이전 시기에 나타나는 주요 특징은 과잉행동이며, 부주의는 초등학생 시기에 두드러진다.

(5) 특정학습장애(Specific Learning Disorder)

① 진단기준

A. 학습 기술을 배우고 사용하는 데 있어서의 어려움. 이러한 어려움에 대한 적절한 개입을 제공함에도 불구하고 아래에 열거된 증상 중 적어도 한 가지 이상이 최소 6개월 이상 지속된다.
   1. 부정확하거나 느리고 힘겨운 단어 읽기(예: 단어를 부정확하거나 느리며 더듬더듬 소리 내어 읽기, 자주 추측하며 읽기, 단어를 소리 내어 읽는 데 어려움이 있음)
   2. 읽는 것의 의미를 이해하기 어려움(예: 본문을 정확하게 읽을 수 있으나 읽은 내용의 순서, 관계, 추론 또는 깊은 의미를 이해하지 못함)
   3. 철자법의 어려움(예: 자음이나 모음을 추가하거나 생략 또는 대치하기도 함)
   4. 쓰기의 어려움(예: 한 문장 안에서 다양한 문법적 · 구두점 오류, 문단 구성이 엉성함, 생각을 글로 표현하는 데 있어 명료성이 부족함)
   5. 수 감각, 단순 연산값 암기 또는 연산 절차의 어려움(예: 숫자의 의미, 수의 크기나 관계에 대한 빈약한 이해, 한 자리 수 덧셈을 할 때 또래들처럼 단순 연산값에 대한 기억력을 이용하지 않고 손가락을 사용함, 연산을 하다가 진행이 안 되거나 연산 과정을 바꿔 버리기도 함)
   6. 수학적 추론의 어려움(예: 양적 문제를 풀기 위해 수학적 개념, 암기된 연산값 또는 수식을 적용하는 데 심각한 어려움이 있음)

B. 보유한 학습 기술이 개별적으로 실시한 표준화된 성취도 검사와 종합적인 임상 평가를 통해 생활연령에 기대되는 수준보다 현저하게 양적으로 낮으며, 학업적 · 직업적 수행이나 일상생활의 활동을 현저하게 방해한다는 것이 확인되어야 한다. 17세 이상인 경우 학습의 어려움에 대한 과거 병력이 표준화된 평가를 대신할 수 있다.

C. 학습의 어려움은 학령기에 시작되나 해당 학습 기술을 요구하는 정도가 개인의 능력을 넘어서는 시기가 되어야 분명히 드러날 수도 있다(예: 주어진 시간 안에 시험보기, 길고 복잡한 리포트를 촉박한 마감 기한 내에 읽고 쓰기, 과중한 학업 부담)

D. 학습의 어려움은 지적장애, 교정되지 않은 시력이나 청력 문제, 다른 정신적 또는 신경학적 장애, 정신사회적 불행, 학습 지도사가 해당 언어에 능숙하지 못한 경우, 불충분한 교육적 지도로 더 잘 설명되지 않는다.

② 특징

특정학습장애의 핵심적인 특성은 학업 기술을 익히는 데 있어서의 지속적인 어려움, 학업 수행이 또래에 비해 낮다는 점과 저학년 때 학습 문제가 분명해진다는 것이다. 학령 전기에는 주의집중, 언어 또는 운동 기술의 지연이 나타나기도 한다. 언어지연이나 언어결함, 운율이나 숫자 세기의 어려움 또는 쓰기에 요구되는 미세 운동 기술의 어려움과 같은 전구증상은 아동기 초기에 나타나며, 행동적인 문제를 보일 수도 있다. 이 장애는 일생 동안 지속되며, 학령 전기 아동에서 관찰되는 증상으로는 말소리로 하는 놀이(예: 반복, 운율)에 대한 흥미 부족, 동요 습득의 어려움이 있다. 흔히 아기말을 사용하는 빈도가 높고, 단어를 잘못 발음하며, 글자, 숫자나 요일의 이름을 기억하는 데 어려움을 보일 수도 있다.

(6) 운동장애(Motor Disorder)

① **발달성 협응장애**(Developmental Coordination Disorder)

㉠ 진단기준

A. 협응된 운동의 습득과 수행이 개인의 생활연령과 기술 습득 및 사용의 기회에 기대되는 수준보다 현저하게 낮다. 장애는 운동 기술 수행(예: 물건 잡기, 가위나 식기 사용, 글씨 쓰기, 자전거 타기 또는 스포츠 참여)의 지연과 부정확성뿐만 아니라 서투른 동작(예: 물건 떨어뜨리기 또는 물건에 부딪히기)으로도 나타난다.
B. 진단기준 A의 운동 기술 결함이 생활연령에 걸맞은 일상생활의 활동(예: 자기 관리 및 유지)에 현저하고 지속적인 방해가 되며, 학업/학교생활의 생산성, 직업 활동, 여가, 놀이에 영향을 미친다.
C. 증상은 발달 초기에 시작된다.
D. 운동 기술의 결함이 지적장애(지적발달장애)나 시각 손상으로 더 잘 설명되지 않으며, 운동에 영향을 미치는 신경학적 상태(예: 뇌성마비, 근육퇴행위축, 퇴행성 질환)에 기인한 것이 아니어야 한다.

② **상동증적 운동장애**(Stereotypic Movement Disorder)

㉠ 진단기준

A. 반복적이고, 억제할 수 없는 것처럼 보이고, 목적이 없는 것 같은 운동 행동(예: 손 흔들기, 손장난하기, 몸 흔들기, 머리 흔들기, 물어뜯기, 자기 몸 때리기)
B. 반복적인 운동 행동이 사회적, 학업적 또는 기타 활동을 방해하고, 자해의 원인이 될 수 있다.
C. 초기 발달 시기에 발병한다.
D. 반복적 운동 행동은 물질의 생리적 효과나 신경학적 상태로 인한 것이 아니며, 다른 신경발달장애나 정신질환(예: 발모광, 강박장애)으로 더 잘 설명되지 않는다.

㉡ 특징

단순한 상동증적 운동은 발달하는 아동에게 흔히 발견된다. 하지만 복합적 상동증적 운동은 드물게 나타나며, 지적장애 아동의 4~16%가 상동증과 함께 자해를 보인다고 보고하고 있다.

③ **틱장애**(Tic Disorder)

㉠ 진단기준

투렛장애
A. 여러 가지 운동성 틱과 한 가지 또는 그 이상의 음성 틱이 질병 경과 중 일부 기간 동안 나타난다. 두 가지 틱이 반드시 동시에 나타날 필요는 없다.
B. 틱 증상은 자주 악화와 완화를 반복하지만 처음 틱이 나타난 시점으로부터 1년 이상 지속된다.
C. 18세 이전에 발병한다.
D. 장애는 물질(예: 코카인)의 생리적 효과나 다른 의학적 상태(예: 헌팅턴병, 바이러스성 뇌염)로 인한 것이 아니다.

지속적(만성) 운동 또는 음성 틱장애

A. 한 가지 또는 여러 가지의 운동 틱 또는 음성 틱이 장애의 경과 중 일부 기간 동안 존재하지만, 운동 틱과 음성 틱이 모두 나타나지는 않는다.

B. 틱 증상은 자주 악화와 완화를 반복하지만 처음 틱이 나타난 시점으로부터 1년 이상 지속된다.

C. 18세 이전에 발병한다.

D. 장애는 물질(예: 코카인)의 생리적 효과나 다른 의학적 상태(예: 헌팅턴병, 바이러스성 뇌염)로 인한 것이 아니다.

E. 투렛장애의 진단기준에 맞지 않아야 한다.

ⓛ 특징

틱장애는 투렛장애, 지속적(만성) 운동 또는 음성 틱장애, 잠정적 틱장애, 달리 명시되지 않는 틱장애의 네 가지 범주로 구성된다. 틱은 전형적으로 4~6세 사이에 시작되어 10~12세 사이에 가장 심하게 나타나며, 청소년기에 약해지는 경과를 보인다. 다양한 장애를 동반할 수 있는데 일반적으로 아동의 경우에는 ADHD, 강박장애, 분리불안장애를 경험하게 된다. 만약 ADHD나 강박장애와 같은 동반질환이 있을 경우에는 기능에 큰 영향을 받을 수도 있다.

2) 감각처리장애의 진단기준 및 특성

감각처리장애(Sensory Processing Disorders)는 아동이 감각 압력 조절에서의 비정상 상태를 보이는 것으로 크게 과다반응, 과소반응, 비전형적인 반응의 세 가지로 나눌 수 있다. 이러한 증상이 다른 장애에 의해 잘 설명되지는 않지만 다른 장애가 함께 동반될 수 있다. 다음의 진단기준 및 특성은 DC: 0–5의 내용을 요약한 것이다.

(1) 감각과다반응장애(Sensory Over-Responsivity Disorder)

감각과다반응장애는 감각 자극에 대해 과하고 강렬하며 오래 유지되는 반응의 지속적인 패턴으로, 일반적으로 비슷한 연령 및 발달 수준의 아동에서 관찰되는 것보다 더 심각하거나, 빈번하고, 오래 지속되는 것을 말한다.

① 진단기준

아래 모든 기준에 부합해야 한다.

A. 영유아가 한 가지 이상의 상황(예: 가정, 어린이집, 놀이터)에서 다른 양육자와 함께 있을 때(만약 영유아의 양육자가 한 명 이상인 경우), 1개 이상의 일상 감각 자극(촉각, 시각, 청각, 전정감각, 후각, 미각, 고유감각, 내수용감각)에 격렬하고 부정적인 반응을 포함한 감각과다반응의 지속적이고 만연한 패턴을 나타낸다. 반응의 강도 혹은 반응 지속시간은 자극의 정도와 비례하지 않는다. 아래 진단기준 1 혹은 2가 있어야만 한다.
  1. 영유아는 감각을 유발하는 자극에 노출될 때 격렬한 정서 혹은 행동 반응을 보임. 반응의 강도와 지속시간은 자극의 강도와 비례하지 않음
  2. 영유아는 분명히 자신에게 혐오스러운 일상 감각 자극과 접촉을 피하려 함

B. 영유아는 자폐스펙트럼장애의 진단기준에 맞지 않는다. 증상은 주의력결핍 과잉행동장애에 의해 더 잘 설명되지 않는다.

C. 장애 증상이나 그러한 증상에 대한 양육자의 수용 태도가 아래 항목들 가운데 하나 이상의 방식으로 영유아와 그 가족의 기능에 큰 영향을 미친다.
  1. 영유아에게 고통 유발
  2. 영유아의 관계 방해
  3. 발달상 기대되는 활동이나 일상에 영유아의 참여 저해
  4. 매일 활동이나 일상에 가족 참여 저해
  5. 새로운 기술을 배우고 익히는 영유아의 능력 저해 또는 발달 과정 방해

연령: 영유아는 최소 6개월 이상이어야 한다.

지속기간: 자극 과다반응의 패턴은 최소 3개월 동안 지속된다.

② 특징

감각과다반응장애는 감각 자극에 대해 일반적인 또래 아동들에 비해 다소 과하고 강하게 반응하면서 오래 유지되는 특성을 보인다. 이러한 감각적 반응은 촉각, 청각, 후각, 전정감각, 미각, 시각, 고유감각, 내수용감각 중 한 가지 이상에서 나타날 수 있다. 예를 들면, 큰 소리에 지나치게 울거나, 사람이 많은 곳 혹은 낯선 곳을 회피하려는 강한 저항

행동을 보일 수도 있다. 기억해야 하는 점은 비전형적인 감각반응은 자폐스펙트럼장애의 진단기준이기 때문에 자폐스펙트럼장애의 경우 둘 다를 진단 내리지 않는다는 것이다. 일반적으로 감각과다반응장애 아동들의 경우 급식 문제, 수면 문제, 감정조절의 어려움 등이 나타나며, 불안장애의 위험도 높아진다.

(2) 감각과소반응장애(Sensory Under-Responsivity Disorder)

감각과소반응장애는 발달적 상황에 기대되는 만큼의 감각 자극에 대한 표현이 적고 극도로 짧게 나타나는 패턴을 보인다.

① 진단기준

A. 영유아가 한 가지 이상의 상황(예: 가정, 어린이집/유치원, 놀이터)과 다른 양육자와 함께 있을 때(만약 영유아에게 한 명 이상의 양육자가 있다면), 한 개 이상의 강력한 감각 자극(촉각, 시각, 청각, 전정감각, 후각, 미각)에 둔마 또는 중립적 반응을 포함하는 감각과소반응의 지속적이고 만연한 패턴을 나타낸다. 반응의 최소 강도 혹은 반응을 시작하는 잠복기는 자극의 정도에 비례하지 않는다. 아래 진단기준 1 혹은 2가 존재해야만 한다.

1. 영유아는 강렬한 혹은 최소한 중등도 감각반응을 유발할 것으로 예상되는 강한 자극에 노출될 때 정서적 둔마 혹은 행동 반응을 보인다. 반응의 최소 강도, 반응하기 위한 긴 잠복기, 그리고 반응의 짧은 지속기간은 자극 강도와 비례하지 않는다.
2. 영유아는 강한 긍정 혹은 혐오 반응을 유발할 것으로 예상되는 일상 감각 자극에 분명한 반응이 없다(심지어 반응이 없으면 다칠 수도 있음에도).

B. 장애 증상이나 그러한 증상에 대한 양육자의 수용 태도가 아래 항목들 가운데 하나 이상의 방식으로 영유아와 그 가족의 기능에 큰 영향을 미친다.

1. 영유아에게 고통 유발
2. 영유아의 관계 방해
3. 발달상 기대되는 활동이나 일상에 영유아의 참여 저해
4. 매일 활동이나 일상에 가족 참여 저해

5. 새로운 기술을 배우고 익히는 영유아의 능력 저해 또는 발달 과정 저해

연령: 영유아는 최소 6개월 이상이어야 한다.

지속기간: 자극 과소반응의 패턴은 최소 3개월 동안 지속된다.

② 특징

감각과소반응장애는 감각 자극에 대해 둔하게 반응하거나 최소한의 반응을 극도로 짧게 나타내는 패턴을 보인다. 예를 들어, 아동이 다쳤음에도 통증을 느끼지 못하거나, 큰 소리로 이야기를 해도 알아차리지 못할 수도 있다. 일반적으로 감각과소반응과 ADHD의 부주의 행동은 구분하기가 어려울 수 있다.

요약하기

- 발달장애는 일반적으로 발달기에 여러 가지 원인에 의해 중추신경계 이상 혹은 인지, 언어, 사회성 및 운동능력 발달에 지체를 보이는 상태를 말한다.
- 발달장애를 정의하는 데 있어서 법적 측면, 교육적 측면, 정신의학적 측면에서 살펴볼 수 있으며, 이 장에서는 정신의학적 측면에서의 신경발달장애를 중점으로 이해하고 있다.
- DSM-5-TR에서의 신경발달장애 범주는 지적장애, 의사소통장애, 자폐스펙트럼장애, 주의력결핍 과잉행동장애, 신경발달적 운동장애, 특정학습장애의 여섯 가지로 그 진단기준 및 특징에 대해 이해할 필요가 있다.
- DC:0-5: 영유아기 정신건강 및 발달장애 진단분류에서는 신경발달장애 외에 아직 DSM-5-TR 등에서 논의되지 않는 감각처리장애를 소개하고 있는데, 이는 신경발달장애로 진단받은 다수의 아동에게서 감각처리의 어려움이 발견되기 때문에 발달장애 아동을 이해하기 위해서는 감각처리장애에 대한 이해도 함께할 필요가 있다.

생각해 보기

Q1. 신경발달장애의 특성에 대해 생각해 보라.

Q2. 신경발달장애 아동의 감각처리 특성에 대해 연결하여 생각해 보라.

Q3. DSM-5-TR에서 지적장애, 의사소통장애, 자폐스펙트럼장애, 주의력결핍 과잉행동장애, 신경발달적 운동장애, 특정학습장애를 신경발달장애로 범주화한 이유에 대해 생각해 보라.

참고문헌

국립특수교육원(2009). **특수교육학 용어 사전**. 하우.

김삼섭, 나경은, 김기룡(2016). **발달장애 이해**. 학지사.

박랑규, 안동현, 유희정, 어수지, 이솔, 신혜민(2019). **발달장애 아동 통합치료교육**. 학지사.

서울대학교병원 의학정보(2016). http://www.snuh.org/pub/infomed/sub01/sub01/

이승희, 조홍중(2001). '발달장애'개념에 대한 특수교육학적 고찰. **발달장애학회지**, 5(2), 17-30.

Accardo, P. J., & Whiteman, B. Y. (1996). *Dictionalry of developmental disabilities terminology*. Paul H. Brookes.

Alimovic, S. (2013). Emotional and behavioral problems in children with visual impairment, intellectual and multiple disabilities. *Journal of Intellectual Disability Research, 57*(2), 153-160.

American Psychiatric Association (APA). (2022). *Diagnostic and statistical manual of mental disorders*, 5th Edition Text Revision(DSM-5-TR). 권준수, 김붕년, 김재진, 신민섭, 신일선, 오강섭, 원승희, 이상익, 이승환, 이헌정, 정영철, 조현상, 김민아 공역(2023). **DSM-5-TR 정신질환의 진단 및 통계 편람(제5판 수정판)**. 학지사.

Taver-Behring, S., & Spagna, M. E. (2004). Counseling with exceptional children. *Focus on Exceptional Children, 36*(8), 1-12.

ZERO TO THREE. (2016, v 2 2021). *Diagnostic classification of mental health and developmental disorders of infancy and early childhood (DC:0-5)*. 이경숙, 홍민하, 박진아, 반건호 공역 (2021). **DC:0–5 영유아기 정신건강 및 발달장애 진단분류**. 세원프레스 ZERO TO THREE.

제 3 장

부모상담

학습목표

1. 발달장애 아동 부모의 심리적 적응 과정에 대해 이해할 수 있다.
2. 발달장애 아동 부모를 위한 여러 상담적 개입에 대해 이해할 수 있다.

● ● ● 부모에게 있어 자녀는 희망이며, 자녀의 성장은 부모에게 큰 기쁨이 된다. 특별히 우리나라 부모의 경우 이러한 경향성이 더 두드러지는데, 만약 자녀가 성장 과정에서 일반적이지 않은 발달적 특성을 보이게 된다면 어떨까? 일반적으로 자녀의 장애에 대해 알게 되었을 때 부모는 혼란스러워하며, 자녀의 현재와 미래의 삶을 걱정하게 되기도 하고, '내가 이런 상황을 초래한 것은 아닐까?' 하는 죄의식을 가지기도 하며, '왜 내게 이런 일이 생긴단 말인가?' 하는 자기연민에 빠지기도 하고 심하게는 자신을 증오하기도 한다. 이러한 정서적 어려움 이외에도 장애를 치료하기 위해 의료전문가나 다양한 치료 기관, 여러 진단검사, 특수 치료를 진행하게 되면서 경제적 부담을 지게 된다. 심지어는 이로 인해 가족관계에 문제가 생기기도 하는데, 장애 자녀를 돌보는 일에 과도한 시간과 에너지가 요구되면서 부부간, 다른 자녀들 혹은 타인과의 관계에도 어려움을 경험할 수 있다.

발달장애 아동을 상담하는 놀이치료사는 아동의 문제에 적극적으로 개입할 뿐만 아니라 이러한 어려움을 경험하는 부모와 협력적 관계를 맺고 자녀의 발달을 촉진할 수 있도록 함께 노력하는 동반자적 관계를 형성해야 한다. 또한 부모가 놀이치료사에게 배운 개입을 가정에서 실시할 수 있도록 교육함으로써 궁극적으로 부모가 자녀의 발달을 촉진시키는 중요한 환경적 대상이 될 수 있도록 해야 한다. 따라서 이 장에서는 발달장애 아동을 상담하는 놀이치료사가 부모상담을 진행하기 위해서 이해해야 할 부모의 정서적 특성 및 부모상담 개입 방법에 대해서 살펴보고자 한다.

1. 발달장애 아동 부모에 대한 이해

1) 발달장애 아동 부모의 심리적 적응 과정

질병과 달리 장애는 영구적인 특성을 가지기 때문에, 부모로서 자녀에게 장애가 있다는 사실을 수용하는 것은 매우 어려운 일이다. 간혹 자녀가 부모를 닮아서 조금 늦되는 거라고 믿고 싶어 하기도 하고, 설령 장애를 진단받게 된 경우에도 그 진단을 믿지 않고 여러 기관을 전전하면서 장애를 부인하기도 한다. 일반적으로 인간은 누구나 쉽게 수용할 수 없는 충격적인 사실을 받아들이게 될 때 여러 심리적 과정을 거친다고 하는데, 이는 장애 아동의 부모들에게도 마찬가지로 나타난다.

Kübler-Ross(1969)는 『죽음과 임종에 관하여(On Death and Dying)』에서 죽음의 5단계(five stages of grief) 이론을 처음으로 주장했는데, 이는 죽음뿐 아니라 인간이 충격적인 사실을 수용하는 과정에서도 마찬가지로 마주하게 되는 심리적 적응 과정으로 확대하여 이해되고 있다. 이 다섯 가지 단계는 충격과 부인, 분노와 원망, 타협, 우울과 낙담, 그리고 수용을 말한다. 자녀의 장애를 수용하는 과정은 순환적이며 역동적인 과정으로 모든 장애 아동의 부모가 동일하게 정해진 단계를 따르는 것은 아니며, 가정 환경, 교육 환경 및 사회 환경 등의 다양한 요인에 따라 장애를 수용하는 과정에 영향을 미친다(Bray, Coleman, & Bracken, 1981; Wilker, Wasow, & Hatfield, 1981).

앞에서 설명한 대로 발달장애 자녀를 수용하는 과정에서 부모는 여러 심리적 적응 과정을 가지게 되는데 놀이치료사는 각각의 단계에 맞는 상담적 개입을 이해할 필요가 있다. 이때 놀이치료사는 부모가 누구나 이러한 과정을 가지지는 않는다는 점과, 어느 단계에서 정체되거나 퇴보할 수 있다는 점을 유념해야 할 필요가 있다(Seligman & Darling, 2007). 다섯 단계의 특성 및 놀이치료사의 태도는 다음과 같다.

(1) 1단계: 충격과 부인

부모는 자녀에게 장애가 있다는 사실을 알게 되면 큰 충격을 받아 현실을 회피하고 받아들이지 않으려고 한다. 이때 나타나는 대표적 감정으로 혼란, 무감각, 무력감 등을 들 수 있다. 실제로 상담 장면에서 자폐스펙트럼장애 진단을 받았던 아동의 어머니는 장애가 발생한 원인이 부모 자신에게 있는 것이 아닌가 하는 생각으로 인한 죄책감을 호소하기도 하고, 자녀의 발달적 특이성으로 인해 수치심을 가지면서 자녀를 밀어내는 경우도 있다. 혹은 장애가 아니라는 진단을 받기 위해 다른 전문가를 찾아 여러 곳을 전전하느라 유용한 조기개입 프로그램의 혜택을 받지 못하는 경우도 종종 있다.

이 단계에서 놀이치료사는 부모가 가질 수 있는 충격, 죄책감, 수치심과 같은 정서적 반응을 이해하고 수용해야 하며 적극적으로 경청하는 것이 필요하다. 놀이치료사가 부모로 하여금 장애를 수용하도록 성급하게 제안하거나, 자녀의 장애로 인한 한계를 강조할 때 부모는 더욱 힘들어질 수 있기 때문이다. 오히려 부모가 처한 상황에 대해 진정성 있는 평가를 할 것을 권유하거나, 필요하다면 다른 임상 전문가의 평가를 요청함으로써 부모의 정서적 요구를 따라가 줄 수 있다. 이러한 대처 과정에서 나타나는 작은 변화들을 함께 인식하고 공감하는 것이 부모에게는 더 적응적일 수 있다는 것을 기억해야 한다.

(2) 2단계: 분노와 원망

자녀에게 장애가 있다는 사실을 더 이상 부인할 수 없게 될 때 부모는 분노를 경험할 수 있다. '왜 나에게 이런 일이 일어났는가?'라는 의문이 들 수도 있고, 부모로서 아무것도 할 수 없다는 무력감을 느끼기도 한다. 이러한 감정적인 반응은 삶에 나타난 급격한 변화에 대한 부모의 불안을 반영하는 것이다. 이러한 불안정한 감정으로 인해 가정 안에서 갈등도 심해질 수 있고 사회적인 고립이 나타나기도 한다.

이 단계에서 놀이치료사는 개방적이고 수용적인 태도로 부모가 경험하는 이러한 불안과 분노를 솔직하게 표현할 수 있도록 하는 것이 필요하다. 무엇보다 현재 부모가 경험하는 감정들이 잘못된 것이 아님을 인식하게 함으로써 부모가 죄책감을 크게 느끼지 않도록 할 필요가 있다. 이와 함께 자녀가 분명히 변화할 수 있다는 확신을 갖게 하면서 장애의 특성과 자녀가 가지는 강점을 찾아서 이해시키고, 부모가 양육에서 해야 할 일을 제시하면서 실천해 갈 수 있도록 격려하는 것이 필요하다.

(3) 3단계: 타협

이 단계가 되면 부모는 자녀의 장애를 고치기 위해 무엇인가 할 수 있다고 생각하게 된다. 이때의 타협은 장애를 온전히 수용했다기보다는 장애를 고치겠다는 강한 의지를 보이는 시기로 이해해야 한다. 부모는 주변에 효과가 있다는 치료 기법이나 기관을 찾아다니면서 장애를 고치려는 강한 동기를 보이는데, 이로 인해 치료에 많은 시간과 비용을 감당하게 되며, 어느 경우에는 경제적인 손실을 심하게 경험하기도 한다.

이 단계에서 놀이치료사는 부모의 이러한 태도를 너무 강하게 직면시키거나 비난해서는 안 된다. 오히려 부모가 자녀의 긍정적인 특징에 주의를 집중할 수 있도록 하며, 자녀와의 적극적인 관계 경험을 격려하고, 낙관적인 태도를 유지하는 것이 필요하다. 또한 부모가 자녀를 돌보는 것 이외의 다른 활동들을 격려함으로써 삶의 균형감을 가질 수 있도록 하는 개입이 필요하다.

(4) 4단계: 우울과 낙담

부모는 자녀의 장애를 극복하기 위한 그간의 노력에도 불구하고 기대에 미치지 못하는 교육 효과와 경제적 부담, 그리고 여전히 장애를 수용해야 하는 현실 앞에서 좌절과 낙담을 경험하게 된다. 이로 인해 만성적인 우울 및 무력감을 느낄 수 있다.

이 단계에서 놀이치료사는 부모가 좌절감을 표현하는 것인지 아니면 임상적 우울을 겪고 있는지를 구별해서 대처해야 한다. 또한 부모가 일상생활에서 삶의 만족감을 높이기 위해 무엇을 할 수 있는지 함께 논의해야 하며, 부모의 노력에 대해 긍정적인 평가를 해야 한다. 부모의 노력이 양육의 성공 경험과 연결될 수 있는 과제를 제시하고, 노력의 결과를 확인할 수 있도록 함으로써 부모가 자녀를 긍정적인 시각으로 바라볼 수 있도록 도와주어야 한다. 만약 부모의 우울과 좌절감이 지속된다면 전문가의 상담이나 부모 자조모임 등을 제안하여 이를 극복하도록 도와야 한다.

(5) 5단계: 수용

이 단계에 이르게 되면 부모는 자녀의 상태에 대해 보다 객관적인 시각으로 바라볼 수 있게 되며, 합리적인 문제해결을 지향하는 대처 전략을 사용하기도 한다. 자녀의 장애를 인정함과 동시에 자녀의 강점도 함께 인식할 수 있게 된다. 자녀의 장애에 대해서는 여전히 슬픔을 느끼지만 자녀의 삶에 대해 긍정적인 면도 인식하게 된다. 부모는 실현 가능한 현실적인 해결 방법을 모색하게 되고 생애 주기에 맞게 새로운 의미를 부여하게 되기도 한다.

이 단계에서 놀이치료사는 부모가 자신과 같은 경험을 하는 부모들을 만나는 자조모임 활동을 격려할 수 있고, 부모와 자녀 간의 긍정적인 상호작용에 대해 개입할 수도 있다.

2) 발달장애 아동 부모의 정서적 지원을 위한 방안

장애 아동의 가족은 일상생활 전반에 걸쳐 다양한 제약을 경험하며, 심리적인 어려움을 겪을 수 있고 부모로서의 자신감을 잃기 쉽다. 또한 사회적 활동이나 지지체계로부터 쉽게 소외될 수도 있다. 이러한 장애 아동 부모가 경험하는 심리적인 어려움은 단순히 장애 아동 부모만의 문제가 아니라 장애 아동의 발달에 영향을 미치게 된다는 점에서 중요하게 다룰 필요가 있다.

지금까지의 장애 아동 가족의 연구는 가족이 경험하는 심리적 부적응과 부정적인 측면에 초점을 두고 연구되어 왔으나, 최근 강점과 긍정적인 측면을 탐색하는 연구들이 늘어남에 따라 장애 아동 부모의 삶의 만족에 관한 관심이 증가하고 있다(강경숙, 2016; 이원남, 김경신, 2017). 이에 따라 발달장애 아동의 부모를 상담하는 놀이치료사라면 부모상담 과정에서 부모와 함께 삶의 만족을 증진시킬 수 있는 정서적 지원 방법을 함께 모색하는 것도 중요한 상담의 목표가 되어야 한다. 그에 따른 지원 방법으로 다음과 같은 방안을 고려해 볼 수 있다.

(1) 자조모임 경험

자조모임(self-help group)이란 같은 문제를 경험하고 있는 구성원들이 서로 지지와 조언을 구하면서 전문가의 개입으로 파악하기 어려운 욕구나 문제들을 해결해 가는 모임을 말한다. 이 모임을 통해서 특정한 경험, 문제, 욕구를 가진 개인은 자신이 당면한 문제와 관심을 나누고 다른 사람들로부터 효과적인 지지와 지원을 받을 수 있게 된다.

사회적 지지라는 긍정적 자원은 문제 상황에서 부모의 문제해결 능력을 강화시켜 스트레스를 완화하는 기능을 하며, 부모의 자아존중감과 주관적 행복감 강화는 양육 스트레스와 우울감을 감소시킬 수 있다(Huang et al., 2014). 이렇듯 자조모임은 부모가 겪는 어려움에 대한 대응책을 제공하고, 사회적 연결과 지지는 부모의 정신적 · 신체적 건강에 긍정적 영향을 미치게 된다(Thoits, 2011). 놀이치료사는 장애 아동을 양육하는 부모들과 함께 그들의 정서적 어려움 및 해결해야 할 문제들에 대해 공감적 분위기를 형성할 수 있는 자조모임에 대한 정보를 숙지하고 부모에게 제안할 수 있으며, 여건이 된다면 놀이치료사가 부모 자조모임을 구성할 수도 있다.

(2) 가족 회복탄력성 촉진

어려움을 경험하는 시기에 부부, 가족, 또는 기타 중요한 대상과 함께 소통함으로써 문제에 대처하는 힘을 더욱 강하게 경험할 수 있다. Patterson(1991)은 장애 아동 가족의 성공적인 가족 적응의 핵심으로 가족 회복탄력성(family resilience)을 제시하였다. 가족 회복탄력성이 높은 가족의 특징으로는 가족 경계의 유지, 의사소통 능력 개발, 상황에 대한 긍정적 의미 부여, 가족 유연성 유지, 가족의 책임 유지, 활동적인 대처 노력에의 참여, 사회통합의 유지, 전문가와 상호 협력관계 개발을 들 수 있는데, 이러한 특성을 가진 가족일수록 장애에 직면하여 보다 탄력적으로 대처하고 적응한다고 본다.

(3) 불안에 대처하기

장애 아동의 부모는 '불안이 일상이 된 삶'을 살고 있다. 부모들은 대체로 불안과 우울감, 상처, 실망감 등의 감정을 경험하면서 힘든 부담감을 경험하고 있다고 보고한다(박종철, 2016). 장애 아동의 부모를 대상으로 상담 시 자녀의 미래를 생각할수록 불안감을 멈출 수가 없다는 공통적인 보고를 한다. '우리 아이가 나중에 정상적인 사회생활을 하는 성인으로 성장할 수 있을까?'라는 불안감은 발달장애 자녀를 양육하는 부모라면 누구나 가지는 생각일 것이다. 그러나 '만약에?' 혹은 '내일 무슨 일이 일어날까?'라는 생각에 집중하면 할수록 불안감은 더욱 커지게 된다. 이러한 장애 아동 부모의 불안을 다루기 위해서는 현실에 집중하도록 하는 개입이 필요하다. 지금 당장 해결해야 할 일이 무엇인지에 집중하다 보면 불안감이 서서히 감소하게 되면서 지금 할 수 있는 것이 보이기 시작한다. 내가 통제할 수 있는 일과 없는 일을 구분하고, 현재 해야 할 일과 일에 우선순위를 매기고 언제 그 일을 하고, 언제까지 완료할지 시간 관리와 계획에 집중할 수 있도록 상담 과정에서 부모가 경험하는 불안을 다루는 개입이 필요하다.

(4) 정보 요청하기

부모가 발달장애 자녀의 장애를 이해하고 그 문제에 대처하는 것은 부모 역량 강화를 위해 매우 필요하다. 자녀의 장애에 대해 가능한 한 많이 알게 되면 자녀를 돌보는 데 자신감을 가질 수 있게 되며, 또한 자녀가 겪고 있는 일을 더 잘 이해하고 다른 사람들에게 그들의 요구 사항을 표현할 수 있다. 따라서 자녀를 치료하고 있는 전문가들과 자주 상담하고, 권장하는 사항들을 적극적으로 경청하는 것이 필요하다. 장애 자녀의 치료사는 훌륭한 정보원이 될 수 있으므로 주저하지 말고 질문하는 것이 필요하다. 더 나아가, 지식을 확장할 수 있는 신뢰할 수 있는 책이나 웹사이트 등을 활용하는 것도 도움이 된다. 무엇보다 자녀에게 효과가 있는 것과 효과가 없는 것이 무엇인지 파악해야 한다. 자녀에게 동기를 부여하는 것은 무엇인가? 무엇이 그들을 지치게 하는가? 그들의 스트레스나 불안을 유발하는 것은 무엇인가? 무엇이 그들을 진정시키는가? 이러한 유형의 질문에 답하면 어려운 상황을 예측하고, 조정하고, 그들의 필요 사항을 옹호하기가 더 쉬워질 수 있다.

(5) 부정적 감정 표현하기

자녀를 양육하며 만들어 온 희망과 꿈 어떤 것도 이루어질 수 없다는 것을 깨달았을 때 그 씁쓸함과 분노의 감정은 피할 수 없다. 연구에 따르면 자폐스펙트럼장애 아동의 부모가 느끼는 우울이나 불안의 비율이 일반적인 발달을 보이는 아동의 부모에 비해 높을 뿐만 아니라 다른 발달지연이나 장애가 있는 아동의 부모와 비교해도 훨씬 높다고 보고하고 있다(Almansour et al., 2013). Olshansky(1962)는 발달장애 등의 심한 장애를 지닌 자녀를 양육하는 부모에게는 비애 감정이 만성적으로 존재하며 그것을 '만성적 슬픔(chronic sorrow)'이라고 표현하였다. 장애가 있는 아동의 부모라면, 스스로가 어떤 부정적 감정을 가질 수 있는지, 그리고 그런 감정이 생겼을 때 어떻게 관리해야 하는지 알아야 하는데 이는 자신과 아이를 더 잘 돌보는 데 도움이 된다. 또한 부정적인 감정을 경험하는 것이 장애 자녀를 키우는 데 있어 정상적이라는 것을 아는 것은 수치심과 낙인의 감정으로부터 부모에게 힘을 실어 줄 수 있다. 무엇보다 중요한 것은, 슬픔이나 걱정을 경험한다고 해서 아이를 있는 그대로 사랑하고 받아들이지 않는다는 의미는 아니라는 것이다. 부모 스스로 자신의 부정적 감정을 수용하고 재충전의 시간을 가짐으로써, 이러한 감정을 다루고 표현하는 과정에서 좌절에서 회복하고, 아이의 성공을 온전히 받아들일 수 있을 것이다. 일반적으로 부모에게 도움이 되는 방법은 그 기분을 정확하게 인정하는 것이며 부모가 반복하여 자신의 감정을 표현할 수 있는 기회를 제공하여 그들이 가지고 있는 슬픔을 명료화하도록 하는 것이다. 그와 같은 과정을 통해 부정적 감정을 완전히 소실시키는 것보다 오히려 장애에 조금씩 다가갈 수 있도록 도와서 긍정적으로 장애 아동의 기능이 조금씩 늘어 가는 것에 기쁨을 느끼게 도와야 한다.

(6) 긍정적인 태도 취하기

긍정적인 태도를 취하는 것은 문제에 대처하는 중요한 기제 중 하나이다. 부모는 자녀

가 자신에 대한 개념을 형성하는 데 중요한 역할을 한다. 부모의 양육태도에 따라 자녀를 독립적이고 성공적인 사람으로 키울 수도 있고, 부적절하고 무능하며 열등한 사람으로 키울 수도 있다. 부모가 인식하든 인식하지 못하든 자녀는 항상 부모와 주변 환경을 관찰하고 있다. 그들은 부모가 행복한지, 화가 나 있는지, 좌절했는지, 흥분되었는지 등을 인식할 수 있다. 부모가 자녀의 능력에 대해 의심을 가진다면, 자녀도 자신의 능력에 대해 의심을 가질 수 있다. 반대로, 자녀에 대해 긍정적인 태도를 취한다면 자녀는 있는 그대로 사랑받고, 받아들여지고, 가치 있게 여겨진다고 느끼게 된다. 자녀의 진단을 바꿀 수는 없지만, 자녀가 최고의 삶을 살 수 있도록 도와줄 수는 있다. 관계를 맺고, 자원을 탐색하고, 다른 사람들과 협력하여 자녀가 성공할 수 있는 모든 기회를 제공하는 것이 필요하다.

(7) 현실적인 문제해결 능력 기르기

현실에 대해 객관적으로 파악한다는 것은 그것을 있는 그대로 받아들인다는 것을 의미한다. 또한 변화할 수 있는 것은 어찌 보면 변화할 수 없는 것도 존재한다는 것을 수용한다는 뜻이기도 하다. 부모가 자신의 스트레스를 조절하고 해결책을 제시하는 능력을 대처 기제라고 한다. 일반적으로 장애 아동의 부모는 가족과 자녀의 미래에 대한 걱정이 매우 만연해 있으며, 자주 외로움의 감정을 경험한다(Kerr & McIntosh, 2000). 이러한 상황에서의 건강한 대처 기법은 부모가 자녀 양육과 장애에 적응하는 데 필요한 요구를 관리하는 데 도움이 된다(Staats et al., 2015). 다행히도 장애가 있는 자녀를 키우고 있는 일부 부모는 긍정적인 견해를 가짐으로써 그들이 직면하는 어려움을 잘 대처하기도 한다. 놀이치료사는 부모가 자녀에게 집중할 수 있도록 삶을 수정하고 다시 집중하는 데 도움을 주어야 한다. 이러한 과정에서 부모는 자녀와 장애 모두를 수용하게 된다(Staats et al., 2015).

(8) 부모 자신을 돌보기

스트레스 상황에서 대부분은 자신만의 방식으로 반응하는 특성이 있다. 중요하게도, 스트레스 대처의 첫 단계는 스트레스를 이해하고 그 원인을 파악하는 것이다(Miller, 1994; Rose, 1987). 건강한 가족은 스트레스를 인식하고 대처할 수 있으며(Curran, 1985), 자신의 스트레스 신호를 인식하면 스트레스의 원인을 예측하고 스트레스를 미리 제거하려고 노력할 수 있다. 먼저, 시간 관리는 장애 자녀를 돌보는 부모의 스트레스 요인 중 일부를 완화하는 효과적인 대처 전략이 될 수 있다(Turnbull et al., 1986). 미래에 대한 걱정보다는 부모 자신을 돌보는 데 시간을 보내는 것이다(Schilling et al., 1984; Turnbull et al, 1986). McCubbin 등(1982)은 뇌성마비 자녀를 둔 부모의 대처 행동과 자원을 조사한 결과, 부모 모두 자신을 돌보는 것이 도움이 된다고 보았다(Miller, 1994). 따라서 부모가 먼저 자신을 돌보기 위해 시간을 마련하는 것이 중요하며, 그렇지 않을 때 다른 가족 구성원을 돌보는 데 어려움이 발생할 수 있다(Thompson, 2000).

그 외에도 건강한 생활을 위해 필요한 수면이나 식사 등을 챙기는 것, 그리고 자신을 위한 시간을 갖고 다른 사람에게 지지를 부탁하는 것은 중요하다. 사회적 지지는 장애아동을 양육하는 부모에게 중요한 요인 중 하나이며, 이는 장애와 관련된 부정적인 심리적 · 생리적 영향을 줄이는 역할을 한다(Ekas et al., 2016; Lovell et al., 2012). 자폐스펙트럼장애 자녀를 양육하는 부모를 대상으로 진행한 연구에 따르면 비공식적 사회적 지지가 부모의 부담과 삶의 질 사이의 관계를 부분적으로 매개하는 것으로 나타났으며(Marsack & Samuel, 2017), ADHD 아동의 부모는 일반 아동의 부모보다 더 많은 사회적 지지를 원하는 것으로 나타났다(Craig et al., 2020).

건강한 가족은 한계에 집중하거나 미래의 불확실성에 대해 걱정하기보다는 작은 이득과 현재 일어나고 있는 일에 집중하기 위해 기대와 가치를 조정하는 특성을 보인다(Beavers et al., 1986). 자녀가 장애 진단을 받게 될 때 가족은 우선순위, 목표, 기대를 바꿔야 한다(Pueschel et al., 1988; Rose, 1987). 부모도 실수할 수 있다는 사실을 인식하고 완벽해야 한다는 감정을 버리는 것도 중요하다(Rose, 1987). 건강한 가정은 스트레스를 삶의 일시적이고 정상적인 부분으로 인식하고 시간과 필요에 우선순위를 둘 수 있다(Curran, 1985).

3) 발달장애 아동 부모의 요구 및 관심사

장애를 지닌 자녀를 양육하는 부모가 감당해야 하는 스트레스가 큰 것은 당연한 일이다. 따라서 발달장애 아동을 상담하는 놀이치료사라면 그 부모가 느끼는 스트레스가 무엇이며, 어떠한 필요를 느끼고 있는지, 도움이 될 수 있는 정보에는 어떤 것들이 있는지를 아는 것이 필요하다. 일반적으로 장애 아동 부모가 필요로 하는 요구는 〈표 3-1〉과 같다.

표 3-1 발달장애 아동 부모의 요구

종류	구체적인 예
정보에 대한 요구	• 장애 자녀 양육 및 교육 방법 • 장애 자녀와의 올바른 상호작용 방법 • 장애 자녀의 성장과 발달에 대한 정보 • 현재 또는 미래에 가능한 다양한 서비스에 대한 정보
지원에 대한 요구	• 전문적인 도움(특수교육 및 치료지원) • 다른 장애 가족과 만나서 상호작용하는 기회 • 배우자, 친구, 친척, 이웃의 비공식적 지원 • 종교기관의 도움
다른 사람에게 설명하기 요구	• 배우자, 장애 아동의 형제자매 및 친구, 장애 아동의 조부모, 지역사회 주민, 타인에게 자녀의 장애에 대해 설명하고 이해시켜야 하는 요구
지역사회 서비스 요구	• 병원 서비스 • 베이비시터, 단기보호 서비스
재정적 요구	• 의식주, 보장구, 교재, 교구 구입비 • 교통비에 대한 요구
가족 기능 요구	• 여가 활동 • 가족 간 역할분담 • 가족 내 문제해결에 대한 요구

출처: Bailey & Simeonsson (1998).

2. 발달장애 아동의 부모상담 개입

1) 부모상담 중 이해해야 하는 가족 역동

장애 아동 부모와의 상담 과정을 좀 더 잘 이해하기 위해서는 장애 아동 가족과 관련한 가족 체계에 대한 이해가 필요하다. 각 부모가 지닌 여러 가치관, 신념, 태도, 삶의 경험 및 현재의 상황 등을 이해하여 상담에 반영할 때 긍정적인 상담의 결과를 만들 수 있다. 발달장애 아동 가족의 경우에는 그 독특성이 더 크기 때문에, 놀이치료사가 이러한 요소들을 알고 이해하게 된다면 부모와 긍정적인 관계를 형성하는 데 도움이 될 수 있다(Seligman & Darling, 2007).

(1) 가족 구성원의 특성

부모상담 시 놀이치료사는 가족 구성원의 모든 특성, 즉 가족 구성원의 나이, 성별, 직업, 취미 등의 요소들을 고려하는 것이 중요하다. 가족의 특성은 개별 가족을 독특하게 해 주는 속성을 의미하는데, 놀이치료사는 장애 아동에 대한 가족 구성원들의 반응이나 대처 전략 및 요구가 다를 수 있으므로 가족 특성을 이해하고 그에 맞는 개별적인 지원을

표 3-2 가족생활주기에 따른 이슈

단계	부모	형제
초기 아동기 (출생~5세)	• 정확한 진단을 받기 • 형제와 친척들에게 알리기 • 적절한 서비스를 찾기 • 장애에 관한 올바른 의미 찾기 • 명칭 붙임과 낙인에 대처하기 • 장애의 긍정적 측면 확인하기	• 형제의 요구에 대한 부족한 시간과 에너지 • 적어지는 관심에 대한 질투심 • 장애에 대한 오해에서 비롯된 두려움
학령기 (5~12세)	• 가족 기능을 수행하기 위한 일상을 구성하기 • 교육에 대해 정서적으로 적응하기 • 통합교육 대 분리교육 선택하기 • 개별화교육계획(IEP)에 참여하기 • 지역사회 자원 찾기 • 교과 외 활동을 결정하기	• 신체적 보호 요구에 대한 책임 나누기 • 여가 생활에 대해 부족한 가족 자원 • 친구와 교사에게 알리기 • 같은 학교에 입학시키는 문제 • 장애에 대한 기본적인 정보에 대한 요구
청소년기 (12~21세)	• 장애의 지속성에 대해 정서적으로 적응하기 • 성역할에 관한 문제를 확인하기 • 또래 거부와 고립 • 진로/직업 개발 계획 • 여가 활동 계획 • 사춘기의 신체적/정서적 변화 • 고등부 이후 교육 계획	• 형제와의 과잉 동일시에 대한 것 • 개인차에 대한 이해 • 직업 선택에 있어서 장애의 영향 • 가능한 낙인과 당혹감을 다루기 • 형제 훈련 프로그램에 참여 • 형제 지원 집단에 참여
성인기 (21세 이상)	• 필요한 후견인을 계획하기 • 독립적인 성인이 되기 위한 요구 • 사회화에 필요한 경험 • 진로선택이나 직업 프로그램	• 재정적 지원의 책임에 대한 것 • 유전적 문제의 걱정에 대한 것 • 진로/생활 선택에 대한 정보에 대한 것 • 장애 형제 옹호를 위한 역할에 관한 것 • 후견인에 관한 것

출처: 조용태(2006).

시도해야 한다.

특별히 가족생활주기에 따라 부모와 장애 형제에게 발생하는 이슈를 살펴보는 것도 중요하다. 앞의 〈표 3-2〉는 가족생활주기에 따른 이슈를 다룬 것이다(조용태, 2006).

(2) 문화적 스타일

현재 가족이 처해 있는 상황에서 장애에 대한 고정관념이 무엇인지를 이해하는 것은 중요하다. 특별히 이러한 고정관념 중 자녀의 장애에 대해 부모를 비난하는 것과도 관련이 있는지 평가하고 해결하는 것이 필요하다. 일반적으로 장애 아동의 부모는 자녀의 장애가 다른 사람이나 사회적 시선 속에서 어떻게 비춰질지 늘 고민하고 걱정하게 된다. 장애에 대해 객관적이며 건강한 자아를 갖는 과정이 쉬울 리 없지만 놀이치료사는 이러한 장애에 대한 고정관념을 평가함으로써 부모가 장애에 대한 객관적이며 건강한 인식을 심어 주도록 하는 것이 필요하다.

(3) 가족의 관념적 양식

가족의 신념은 대대로 전승되어 내려온다. 따라서 놀이치료사는 그 가족이 가지는 가족의 가치에 대해 파악할 필요가 있다. 예를 들어, 지적인 성취를 중요한 가족 가치로 삼고 있는 가정에 장애 자녀가 태어난다면 분명 적응에 어려움을 초래할 수 있다. 따라서 가족이 가지는 신념을 파악함으로써 장애 아동이 현재 가족 체계에서 어떻게 이해되고 있는지를 이해해야 하며, 장애 아동을 수용하는 과정에서 가족의 신념이 도전받고 변화될 수 있도록 도와야 한다.

(4) 대처 방식

장애 아동의 양육과 관련된 스트레스를 잘 관리하기 위해 부모가 사용하고 있는 내적 혹은 외적 전략을 평가할 필요가 있다. 내적 전략에는 수동적 평가(예: 시간이 지남에 따라 문제가 해결되는 것)와 재형성(예: 상황에 대처하기 위한 태도 조정)이 포함된다. 외적 전략에는 사회적 지원(예, 가족 및 추가 가족 지원), 공식 지원(예: 지역 사회 자원 및 전문 서비스 사용)이 포함된다(Turnbull & Turnbull, 1990). 부모의 대처 방식을 이해함으로써 앞으로 부모상담을 통해 다루어야 할 문제와 그 해결 과정을 모색해 볼 수 있다.

(5) 부부 하위체계

가족을 하나의 전체 체계(total system)로 보면 개인은 하나의 하위체계이며 가족 내의 다른 체계들과 함께 가족의 기능을 분배하고 수행한다고 볼 수 있다. 대표적인 하위체계에는 부부 하위체계(spouse subsystem), 부모 하위체계(parental subsystem), 형제 하위체계(sibling subsystem) 등이 있다.

그중 먼저, 부부로서의 부모의 관계를 평가하는 것은 중요하다. 무엇보다 자녀의 장애가 부부관계에 어떤 영향을 미쳤을지 파악해야 하는데, 부부 사이의 갈등은 자녀에게 스트레스 요인이 되기 때문이다. 부부에게 갈등이 생길 때, 대체로 자녀가 분노의 대상이 되거나 다른 가족과 동맹을 맺게 되기도 한다. 예를 들어, 부부 중 한 부모는 자녀의 장애에 대한 스트레스를 회피하고자 일에 더 전념하기도 하는데, 이럴 경우 자녀를 돌보는 데 온전한 책임을 지게 되는 다른 부모에게 실질적이고 정서적인 지원을 하지 못할 수 있어 부부간의 갈등을 예측할 수 있다.

(6) 부모 하위체계

부부 하위체계 이외에 부모의 하위체계를 이해하는 것도 중요하다. 이 하위체계에는 부모의 양육 방식이 무엇인지, 각 부모의 역할과 책임이 어떠한지를 살펴보아야 한다. 이러한 역할을 이해하는 것과 동시에 잠재적인 갈등이나 긴장이 없는지를 파악하는 것도 필요하다. 특별히 장애가 있는 자녀를 돌보는 책임과 관련하여 성역할을 평가하는 것도 중요하다. 만약 어머니가 아버지보다 더 많은 책임을 지고 있다면 어머니는 더 높은 수준의 스트레스를 경험하고 있을 수 있기 때문이다. 혹은 이러한 책임을 비장애 형제가 지게 되면서 갈등의 근거가 될 수도 있다.

(7) 가족 경계

가족 경계는 개인, 하위체계, 그리고 상호경계에 의하여 한계가 설정된다. 상호경계는 개인과 하위체계를 둘러싸고 있는 보이지 않는 경계이다. 경계는 가족과 하위체계의 독립과 자율성을 보호한다. 장애 아동은 기본적으로 생존과 발달이라는 문제에 대해 부모에게 의존하는 정도가 일반 아동에 비해 압도적으로 강하다. 특히 장애가 심하면 심할수록 생물학적 또는 심리적으로 미성숙의 정도가 심하기 때문에 부모, 특히 어머니와 의존관계가 강하며 이로 인해 부부관계나 다른 비장애 자녀의 일탈 등의 가족 문제가 발생하기도 한다. 많은 경우 장애 아동의 부모는 부부관계나 다른 자녀와의 관계를 무시한 채

장애 아동에게 지나치게 많은 에너지를 쏟고, 장애 아동의 자조능력 발달 여부와 상관없이 지나치게 많은 개입이 이루어지면서 자녀의 자립 문제를 늦추게 하고 가족 간의 경계의 어려움을 초래할 수 있다.

2) 부모상담 개입

일반적으로 장애 아동 부모상담의 목표는 장애 아동을 키우는 부모로서 역량을 키우고 자녀의 장애를 현실적으로 수용하기까지 수반되는 심리적 어려움을 해결하고 자녀의 발달을 촉진하기 위한 정보를 얻고 효과적으로 자녀를 양육하는 데 도움을 제공하는 것이다. 여기에는 부모교육훈련, 가족치료, 인지행동치료, 분노조절을 위한 개입, 스트레스 관리 및 이완을 위한 개입, 약물치료 등을 포함하여 진행될 수 있다(Seligman & Darling, 2007). 특별히 발달장애 아동의 부모상담을 하는 놀이치료사는 부모 매개 중재 프로그램을 고려할 필요가 있는데, 이는 부모가 자녀와 상호작용하여 발달을 촉진할 뿐만 아니라 부모 스스로도 만족감을 높이며 부모 역량을 강화하는 데 도움이 되기 때문이다.

(1) 부모교육(훈련)

[그림 3-1]은 자폐스펙트럼장애를 포함하는 발달장애 자녀를 둔 부모를 대상으로 하는 부모훈련에 포함되는 내용을 설명한 것이다(김세영, 2021).

[그림 3-1]에서 보듯이 발달장애 아동의 부모교육에는 부모가 발달장애를 이해하고 현실적으로 대처할 수 있도록 정보를 제공하는 심리교육과 부모가 전문치료사의 역할을

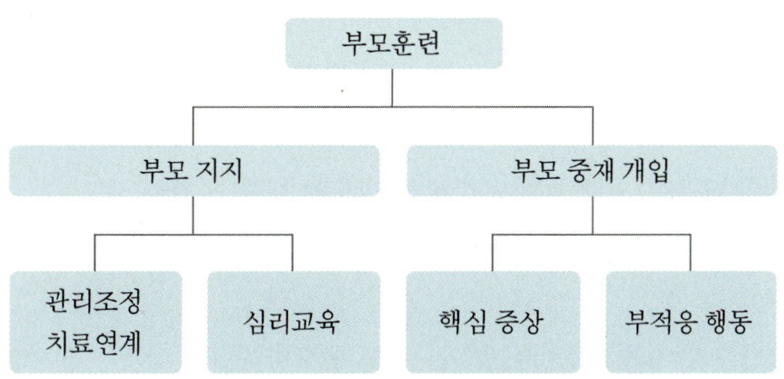

[그림 3-1] 발달장애 아동 부모훈련의 분류

출처: 김세영(2021).

하며 중재 기법을 자녀에게 실행할 수 있도록 교육 및 실습을 시키는 부모 중재 개입으로 나누어 살펴볼 수 있다(Bearss et al., 2015).

먼저, 부모 지지로서의 심리교육은 부모에게 지식과 정보를 제공하는 것으로 성인 등의 다른 대상 상담과 달리 자녀를 양육하고 있는 부모를 대상으로 하기 때문에 양육 기술이나 현재 아동의 특성을 전달하기 위한 교육적인 측면도 포함된다. 즉, 심리교육 및 관리조정, 치료연계를 설명하는 것으로 강의 중심의 부모훈련이 여기에 해당된다고 볼 수 있다.

다음으로, 부모 중재 개입은 기법 중심의 개입으로, 핵심 증상에 대한 개입(예: 사회적 상호작용, 모방, 놀이 등에 대한 개입) 및 부적응 행동에 대해 지도하는 훈련(예: 문제행동, 식사, 수면, 배변훈련 등 발달장애 아동의 부적응 행동을 지도하는 훈련)에 대한 개입을 의미한다(김세영, 2021). 현재 진행되고 있는 부모 중재 개입에는 응용행동분석(Applied Behavior Analysis: ABA)에 기반한 개별시도훈련(Discrete Trial Training: DTT), 중심축 훈련, 우연 교수 등이 있으며, 이를 통해 자녀의 문제행동을 효과적으로 중재하도록 교육한다(이도영, 이성봉, 2019). 또한 최근에는 인터넷 기술 기반의 원격 부모교육도 점차 활성화되고 있다.

이처럼 여러 선행연구들은 부모에게 적절한 중재 기법을 코칭하고 가정에서 연습할 수 있도록 기회를 제공하는 것이 부모의 역량 강화에 중요하며 효과적이라고 보고한다(Ingersoll & Dvortcsak, 2006; Ingersoll et al., 2016). 이러한 부모 중재는 아동의 발달을 촉진하고 부모양육 스트레스를 감소시키며, 양육 효능감도 증가한다고 한다(김세영, 2021).

① 장애 정보 전달

먼저, 교육적 성격의 부모교육은 가족에게 자녀의 장애에 대한 정보를 전달할 때 필요하다. 놀이치료사는 장애 자녀를 양육하는 부모에게 장애에 대한 정보를 제공하게 되는데, 이때 부모는 발달장애 아동의 치료 경과 및 발달에 따라 부모-자녀 의사소통을 위한 추가적인 지식이나 지시가 필요할 수 있음을 이해할 필요가 있다. 대체로 자녀의 장애 진단에 대한 부모교육을 위해 놀이치료사의 태도는 다음과 같다.

- 명확하고 단순하며 간단한 언어로 의사소통해야 한다.
- 부모님과 함께 충분히 시간을 보낼 의향이 있음을 이해시켜야 한다.

- 장애에 대한 정보를 전달하기 전에 아동의 장점과 긍정적인 특성을 전달한다.
- 놀이치료사의 개인적인 감정과 태도에 유의해야 한다.
- 자녀에 대한 부모의 평가를 진지하게 수용해야 한다.
- 다음 단계에 대한 구체적인 조언을 제공해야 한다.
- 치료 진행에 대해 예측하기 어려운 점과 함께 앞으로의 예후에 대한 정보를 정직하게 제공한다.
- 아동과 가족에 대한 존경심을 표현한다.

출처: Seligman & Darling (2007).

정보전달을 목적으로 한 부모교육을 진행했다면 놀이치료사는 다음의 사항에 대해 점검해 보는 것이 도움이 될 수 있다(〈표 3-3〉 참조).

표 3-3 부모상담 체크리스트

	문항	확인
1	자녀의 장애 진단 및 일상생활에 미치는 영향에 대해 부모에게 안내하였다.	
2	부모에게 아동의 치료의 선택과 과정에 대해 안내하였다.	
3	부모는 자녀의 일상적인 요구와 필요를 어떻게 직면하고 충족시킬 것인가에 대한 실질적인 상담을 받았다.	
4	부모는 자녀를 돌볼 준비가 되어 있다.	
5	부모에게 질문을 하도록 권장하였다. (부모에게 질문목록을 작성하도록 제안할 수 있다.)	

출처: Seligman & Darling (2007).

② 문제행동 관리

발달장애 아동은 인지적 · 기능적 발달지연뿐만 아니라 문제행동이나 정서적 어려움(불안, 우울 포함)을 가질 위험이 증가한다(Holden & Gitlesen, 2006). 만약 부모가 미리 앞을 내다보고 긍정적인 실천을 한다면 자녀에게 나타나는 부정적인 행동을 감소시킬 가능성이 높으며, 이를 통해 더욱 긍정적인 결과를 경험하게 되고 이는 부모의 스트레스 감소에 영향을 미친다(Kazdin, 1997). 따라서 놀이치료사는 자녀의 행동 문제를 해결하기 위해 부모와 함께 작업하는 과정에서 다양한 전략을 사용할 필요가 있는데, 이에 대해

Skotarczak와 Lee(2015)는 다음과 같은 전략을 소개하고 있다.

- 응용행동분석(ABA) 등의 프로그램을 통해 서비스를 받을 수 있도록 지도
- 부모와의 역할놀이를 활용하여 자녀와의 의사소통 방식 개선 또는 문제해결 능력 향상
- 영상 녹화를 이용하여 부모와 자녀 간의 상호작용을 분석한 후 중재 유형 결정
- 긍정적인 훈육 방법 제시

여러 선행연구에 의하면 응용행동분석 교육을 받은 부모의 개입을 통해서 자녀의 행동 변화 및 변화 유지가 가능하다고 보고하고 있고(Sallows & Graupner, 2005), 무엇보다 훈련을 받은 부모가 시행하는 교육이 더 효과적이라고 보고한다(Drew et al., 2002). 이러한 필요성에도 불구하고 현실적으로 발달장애 아동의 부모들은 자녀 양육을 위해서 서적 등의 출판물을 가장 많이 활용하고 있는 것으로 나타났으며, 정확한 지침과 피드백의 부족으로 말미암아 부모의 직접 참여를 어렵게 만들고 있다고 주장한다(이정해, 최진혁, 2020).

따라서 놀이치료사는 부모교육의 과정에서 부모가 발달장애 아동을 양육하는 데 필요한 기법을 교육할 필요가 있다. 다음은 이도영과 이성봉(2019)의 연구에서 소개된 프로그램으로, 발달장애 아동 부모를 대상으로 한 응용행동분석 이론교육과 실습교육의 내용이다. 이론교육은 강의식으로 매주 15주간 2시간 30분씩 실시되었으며, 실습은 주 1~3회씩 10~40주 동안 부모와 자녀 1:1 수업으로 진행되었다(〈표 3-4〉 참조).

표 3-4 응용행동분석 프로그램 중 이론교육의 주요 내용 예시

주차	주제	내용
1	오리엔테이션	• 교육내용 개요 및 사전 질문
2	응용행동분석 소개	• 조기집중행동중재(EIBI)와 Lovaas 연구 소개 • 행동주의와 응용행동분석
3	발달장애 아동 이해	• 발달장애 아동의 특성 및 중재
4	행동원리	• 응용행동분석 기본 원리 • 강화, 벌, 소거
5	선행사건 중재	• 선행사건 중재의 중요성 • 환경의 재구성 연습

6	후속결과 중재 (행동 증가)	• 행동 증가의 원리 • 강화, 강화물, 강화계획, 토큰경제, 행동계약
7	후속결과 중재 (새로운 행동)	• 새로운 행동을 가르치는 방법 • 행동 형성, 행동연쇄, 과제분석, 촉구와 용암
8	후속결과 중재 (행동 감소)	• 행동 감소의 원리 • 소거, 차별강화, 정적벌/부적벌, 타임아웃, 반응대가
9	문제행동 중재	• 문제행동 기능평가 및 기능별 대응
10	중간평가	• 응용행동분석 기본 원리에 대한 이해도 점검(지필평가)
11	개별시도훈련(DTT)	• 개별시도훈련 소개 • 학습 전 준비 기술 교육(관련 영상 보기)
12~14	체험실습	• 자녀와 함께하는 개별교수시도 연습
15	데이터 수집	• 다양한 데이터 수집 방법, 그래프 그리기

출처: 이도영, 이성봉(2019).

더 알아보기

놀이치료 기법을 가정에서 수행할 수 있는 부모교육의 예

발달놀이치료를 하는 놀이치료사는 부모가 놀이치료 기법을 배움으로써 가정에서도 아동의 발달을 촉진시킬 수 있도록 할 필요가 있다. 발달놀이치료에서 부모상담의 궁극적인 목표는 부모가 놀이치료사와 함께 작업하면서 아동의 발달을 촉진시키는 것이기 때문이다. 따라서 놀이치료사는 부모가 가정에서 자녀와 함께 놀이치료 기법을 수행할 수 있도록 훈련한다.

부모를 위한 가정에서의 실제 개입을 도와주는 프로그램으로 WHO-Autism Speaks의 PST (Parent Skills Traning, 부모양육기술훈련)가 있다. 이 프로그램은 만 2세에서 9세까지의 발달장애 및 발달지체 아동의 부모 및 주양육자의 양육 기술을 높일 수 있도록 구성된 양육 기술 훈련프로그램으로 총 11회기로 구성된 구조화된 부모교육 프로그램이다(WHO, 2015). 본 프로그램의 구성은 다음과 같다.

〈프로그램 구성〉

회기	주제
1	부모(양육자) 웰빙
2	가정방문 1
3	양육 기술 1(일과와 놀이)
4	양육 기술 2(의사소통)
5	양육 기술 3(문제행동)
6	가정방문 2
7	일과 및 놀이(실습)
8	의사소통(실습)
9	문제행동(실습 1)
10	문제행동(실습 2)
11	가정방문 3

본 프로그램의 목적은 발달장애 자녀를 양육하는 양육자가 가정에서 적용할 수 있는 실제적인 기법에 대한 부모교육 프로그램으로, 이 프로그램을 교육받은 교육자를 통해 실제 기술들을 교육받고 가정에서 적용해 보고 그 결과를 함께 논의해 가는 부모교육 프로그램이다. 각각의 과정을 간략하게 소개하면 다음과 같다.

• 부모(양육자) 웰빙

발달장애 아동을 양육하는 부모의 정서적 웰빙은 매우 중요한 부분으로 이 프로그램에서는 부모의 정서적 웰빙을 목적으로 양육 과정에서 느끼는 정서적 경험들을 함께 나눔으로써 부모가 자녀를 양육하는 것의 가치와 의미를 발견할 수 있도록 한다. 이는 부모에게 발달장애 부모와의 자조모임을 경험할 수도 있도록 한다는 점에서 매우 중요한 부분이라고 볼 수 있다.

• 일과와 놀이

부모가 아동의 일과를 이해하고, 일과를 설정하도록 도와주며, 그와 함께 놀이에 대해 이해함으로써 놀이가 아동의 학습뿐만 아니라 다른 사람과의 관계 형성에 도움이 된다는 것을 이해하는 것을 목적으로 한다. 또한 일과 중 놀이의 적당한 시간과 놀이 순서를 정하고, 아동의 놀이 발달 단계와 놀이에 참여하는 방법을 익히며 놀이에 새로운 단계를 더하거나 순서를 바꾸는 방법 등을 익힐 수 있도록 한다.

☐ 활동의 예

- 아동이 집에서 할 수 있는 활동에 대해 탐색하기(이미 하고 있는 활동, 좋아하는 활동, 하고 싶은 활동 등)
- 아동이 일상에서 반복하면서 일정한 방법으로 반응하고 수행할 수 있는 활동의 목록을 만들기
- 아동의 참여를 유도할 수 있는 방법 찾기
- 아동의 참여가 이루어지면서 지속적으로 할 수 있는지, 어떻게 확장할 것인지 구상함

• 의사소통

부모가 아동과 의사소통을 촉진하기 위해 먼저 아동의 의사소통 방식을 확인하고, 아동의 관심사와 아동이 의사소통하고자 하는 메시지를 이해하기 위해 아동의 행동을 관찰한다. 아동의 의사소통을 이해하였다면, 그다음은 부모에게 바른 의사소통의 예에 대해 '보여 주기'를 통해 알려 주는 과정을 가진다. 만약 다소 명확하지 않거나 적절하지 않은 의사소통 방법을 사용하더라도 아동이 사용하는 의사소통의 시도에 적절한 동작이나 언어를 사용하게 반응함으로써, 아동의 의사소통을 촉진하는 것을 목적으로 한다.

☐ 활동의 예

- 아동이 무언가를 원한다는 것을 부모가 어떻게 인식하는지 탐색하기
- 아동의 관심사와 아동의 의사소통 방식을 이해하기
- 아동의 의사소통 단계를 확인하고, 단계에 맞추어 반응하는 방법을 부모집단이 함께 토론하고 발표하기

• 문제행동

아동의 문제행동 기능을 이해하고, 행동에 대한 기능평가를 위해 선행사건, 문제행동, 후속결과를 구분할 수 있게 한다. 또한 문제행동 발생 전, 문제행동의 전조현상을 부모가 이해할 수 있도록 하고, 문제행동을 줄이기 위한 환경을 구조화하도록 한다. 아동에게 환경 변화가 발생하기 전에 미리 시각적 · 언어적으로 알려 줌으로써 아동이 정서적 안정성을 유지할 수 있도록 도와주는 방법에 대해 부모에게 인식시키고 바람직한 대체 기술(관심을 끌기 위한 문제행동에는 반응하지 않는 방법, 회피와 거절, 거부에 대한 문제행동을 다루는 방법, 감각 자극을 위한 행동을 사회적으로 용인되는 행동으로 대체시키는 방법 등)을 가르침으로써 문제행동을 줄일 수 있도록 한다.

(2) 부모 역량 강화

장애 아동을 양육하는 부모는 장애를 지닌 자녀로 인해 자신의 삶에서 더 이상 기쁨을 경험할 수 없다거나, 다른 사람들이 장애로 인해 자녀와 자신을 거절할 것이라는 신념을 가질 수 있다(Beck, 2011; Freeman, Fleming, & Simon, 2004). 따라서 놀이치료사는 부모가 가지는 이러한 신념에 대해 좀 더 현실적이고 기능적이 되도록 변화시키는 것을 목표로 해야 할 필요가 있다. 이를 위해 역기능적 사고의 인지적 재구조화, 감정조절 기술, 부모 자기 지지집단, 부모 역량 강화 등의 개입을 할 수 있다(Leahy, Tirch, & Napolitano, 2011).

그중 부모 역량 강화란 부모가 교육 및 훈련을 통해 발달장애 아동에 대한 이해를 넓히고 아동을 다룰 수 있다는 자신감을 가지며, 비장애 가족 스스로를 잘 돌볼 수 있도록 하는 것을 말한다(문덕수 외, 2019). 부모 역량 강화를 위한 부모교육의 이점은 〈표 3-5〉와 같다(김선영, 이소현, 2014).

표 3-5 부모 역량 강화를 통한 부모교육의 이점

- 자연스러운 환경에서의 중재는 발달장애 아동의 치료적 개입에 매우 필요한 요소이다(Dunlap et al., 2006). 만약 부모가 발달장애 아동에게 중재자가 된다면 아동은 가장 자연스러운 환경인 가정에서 중재가 이루어지게 된다는 장점이 있다.
- 발달장애 아동의 발달에 필요한 기술이나 행동 문제에 대한 개입을 위해 부모가 직접 중재하는 것은 비용 효과 면에서 경제적이다(Patterson, 1982).
- 발달장애 아동에 대한 부모의 중재는 부모로 하여금 전문가와의 협력적인 관계를 유지하게 하고, 부모의 전문가적 권리를 인식하게 하는 역할을 한다(이소현, 1994).
- 발달장애 아동에 대한 부모의 중재는 아동의 발달과 행동 문제에 직접적인 영향을 줄 뿐만 아니라 부모가 경험하는 스트레스를 감소시키고 양육에 대한 자신감을 갖도록 한다(Brookman-Fraz, 2004).

이러한 필요에 따라 자폐스펙트럼장애를 포함하는 발달장애 아동의 조기 집중 치료의 중요성과 더불어 아동 발달의 일반화를 위해서는 부모를 위한 교육 및 훈련이 중요하다는 연구가 활발히 이루어지고 있다(Beaudoin, Sebire, & Couture, 2014). 문덕수 등(2019)은 발달장애 아동 치료 전문가와 부모를 대상으로 한 포커스집단 연구를 통해 발달장애 아동의 연령에 따라 부모교육에서 다루어야 할 내용에 대한 요구를 전문가와 부모로 나누어 정리하였는데 그중 부모의 요구에 대해 구체적으로 살펴보면 〈표 3-6〉과 같다.

표 3-6 연령에 따른 부모교육 내용

형태	구분	부모교육 내용
영유아기	장애 및 교육 · 치료에 대한 이해	• 장애에 대한 교육(증상, 진단, 검사법, 근거중심 치료법, 초기 교육의 중요성 등) • 전형적인 발달단계에 대한 이해(자녀의 연령 수준)
	가족지원	• 장애에 대한 부모의 수용 • 부모의 정서적 지원(죄책감의 해결, 장애 자녀 양육에 대한 의미 찾기, 동료 찾기 지원)
	행동 중재	• 문제행동 중재법(예: 감정 흥분 시 대처법 등)
	발달 영역별 필수 기술	• 지시 따르기, 착석 행동 • 자조 능력(식기 사용, 옷 입기, 대소변 가리기, 정리하기 등) • 언어 표현 자극(좋아, 싫다 등 기본적인 자기 의사표현 등) • 대근육, 소근육 발달 훈련(그림, 글씨, 달리기, 줄넘기 등) • 공공장소에서의 행동 조절, 대중교육 이용법 • 사회성 훈련(또래와의 대화, 부모와 자녀 간의 애착 형성법, 놀이법 등) • 학교 준비(통합교육 혹은 특수교육에 대한 정보, 지원제도에 대한 정보) • 의사소통 교육
학령기		• 부모의 정서적 지원 • 발달단계에 대한 이해(일반적 정상 발달과 자녀의 발달 수준 이해) • 자녀와의 놀이, 일과 나누는 법 • 학교생활 관련(학교 규칙 따르기, 착석, 발표하기, 줄 서기, 화장실 사용, 교사의 지시 따르기) • 발달 영역별 기술지도 방법 • 교육제도, 지원제도에 대한 정보 • 부모의 역할이나 권리 의무 등 학교 관련 교육
청장년기		• 자녀의 미래 준비(직업, 평생교육, 자립)
기타		• 부부가 함께 장애 자녀 돌보기 • 초기 장애 발견 시 부모의 심리적 지지 • 가족관계에서의 장애와 관련된 갈등 해결 방안 • 아동과의 바람직한 소통 방법

요약하기

- 발달장애 자녀를 양육하는 부모가 자녀의 장애를 수용하는 과정은 순환적이며, 역동적으로 가정 환경, 교육 환경 및 사회 환경 등의 다양한 요인에 따라 영향을 받게 되는데, 일반적으로 장애를 수용하는 다섯 가지 단계는 충격과 부인, 분노와 원망, 타협, 우울과 낙담, 그리고 수용이다.
- 발달장애 아동 부모의 정서적 지원을 위한 방안으로는 자조모임 경험, 가족 회복탄력성 촉진, 불안에 대처하기, 정보 요청하기, 부정적 감정 표현하기, 긍정적인 태도 취하기, 현실적인 문제 해결 능력 기르기, 부모 자신을 돌보기 등이 있다.
- 발달장애 아동의 부모상담 시 이해해야 하는 가족 역동에는 가족 구성원의 특성, 문화적 스타일, 가족의 관념적 양식, 대처 스타일, 부부 하위체계, 부모 하위체계, 가족 경계 등이 있다.
- 부모상담 개입에는 부모가 발달장애를 이해하고 현실적으로 대처할 수 있도록 정보를 제공하는 심리교육과 부모가 전문치료사의 역할을 하며 중재 기법을 자녀에게 실행할 수 있도록 교육 및 실습을 시키는 부모 중재 개입으로 나누어 이해할 수 있다.

생각해 보기

Q1. 일반적인 정서장애 아동의 부모상담과 비교할 때 발달장애 아동의 부모상담에서 다루어져야 할 요소는 무엇이라고 생각하는가?

Q2. 발달장애 아동의 부모상담 시 놀이치료사로서 느꼈던 어려움은 무엇인가?

Q3. 발달장애 아동의 부모상담을 하기 위해 놀이치료사로서 갖추어야 할 자질에는 무엇이 있다고 생각하는가?

참고문헌

강경숙(2016). 발달장애아동 가족지원서비스의 질 향상을 위한 부모의 어려움과 삶의 질 인식 및 욕구조사. **통합교육연구**, 11(2), 217-247.

김선영, 이소현(2014). 자폐범주성 장애 유아를 대상으로 부모가 개입한 사회성 및 의사소통 기술 중재 연구 분석. **특수아동교육연구**, 16(1), 25-57.

김세영(2021). 발달장애 아동의 치료놀이기반 부모훈련 실행 사례연구. 숙명여자대학교 대학원 박사학위논문.

문덕수, 오연주, 변희정, 이주영a, 이주영b, 전미선, 남궁은영, 이민영, 윤지원, 안효민, 서동수(2019). 자폐스펙트럼장애 부모교육에 대한 전문가와 부모의 인식 및 요구. **자폐성장애연구**, 19(1), 67-95.

박종철(2016). 경상북도 장애인가족지원계획 수립 기초연구. 경북행복재단.

이도영, 이성봉(2019). 응용행동분석 부모교육을 통한 발달장애 아동 부모의 인식과 자녀교육의 변화. **행동분석 · 지원연구**, 6(3), 19-40.

이소현(1994). 자폐범주성 장애 아동의 공동 관심 중재에 대한 연구 동향. **자폐성장애연구**, 8(1), 105-121.

이원남, 김경신(2017). 발달장애 성인자녀를 둔 부모의 돌봄 스트레스와 삶의 만족도: 가족탄력성, 대처방식의 매개효과. **한국가족관계학회지**, 21(4), 27-50.

이정해, 최진혁(2020). 응용행동분석(ABA) 적용에 대한 부모와 특수교사의 인식 연구: 자폐스펙트럼장애 아동을 중심으로. **정서 · 행동장애연구**, 36(3), 395-419.

조용태(2006). 발달장애 부모의 부모교육에 대한 고찰. **발달장애연구**, 10(2), 5-26.

Almansour, M. A., Alateeq, M. A., Alzahrani, M. K., Algeffari, M. A., & Alhomaidan, H. T. (2013). Depression and anxiety among parents and caregivers of autistic spectral disorder children. *Neurosciences Journal, 18*(1), 58-63.

Bailey, D. B., Jr., & Simeonsson, R. J. (1998). Assessing needs of families with handicapped infants. *The Journal of Special Education, 22*(1), 117-127.

Bearss, K., Burrell, T. L., Stewart, L., & Scahill, L. (2015). Parent training in autism spectrum disorder: What's in a name? *Clinical Child and Family Psychology Review, 18*(2), 170-182. https://doi.org/10.1007/s10567-015-0179-5

Beaudoin, A. J., Sebire, G., & Couture, M. (2014). Parent training interventions for toddlers with Autism Spectrum Disorder. *Autism Research and Treatment*, 2014, Artivcle ID 839890, 15.

Beavers, J., Hampson, R. B., Hulgus, Y. F., & Beavers, W. R. (1986). Coping in families with a retarded child. *Family Process, 25*(3), 365-377.

Beck, J. S. (2011). *Cognitive behaviour therapy: Basics and beyond* (2nd ed.). Guilford Press.

Bray, N. M., Coleman, J. M., & Bracken, M. B. (1981). Critical events in parenting handicapped children. *Journal of the Division for Early Childhood, 3*(1), 26-33.

Brookman-Fraz, L. (2004). Using parent/clinician partnerships in parent program for children with autism. *Journal of Positive Behavior Interventions, 6*(4), 195-213.

Craig, F., Savino, R., Fanizza, I., Lucarelli, E., Russo, L., & Trabacca, A. (2020). A systematic review of coping strategies in parents of children with Attention Deficit Hyperactivity Disorder (ADHD). *Research in Developmental Disabilities, 98*, Article ID: 103571. https://pubmed.ncbi.nlm.nih.gov/31931455/https://doi.org/10.1016/j.ridd.2020.103571

Curran, D. (1985). *Stress and the healthy family*. Harper & Row, Publishers.

Drew, A., Baird, G., Baron-Cohen, S., Cox, A., Slonims, V., Wheelwright, S., ... & Charman, T. (2002). A pilot randomised control trial of a parent training intervention for pre-school children with autism: Preliminary findings and methodological challenges. *European Child & Adolescent Psychiatry, 11*(6), 266-272.

Dunlap, G., Ester, T., Langhans, S., & Gox, L. (2006). Functional communication training with toddlers in home environments. *Journal of Early Intervention, 28*(2), 81-96.

Ekas, N. V., Pruitt, M. M., & McKay, E. (2016). Hope, social relations, and depressive symptoms in mothers of children with autism spectrum disorder. *Research in Autism Spectrum Disorders, 29*, 8-18.

Freeman, A., Pretzer, J., Fleming, B., & Simon, K. M. (2004). *Clinical applications of cognitive therapy* (2nd ed.). Kluwer Academic/Plenum Publishers.

Holden, B., & Gitlesen, J. P. (2006). A total population study of challenging behaviour in the county of Hedmark, Norway: Prevalence, and risk markers. *Research in Developmental Disabilities*, *27*(4), 456-465.

Huang, C. Y., Costeines, J., Ayala, C., & Kaufman, J. S. (2014). Parenting stress, social support, and depression for ethnic minority adolescent mothers: Impact on child development. *Journal of Child and Family Studies, 23*, 255-262.

Ingersoll, B., & Dvortcsak, A. (2006). Including parent training in the early childhood special education curriculum for children with Autism Spectrum Disorders. *Journal of Positive Behavior Interventions, 8*(2), 79-87. https://doi.org/10.1177/10983007060080020601

Ingersoll, B., Wainer, A. L., Berger, N. I., Pickard, K. E., & Bonter, N. (2016). Comparison of a self-directed and therapist-assisted telehealth parent-mediated intervention for children with ASD: A pilot RCT. *Journal of Autism and Developmental Disorders, 46*(7), 2275-2284.

Kazdin, A. E. (1997). Parent management training: Evidence, outcomes, and issues. *Journal of the American Academy of Child & Adolescent Psychiatry, 36*(10), 1349-1356.

Kerr, S. M., & McIntosh, J. B. (2000). Coping when a child has a disability: Exploring the impact of parent-to-parent support. *Child: Care, Health and Development, 26*, 309-322. http://dx.doi.org/10.1046/j.1365-2214.2000.00149.x

Kübler-Ross, E. (1969). *On death and dying*. Macmillan.

Leahy, R. L., Tirch, D., & Napolitano, L. A. (2011). *Emotion regulation in psychotherapy: A practitioner's guide*. Guilford Press.

Lovell, B., Moss, M., & Wetherell, M. A. (2012). The psychosocial, endocrine and immune consequences of caring for a child with autism or ADHD. *Psychoneuroendocrinology, 37*(4), 634-642.

Marsack, C. N., & Samuel, P. S. (2017). Mediating effects of social support on quality of life for parents of adults with autism. *Journal of Autism & Developmental Disorders, 47*, 2378-2389. https://doi.org/10.1007/s10803-017-3157-6

McCubbin, H. I., Nevin, R. S., Cauble, A. E., Larsen, A., Comeau, J. K., & Patterson, J. M. (1982). *Family coping with chronic illness: The case of Cerebral Palsy*. In H. I. McCubbin, A. E. Cauble, & J. M. Patterson (Eds.), *Stress, coping, and social support* (pp. 169-199). Charles C Thomas Publisher.

Miller, N. B. (1994). *Nobody's perfect*. Paul H. Brooks Publishing, Co.

Nichols, K. A., & Jenkinson, J. (2006). *Leading a support group a practical guide*. Open University Press.

Olshansky, S. (1962). Chronic sorrow: A response to having a mentally defective child. *Social Casework, 43*, 190-194.

Patterson, E. B. (1991). Poverty, income inequality, and community crime rates. *Criminology, 29*, 755-776. https://doi.org/10.1111/j.1745-9125.1991.tb01087.x

Patterson, R. (1982). Summary and recommendations. *The Journal of Allergy and Clinical Immunology, 70*(1), 70-72.

Pueschel, S. M., Bernier, J. C., & Weidenman, L. E. (1988). *The special child*. Paul H. Brooks Publishing, Co.

Rose, H. W. (1987). *Something's wrong with my child!* Charles C Thomas Publisher.

Sallows, G. O., & Graupner, T. D. (2005). Intensive behavioral treatment for autism. *American Journal of Mental Retardation, 110*(6), 417-438.

Schilling, R. F., Gilchrist, L. D., & Schinke, S. P. (1984). Coping and social support in families of developmentally disabled children. *Family Relations, 33*(1), 47-54.

Seligman, M., & Darling, R. B. (2007). *Ordinary families, special children: A systems approach to childhood disability*. The Guilford Press.

Skotarczak, L., & Lee, G. K. (2015). Effects of parent management training programs on disruptive behavior for children with a developmental disability: A meta-analysis. *Research in Developmental Disabilities, 38*, 272-287.

Staats, N., Nelson Goff, B. S., Springer, N., & Monk, J. K. (2015). Parents of children with Down syndrome: A comparison of prenatal and postnatal diagnosis groups. *Journal on Developmental Disabilities, 21*(2), 83-94.

Thoits, P. A. (2011). Mechanisms linking social ties and support to physical and mental health. *Journal of Health and Social Behaviour, 52*, 145-161. http://dx.doi.org/10.1177/0022146510395592

Turnbull, A. P., Summers, J., & Brotherson, M. J. (1986). Family life cycle. In J. J. Gallagher & P. M. Vietze (Eds.), *Families of handicapped persons* (pp. 45-64). Paul H. Brooks Publishing Co., Inc.

Turnbull, A. P., & Turnbull, H. R. (1990). *Families, professionals, and exceptionality: A special partnership* (2nd ed.). Merrill Publishing Co.

WHO. (2015). *WHO Parent (caregiver) Skilll Training(PST) program for families of children with developmental disorder or delay*. WHO.

Wilker, L., Wasow, M., & Hatfield, E. (1981). Chronic sorrow revisited: Parent vs. professional depiction of the adjustment of parents of mentally retarded children. *American Journal of Orthopsychiatry, 51*(1), 63-70.

제2부

신경생물학과 아동 발달, 그리고 놀이

제4장

신경생물학의 기초

학습목표

1. 신경계의 구조와 기능에 대해 이해할 수 있다.
2. 뉴런, 시냅스의 구조와 기능을 이해하고 신경가소성을 설명할 수 있다.
3. 뇌의 세부 구조와 각 기능에 대해 이해할 수 있다.
4. 발달장애 아동의 신경생물학적 특성과 조기개입의 중요성을 설명할 수 있다.

● ● ● 신경생물학(neurobiology)은 뇌와 신경계를 연구하여 우리가 지각하고, 행동하고, 배우고, 기억하는 정신적 과정을 이해하는 학문을 말한다(Kandel et al., 2012). 현대 사회에서 신경생물학은 자연과학뿐만 아니라 인문사회과학에도 큰 영향을 미치고 있으며 상담과 심리치료 영역에서도 그 중요성이 커지면서 이제 치료사들에게 신경생물학은 선택이 아닌 필수의 영역이 되어 가고 있다. 특히 뇌의 발달과 변화가 가장 활발히 일어나는 영유아, 아동을 만나는 놀이치료사라면 아동의 발달과 행동, 심리를 이해하기 위해 신경생물학 지식을 갖추고 아동과 부모를 상담하는 것이 매우 중요하다 할 수 있다. 아동의 감각, 운동, 인지, 언어, 정서 등 아동의 발달과 행동은 보이지 않는 신경계에서 일어나는 활동들이 보이는 형태로 발현된 것이기 때문이다(Ayres, 2005). 따라서 놀이치료사는 신경생물학에 대한 기초를 갖추어 아동이 보이는 발달에 어려움을 이해하고 이에 따른 치료적 개입에 대해 과학적 근거를 토대로 접근하고 설명할 수 있어야 한다. 이 장에서는 놀이치료사가 반드시 알아야 하는 신경생물학의 기초에 대해 먼저 자세히 살펴보도록 하자.

1. 신경계의 구조

신경계는 신체의 여러 부분 간에 정보를 생성, 조절 및 전송하는 데 중요한 역할을 하며, 크게 중추신경계(Central Nervous System: CNS)와 말초신경계(Peripheral Nervous System: PNS)로 나뉜다.

중추신경계(CNS)는 뇌와 척수로 구성된다. 뇌는 감각, 움직임, 사고, 기억, 정서적 반응을 포함하여 많은 신체 기능을 감독하고 실행하는 통제 센터인 반면에, 척수는 뇌와 신체의 나머지 부분 사이에 신호를 전달하는 통신 고속도로 역할을 하고 특정 자극에 대한 자동반사 반응을 조정하는 역할을 한다.

말초신경계(PNS)는 체성신경계(Somatic Nervous System: SNS)와 자율신경계(Autonomic Nervous System: ANS)로 구분된다. 체성신경계(SNS)는 자발적 움직임을 제어하고 피부, 근육, 관절에 위치한 감각 수용체로부터 감각 정보를 중추신경계에 전달한다. 예를 들어, 손을 뻗어 물건을 잡으려 할 때 눈, 피부, 관절에 있는 감각수용체는 물건의 존재, 질감, 위치를 먼저 감지하고 이 정보를 중추신경계로 전달한다. 이후 중추신경계는 이러한 정보를 처리하여 운동 명령을 내려 물건을 잡고 들어 올리거나 조작하는 등의 정교한 협응운동을 수행하도록 한다.

자율신경계(ANS)는 심박수, 호흡, 소화, 배설, 혈압 등 생명에 필수적인 불수의적 기능을 제어하며, 교감신경계(Sympathetic Nervous System: SNS), 부교감신경계(Parasympathetic Nervous System: PNS), 장신경계(Enteric Nervous System: ENS)로 나뉜다. 교감신경계(SNS)는 스트레스나 위협 상황에 활성화되어 심박수를 증가시키고 동공을 확장하며 혈류를 근육으로 보내 스트레스나 위험에 대해 신체가 즉각적인 행동을 취할 수 있도록 준비시킨다. 반면에 부교감신경계(PNS)는 심박수를 낮추고 소화와 영양소 흡수를 촉진하여 에너지 보존과 회복을 도와 신체를 진정시키고 이완시키는 역할을 한다. 장신경계(ENS)는 식도에서부터 직장에 이르는 전체 위장관의 벽에 걸쳐 분포하는 복잡한 신경망으로 음식물의 소화, 흡수, 분비, 연동운동, 혈류 조절 등 다양한 위장 기능을 중추신경계의 지시 없이 스스로 조절하는 역할을 한다. 장신경계는 현대 신경생물학에서 그 존재가 정의되어 역할과 중요성에 대해 활발히 연구되고 있다.

이렇듯 신경계는 외부 환경과 내부 상태의 변화를 감지하고 우리 몸에서 일어나는 모든 일들에 관여한다. 우리가 변화에 대응하여 행동하도록 결정하며, 몸에 심박수 및 소

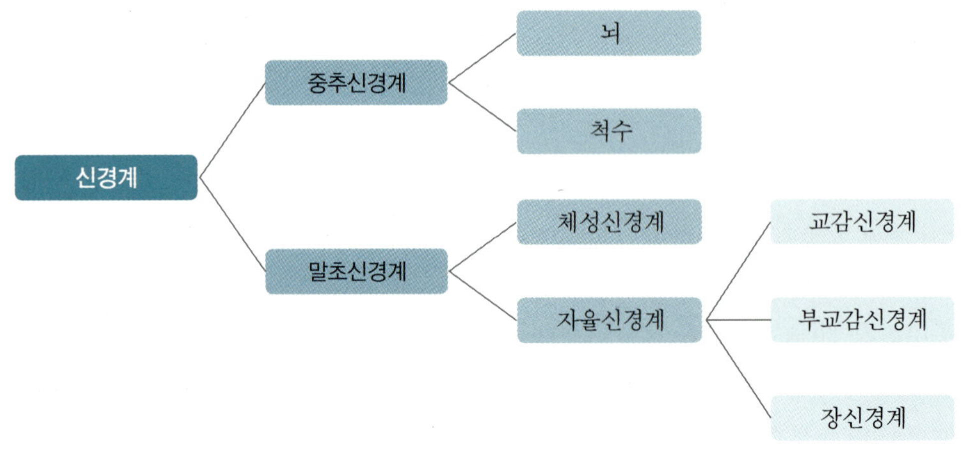

[그림 4-1] 신경계의 구조

화와 같은 필수 기능을 조절한다. 신경계의 각 구성 요소의 기능과 역할에 대해 좀 더 자세히 살펴보도록 하자.

1) 신경계 기본 단위

(1) 뉴런

뉴런(neuron)은 신경계를 구성하는 기본 단위로 신경세포(nerve cell)라고도 불리며 신경정보를 생성하고 전달하는 역할을 수행한다. 뉴런은 세포체(cell body), 수상돌기(dendrites), 축삭(axon)의 세 가지 기본 구조로 이루어져 있다([그림 4-2] 참조).

세포체는 뉴런이 생존하고 기능하는 데 필요한 단백질을 생산하는 기능을 담당한다. 수상돌기는 뉴런의 세포체에서 뻗어 나온 가지 모양의 돌기로 시냅스를 통해 다른 뉴런으로부터 신호와 정보를 수신하는 기능을 하며 이러한 신호는 세포체로 전송되어 통합되고 처리된다. 이때 뉴런 내부에서 정보는 전기 신호인 활동전위(action potential)의 형태로 이동하는데, 마치 전기가 전선을 따라 이동하듯 이 신호는 뉴런의 긴 돌기인 축삭을 따라 빠르게 전달된다. 축삭은 세포체에서 출발하여 다른 뉴런, 근육 또는 분비기관에 신호를 전달하는 경로가 되며 수초(myelin sheath)라고 불리는 지방성 절연층으로 둘러싸여 있다. 수초는 전기 신호의 손실을 방지하고 랑비에 결절 사이를 도약하듯 이동하는 도약전도를 가능하게 하여 신호 전달의 속도와 효율성을 높이는 데 기여한다. 이러한 수초화는 생명 유지에 필수적인 뇌간과 척수와 같은 하위 구조에서 시작되어, 고등 인지

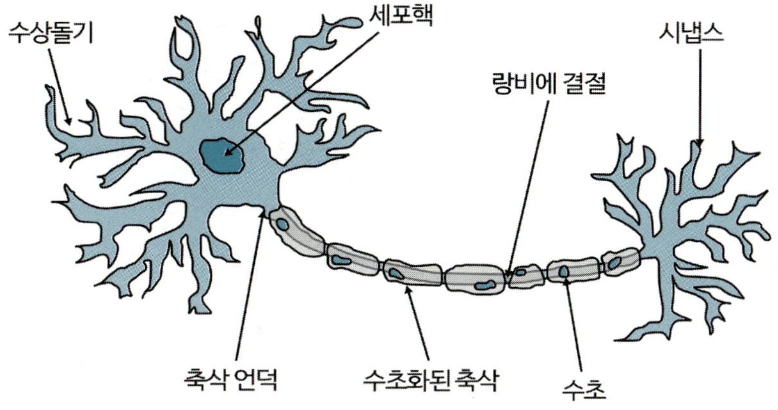

수상돌기
세포핵
시냅스
랑비에 결절
축삭 언덕
수초화된 축삭
수초

[그림 4-2] 뉴런의 구조

출처: Brunello (2021).

기능과 자기조절 기능을 담당하는 전두엽 등 고위 피질 영역으로 확장된다(Yakovlev & Lecours, 1967). 순차적 수초화를 통해 아동은 감각, 운동, 언어, 문제해결, 자기조절 등의 기능을 점진적으로 발달시켜 나가게 된다.

수초화는 유전적으로 프로그램되어 있으나, 그 질적 수준은 영양, 환경 자극, 스트레스, 초기 애착 경험 등의 후천적 요인의 영향을 받는다(Trapp & Kidd, 2004). 따라서 초기 아동기의 풍부한 자극, 안정된 관계, 충분한 영양은 신경계 발달의 질을 결정짓는 중요한 요소가 된다.

뉴런은 뇌와 우리 몸 전체에 존재하여 서로 의사소통하며 신체의 정보를 전달하는데, 그 기능에 따라 다음과 같이 분류될 수 있다.

- 감각뉴런(Sensory Neuron): 감각수용기(receptor)로부터 받은 감각 정보를 중추신경계(뇌, 척수)로 전달한다.
- 운동뉴런(Motor Neuron): 연합뉴런에서 오는 신호를 근육, 분비샘, 내장기관으로 전달해 운동반응을 일으킨다.
- 연합뉴런(Inter Neuron): 감각뉴런과 운동뉴런 사이에서 정보를 처리하여 연결한다.

더 알아보기

정보전달 과정

자극 → 감각기관 → 감각뉴런 → 척수 → 연합뉴런 → 운동뉴런 → 근육, 분비샘, 내장기관 반응

(2) 신경아교세포

신경아교세포(Glial Cell)는 중추신경계(CNS)와 말초신경계(PNS) 내에 위치하여 뉴런을 지지하고 보호하는 역할을 한다. 특히 뇌 발달에 중요한 역할을 하며 신경계의 기초를 형성하는 신경망 생성에 적극적으로 기여한다(Jessen & Mirsky, 1980). 신경아교세포가 없으면 뉴런은 제대로 기능할 수 없으며 뇌 건강과 신경계 기능에 없어서는 안 될 요소이다. 이러한 신경아교세포는 기능에 따라 여러 유형으로 분류되며, 대표적인 신경아교세포는 〈표 4-1〉과 같다.

연구에 따르면, 신경아교세포의 기능장애는 신경 염증, 시냅스 조절, 신경 연결의 변화 등 다양한 신경생물학적 과정과 연관되어 자폐스펙트럼장애의 병태생리에 영향을 미치는 것으로 밝혀졌다(Vargas et al., 2005). 특히 미세아교세포(microglia)의 기능 변화는 뇌에 만성적인 염증반응을 유발할 수 있으며, 별아교세포(astrocyte)의 불균형은 신경전

표 4-1 주요 신경아교세포

세포	기능
별아교세포 (Astrocytes)	뉴런에 영양분과 구조적 지원을 제공, 혈액-뇌 장벽 유지, 신경세포 이온 농도 조절, 신경세포를 지지함
희소돌기아교세포 (Oligodendrocytes) 및 슈완세포 (Schwann Cells)	축삭을 감싸는 미엘린 수초를 생성하여 효율적인 신경전달을 촉진함
미세아교세포 (Microglia)	죽은 세포를 제거하고 해로운 독소나 병원체를 제거하여 뇌를 보호하는 면역세포, 시냅스 가지치기 조절. 과잉활성화 시 만성 신경염증을 유발하여 비정형 뇌 발달 및 연결성 결함에 기여할 수 있음
방사형 아교세포 (Radial Glial Cells)	뇌 발달 과정에서 뉴런 이동을 안내하며 적절한 신경 회로를 설정하는 데 중요한 역할을 함
뇌실막세포 (Ependymal Cells)	뇌척수액(CSF)을 순환하여 뇌에서 영양분 분포와 노폐물 제거를 촉진함

달물질의 조절 및 시냅스 기능 지원에 영향을 미쳐 비정형적인 뇌 발달 및 기능을 초래한다. 이러한 변화는 자폐스펙트럼장애 아동에게서 흔히 관찰되는 사회성, 인지, 감각처리의 어려움에 기여할 수 있다(Lamanna & Meldolesi, 2024).

(3) 시냅스

뉴런은 신체 전반에 퍼져 있으나 독립적으로 작동하지 않고 시냅스(synapse)라는 네트워크 구조를 통해 상호 소통한다. 시냅스는 신호를 전달하는 시냅스 전 뉴런(presynaptic neuron)과 신호를 수용하는 시냅스 후 뉴런(postsynaptic neuron) 사이의 미세한 간극으로, 뉴런 간 정보전달의 핵심 접점이다.

활동전위가 시냅스 전 뉴런의 축삭을 따라 축삭 말단에 도달하면, 축삭 말단에 저장되어 있던 신경전달물질이 시냅스 틈으로 방출된다. 이 신경전달물질은 시냅스 후 뉴런의 세포막에 있는 신경전달물질 수용체와 결합하여 다음 뉴런에 신호를 전달하는 반응을 일으킨다. 신호가 전달된 후에는 시냅스 틈에 남아 있는 신경전달물질이 효소에 의해 분해되거나, 시냅스 전 뉴런으로 다시 흡수되어 제거된다. 이 과정을 통해 신호 전달이 종료되고 시냅스는 새로운 자극을 받을 준비를 하게 된다.

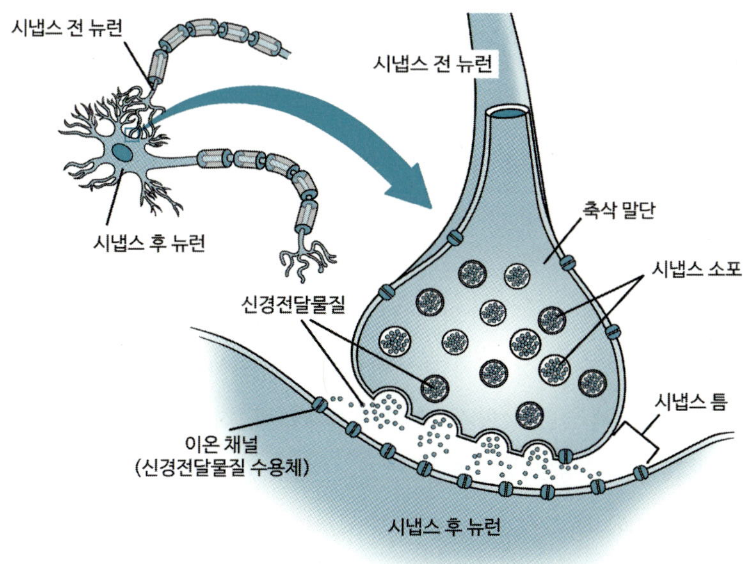

[그림 4-3] 시냅스 전달: 신경전달물질 방출 및 수용 과정

출처: OpenStax (2020).

뉴런 간의 소통은 전기적 신호와 화학적 신호가 결합된 전기화학적(electrochemical) 방식으로 이루어지며 이와 같은 수많은 시냅스의 상호작용은 감각, 운동, 사고, 감정 등 다양한 신체적 · 인지적 반응을 만들어 낸다(Herculano-Houzel, 2009).

(4) 신경전달물질

신경전달물질(neurotransmitter)은 뉴런들 사이에 정보를 전달하기 위해 시냅스라는 틈 구조에서 분비되는 화학물질을 말하며 100개 이상의 신경전달물질이 세상에 알려져 있다(Cuevas, 2019). 신경전달물질은 흥분, 억제, 조절의 세 가지 방식 중 하나로 뉴런에 영향을 미치고 호흡에서 심장 박동, 학습 및 집중력 수준에 이르기까지 뇌 기능과 발달에 중요한 역할을 한다. 이러한 신경전달물질 시스템은 두려움, 즐거움, 기쁨과 같은 다양한 기분과 심리적 기능에도 영향을 미치며 정신 병리와 신경발달장애와도 관련이 높다(Boto & Tomchik, 2019). 도파민, 세로토닌, 글루타메이트는 발달장애와 관련 있는 대표적인 신경전달물질이며 그 외 주요 신경전달물질들 역시 아동의 발달에 중요한 영향을 미친다(〈표 4-2〉 참조).

① 도파민(Dopamine)

도파민은 기분, 집중력, 동기부여 및 보상 경로, 의사결정에 관여하며 주의력결핍 과잉행동장애(Attention Deficit/Hyperactivity Disorder: ADHD)와 밀접한 관련이 있다. ADHD가 있는 아동의 경우, 도파민 시스템의 효율성이 떨어지는 경우가 많으며 이로 인해 주의력 유지, 충동 조절 및 과잉행동에 어려움을 겪을 수 있다(Arnsten & Rubia, 2012).

② 세로토닌(Serotonin)

세로토닌은 기분, 수면, 불안, 사회적 행동을 조절하는 데 관여한다. 연구에 따르면 혈중 세로토닌 수치 과다 증상은 자폐스펙트럼장애에서 상당 부분 발견되는데 이는 신경계의 비정상적인 세로토닌 합성 및 수송을 나타낸다(Muller, Anacker, & Veenstra-VanderWeele, 2016). 또한 세로토닌은 시냅스 가소성과 신경 이동, 초기 뇌 발달에도 영향을 미친다(Azmitia, 2001).

③ 글루타메이트(Glutamate)

뇌의 주요 흥분성 신경전달물질인 글루타메이트는 시냅스 가소성과 학습 및 기억과 같은 인지 기능에 중요한 역할을 한다. 글루타메이트 전달의 불균형은 독성을 유발하여 발달에 중요한 신경회로를 손상시킬 수 있다(Rojas, 2014). 이러한 손상은 인지처리 및 중요한 신경회로를 손상시킬 수 있으며, 이는 자폐스펙트럼장애의 반복적 행동 및 감각 민감성에 영향을 미칠 수 있다(Carlson, 2012).

표 4-2 그 외 신경전달물질

신경전달물질	기능
아세틸콜린 (Acetylcholine)	• 심박수, 혈압, 장 운동성 조절, 근육 수축, 기억력, 학습, 수면, 주의력 등 최적의 인지 기능에 필수 • 정서의 균형과 조절에 중요한 역할
에피네프린 (아드레날린, Epinephrine	• 심박수, 호흡, 혈압, 혈당 증가, 에너지 자원을 동원 • 스트레스에 대한 '투쟁-도피 반응'
노르에피네프린 (Norepinephrine)	• 스트레스와 위험에 대한 신체반응, 주의력, 각성, 의사결정, 기분, 스트레스 반응 및 특정 자율 기능 조절에 영향
히스타민 (Histamine)	• 수면, 각성 조절, 섭식 행동, 동기부여, 면역반응
감마아미노뷰티르산 (GABA)	• 불안, 시력, 운동 제어 조절, 신경 흥분성 감소, 억제
엔도르핀 (Endorphin)	• 천연 진통제, 통증 신호 억제, 행복감 촉진
옥시토신 (Oxytocin)	• 사회적 유대감, 인정, 유성 생식, 출산 중 자궁 수축
아데노신 (Adenosine)	• 수면 주기 조절, 각성 억제, 중추신경계 억제
아데노신 삼인산(ATP)	• 자율신경 조절, 감각 전달, 신경아교세포와 소통, 세포 에너지 운반

더 알아보기

신경전달물질에 영향을 미치는 약물

약물은 신경전달물질의 활동을 변화시켜 ADHD, 우울증, 불안, 발작, 인지장애 등 다양한 신경계 기능에 영향을 미칠 수 있다. 예를 들어, 약물은 신경전달물질의 합성효소에 작용하여 신경전달물질의 합성 속도를 감소시킬 수 있다. 신경전달물질 합성이 차단되면 신경 말단에서 방출 가능한 신경전달물질의 양이 줄어들어 시냅스 전달의 활성이 감소한다.

또한 특정 약물은 신경전달물질의 방출을 억제하거나 자극함으로써 신경전달물질의 시냅스 소포 저장 과정을 방해할 수 있다. 이 외에도 신경전달물질이 시냅스 후 뉴런의 수용체에 결합하는 것을 차단하는 약물은 수용체 길항제(receptor antagonist)라고 한다. 길항제는 수용체에 결합하나 신경전달물질의 활성화를 유도하지 않으며, 이로 인해 신경전달물질의 작용을 억제하거나 감소시킨다.

반대로, 작용제(agonist)는 신경전달물질의 효과를 강화하거나 모방하는 약물로, 종종 신경전달물질과 유사한 구조를 가지고 있다. 작용제는 신경전달물질과 동일한 수용체에 결합하여 유사한 효과를 생성하며, 일부는 자연적인 신경전달물질보다 더 강한 효과를 낼 수 있다.

(5) 시냅스의 발달

뇌가 발달하고 분화함에 따라 뉴런은 목표 지점을 선택하고 올바른 경로를 찾아 시냅스를 형성해야 한다. 예를 들어, 눈에 있는 망막 뉴런은 시각 영역과 관련된 뉴런들과 시냅스를 이루어 신경망을 형성한다. 이러한 방식으로 뉴런은 축삭돌기와 수상돌기를 확장하여 감각, 언어 및 운동에 필요한 적절한 신경회로를 생성하는데 이 회로는 단일 연결이 아니라 전선 묶음과 비슷하다(Eliot, 2000). 신경과학자들은 이러한 뇌신경 네트워크가 유전과 환경의 상호작용을 통해 형성된다고 주장한다(Huttenlocher & Dabholkar, 1997). 유전자는 올바른 지점에서 신경세포를 연결하고 발달시키는 역할을 담당하지만, 뉴런이 서로 연결되고 활성화되면 그 이후 발달의 차이를 만들어 내는 것은 환경과 경험이다. 다시 말해, 환경과 경험은 신경회로를 다듬고 정교화하는 과정으로 이후 발달에 질적 차이를 형성한다(Eliot, 2000).

뉴런은 출생 후 빠른 속도로 시냅스를 형성하여 기능적으로 필요한 것보다 훨씬 많은 시냅스 연결을 생성한다(Kolb & Whishaw, 2003). 초기 시냅스는 지나치게 많고 조밀하여 신생아 뇌에는 성인보다 두 배나 많은 시냅스가 형성된다. 유아기(0~2세)는 시냅스 형성이 급격히 증가하는 기간으로 이 시기의 환경과 경험은 시냅스 형성에 중요한 역할을 한다(Huttenlocher & Dabholkar, 1997). 시냅스 생성은 출생 후 약 3년까지 활발히 일어나는데, 뇌 무게와 연령의 상관관계를 [그림 4-4]에서 살펴보면 태아기부터 약 3세까지 뇌 무게가 급격히 증가하고 생후 6세 이전에 성인의 뇌 무게의 약 90%가 완성됨을 볼 수 있다. 이는 뇌가 급속도로 변화하고 발달하는 0~3세 사이의 경험이 뇌 발달에 중요한 영향을 미칠 수 있음을 시사한다.

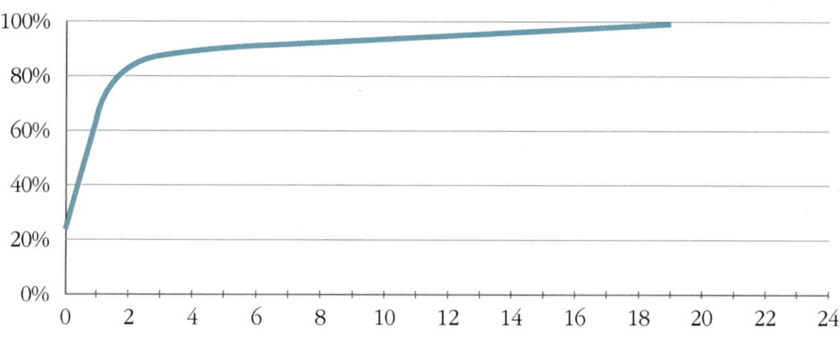

[그림 4-4] 연령별 뇌 성장 비율

출처: Craniofacial Team of Texas (2015).

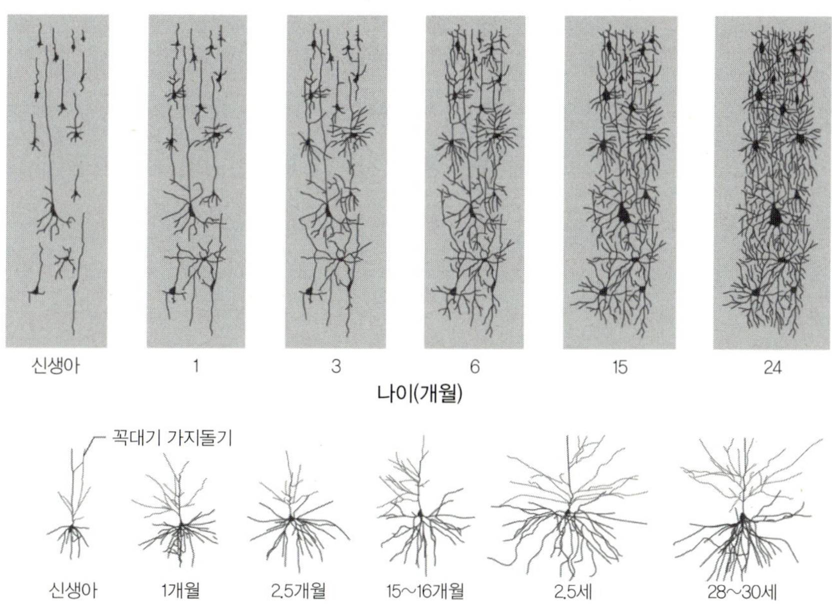

[그림 4-5] 시냅스 형성과 가지치기 과정

출처: Gilmore, Knickmeyer, & Gao (2018).

더 알아보기

환경과 경험의 중요성

뇌 가소성 연구의 선구자로 알려진 Mark Rosenzweig 등(1962)은 풍부한 환경과 경험이 뇌에 미치는 영향에 대한 실험연구를 진행하였다. 이 실험에서 장난감이 없는 제한된 환경에서 생활한 쥐와 장난감이 많은 풍부한 환경에서 생활한 쥐의 뇌를 비교 연구하였는데, 실험 결과 풍부한 환경에서 생활한 쥐는 제한된 환경에서 생활한 쥐보다 시냅스, 뇌의 무게에서 모두 증가하였고 많은 대뇌피질을 발달시켰음을 발견하였다(Rosenzweig et al., 1962).

① 시냅스 가지치기

생후 첫 3년 동안 뇌는 풍부하고 다양한 자극 경험을 통해 과도한 시냅스를 형성한다. 그러나 이 시간 동안에는 신경 회로의 중복으로 인해 정보처리가 정확하지 않고 비효율적이다. 그래서 뇌는 회로를 최적화하기 위해 자주 사용하고 중요한 시냅스는 강화하고 자주 사용하지 않아 불필요한 시냅스는 소멸시키는 시냅스 가지치기(synaptic pruning) 과정을 거친다(Chechik, Meilijison, & Ruppin, 1999).

이는 효율적인 뇌 신경망을 형성하기 위한 과정으로 인지, 운동, 언어, 정서, 학습 등 전반적인 발달에서 뇌가 견고한 신경망을 형성하고 잘 기능하기 위한 최적화 과정이다(Nicholls, 1984). 시냅스 가지치기는 청소년기까지 계속되며, 이 과정을 통해 뇌는 더욱 효율적으로 전문화된다. 하지만 시냅스 제거가 비정상인 경우(가지치기가 과도하거나 혹은 너무 제한된 경우) 정상적인 뇌 발달을 방해할 수 있다(Johnson & Stevens, 2018).

연구에 따르면, 자폐스펙트럼장애 아동·청소년은 뇌에 시냅스가 과잉 형성되어 있음이 발견되었는데 이는 정상적인 뇌 발달 과정에서 이루어지는 시냅스 가지치기가 둔화되었기 때문으로 보았다. 시냅스는 뉴런이 서로 연결되고 소통하는 지점이기 때문에 과도한 시냅스는 뇌 기능에 지대한 영향을 미칠 수 있다(Tang et al., 2014).

더 알아보기

자폐스펙트럼장애 아동은 더 많은 뇌세포를 가지고 있다

연구에 따르면 자폐스펙트럼장애 아동의 전두엽 피질에는 약 67% 더 많은 뉴런이 있음이 발견되었다. 전두엽 피질은 사회적 기술, 의사소통, 인지 기능, 언어처리를 담당하는데, 이는 자폐스펙트럼장애 아동들이 자주 발달 이상을 보이는 영역들이다. 과도한 뉴런은 정상적인 뇌 활동에 방해를 줄 수 있으며, 너무 많은 뉴런이 존재하면 뇌의 여러 부분 간의 원활한 의사소통을 방해하거나 지연시키는 경로를 만들 수 있다. 예를 들어, 사회적 상호작용과 의사소통은 뇌의 특정 부분들 간의 효율적인 신경 연결을 필요로 하지만, 너무 많은 뉴런은 이러한 연결을 방해할 수 있는 것이다.

또한 전전두엽 피질의 뉴런 과잉은 출생 후에 형성되는 것이 아니라 자궁에서 초기 발달 중에 형성된다는 사실이 밝혀졌는데, 이는 자폐스펙트럼장애와 관련된 뇌의 변화가 생각보다 훨씬 더 일찍 발생할 수 있음을 시사한다(Courchesne et al., 2007).

(6) 신경가소성

신경가소성(neuroplasticity)은 뇌 가소성(brain plasticity)이라고도 불리며, 내재적 또는 외재적 자극에 반응하여 뇌가 연결을 재조직하고 적응적인 구조와 기능을 변화시키는 뇌의 능력을 의미한다(Mateos-Aparicio & Rodriguez-Moreno, 2019). 초기 신경과학자들은 뇌 발달이 일정 시기가 지나면 종료되고, 성인 이후에는 뇌 구조가 고정되어 변화하기 어렵다고 보았다(Ramón y Cajal, 1928). 그러나 이후의 연구들은 성인의 뇌도 환경적 자극과 학습, 경험을 통해 스스로를 재구성하고 변화시킬 수 있다는 가소성을 지닌다는 사실을 증명하였다(Buonomano & Merzenich, 1998; Draganski et al., 2004; Livingston, 1966; Merzenich et al., 1983; Pascual-Leone et al., 2005; Zatorre, Fields, & Johansen-Berg, 2012).

뇌는 새로운 경험에 적응하고, 새로운 정보를 배우고, 새로운 기억을 만들기 위해 계속해서 새로운 신경 경로를 만들고 기존 신경 경로를 변경한다. 이때 유전적 요인은 신경가소성에 영향을 미칠 수 있으며 특히 환경과 유전 사이의 상호작용은 뇌의 신경가소성을 형성하는 데 중요한 역할을 한다(Johnson & Xue, 2018).

인간은 뇌 가소성으로 인해 일생에 걸쳐 변화가 가능하지만 연령에 따른 차이는 존재한다. 발달 중인 영유아의 뇌는 성인의 뇌보다 더 높은 신경가소성을 나타내며, 뇌 발달에 있어서도 뇌 가소성이 고조되는 특정 시기가 있다. 이를 결정적 시기와 민감기라고 한다.

① 결정적 시기

결정적 시기(critical period)란 특정 기능이 정상적으로 발달하기 위해 반드시 필요한 제한된 시기를 의미한다. 이 시기에 적절한 자극이 제공되지 않으면, 이후 자극을 받더라도 해당 기능은 정상적으로 발달하지 않거나 회복이 매우 제한적일 수 있다(Robson, 2002).

대표적인 사례는 1970년 미국 캘리포니아에서 구조된 '야생 아동' Genie이다. Genie는 생후 몇 개월 이후부터 극심한 사회적 고립과 언어 자극의 결핍 속에서 자랐으며, 13세까지 방에 감금된 상태로 듣고 말하는 경험 없이 성장하였다. 구조 이후 집중적인 언어 교육과 치료를 받았지만, 문장 구성이나 문법 체계 습득에는 극심한 제한을 보였다. 이 사례는 언어 기능이 특정 시기 내에 자극과 학습이 이뤄져야 한다는 결정적 시기 가설을 지지하는 중요한 근거로 자주 인용된다.

또 다른 예로, Hubel과 Wiesel(1963)의 시각피질 실험이 있다. 이들은 새끼 고양이의 한쪽 눈을 생후 10일에서 65일까지 가리며 시각 자극을 차단하였는데, 이후 시각 자극을 회복시켰음에도 불구하고 눈의 시각처리 기능은 완전히 회복되지 않았다. 이는 시각 발달에 있어 결정적 시기에 자극이 차단되면 뇌가 시각 정보를 처리하는 능력이 영구적으로 손상될 수 있음을 보여 주는 연구이다(Hubel & Wiesel, 1963). 이러한 연구들은 발달에 있어 특정 시기 내 자극의 중요성과 뇌 가소성의 시간적 한계를 말해 주고 있다.

② 민감기

민감기(sensitive period)는 결정적 시기보다 더 유연하고 폭넓은 시기로, 뇌가 특정 자극이나 경험에 더 잘 반응하고 능력과 기술을 발달시키기 적절한 시기를 말한다(Knudsen, 2004). 감각, 정서, 언어, 인지 등 다양한 뇌 기능에는 각각 민감기가 존재하며, 이 시기들은 동일한 시점에 동시에 나타나는 것이 아니라 발달 전반에 걸쳐 순차적으로 진행된다(Hensch, 2004).

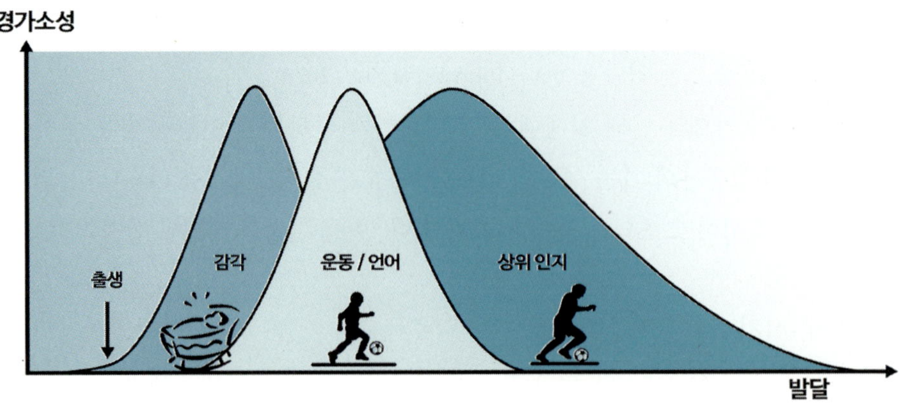

[그림 4-6] 뇌 발달 가소성의 창

출처: Hensch & Bilimoria (2012).

생애 초기 가장 높은 신경가소성을 보이는 발달은 감각이며, 이후 운동, 언어, 상위 인지 기능의 순서로 뇌 발달 가소성의 창이 열리게 된다(Hensch & Bilimoria, 2012). 이 시기에 적절한 발달을 위해서는 감각 자극, 신체적 접촉, 정서적 유대와 같은 경험이 필수적이다. 만약 이러한 핵심 경험들이 결여될 경우 뇌의 발달 과정에 손상을 주어 정서, 애착, 인지 기능의 발달에 심각한 이상이 생길 수 있다(Perry, 1999).

(7) 발달장애 아동의 조기개입 중요성

발달장애 아동의 경우 조기개입의 필요성은 아무리 강조해도 지나치지 않다. 앞서 살펴보았듯이 초기 아동기 동안 뇌는 급속한 성장과 변화를 경험하며, 이는 사회적 의사소통과 인지적 기술과 관련된 신경 경로의 형성에 중요한 역할을 한다(Hensch, 2004; Knudsen, 2004). 특히 유아기는 뇌의 가소성이 높아 경험에 따른 변화에 민감하게 반응하기 때문에, 조기 식별과 적극적인 개입은 발달장애 아동의 예후에 결정적인 영향을 미친다(Hadders-Algra, 2021). 연구에 따르면, 5세 이전에 이루어진 중재는 뇌의 사회 및 언어 학습에 대한 민감기와 일치하여 더 나은 장기적 결과를 가져온다고 강조된다(Hensch, 2004).

더 알아보기

신경가소성의 양면성

신경가소성은 뇌의 비정상적 회로나 손상을 회복하고 새로운 것을 학습할 수 있게 해 주는 인간의 놀라운 능력이다. 인간의 뇌는 경험을 반복하면 신경가소성에 의해 뉴런 간의 시냅스 연결이 강화되고, 그 경험을 처리하는 뇌 영역에서 구조적 변화를 일으켜 이전에는 익숙하지 않았던 활동을 더 효과적이고 능숙하게 수행할 수 있게 된다.

만약 신경가소성이 없다면 우리의 뇌는 새로운 것을 배우거나 기존의 기능을 개선하기 어려웠을 것이다. 이러한 뇌의 가소성 덕분에 발달장애 아동 또한 치료적 개입을 통해 변화와 기능적 향상을 기대할 수 있다. 다양한 감각 자극, 정서적 교류, 사회적 상호작용 등의 긍정적인 경험은 아동의 신경망에 변화를 일으키며, 이는 아동의 전반적인 발달을 촉진하는 중요한 기반이 된다.

그러나 신경가소성은 단순히 긍정적인 방향으로만 작용하지 않는다. 뇌는 경험의 내용이 유익한지 해로운지를 스스로 구분하지 않으며, 반복되는 모든 자극에 반응한다. 예를 들어, 약물 남용, 질병, 외상(뇌 손상이나 PTSD 포함)으로 인해 해로운 변화가 발생하더라도, 신경가소성은 이를 허용할 수 있다. 다시 말해, 도움이 되지 않는 부정적인 자극이라 할지라도 반복적으로 경험된다면 뇌는 이를 학습하고 구조적으로 고착될 가능성이 있다. 이는 부정적인 행동, 우울, 불안, 강박 등이 반복될 경우, 신경가소성에 의해 더욱 굳어질 수 있음을 의미한다.

2. 중추신경계: 뇌의 구조와 기능

1) 뇌간

뇌간(Brainstem)은 파충류의 뇌라고도 불리며(MacLean, 1990), 생존에 필수적인 불수의적 과정을 조절한다. 중뇌, 교뇌, 연수의 세 가지 주요 기관으로 구분된다.

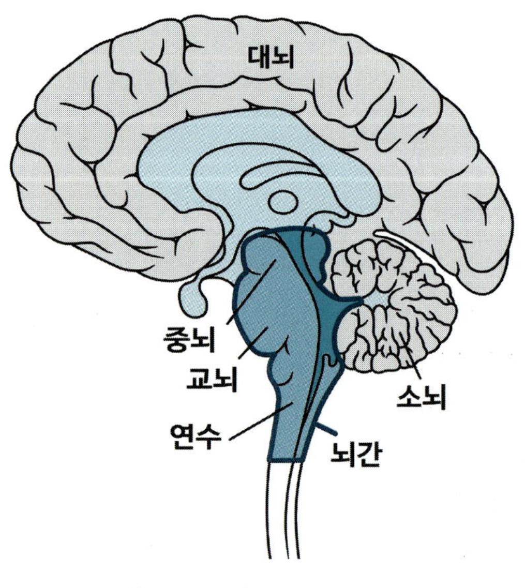

[그림 4-7] 뇌간의 구조

출처: Lynch (2006).

(1) 중뇌

중뇌(Midbrain)는 신체 움직임, 특히 자세와 자발적 움직임을 조절하는 운동 제어를 담당한다. 눈의 움직임을 조절하고, 시각 및 청각 자극에 대한 반사반응을 담당하여 신체

가 감각 입력에 적절하게 반응할 수 있도록 한다. 또한 도파민 시스템과 연결되어 있어 운동 기능뿐만 아니라 보상과 동기부여와 같은 인지적 과정에도 관여하고 뇌의 다른 부분들과 협력하여 감각 자극의 처리를 돕고 신체의 적절한 반응을 촉진한다.

(2) 교뇌

교뇌(Pons)는 대뇌와 소뇌 사이의 다리 역할을 하여 서로 다른 뇌 영역 간의 의사소통을 촉진한다. 수면을 조절하고, 호흡 깊이와 빈도를 조절하며, 씹기, 깜박임, 눈 움직임과 관련된 안면 근육을 제어하고 얼굴의 감각 정보를 전달하고 조절한다.

(3) 연수

연수(Medulla Oblongata)는 심박수, 혈압, 호흡과 같은 필수적인 불수의 기능을 조절한다. 기침이나 삼키는 것과 같은 반사운동을 하며 뇌와 척수 사이에 운동 및 감각 신호를

더 알아보기

망상체 활성화계

망상체 활성화계(Reticular Activating System: RAS)는 뇌간의 중심부에 위치한 신경핵들과 섬유다발들이 그물망처럼 연결되어 형성된 복잡한 신경 네트워크로, 각성, 의식, 주의, 감각처리, 수면 조절 등 다양한 기능에 핵심적인 역할을 한다. 이 시스템은 감각 입력을 선택적으로 필터링하여 감각 과부하를 방지하고, 뇌가 중요한 자극에 집중할 수 있도록 돕는다. 또한 주의력 조절 및 효율적인 정보처리를 가능하게 하며, 수면과 각성 상태 간의 전환을 매끄럽게 조절해 뇌가 환경에 적절하게 반응할 수 있도록 한다. 망상체 활성화계는 특히 학습, 문제해결, 실행 기능 등 고차원적인 인지 활동의 전제 조건인 '적절한 각성 상태'를 유지하는 데 중요한 역할을 한다.

Hoshino(2023)의 연구에 따르면, 수면–각성 리듬의 발달은 아동의 신체적 · 정신적 발달에 중요한 영향을 미친다. 이 리듬은 망상체 활성화계의 신경세포들에 의해 조절되며, 시냅스 형성과 전반적인 뇌 발달과 밀접한 관련이 있었다. 생후 첫해에 수면–각성 리듬은 빠르게 성숙하며, 특히 생후 3~4개월경에는 일주기 리듬(circadian rhythm)의 기본 구조가 형성되는데, 자폐스펙트럼장애 아동의 경우, 이 시기에 수면 리듬의 발달지연, 야간 각성, 불면증 등의 문제가 나타나는 경향을 보였다. 이 연구는 조기 수면 리듬 모니터링과 개입의 중요성을 강조하며, 수면–각성 리듬과 신경발달장애 사이의 중요한 연관성을 시사한다.

전달하는 중계소 역할을 한다.

2) 소뇌

소뇌(Cerebellum)는 운동 활동을 정제하고 부드럽고 정확한 움직임을 보장하는 데 중요한 역할을 한다. 운동피질과 감각수용체에서 정보를 받아 근육 움직임을 미세 조정하여 걷기, 달리기, 쓰기 등과 같은 신체 움직임을 부드럽고 정확하게 만들고 자세와 균형을 유지하여 신체의 위치를 조정하고 넘어짐을 방지하여 안정성을 유지한다.

또한 운동 학습에 중요한 역할을 하여 자전거 타기나 악기 연주와 같은 운동 동작을 수행하는 방법을 기억할 수 있게 한다. 일반적으로 소뇌는 균형과 움직임을 조절하는 운동 조정 기관으로 알려져 있었지만, 최근 연구에 따르면, 소뇌는 인지, 정서, 사회, 주의력 및 실행 과정과 같이 다양한 고등 뇌 기능에도 필수적인 역할을 수행함이 밝혀졌다(Mannarelli et al., 2023; Mastrangelo et al., 2024).

3) 기저핵

기저핵(Basal Ganglia)은 대뇌피질 아래에 위치한 피질하 구조로 대뇌피질, 시상, 변연계 등과 밀접하게 연결되어 있으며 운동 조절, 학습, 습관 형성, 감정조절, 동기부여, 의사결정에 중요한 역할을 한다. 특히 기저핵은 반복적인 행동을 강화하여 습관화하고, 감정 상태와 목표 지향적 행동을 통합하며, 전전두엽과의 상호작용을 통해 계획 수립, 인지 통합, 적절한 행동 선택을 조율한다. 또한 변연계와의 연결을 통해 정서적·사회적 맥락에 맞는 반응을 가능하게 하여 개인이 환경에 유연하게 적응할 수 있도록 돕는다(Stocco, Lebiere, & Anderson, 2010).

4) 변연계

변연계(Limbic System)는 감정, 동기, 기억, 사회적 행동에 관여하여 포유류의 뇌라고도 불리며, 주요 기관으로는 편도체, 해마, 시상, 시상하부, 대상회 등이 있다. 각 기능은 상호 연결되어 정서적 반응, 사회적 유대감 및 기억 통합과 관련된 반응을 처리한다.

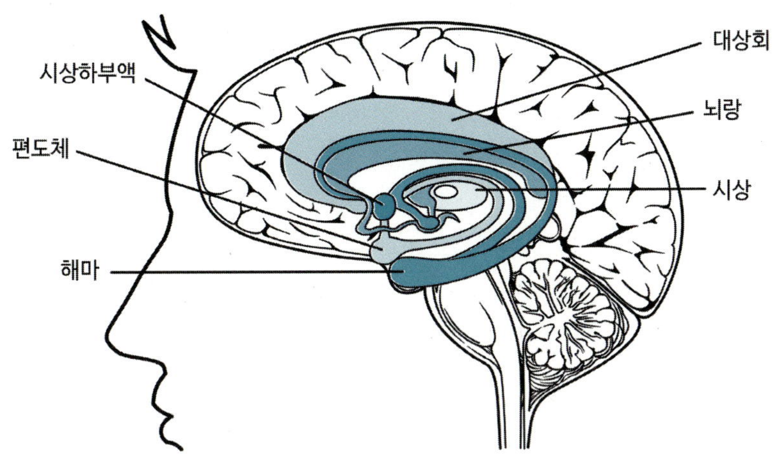

[그림 4-8] 변연계의 구조

출처: OpenStax College (2013).

(1) 편도체

편도체(Amygdala)는 사회적 인지와 감정의 다양한 측면을 조율하는 기관으로 신체 움직임, 얼굴 표정 및 시선 응시의 사회적 신호를 처리하여 상호작용과 의사결정에 큰 영향을 미친다(Pabba, 2013). 또한 잠재적인 위협을 인식하고 대응하여 방어행동(투쟁-도피 반응), 자율신경계 반응(혈압 및 심박수), 신경 내분비 반응(스트레스 호르몬 방출) 등과 같은 많은 공포반응에 관여한다. 편도체는 공포나 불안과 같은 부정적 감정의 처리에 관여하는 것으로 잘 알려져 있지만, 연구에 따르면 기쁨이나 행복과 같은 긍정적 감정의 처리에도 관여한다(Oya et al., 2002). 또한 기억에 감정적 중요성을 부여하며 긍정적이든 부정적이든 감정적 강도에 따라 기억 유지를 결정한다(McGaugh, 2004). 예를 들어, 무서운 경험과 기쁨의 순간 모두 편도체를 활성화하며 감정적 기억들은 더욱 생생하고 오래 지속시킬 수 있도록 한다.

표 4-3 편도체 구조와 기능

구조	기능
측기저핵	• 감정적 기억과 학습에 관여 • 공포 조건화와 감정적 사건의 처리 • 감각 정보를 처리하고 해마로 전달

중심내측핵	• 자율신경계 활성화(투쟁-도피 반응 조율) • 공포반응 및 생리적 반응(심박수, 호흡 조절 등) 제어
표재핵	• 후각 정보를 처리 • 후각 경험과 정서적 반응 연관
내측핵	• 사회적 행동 조절 • 페로몬 및 후각 정보 처리
기저핵	• 감정적 반응의 조절 • 대뇌피질과 연결하여 정교한 정서반응 조율

더 알아보기

편도체와 자폐스펙트럼장애

서울대학교 류인균 연구팀(2010)은 자폐스펙트럼장애 아동의 편도체가 정상 아동에 비해 약 10% 크며, 이러한 증가는 주로 편도체 내 측기저핵의 비대 때문임을 세계 최초로 밝혀냈다. 31명의 자폐스펙트럼장애 아동과 20명의 비장애 아동을 대상으로 고해상도 MRI를 이용해 편도체 세부구조를 분석했으며, 이를 통해 편도체 세부핵의 이상이 자폐스펙트럼장애의 병태 생리와 밀접하게 관련이 있음을 입증하였다.

이 연구는 뇌에서 편도체 세부 구조와 자폐증의 연관성을 규명함으로써 자폐의 조기진단과 치료법 개발에 중요한 단서를 제공하고 자폐의 생물학적 소인과 뇌 영역 간 연결성을 탐구하는 데 새로운 길을 열었다.

(2) 해마

해마(Hippocampus)는 기억과 학습 과정에 중요한 역할을 하며, 특히 단기기억을 장기기억으로 전환하는 데 핵심적인 역할을 한다. 시간, 장소, 경험의 세부 사항 등 우리 삶의 특정 사건과 맥락에 대한 일화 기억(episodic memory)은 해마에서 형성되며 대뇌피질로 전달되어 장기 저장된다.

해마는 공간 정보 처리에도 중요한 역할을 하여, 우리가 새로운 환경에서 길을 찾거나 방향을 기억하는 데 중요한 역할을 한다. 또한 해마는 편도체와 협력하여 감정적 맥락을 기억에 통합한다. 편도체가 감정적 의미를 부여하면 해마는 사건의 구체적인 세부 사항을 저장하여 경험을 더욱 생생하게 회상할 수 있게 한다(Phelps, 2004).

(3) 시상

시상(Thalamus)은 뇌의 감각 중계소 역할을 하며 들어오는 감각 정보(후각 제외)를 대뇌피질의 적절한 영역으로 보낸다. 이는 감각 신호를 필터링하고 의식적 인식에 중요한 신호가 무엇인지 선별하여 주의력을 조절하고, 감각 과부하를 방지하는 데 중요한 역할을 한다. 시상은 감각 정보를 전달하는 것을 넘어 운동 조정에도 관여한다. 대뇌피질의 운동 영역과 신체의 나머지 부분 사이에 정보를 전달하여 정교한 운동 신호를 조정하고 실행을 돕는다. 또한 수면–각성 조절에 관여하여 각성 상태에 영향을 미친다.

(4) 시상하부

시상하부(Hypothalamus)는 자율신경계의 조절자로서 신체의 항상성을 유지하는 데 핵심적인 역할을 한다. 배고픔, 갈증, 체온 조절, 수면–각성 주기, 생식 행동과 같은 기본 생리 기능을 조절하며, 신체가 변화하는 환경에 적응하도록 돕는다.

시상하부는 또한 신경계와 내분비계를 연결하여, 뇌하수체를 통한 호르몬 방출을 조절한다. 이 과정은 스트레스 반응(예: 코르티솔 분비)과 감정조절에 필수적이다. 예를 들어, 위협적인 상황에서 시상하부는 투쟁–도피 반응을 활성화하여 생존에 필요한 에너지와 행동을 준비시킨다. 이 외에도 시상하부는 감정적 경험과 신체적 반응을 통합하여 생리적 안정성을 유지하고, 스트레스 상황에서도 신체 균형을 회복하도록 돕는다.

(5) 대상회

대상회(Cingulate Gyrus)는 대뇌피질의 내측에 위치하지만 그 역할은 변연계와 밀접하게 관련되어 있어 일반적으로 변연계의 일부로 간주된다. 감정 조절, 의사결정, 주의력, 그리고 감정과 인지의 통합에 중요한 역할을 하며 공포, 불안, 스트레스와 같은 부정적 감정을 조절하여 사회적 상호작용, 문제해결과 같은 적응적 사고를 가능하게 한다.

5) 대뇌

대뇌(Cerebrum)는 인간 두뇌의 가장 크고 복잡한 부분으로 사고, 감정, 기억, 감각, 자발적인 움직임과 같은 다양한 고급 기능을 담당하여 인간의 뇌라고 불린다. 대뇌는 2개의 반구로 나뉘어 있으며, 각 반구에는 전두엽, 두정엽, 측두엽, 후두엽 등 4개의 기본 엽이 있다. 각 엽은 서로 다른 기능을 갖고 있으며, 전문화된 다양한 영역으로 더욱 세분화된다.

(1) 뇌의 반구 전문화

대뇌피질은 좌반구와 우반구의 두 반구로 나뉘어져 서로 다른 기능을 담당하는데 이러한 분할을 뇌의 반구화라고 한다. 두 반구는 다른 역할을 하지만 단독으로 일하지 않고 뇌량이라는 신경 섬유 다발 구조를 통해 두 반구는 연결되어 전체로 기능한다.

초기 발달에서는 우뇌의 역할이 지배적이며 이는 안전한 애착을 형성하는 데 중요한 역할을 한다(Schore, 2012). 우뇌는 비언어적 정보처리와 정서 조율을 통해 안전한 애착을 형성하게 하며 감정 인식, 직관적 사고, 그리고 전반적인 정보 통합에 관여한다. 또한 얼굴 표정, 몸짓, 목소리의 억양 등 사회적 단서를 통해 정서적 정보를 이해하고 해석하는 데 중요한 역할을 한다(Siegel, 2010). 좌뇌는 언어처리, 논리적 사고, 분석적 기능을 담당하고 주로 세부 사항에 초점을 맞추며, 일관된 구조 내에서 정보를 조직화하고 순차적으로 처리한다.

표 4-4 좌반구와 우반구의 기능

좌반구	우반구
• 언어처리(브로카 및 베르니케 영역): 말하기, 쓰기, 읽기 및 문법 • 언어 기반 의사소통 • 분석적 사고: 단계별로 논리, 분석, 문제해결에 중점 • 수학적 능력 • 순차 처리: 구체적이고 체계적인 방식으로 정보를 처리 • 신체의 오른쪽 제어: 오른쪽의 운동 및 감각 제어	• 감정처리: 감정, 표정, 목소리 톤 인식 및 해석 • 비언어적 의사소통 • 시각 공간 기술: 공간 방향, 패턴 인식 및 시각적 이미지에 탁월함 • 직관적이며 상상력이 풍부한 사고 • 전체적 처리: 큰 그림 방식으로 정보를 처리 • 신체의 왼쪽 제어: 왼쪽의 운동 및 감각 제어

(2) 뇌량

뇌량(Corpus Callosum)은 좌반구와 우반구 사이의 의사소통을 촉진하는 데 중요한 역할을 하는 뇌의 가장 큰 백질 구조이다. 이 구조는 뇌의 주요 통신 다리 역할을 하여 두 반구가 정보를 원활하게 교환하고 통합할 수 있도록 해 준다. 좌반구와 우반구는 서로 다른 기능에 특화되어 있지만 복잡한 작업에서는 함께 작동해야 한다. 뇌량은 이러한 협력을 가능하게 하여 양반구가 활동을 효율적으로 조정할 수 있도록 한다.

뇌량 발달에 이상이 생기거나 구조적 차이가 발생하면 뇌 반구 간의 의사소통에 어려움이 생겨 언어, 실행 기능 및 사회적 상호작용에 영향을 미칠 수 있다(Paul et al., 2007). 뇌량의 구조적 이상은 자폐스펙트럼장애와도 연관이 되는데, 특히 반구 간 의사소통에 중요한 영역인 사회적 · 인지적 기능의 결함에 영향을 미칠 수 있다(Frazier & Hardan, 2009).

(3) 뇌의 4엽

뇌는 전두엽, 두정엽, 측두엽, 후두엽의 4개의 엽으로 나뉘어 있으며, 각 엽은 감각처리, 움직임 조절, 언어, 더 높은 인지 활동 등 다양한 기능을 담당한다. 4개의 엽은 독립적으로 작동하는 것이 아니라 통합되고 조정된 방식으로 함께 기능한다. 각 엽은 특정 작업에 특화되어 있지만 복잡한 신경망을 통해 서로 통신하여 인지, 감각 및 운동 기능을 생성하기 위해 지속적으로 정보를 공유한다(Mesulam, 1998). 예를 들어, 퍼즐을 맞출 때 전두엽은 전략을 계획하고, 두정엽은 공간 인식을 돕고, 후두엽은 퍼즐 조각을 이해하는 데 필요한 시각 정보를 처리한다.

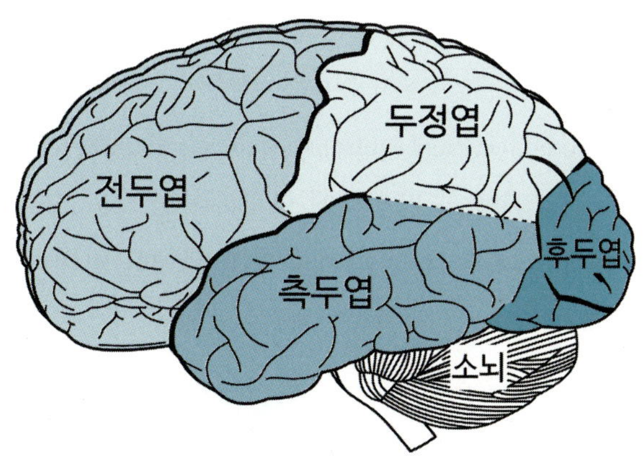

[그림 4-9] 대뇌의 구조

출처: Gray (1918).

① 전두엽

전두엽(Frontal Lobe)은 대뇌피질의 약 $^{1}/_{3}$을 차지하며 고등 인지 기능, 감정 조절, 사회적 행동 및 운동 조절의 역할을 담당한다(Tsunoda et al., 2024). 전두엽은 청소년기와 성인기 초기까지 계속해서 발달하지만, 전두엽 기능의 기초는 아동기에 마련된다(Giedd et al., 1999). 신경발달장애 아동들이 보이는 주의력 결핍, 과잉행동, 인지 및 사회적 결함의 대부분은 전두엽 발달의 어려움에서 기인하는 경우가 많다(Johnson, Grossmann, & Kadosh, 2009). 전두엽의 세부 구조와 기능에 대해 좀 더 자세히 알아보자.

㉠ 전전두엽 피질

전전두엽 피질(Prefrontal Cortex: PFC)은 전두엽의 가장 앞쪽에 위치하며, 피질, 피질하, 뇌간을 포함한 다양한 뇌 영역과 광범위한 연결을 형성하여 인지, 감정, 사회 기능에 중요한 역할을 한다(Miller & Cohen, 2001).

배외측 전전두엽 피질(dorsolateral Prefrontal Cortex: dlPFC)은 [그림 4-10]의 브로드만 영역 8, 9, 46인 상부 외측 영역에 위치하며, 계획, 추론, 문제해결, 작업 기억, 주의, 인지 유연성과 같은 고차원적인 인지 기능에 중요한 역할을 한다. 또한 운동 영역과 상호작용하여 운동계획을 실행한다. 복외측 전전두엽 피질(ventrolateral Prefrontal Cortex: vlPFC)은 [그림 4-10]의 브로드만 영역 44, 45, 47인 하부 외측 영역으로 반응 억제, 감정 조절, 언어처리에서 중요한 역할을 하며, 기억을 현재 작업과 통합하고 감정적 반응을 관리한다. 안와전두피질(Orbito Frontal Cortex: OFC)은 [그림 4-10]의 브로드만 영역 10, 11에 위치하며, 감정적 및 사회적 신호를 해석하여 사회적으로 적절한 행동과 의사결정을 내리고 보상과 처벌을 평가한다.

복내측 전전두엽 피질(ventromedial Prefrontal Cortex: vmPFC)은 하부 및 내측 영역에 위치하며, 변연계(예: 편도체와 해마)와 밀접하게 협력하여 감정을 조절하고, 위험과 보상을 처리한다. 또한 자기인식, 자기반성 및 자신의 감정 상태를 이해하는 것을 포함한 자기

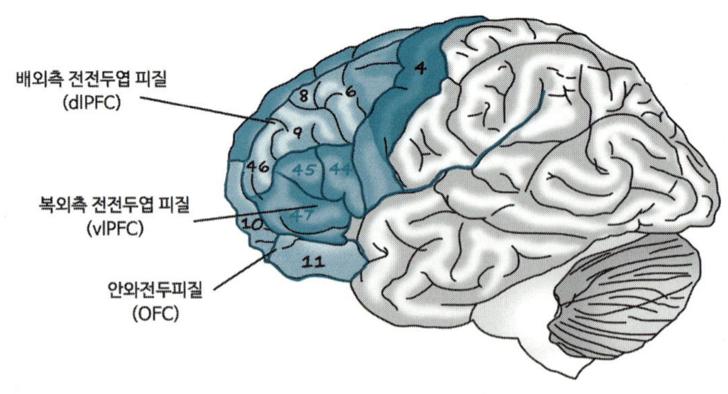

[그림 4-10] 전전두엽의 위치

출처: Pancrat (2011).

참조적 사고를 할 수 있도록 하며, 감정적 및 인지적 입력을 통합하여 사회 적응적인 의사결정을 내리도록 한다([그림 4-11] 참조; Fuster, 2001).

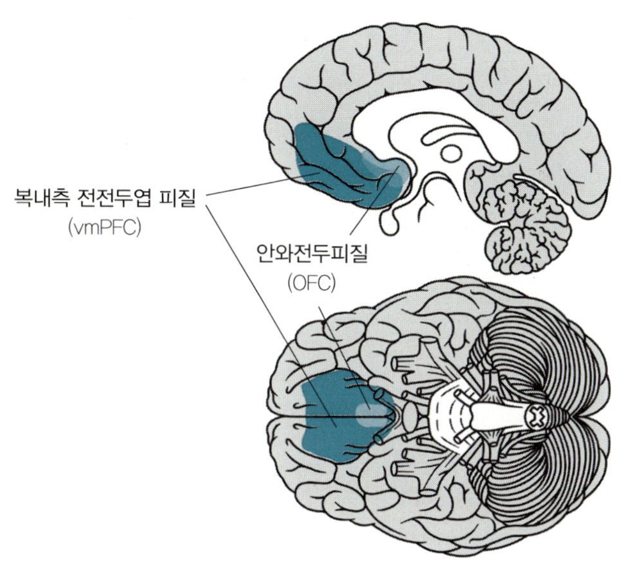

[그림 4-11] 복내측 전전두엽 피질과 안와전두피질의 위치

출처: Patrick & Mabhobs (2009).

더 알아보기

전전두엽 기능장애와 신경발달장애

전전두엽(PFC) 기능장애는 자폐스펙트럼장애(ASD), 주의력결핍 과잉행동장애(ADHD)와 관련성이 높다(Miller & Cohen, 2001).

□ 주의력결핍 과잉행동장애(ADHD)

배외측 전전두엽 피질(dlPFC) 및 복외측 전전두엽 피질(vlPFC)은 작업 기억, 주의력 및 충동 조절에 중요한 역할을 한다. 이 영역에 기능장애가 생기면 집중 유지의 어려움과 과잉행동 및 충동성으로 인해 낮은 학업 성취도, 지시 따르기 어려움, 행동 문제를 초래할 수 있다. 뇌영상 연구에 따르면, ADHD 아동의 배외측 전전두엽 피질(dlPFC) 및 복외측 전전두엽 피질(vlPFC)에서 회백질의 양이 적고 활동이 감소되어 있는 것으로 나타났다. 이러한 구조적 · 기능적 결함은 주의력 유지 및 행동 조절과 같은 실행기능장애와 관련이 높다(Frodl & Skokauskas, 2012).

□ 자폐스펙트럼장애(ASD)

내측 전전두엽 피질(mPFC)은 사회인지와 마음이론, 즉 다른 사람의 마음을 이해하는 능력에 필수적인 기관이다. 내측 전전두엽 피질의 비정상적인 발달 또는 연결성 감소는 자폐스펙트럼장애에서 관찰되는 사회적 단서 해석, 공감 및 대인관계 형성의 어려움과 같은 사회적 결함을 줄 수 있다. 연구에 따르면 자폐스펙트럼장애의 내측 전전두엽 피질과 편도체와 같은 사회적 처리와 관련된 다른 영역 간의 기능적 연결성이 감소된 것으로 나타났다(Uddin et al., 2013). 이러한 낮은 연결성은 감정적 · 사회적 정보를 효과적으로 통합하는 뇌의 능력에 영향을 미쳐 사회적 참여, 정서적 상호성 및 적응 행동에 어려움을 주고 의미 있는 관계를 구축하고 사회적 환경을 탐색하는 능력을 제한할 수 있다.

㉡ 일차운동피질

일차운동피질은 전두엽 뒤쪽, 중앙고랑 바로 앞에 위치하며 몸 전체의 근육에 신호를 보내 자발적 운동 움직임을 제어한다. 이를 통해 소근육 운동(예: 쓰기, 그림)과 대근육 운동(예: 달리기, 점프)에 관여한다.

② 두정엽

뇌 상단의 전두엽 뒤에 위치한 두정엽(Parietal Lobe)은 신체의 감각 정보를 처리하고 통합하는 데 중요한 역할을 한다. 촉각, 온도, 통증을 해석하고, 공간적 관계를 이해하며 물리적 세계를 탐색하는 데 도움을 준다. 두정엽 내에 위치한 일차 체성감각 피질은 피부, 근육, 관절로부터 감각 입력을 받아 촉각, 압력, 통증, 온도와 같은 감각을 인지할 수 있다. 또한 두정엽은 뇌가 공간적 방향을 해석하는 데 도움을 주어 우리의 움직임을 조정하고 환경을 이해할 수 있게 해 준다. 감각처리 외에도 두정엽은 수학적 추론과 기하학, 공간에 있는 물체의 조작과 같은 추상적 개념 이해에도 관여한다(Souza-Couto, Bretas, & Aversi-Ferreira, 2023).

③ 측두엽

뇌 측면에 귀 근처의 위치한 측두엽(Temporal Lobe)은 주로 청각처리, 기억 형성 및 언어 이해를 담당한다. 이는 소리, 특히 음성을 해석하고 단어와 언어의 의미를 인식하는 데 중요한 역할을 한다. 측두엽에 위치한 일차 청각 피질은 언어와 음악을 포함한 소리를 해석하는 역할을 담당하는데, 왼쪽 측두엽의 청각 피질 근처에 위치한 베르니케 영역은 단어와 의미를 처리하여 구어와 문어를 이해할 수 있도록 한다. 일반적인 소리를 듣게 될 때는 일차청각 영역이 활성화되고 언어와 같이 의미를 가진 소리를 들으면 베르니케 영역에서 더 많은 활성을 보인다(Samson & Zatorre, 1992).

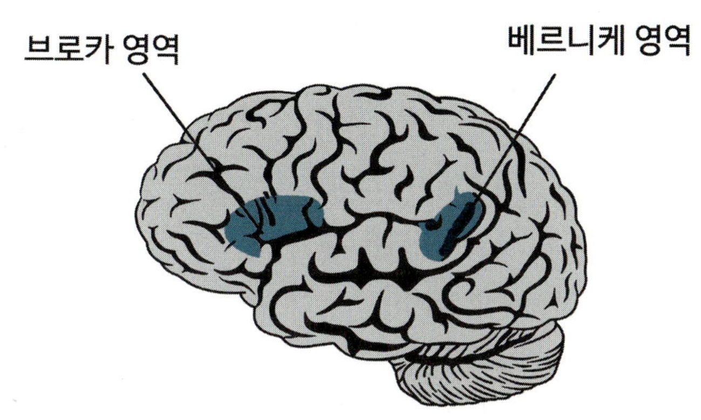

[그림 4-12] 브로카/베르니케 영역의 위치

브로카 영역

브로카 영역(Broca's area)은 좌반구 운동피질 근처에 위치하며 언어 생성을 담당하고(Broca, 1861), 언어에 사용되는 구강근육의 계획 및 조정에 관여하여 언어가 적절하게 표현되도록 한다. 브로카 영역이 손상되면 브로카 실어증이 발생하는데, 일반적으로 이해력은 유지되지만 말이 느리거나 중단되고 완전한 문장을 형성하는 데 어려움을 겪게 된다(Bernal & Ardila, 2015).

베르니케 영역

베르니케 영역(Wernicke's area)은 좌측 측두엽 뒤쪽에 위치하며 청각피질과 시각피질로부터 전달된 언어 정보를 해석하는 언어중추기관이다(Wernicke, 1874). 이 영역을 통해 우리는 말과 글을 이해하고 단어에 의미를 부여할 수 있다. 베르니케와 브로카 영역은 궁상얼기(arcuate fasciculus)라는 축삭 다발을 통하여 서로 연결되어 있으며 두 영역 간의 상호작용을 통해 언어의 의미를 이해하고, 생각을 언어로 표현하는 과정이 가능하다(Ivanova et al., 2021). 만약 베르니케 영역이 손상되면 베르니케 실어증이 발생하여 유창하게 말하지만 무의미한 말을 할 수 있으며 언어와 글을 이해하는 데 어려움을 겪을 수 있다(DeWitt & Rauschecker, 2013).

④ 후두엽

뇌 뒤쪽에 위치한 후두엽(Occipital Lobe)은 주로 시각처리를 담당한다. 눈에서 정보를 받고 해석하여 모양, 색상, 움직임과 같은 시각적 자극을 이해할 수 있다. 후두엽 내에 위치한 일차 시각 피질은 망막에서 전송된 원시 시각 데이터를 처리하여 깊이, 동작 및 공간 지각과 같은 시각의 주요 측면을 해석하는데, 이 영역은 색상 및 모양 인식에서도 중요한 역할을 하여 서로 다른 물체를 구별하고 시각적 세계를 효과적으로 탐색할 수 있게 해 준다. 또한 후두엽은 시각적 경험을 기억과 연결하여 친숙한 얼굴, 장소 및 사물을 인식하는 데 도움을 준다.

섬피질

섬피질(insular)은 전두엽, 두정엽 및 측두엽의 일부로 덮여 외측고랑 깊은 곳에 보이지 않는 대뇌피질 구조로, 감각, 감정, 인지 정보를 통합하는 데 중요한 역할을 한다. 통증, 배고픔, 심장 박동과 같은 내부 신체 상태를 인식할 수 있게 해 주며 촉각 및 온도와 같은 감각처리에 관여한다. 또한 자기인식을 포함한 감정처리와 다른 사람의 감정과 의도를 이해하도록 돕는 사회적 인식에도 관여한다. 특히 위험이나 불확실성이 있는 상황에서 감정을 선택과 연결함으로써 의사결정에 관여한다.

더 알아보기

자폐스펙트럼장애 신경영상 연구(뇌의 구조적 및 기능적 차이)

미국소아과학회(AAP)는 자폐스펙트럼장애 아동의 평가와 치료를 위해 신경영상 및 전기생리학적 특성과 관련된 생물학적 기전을 중요한 연구 분야로 제시하고 있다. 뇌의 구조적 신경영상 연구에 따르면 자폐스펙트럼장애 아동은 다음과 같은 영역에서 뇌 구조의 차이를 보일 수 있다고 보고한다.

- 전체 뇌 용적 및 회백질 증가
- 전두엽, 측두엽, 대상피질의 피질 회백질 증가
- 축외 대뇌척수액(Extra-axial CSF)의 양 증가
- 편도체 크기 증가
- 장거리 뇌(전두-후두 연결) 네트워크, 언어, 사회성, 실행 기능, 감정처리에 관련된 기능 영역의 기능적 비연결성(hypoconnectivity)

- 시각 정보 처리, 언어 이해, 사회적 자극 반응, 집행 기능 수행 시 다른 뇌 활성 패턴
- 사회적 정보 처리 및 공감과 관련된 뇌 영역의 활성 저하

출처: American Academy of Pediatrics (2020). 임상보고서.

3. 말초신경계

말초신경계(PNS)는 뇌와 척수(중추신경계)를 신체의 다른 부위와 연결시켜 주며 자발적인 움직임을 조절하는 체성신경계와 심박수, 소화, 호흡수와 같은 불수의적 기능을 조절하는 자율신경계로 구분된다.

1) 체성신경계

체성신경계(SNS)는 외부 환경의 감각 정보를 처리하고 자발적 움직임을 제어하는 역할

표 4-5 뇌신경 종류와 기능

뇌신경(12쌍)		
후각 신경(I)	후각 담당	감각신경
시신경(II)	시각 담당	감각신경
안구운동신경(III)	동공 수축, 눈의 움직임 제어	운동신경
활차 신경(IV)	상사근을 제어, 하향 및 측면 안구 운동	운동신경
삼차신경(V)	안면 감각 및 씹는 근육에 관여	감각/운동신경
외전 신경(VI)	눈 바깥쪽 움직임을 담당하는 외직근 제어	운동신경
안면 신경(VII)	얼굴 표정 근육을 제어하고 미각 및 타액/눈물 생성에 관여	감각/운동신경
전정와우신경(VIII)	청각 및 균형 담당	감각신경
설인두 신경(IX)	미각, 연하 및 타액 분비에 관여	감각/운동신경
미주신경(X)	심박수, 소화기관 및 언어와 같은 부교감 기능 제어	감각/운동신경
부속 신경(XI)	머리 움직임에 관여하는 흉쇄유돌근 및 승모근 제어	운동신경
설하 신경(XII)	말하기와 삼키기를 위해 혀 근육 제어	운동신경

을 한다. 운동(원심성)뉴런과 감각(구심성)뉴런을 통해 작동하며 자발적인 근육 운동과 감각 인식을 제어하는 척수 신경과 일부 뇌신경으로 구성되어 있다.

감각 입력을 뇌로 전달함으로써 주변 환경에 대한 정보를 이해하고, 뇌는 신체에 신호를 보내 걷기, 물건 들기, 말하기와 같은 목적 있는 행동을 수행할 수 있도록 한다. 불수의적 기능을 제어하는 자율신경계와 달리 체성신경계는 신체 움직임에 대한 의식적 제어를 가능하게 하여 뇌, 감각 인식 및 운동반응 사이를 연결한다.

2) 자율신경계

자율신경계(ANS)는 심박수, 소화, 호흡수, 땀샘 기능과 같은 불수의적 생리적 과정을 조절하는 역할을 한다. 자발적인 행동을 통제하는 체성신경계와는 달리 자율신경계는 의식적 통제 수준 이하에서 작동하여 항상성을 유지하기 위해 신체 내부 환경을 관리한다. 자율신경계는 교감신경, 부교감신경으로 나뉘며, 각각은 서로 다른 역할을 하지만 함께 작용하여 상호 보완적으로 신체 기능의 균형을 유지한다. 예를 들어, 교감신경계를 활성화시키는 스트레스가 많은 사건 후에 부교감신경계는 몸을 진정시키고 균형을 회복하는데, 이러한 균형은 신체가 응급 상황에 대응하는 동시에 휴식 기간 동안 에너지를 보존할 수 있도록 한다(Ernsberger, Deller, & Rohrer, 2021). 이러한 균형을 통해 신체는 즉각적인 위협에 반응하고, 위협이 지나간 후에는 평온하고 회복된 상태로 돌아갈 수 있다.

(1) 교감신경계

교감신경계(SNS)는 신체의 위협에 반응하여 싸우거나 도망칠 준비를 하는 '투쟁-도피(fight-or-flight)' 반응을 담당한다. 시상하부의 활성화는 교감신경계를 자극하여 스트레스 호르몬의 방출을 유도하고 주의력을 높이며 반응 시간을 가속화하여 더 많은 자원(예: 혈액, 산소)을 근육과 중요 기관에 보낸다. 이때 방출되는 주요 신경전달물질은 노르에피네프린(노르아드레날린)으로, 신체가 빠르게 움직일 수 있도록 준비시키며 에피네프린(아드레날린)도 부신에서 분비되어 심박수, 혈압 및 에너지 가용성을 증가시켜 투쟁-도피 반응을 더욱 강화한다. 스트레스 호르몬인 코르티솔의 방출은 에너지를 유지하고 장기간의 스트레스 상황을 관리하는 데 도움을 준다.

(2) 부교감신경계

부교감신경계(PNS)는 신체 이완, 에너지 보존, 휴식 등 회복적인 기능을 담당하며 편안하고 안전한 조건에서 활성화된다. 스트레스 후나 휴식 기간 동안 에너지를 보존하여 신체가 치유, 소화 및 회복에 집중할 수 있도록 한다. 이때 방출되는 주요 신경전달물질은 아세틸콜린이며, 심박수를 늦추고 소화를 촉진하며 에너지를 보존하여 진정 및 회복 기능을 촉진한다.

표 4-6 교감신경-부교감신경 주요 기능

	교감신경	부교감신경
주반응	투쟁-도피	휴식, 소화
심박수	증가	감소
혈압	상승	감소
호흡	기관지 확장 빠르고 얕은 호흡	기관지 수축 느리고 깊은 호흡
소화	억제 (침과 소화액 감소)	촉진 (침과 소화액 증가)
소변	소변 분비량 감소	소변 분비 증가
동공	확장	수축
근육	근육에 혈류 증가 (즉각적인 신체반응을 위해)	근육 이완 (휴식 상태 유지)
신경전달물질	부신 자극 에피네프린과 노르에피네프린 분비	아세틸콜린
정서반응	스트레스, 불안, 긴장감 증가	평온함, 이완, 안정감 증대

① 교감신경과 부교감신경의 균형

두 신경계에 불균형이 생기면 장기적인 스트레스 반응이 유발되고, 신체적 · 정신적 건강에 부정적인 영향을 미칠 수 있다. 과도한 교감신경 활성화는 신체를 만성 스트레스 상태로 유지하게 하며, 고혈압, 심박수 증가, 면역 기능 저하를 유발할 수 있다(Brook & Julius, 2000). 교감신경이 과도하게 활성화될 경우 코르티솔이라는 스트레스 호르몬이 과도하게 분비되는데, 장기적으로 높은 코르티솔 수치는 신체의 면역 체계를 억제하고, 대사 기능을 저하시켜 비만, 당뇨병 등의 만성 질환을 유발할 수 있다(Vrijkotte, van

Doornen, & de Geus, 2000). 이는 신체가 항상 긴장 상태에 머물게 하며, 적절한 회복 기회를 얻지 못하게 한다. 만성 스트레스는 불안, 우울증, 수면장애 등의 정신건강 문제를 유발할 수 있으며, 심혈관 질환의 위험도 증가시킬 수 있다(De Looff et al., 2018).

② 미주신경계

미주신경(Vagus Nerve)은 부교감신경의 주요 신경으로 뇌간에서 시작하여 몸 전체로 확장되고, 심장, 폐, 간, 위, 내장 및 기타 기관에 연결되어 심박수를 늦추고 호흡을 조절하며, 소화와 면역반응을 촉진한다. 호흡, 심박수, 혈압 및 장 운동성과 같은 자율 생리학의 중요한 측면과 기침, 삼킴과 같은 반사 작용, 섭식, 면역반응과 같은 생존 행동을 제어하는 역할을 하며, 기본적인 생리학적 조절을 넘어 기분과 스트레스 반응을 조절하는 역할을 하여 감정적 반응 및 사회적 참여에도 영향을 미친다(Prescott & Liberles, 2022).

다미주신경이론(Porges, 1995)에 따르면, 미주신경에는 안전성, 사회적 연결, 감정 조절을 촉진하는 복쪽 미주신경 복합체(VVC)와 극심한 스트레스나 위험에 직면했을 때 정지 또는 동결반응을 유발하는 등쪽 미주신경 복합체(DVC)가 존재한다고 하였다. 다미주신경이론은 '제6장 대인관계 신경생물학'의 다미주신경이론에서 더 자세히 살펴보도록 하겠다.

(3) 장신경계

장신경계(ENS)는 자율신경계의 주요 부분 중 하나로 식도에서 직장까지 뻗어 있는 위장관(Gastrointestinal: GI) 기능을 관장한다. 장신경계는 자율신경계의 일부이지만 중추신경계와 독립적으로 기능할 수 있으며, 소화, 영양분 흡수 및 노폐물 제거를 조절한다.

장신경계는 아세틸콜린, 도파민, 세로토닌을 포함한 신경전달물질을 생성하여 기분과 감정에 영향을 미치는데, 실제로 신체 세로토닌의 약 95%가 장에서 발견된다(Sjöstedt, Enander, & Isung, 2021). 이는 정서적 건강과 소화기 건강과의 깊은 연관성을 말해 주며, 이러한 광범위한 신경 네트워크와 복잡한 조절 역할로 인해 장은 종종 '제2의 뇌'라고도 불린다(Gershon, 1999). 연구에 따르면 자폐스펙트럼장애가 있는 아동은 설사, 변비, 복통과 같은 위장 문제로 고통받는 경우가 많다고 보고한다(Gondalia et al., 2012).

많은 연구에서 자폐스펙트럼장애와 위장관(GI) 문제 사이의 연관성이 밝혀져 이를 인정하는 임상의들도 있으나 아직까지 명확한 인과관계가 있는 보편적 사실로 받아들여지지는 않는다(Li et al., 2017; Warner & Frey, 2018). 하지만 자폐스펙트럼장애와 장 기능장애 사이의 연관성은 중요한 주제이며 이와 관련된 연구는 현재도 활발히 진행 중이다.

① 장-뇌 축

장-뇌 축(Gut-Brain Axis: GBA)은 위장관(GI)과 중추신경계를 연결하는 양방향 네트워크로 미주신경을 통해 연결되어 소통한다. 이 축은 신경계, 호르몬 신호, 면역반응 및 장내 미생물군을 포괄하는 복잡한 신호 전달 경로를 포함하며 신체와 정신 건강 모두에 영향을 미친다(Breit et al., 2018). 또한 시상하부-뇌하수체-부신(HPA) 축과 상호작용하여 스트레스 조절 및 기분, 면역에도 중요한 역할을 한다(Fülling, Dinan, & Cryan, 2019). 장-뇌 축은 장과 뇌 사이에 강력한 의사소통 연결로 불안, 스트레스, 우울증에 영향을 미친다는 연구 결과가 있다(Foster & McVey Neufeld, 2013).

② 장내 미생물군

장내 미생물군(Gut Microbiota)은 소화관에 존재하는 수조 개의 미생물로 구성된 장-뇌 축(GBA)의 필수 구성 요소이다. 이 미생물들은 소화, 영양대사, 면역체계 균형 유지에 중요한 역할을 한다(Valdes et al., 2018). 연구에 따르면, 장내 미생물군 구성은 장-뇌 축(GBA)을 통해 대사장애 및 신경 건강에 영향을 미치며 신체 기능에 필수적인 비타민(예: 비타민 B, 비타민 K)과 아미노산의 합성을 지원하는 것으로 나타났다(Arrieta et al., 2015; Zmora et al., 2018). 만약 특정 식단이나 항생제 사용으로 인해 미생물군이 파괴되면 장내 미생물군의 불균형으로 이어질 수 있으며, 이는 영양분 흡수에 영향을 미치고 염증을 촉진할 수 있다.

더 알아보기

장내 미생물군과 자폐스펙트럼장애(ASD)

최근 연구들은 장내 미생물군이 자폐스펙트럼장애의 신경 발달 및 행동 특성과 밀접한 연관이 있음을 보여 주고 있다.

연구에 따르면, 자폐스펙트럼 아동과 신경전형 아동 간 장내 미생물 구성의 차이를 비교 분석하였는데 자폐 아동의 장내에서 유익한 박테리아 종은 크게 감소한 반면, 염증을 유발할 가능성이 있는 병원성 미생물 종은 증가한 것으로 나타났다(Kang et al., 2021).

이러한 미생물 불균형은 장 투과성 증가, 면역반응 조절의 이상, 신경전달물질 대사 경로의 교란 등과 연관되며, 이 연구는 장내 미생물군의 변화가 자폐스펙트럼장애 발달에 영향을 미칠 수 있음을 시사하며, 대변 샘플 분석이 자폐스펙트럼장애의 위험을 평가하는 데 활용될 수 있는 잠재력을 보여 준다.

또 다른 연구에서는 자폐스펙트럼장애를 가진 사람에게서 얻은 장내 미생물을 무균 생쥐에 이식하는 실험을 통해 미생물의 직접적 영향력을 입증하였다(Sharon et al., 2019). 이식된 생쥐는 사회적 상호작용의 감소, 반복적 행동의 증가, 불안 수준의 상승 등 자폐스펙트럼장애와 유사한 행동 특성을 나타냈으며, 이는 장내 미생물군이 행동과 정서 조절에 깊이 관여함을 시사한다.

이러한 연구 결과들은 장내 미생물군 균형이 신경 발달, 행동, 정서 조절에 있어 중요한 역할을 한다는 점을 강조한다. 또한 장 건강을 개선하기 위한 식이요법 및 미생물군 기반 치료법의 개발 필요성을 제기하며, 이러한 치료법이 자폐스펙트럼장애와 관련된 행동 및 정서 증상을 완화하는 치료 접근법으로서 잠재력을 가지고 있음을 보여 준다.

요약하기

- 신경계는 중추신경계(뇌, 척수)와 말초신경계(체성신경계, 자율신경계)로 이루어져 있다.
- 뉴런은 신경계의 기본 구성 요소로서 전기적 · 화학적 신호를 전달하여 뇌, 척수 및 신체 간의 통신을 가능하게 한다.
- 신경아교세포는 뉴런을 지원하고 보호하며 항상성을 유지하고 수초를 형성하며 시냅스 활동을 조절하는 역할을 한다.
- 시냅스는 뉴런이 신경전달물질 방출을 통해 통신하고 전기적 또는 화학적 신호를 표적 세포에 연결하는 접합점이다.
- 시냅스 형성과 가지치기는 학습과 행동을 위해 효율적이고 전문화된 신경망을 형성한다.
- 신경가소성은 경험, 학습, 손상에 반응하여 이를 재구성하고 적응하는 뇌의 능력이다.
- 신경전달물질은 시냅스를 통해 신호를 전송하여 기분, 인지 및 행동에 영향을 미치는 화학전달물질이다.
- 말초신경계는 중추신경계를 신체의 나머지 부분에 연결하여 감각 입력과 운동 출력을 중재하고 환경과 상호작용할 수 있도록 한다.
- 자율신경계는 교감신경과 부교감신경, 장신경계로 구성되어 스트레스 반응과 회복반응을 조절하며, 신체의 항상성을 유지한다.
- 교감신경계는 투쟁-도피 반응을 활성화해 생존에 필요한 에너지 동원을 담당하고, 부교감신경계는 이완과 회복을 통해 에너지를 보존한다.

- 미주신경은 부교감신경의 핵심 경로로, 심박수와 소화뿐 아니라 정서 조절과 사회적 상호작용에도 영향을 미친다.
- 장신경계는 '제2의 뇌'로 불릴 만큼 독립적으로 소화기 기능을 조절하며, 신경전달물질을 생성하여 기분과 감정에 영향을 준다.
- 장-뇌 축은 장내 미생물군, 면역계, 신경계가 연결된 경로로, 뇌 발달, 정서 조절, 발달장애와도 밀접한 관련이 있다.

〈뇌의 구조와 기능 요약정리〉

<table>
<tr><th colspan="2">뇌간</th></tr>
<tr><td>중뇌</td><td>시각 및 청각 반사 조절, 운동 제어, 통증처리. 뇌와 척수 사이의 신호 경로 역할</td></tr>
<tr><td>뇌교</td><td>호흡 조절, 수면 주기 관리, 대뇌와 소뇌 간 정보 전달, 얼굴 표정 및 감각 처리에 관여</td></tr>
<tr><td>연수</td><td>심박수, 호흡, 혈압 같은 자율 기능 조절, 기침, 삼킴, 재채기 등의 반사 행동 조절</td></tr>
<tr><th colspan="2">변연계</th></tr>
<tr><td>편도체</td><td>감정처리, 공포와 공격성 관련. 감정적 기억 형성</td></tr>
<tr><td>해마</td><td>학습, 공간 탐색, 기억 통합</td></tr>
<tr><td>시상하부</td><td>항상성 유지(배고픔, 갈증, 체온 조절), 뇌하수체를 통해 내분비계 조절, 수면-각성 주기 관리</td></tr>
<tr><td>시상</td><td>감각 정보를 대뇌피질로 전달하는 중계 역할, 감각 입력 조정</td></tr>
<tr><td>대상회</td><td>감정 조절, 감정-인지 통합, 주의력, 의사결정, 통증 처리, 사회적 행동</td></tr>
<tr><th colspan="2">대뇌</th></tr>
<tr><td>전두엽</td><td>실행 기능, 의사결정, 충동 조절, 사회적 행동, 감정 조절, 자발적 운동 제어, 신체인식, 언어 생산 및 언어처리(브로카 영역)
<table>
<tr><td>배외측 전전두엽 피질(dlPFC)</td><td>계획, 추론, 문제해결, 작업 기억, 주의, 인지 유연성</td></tr>
<tr><td>복외측 전전두엽 피질(vlPFC)</td><td>반응 억제, 감정 조절, 언어처리, 기억을 현재와 통합</td></tr>
<tr><td>안와전두피질(OFC)</td><td>사회적 신호 해석, 감정 조절, 충동 조절, 적절한 행동과 의사결정, 보상과 처벌</td></tr>
<tr><td>복내측 전전두엽 피질(vmPFC)</td><td>감정 조절, 자기참조적 사고, 사회적 인식, 감정/인지 통합</td></tr>
</table></td></tr>
<tr><td>측두엽</td><td>청각처리, 기억 형성, 감정(편도체, 해마), 언어 이해(베르니케 영역)</td></tr>
<tr><td>두정엽</td><td>감각 통합, 공간 인식, 고유수용성, 물체 조작 이해</td></tr>
<tr><td>후두엽</td><td>시각처리, 색상, 형태, 운동, 깊이 인식 해석</td></tr>
<tr><td>섬피질</td><td>내수용성(신체 내부 상태 인식), 감정 인식, 미각 인식, 감각 및 자율 정보의 통합</td></tr>
</table>

소뇌
• 운동 조정 및 제어 운동 학습 • 균형과 자세 근긴장도 • 인지 및 감정 처리

생각해 보기

Q1. 발달장애의 조기발견과 조기개입이 중요한 이유가 무엇인지 생각해 보라.

Q2. 신경발달장애 아동에게 약물중재가 필요한가? 만약에 필요하다면 그 이유와 근거에 대해 생각해 보라.

Q3. 전두엽 기능의 어려움이 영향을 미칠 수 있는 진단은 무엇인지 생각해 보라.

참고문헌

Allen, N. J., & Barres, B. A. (2009). Neuroscience: Glia-more than just brain glue. *Nature, 457*(7230), 675-677.

Arnsten, A. F. T., & Rubia, K. (2012). Neurobiological circuits regulating attention, cognitive control, and their dysfunctions in ADHD. *American Journal of Psychiatry, 169*(11), 1165-1174.

Arrieta, M. C., Stiemsma, L. T., Dimitriu, P. A., Thorson, L., Russell, S., Yurist-Doutsch, H., Smith, B. D., Seida, D. S., Subbarao, A., Becker, A. B., Turvey, S. E., Scott, J. A., & Finlay, B. B. (2015). Early infancy microbial and metabolic alterations affect risk of childhood asthma. *Science Translational Medicine, 7*(307), 307ra152.

Azmitia, E. C. (2001). Serotonin and brain development. *International Brain Research Organization Reports, 6*(2), 118-123.

Ayres, A. J. (2005). *Sensory integration and the child: Understanding hidden sensory challenges*. Western Psychological Services.

Bernal, B., & Ardila, A. (2015). Broca's area network in language function: A pooling-data connectivity study. *Frontiers in Psychology, 6*, 687.

Boto, T., & Tomchik, S. M. (2019). The excitatory, the inhibitory, and the modulatory: Mapping chemical neurotransmission in the brain. *Neuron, 101*(4), 763-765.

Breit, S., Kupferberg, A., Rogler, G., & Hasler, G. (2018). Vagus nerve as modulator of the brain-gut axis in psychiatric and inflammatory disorders. *Frontiers in Psychiatry, 9*, 44.

Broca, P. (1861). Remarques sur le siège de la faculté du langage articulé, suivies d'une observation d'aphémie (perte de la parole). *Bulletins de la Société Anatomique de Paris, 6*, 330-357.

Brook, R. D., & Julius, S. (2000). Autonomic imbalance, hypertension, and cardiovascular risk. *American Journal of Hypertension, 13*(S4), 112S-122S.

Brunello, N. (2021). *Neuron structure diagram with labeled parts and a sheathed axon*. Retrieved from https://commons.wikimedia.org/wiki/File:Neuron_structure.svg

Brunello, N. (2021, August 12). Example of a neuron with the names of the main components [Image]. CC BY-SA 4.0. Retrieved from https://commons.wikimedia.org/wiki/File:Example_of_a_neuron.png

Buonomano, D. V., & Merzenich, M. M. (1998). Cortical plasticity: From synapses to maps. *Annual Review of Neuroscience, 21*(1), 149-186. https://doi.org/10.1146/annurev.neuro.21.1.149

Carlson, G. (2012). Glutamate receptor dysfunction and drug targets across models of autism spectrum disorders. *Pharmacology, Biochemistry, and Behavior, 100*(3), 850-854.

Chang, M., Chen, B., Shaffner, J., Dworkin, L. D., & Gong, R. (2021). Melanocortin system in kidney homeostasis and disease: Novel therapeutic opportunities. *Frontiers in Physiology, 12*, 651236. https://doi.org/10.3389/fphys.2021.651236

Chechik, G., Meilijison, I., & Ruppin, E. (1999). Neuronal regulation: A mechanism for synaptic pruning during brain maturation. *Neural Computation, 11*(8), 2061-2080.

Colombo, J., Gustafson, K. M., & Carlson, S. E. (2019). Critical and sensitive periods in development and nutrition. *Annals of Nutrition & Metabolism, 75*(Suppl 1), 34-42.

Courchesne, E., Pierce, K., Schumann, C. M., Redcay, E., Buckwalter, J. A., Kennedy, D. P., & Morgan, J. (2007). Mapping early brain development in autism. *Neuron, 56*(2), 399-413.

Craniofacial Team of Texas. (2015). *Brain growth by age*. Retrieved December 22, 2024, from https://craniofacialteamtexas.com/craniofacial-conditions-we-treat/craniosynostosis-diagnosis-and-treatment/brain-growth-by-age/

Cuevas, J. (2019). Neurotransmitters and their life cycle. In *Reference Module in Biomedical Sciences*. Elsevier.

Cozolino, L. (2010). *The neuroscience of psychotherapy: Healing the social brain* (2nd ed.). Norton.

De Looff, P. C., Cornet, L. J. M., Embregts, P. J. C. M., Nijman, H. L. I., & Didden, H. C. M. (2018). Associations of sympathetic and parasympathetic activity in job stress and burnout: A systematic review. *PLOS ONE, 13*(10), e0205741.

DeWitt, I., & Rauschecker, J. P. (2013). Wernicke conundrum and the anatomy of language comprehension in primary progressive aphasia. *Brain, 136*(12), 3776-3790.

Draganski, B., Gaser, C., Busch, V., Schuierer, G., Bogdahn, U., & May, A. (2004). Neuroplasticity: Changes in grey matter induced by training. *Nature*, *427*(6972), 311-312. https://doi.org/10.1038/427311a

Elias, L. J., & Saucier, D. M. (2006). *Neuropsychology: Clinical and experimental foundations*. 김명선 역(2007). **임상 및 실험 신경심리학**. 시그마프레스.

Eliot, L. (2000). *What's going on in there?: How the brain and mind develop in the first five years of life*. Bantam Books.

Ernsberger, U., Deller, T., & Rohrer, H. (2021). The sympathies of the body: Functional organization and neuronal differentiation in the peripheral sympathetic nervous system. *Cell and Tissue Research, 386*, 455-475.

Fairchild, G., Hagan, C. C., Walsh, N. D., Passamonti, L., Calder, A. J., & Goodyer, I. M. (2013). Brain structure abnormalities in adolescent girls with conduct disorder. *Journal of Child Psychology and Psychiatry, 54*(1), 86-95.

Foster, J. A., & McVey Neufeld, K.-A. (2013). Gut-brain axis: How the microbiome influences anxiety and depression. *Trends in Neurosciences, 36*(5), 305-312.

Frazier, T. W., & Hardan, A. Y. (2009). A meta-analysis of the corpus callosum in autism. *Biological Psychiatry, 66*(10), 935-941.

Frodl, T., & Skokauskas, N. (2012). Meta-analysis of structural MRI studies in children and adults with attention deficit hyperactivity disorder indicates treatment effects. *Acta Psychiatrica Scandinavica, 125*(2), 114-126.

Fülling, C., Dinan, T. G., & Cryan, J. F. (2019). Gut microbe to brain signaling: What happens in vagus…. *Neurogastroenterology & Motility, 31*(8), e13586.

Fuster, J. M. (2001). The prefrontal cortex—An update: Time is of the essence. *Neuron, 30*(2), 319-333.

Gershon, M. D. (1999). *The second brain: A groundbreaking new understanding of nervous disorders of the stomach and intestine*. Harper Perennial.

Geschwind, N. (1970). The organization of language and the brain. *Science, 170*(3961), 940-944.

Giedd, J. N., Blumenthal, J., Jeffries, N. O., Castellanos, F. X., Liu, H., Zijdenbos, A., Paus, T., Evans, A. C., & Rapoport, J. L. (1999). Brain development during childhood and adolescence: A longitudinal MRI study. *Nature Neuroscience, 2*(10), 861-863.

Gilmore, J. H., Knickmeyer, R. C., & Gao, W. (2018). Imaging structural and functional brain development in early childhood. *Nature Reviews Neuroscience, 19*(2), 123-137.

Gondalia, S. V., Palombo, E. A., Knowles, S. R., Austin, D. W., & Tang, M. L. (2012). Molecular characterisation of gastrointestinal microbiota of children with autism with and without gastrointestinal dysfunction and their neurotypical siblings. *Journal of Paediatrics and Child Health, 48*(10), 985-989.

Gray, H. (1918). *Anatomy of the human body* (20th ed., Plate 728). Lea & Febiger.

Ha, S., Oh, D., Lee, S., Park, J., Ahn, J., Choi, S., & Cheon, K.-A. (2021). Altered gut microbiota in Korean children with autism spectrum disorders. *Nutrients, 13*(10), 3300.

Hadders-Algra, M. (2021). Early diagnostics and early intervention in neurodevelopmental disorders—age-dependent challenges and opportunities. *Journal of Clinical Medicine, 10*(4), 861.

Hensch, T. K. (2004). Critical period regulation. *Annual Review of Neuroscience, 27*, 549-579.

Hensch, T. K., & Bilimoria, P. M. (2012). Re-opening windows: Manipulating critical periods for brain development. *Cerebrum, 2012*(11). https://www.ncbi.nlm.nih.gov/pmc/articles/PMC3574806

Herculano-Houzel, S. (2009). The human brain in numbers: A linearly scaled-up primate brain. *Frontiers in Human Neuroscience, 3*, Article 31.

Hoshino, K. (2023). Problems in the development of the sleep-wake rhythm influence neurodevelopmental disorders in children. *Diagnostics, 13*(11), 1859.

Hubel, D. H., & Wiesel, T. N. (1963). Receptive fields of cells in striate cortex of very young, visually inexperienced kittens. *Journal of Neurophysiology*, *26*(6), 994-1002. https://doi.org/10.1152/jn.1963.26.6.994

Huttenlocher, P. R., & Dabholkar, A. S. (1997). Regional differences in synaptogenesis in human cerebral cortex. *Journal of Comparative Neurology, 387*(2), 167-178.

Hyman, S. L., Levy, S. E., Myers, S. M., Council on Children With Disabilities, & Section on Developmental and Behavioral Pediatrics. (2020). Identification, evaluation, and management of children with autism spectrum disorder. *Pediatrics*, *145*(1), e20193447.

Ivanova, M. V., Zhong, A., Turken, A., Baldo, J. V., & Dronkers, N. F. (2021). Functional contributions of the arcuate fasciculus to language processing. *Frontiers in Human Neuroscience*, *15*, 672665.

Jackson, J., & Balsters, J. H. (2022). Subregions of DLPFC display graded yet distinct structural and functional connectivity. *The Journal of Neuroscience*, *42*(15), 3241-3252.

Jessen, K. R., & Mirsky, R. (1980). Glial cells in the enteric nervous system contain glial fibrillary acidic protein. *Nature*, *286*(5774), 736-737.

Johnson, A. K., & Xue, B. (2018). Central nervous system neuroplasticity and the sensitization of hypertension. *Nature Reviews Nephrology*, *14*(12), 750-766.

Johnson, M. B., & Stevens, B. (2018). *Pruning hypothesis comes of age*. Nature News and Views.

Johnson, M. H., Grossmann, T., & Kadosh, K. C. (2009). Mapping functional brain development: Building a social brain through interactive specialization. *Developmental Psychology*, *45*(1), 151-159.

Kandel, E. R., Schwartz, J. H., & Jessel, T. M. (Eds.). (2000). Nerve cells and behavior. In *Principles of neural science (Ch. 2)*. McGraw-Hill Professional.

Kandel, E. R., Schwartz, J. H., Jessell, T. M., Siegelbaum, S. A., & Hudspeth, A. J. (2012). *Principles of neural science* (5th ed.). McGraw-Hill Education.

Kang, D. W., Ilhan, Z. E., Stempak, J. M., Kang, S. S., Krajmalnik-Brown, R., & Cheon, K. A. (2021). Reduced abundance of Bifidobacterium and Akkermansia in children with autism spectrum disorder and their relation to gut permeability. *Nutrients*, *13*(11), 3802. https://doi.org/10.3390/nu13113802

Kim, J. E., Lyoo, I. K., Estes, A. M., Renshaw, P. F., Shaw, D. W., Friedman, S. D., Kim, D. J., Yoon, S. J., Hwang, J., & Dager, S. R. (2010). Laterobasal amygdalar enlargement in 6- to 7-year-old children with autism spectrum disorder. *Archives of General Psychiatry*, *67*(11), 1187-1197.

Knudsen, E. I. (2004). Sensitive periods in the development of the brain and behavior. *Journal of Cognitive Neuroscience*, *16*(8), 1412-1425.

Kolb, B., & Whishaw, I. Q. (2003). *Fundamentals of human neuropsychology* (5th ed.). Worth Publishers.

Kolb, B., & Whishaw, I. Q. (2015). *The developing mind: Toward a neurobiology of interpersonal experience* (7th ed.). 김명선, 김제중, 진영선, 한상훈 공역(2018). **신경심리학의 기초(제7판)**. 시그마프레스.

Kozlovskiy, S., Vartanov, A., Pyasik, M., Nikonova, E., & Velichkovsky, B. (2013). Anatomical characteristics of cingulate cortex and neuropsychological memory tests performance. *Procedia-Social and Behavioral Sciences*, *86*, 128-133.

Lamanna, J., & Meldolesi, J. (2024). Autism spectrum disorder: Brain areas involved, neurobiological mechanisms, diagnoses, and therapies. *International Journal of Molecular Sciences*, *25*(4), 2423.

Li, Q., Han, Y., Dy, A. B. C., & Hagerman, R. J. (2017). The gut microbiota and autism spectrum disorders. *Frontiers in Cellular Neuroscience*, *11*, 120.

Lieberman, M. D. (2013). *Social: Why our brains are wired to connect*. Crown Publishers.

Livingston, R. B. (1966). Brain mechanisms in conditioning and learning. *Neurosciences Research Program Bulletin*, *4*(3), 349-354.

Lynch, P. J. (2006). *Brain human sagittal section* [Illustration]. CC BY 2.5. Retrieved from https://commons.wikimedia.org/wiki/File:Brain_human_sagittal_section.svg

MacLean, P. D. (1990). *The triune brain in evolution: Role in paleocerebral functions*. Plenum Press.

Mannarelli, D., Pauletti, C., Missori, P., Trompetto, C., Cotellessa, F., Fattapposta, F., & Currà, A. (2023). Cerebellum's contribution to attention, executive functions, and timing: Psychophysiological evidence from event-related potentials. *Brain Sciences*, *13*(12), 1683.

Mastrangelo, S., Peruzzi, L., Guido, A., Iuvone, L., Attinà, G., Romano, A., Maurizi, P., Chieffo, D. P. R., & Ruggiero, A. (2024). The role of the cerebellum in advanced cognitive processes in children. *Biomedicines*, *12*(8), 1707.

Mateos-Aparicio, P., & Rodríguez-Moreno, A. (2019). The impact of studying brain plasticity. *Frontiers in Cellular Neuroscience*, *13*, 66.

McEwen, B. S., & Morrison, J. H. (2013). The brain on stress: Vulnerability and plasticity of the prefrontal cortex over the life course. *Neuron*, *79*(1), 16-29.

McGaugh, J. L. (2004). The amygdala modulates the consolidation of memories of emotionally arousing experiences. *Annual Review of Neuroscience*, *27*, 1-28.

Merzenich, M. M., Nelson, R. J., Stryker, M. P., Cynader, M. S., Schoppmann, A., & Zook, J. M. (1983). Somatosensory cortical map changes following digit amputation in adult monkeys. *Journal of Comparative Neurology*, *224*(4), 591-605. https://doi.org/10.1002/cne.902240408

Mesulam, M. M. (1998). From sensation to cognition. *Brain*, *121*(6), 1013-1052.

Michel, G. F., & Tyler, A. N. (2005). Critical period: A history of the transition from questions of when, to what, to how. *Developmental Psychobiology*, *46*(3), 156-162.

Miller, E. K., & Cohen, J. D. (2001). An integrative theory of prefrontal cortex function. *Annual Review of Neuroscience*, *24*, 167-202.

Muller, C. L., Anacker, A. M. J., & Veenstra-VanderWeele, J. (2016). Serotonin systems in autism spectrum disorder: Key modulators of behavioral symptoms and target for pharmacological intervention. *Molecular Psychiatry*, *21*(2), 165-177.

Nicholls, J. (1984). Achievement motivation: Conceptions of ability, subjective experience, task choice, and performance. *Psychological Review*, *91*(3), 328-346.

OpenStax. (2020). Chemical synapse showing neurotransmitter release through synaptic cleft. In *Anatomy and Physiology*. OpenStax. Retrieved from https://openstax.org/details/books/anatomy-and-physiology

OpenStax College. (2013). *Anatomy & Physiology*. Retrieved from http://cnx.org/content/col11496/1.6/

Oya, H., Kawasaki, H., Howard, M. A., & Adolphs, R. (2002). Electrophysiological responses in the human amygdala discriminate emotion categories of complex visual stimuli. *Journal of Neuroscience*, *22*(21), 9502-9512.

Pabba, M. (2013). Evolutionary development of the amygdaloid complex. *Frontiers in Neuroanatomy*, 7, Article 27.

Pancrat. (2011). *Category: Brain; Category: Prefrontal Cortex*. Wikimedia Commons. Retrieved from https://commons.wikimedia.org/wiki/File:Cortex_frontal_lateral.png.

Pascual-Leone, A., Amedi, A., Fregni, F., & Merabet, L. B. (2005). The plastic human brain cortex. *Annual Review of Neuroscience*, *28*, 377-401. https://doi.org/10.1146/annurev.neuro.27.070203.144216

Patrick J. L., & Mabhobs. (2009). *Location of the ventromedial prefrontal cortex and medial orbitofrontal cortex*. Wikimedia Commons. Retrieved from https://commons.wikimedia.org/wiki/File:Ventromedial_prefrontal_cortex.png.

Paul, L. K., Brown, W. S., Adolphs, R., Tyszka, J. M., Richards, L. J., Mukherjee, P., & Sherr, E. H. (2007). Agenesis of the corpus callosum: Genetic, developmental and functional aspects of connectivity. *Nature Reviews Neuroscience*, *8*(4), 287-299.

Pearson Education, Inc. (2011). Structure of a neuron and direction of signal flow. In *Biology: Concepts and connections* (9th ed.). Pearson Education.

Perry, B. D. (1999). Memories of fear: How the brain stores and retrieves physiologic states, feelings, behaviors, and thoughts from traumatic events. In J. Goodwin & R. Attias (Eds.),

Splintered reflections: Images of the body in trauma. Basic Books.

Phelps, E. A. (2004). Human emotion and memory: Interactions of the amygdala and hippocampal complex. *Current Opinion in Neurobiology*, *14*(2), 198–202.

Porges, S. W. (1995). Orienting in a defensive world: Mammalian modifications of our evolutionary heritage: A Polyvagal Theory. *Psychophysiology*, *32*(4), 301–318. https://doi.org/10.1111/j.1469-8986.1995.tb01213.x

Prescott, S. L., & Liberles, S. D. (2022). Internal sensory neurons regulate brain and behavioral responses to visceral stimuli. *Nature Reviews Neuroscience*, *23*(8), 451–464.

Ramón y Cajal, S. (1928). *Degeneration and regeneration of the nervous system* (R. M. May, Trans.). Oxford University Press. (Original work published 1913).

Ramus, F. (2004). Neurobiology of dyslexia: A reinterpretation of the data. *Trends in Neurosciences*, *27*(12), 720–726.

Robson, C. (2002). *Real world research: A resource for social scientists and practitioner-researchers*. Blackwell Publishers.

Rojas, D. C. (2014). The role of glutamate and excitotoxicity in developmental disorders. *Journal of Neural Transmission*, *121*(8), 945–952.

Rosenzweig, M. R., Krech, D., Bennett, E. L., & Diamond, M. C. (1962). Effects of environmental complexity and training on brain chemistry and anatomy: A replication and extension. *Journal of Comparative and Physiological Psychology*, *55*(4), 429–437.

Samson, S., & Zatorre, R. J. (1992). Learning and retention of melodic and verbal information after unilateral temporal lobectomy. *Neuropsychologia*, *30*(9), 815–826.

Schore, A. N. (2000). Attachment and the regulation of the right brain. *Attachment & Human Development*, *2*(1), 23–47.

Schore, A. N. (2012). *The science of the art of psychotherapy*. W. W. Norton & Company.

Sharkey, K. A., & Mawe, G. M. (2023). The enteric nervous system. *Physiological Reviews*, *103*(2), 1487–1564. https://doi.org/10.1152/physrev.00018.2022

Sharon, G., Cruz, N. J., Kang, D. W., Gandal, M. J., Wang, B., Kim, Y. M., ... & Mazmanian, S. K. (2019). Human gut microbiota from autism spectrum disorder promote behavioral symptoms in mice. *Cell*, *177*(6), 1600–1618.e17.

Siegel, D. J. (2010). *The mindful therapist: A clinician's guide to mindsight and neural integration*. W. W. Norton & Company.

Sjöstedt, P., Enander, J., & Isung, J. (2021). Serotonin reuptake inhibitors and the gut microbiome: Significance of the gut microbiome in relation to mechanism of action, treatment response, side effects, and tachyphylaxis. *Frontiers in Psychiatry*, *12*, 682868.

Souza-Couto, D., Bretas, R., & Aversi-Ferreira, T. A. (2023). Neuropsychology of the parietal lobe: Luria's and contemporary conceptions. *Frontiers in Neuroscience*, *17*, 1226226.

Stocco, A., Lebiere, C., & Anderson, J. R. (2010). Conditional routing of information to the cortex: A model of the basal ganglia's role in cognitive coordination. *Psychological Review*, *117*(2), 541-574.

Sussman, O. (2023). What is neuroscience: Overview, history, & major branches. In S. McLeod & O. Guy-Evans (Eds.), *Simply psychology*. Retrieved from https://www.simplypsychology.org/neuroscience.html

Tang, G., Gudsnuk, K., Kuo, S. H., Cotrina, M. L., Rosoklija, G., Sosunov, A., ... & Sulzer, D. (2014). Loss of mTOR-dependent macroautophagy causes autistic-like synaptic pruning deficits. *Neuron*, *83*(5), 1131-1143.

Trapp, B. D., & Kidd, G. J. (2004). Structure of the myelinated axon. In *Myelin Biology and Disorders* (Vol. 1, pp. 3-27). Academic Press.

Tsunoda, S., Inoue, T., Ohwaki, K., et al. (2024). Influence of an improvement in frontal lobe hemodynamics on neurocognitive function in adult patients with moyamoya disease. *Neurosurgical Review*, *47*(1), 395.

Uddin, L. Q., Supekar, K., Lynch, C. J., Khouzam, A., Phillips, J., Feinstein, C., Ryali, S., & Menon, V. (2013). Salience network-based classification and prediction of symptom severity in children with autism. *JAMA Psychiatry*, *70*(8), 869-879.

Uddin, L. Q., Supekar, K., & Menon, V. (2013). Reconceptualizing functional brain connectivity in autism from a developmental perspective. *Frontiers in Human Neuroscience*, *7*, 458.

Valdes, A. M., Walter, J., Segal, E., & Spector, T. D. (2018). Role of the gut microbiota in nutrition and health. *BMJ*, *361*, k2179.

Vargas, D. L., Nascimbene, C., Krishnan, C., Zimmerman, A. W., & Pardo, C. A. (2005). Neuroglial activation and neuroinflammation in the brain of patients with autism. *Annals of Neurology*, *57*(1), 67-81.

Vrijkotte, T. G., van Doornen, L. J., & de Geus, E. J. (2000). Effects of work stress on ambulatory blood pressure, heart rate, and heart rate variability. *Hypertension*, *35*(4), 880-886.

Warner, B. B., & Frey, M. R. (2018). The gut microbiome and autism spectrum disorders. *Microbiome*, *6*, 28.

Wernicke, C. (1874). *Der aphasische Symptomencomplex: Eine psychologische Studie auf anatomischer Basis*. Cohn & Weigert.

Wiesel, T. N., & Hubel, D. H. (1963). Effects of visual deprivation on morphology and physiology of cells in the cat's lateral geniculate body. *Journal of Neurophysiology*, *26*(6), 978-993.

Yakovlev, P. L., & Lecours, A. R. (1967). The myelogenetic cycles of regional maturation of the brain. In A. Minkowski (Ed.), *Resional development of the brain in early life* (pp. 3-70). Blackwell.

Zatorre, R. J., Fields, R. D., & Johansen-Berg, H. (2012). Plasticity in gray and white: Neuroimaging changes in brain structure during learning. *Nature Neuroscience*, *15*(4), 528-536. https://doi.org/10.1038/nn.3045

Zmora, N., Zilberman-Schapira, G., Suez, J., Mor, U., Dori-Bachash, M., Bashiardes, S., Zur, M., Regev-Lehavi, D., Ben-Zeev Brik, R., Federici, S., Horn, M., Cohen, Y., Moor, A. E., Zeevi, D., Korem, T., Kotler, E., Harmelin, A., Itzkovitz, S., Maharshak, N., ... & Elinav, E. (2018). Personalized gut mucosal colonization resistance to empiric probiotics is associated with unique host and microbiome features. *Cell*, *174*(6), 1388-1405.e21.

제 5 장

감각통합과 아동 발달

학습목표

1. 감각통합이 아동 발달에 미치는 영향을 설명할 수 있다.
2. 감각처리반응 유형(과민형, 둔감형, 추구형 등)을 이해할 수 있다.
3. 감각통합 발달단계를 설명할 수 있다.
4. 감각처리장애의 종류와 각 특성에 대해 설명할 수 있다.

● ● ● 발달장애 아동은 신경학적 원인으로 인해 감각 정보를 효과적으로 처리하고 조직화하는 데 어려움을 보이는 경우가 많다. 이로 인해 전형적인 방식이 아닌 독특한 형태로 놀이를 하거나, 특정 감각 자극을 지나치게 추구하거나 회피하는 행동을 보이기도 한다. 또한 특정 상황에서 뚜렷한 이유 없이 불안, 짜증, 혹은 분노 폭발과 같은 정서적 반응을 보이기도 한다. 그러나 이러한 아동의 행동 이면에는 분명한 이유가 존재할 때가 많다.

감각통합이론은 작업치료사가 임상에서 주로 적용하는 이론적 틀이지만, 놀이치료사 역시 이 이론을 이해하고 활용한다면 감각처리에 어려움을 겪는 아동을 보다 깊이 있게 이해하고 지원할 수 있다. 감각통합이론은 인지, 운동, 정서, 환경 적응 사이의 상호작용을 통합적으로 이해하게 해 주며, 아동이 보이는 불안반응, 회피 행동, 감정 전환의 어려움, 자기자극 행동 등의 임상적 특성을 해석하는 데 매우 유용한 틀을 제시하기 때문이다(Yack, Sutton, & Aquilla, 2002).

이 장에서는 놀이치료사가 알고 있어야 하는 감각통합의 핵심 개념과 감각처리장애의 유형에 대해 알아보고 감각통합에 어려움을 겪는 아동의 주요 특징들을 자세히 살펴보고자 한다.

1. 감각통합이론

1) 감각통합이론의 정의

우리의 일상은 감각으로 가득 차 있으며 감각은 삶 전반에 깊이 연결되어 있다. 눈부신 햇빛과 알람 소리에 잠에서 깨어나 하루를 시작하고, 제과점 앞을 지나며 풍겨 오는 빵 냄새에 식욕이 자극되어 빵을 사 먹기도 하며, 반려동물의 부드러운 털을 쓰다듬을 때는 정서적 안정감을 느낀다. 학교에서 수업을 듣는 학생은 선생님의 설명을 들으며 동시에 칠판의 글씨와 교과서를 시각적으로 처리하고, 의자에 앉아 자세를 유지한 채 노트 필기를 수행한다.

이처럼 일상에서 접하는 수많은 정보는 감각을 통해 뇌로 들어오며, 우리의 행동, 정서, 인지에 직접적인 영향을 미친다. 우리의 신경계는 이런 다양한 감각 정보를 끊임없이 처리하고 있으며 자신의 몸과 환경으로부터 들어오는 감각 자극을 조직화하고 통합하여 신체를 효과적으로 사용할 수 있도록 한다. 이러한 신경학적 과정을 감각통합(sensory integration)이라고 한다(Ayres, 1972a). 감각통합은 우리 삶 전반에 걸쳐 일어나는 신경학적 과정으로, 신체에 입력되는 여러 감각을 뇌에서 잘 처리하고 통합하면 효율적으로 신체를 조직화할 수 있지만 이 과정에 결함이 생기면 놀이, 학습, 행동 및 감정 조절에 어려움이 발생할 수 있다(Ayres, 1972a; Bundy, Lane, & Murray, 2002).

2) 감각통합이론의 배경

작업치료사이자 교육심리학자였던 Ayres(1972a)는 학습, 운동, 정서 조절에 어려움을 보이는 아동들이 공통적으로 감각 정보를 뇌에서 적절하게 처리하지 못하거나, 운동 계획, 주의 집중, 환경의 적응반응에 문제를 보이는 점을 임상 현장에서 관찰하였다. Ayres는 이러한 관찰을 바탕으로 감각처리(sensory processing)와 행동 사이의 연관성을 체계적으로 연구하였으며, 신경과학에 기반하여 감각통합이론(Sensory Integration Theory)을 제시하였다.

Ayres는 감각이 아동 발달의 기초를 형성하며 뇌가 감각 정보를 처리하고 해석하는 방식이 아동의 운동, 학습, 정서, 행동 등 세상과 상호작용하는 능력에 결정적인 영향을 미친다고 보았다. 그녀는 표면적인 행동 그 자체보다는 감각을 처리하는 뇌의 신경학적 원인에 초점을 맞추어 아동의 어려움을 이해하고자 하였다. 이러한 접근은 발달장애, 학습장애, 정서 및 행동 문제를 겪는 아동을 단순한 '문제행동'의 시각이 아닌, 신경발달의 관점에서 바라보게 하는 새로운 관점을 제시하였다(Yack, Sutton, & Aquilla, 2002). 이후 감각통합은 자폐스펙트럼장애를 가진 아동을 위한 기초적인 중재 방법으로 자리 잡게 되었다(Case-Smith & Miller, 1999).

대부분 '감각통합'이라는 용어로 더 많이 알려져 있지만 '감각통합'과 '감각처리'는 동일한 개념으로 쓰인다(Fisher & Murray, 1991). 감각통합기능장애를 언급할 때는 Miller 등(2007)이 제안한 '감각처리장애(Sensory Processing Disorder: SPD)'가 빈도 높게 사용되며 『영유아기 정신건강 및 발달장애 진단분류』(Zero to Three, 2016)에서도 감각통합장애가 아닌 감각처리장애(SPD)로 명시되어 있음을 확인해 볼 수 있다.

3) 감각통합장애 유병률

감각통합(감각처리)의 어려움은 신경발달장애를 가진 아동들에서 매우 흔하게 동반되는 증상으로 자폐스펙트럼장애, 지적장애, ADHD, 학습장애 아동에게서 자주 관찰된다. 자폐스펙트럼장애 아동의 경우 감각처리장애는 대표적인 증상 중 하나로 인식되어 개정된 DSM-5(APA, 2013)에 자폐스펙트럼장애를 가진 아동이 보이는 비전형적인 감각반응 양상이 진단기준 항목에 포함되었다(Kilroy et al., 2019). 진단기준에 따르면, "특정 감각에 대해 과잉 또는 과소 반응을 보일 수 있고 환경의 감각 영역에 특이한 관심(무관심 혹은 과도한 매료)을 가질 수 있다."라고 하였다.

연구에 따르면 자폐스펙트럼장애 아동의 90~95%(Randell et al., 2019; Tomchek & Dunn, 2007), 특수교육이 필요한 아동의 32%가 감각처리에 명백한 차이를 보인다고 보고하고 있다(Green et al., 2016). 또 다른 연구에 따르면 특수교육이 필요한 아동들 외에도 유치원에 다니는 아동 중 5.3%가 감각처리에 어려움을 보였으며 7~11세 아동의 부모를 설문조사한 결과, 16.5%가 촉각과 청각에 과민한 반응을 보였다고 보고하고 있다(Ahn et al., 2004).

또한 임상에서 내재화 또는 외현화 문제를 보이는 아동들은 우울, 불안, 강박, 주의력 결핍 과잉행동과 같은 어려움을 보였으며 이러한 문제들은 감각처리의 어려움과도 상관관계를 보였다(Ben-Sasson, Carter, & Briggs-Gowan, 2009). 감각처리장애는 다른 진단

(자폐스펙트럼장애, 지적장애, ADHD, 강박장애, 불안장애, 염색체 증후군, 학습장애 등)과 공존하여 발생할 수 있을 뿐만 아니라 감각처리장애만 단독으로도 존재할 수 있다(Pastor-Cerezuela et al., 2020). 감각처리장애는 발달장애 아동뿐만 아니라 비장애 아동들에게서도 관찰될 수 있는 발달의 어려움 중 하나이다.

4) 감각과 아동 발달

(1) 감각과 인지 발달

생애 초기의 영아는 감각을 통해 세상을 인식하고, 배우고, 타인과 관계를 맺는다. Piaget(1962)는 출생부터 만 2세까지의 시기를 감각운동기라고 정의하며 이 시기 영유아에게 감각 경험이 갖는 중요성을 강조하였다. 감각운동기 동안 영아는 주변 환경에 대한 다양한 감각 자극에 관심을 보이며 손으로 만지거나 몸을 움직이는 등 감각과 운동을 결합한 활동을 통해 자기 자신과 환경에 대해 탐색하고 학습하게 된다. 예를 들어, 영아는 관심 있는 물건을 손으로 집어 입에 넣고 맛, 질감, 모양, 크기 등을 감각적으로 탐색한다. 딸랑이를 흔들며 들리는 소리에 즐거움을 느끼거나, 물건을 두드리거나 떨어뜨리는 등의 반복적 행동은 감각과 운동의 연결을 돕고, 이를 통해 감각이 조직화되면서 감각통합의 기초가 형성된다(Ayres, 2005). 이러한 감각-운동 활동은 인지 발달의 기반이 되며 아동이 성장함에 따라 보다 복잡한 학습과 문제해결을 위한 기술로 확장된다.

아동은 감각 경험을 통해 배우고 성장하려는 동기를 가지고 있는데 이것을 내적 동기(inner drive)라 한다(Ayres, 1972a). 내적 동기는 아동이 감각 경험을 통해 환경을 탐색하고 상호작용하며 이해하려는 자연스러운 동기를 의미한다. 이와 같은 내적 동기는 아동이 감각 활동에 자발적으로 참여하도록 유도하며 감각처리 능력과 운동 기술 발달에 중요한 역할을 한다.

(2) 감각과 운동 발달

감각통합(감각처리)이 잘 이루어지는 아동은 환경에 적절히 반응하여 목표 지향적 활동에 참여하고 이를 통해 배울 수 있는 적응반응(adaptive responses)을 형성하게 된다(Ayres, 1972a). 적응반응은 아동이 감각 정보를 효과적으로 처리하고 환경의 요구에 적절히 반응하는 능력을 말한다. 아동은 이러한 적응반응을 통해, 새로운 기술을 배우고 환경을 탐색하며 점차 복잡한 활동에 참여할 수 있는 능력이 발달하게 된다. 이는 아동의 발달을 촉진하는 핵심 요인 중 하나이다(Case-Smith, 2005).

생후 6개월인 아기가 눈앞에 보이는 모빌의 색상과 모양, 움직임, 멜로디 소리에 흥미를 느꼈다고 가정해 보자. 아기는 즐거운 감각 경험을 통해 모빌에 대한 내적 동기를 가지고 발로 차거나 손을 뻗어 만지고, 잡고, 당기는 등 모빌을 탐색하려 할 것이다. 아기의 행동은 모빌을 통해 오는 감각에 대한 적응반응이다. 이러한 적응반응이 반복될수록 아기의 신체협응과 운동능력은 발달하게 된다. 또한 모빌을 잡기 위해 팔을 뻗는 행동을 통해 눈-손 협응 능력이 발달하고 모빌을 손에 움켜쥐고 펴는 잡기 연습을 통해 소근육 운동 능력이 발달하게 된다. 이러한 초기 손가락 제어 연습은 쓰기, 그리기, 만들기 등 소근육운동 능력을 위한 중요한 기초가 된다.

하지만 감각통합(감각 조절)에 어려움이 있는 아동들은 감각정보에 적절하고 성공적인 방식으로 응답하는 것이 어렵다. 예를 들어, 감각처리에 어려움이 있어 자신이 경험하는 감각들이 불쾌하거나 혹은 전혀 흥미가 느껴지지 않는다면 환경 안에서 탐색하고 경험하고자 하는 아동의 내적 동기는 높지 않을 것이다. 또한 신체를 어떻게 협응하고 사용해야 하는지 신체인식이 부족하다면 환경을 적극적으로 탐색하는 데 어려움이 있을 것이다.

표 5-1 Piaget의 감각운동기 발달단계

단계	내용
반사적 운동 (0~1개월)	• 행동이 주로 반사적임(예: 빨기, 잡기) • 신생아는 타고난 반사를 통해 환경과 상호작용함
1차 순환반응 (1~4개월)	• 관심이 자신의 신체에 초점 • 신체를 사용하여 경험한 행동이 즐거우면 그 행동을 반복함(예: 엄지 빨기)
2차 순환반응 (4~8개월)	• 관심이 외부 사물로 이동 • 흥미로운 결과를 만들어 내는 행동 반복(예: 딸랑이를 흔듦)
2차 순환반응의 협응 (8~12개월)	• 의도적인 행동 시작 • 목표를 달성하기 위해 배운 행동을 결합(예: 뚜껑 열어 과자 꺼내기)
3차 순환반응 (12~18개월)	• 다양한 결과를 관찰하기 위해 새로운 행동을 실험 (예: 공을 던지고, 떨어뜨리고, 굴리고 다양한 방법으로 놀이) • 호기심, 문제해결, 시행착오 학습이 두드러지는 단계
정신적 표상 (18~24개월)	• 상징적 사고 발달 • 물체와 행동을 정신적으로 표상할 수 있음(예: 가상놀이) • 대상 영속성, 지연모방 출현

(3) 감각과 심리사회 발달

영아는 양육자와 주변 세계에 대한 신뢰를 형성하기 위해 감각 경험에 크게 의존한다. 주 양육자를 통해 경험되는 촉각, 시각, 청각, 후각과 같은 감각은 Erikson(1950)의 심리사회발달 초기 단계에서 세상에 대한 기본적인 신뢰감과 안정감을 형성하는 데 중요한 역할을 한다(Schaffer & Emerson, 1964). 특히 영아의 정서적 · 감각적 요구에 대한 양육자의 민감성과 적합한 반응은 아동의 정서적 안정과 건강한 애착 형성에 매우 중요하다(Buyse, Verschueren, & Doumen, 2020). 이러한 감각적 · 정서적 욕구가 일관되게 충족될 때 영아는 세상을 안전하고 예측 가능한 장소로 인식하며 신뢰와 애착을 발달시킨다.

하지만 감각통합(감각처리)에 어려움이 있는 영아는 일반적인 감각 자극에서 편안함과 안정감을 느끼는 데 어려움을 겪을 수 있다. 예를 들어, 대부분의 아기에게 즐거움을 주는 모유 수유나 젖병 빨기, 안아 주기, 흔들기, 소리나 빛이 나는 장난감 등의 감각 자극이 일부 아기에게는 오히려 불편하고 과도한 자극으로 인식될 수 있다.

만약 양육자가 이러한 감각적 차이를 인식하지 못해 적절한 환경과 감각 자극을 제공하지 못할 경우 아기는 정서적 안정감을 얻기 어려우며 안정된 애착 형성에도 어려움이 생길 수 있다. 감각처리에 대한 이해는 아동의 초기 발달과 애착 형성 과정을 이해하고 돕는 데 매우 중요한 요소이다.

(4) 감각과 심리성적 발달

Freud(1905)는 성격 발달이 구강기, 항문기, 남근기, 잠복기, 생식기의 다섯 가지 심리성적 발달단계를 통해 이루어진다고 보았다. 각 단계에서 성적 에너지(리비도)는 신체의 특정 부위에 집중되며, 각 단계에서의 적절한 만족은 건강한 성격 발달에 매우 중요하다. 만약 이러한 발달 과업이 충분히 해결되지 못한 채 남아 있을 경우 고착(fixation)으로 이어질 수 있으며, 이는 성인기의 성격과 행동 양식에 영향을 미칠 수 있다.

구강기(0~1세)는 입이 즐거움의 주요 원천이 되는 시기로, 영아는 빠는 행동이나 물고 빨기 등의 활동을 통해 신체적 쾌감을 경험하고 세상을 탐색한다. 그러나 감각처리에 어려움이 있는 아동의 경우, 구강 탐색 활동에 제한이 생길 수 있다. 예를 들어, 특정 질감에 대한 과민반응으로 인해 입에 물건을 넣는 것을 불쾌하게 느끼거나 입으로 빠는 움직임과 삼키는 기능 간의 협응이 미숙하여 구강 감각 활동을 회피할 수 있다. 반대로, 구강 감각이 둔감한 아동은 일반적인 수준의 자극으로 만족하지 못하여 더 강한 감각 자극을 추구하게 되고, 이로 인해 손가락을 지나치게 빠는 행동, 손톱 물어뜯기, 과도한 물건 씹

표 5-2 발달이론과 감각통합 발달단계

연령	인지 발달 (Piaget)	심리사회 발달 (Erikson)	심리성적 발달 (Freud)	감각통합 발달 (Ayres)
0~1세	감각운동기 (0~2세)	신뢰 대 불신	구강기	감각체계 발달, 초기반사통합, 빨기, 먹기, 촉각적 심리 안정, 모아애착
1~3세		자율성 대 수치심	항문기	자세 조절, 균형 유지, 신체 지각, 양측 협응, 운동 계획, 목적 있는 활동
3~6세	전조작기 (2~7세)	주도성 대 죄책감	남근기	눈-손 협응, 시지각
6~12세	구체적 조작기 (7~11세)	근면성 대 열등감	잠복기	자기조절, 집중력, 조직력, 학습 능력(읽기, 쓰기, 수학) 논리력, 추상적 사고, 자신감, 자아존중감
12세 이상	형식적 조작기	정체감 대 역할혼란	생식기	

기 등의 구강추구 행동을 보일 수 있다.

항문기(1~3세)는 배변과 관련된 신체 기능에 대한 인식이 증가하고 배변을 보유하고 배출하는 과정에 쾌감을 느끼는 단계로 배변훈련이 중요한 발달과제로 등장하는 시기이다. 하지만 감각처리에 어려움이 있는 아동은 변기시트에 앉을 때 엉덩이 느낌(촉각), 물 내리는 소리(청각), 변기에 앉을 때 발이 땅에서 떨어지는 느낌(전정감각), 신체 내부 신호 인식(내수용감각) 등 배변과 관련된 감각처리의 어려움으로 배변에 대한 두려움, 불안 또는 저항을 보일 수도 있다. 이러한 감각처리의 어려움들은 심리성적 발달단계에서 이루어져야 하는 충분한 만족과 적응의 경험들을 제한할 수 있다.

5) 감각처리모델

감각처리는 신체에 들어오는 감각을 감지하여 조절, 해석 및 조직하는 능력을 말한다(Lane, Miller, & Hanft, 2000). 감각처리모델은 신경학적 역치와 자기조절 전략 행동의 상호작용을 기반으로 감각처리반응을 네 가지 유형으로 정의한다(Dunn, 1997). 감각처리모델을 이해하게 되면, 감각처리에 어려움이 있는 아동의 행동을 이해하고 아동이 좀 더 편안하고 능동적으로 놀이에 참여할 수 있도록 환경 조성과 지원 전략을 세울 수 있다.

(1) 신경학적 역치

신경학적 역치란 신경계가 자극을 감지하고 반응하기 위해 필요한 최소 자극 강도를 의미한다(Fechner, 1966). 이러한 역치는 낮은 역치에서 높은 역치까지 연속적인 범위로 존재하며 개인마다 다르다. 신경학적 역치를 이해하는 것은 아동의 감각처리 패턴을 이해하는 데 매우 중요하다.

① 낮은 신경학적 역치

감각 역치가 낮은 아동은 신경계가 비교적 적은 양의 감각 자극에도 쉽게 활성화되어 작은 자극에도 민감하게 반응하고 자극을 빠르게 인지한다. 이러한 반응을 감각 과민반응성(sensory hyper-reactivity)이라고 한다. 감각 과민형 아동은 감각 정보가 과잉으로 입력되어 중요하지 않은 자극을 걸러 내는 선택적 주의(selective attention)에 어려움을 보인다. 이로 인해 감각 과부하(sensory overload)를 경험하고 특정 감각 자극에 대해 공포, 불쾌감, 회피 행동을 보이기도 한다. 또한 주변 환경 자극에 지나치게 민감하여 쉽게 산만해지며, 주의 집중의 어려움으로 이어질 수 있다.

② 높은 신경학적 역치

감각 역치가 높은 아동은 신경계가 활성화되기 위해 비교적 강한 자극을 필요로 하며 감각 정보를 인식하거나 반응하기까지 시간이 오래 걸릴 수 있다. 이를 감각 저반응성(sensory hypo-reactivity)이라 한다. 이러한 아동은 일반적인 감각 자극을 잘 인지하지 못하거나 반응이 둔할 수 있다. 종종 멍하게 있거나, 자극에 대한 반응이 약하게 나타나며 감각 입력에 대한 욕구를 충족시키기 위해 스스로 감각을 추구하는 경향을 보이기도 한

표 5-3 감각 과민반응성과 감각 저반응성의 특징

감각 과민반응성	감각 저반응성
• 낮은 감각 역치(민감형) • 감각을 받아들이는 '창'이 넓음 • 감각이 과잉 입력됨 • 작은 감각에도 쉽게 자극됨 • 환경 자극에 대한 높은 인식 • 등록되는 감각의 양이 많아 일상생활이 방해받을 수 있음	• 높은 감각 역치(둔감형) • 감각을 받아들이는 '창'이 좁음 • 감각이 과소 입력됨 • 더 강하거나 많은 감각 자극이 필요함 • 환경 자극에 대한 낮은 인식 • 등록되는 감각의 양이 적어 잘 알아채지 못하고 환경에 덜 반응하는 것처럼 보임

다. 이는 감각추구(sensory seeking) 행동으로 이어지며 자신의 역치를 넘는 강도나 빈도의 자극을 통해 각성을 유지하려는 시도로 해석될 수 있다.

더 알아보기

자폐스펙트럼장애 아동의 감각처리 패턴 조사연구

자폐스펙트럼장애 진단을 받은 아동 200명을 대상으로 감각처리 패턴을 조사한 결과, 94%의 아동이 일반적인 감각처리 방식과는 다른 감각처리 패턴을 보였다. 그중 39%는 감각 저반응(과소반응), 19%는 감각 과민반응(과잉반응), 36%는 과소, 과잉 반응의 혼합 형태를 보이는 것으로 나타났다(Greenspan & Wieder, 1997). 이 연구는 자폐스펙트럼 아동의 감각처리 패턴이 전형적이지 않으며 이러한 어려움은 그들에게 매우 흔하게 나타나는 특성 중 하나임을 강조하고 있다. 또한 자폐스펙트럼 아동의 감각처리와 행동반응은 모두 동일하지 않고 각 개인에 따라 다양할 수 있다는 사실을 반영한다.

(2) 자기조절 전략(능동적/수동적)

자기조절(self-regulation) 전략은 감각 자극에 대한 개인의 반응 방식을 말하며 수동형 반응과 능동형 반응 사이의 연속체로 존재한다. 수동형 아동은 자신을 불편하게 하는 환경을 바꾸기 위한 조치를 취하지 않고 자극을 그저 받아들이는 경향을 보이는 반면, 능동형 아동은 필요에 따라 환경을 수정하거나 통제하려는 경향이 강하며 감각 입력을 조절하기 위해 적극적으로 행동한다. 감각처리반응은 신경학적 역치와 자기조절 전략의 교차적 상호작용을 반영하여 네 가지 유형으로 분류된다([그림 5-1] 참조).

① 감각 민감형: 낮은 감각 역치+수동적 반응

감각 민감형(sensory sensitivity) 아동은 작은 자극에도 쉽게 반응할 정도로 예민하지만 이를 회피하거나 조절하려는 행동은 적극적으로 하지 않는다. 감각 정보가 지나치게 입력되어 감각 과부하를 경험하고, 집중력 저하, 불안, 피로로 이어지기 쉽다. 이러한 아동은 환경에 대한 경계심이 높고, 자극에 쉽게 압도되며, 위험하지 않은 감각 자극에도 과잉반응할 수 있다.

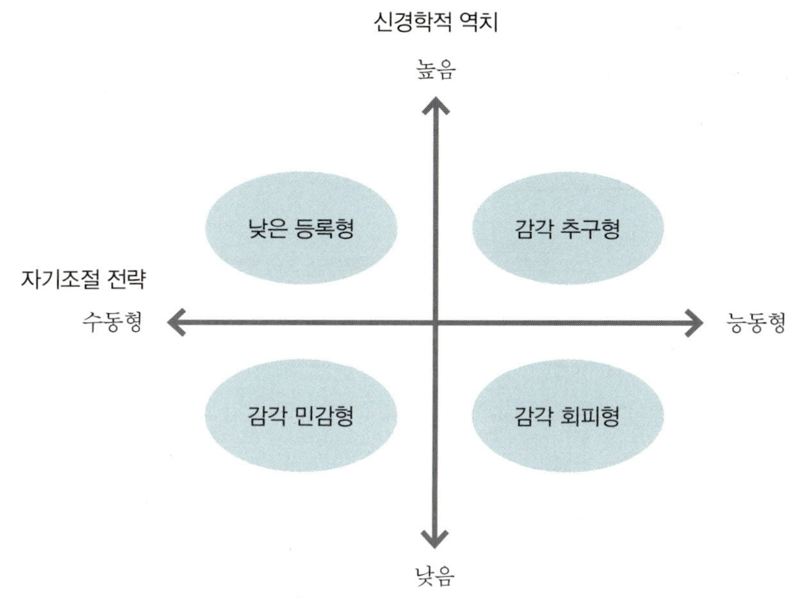

[그림 5-1] 감각처리반응 유형

출처: Dunn (1997).

② 감각 회피형: 낮은 감각 역치+능동적 반응

감각 회피형(sensation avoiding) 아동은 감각 자극에 민감하여 자극을 받는 상황을 피하려는 경향이 있다. 이 유형의 아동은 불편한 감각 자극으로부터 자신을 보호하기 위해 환경을 통제하려 하거나 특정한 장소, 물건, 사람을 회피해 불편한 자극을 최소화하려 한다. 그리하여 정해진 루틴과 예측 가능한 환경을 선호한다.

③ 낮은 등록형: 높은 감각 역치+수동적 반응

낮은 등록형(low registration) 아동은 주변의 감각 자극을 잘 인식하지 못하거나 반응이 느려 다른 사람들이 알아차리는 자극을 놓치거나 무시하는 경우가 많다. 이 유형의 아동은 일상적인 감각 정보에 둔감하여 여러 번 반복하거나 강한 자극을 주어야 반응하는 경우가 많으며 때로는 활동에 무관심하거나 동기가 부족한 것처럼 보일 수 있다.

④ 감각 추구형: 높은 감각 역치+능동적 반응

감각 추구형(sensation seeking) 아동은 높은 감각 역치를 가지고 있어 일반적인 자극으로는 적정 각성을 경험하지 못하며 이러한 상태를 보완하기 위해 능동적으로 강한 감각 자극을 탐색한다. 이 유형의 아동은 에너지가 넘치고, 끊임없이 움직이거나 감각 자극이 강한 활동을 선호한다. 그래서 위험 감지 능력이 상대적으로 낮아 보이고, 주의 산만하거나 충동적인 모습을 보이기도 한다.

더 알아보기

감각 유형별 아동과 놀이하기

• **감각 민감형/감각 회피형 아동**

감각 민감형/감각 회피형 아동은 낮은 감각 역치를 가지고 있어 감각 자극에 쉽게 압도된다. 감각적인 예민함으로 인해 새로운 환경이나 활동에 피로감이나 불안을 느끼는 경우가 많으며, 불편한 자극들을 회피하려는 경향이 있다. 이 유형의 아동에게는 불편한 감각 자극이 무엇인지 미리 파악하여 놀이 시 안전하고 예측 가능한 환경을 조성해 주는 것이 좋다. 또한 한꺼번에 많은 놀이 자극을 주기보다 워밍업 시간을 충분히 주며 점진적으로 놀이하는 것이 좋다.

• **낮은 등록형 아동**

낮은 등록형 아동은 높은 감각 역치로 인해 감각 입력을 잘 인지하지 못하며 환경에 대한 반응이 느리거나 주위 자극을 놓치는 경우가 많다. 이로 인해 놀이에 수동적이거나 관심이 없는 것처럼 보이고 참여 기회를 놓치는 경우가 많다. 이 유형의 아동에게는 아동이 치료사를 인식할 수 있도록 움직임, 목소리 크기와 톤을 치료사가 적절하게 사용하는 것이 좋다. 또한 아동이 놀이를 알아채고 관심을 가질 수 있도록 다양한 놀이 자극과 강도를 조절하여 반복적으로 충분한 자극을 주는 것이 좋다.

• **감각 추구형 아동**

감각 추구형 아동은 강한 감각 자극을 필요로 하여 이를 적극적으로 탐색하거나 신체적으로 활동적인 놀이를 선호한다. 그러기 때문에 치료실 내에서 종종 가만히 있지 못하거나 집중이 어려운 모습을 보이기도 한다. 이 유형의 아동에게는 치료실 내에서 할 수 있는 신체놀이의 경계를 명확히 설명해 주고 안전하게 구조화된 환경 안에서 치료사와 신체 감각 놀이를 충분히 경험하도록 하는 것이 좋다.

6) 감각통합의 과정

감각통합 과정은 감각등록, 지향, 해석, 조직화, 실행의 구성 요소로 설명될 수 있으며,

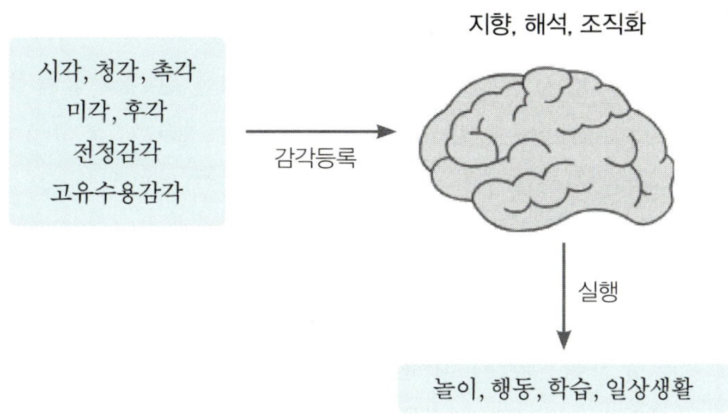

[그림 5-2] 감각통합의 과정

이러한 단계는 신경계가 감각 입력을 처리하고 반응하는 방식을 반영한다(Williamson & Anzalone, 2001).

(1) 감각등록

감각등록(sensory registration)은 우리 몸이 외부 환경으로부터 감각 자극을 처음으로 인식하고 받아들이는 과정을 의미한다. 감각을 인식하기 위해서는 그 감각을 느낄 수 있는 감각 역치 이상의 자극이 주어져야 한다. 앞서 설명하였듯이 개인의 감각 역치는 환경과 상호작용하여 반응하는 방식에 중요한 역할을 하며 각 개인의 감각 역치는 다를 수 있다(Dunn, 1997).

또한 감각 역치는 고정되어 있지 않고, 개인의 생리적 및 심리적 상태에 따라 유동적으로 변할 수 있다(Swets, 1961). 예를 들어, 과도한 스트레스, 피로 또는 교감신경계가 과활성화되어 '투쟁-도피' 반응을 일으키는 상황에서는 평소보다 감각 역치가 낮아져 사소한 자극에도 신경계가 민감하게 반응할 수 있다. 이러한 상태에서는 일반적으로 인식되지 않던 소리, 빛, 촉감 등의 자극이 불편하거나 위협적으로 느껴지며 과민한 반응을 보일 수 있다.

(2) 지향

지향(orientation)은 등록된 여러 감각 정보 중 특정 자극에 주의를 기울이는 것을 의미한다. Ayres(1979)는 이것을 음향기의 높은 볼륨을 조절하는 것과 같다고 비유한다. 우리는 환경 속에서 수많은 감각에 노출되어 방대한 감각 정보들이 매시간 우리에게 입력되지만 뇌가 이 모든 자극에 집중하고 반응하는 것은 아니다. 우리의 뇌는 특정 자극에 주의를 기울여야 할 때는 그 감각의 볼륨은 높이고 불필요한 감각의 볼륨을 낮춘다. 이렇게 함으로써 등록된 많은 자극 중 무의미한 감각 자극들은 무시하고 의미 있는 자극에 집중할 수 있다.

교실 안에서 수업 중인 아동을 상상해 보자. 선생님 목소리, 에어컨(온풍기) 작동 소리, 운동장에서 축구하는 아이들 소리, 밝은 교실 조명, 의자에 앉은 느낌, 새 옷의 까칠한 감촉 등 이 모든 감각은 동시에 아동의 뇌에 입력된다. 만약 감각통합(감각처리)이 잘 이루어지는 아동이라면 배경 소리나 몸에 느껴지는 촉각 느낌 등 덜 중요한 자극을 걸러 내고 선생님의 목소리와 수업에 집중할 수 있을 것이다. 그러나 감각통합(감각 조절)에 어려움을 겪는 아동은 마치 볼륨 조절 장치가 고장 난 것처럼 의미 있는 자극에 집중하기 어렵거나 무의미한 자극에 과도하게 집중하게 된다. 이로 인해 선생님의 목소리와 수업에 집중하기 어렵고, 조명이나 에어컨의 윙윙거리는 소리나 다른 학생들이 움직이는 소리, 새로 입은 옷의 까칠한 느낌 등 현재 내가 수행해야 하는 과업과 관련 없는 자극에 쉽게 주의가 산만해질 수 있다.

(3) 해석

해석(interpretation)은 감각에 의미를 부여하는 인지적 과정을 의미한다. 여기에는 과거 경험, 맥락 및 학습된 지식을 기반으로 정보를 분석하고 이해하는 것이 포함된다. 뇌는 새로운 감각 입력을 기존 기억이나 지식과 비교하여 이 자극이 무엇인지, 그리고 그것이 현재 상황과 어떻게 관련되는지 이해하고 이러한 해석은 정서적 · 인지적 반응에 영향을 미칠 수 있다(Yack, Sutton, & Aquilla, 2015).

만약 이 판단이 오해되거나 왜곡되면, 과잉 또는 부적절한 반응으로 이어질 수 있다. 감각처리에 어려움이 있는 감각 과민반응형 아동이 학교에 있다고 가정해 보자. 아동 뒤에 앉아 있는 친구가 아동을 부르기 위해 등을 가볍게 '톡톡' 칠 때, 다른 아동에게는 이것이 호명의 신호로 인식될 수 있으나, 감각 과민반응형 아동에게는 과도하게 불편하거나 위협적인 감각으로 느껴질 수 있다. 그 결과, 이 아동은 친구의 행동을 '호명의 신호'로 해석하지 않고, 신체적 공격이나 괴롭힘으로 잘못 해석할 수 있다. 이는 곧 회피반응, 공격적 반응, 또는 정서적 위축으로 이어지며, 사회적 관계에도 부정적인 영향을 미칠 수 있다.

(4) 반응의 조직화

반응의 조직화(organization of response)는 감각 정보를 해석한 후 적절한 신체적 · 정서적 · 인지적으로 반응을 계획하고 준비하는 과정을 의미한다. 이 단계에서는 뇌가 해석된 감각 자극을 바탕으로 상황에 맞는 반응을 선택하고 조절하며, 특정 감정, 행동, 인지적 판단이 결합되어 반응이 조직화된다.

예를 들어, 감각 과민반응형 아동이 친구의 가벼운 터치를 위협적인 자극으로 잘못 해석했을 경우, 그 아동은 다음과 같은 방식으로 반응을 조직할 수 있다.

- 정서적 반응: 놀람, 두려움, 불안, 분노,
- 신체적 반응: 친구를 밀치거나 때리기, 몸이 얼어붙어 움직이지 못하기(fight, flight, freeze 반응)
- 인지적 반응: 또래와의 상호작용을 회피하거나, 학교에 가기 싫어하는 부정적 인식 형성

(5) 반응의 실행

반응의 실행(execution of response) 단계는 감정적 · 신체적 · 인지적 반응의 조직화된 반응이 실행되는 단계로 신경계가 조직화한 단계와 계획에 따라 우리 몸은 환경에 적절하게 반응하게 된다. 이러한 반응은 이전 단계의 요소들과 운동 계획 능력에 의존한다(Yack, Sutton, & Aquilla, 2002). 만약 운동 계획에 어려움이 있다면 동작을 시작하고, 실행하고, 멈추고 전환하는데 어려움이 있어 적절한 반응을 효과적으로 실행하는 것이 어렵다.

2. 감각통합의 감각계

1) 감각계의 기능

감각계는 우리 몸에서 두 가지 중요한 역할을 한다. 나의 몸을 보호하는 1차적 기능인 보호계로서의 역할과, 탐색과 학습을 위한 2차적 기능인 구별계로서의 역할이다. 각 역할에 대해 자세히 알아보도록 하자.

(1) 보호계

감각의 1차적 기능인 보호계는 인간이 생존할 수 있도록 내 몸을 안전하게 방어하는 기능을 말한다. 만약 우리 몸이 위험한 감각 신호를 알아채고 반응하지 못하면 우리는 위험에 빠지게 될 것이다. 예를 들어, 뜨거운 것을 만졌을 때, 큰 소리가 났을 때, 나에게 위협이 되는 무언가를 보았을 때 등 우리는 감각을 통해 이 모든 상황을 알아챌 수 있으며 이를 통해 위험에서 벗어날 수 있다. 다시 말해, 감각은 우리 몸의 비상 사이렌 신호와 같은 역할을 하며, 위험한 상황에서부터 신체를 안전하게 방어하고 생존해 나갈 수 있는 보호 기능을 한다.

(2) 구별계

감각은 우리가 환경을 인식하고 구별하며 경험하고 학습할 수 있도록 돕는 중요한 역할을 한다. 보고, 듣고, 쓰고, 배우는 모든 과정은 감각을 통해 이루어지며 우리는 이러한 감각 정보를 구별하고 해석하는 과정을 통해 학습할 수 있다. 이처럼 학습과 경험, 관계 형성의 과정은 감각의 2차적 기능인 구별계의 역할이다.

발달 초기에는 앞서 설명한 보호계가 더 우세하게 작동하여 우리 몸을 위험으로부터 보호하는 데 중점을 두지만, 신경계가 성숙하고 발달함에 따라 구별계의 비중은 더 커지게 된다. 이 시기가 되면 감각에 대한 방어적인 반응이 줄고 신체 내부와 주변 환경에서 일어나는 일들을 좀 더 잘 변별할 수 있게 된다(Kranowitz, 2006). 그러나 감각통합(감각처리)에 어려움이 있으면 위협적이지 않은 감각 자극임에도 불구하고 보호계가 과도하게 작동하여 감각을 변별하고 탐색하는 과정을 방해할 수 있다.

2) 감각의 종류

감각은 외재(원위)감각과 내재(근위)감각으로 나뉠 수 있다. 외재감각은 신체 외부의 환경으로부터 정보를 수집하는 반면, 내재감각은 우리 몸의 내부 상태에 대한 정보를 제공한다. 두 가지 유형의 감각 모두 세상을 탐색하고 세상과 상호작용할 뿐만 아니라 내부 신체 기능을 이해하는 데 필수적인 감각이다.

표 5-4 감각의 종류

외재감각(원위감각)	내재감각(근위감각)
• 외부 환경에서 오는 감각 • 몸 밖의 세상을 인식할 수 있도록 함 • 촉각, 시각, 청각, 미각, 후각	• 자신의 몸에서 오는 감각 • 몸 내부 상태를 인식하고 조절하는 데 도움 • 전정감각, 고유수용감각, 내수용감각

(1) 외재감각(원위감각)

외재감각은 신체 외부 환경, 즉 나의 몸 밖에서 오는 감각으로 우리가 흔히 알고 있는 오감이 여기에 속한다. 이 감각들은 환경과의 상호작용에 기본이 되며, 주변의 변화를 인지하고, 탐색하고, 대응하는 데 중요한 역할을 한다. 외재감각으로는 촉각, 시각, 청각, 후각, 미각이 있다.

① 촉각

촉각은 감각 중 가장 먼저 발달하며 우리 자신의 몸과 자아감을 형성하는 발판을 제공한다(Bremner & Spence, 2017). 촉각 수용체는 우리 몸의 가장 넓은 감각기관인 피부에 분포되어 있으며 압력, 온도, 통증, 질감 등을 감지한다. 이를 통해 우리는 환경을 인식하고 물체의 특성을 파악할 수 있다. 촉각 피드백은 손으로 물체를 조작하는 소근육 발달에 매우 중요한 요소이며 쓰기, 그리기, 작은 물체 조작과 같은 활동에 필요한 정밀한 손의 움직임을 가능하게 한다. 또한 촉각은 정서적 유대감과 상호작용의 기반이 되는 감각으로, 발달 초기 애착 단계에서 특히 중요하다. 자기조절, 사회정서적 발달 및 인지발달에도 촉각은 핵심적 역할을 한다(Farroni et al., 2022).

■ 촉각처리에 어려움이 있는 경우

촉각 과민반응(과민증)이 있는 아동은 접촉을 피하거나 특정 질감, 온도, 가벼운 접촉에 압도당하는 경향이 있다. 그리하여 다른 사람들이 무해하거나 즐겁다고 생각하는 촉각 입력에도 강한 감정적 반응을 보일 수도 있다. 이와 대조적으로 촉각 과소반응(저반응)이 있는 아동은 특정한 질감의 장난감, 옷, 음식 등을 선호하거나 강한 촉각 입력을 찾는 경향이 있으며 가벼운 접촉, 통증에 불편함을 느끼지 못할 수 있다.

<촉각 과민반응 행동 예시>

- 포옹, 손잡기 등 신체 접촉을 좋아하지 않고 거부함
- 옷 안쪽에 상표태그를 불편해하여 늘 잘라 주어야 함
- 거친 재질의 옷, 목 폴라티, 남방 등 특정 의류, 모자, 신발, 양말 등 입는 것을 거부함
- 특정 옷만 고집하여 입고 새 옷을 거부함
- 핑거 페인팅, 풀, 물감, 슬라임 등 미끄럽거나 끈적이는 놀잇감 거부함
- 물놀이, 모래놀이 거부함
- 목걸이 이름표 등 몸에 무언가를 걸거나 붙이는 걸 싫어함
- 신체 접촉을 피하려 하며 접촉 시 과도하게 놀라거나 불편함을 느낌
- 손이나 얼굴에 무언가 묻었을 때 과도하게 반응하며 닦아 냄
- 공기(바람), 음식, 물 또는 물체 온도에 대해 민감함
- 특정 질감의 음식 먹는 것을 거부함(물컹한 것, 아삭한 것, 딱딱한 것, 미끌한 것 등)
- 이 닦기, 세수, 목욕, 머리 감기, 머리 자르기, 머리 빗기, 손톱 깎기 등을 거부함
- 접촉될 가능성이 있는 혼잡한 장소(사람이 많은)에 있는 것을 싫어함
- 변기에 앉는 것을 거부함
- 연고나 로션 바르는 걸 거부함
- 소근육 발달이 느리고 손으로 조작하는 활동을 좋아하지 않음

<촉각 저반응 행동 예시>

- 사람이나 사물과 자주 부딪힘
- 통증에 둔하며 부딪히거나 피가 나도 크게 아파하지 않음
- 물건, 음식 또는 손을 입에 자주 넣어 빨거나 물기
- 옷이 불편하거나, 잘못된 위치에 있어도 이를 잘 알아차리지 못함
- 얼굴, 손, 몸이 더러워지거나 콧물이 흘러도 알아채지 못함
- 주변 환경에 있는 모든 것을 만지고 싶어 하거나 계속 손에 무언가를 만지작거림
- 소근육 발달이 느림
- 물이나 비누를 가지고 노는 등 특정 촉각 경험을 반복함
- 침대와 벽 사이 틈, 가구 안, 작은 방과 같은 좁은 공간에 들어가는 걸 즐기며, 손에 무언가를 꽉 쥐고 있으려 하거나 몸에 깊은 압력을 추구

② 시각

시각은 물체의 형태, 크기, 거리, 색상 등 환경을 탐색하고 물체 간의 관계를 인식할 수 있게 한다. 이를 바탕으로 운동 활동을 할 수 있으며, 물체를 잡거나 조작하는 과정을 통해 눈-손 협응이 발달한다. 예를 들어, 공을 던지고 받거나 퍼즐을 맞추는 활동은 시각과 운동의 협력이 필요한 활동들이다.

글자와 숫자를 인식하고, 글을 읽고 쓰는 능력도 시각을 통해 발달하며 이는 학습 과정에도 필수이다. 또한 시각을 통해 사람들의 표정, 동작, 몸짓을 해석하여 감정과 의도를 파악할 수 있으며 이러한 시각 정보는 아동이 사회적 관계를 형성하고, 타인과 소통에도 중요한 역할을 한다(Valente, Theurel, & Gentaz, 2018).

▣ 시각처리에 어려움이 있는 경우

시각 과민반응 아동은 시각 입력에 압도되거나 과도하게 자극을 받아 특정 시각 자극을 피하거나 시각적으로 자극이 많은 환경에서 주의가 산만해지고 불편함을 느낄 수 있다. 반면에 시각 저반응 아동은 시각 신호를 인지하지 못해 반응하지 않거나 다른 사람들이 쉽게 알아볼 수 있는 시각적 세부 사항을 인식하는 것이 어려울 수 있다. 또한 부족한 시각 자극을 입력받기 위해 강렬하거나 반복적인 시각 입력을 추구할 수도 있다.

시각처리의 어려움은 시지각 발달에 큰 영향을 미칠 수 있다(Mottron et al., 2006). 시각 정보를 해석하고 이해하는 능력은 정확하고 효율적인 시각처리가 기본이기 때문이다. 시각처리의 어려움은 깊이 지각, 공간 인식, 패턴이나 물체를 인식하고 해석하는 능력(예: 읽기, 쓰기, 퍼즐 맞추기 등)과 같은 중요한 시지각 발달에 영향을 미칠 수 있다.

<시각 과민반응 행동 예시>

- 조명이 너무 밝거나 번쩍이는 조명이 있는 환경을 싫어함
- 움직이는 시각 자극에 대한 과잉반응(영상, 게임, 간판 네온사인 등)
- 시각 자극이 많은 공간에서 산만해져 집중이 어려움
- 특정 색상, 패턴 또는 시각 요소(예: 흑백 줄무늬)를 불편해함
- 밝은 햇빛에 불편함을 느끼며, 밖에 있을 때는 눈을 가늘게 뜨거나 눈을 가리기도 함
- 시각적 주의가 많이 필요한 작업을 피하거나 어려워함

- 눈 맞춤을 피하거나 눈 맞춤이 어려움
- 작은 패턴, 장식, 물체 등 주변 환경의 작은 시각적 세부 사항을 빠르게 파악함

<시각 저반응 행동 예시>

- 특정 시각추구 행동을 보임(특정 움직임, 모양, 빛, 패턴, 그림, 화면 보기 등)
- 손이나 물건을 눈 가까이 움직여서 보거나 옆으로 흘겨봄
- 선풍기, 바퀴 등 회전하는 물체를 오랜 시간 바라봄
- 얼굴 표정이나 신체 언어와 같은 시각 신호를 알아채기 어려움
- 움직이는 물체(예: 공)를 추적하거나 눈으로 물체를 따라가는 데 어려움이 있음
- 주변 환경에서 사물, 사람, 문자를 식별하거나 시각 정보 인식 속도가 느림
- 시각 공간을 인식하는 데 어려움이 있음
- 복잡한 책장이나 서랍에서 물건을 찾는 데 어려움이 있음

③ 청각

청각은 말, 음악, 환경 소음과 같은 소리를 인식하고 해석할 수 있도록 하는 감각이다. 이는 언어 발달, 사회적 상호작용 및 주의력 유지에 중요한 역할을 한다. 청각처리를 통해 우리는 다양한 소리를 구별하고, 특정 청각 자극에 집중하며, 관련 없는 배경 소음을 걸러 낼 수 있다.

연구에 따르면, 청각처리의 결함은 음운 인식과 소리 구별 능력을 방해하여 언어 습득에 심각한 영향을 미칠 수 있다(Tallal, 1980). 이러한 어려움은 철자를 배우고 소리와 글자 사이의 관계를 이해하는 데 필수적인 음운론적 표현의 형성을 방해하여 청각처리에 어려움이 있는 아동은 난독증을 겪을 가능성이 더 높다(Bailey & Snowling, 2002; Schulte-Körne et al., 1998).

■ 청각처리에 어려움이 있는 경우

청각 과민반응 아동은 일상적인 소리에 강하게 반응하며 다른 사람이 알아차리지 못하는 소리에 압도당하거나 괴로워하기도 한다. 반면에 청각 저반응 아동은 일반적으로 사람들의 주의를 끄는 소리에 반응하지 않을 수 있으며 청각 정보를 처리하기 위해 더 강력하고 많은 청각 정보가 필요한 경우가 많다.

<청각 과민반응 행동 예시>

- 쇼핑몰, 놀이공원, 공연장, 영화관 등 소리가 크고 시끄러운 장소에 가는 것을 싫어함
- 귀를 막는 모습을 자주 보임
- 예상치 못한 소리, 작은 소리에도 과도하게 반응하여 불안해하거나 주의가 산만해짐
- 사이렌, 진공청소기, 냉장고, 악기, 알람 등 기계음이나 특정 소리에 민감
- 특정 음악 소리(동요, 가요, 연주 음악 등)를 거부하고 노래 불러 주는 걸 싫어함
- 소리 나는 장난감을 싫어하고 회피함
- 배경 소음(예: 선풍기, 사람들이 말하는 소리, 똑딱거리는 시계 소리)이 있을 때 집중하기 어려움
- 시끄러운 환경에서 집중하거나 말을 이해하는 데 어려움이 있음
- 특정 목소리의 고음과 높은 음조의 소음을 불편해하거나 괴로워함

<청각 저반응 행동 예시>

- 누군가 이름을 불러도 이를 잘 알아차리지 못함
- 큰 소리에도 놀라지 않고 소리를 인식하지 못하는 것처럼 보임
- 작은 소리에 무반응하거나 반응이 느려 주변 환경의 소리를 놓치는 경우가 많음
- 특정 기계음이나 영상, 노래 등을 과도하게 들으며 청각 자극 추구
- 볼륨을 필요한 것보다 훨씬 더 크게 높임
- 목소리가 크거나 지나치게 큰 소리로 말함
- 장난감 두드리기, 특정 음성 만들기, 혼잣말 등 청각 자극을 지속적으로 만들어 냄
- 귀를 손으로 눌렀다 뗐다 혹은 손바닥으로 귀를 덮었다 뗐다 하는 청각추구 행동
- 발음이 유사한 단어를 구별하기 어려움

④ 후각

후각은 냄새를 감지해 환경을 인식하는 감각으로 다양한 종류의 음식을 식별하거나 위험한 냄새를 감지하고, 향기를 즐길 때도 후각을 사용한다. 다른 감각들과 달리 후각 정보는 감정과 기억을 담당하는 변연계(편도체, 해마)와 직접 연결되어 있어 냄새를 통해 감정과 기억을 형성할 수 있다. 이로 인해 특정 냄새는 강한 감정적 반응이나 생생한 기

억을 불러일으킬 수 있다(Boesveldt & Parma, 2021).

■ 후각처리에 어려움이 있는 경우

후각 과민반응 아동은 냄새에 지나치게 민감하고 다른 사람들이 거의 알아채지 못하는 냄새에 강하게 반응할 수 있으며 특정 냄새가 나는 환경이나 상황을 피할 수 있다. 반면, 후각 저반응 아동은 강하거나 특이한 냄새를 찾는 경우가 많으며 다른 사람들이 불쾌하거나 불쾌하다고 생각하는 냄새에 대해서는 거의 인식하지 못할 수 있다.

<후각 과민반응 행동 예시>

- 강한 냄새(예: 향수, 방향제, 음식, 화학물질)에 과민하게 반응함
- 음식 냄새에 민감하게 반응하여 특정 음식들(예: 생선, 치즈, 향신료 등)을 거부함
- 약한 냄새에도 쉽게 집중을 잃으며, 강한 냄새가 나는 장소에 오래 머물지 못함
- 동물 냄새나 환경 냄새가 나는 장소(예: 동물원, 농장 등)의 방문을 거부함
- 냄새로 인해 자주 코를 막는 행동을 보임
- 특정 냄새로 인해 두통, 메스꺼움, 현기증, 구역질이 날 수 있음
- 특정 냄새에 노출 시 집중이 어렵고, 불안해지거나 주의가 산만해질 수 있음

<후각 저반응 행동 예시>

- 강하고 특이한 냄새를 맡으려 하고 좋아함(예: 식초, 향신료, 페인트, 세제, 향수, 매연 냄새 등)
- 사물, 자신의 몸의 냄새, 사람들 냄새를 맡으려 함
- 불편함이나 회피를 유발하는 불쾌한 냄새를 불편해하지 않거나 반응하지 않음

⑤ 미각

미각은 맛을 감지하는 감각으로, 영양 섭취와 식습관 형성에 중요한 역할을 한다. 이 미각 정보를 통해 우리는 음식을 즐기고 안전한 식품을 구별하여 영양소를 섭취할 수 있다. 미각은 새로운 음식을 시도하고 다양한 맛을 경험하는 과정을 통해 영양 균형을 유지하는 데 중요한 역할을 한다.

▣ 미각처리에 어려움이 있는 경우

미각 과민반응이 있는 아동은 맛, 질감, 온도에 지나치게 민감하게 반응하여 특정 음식을 피하고 극단적인 편식을 하는 경우가 많다. 반면, 미각 저반응을 보이는 아동은 미각 자극에 대한 민감도가 낮아 상대적으로 강한 맛이나 독특한 질감의 음식을 선호하며 특이한 식습관을 보일 수도 있다.

〈미각 과민반응 행동 예시〉

- 편식이 심하며 강한 맛(매운맛, 신맛, 짠맛 등)에 극도로 민감하게 반응함
- 새로운 음식에 도전하지 않으려 하며 특정 음식만 선호함
- 혼합된 질감(예: 김밥, 볶음밥, 시리얼 등)을 싫어함
- 뜨겁거나 차가운 음식을 거부함
- 치약을 거부함
- 바삭하거나 끈적이고 미끄러운 음식 등 특정 질감을 거부함
- 향신료, 조미료 또는 가공식품을 거부함
- 식사 중에 구역질을 하거나 음식을 뱉어 내는 등 맛에 대해 극단적으로 반응함
- 후각과 미각은 밀접하게 연결되어 있어 냄새가 강한 음식(예: 생선, 치즈 또는 특정 조리된 야채)을 거부함

〈미각 저반응 행동 예시〉

- 매우 맵거나 짠 음식, 혹은 달거나 신 음식 등 강렬한 맛이 나는 음식을 추구함
- 소금, 설탕, 매운 소스(고추장)와 같은 양념과 조미료를 많이 넣으려 함
- 먹는 시간이 오래 걸림
- 아삭하거나 쫄깃한 음식과 같이 질감이 강한 음식을 선호함
- 연필, 옷, 장난감, 손 등을 종종 입에 넣어 구강 자극을 추구함
- 상한 음식을 잘 알아채지 못함

(2) 내재감각(근위감각)

내재감각은 신체에서 발생하는 감각으로 우리 신체 내부의 정보를 알려 주는 감각을 말한다. 내재감각으로는 전정감각, 고유수용감각, 내수용감각이 있으며 이 감각들은 우

리 일상에서 끊임없이 작동하고 있지만 그 이름이 생소하여 우리가 인지하지 못하고 있는 감각들이다.

감각통합은 신체의 외재감각과 내재감각을 함께 처리하고 조율하는 신경학적 과정이므로 외재감각(시각, 청각, 후각, 미각, 촉각)뿐만 아니라 내재감각에 대한 이해도 중요하다.

① 전정감각

전정감각은 움직임, 중력, 머리 위치 변화에 대한 정보를 제공한다. 귀 내부에 있는 세반고리관과 이석 기관(소낭 및 구형낭)에서 좌우, 앞뒤, 위아래(중력) 위치의 움직임을 감지하여 균형을 유지하고, 공간에서 방향을 인식한다.

또한 전정계는 다양한 신경 경로와 연결되어 많은 뇌 기능과 행동에 영향을 미치며, 그 기능은 다음과 같다(Horak, 2009; Sanchez & Rowe, 2016; Voron, 2011).

더 알아보기

전정계의 기능

- **전정-동안계**(Vestibulo-Ocular System)

전정-동안계는 눈의 움직임과 머리의 움직임을 조화시키는 데 중요한 역할을 하며, 머리가 움직일 때에도 눈이 안정적으로 유지되고 물체에 초점을 맞출 수 있도록 한다. 예를 들어, 머리를 좌우로 움직일 때 전정-동안계는 눈 위치를 신속하고 자동으로 조정하여 보상하고 초점을 맞추고 있는 물체가 시야에서 안정적으로 유지되도록 한다. 이 시스템이 없으면 우리는 머리를 조금만 움직여도 시야가 흐려지거나 움직이는 물체를 추적하기 어려울 수 있다.

- **전정-척수계**(Vestibulo-Spinal System)

전정-척수계는 신체의 자세와 균형을 유지하는 데 중요한 역할을 한다. 머리와 신체의 움직임에 대한 정보를 받아 척수로 전달하여, 목과 몸통, 팔다리 근육을 조절함으로써 신체가 안정된 자세를 유지할 수 있도록 한다. 예를 들어, 움직이는 버스에 서 있을 때 전정-척수계는 급정지, 출발 또는 회전에 반응하여 자세를 조정하기 위해 빠르게 활성화되어 몸을 똑바로 세우고 균형을 유지하도록 해 준다.

- **전정-자율신경계**(Vestibulo-Autonomic System)

전정-자율신경계는 균형과 움직임에 관한 정보를 자율신경계로 전달하여 심장 박동, 혈압, 소화 등 신체의 내적 상태를 조절하는 중요한 역할을 한다. 예를 들어, 롤러코스터와 같이 급격한 회전이나 갑작스러운 움직임 변화를 경험할 때 이에 대한 반응으로 신체는 현기증, 메스꺼움 등

과 같은 증상으로 반응할 수 있다. 이는 전정계가 자율신경계를 과도하게 자극하여 생리적 반응을 일으키기 때문이다. 반면, 부드럽고 리드미컬한 움직임은 진정 효과를 줄 수 있다. 예를 들어, 아기를 요람그네에서 느리고 규칙적인 움직임으로 흔들면 안정감과 이완을 유도하는 데 도움이 된다. 이는 전정계가 자율신경계에 영향을 주어 각성 수준을 낮추고 심박수를 안정시키며 이완과 평온한 상태를 유도하기 때문이다.

▣ 전정감각처리에 어려움이 있는 경우

전정감각처리에 어려움이 있는 아동은 균형, 공간 인식 및 움직임 조정에 어려움을 겪을 수 있다. 또한 시각 운동 능력이 저하되고 균형을 유지하는 것이 어려워 자전거 타기나 만들기 같이 정확한 신체 위치 지정과 순서 조정이 필요한 작업에 어려움이 있을 수 있다.

전정계 과민반응이 있는 아동은 움직임과 균형 감각에 지나치게 민감하여 신체 활동을 피하는 경향이 있으며 위치와 속도 변화에 대한 두려움이나 불편함을 나타낸다. 이와 대조적으로 전정계 저반응 아동은 전정감각에 대한 입력을 충족시키기 위해 끊임없이 움직이고, 회전하고, 점프하는 등 강렬한 움직임을 적극적으로 추구한다. 또한 균형 조정의 어려움과 서투른 운동신경을 보일 수 있다.

<전정감각 과민반응 행동 예시>

- 그네나 놀이기구 타기를 피함
- 몸이 흔들리는 움직임에 불편함을 느낌
- 빠르게 움직이거나 회전하는 활동을 두려워함
- 뛰거나 움직임이 많은 활동을 피하며 주로 앉아서 조용한 놀이를 선호함
- 몸이 뒤로 기울어지는 활동을 두려워함
- 평균대, 잔디, 모래 등 울퉁불퉁하거나 불안정한 표면 위를 걷는 것을 거부함
- 경사지, 계단을 오르고 내려갈 때 두려워하며 난간을 잡거나 손을 잡고 내려 가려 함
- 고소공포증이 심하고 정글짐, 사다리에 오르는 등 땅에서 발이 떨어지는 활동을 피함
- 대중교통 이용 시 멀미가 심함

- 낮은 근육 긴장도를 보이며 균형 활동에 대한 두려움을 느낌
- 킥보드, 자전거 타기, 롤러스케이트 등을 거부함

<전정감각 저반응 행동 예시>

- 뛰기, 회전하기, 흔들기, 앞뒤로 흔들기 등 강한 움직임을 추구함
- 높은 표면에서 점프하거나, 높은 곳으로 오르는 걸 좋아함
- 물구나무서기, 원숭이 매달리기, 거꾸로 매달리거나 몸을 뒤집는 활동을 좋아함
- 의자에서 돌기, 제자리에서 빙빙 돌기, 장시간 회전목마 타기 등 빙글 도는 활동을 좋아하며 강한 자극 후에도 어지러워하지 않음
- 움직임과 신체적 자극을 추구하며 가만히 앉아 있는 것을 힘들어함
- 의자를 발로 밀어 앞뒤로 흔들거나 몸을 좌우 혹은 앞뒤로 흔드는 행동을 함
- 균형과 협응력이 좋지 않아 쉽게 넘어짐
- 한 발 뛰기, 자전거 타기, 평균대 따라 걷기 등 균형이 필요한 활동에 어려움을 보임
- 자전거, 킥보드, 롤러스케이트 타기 등 균형과 공간 인식이 필요한 활동에 어려움을 보임

② 고유수용감각

고유수용감각은 신체의 위치, 움직임, 근육의 긴장 상태에 대한 정보를 인식하게 해 주는 감각으로, 신체 각 부위의 상대적인 위치를 파악하고 움직임을 조절하는 데 핵심적인 역할을 한다. 이 감각은 근육, 관절, 인대, 힘줄에 위치한 고유수용기(proprioceptors)로부터 발생하는 감각 신호를 통해 뇌에 전달되며, 이를 바탕으로 자세 유지, 운동 계획, 움직임 조절이 가능해진다.

우리는 고유수용감각 덕분에 눈을 감은 상태에서도 손이나 발이 어디에 위치해 있는지를 인지할 수 있으며, 일상생활에서는 컵을 들 때 안에 담긴 물의 양에 따라 들어 올리는 힘을 자동으로 조절하고, 운전 중 페달을 발로 조작할 때 발을 보지 않고도 정확한 위치를 감지할 수 있다. 또한 고유수용감각은 신경계를 안정시키고 조절하는 데 중요한 역할을 하며, 관절 압박이나 근육 수축과 관련된 활동(예: 걷기, 계단 오르기, 밀기, 당기기, 물건 들기 등)은 각성 조절, 집중력 유지, 감각 조절을 촉진하는 데 도움이 될 수 있다.

▣ 고유수용감각처리에 어려움이 있는 경우

고유수용감각처리에 어려움이 있으면 신체 인식의 정확성이 떨어져 자세나 움직임 모방이 어렵고, 작업 수행 시 힘을 적절히 조절하는 것이 어렵다. 이러한 어려움은 옷을 입거나, 지퍼를 올리거나, 단추를 채우는 등 일상 활동에도 영향을 미친다.

고유수용감각 과민반응 아동은 신체 활동과 운동을 피하려는 경향이 있고 신체 활동 시 쉽게 피로해진다. 반면, 고유수용감각 과소반응 아동은 운동이 서투르고 지나치게 활동적으로 보일 수 있다. 또한 힘 조절이 어려워 과도한 힘을 사용하거나 거친 몸 놀이와 강렬한 신체 감각을 추구하기도 한다.

<고유수용감각 과민반응 행동 예시>

- 달리기, 점프, 오르기, 들어 올리기, 밀기 등 신체 활동을 싫어함
- 그네, 미끄럼틀 및 기타 놀이기구 등을 무서워하고 피함
- 신체 활동보다 앉아서 하는 놀이 활동을 선호함
- 연필을 잡는 손의 힘이 약해 필기가 흐림
- 물건을 자주 떨어뜨림
- 계단 오르고 내려오는 것을 무서워함
- 몸이 구부정하거나 기울이는 등 자세가 불안정하고 좋지 않음
- 줄넘기, 킥보드 등 활동을 어려워함
- 새로운 운동 기술을 배우는 데 어려움이 있음
- 쉽게 지치고 피로해함

<고유수용감각 저반응 행동 예시>

- 움직임이 둔하고 자주 넘어짐
- 벽, 가구, 사람과 자주 부딪힘
- 연필을 너무 세게 쥐어 잘 부러지거나 필압이 강함
- 걸을 때 바닥을 쿵쿵 세게 치면서 발바닥에 피드백을 얻으려는 행동을 함
- 몸에 힘을 주거나 압박하려는 행동(손바닥, 턱, 이마, 팔, 다리를 치거나 누르기 등)
- 자세나 움직임을 모방하는 데 어려움이 있음

- 뛰기, 점프, 달리기, 기어오르기, 가구에 부딪히기 등 강한 감각 입력을 추구함
- 장난감을 너무 세게 쥐거나 잡아당겨 물건 조작 시 잘 손상됨
- 레슬링, 뛰어오르기 등 거칠고 구르는 놀이를 즐김
- 타인을 강하게 잡거나 세게 안으려 함
- 끊임없이 움직이려 하거나 자세를 자주 바꾸는 등의 움직임을 보임
- 틈 사이에 몸이나 손과 발을 끼워 넣으려 함(침대 벽 사이, 소파 아래, 매트 아래 등)
- 가위질, 글쓰기, 옷 단추 채우기, 신발끈 묶기 등 소근육 조절이 필요한 미세한 운동 활동에 어려움을 보임

③ 내수용감각

내수용감각은 배고픔, 갈증, 심장 박동, 호흡, 체온, 장운동 등 신체 내부에서 발생하는 생리적 상태를 감지하고 인식하게 해 주는 감각체계이다. 이 감각은 우리 몸이 항상성(homeostasis)을 유지하는 데 필수적인 정보를 제공하며 신체적 욕구뿐만 아니라 정서적 경험과도 밀접하게 연결되어 있다.

내수용감각은 변연계(편도체), 감정 및 잠재의식, 각성과 연결되어 있어 신체 조절 외에도 우리 몸이 다양한 상태에서 어떻게 느끼는지에 대한 정보를 제공하므로 감정 조절, 자기인식 및 의사결정에서도 중요한 역할을 한다(Craig, 2002). 예를 들어, 심박수가 증가하면 불안감을 경험하거나, 공복 상태에서는 짜증이나 예민함이 나타날 수 있다. 만약 내수용감각이 제대로 기능하지 않으면 내부 신체 신호를 정확히 감지하거나 해석하는 데 어려움을 겪게 되며 이는 곧 자기조절, 정서 인식, 신체 건강의 유지에 부정적인 영향을 미칠 수 있다(Schulz & Vogele, 2015).

특히 최근 연구들은 내수용감각 인식의 결핍이 불안장애, 우울증, 섭식장애, 중독장애와 같은 정신건강 문제와 유의미한 관련이 있음을 보고하고 있다(Khalsa et al., 2018). 이에 따라 정신건강을 위한 통합적 치료 프로그램에서는 마음챙김(mindfulness), 명상, 호흡 훈련과 같은 개입이 효과적인 전략으로 강조되고 있으며, 이는 모두 내수용감각의 인식 능력을 향상시키기 위한 개입 전략들이다(Farb et al., 2015).

▣ 내수용감각처리에 어려움이 있는 경우

내수용감각 과민반응을 보이는 아동은 신체 내부에서 발생하는 감각을 지나치게 강하게 또는 불쾌하게 경험하는 경향이 있다. 이러한 아동은 배고픔, 갈증, 복부 팽만감, 심박수 증가와 같은 정상적인 생리적 변화를 위협적이거나 불안한 자극으로 인식하여, 과도한 정서적 반응이나 회피 행동을 나타낼 수 있다(Craig, 2002; Schulz & Vogele, 2015).

반대로, 내수용감각 저반응 아동은 신체 내부의 감각 신호를 감지하거나 해석하는 데 어려움을 겪는다. 이들은 배고픔, 갈증, 대소변 욕구, 통증 등과 같은 기본적인 생리적 욕구를 적절히 인식하지 못하여 신체 건강관리, 자기조절, 정서 인식에 어려움을 보일 수 있다(Khalsa et al., 2018).

〈내수용감각 과민반응 행동 예시〉

- 배고픔, 목마름 같은 내부 신체 신호에 지나치게 민감하게 반응함(예: 짜증, 불안)
- 다른 사람들은 무시할 수 있는 내적 신호(예: 박동)를 과도하게 느낌
- 소화계(위, 장) 불편감에 민감하게 반응함
- 체온 변화에 과도하게 반응함

〈내수용감각 저반응 행동 예시〉

- 화장실에 가야 할 신호를 잘 인식하지 못함
- 배고프거나 목마른 상태를 잘 인식하지 못함(예: 음식을 먹으려 하지 않거나, 반대로 과식하여도 이를 알아채지 못함)
- 자신의 내부 상태로 인해 발생하는 몸의 신호를 외부 상황과 잘못 연결함
- 춥거나 더운 상태를 잘 알아차리지 못함
- 추운 날에도 코트를 입지 않고 밖에서 놀며, 주변 어른이 개입해야 코트를 입음
- 더운 날에도 땀이 날 때까지 스웨터를 벗지 않는 경우가 있음
- 피곤한 신체 감각을 잘 인식하지 못하고 본인의 욕구를 따름(예: 피곤함을 인식하지 못하고 놀이터에서 과도하게 놀이를 함)
- 상처나 타박상을 잘 알아차리지 못함

3. 감각통합의 발달

감각체계의 발달과 통합은 아동의 운동, 지각, 언어, 정서, 사회성 및 인지 기능의 토대를 형성한다. 특히 촉각, 전정감각, 고유수용감각 등 초기 감각체계의 성숙은 이후 학습과 행동 발달의 핵심 기반이 된다. 만약 이들 기초 감각체계의 통합에 문제가 생기면, 상위 발달 영역(주의 집중, 언어 이해, 사회성 등)에도 부정적인 영향을 미칠 수 있다(Ayres, 1972b).

학습 피라미드는 발달의 계층을 기초 감각 발달에서 고차원 인지 기능에 이르는 구조적 단계임을 제시하며, 아동이 복잡한 인지 과제나 학업 성취를 위해서는 먼저 감각 기반의 튼튼한 신경학적 토대가 마련되어야 한다는 점을 강조한다. 이 과정은 마치 건물을 세우는 것처럼 하위 구조가 상위 기능의 기초가 되는 계층적 발달 구조를 따르며, 신경학적 발달의 기본에 어떠한 기초 기술들이 구축되어 성장과 발달을 점진적으로 이루는지 설명하고 있다. 그 과정에 대해 자세히 알아보도록 하자.

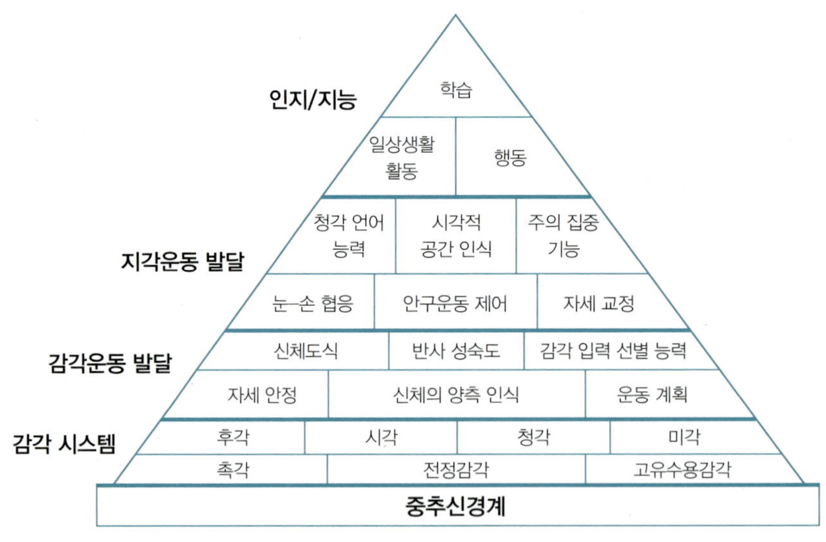

[그림 5-3] 학습 피라미드

출처: Williams & Shellenberger (1996).

1) 감각 단계

감각(sensory system) 단계는 아동이 세상을 인식하고 탐색하는 가장 기초적인 발달단계로, 뇌의 정보처리 체계가 외부 환경으로부터 들어오는 다양한 감각 정보를 수용하고 해석하는 능력을 발달시킨다. 영유아 시기에는 촉각, 전정감각, 고유수용감각, 시각, 청각, 미각, 후각 등 다양한 감각 자극을 반복적으로 경험하면서, 감각 자극에 의미를 부여하고 조직화하는 신경 회로가 구축된다(Ayres, 1972a). 이러한 감각 정보의 조직화는 아동이 내적 안정감을 형성하고 정서 조절 및 애착 형성의 기초가 되며, 자신과 환경 간의 경계를 구분하고 예측 가능성을 높여 준다.

감각처리 능력이 안정적으로 형성되면 아동은 감각 자극에 적절히 반응할 수 있게 되며, 이는 이후 운동 조절, 주의 집중, 자기조절 발달로 이어지는 기초가 된다.

2) 감각운동 단계

감각운동(sensory motor) 단계는 감각과 운동이 통합되는 단계로, 이 단계에서는 전정감각, 고유수용감각, 촉각 등의 기초 감각체계가 기반이 되어 자신의 몸을 정확히 인식하고 조절할 수 있는 능력을 키우게 된다. 이 단계의 아동은 기초적인 운동 능력과 신체상을 형성하고, 익숙하지 않은 복잡한 활동에 움직임을 조정하고 균형을 유지하는 방법을 배운다. 감각 정보와 운동 능력이 연결되어야 아동은 자신의 신체를 통해 환경을 적극적으로 탐색할 수 있다.

표 5-5 감각운동 단계의 기능 영역

기능 영역	정의 및 설명
자세 안정 (postural security)	전정감각과 고유수용감각이 통합되면 다양한 자세에서의 안정감과 균형 유지 능력이 발달됨. 자세 안정성이 높을수록 아동은 움직임에 자신감을 가지며 도전적 활동에 참여하게 됨
신체의 양측 인식 (awareness of two sides of body)	신체의 좌우를 인식하고 양손을 조화롭게 사용하는 능력. 양측 통합이 이루어지며 우세손 발달 및 소근육 활동의 정교함이 향상됨
신체도식 (body scheme)	자신의 신체 부위에 대한 내적 지각 지도를 의미함. 신체도식이 잘 형성되면 시각적 단서 없이도 자신의 몸이 무엇을 하고 있는지 이해하고 조절할 수 있음

운동 계획 (motor planning)	낯선 동작이나 활동을 구상하고, 계획하고, 순차적으로 실행하는 능력. 효율적인 움직임과 적응적 행동 수행에 필수적임
반사 성숙도 (reflex maturity)	원시 반사는 생후 초기 생존과 발달을 위한 자동반응이며, 발달이 진행되면서 점차 의도적인 움직임으로 통합되어야 함. 미통합 반사는 이후의 운동 기능을 방해할 수 있음
감각 입력 선별 능력 (ability to screen input)	뇌가 감각 입력 중 중요한 자극에 집중하고 불필요한 자극을 무시하는 능력. 감각 조절과 주의력 유지에 핵심적이며, 환경 적응 및 학습에 큰 영향을 미침

3) 지각 운동 단계

지각 운동(perceptual motor) 단계는 감각처리와 운동 기술이 통합되어 조절, 주의력, 학습과 같은 더 높은 수준의 기능을 위한 발달 기반을 구축하는 단계이다. 아동은 이 단계를 거치며 학업 및 일상 활동을 지원하는 필수 기술을 발달해 간다.

표 5-6 지각 운동 단계의 기능 영역

기능 영역	정의 및 설명
눈-손 협응 (eye-hand coordination)	시각과 손의 움직임을 통합하여 물건 잡기, 블록 쌓기, 글쓰기, 그림 그리기 등 도구 조작 과제를 수행하는 능력
안구운동 제어 (ocular motor control)	움직이는 물체를 시각적으로 추적하거나 글자를 따라 읽기 등 눈의 움직임을 조절하는 능력. 전정감각과 자세 조절이 눈 근육의 정밀한 움직임을 지원
자세 교정 (postural adjustment)	앉기, 서기, 균형 잡기, 움직임 조절 등에서 안정된 자세를 유지하고 필요에 따라 조정하는 능력
청각 언어 능력 (auditory language skills)	소리, 단어, 문장 구조를 감지하고 이해하여 의미를 파악하고 이에 적절히 반응하는 능력
시각적 공간 인식 (visual-spatial perception)	거리, 위치, 크기, 방향 등을 파악하고 물체 간의 공간 관계를 이해하여 환경을 인식하고 조작하는 능력
주의 집중 기능 (attention center functions)	주변의 다양한 자극 중 불필요한 자극은 걸러 내고, 중요한 자극에 선택적 주의를 유지하는 능력

4) 인지 단계

인지(cognition) 단계는 감각 입력을 처리하고 조직하는 뇌의 능력이 더 높은 인지 발달을 이루어 고차원적인 사고와 함께 추상적 개념 이해, 문제해결 능력이 발달하게 된다. 이 단계에서 아동은 독립적으로 일상생활 활동들을 할 수 있고, 사회적으로 적절한 방식으로 행동을 조절하며, 학업 환경에 성공적으로 참여할 수 있게 된다.

표 5-7 인지 단계의 기능 영역

기능 영역	정의 및 설명
일상생활 활동 (daily living activities)	옷 입기, 먹기, 세수하기, 양치질 등 자기관리 기능을 포함. 감각 및 운동 기능이 통합되어야 독립적인 수행이 가능함
행동 (behavior)	감정 조절, 환경 변화에 대한 반응, 사회적 단서 해석 등을 포함한 전반적인 행동 조절 능력. 감각 입력이 제대로 처리되지 않으면 정서적 불안, 회피, 공격성 등으로 이어질 수 있음
학습 (academic learning)	읽기, 쓰기, 수학문제 해결 등 학업 성취를 위한 기초 능력. 안구운동, 시각 공간 인식, 눈-손 협응, 소근육 발달 등 여러 감각운동 기능이 통합되어야 효율적인 학습이 가능함

4. 감각처리장애(감각통합기능장애)

감각처리장애(Sensory Processing Disorder: SPD)는 뇌가 감각 정보를 효율적으로 받아들이고 처리하여 적절한 반응을 조직화하는 데 어려움을 겪는 것을 말하며, Miller 등(2007)은 SPD를 다음의 세 가지 주요 유형으로 분류하였다([그림 5-4] 참조).

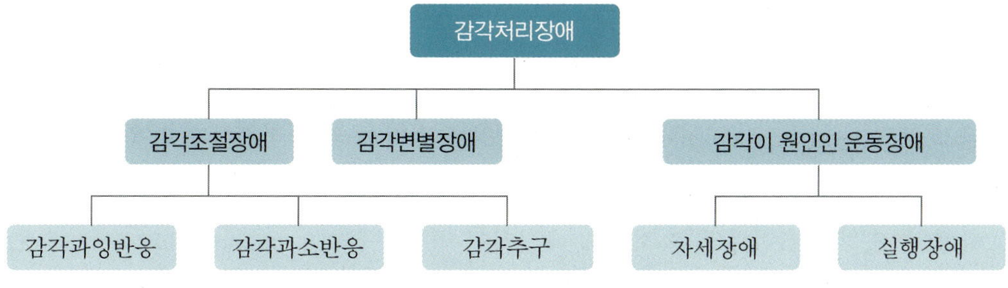

[그림 5-4] 감각처리장애 분류

감각처리장애는 움직임, 정서 조절, 주의 집중, 사회적 상호작용, 일상생활 기술 등 여러 발달 영역에 광범위한 영향을 미칠 수 있으며, 특히 아동의 학습과 행동 발달에 부정적인 결과를 초래할 수 있다.

감각처리장애는 감각 수준의 어려움에서 시작하여 운동, 행동, 사회 기능에 이르기까지 연쇄적인 영향을 미칠 수 있다. 감각 자극을 적절히 조절하거나 구별하지 못하면 일상생활과 사회적 관계에서 다양한 어려움이 나타날 수 있다(〈표 5-8〉 참조).

표 5-8 감각처리장애가 사회 및 행동 등의 발달 영역에 미치는 영향

차원	관찰된 행동
감각 증상	• 감각 조절의 어려움: 과잉 또는 과소 반응 • 내재감각 해석의 어려움 • 외재감각 구별의 어려움
그 결과 ↓	
운동 증상	• 운동 서투름, 협응력 저하 • 어색하고 잘못된 자세 • 운동 계획 및 순서, 다단계 작업 수행이 어려움
그 결과 ↓	
행동 증상	• 공격성, 분노, 조절장애 • 눈물, 불안, 주의력 저하 • 과잉행동, 충동조절이 어려움
그 결과 ↓	
사회적 증상	• 사회적 고립, 위축 • 또래 및 성인과의 사회적 관계 부족 • 사회적 상황에서의 불편함

출처: Camarata, Miller, & Wallace (2020).

1) 감각조절장애

감각 조절(sensory modulation)은 환경의 다양한 감각 자극에 적절하게 반응하는 신경계의 능력으로 감각통합에 중요한 요소이다. 이는 각성 수준을 조절하고 주의 집중을 가능하게 하며, 자기조절과 환경 적응에 핵심적인 역할을 한다(Lane, Reynolds, & Thacker, 2010). 감각 조절이 적절히 이루어질 때 아동은 특정 과제에 집중하거나 상황에 맞는 행

동을 수행할 수 있는 최적의 각성 상태를 유지할 수 있다.

감각조절장애란 감각 입력에 대해 과도하거나, 과소하거나, 비일관된 반응을 보이는 신경학적 어려움을 말하며 감각에 대한 반응에 따라 감각과잉(Sensory Over-Responsivity: SOR), 감각과소(Sensory Under-Responsivity: SUR), 감각추구(Sensory Seeking: SS)로 나뉠 수 있다(〈표 5-9〉 참조).

표 5-9 감각조절장애 유형

유형	설명	행동 예시
감각과잉 (SOR)	• 자극에 지나치게 민감하거나 빠른 반응 • 작은 자극에 과도한 스트레스 • 회피, 방어적 반응, 과도한 놀람, 짜증, 불안	• 귀를 막고 소리를 피함, 옷의 재질 거부, 밝은 빛 회피, 감정 조절 어려움, 주의 산만, 사회적 위축, 일상 활동 회피
감각과소 (SUR)	• 자극에 대해 반응이 둔하거나 거의 없음 • 자극을 인식하는 데 시간이 오래 걸림 • 반응 없음, 멍한 상태, 활동 무관심	• 호명 반응 없음, 통증과 온도에 둔함, 상황 인지 부족, 주의력 저하, 환경 인지 부족
감각추구 (SS)	• 감각 자극을 지속적 · 반복적으로 탐색 • 강하게 추구하는 경향 • 감각적 각성을 유지하려는 목적 • 끊임없는 움직임, 과잉 소리 · 빛 탐색, 충동적 행동	• 계속 뛰기, 높은 곳 올라가기, 소리 만들기, 손가락을 입에 넣기, 벽에 부딪히기

더 알아보기

각성의 중요성

각성(arousal)은 개인의 신체적 · 정신적 활동 수준을 나타내는 생리적 지표로, 중추신경계와 자율신경계의 활성화 상태를 반영한다. 이는 단순한 휴식 상태에서부터 높은 경계, 긴장, 불안에 이르기까지 연속적인 스펙트럼상에 존재하며, 환경 자극에 대한 반응의 기초가 된다(McEwen, 2007).

적절한 각성 수준은 주의 집중, 감정 조절, 인지 처리 및 학습이 효과적으로 이루어지기 위한 전제 조건이다. 각성 수준이 지나치게 낮을 경우에는 졸림, 무기력감, 반응 저하와 같은 증상이 나타나며, 이는 학습 과제에 대한 동기와 참여를 저해할 수 있다. 반대로, 각성 수준이 과도하게 높아질 경우에는 긴장, 불안, 충동성 증가와 같은 상태로 인해 정서 조절과 행동 조절이 어려워지고, 이는 결과적으로 학습 효율성과 사회적 기능에 부정적인 영향을 미칠 수 있다. 이러한 각성 수준의 적절한 조절은 특히 감각처리 기능과 밀접하게 연결되어 있으며 발달 과정에서 중요한 조절 기제의 하나로 간주된다.

Yerkes–Dodson 법칙(Yerkes & Dodson, 1908)에 따르면, 수행 능력은 각성 수준이 '중간'일 때 가장 높으며, 과도하거나 부족한 각성 상태는 수행 저하를 초래한다. 이 곡선형 관계는 학습, 운동 기능, 감정 조절 등 다양한 영역에서 확인된다.

감각통합이론에서 적정 각성 수준은 아동이 외부 자극에 적절히 반응하고 처리하는 데 중요한 역할을 한다. 감각 과민반응(감각과잉)이 있는 아동은 과각성 상태로 인해 불안과 스트레스를 경험할 수 있으며, 감각 저반응 아동은 저각성 상태에서 집중력 부족과 무기력함을 겪을 수 있다. 발달장애 아동의 경우, 신경생물학적 조절체계의 미성숙 혹은 비정형 발달로 인해 각성 수준의 조절이 불안정한 경우가 많다. 이러한 어려움은 아동의 수면, 학습, 정서, 사회적 상호작용, 일상생활에 부정적인 영향을 미칠 수 있다(Miller et al., 2007).

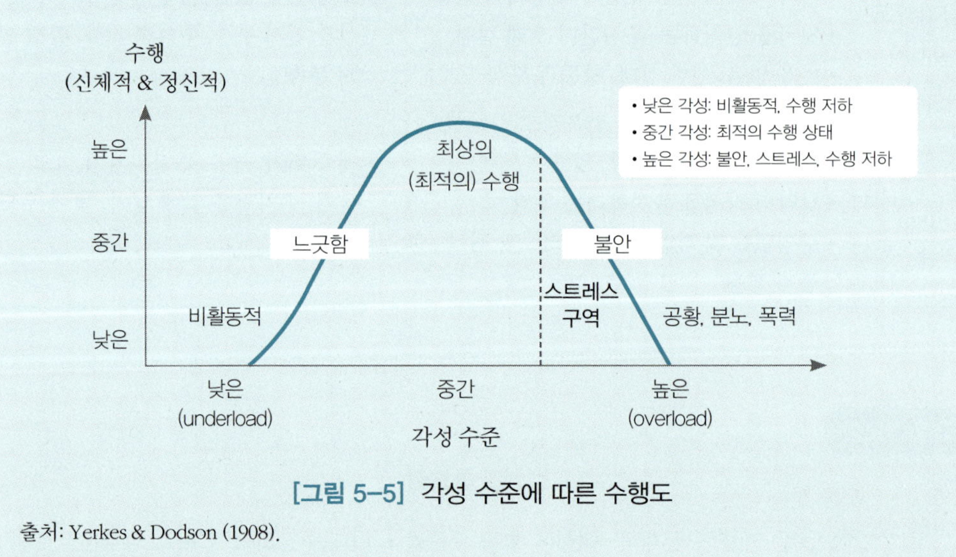

[그림 5-5] 각성 수준에 따른 수행도

출처: Yerkes & Dodson (1908).

2) 감각기반운동장애

감각기반운동장애는 감각처리 문제로 인해 균형, 자세, 움직임 또는 운동 협응 및 조정에 어려움이 있는 것을 말한다. 운동장애는 아동의 신체적 능력뿐만 아니라 사회적 상호작용 및 정서에도 영향을 미칠 수 있다. 또래 아동에게 쉬워 보이는 작업을 수행할 수 없기 때문에 좌절감과 낮은 자존감을 경험할 수 있으며, 또래와의 집단 활동이나 운동 상황을 회피

할 수도 있다. 감각기반운동장애의 어려움은 실행장애 및 자세장애로 나타날 수 있다.

(1) 실행장애

실행(praxis)은 의지나 의도에 따른 행동을 말하며 인지와 운동 사이의 중요한 다리 역할을 한다. 이를 통해 우리는 목적이 있고 목표 지향적인 행동을 개념화하고, 계획하고, 수행할 수 있다. 고차원적인 운동 기능인 실행은 인지 및 운동 과정을 통합하여 생각과 의도를 조화로운 신체 움직임으로 변환한다. 많은 행동의 첫 시작은 의식적인 계획이 필요하지만, 연습을 하면 자동화되고 습관화된다.

실행은 우리가 일상에서 목표 지향적인 행동을 조직하고 효율적으로 수행하는 데 필수적인 요소로, 새로운 행동을 학습하거나 적응적인 운동반응을 생성하는 과정에서 핵심적인 역할을 한다. 이는 단순한 운동 기능 이상의 것으로, 인지적 처리와 감각운동 기능이 통합되어야 가능한 고차원적인 신경학적 능력이다. 예를 들어, 자전거를 처음 배우는 경우, 아이는 균형 잡기, 페달 밟기, 핸들 조작, 주변 환경의 인식 등 복합적인 움직임을 동시에 조정해야 한다. 이때 뇌는 반복적인 시도와 피드백을 통해 감각 정보를 통합하고, 시행착오를 거치며 점차 움직임을 효율적이고 자동화된 방식으로 조직화한다. 결국 자전거 타기라는 기술은 의도적인 실행 과정을 거쳐 반복 학습을 통해 자동화된 운동 패턴으로 전환된다. 이러한 실행 과정은 초기에는 많은 인지적 노력과 감각통합이 요구되지만, 시간이 지남에 따라 뇌는 이 정보를 저장하고 효율적으로 활용하여 습관화된 행동으로 내면화하게 된다. 자전거 타기는 실행이 어떻게 의도적인 과정에서 습관적인 기술로 진화하는지 보여 주는 좋은 예이다.

표 5-10 실행의 과정

개념화	• 원하는 행동에 대한 정신적 개념이나 아이디어를 형성 • 환경과의 의도적인 상호작용을 위한 개념을 생성 • 환경에 대한 이해는 감각 입력에 의해 가능
계획	• 목표 작업을 수행하는 데 필요한 방법을 구성하고 순서를 지정 • 아이디어를 기반으로 의도적인 적응반응을 구성 • 작업의 '청사진' 역할(필요한 순서, 타이밍 및 힘을 자세히 설명)
수행	• 계획된 조치를 물리적으로 수행 • 개념화와 계획이 모두 필요한 운동 작업을 수행 • 유연하고 조화로운 수행을 위해 감각 정보와 운동 명령의 통합

▣ 실행의 어려움이 있는 경우

실행장애가 있는 아동은 익숙하지 않거나 복잡한 운동 활동을 계획하고 순서를 정하고 실행하는 데 어려움을 겪는다. 움직임이 서툴거나 어색해 보이는 경우가 많으며 운동 협응이나 정밀한 운동 기술이 필요한 신체 활동과 쓰기, 단추 채우기, 신발 끈 묶기 등 미세한 소근육 작업에도 어려움이 있을 수 있다. 실행장애가 있는 아동이 보일 수 있는 행동의 예는 다음과 같다.

- 자주 넘어지거나 벽, 가구, 사람 등에 부딪힘
- 달리기나 오르기 같은 활동에 어려움을 겪거나 주변 환경 탐색에 어려움을 보임
- 글쓰기, 도구 사용, 단추 채우기, 신발 끈 묶기 등 세밀한 손동작이 요구되는 활동에 어려움을 보임
- 공놀이, 자전거 타기, 킥보드 타기, 체육 활동 등 새로운 동작이 요구되는 활동을 회피함
- 반복적이고 익숙한 동작을 반복하며 새로운 활동에 도전하지 않으려는 경향을 보임
- 순차적 동작 수행이나 조직화된 활동(예: 게임, 만들기, 체계적 놀이)에 어려움을 보임
- 일상생활에서 운동 조정과 관련된 작업을 완료하는 데 오랜 시간이 걸림(예: 옷 입기, 세수, 이 닦기, 양말, 신발 신기, 단추 끼우기, 지퍼 올리기, 정리정돈 등)
- 새로운 운동 기술을 배우는 것에 어려움을 보임
- 움직임과 관련된 다단계 지침을 따르는 것에 어려움을 보임(예: '책가방을 가져와서 연필을 꺼내고 공책에 이름 쓰기')
- 활동적인 놀이보다 앉아서 하는 활동을 선호함
- 팀 스포츠나 체계적인 신체 활동에 참여하는 데 어려움을 보임

(2) 자세장애

자세장애는 적절한 근 긴장도와 자세 안정을 유지하는 데 어려움이 있는 상태를 의미하며, 특히 앉기, 서기, 걷기, 균형 유지 등 기본적인 자세 조절 능력이 미숙하다. 이러한 아동은 종종 빠르게 피로를 느끼거나 정적인 자세를 오래 유지하지 못하고, 운동 계획 실행에 필요한 안정성을 확보하는 데 제한이 있다. 자세장애가 있는 아동이 보일 수 있는 행동의 예는 다음과 같다.

- 책상에 오래 앉아 있거나 똑바로 자세를 유지하는 데 어려움이 있으며 자주 구부정한 자세를 취함
- 의자에 비스듬히 기대거나 책상에 엎드리는 등 비효율적인 자세를 유지함
- 서 있기, 균형 잡기, 걷기, 달리기, 오르기 등의 활동 시 자세가 불안정하거나 불균형함
- 놀이 시 자세를 유지하지 못하고 자주 눕거나 엎드리는 경향을 보임
- 지속적인 자세 조절이 필요한 작업에 참여할 때 더 쉽게 피로해함
- 점프, 깡충깡충 뛰기 등 큰 신체 움직임이 필요한 활동에 어려움을 보임
- 놀이기구, 자전거를 타는 것과 같이 역동적인 움직임이 필요한 활동에 과도한 두려움을 보임

3) 감각변별장애

감각변별장애란 다양한 감각 자극의 특성(예: 강도, 위치, 크기, 질감, 방향 등)을 정확하게 인식하고 구별하는 데 어려움이 있는 상태를 말한다. 이러한 감각처리의 어려움은 한 가지 감각 영역에만 국한되지 않고, 촉각, 청각, 시각, 고유감각, 전정감각, 후각, 미각 등 다양한 감각계에 걸쳐 나타날 수 있다.

감각 자극을 효과적으로 구별하지 못하면 환경으로부터 오는 정보를 정확하게 해석하거나 의미를 부여하는 데 제한이 생기며, 이로 인해 학습, 행동 조절, 사회적 신호의 해석, 놀이 참여 등의 일상 기능에 부정적인 영향을 미칠 수 있다. 예를 들어, 유사한 단어를 구별하지 못하거나, 시각 정보를 정확히 해석하지 못해 학습에 어려움을 겪거나, 다른 사람의 감정 표현을 잘못 해석해 사회적 관계에서 오해가 생기는 경우가 있다.

표 5-11 감각변별장애 행동 예시

촉각변별장애

- 질감, 온도 또는 피부에 닿는 촉각 경험을 구별하는 데 어려움을 보임
- 촉각으로 물건의 차이(모양, 크기, 재질 등)를 구별하는 데 어려움을 보임
- 연필이나 물건을 너무 느슨하게 잡거나 너무 꽉 쥐어 잡음
- 손을 쓰거나 작은 물건을 조작하는 데 어려움을 보임
- 셔츠 단추 끼우기, 신발 끈 묶기, 옷 조정하기 등의 작업에 어려움을 보임

청각변별장애

- 소리, 단어, 음색을 구별하는 데 어려움을 보임
- 유사한 소리를 구별하는 데 어려움을 보임
- 배경 소음과 중요한 소리를 구별하기 어려움(호명을 알아채지 못함)
- 언어적 지시를 따르는 데 어려움을 보임
- 유사한 단어 인식의 어려움으로 비슷한 단어를 혼동함
- 언어 발달이 느림

시각변별장애

- 모양, 크기, 색상과 같은 시각적 세부 사항을 구별하는 데 어려움을 보임
- 학업 및 일상 활동에 수행도가 낮음
- 문자 또는 숫자 인식에 어려움을 보임(읽기 및 수학)
- 시각 추적의 어려움
- 책에서 글씨를 따라 읽는 것이 어려움
- 퍼즐 완성 또는 시각적 패턴 식별의 어려움

미각/후각 변별장애

- 맛과 냄새를 식별하거나 구별하는 데 어려움을 보임

고유감각변별장애

- 연필이나 크레용을 너무 세게 눌러 부러뜨림
- 물건을 자주 떨어뜨림
- 사물에 잘 부딪힘
- 공을 잡거나 글쓰기와 같이 정확한 힘의 조정이 필요한 작업을 수행하는 데 서투름
- 신체 위치 인식의 어려움
- 공간에서 자신의 신체가 어디에 있는지 이해하는 데 어려움을 보임
- 자세가 구부정하거나 앉을 때 기대어 앉으려 함
- 걷거나 달릴 때의 자세가 어색함

전정감각변별장애

- 균형을 해석하는 데 어려움을 보임
- 자주 넘어지거나 부딪힘
- 자전거 타기, 계단 오르기 등 균형이 필요한 활동에 어려움을 보임
- 운동 활동에 대한 두려움이 많음
- 그네, 미끄럼틀 등 놀이기구를 피하거나 발이 땅에서 떨어질 때 불안감을 느낌
- 공간적 방향 감각의 어려움
- 복잡한 환경을 탐색하거나 거리를 판단하는 데 어려움을 보임

4) 자폐스펙트럼장애와 감각통합

자폐스펙트럼장애를 가진 아동은 감각 정보를 받아들이고 처리하는 방식이 신경전형 발달을 하는 아동과는 다른 특성을 보이는 경우가 많다 이러한 감각처리의 차이는 단순한 과민반응 또는 둔감함을 넘어, 아동의 정서적 반응, 상호작용, 행동 조직화 전반에 영향을 미친다.

Ayres는 자폐 아동에게서 공통적으로 관찰되는 감각처리의 어려움을 감각등록, 감각조절, 그리고 동기의 세 가지 핵심 요소로 설명하였다([그림 5-6] 참조).

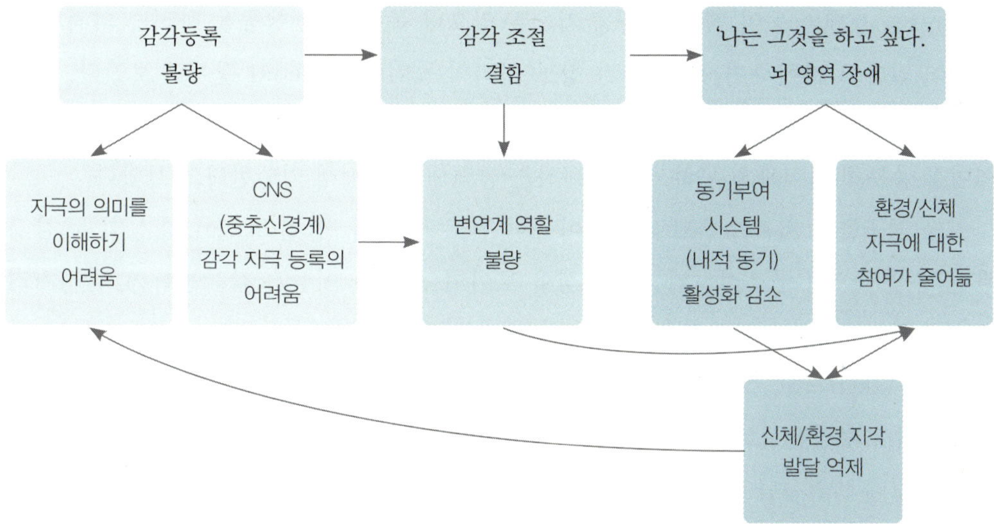

[그림 5-6] 자폐스펙트럼 아동의 감각통합의 어려움 시각화

출처: Schaaf & Lane (2019).

(1) 감각등록

감각등록(registration)은 뇌가 감각 자극을 감지하고 인지하는 과정으로, Ayres는 자폐스펙트럼장애 아동이 환경 속의 주요 자극(예: 사람의 등장, 새로운 장난감, 피부 접촉)을 무시하거나 제대로 인식하지 못하는 경향을 보인다고 하였다. 이들은 뇌가 자극을 중요한 정보로 등록하지 못하는 특성을 가지고 있으며, 이는 감정 및 동기와 관련된 뇌 영역인 변연계와의 기능 이상과 연관된 것으로 보았다.

(2) 감각 조절

감각 조절(modulation)은 뇌가 감각 자극의 강도를 억제하거나 증폭함으로써 환경 변화에 유연하게 적응하도록 반응을 조절하는 과정이다. 자폐스펙트럼장애 아동은 이러한 조절 기능에 어려움이 있어 자극에도 과잉반응(예: 촉각방어, 중력불안)이나 무반응(예: 자극에 주의를 기울이지 않음)의 양극단적 반응을 보일 수 있다. 이는 아동이 환경에서의 적응반응과 행동, 적절한 감정 상태를 유지하는 데 어려움을 겪게 만들며, 회피, 반복 행동, 정서 폭발 등으로 이어질 수 있다.

(3) 동기

Ayres는 자폐 아동이 적절한 운동 기술은 있으나 목적 있는 행동을 하려는 의지가 결여되어 있다고 지적하며, 이를 감각 정보 처리의 동기(motivation) 결여로 보았다. 이는 '하고 싶은 마음(I want to do it)'의 결여로 설명되며, 이러한 동기의 결핍이 감각 정보의 의미를 충분히 인식하지 못하고 일반화하는 능력의 부족에서 기인한다고 보았다.

최근 연구들은 자폐스펙트럼장애 아동이 편도체, 해마, 섬엽(insula), 대상회 등 감정 관련 뇌 영역에서 구조적 · 기능적 이상을 보이며, 이러한 이상은 감각등록 및 감정처리에 중요한 역할을 한다는 것을 보여 준다(Fishman et al., 2018; Liu et al., 2024; Supekar et al., 2013; Uddin et al., 2013). 특히 편도체 기능 이상은 사회적 자극(예: 시선, 얼굴)에 대한 반응성에서 과잉활성화 또는 저활성화를 보이며 이는 감각 자극의 의미 인식 및 감정적 반응 조절에 어려움을 보였다(Fishman et al., 2018; Zalla & Sperduti, 2013).

요약하기

- 감각통합은 신체와 환경에서 얻은 감각 정보들을 뇌에서 통합하고 조직화하여 일상에서 효율적으로 생활할 수 있도록 하는 신경학적 과정이다.
- 감각통합은 아동의 운동, 정서, 인지, 사회성 발달의 기초를 형성한다.
- 감각통합에 어려움이 생기면 놀이, 학습, 행동 및 감정 조절에 어려움이 발생할 수 있다.
- 감각통합(감각처리)의 어려움은 자폐스펙트럼장애, 지적장애, ADHD, 학습장애 등과 동반하여 존재할 수 있으며 장애 유무와 관계없이 단독으로도 존재할 수 있다.
- 감각처리모델은 신경학적 역치와 자기조절 전략 행동의 상호작용을 기반으로 감각처리반응을 네 가지 유형(낮은 등록형, 감각 추구형, 감각 민감형, 감각 회피형)으로 정의한다.

- 감각통합 과정은 감각등록, 지향, 해석, 조직화, 실행의 구성 요소로 설명될 수 있으며, 이러한 단계는 신경계가 감각 입력을 처리하고 반응하는 방식을 반영한다.
- 감각계는 우리 몸을 보호하는 보호계와, 환경을 인식하고 구별하고 학습할 수 있도록 하는 구별계로 나뉜다.
- 외재감각은 몸 밖의 세상을 인식할 수 있도록 하며 오감(촉각, 시각, 청각, 미각, 후각)이 속한다.
- 내재감각은 몸 내부 상태를 인식하고 조절하는 데 도움이 되는 감각으로 전정감각, 고유수용감각, 내수용감각이 있다.
- 감각통합은 감각, 감각운동, 지각운동, 인지발달 단계의 발달 순서로 이루어지며, 감각의 기초가 불안정하면 상위 수준에 있는 다른 발달에도 불균형이 초래되어 이후 발달에 부정적 영향을 미칠 수 있다.
- 각성은 개인의 신체적 및 정신적 상태가 깨어 있는 정도를 의미하며, 적절한 수준의 각성은 주의력과 학습, 일상 기능을 유지하는 데 필수적이다.
- 감각처리장애(SPD)는 감각조절장애, 감각기반운동장애, 감각변별장애의 세 가지 유형으로 하위 분류된다.
- 자폐스펙트럼장애 아동의 감각통합 기능의 결함은 감각등록, 감각 조절, 동기의 세 가지 핵심 요소와 관련이 있다.

생각해 보기

Q1. 감각통합의 어려움은 아동의 놀이에 어떠한 영향을 줄 수 있을지 생각해 보라.

Q2. 감각통합이론을 어떻게 놀이치료에서 활용할 수 있을지 생각해 보라.

Q3. 자폐스펙트럼장애 아동이 보이는 행동을 감각통합이론의 관점에서 어떻게 해석할 수 있을지 생각해 보라.

Q4. 나의 감각처리 유형을 유추해 보고, 이것이 나의 삶이나 대인관계, 일상적 선택에 어떤 영향을 미쳤는지 성찰해 보라.

참고문헌

김경미, 지석연, 노종수(2010). 감각통합 Q&A. 정담미디어.

남용현, 이미경(2003). 우리 아이 왜 이럴까?. 서울장애인복지관.

대한감각통합치료학회(2010a). 감각통합 개요: 기본 과정 교육자료집.

대한감각통합치료학회(2010b). 기본과정(Basic Course). 퍼시픽북스.

Ahn, R. R., Miller, L. J., Milberger, S., & McIntosh, D. N. (2004). Prevalence of parents' perceptions of sensory processing disorders among kindergarten children. *American Journal of Occupational Therapy, 58*(3), 287-293. https://doi.org/10.5014/ajot.58.3.287

American Psychiatric Association. (2013). *Diagnostic and statistical manual of mental disorders* (5th ed.). American Psychiatric Publishing. https://doi.org/10.1176/appi.books.9780890425596

Ayres, A. J. (1972a). *Sensory integration and learning disorders*. Western Psychological Services.

Ayres, A. J. (1972b). Types of sensory integrative dysfunction among disabled learners. *American Journal of Occupational Therapy, 26*, 13-18.

Ayres, A. J. (1979). *Sensory integration and the child*. Western Psychological Services.

Ayres, A. J. (2005). *Sensory integration and the child: 25th anniversary edition*. Western Psychological Services.

Bailey, P., & Snowling, M. J. (2002). Auditory processing and the development of language and literacy. *British Medical Bulletin, 63*(1), 135-146. https://doi.org/10.1093/bmb/63.1.135

Ben-Sasson, A., Carter, A. S., & Briggs-Gowan, M. J. (2009). Sensory over-responsivity in elementary school: Prevalence and social-emotional correlates. *Journal of Abnormal Child Psychology, 37*(5), 705-716. https://doi.org/10.1007/s10802-008-9295-8

Boesveldt, S., & Parma, V. (2021). The importance of the olfactory system in human well-being, through nutrition and social behavior. *Cell and Tissue Research, 383*, 559-567. https://doi.org/10.1007/s00441-020-03367-7

Bremner, A. J., & Spence, C. (2017). The development of tactile perception. In J. B. Benson (Ed.), *Advances in child development and behavior* (pp. 227-268). Elsevier Academic Press.

Bundy, A. C., Lane, S. J., & Murray, E. A. (2002). *Sensory integration: Theory and practice* (2nd ed.). F.A. Davis.

Bundy, A. C., Lane, S. J., & Murray, E. A. (2011). *Sensory integration: Theory and practice* (3rd ed.). 양영애, 강순희, 권혜련 공역(2023). 감각 통합: 이론과 실제. 영문출판사.

Buyse, E., Verschueren, K., & Doumen, S. (2020). Attachment security: Influences on social and emotional competence, executive functioning, and readiness for school. In P. Silinskas & J. E. Grusec (Eds.), *Home health and education interdependence* (pp. 55-74). Springer. https://doi.org/10.1007/978-3-030-42964-7_4

Camarata, S., Miller, L. J., & Wallace, M. T. (2020). Evaluating sensory integration/sensory processing treatment: Issues and analysis. *Frontiers in Integrative Neuroscience*, *14*, Article 556660. https://doi.org/10.3389/fnint.2020.556660

Cameron, O. G. (2001). Interoception: The inside story—a model for psychosomatic processes. *Psychosomatic Medicine, 63*(5), 697-710. https://doi.org/10.1097/00006842-200109000-00001

Carnevali, L., Della Longa, L., Dragovic, D., & Farroni, T. (2024). Touch and look: The role of affective touch in promoting infants' attention towards complex visual scenes. *Infancy, 29*(2), 271-283. https://doi.org/10.1111/infa.12580

Case-Smith, J., & Miller, H. (1999). Occupational therapy with children with pervasive developmental disorders. *American Journal of Occupational Therapy, 53*(5), 506-513.

Case-Smith, J., & O'Brien, J. C. (2014). *Occupational therapy for children and adolescents* (7th ed.). Elsevier Health Sciences.

Costa-López, B., Ferrer-Cascales, R., Ruiz-Robledillo, N., Albaladejo-Blázquez, N., & Baryła-Matejczuk, M. (2021). Relationship between sensory processing and quality of life: A systematic review. *Journal of Clinical Medicine, 10*(17), 3961. https://doi.org/10.3390/jcm10173961

Craig, A. D. (2002). How do you feel? Interoception: The sense of the physiological condition of the body. *Nature Reviews Neuroscience, 3*(8), 655-666. https://doi.org/10.1038/nrn894

Dunn, W. (1997). The impact of sensory processing abilities on the daily lives of young children and their families: A conceptual model. *Infants & Young Children, 9*(4), 23-35.

Erikson, E. H. (1950). *Childhood and society*. W. W. Norton & Company.

Farb, N. A. S., et al. (2015). Interoception, contemplative practice, and health. *Frontiers in Psychology, 6*, 763. https://doi.org/10.3389/fpsyg.2015.00763

Farroni, T., Della Longa, L., Filippetti, M. L., & Massaccesi, S. (2022). *Newborns' and infants' tactile processing: Bridging the gap between brain and behavior. Neuroscience & Biobehavioral Reviews*, *132*, 1003-1013. https://doi.org/10.1016/j.neubiorev.2021.12.037

Fechner, G. T. (1966). *Elements of psychophysics* (H. E. Adler, Trans.). Holt, Rinehart &

Winston. (Original work published 1860).

Fisher, A. G., & Murray, E. A. (1991). *Sensory integration: Theory and practice* (2nd ed.). F.A. Davis.

Fishman, I., Linke, A. C., Hau, J., Carper, R. A., & Müller, R. A. (2018). Atypical functional connectivity of amygdala related to reduced symptom severity in children with autism. *Journal of the American Academy of Child & Adolescent Psychiatry, 57*(10), 764-773.e3.

Freud, S. (1905). Three essays on the theory of sexuality (J. Strachey, Trans.). In J. Strachey (Ed.), *The standard edition of the complete psychological works of Sigmund Freud* (Vol. 7, pp. 125-245). Hogarth Press.

Greenspan, S. I., & Wieder, S. (1997). Developmental patterns and outcomes in infants and children with disorders in relating and communicating: A chart review of 200 cases of children with autistic spectrum diagnoses. *The Journal of Developmental and Learning Disorders, 1*, 87-141.

Green, D., Chandler, S., Charman, T., Simonoff, E., & Baird, G. (2016). Brief report: DSM-5 sensory behaviours in children with and without an autism spectrum disorder. *Journal of Autism and Developmental Disorders, 46*(11), 3597-3606.

Harlow, H. F. (1958). The nature of love. *American Psychologist, 13*(12), 673-685. https://doi.org/10.1037/h0047884

Harlow, H. F., Dodsworth, R. O., & Harlow, M. K. (1965). Total social isolation in monkeys. *Proceedings of the National Academy of Sciences, 54*(1), 90-97. https://doi.org/10.1073/pnas.54.1.90

Horak, F. B. (2009). Postural orientation and equilibrium: What do we need to know about neural control of balance to prevent falls? *Age and Ageing, 38*(suppl_2), ii7-ii11. https://doi.org/10.1093/ageing/afp066

Khalsa, S. S., Adolphs, R., Cameron, O. G., Critchley, H. D., Davenport, P. W., Feinstein, J. S., Feusner, J. D., Garfinkel, S. N., Lane, R. D., Mehling, W. E., Meuret, A. E., Nemeroff, C. B., Oppenheimer, S., Petzschner, F. H., Pollatos, O., Rhudy, J. L., Schramm, L. P., Simmons, W. K., Stein, M. B., ... & Zucker, N. (2018). Interoception and mental health: A roadmap. *Biological Psychiatry: Cognitive Neuroscience and Neuroimaging, 3*(6), 501-513. https://doi.org/10.1016/j.bpsc.2017.12.004

Kilroy, E., Aziz-Zadeh, L., & Cermak, S. (2019). Ayres theories of autism and sensory integration revisited: What contemporary neuroscience has to say. *Brain Sciences, 9*(3), 68.

Kranowitz, C. S. (2006). *The out-of-sync child: Recognizing and coping with sensory processing disorder*. 남용현, 이미경 공역(2011). **우리 아이 왜 이럴까(3차 개정판)**. 서울장애인종합복지관.

Lane, S. J., Miller, L. J., & Hanft, B. E. (2000). Toward a consensus in terminology in sensory integration theory and practice: Part 2: Sensory integration patterns of function and dysfunction. *Sensory Integration Special Interest Section Quarterly, 23*(2), 1-3.

Lane, S. J., Reynolds, S., & Thacker, L. (2010). Sensory over-responsivity and ADHD: Differentiating using electrodermal responses, cortisol, and anxiety. *Frontiers in Integrative Neuroscience, 4*, Article 8.

Liu, J., Girault, J. B., Nishino, T., Shen, M. D., Kim, S. H., Burrows, C. A., ... & Gao, W. (2024). Atypical functional connectivity between the amygdala and visual, salience regions in infants with genetic liability for autism. *Cerebral Cortex, 34*(13), 30-39.

McEwen, B. S. (2007). Physiology and neurobiology of stress and adaptation: Central role of the brain. *Physiological Reviews, 87*(3), 873-904. https://doi.org/10.1152/physrev.00041.2006

Metz, A. E., Boling, D., DeVore, A., Holladay, H., Liao, J. F., & Vander Vlutch, K. (2019). Dunn's model of sensory processing: An investigation of the axes of the four-quadrant model in healthy adults. *Brain Sciences, 9*(2), 35. https://doi.org/10.3390/brainsci9020035

Miller, L. J., Anzalone, M. E., Lane, S. J., Cermak, S. A., & Osten, E. T. (2007). Concept evolution in sensory integration: A proposed nosology for diagnosis. *The American Journal of Occupational Therapy, 61*(2), 135-140.

Mottron, L., Dawson, M., Soulières, I., Hubert, B., & Burack, J. (2006). Enhanced perceptual functioning in autism: An update, and eight principles of autistic perception. *Journal of Autism and Developmental Disorders, 36*(1), 27-43. https://doi.org/10.1007/s10803-005-0040-7

Parham, L. D., & Fazio, L. S. (1997). *Play in occupational therapy for children* (2nd ed.). 윤현숙, 장기연 공역(2003). **놀이 작업치료**. 정담미디어.

Pastor-Cerezuela, G., Fernández-Andrés, M.-I., Sanz-Cervera, P., & Marín-Suelves, D. (2020). The impact of sensory processing on executive and cognitive functions in children with autism spectrum disorder in the school context. *Research in Developmental Disabilities, 96*, 103540.

Piaget, J. (1962). *Play, dreams, and imitation in childhood*. Norton.

Randell, E., McNamara, R., Delport, S., Busse, M., Hastings, R. P., Gillespie, D., Williams-Thomas, R., Brookes-Howell, L., Romeo, R., Boadu, J., Ahuja, A. S., McKigney, A. M., Knapp, M., Smith, K., Thornton, J., & Warren, G. (2019). Sensory integration therapy versus usual care for sensory processing difficulties in autism spectrum disorder in children: Study protocol for a pragmatic randomised controlled trial. *Trials, 20*(1), 113.

Reed, C. L. (2009). What is the body schema? In A. N. Meltzoff & W. Prinz (Eds.), *The Cambridge handbook of action representation*. Cambridge University Press.

Sanchez, L., & Rowe, V. T. (2016). The vestibular system and its role in child development: A review. *International Journal of Pediatric Otorhinolaryngology, 86*, 57-63. https://doi.org/10.1016/j.ijporl.2016.04.002

Schaaf, R. C., & Lane, A. E. (2019). Ayres theories of autism and sensory integration revisited: What contemporary neuroscience has to say. *Brain Sciences, 9*(3), 68. https://doi.org/10.3390/brainsci9030068

Schaaf, R. C., & Mailloux, Z. (2015). *Clinician's guide for implementing Ayres Sensory Integration®: Promoting participation for children with autism*. American Journal of Occupational Therapy.

Schaffer, H. R., & Emerson, P. E. (1964). The development of social attachments in infancy. *Monographs of the Society for Research in Child Development*, 1-77.

Schulte-Körne, G., Deimel, W., Bartling, J., & Remschmidt, H. (1998). Auditory processing and dyslexia: Evidence for a specific speech processing deficit. *NeuroReport, 9*(2), 337-340.

Schulz, A., & Vogele, C. (2015). Interoception and stress. *Frontiers in Psychology, 6*, 993. https://doi.org/10.3389/fpsyg.2015.00993

Supekar, K., Uddin, L. Q., Khouzam, A., Phillips, J., Gaillard, W. D., Kenworthy, L. E., ... & Menon, V. (2013). Brain hyperconnectivity in children with autism and its links to social deficits. *Cell Reports, 5*(3), 738-747.

Swets, J. A. (1961). Is there a sensory threshold?. *Science, 134*(3473), 168-177. https://doi.org/10.1126/science.134.3473.168

Tallal, P. (1980). Auditory temporal perception, phonics, and reading disabilities in children. *Brain and Language, 9*(2), 182-198.

Tomchek, S., & Dunn, W. (2007). Sensory processing in children with and without autism: A comparative study using the Short Sensory Profile. *American Journal of Occupational Therapy, 61*, 190-200.

Uddin, L. Q., Supekar, K., Lynch, C. J., Khouzam, A., Phillips, J., Feinstein, C., ... & Menon, V. (2013). Salience network-based classification and prediction of symptom severity in children with autism. *JAMA Psychiatry, 70*(8), 869-879.

Vaitl, D. (1996). Interoception. *Biological Psychology, 42*, 1-27.

Valente, D., Theurel, A., & Gentaz, E. (2018). The role of visual experience in the production of emotional facial expressions by blind people: A review. *Psychonomic Bulletin & Review, 25*(2), 483-497. https://doi.org/10.3758/s13423-017-1338-0

Voron, M. (2011). Vestibular contributions to development: A review of the literature. *Occupational Therapy in Health Care, 25*(1), 25-40. https://doi.org/10.3109/07380577.2010.535592

Williams, M. S., & Shellenberger, S. (1996). *How does your engine run? A leader's guide to the Alert Program for self-regulation*. TherapyWorks, Inc.

Williamson, G., & Anzalone, M. (2001). *Sensory integration and self-regulation in infants and toddlers: Helping very young children interact with their environment*. Zero to Three Press.

Yack, E., Sutton, S., & Aquilla, P. (2002). *Building bridges through sensory integration*. Future Horizons Inc.

Yack, E., Sutton, S., & Aquilla, P. (2015). *Building bridges through sensory integration* (3rd ed.). 유은영, 김경미, 김은영, 김진경, 박경영, 박윤이, 이지연, 최정실 공역(2018). **감각통합: 이론과 적용**. 계축문화사.

Yerkes, R. M., & Dodson, J. D. (1908). The relation of strength of stimulus to rapidity of habit-formation. *Journal of Comparative Neurology and Psychology, 18*(5), 459-482. DOI: 10.1002/cne.920180503.

Zalla, T., & Sperduti, M. (2013). The amygdala and the relevance detection theory of autism: An evolutionary perspective. *Frontiers in Human Neuroscience, 7*, Article 894. https://doi.org/10.3389/fnhum.2013.00894

Zero to Three. (2016). *DC:0-5™ Diagnostic classification of mental health and developmental disorders of infancy and early childhood*. Zero to Three Press.

제 6 장

대인관계 신경생물학

학습목표

1. 마음, 뇌, 관계의 통합 개념이 놀이치료에서 어떻게 적용되는지를 설명할 수 있다.
2. 애착이 뇌 발달과 자기조절 능력에 어떻게 기여하는지를 설명할 수 있다.
3. 놀이의 신경생물학적 기능에 대해 설명할 수 있다.
4. 상호작용 발달 과정을 이해하고 이를 치료에 적용할 수 있다.
5. 치료적 개입의 우선순위를 신경생물학적 관점에서 설명할 수 있다.

● ● ● 뇌 발달은 전 생애에 걸쳐 지속되지만 특히 유아기는 신경생물학적으로 가장 결정적인 시기로, 이 시기에 형성되는 신경회로는 이후의 인지 기능, 정서 조절, 사회적 행동의 토대를 마련한다(National Scientific Council on the Developing Child, 2010). 특히 이 기간 동안 안정적인 애착의 경험은 뇌 구조를 형성하는 데 중요한 역할을 하며, 자기조절, 문제해결 및 사회정서적 발달에 필요한 정서적 안정과 적절한 자극을 제공한다(Schore, 2001).

최신 신경과학 이론들은 아동의 뇌 발달이 단지 유전적 요인에 의해서만 결정되는 것이 아니라, 의미 있는 상호작용과 감정 조율의 경험을 통해 지속적으로 조형된다는 점을 강조한다. 그러나 발달장애가 있는 아동의 경우, 이러한 관계 형성에 필요한 신경생물학적 시스템이 미성숙하거나 기능적으로 제한되어 있어 관계를 지속적으로 형성하는 데 어려움을 겪는 경우가 많다(Perry, 2017). 그럼에도 불구하고 실제 많은 치료 현장에서는 아동의 기능적 발달이정표 달성에만 초점을 맞추고, 아동의 정서적 안정과 관계 기반 개입의 중요성은 종종 간과되고 있다.

물론 발달장애 아동의 발달을 지원하기 위해 언어, 인지, 운동 등 기능적 영역을 향상시키는 중재는 반드시 필요한 과정이다. 그러나 신경생물학적 관점에서 볼 때, 안정된 관계 경험과 정서적 안정은 이러한 기능 발달을 가능하게 하는 전제 조건이며, 뇌의 구조와 기능적 연결을 긍정적으로 변화시키는 핵심 요인이다. 특히 신경발달에 어려움을 겪는 아동에게는 이와 같이 정서적으로 조율된 상호작용이 치료의 출발점이 되어야 한다.

이 장에서는 인간의 뇌가 타인과의 관계 속에서 어떻게 형성되고 놀이를 통해 변화될 수 있는지 신경생물학적 관점에서 살펴보고자 한다.

1. 대인관계 신경생물학

대인관계 신경생물학(Interpersonal Neurobiology: IPNB)은 Daniel Siegel에 의해 제시된 이론으로 신경과학, 심리학, 사회학, 교육학, 철학 등 다양한 분야를 통합하여 뇌, 마음, 관계를 과학적으로 설명한다. 대인관계 신경생물학의 관점에서 뇌는 단순한 생물학적 기관이 아닌 인간관계의 맥락 속에서 형성되고 변화되는 사회적 기관이며 인간의 뇌와 마음은 서로 연결된 관계 경험을 통해 발달한다(Siegel, 2022). 특히 초기 애착관계의 경험은 이후 정서, 사회성, 스트레스 조절 능력 등의 발달에 결정적인 영향을 미치기 때문에 애착을 발달의 핵심 요소로 강조한다.

대인관계 신경생물학에서 중요하게 언급되는 웰빙(well-being)의 삼각형은 마음, 관계, 뇌의 세 가지 주요 구성 요소로 이루어져 있으며 인간은 이 세 가지 요소가 균형을 이루고 잘 통합될 때 건강하고 안정적인 삶을 영위할 수 있다고 보았다([그림 6-1] 참조).

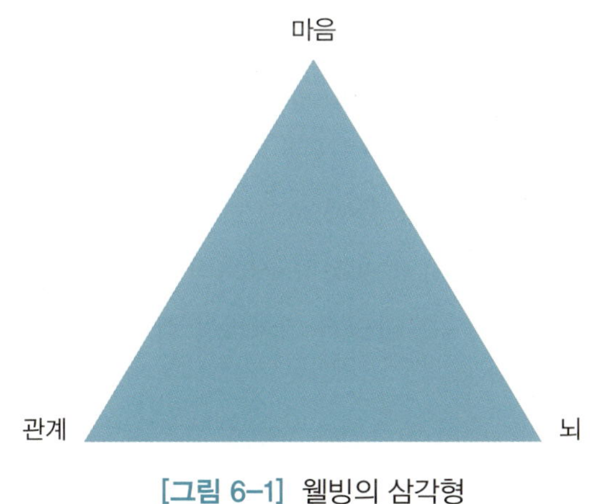

[그림 6-1] 웰빙의 삼각형

출처: Siegel (2012a).

1) 마음

마음(mind)은 감정, 생각, 기억, 인식 등 주관적 내면 경험을 포함하며 우리 신체 내부에서 그리고 타인과의 관계 속에서 발생하는 에너지와 정보의 흐름을 조절하는 신체적이면서도 관계적인 과정이다(Siegel, 2012a). 마음은 단순한 뇌 활동의 산물이 아니라 신체와 뇌, 타인과의 관계, 사회적 상호작용에서 나타나는 현상으로 〈표 6-1〉과 같이 네 가지 측면으로 이루어져 있다.

표 6-1 마음의 네 가지 측면

주관적 경험	• 감정, 생각, 기억, 감각을 포괄하며 삶의 내적 서사를 구성 • 자아의 핵심 구성 요소이며 개인의 정체성 및 주체 의식과 깊이 연결
의식	• 개인의 주관적인 경험을 인식하는 능력으로 의식을 통해 내부 상태를 인식하고 외부 세계를 탐색할 수 있음(자기이해와 공감을 가능하게 함)
정보처리	• 지각, 기억, 행동을 형성하는 감각 정보와 내부 정보를 수집, 분석, 통합하는 과정으로 학습, 적응 및 의사결정을 가능하게 함
자기 조직	• 자신을 조절하고 정신적 · 감정적 상태 내에서 균형과 일관성을 추구하는 능력을 말하며, 효과적인 자기조직화는 유연성, 적응 및 회복탄력성을 지원함

2) 관계

대인관계 신경생물학의 관점에서 관계(relationships)는 사람들 사이에서 에너지와 정보가 교류되며 마음이 형성되고 조절되는 과정을 말한다. 이러한 관계적 경험은 뇌의 신경회로 형성에 직접적인 영향을 미친다. 특히 초기 발달단계에서 타인과의 조율된 관계적 경험은 아동의 자기조절 능력, 정서적 안정성, 사회적 관계 형성 능력 등 사회정서 발달의 기반을 제공하며 아동의 전반적인 발달을 지지하는 핵심 역할을 한다(Schore, 2003b).

3) 뇌

뇌(brain)는 신경계를 통해 에너지와 정보의 흐름을 조절하는 중심 기관이며, 환경 및 타인과의 상호작용을 통해 끊임없이 변화하고 발달한다(Siegel, 2012b). Siegel은 뇌의 구조와 기능을 직관적으로 설명하기 위해 '뇌의 손 모델(Hand Model of the Brain)'을 제안하였다. 이 모델은 손을 접고 펼치는 동작을 통해 뇌간 변연계, 대뇌피질의 구조와 이들이 감정 조절 및 스트레스 반응에 어떻게 관여하는지를 시각적으로 설명한다. 이 모델은 임상 장면에서 아동의 정서적 반응과 행동을 쉽게 설명할 수 있기 때문에 치료적 개입과 부모교육에 이 모델을 효과적으로 활용할 수 있다.

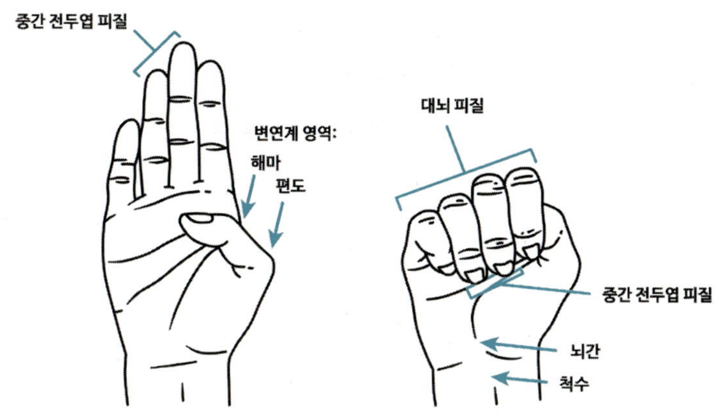

[그림 6-2] 뇌의 손 모델

출처: Siegel (2010), p. 15.

(1) 뇌의 3중 구조

뇌는 뇌간, 변연계, 대뇌피질 세 가지 층으로 이루어져 있으며 대뇌피질의 전두엽은 지휘자처럼 뇌 전체의 기능을 조화롭게 조율한다(Siegel, 2012b). 전두엽은 생존 본능을 담당하는 뇌간과 감정처리의 중심인 변연계를 통합하여 적절한 정서반응과 자기조절을 가능하게 한다. 그러나 이 통합 기능이 잘 이루어지지 않을 경우 조절에 어려움이 생겨 뇌간 중심의 반응(예: 공황) 또는 변연계 중심의 감정 폭발(예: 분노, 불안)이 나타날 수 있다.

① 뇌간: 생존의 뇌(파충류의 뇌)

뇌간은 뇌의 가장 아랫부분에 위치한 진화적으로 가장 오래된 구조로, 뇌의 손 모델에서 손바닥에 해당한다. 이 영역은 호흡, 심장 박동, 혈압, 체온 조절, 수면-각성 주기 등 생존에 필수적인 자율신경계 기능을 조절한다. 스트레스 상황이나 위협이 감지되면 뇌간은 교감신경계를 활성화시켜 심박수 증가, 동공 확장, 근육으로의 혈류 유도 등 즉각적인 생존에 필요한 자동반응을 촉발하는데 이러한 변화는 신체가 위험에 맞서 싸우거나 도망칠 수 있도록 준비시키는 과정이다. 이러한 뇌간의 반응은 반사적이고 빠르게 이루어지며 위협의 맥락을 평가하지 않고 생존에 초점이 맞추어져 감정 조절과 복잡한 사고가 어렵게 된다. 이는 스트레스를 받은 사람들이 합리적인 사고를 하지 못하는 이유를 잘 설명해 준다.

② **변연계: 감정의 뇌**(포유류의 뇌)

변연계는 손 모델에서 엄지손가락에 해당하며 감정처리, 기억 형성, 행동 동기를 조절하는 중심 역할을 한다. 변연계는 감정을 경험과 연결하여 과거 경험과 감정적 맥락을 기반으로 실제 위협과 인지된 위협을 구별한다. 편도체는 잠재적인 위협을 식별하고 감정적 반응(예: 두려움, 분노)을 촉발하며 시상하부와 상호작용하여 뇌간을 활성화하고 생리학적 변화를 일으킨다. 감정 조절의 어려움은 뇌간과 변연계의 과도한 활동에서 비롯되는 경우가 많다.

③ **대뇌피질: 사고의 뇌**(인간의 뇌)

대뇌피질은 뇌의 외부에 위치한 가장 진화된 부분으로 손 모델에서 네 손가락에 해당한다. 대뇌피질은 감각처리, 언어, 추론, 자기조절과 같은 고차원적 기능을 담당하며, 특히 전두엽의 맨 앞부분에 위치한 전전두엽 피질(prefrontal cortex)은 감정과 충동을 조절하는 데 중요한 역할을 한다.

대뇌피질은 인간이 논리적으로 생각하고 반성하며 복잡한 문제를 해결할 수 있게 하

더 알아보기

"화나면 뚜껑이 열린다"

Daniel Siegel 박사는 분노나 두려움 같은 강렬한 감정 상태에서 뇌에서 어떤 일이 일어나는지를 설명하기 위해 "뚜껑이 열린다(flipping your lid)."라는 비유를 사용한다.

이는 강한 스트레스나 정서적으로 압도되는 상황에서 이성적 판단을 담당하는 전두엽 피질이 일시적으로 기능을 상실하고 그 아래에 위치한 변연계(감정의 뇌)가 노출되어 감정이 통제를 잃은 상태를 상징한다. '뇌의 손 모델'을 활용하면, 네 손가락을 접어 전두엽을 덮고 있다가 스트레스가 심하거나 정서적으로 압도되는 순간에는 네 손가락이 위로 젖혀지면서 엄지손가락(변연계)이 노출되는 것으로 시각화할 수 있다([그림 6-2] 참조).

이처럼 전두엽의 통제력이 사라지면, 변연계는 실제 혹은 지각된 위협으로부터 자신을 보호하기 위해 투쟁(fight), 도피(flight), 또는 동결(freeze) 반응을 유발한다. 이 반응은 생존에 위협이 되는 상황에서는 필요한 반응이지만 일상적인 갈등이나 스트레스 상황에서 반복적으로 활성화되면 충동적이고 비합리적인 행동으로 이어질 수 있다.

일상 언어에서 화가 날 때 흔히 쓰이는 "화나면 뚜껑이 열린다."라는 표현은 놀랍게도 뇌 과학적으로 타당한 비유인 셈이다.

며, 공감, 창의성, 계획 능력을 지원한다. 전전두엽은 감정적 변연계와 반사적인 뇌간 사이의 상호작용을 중재하여 즉각적인 반응 대신 선택적인 반응을 가능하게 한다(Siegel, 2012c). 그러나 스트레스가 많을 때 이 층이 '꺼진' 상태가 되면 감정 폭발이나 비합리적인 행동이 나타날 수 있다.

(2) 신경순차적 치료모델

신경순차적 치료모델(NMT)은 특정한 치료 기술이나 개입이 아니라 신경과학을 기반으로 한 임상 접근 방식을 말한다(Perry, 2006). 이 이론은 뇌 발달이 계층적이고 순차적인 방식으로 발생하며, 초기 외상이 이러한 뇌 발달의 자연스러운 과정을 방해할 수 있다는 이해를 바탕으로 한다.

Perry(2001)는 학대, 방치 또는 외상(트라우마)에 노출된 아동들에게 보이는 과도한 스트레스 반응(투쟁-도피 반응), 조절장애, 해리 등 이러한 어려움은 인지 또는 대화 기반인 전통적 치료모델이 효과적이지 않은 경우가 많다는 사실을 발견하였다. 이후 그는 치료 개입이 뇌 기반이어야 하며 외상으로 인해 신경계가 미숙하거나 조절장애가 있는 아동에게는 하위 뇌 기능의 조절을 먼저 도와야 한다고 주장하였다.

뇌의 하위 기본적인 기능을 먼저 안정시키고 점차적으로 고차원적인 기능을 개선하는 순차적 접근 방식은 발달장애 아동에게도 동일하게 적용될 수 있다. 신경순차적 모델은 치료 개입의 우선순위를 결정하고, 아동의 신경발달 수준에 맞는 적절한 놀이치료 계획을 수립하는 데 중요한 통찰을 제공한다.

① 순차적 뇌 발달

뇌는 뇌간, 중뇌, 변연계, 대뇌피질의 네 가지 주요 영역으로 이루어진 계층적 구조를 이루고 있고, 각 영역은 순서에 따라 서로 다른 시기에 성숙하며, 특히 민감기(sensitive period)에 일어나는 경험들은 뇌 영역의 구조와 기능적 조직화에 깊은 영향을 미친다(Perry, 2001, 2008).

생애 초기의 아동 뇌는 매우 미성숙하면서도 신경가소성이 높은 상태이기 때문에, 이 시기에 외상, 방임, 학대, 감각 박탈 등의 부정적 경험이 반복되면 비정상적인 신경회로 형성과 기능적 불균형으로 이어질 수 있다(Perry, 2006). 특히 하위 뇌 영역의 과도한 활성화는 발달 전반에 걸쳐 부정적인 영향을 미치며, 이후 고위 인지 기능 발달을 저해할 수 있다.

예를 들어, 기본적인 생존 기능을 담당하는 뇌간이 과도하게 활성화될 경우, 과잉 각성이나 감각처리 문제로 이어지며, 이는 투쟁, 도피, 동결 반응 등의 생존 행동으로 표현될 수 있다(Harricharan et al., 2021).

- 뇌간: 기본적인 생명 유지 기능(예: 심박수, 체온, 각성 조절 등)
- 중뇌: 운동 제어, 각성 및 일부 감각처리
- 변연계: 감정, 기억, 사회적 유대감
- 대뇌피질: 추상적 사고, 추론, 실행 및 문제해결

② 뇌의 사용 의존적 발달

사용 의존적 발달은 뇌가 반복적이고 패턴화된 경험을 통해 신경계 구조를 형성하고 기능을 조직하는 원리를 의미한다(Perry, 1995). 다시 말해, 자주 활성화되는 회로는 더 강해지고 더 효율적이 되는 반면, 거의 사용되지 않는 회로는 약화되거나 발달하지 못할 수 있다. 이러한 과정은 뇌가 외부 환경에 적응하고 학습하는 기본적인 기제이다.

특히 발달의 결정적 시기(critical or sensitive period) 동안, 반복적이고 일관된 긍정적 경험은 애착 형성, 정서 조절, 인지 기능과 관련된 회로의 발달을 강화하여 아동의 회복탄력성과 사회정서적 기능을 향상시킨다. 반면, 트라우마, 방임, 감각 박탈과 같은 부정적인 경험이 반복되면, 뇌는 오히려 스트레스 반응 시스템(fight-flight-freeze)과 관련된 회로를 강화하게 되어 과잉 각성, 해리, 자기조절의 어려움 등의 문제로 이어질 수 있다.

이러한 신경생물학적 이해는 생애 초기 아동에게 일관되고 정서적으로 조율된 관계적 경험이 얼마나 중요한지를 강조하며, 발달장애의 조기 발견과 개입이 뇌 발달의 경로를 보다 건강하고 적응적인 방향으로 전환시킬 수 있음을 시사한다.

③ 신경순차적 치료 개입

신경순차적 치료모델은 뇌 발달 수준에 따르는 순차적 치료 개입의 중요성을 강조한다. 만약 아동이 뇌간과 중뇌 영역의 감각처리 발달이 불안정하거나 생존 모드가 과도하게 작동하여 조절에 어려움이 있다면, 뇌간과 자율신경계를 진정시킬 수 있는 중재부터 시작되어야 한다. 이 단계에 있는 아동은 조절 기능에 어려움이 있고 지속적으로 생존 모드에 머물러 있으므로 이를 해결하지 않고는 이후의 발달단계로 나아가는 것이 제한적이다. 이러한 경우 뇌의 높은 수준인 인지적 치료 접근에 앞서 아동의 기본적인 안전

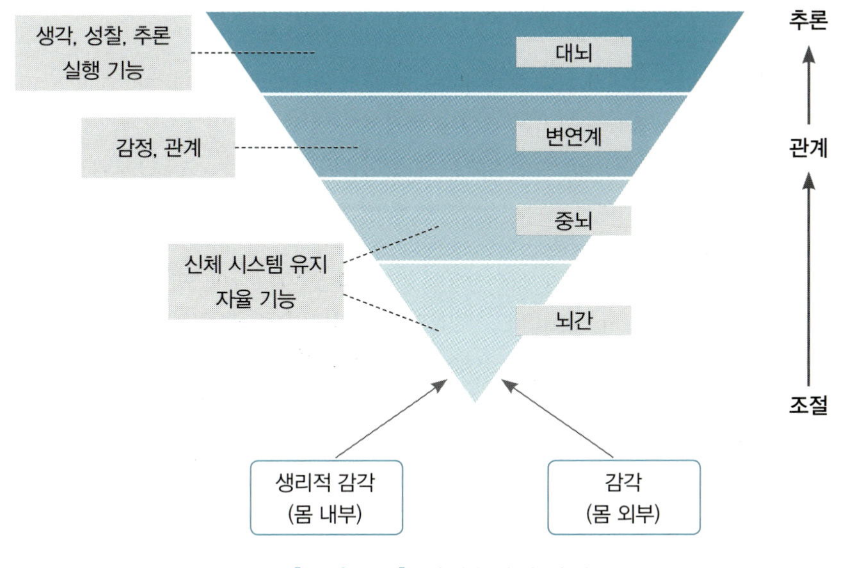

[그림 6-3] 신경순차적 단계

출처: Wilson (2023).

욕구(예: 안전한 환경, 양육적 돌봄)의 충족과 뇌의 하위 영역인 뇌간과 변연계 성장을 촉진하는 감각 조절과 정서적 안정감 촉진에 초점을 맞춘 치료 개입이 선행되어야 한다.

이러한 기초적인 신경계 안정화 과정이 이루어진 후에야 아동은 상위 뇌 발달의 인지적 개입에 참여할 수 있게 된다(Perry, 2006). 신경순차적 치료모델에서는 3R 원칙을 강조한다. 3R은 Regulate(조절), Relate(관계), Reason(추론)의 약자로 아동의 치료 개입은 신경생물학적 발달 순서대로 이루어져야 함을 강조한다(〈표 6-2〉 참조).

표 6-2 3R의 목표

- 조절(Regulate): 뇌간 및 중뇌 초점

뇌간과 중뇌는 심박수, 호흡, 각성(투쟁, 도피 또는 동결 반응)과 같은 기본적인 신체 기능을 담당한다. 만약 아동이 스트레스, 트라우마 또는 신경 발달의 미성숙으로 뇌간 수준에 발달 외상이 있는 경우 자기조절, 감각처리 및 감정 제어가 어려워 고조된 불안(투쟁, 도피 또는 동결)과 같은 생존반응이 과도하게 나타날 수 있다.

이 단계의 목표는 아동이 생리적 상태를 조절하고 생존 모드에서 벗어나 평온함을 갖도록 도와주는 것이다. 이를 위해 신체 기반 중재와 감각을 이용한 리듬적이고 반복적인 놀이는 자기조절에 어려움과 과잉 활동을 하는 아동에게 도움이 될 수 있다. 이러한 유형의 감각 활동은 신경계를 진정시키고 뇌간을 더욱 조절된 상태로 만드는 데 도움이 된다.

• 관계(Relate): 변연계 초점

뇌간이 안정화된 후에는, 안전한 관계를 형성하는 단계로 넘어간다. 감정의 뇌라고도 알려진 변연계는 감정을 처리하고 애착과 사회적 유대를 형성하는 데 중요한 역할을 한다. 애착, 사회적 상호작용 등 정서적으로 다른 사람과 연결되는 데 어려움이 있는 아동은 이 단계에 집중된 개입이 필요하다.

이 단계의 목표는 아동이 의미 있는 대상(예: 양육자, 치료사)과 안전하고 신뢰 있는 관계를 형성하도록 돕는 것이다. 이를 통해 아동은 자신을 둘러싼 사람들과의 정서적 연결을 경험하게 된다. 아동이 사회적 상호작용을 탐색하고 관계의 맥락에서 자신의 감정을 조절하는 방법을 배우려면 정서적 안정감을 경험하는 것이 무엇보다 중요하다.

• 추론(Reason): 대뇌피질 초점

뇌간과 변연계가 안정되고 관계가 형성되면, 비로소 대뇌의 고차원적 기능을 활용해 문제해결이나 학습, 논리적 사고가 가능해진다. 이 단계의 아동은 자신의 감정을 이해하고 충동을 조절하여 주의력 및 인지적 유연성이 필요한 작업에 참여하고 사회적 규칙이나 복잡한 개념을 학습할 수 있게 된다.

이 단계의 목표는 문제해결, 추론, 집행 기능 및 추상적 사고를 담당하는 대뇌피질 영역의 활동에 중점을 두어 아동의 고차원적 인지 기능을 촉진하는 것이다. 이를 위해 스토리텔링, 학습, 인지행동, 자기성찰 촉진 개입이 필요하다.

〈표 6-3〉은 아동의 각 발달 기간에 적합한 순차적인 신경 발달의 목표와 해당 치료 활동을 보여 준다. 각 단계는 최적의 성장을 지원하기 위한 권장 경험과 치료 활동을 통해 특정 뇌 영역과 발달 목표를 강조한다.

표 6-3 순차적 신경 발달과 치료 활동

수준	민감한 뇌 영역 (주요 기능)	주요 발달 목표	최적화 경험(예)	치료 및 강화 활동(예)
0~9 개월	뇌간 • 각성, 수면, 두려움 조절	• 자기조절 • 초기 애착 형성 • 유연한 스트레스 반응 • 회복탄력성	• 리듬감 있고 패턴화된 감각 입력(청각, 촉각, 운동) • 조율되고 반응이 빠른 돌봄	• 마사지 • 리듬(예: 드럼 연주) • 안구운동 둔감화 및 재처리(EMDR)

6개월~2년	간뇌 • 감각통합 • 미세운동 조절	• 감각통합 • 운동 제어 • 관계 유연성 • 조율	• 더욱 복잡한 리듬 동작 • 간단한 서술 • 정서적 · 육체적 따뜻함	• 음악과 움직임 • 마사지 치료 • 말 또는 개 상호작용
1~4세	변연계 • 감정 상태 • 사회적 언어 • 비언어적 정보 해석	• 감정 조절 • 공감 • 소속 • 관용	• 복잡한 움직임 • 이야기 • 사회적 경험	• 놀이와 놀이치료 • 공연 및 창작예술치료 • 병렬놀이
3~6세	피질 • 추상적 인지 기능 • 사회정서적 통합	• 추상적 추론 • 창의성 • 존경 • 도덕적 · 영적 기초	• 복잡한 대화 • 사회적 상호작용 • 탐색놀이 • 고독, 포만감, 안정감	• 스토리텔링 • 드라마 • 공연예술에 대한 노출 • 정식 교육 • 전통적인 통찰력 중심 또는 인지행동 개입

출처: Perry (2006).

(3) 신경가소성과 놀이

신경가소성은 일생 동안 새로운 신경 경로를 형성하고 적응함으로써 스스로를 재구성하는 뇌의 능력이다. 뇌는 반복적이고 의미 있는 경험을 통해 신경망을 형성하여 경험, 생각, 행동, 신념, 기억에 대해 새로운 감정을 만들어 낼 수 있다(Kandel, 1998). 이 과정은 개인의 학습과 성장을 가능하게 하고, 특히 어린 시기의 경험은 뇌의 발달에 깊은 영향을 미친다.

놀이치료는 뇌 성장을 자극하는 정서적 · 신체적으로 풍부한 환경을 제공함으로써 신경가소성을 위한 이상적인 조건을 제공한다. 안전한 관계와 지지적인 환경 안에서 감정, 사회적 상호작용, 문제해결을 자유롭게 경험하고 탐색함으로써 뇌의 신경망은 자연스럽게 활성화되고 변화될 수 있다(Wheeler & Dillman Taylor, 2016). 이러한 경험은 아동의 정서 조절, 주의력, 기억과 관련된 신경회로를 활성화하고 강화하여 이상 발달, 트라우마, 정서적 어려움을 치유하며, 건강한 사고 및 행동 패턴을 개발할 수 있도록 돕는다. Cozolino(2010)는 신경가소성을 촉진하는 놀이치료의 핵심 요소로 다음 네 가지를 제시한다.

- 치료동맹과 공감적 조율(attunement): 치료적 관계에서 공감적 조율은 새로운 신경 경로가 형성될 수 있는 최적의 화학적 환경을 제공한다. 치료사와 아동 간의 목표, 과업, 유대감으로 이루어진 강한 치료동맹은 놀이치료의 성공적인 결과에 중요한 영향을 미친다.
- 적절한 수준의 정서적 각성(optimal emotional arousal): 적정 수준의 정서적 각성은 신경 경로의 통합과 강화에 이상적인 조건을 제공한다. 치료사는 아동의 놀이에서 정서적 '최적 지점(sweet spot)'을 찾아 신경가소성을 촉진할 수 있다.
- 정서와 인지의 통합(affect and cognition integration): 치료실에서 감정과 인지의 통합은 변화와 학습을 위한 최적의 조건을 만든다. 놀이치료에서 아동은 표현적이고 마음챙김적인 활동을 통해 복잡하고 정교한 새로운 신경 패턴을 형성하게 된다.
- 내러티브(narratives): 놀이치료는 아동의 감정 세계와 사적 논리를 존중하면서, 동시에 더 건강하고 적응적인 이야기를 공동으로 창조하는 과정을 포함한다. 이러한 요소들은 단순히 신경가소성을 촉진할 뿐 아니라, 아동이 자신을 더 깊이 인식하고 변화를 이끌어 내는 기회를 제공한다.

(4) 뇌의 통합

뇌의 통합은 뇌의 다양한 영역이 서로 연결되고 조화롭게 상호작용하는 상태를 의미하며 대인관계 신경생물학에서 중요하게 추구하는 목표이다. 뇌의 통합은 건강한 발달과 적응적인 행동을 위한 필수 요소이며, 통합이 잘 이루어지면 스트레스나 감정 조절에 유연하고 안정적인 상태를 유지할 수 있고, 다양한 사회적 상황에서 적절히 반응할 수 있다(Siegel, 2012c).

Siegel(2012c)은 뇌의 아홉 가지 통합 영역이 개인의 정서적 안정성, 자기이해, 관계 형성에 중요한 역할을 하며, 이를 촉진하는 과정이 곧 치료적 개입이 될 수 있음을 강조하였다. Wheeler와 Dillman Taylor(2016)는 아홉 가지 뇌 통합 영역이 놀이치료를 통해 자연스럽게 강화될 수 있으며 놀이와 치료적 관계 속에서 아동의 뇌 통합이 촉진될 수 있는 구체적인 방법을 다음과 같이 제시하였다.

① 의식 통합

의식 통합(consciousness integration)이란 개인이 자신의 내적 · 외적 경험, 즉 생각, 감정, 감각, 신체반응 등을 명확하게 인식하고 구분하여 이들을 통합적으로 이해하고 조절할 수 있는 능력을 말한다(Siegel, 2012c). 이는 단순히 감정을 느끼는 것을 넘어 감정의 이름을 붙이고, 그 감정이 어떻게 신체와 행동에 영향을 미치는지를 알아차리며 결과적으로 자신과 타인의 경험을 이해하고 반응할 수 있는 능력으로 확장된다. 의식 통합은 놀이치료에서 자기이해와 자기조절의 기초를 형성하며, 아동의 건강한 정서 및 사회 발달의 토대가 된다.

놀이치료의 적용

- 치료사는 아동이 안전하다고 느낄 수 있는 놀이 공간을 조성해야 한다.
- 치료사와의 정서적 조율 경험은 아동이 자기조절을 배우는 데 중요한 역할을 한다.
- '뇌의 손 모델'(Siegel, 2012b)을 활용하여 아동이 자신의 감정과 신체반응을 이해하도록 도울 수 있다.

② 좌우 뇌 통합

좌우 뇌 통합(bilateral integration)은 좌뇌의 언어적 · 논리적 · 분석적 기능과 우뇌의 감정적 · 직관적 · 비언어적 기능이 조화롭게 연결되어 작동하는 뇌 기능의 통합성을 말한다(Siegel, 2012c). 놀이치료는 아동이 자연스럽게 좌뇌와 우뇌를 통합하여 사용하는 경험을 할 수 있는 이상적인 환경을 제공한다.

이 과정을 반복적으로 경험하면서 아동은 자기 감정을 인식하고 이해하며, 감정을 조절하고 대인관계를 맺는 데 필요한 인지-정서 통합 능력을 기르게 된다.

놀이치료의 적용

- '연결 후 교정(connect to redirect)' 기법을 활용하여 먼저 감정(우뇌)을 공감한 후 논리적으로 사고하도록 유도한다.
- 놀이 시 아동의 감정 반영을 통해 아동이 자신의 내면 경험을 언어화하도록 지원하고 좌 · 우뇌의 연결을 강화한다.

③ 수직적 통합

수직적 통합(vertical integration)은 하위 뇌(뇌간, 중뇌, 변연계 등)의 원초적인 감각과 정서 경험이 상위 뇌(대뇌피질)의 인지적 조절 기능과 효율적으로 연결되어 작동하는 상태를 말한다(Siegel, 2012c). 상하 뇌 간의 연결과 균형은 정서 조절과 자기통제 능력의 기초가 된다. 아동이 정서적 어려움을 겪을 때 단순히 감정을 억누르기보다 감정을 인식하고 표현할 수 있는 상하 뇌가 연결된 뇌의 경로를 만드는 것이 중요하며, 놀이치료는 이러한 통합을 자연스럽게 유도하는 이상적인 방법이다.

놀이치료의 적용

- '뇌의 손 모델'을 사용하여 아동이 자신의 신경계 반응을 시각적으로 쉽게 이해할 수 있도록 돕는다.
- 이야기치료를 활용하여 아동의 부정적인 경험을 안전한 맥락으로 재구성하도록 돕는다.

④ 기억 통합

기억 통합(memory integration)은 인간의 경험이 암묵적 기억과 명시적 기억이라는 두 가지 형태로 저장되고 이들 간의 연결이 이루어짐으로써 자기서사의 일관성과 정서 조절 능력이 향상되는 과정을 말한다(Siegel, 2012c).

암묵적 기억은 주로 생후 초기의 경험이나 정서적·감각적 사건에 기반한 기억으로, 언어적 표현 없이 몸의 반응, 정서, 행동 패턴 등으로 나타난다. 명시적 기억은 시간적 맥락과 함께 사건을 인식하고 언어화할 수 있는 기억으로, 자아정체성과 자서전적 기억 형성에 필수적이다. 만약 이 두 기억체계가 통합되지 못하면 과거 경험에 대한 명확한 인식 없이 반응하고, 정서적 반복을 이해하거나 조절하지 못하게 된다. 즉, 이 두 가지 기억이 통합될 때, 우리는 과거 경험을 보다 명확히 이해하고 감정을 조절할 수 있으며, 건강한 자아정체성을 구축할 수 있다.

아동은 언어로 설명하기 어려운 정서적 경험을 놀이 행동, 신체 표현, 상징적 상호작용을 통해 반복적으로 나타내곤 하는데 이러한 반복은 암묵적 기억이 재현되는 과정이다. 놀이치료는 아동이 암묵적으로 저장된 정서적 기억을 안전하게 표현하고, 치료사와의 상호작용을 통해 이를 명시적인 이야기로 전환할 수 있도록 돕는 기억 통합 과정을 제공한다.

놀이치료의 적용

- 아동이 '마음의 리모컨' 전략을 활용하여 기억을 조절하는 연습을 하도록 유도한다.
- 메타커뮤니케이션(metacommunication)을 활용하여 아동이 자신의 무의식적 반응을 자각하도록 돕는다.

⑤ 내러티브 통합

내러티브 통합(narrative integration)은 개인이 자신의 경험을 시간적 순서와 의미 있는 맥락 속에서 이야기로 구성함으로써 자기이해를 확립하고 정서적 안정성을 도모하는 과정이다(Siegel, 2012c). 단편적인 경험이 내러티브로 조직될 때, 자아는 통합된 정체감을 형성하고 세상과의 관계 속에서 자신의 위치를 이해할 수 있게 된다.

놀이치료는 아동이 내면의 경험을 자유롭게 표현하고, 상징적으로 재구성할 수 있는 안전한 공간을 제공하며 그 과정 속에서 내러티브 통합이 자연스럽게 이루어진다.

놀이치료의 적용

- 이야기치료(예: 모래놀이, 인형극, 상징놀이, 미술 등)를 활용하여 아동이 자신의 경험을 내부에서 외부로 표현할 수 있도록 지원한다.

⑥ 상태 통합

상태 통합(state integration)은 개인이 자신의 다양한 정서적 상태를 인식하고 그 상태들 간의 내적 조화를 이루는 과정을 의미한다. 인간의 의식은 순간순간 변화하는 여러 '상태(state)'로 구성되어 있으며, 각 상태는 특정 감정, 생각, 행동 패턴과 연결되어 있다. 상태 통합은 이러한 다면적 자아의 부분들이 서로 단절되지 않고 유기적으로 연결되도록 돕는다.

놀이치료는 아동이 상태 간 이동을 안전하게 경험하고 이를 표현하며, 치료사의 지지를 통해 자기 안의 다양한 상태를 수용하고 연결해 나가는 통합적 경험을 가능하게 한다.

놀이치료의 적용

- 감정 상태가 일시적임을 가르치기 위해 '구름이 지나가는 것처럼 감정을 흘려보내기' 기법을 사용한다. 이러한 연습을 통해, 아동이 감정에 압도되지 않고 감정을 수용하며 정서 조절 능력을 개발하는 데 도움을 준다.
- SIFT(Sensations, Images, Feelings, Thoughts) 기법은 아동이 자신의 내면 상태를 명료하게 인식하고 이를 언어화할 수 있도록 돕는 효과적인 자기인식 훈련 도구이다. 이 기법은 Siegel이 제안한 마음챙김(mindfulness) 기반의 접근으로, 아동이 자신의 내면 경험을 네 가지 요소로 구분하여 인식하도록 촉진한다.

—감각(Sensations): 몸에서 느껴지는 감각 인식(예: 따뜻함, 찌릿함, 가벼움, 압박감)
—이미지(Images): 머릿속에 떠오르는 시각적 이미지, 색깔, 모양, 또는 상징적 장소
—감정(Feelings): 현재 느끼는 감정(예: 행복, 불안, 평온, 설렘, 슬픔)
—생각(Thoughts): 떠오르는 생각이나 자기 대화(예: "나는 충분해." "나는 안전해.")

⑦ 대인관계 통합

대인관계 통합(interpersonal integration)은 개인이 자신과 타인의 경계를 인식하며 조화롭게 소통하는 상호 연결된 존재임을 경험하는 과정이다. 아동은 치료사와의 관계에서 안정된 상호작용을 반복적으로 경험하면서 대인관계 통합을 경험하고 확장하는 기회를 가질 수 있다.

놀이치료의 적용

- 아동과의 공감적 상호작용을 통해 거울신경 시스템을 활성화하고 놀이치료에서 관계적 치유가 일어나도록 한다.
- 가족 놀이치료와 집단 놀이치료를 활용한다.

⑧ 시간적 통합

시간적 통합(temporal integration)은 개인이 자신의 삶을 과거, 현재, 미래의 연속선상

에서 이해하고 조직화할 수 있는 능력을 의미한다. 이는 자신이 살아온 경험들을 하나의 내러티브로 엮고, 미래에 대한 방향성과 목적의식을 형성하는 데 핵심적인 역할을 한다(Siegel, 2012c). 시간적 통합이 잘 이루어진 개인은 자신의 인생을 이해 가능한 이야기로 구조화할 수 있으며, 과거의 어려움을 재해석하고, 현재를 수용하며, 미래에 대한 희망과 목표를 가지고 살아갈 수 있다.

놀이치료의 적용

- 아동이 과거 경험을 현재 시점에서 재현하고 통합할 수 있도록 놀이를 통해 도와준다.
- 치료사의 추적(tracking)과 의미 반영을 통해 시간에 대한 인식을 확장한다.

⑨ 초월적 통합

초월적 통합(transpirational/identity integration)은 자기 자신을 넘어선 더 큰 존재, 공동체, 자연, 또는 영적인 차원과의 연결감을 느끼는 능력을 말한다. 이는 존재의 의미, 소속감, 영적 통합에 대한 자각을 포함하며, 인간이 시간과 공간의 제약을 넘어 삶을 이해하고 수용할 수 있도록 돕는다. 초월적 통합은 특히 위기 상황이나 상실 경험 이후에 회복탄력성을 높이는 중요한 심리적 자원이 될 수 있다.

놀이치료의 적용

- 이 개념은 주로 청소년기 이후에 적용된다.
- 사회적 · 철학적 사고를 반영하는 놀이 활동(예: 역할극, 예술치료, 가치탐색)을 활용할 수 있다.

(5) 수용의 창

수용의 창(window of tolerance)은 인간이 신경계의 안정된 상태에서 감정, 행동, 인지를 효과적으로 조절하고 통합할 수 있는 생리적 · 심리적 최적의 각성 상태를 의미한다. 이 창(window) 안에 있을 때 우리는 도전적인 감정이나 외부 자극에도 유연하고 탄력적으로 반응할 수 있지만 스트레스가 쌓이거나 위협 상태를 느끼면 수용의 창이 줄어

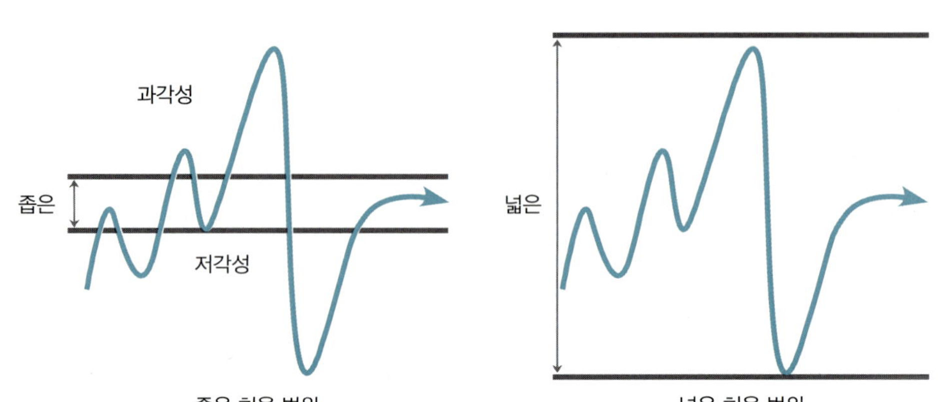

[그림 6-4] 수용의 창

출처: Comninos (n.d.).

들 수 있다. 만약 이 창의 범위를 벗어나면 신경계는 과각성(hyper-arousal) 상태나 저각성(hypo-arousal) 상태로 진입하게 되고, 이는 분노, 불안, 공격성 혹은 감정적 마비, 위축 등의 반응으로 나타날 수 있다. 이러한 상태에서는 인지적 처리와 자기조절 기능이 급격히 저하된다.

① 수용의 창의 중요성

유아기는 정서 조절 능력과 자기조절 체계의 기초가 형성되는 결정적 시기이다(Schore, 2001). 이 시기의 아동은 아직 미성숙한 신경계로 인해 내적 · 외적 자극에 대한 조절 능력이 미약하며, 상대적으로 수용의 창을 쉽게 벗어나기 쉽다. 특히 불안정한 애착 경험, 감각처리의 어려움, 신경발달장애, 초기 트라우마 경험이 있는 아동의 경우, 수용의 창이 좁아진 상태에 놓이기 쉽고, 이는 작은 자극에도 쉽게 과각성 상태(예: 과잉반응, 공격성, 충동성) 혹은 저각성 상태(예: 무기력, 위축, 반응성 저하)로 이탈하는 결과를 낳는다. 이러한 경우 정서적으로 안전한 관계와 반복적인 공동조절(co-regulation) 경험이 결정적으로 중요하다. 세심하게 조율된 관계 안에서의 반복 경험은 수용의 창을 점진적으로 확장시키며, 이는 궁극적으로 신경계 안정성과 자기조절 능력의 성숙으로 이어진다(Siegel, 2012c; Schore, 2001). 따라서 초기 발달기에 이러한 조절 경험을 제공하는 환경은 발달 위험을 완화하고, 회복탄력성과 자기통합의 기반을 형성하는 데 핵심적인 역할을 한다.

② 놀이치료와 수용의 창

놀이치료는 아동에게 정서적 자극을 안전하게 탐색하고 표현할 수 있도록 치료적 환경과 조율된 관계를 제공한다. 이를 통해 치료사는 아동이 수용의 창 안에서 감정과 경험을 통합할 수 있도록 지원할 수 있다.

놀이치료에서 이루어지는 감정적으로 조율된 관계 경험은 아동의 자율신경계 안정에 기여하며 수용의 창을 점차 확장시킨다. 이는 정서적 자기조절, 사회적 유연성, 환경에 대한 적응 능력의 성숙을 촉진하는 중요한 신경생물학적 기반이 된다(Siegel, 2012c).

신경발달에 어려움이 있는 아동의 경우 감각처리와 정서 조절의 어려움으로 인해 작은 자극에도 수용의 창이 좁아져서 쉽게 과각성 상태(예: 공격성, 과민반응) 또는 저각성 상태(예: 위축, 무기력)로 벗어날 수 있다. 이럴 경우 치료사의 민감한 반응성과 세심한 감정 조율을 통해 아동이 안정감을 느낄 수 있도록 도와야 한다.

2. 애착의 신경생물학

애착은 영아와 주 양육자 사이에 형성되는 정서적 유대이며, 이는 아동 발달의 기초를 이루어 사회적·정서적·인지적 성장 전반에 결정적인 영향을 미친다(Bowlby, 1982). 발달심리학자들은 모두 아동 발달에서 애착의 중요성을 강조하며, 안정된 애착 형성은 이후의 정서 조절 능력, 대인관계 기술, 학습 능력에까지 영향을 미치는 핵심 요소로 간주된다.

신경생물학적 관점에서 애착은 단순한 정서적 연결을 넘어, 아동의 뇌 안에서 건강한 정서적·사회적 발달을 위한 뇌 조절 시스템의 최적 기능을 촉진하고 신경 경로를 확립하는 중요한 신경학적 과정이다(Schore, 2001). 즉, 안정된 애착은 자율신경계, 시상하부-뇌하수체-부신 축(HPA axis), 전전두엽 및 변연계 등 스트레스 반응과 자기조절에 관여하는 주요 신경회로의 발달에 기초가 된다.

1) 애착 신경회로

Feldman(2017)은 인간과 포유류를 대상으로 한 신경영상 연구를 통해 애착에 핵심적으로 관여하는 세 가지 기본적인 신경회로 시스템을 제안하였다. 세 가지 시스템은 보상

동기부여, 체화된 시뮬레이션/공감 네트워크, 그리고 정신화 시스템으로 구성되어 있으며, 각 시스템은 애착 형성과 유지에 필수적인 역할을 수행하며 독립적으로 작동하지 않고 서로 밀접하게 연결되어 있다. 이 모델은 인간의 애착이 동기, 정서적 공명, 인지적 이해를 결합하여 평생 지속되는 관계적 유대의 기반을 형성하는 과정임을 강조한다.

(1) 보상동기부여

도파민 경로에 의해 주도되는 보상동기부여 시스템은 애착에서의 즐거움과 동기를 강화한다. 감정적으로 의미 있는 목표 지향적 행동을 통합하여 애착 형성을 촉진하며 피질하와 피질 영역 간의 연결을 통해 감정적 기반과 인지적 평가가 함께 작동하도록 돕는다. 그리하여 애착 행동(예: 근접성 추구, 신체 접촉 유지, 고통에 대한 호소)이 정서적으로 보상을 받으면 이러한 행동은 목표 지향적이 되어 더욱 강화되고 반복된다.

아동이 중요한 대상(예: 양육자, 치료사)과 긍정적이고 즐거운 상호작용을 경험하는 것은 그 대상에 대한 신뢰감과 유대감을 키워 주며 이러한 즐거운 경험은 아동이 관계에 적극적으로 참여하도록 동기를 부여한다. 이는 관계에서 즐거운 보상 경험이 없었거나 정서적 · 사회적 발달에 어려움을 겪는 아동에게 특히 중요한 과정이다. 보상동기부여 시스템의 주요 뇌 구조와 기능은 다음과 같다.

- 선조체(striatum): 도파민 중심 동기와 옥시토신 매개 사회적 초점을 통합하여 애착 관련 행동의 처리 및 강화 보상
- 편도체(amygdala): 안전에 대한 경계, 사회적 신호 해석에 중요한 역할
- 복부피개 영역(VTA): 애착 형성 중 보상 관련 학습을 강화하기 위해 도파민 방출
- 안와전두피질(OFC): 애착 경험의 즐거움과 사회적 가치 평가
- 전대상피질(ACC): 사회적 고통과 애착 유대를 복구하고 유지하려는 동기 중재

(2) 체화된 시뮬레이션/공감

체화된 시뮬레이션/공감 시스템은 타인의 감정과 행동을 자기 내부에서 재현함으로써 공감 능력을 가능하게 하는 신경 기제이다. 이 시스템은 애착관계에서 동시성, 감정적 공명, 공동조절을 조율하는 데 핵심적인 역할을 한다. 이 과정에는 거울신경 시스템(mirror neuron system)이 중심적으로 작용하며, 타인의 정서 상태와 표현을 신체적으로

느끼고 재현하게 하여, 개인이 감정 경험을 타인과 공유하고 더 깊은 관계적 유대를 형성할 수 있도록 돕는다.

이 네트워크가 미성숙하거나 제대로 통합되지 못한 아동의 경우 치료사는 놀이를 통해 공동주의, 모방, 정서적 연결 활동에 참여시킴으로써 아동의 공감 능력과 사회적 이해를 촉진할 수 있다. 체화된 시뮬레이션/공감 시스템의 주요 뇌 구조와 기능은 다음과 같다.

- 뇌섬엽(Insula): 신체 내부의 신호(예: 심장 박동 또는 호흡)를 감정과 연결, 자기인식 및 다른 사람과의 공감적 연결
- 하전두이랑(IFG): 거울신경 시스템의 기관으로 다른 사람의 행동과 의도에 대한 모방과 이해를 촉진, 관찰된 행동을 상황적 · 신체적 신호와 통합하여 사회적 이해
- 하두정엽(IPL): 다른 사람의 신체 및 감정 상태에 대한 인식과 해석을 지원
- 전대상피질(ACC): 정서적 공감과 고통 처리, 타인의 고통에 대한 민감성
- 보조운동 영역(SMA): 몸짓이나 얼굴 표정을 흉내 내는 등 공감의 운동적 측면을 촉진

(3) 정신화

정신화(mentalization)는 타인의 정신 상태, 목표, 감정, 의도 등을 추론하고 이해하는 인지적 능력을 의미하며, 이는 복잡한 사회적 관계와 상호작용의 기초를 형성한다. 정신화 체계는 개인이 과거의 경험, 문화적 규범, 현재의 사회적 단서들을 통합하여 타인의 행동을 해석하고, 그 행동의 이면에 있는 심리적 동기를 이해하도록 돕는다. 이러한 정신화 능력은 사회인지(social cognition)의 중요한 요소로, 사회적 적응과 관계 형성, 갈등 해결, 감정 조절 등에 깊이 관여한다.

추론 능력과 사회적 인식에 어려움 있는 아동의 경우 치료사는 놀이 안에서 다양한 상황, 관계 경험, 스토리텔링을 통해 이러한 기술을 강화할 수 있는 기회를 제공할 수 있다. 이를 통해 아동은 스스로는 보지 못했던 다양한 관점을 경험하고 사회적 관계에 대한 이해를 심화할 수 있다. 정신화 시스템의 주요 뇌 구조와 기능은 다음과 같다.

- 상측두엽고랑(STS): 사회적 신호의 해석과 생물학적 동작 신호 통합
- 측두정엽 접합부(TPJ): 다른 사람의 의도와 관점 이해

- 내측 전두엽 피질(mPFC): 사회적 맥락, 타인의 생각, 감정, 의도 이해
- 후대상 피질(PCC): 자기 참조적 사고와 사회적 기억에 참여하여 개인적인 경험을 애착관계와 통합

2) 애착 호르몬

옥시토신(Oxytocin)과 도파민(Dopamine)은 애착 형성과 유지에 핵심적인 신경화학적 기반를 제공한다. 이들은 단순한 신경전달물질을 넘어, 신경가소성에 영향을 미치고 신경망의 재구성을 유도하며, 사회적 행동과 정서 조절을 조율하는 데 중요한 역할을 한다(Feldman, 2017). 옥시토신은 흔히 '애착 호르몬'이라고 불리며, 부드러운 접촉이나 눈 맞춤, 따뜻한 상호작용 등 긍정적 상호관계의 경험을 통해 분비된다. 이 호르몬은 정서적 유대감, 공감, 감정 조절, 모성 행동을 강화하며, 특히 시상하부-뇌하수체-부신(HPA) 축의 반응을 억제하여 코르티솔 수치를 감소시킴으로써 스트레스를 조절하고 신뢰와 평온함을 증진시키는 역할을 한다(Strathearn, 2011).

도파민은 애착행동이 주는 보상을 더 유도하여 긍정적인 상호작용과 관계의 결속 경험을 강화시킨다. 이를 통해 애착 대상에게 더 접근하고 관계를 유지하도록 하는 에너지와 동기를 부여한다. 특히 생애 초기의 민감기에 경험한 애착은 옥시토신과 도파민 시스템의 신경조직을 형성하여 평생의 애착패턴에 영향을 미친다. 그러나 초기 애착 경험에 어려움이 있었더라도, 후속적인 안정된 관계 경험을 통해 이들 신경회로는 부분적으로 재구성될 수 있으며, 옥시토신과 도파민 시스템은 그 복원 과정에서 중심적 역할을 한다(Feldman, 2017). 예를 들어, 아동은 치료사와 긍정적 접촉 및 정서적 조율 경험을 할 때 옥시토신 분비가 촉진될 수 있다. 이는 아동의 스트레스를 감소시키고 안정감을 주어 감정을 표현하고, 새로운 환경을 탐색하며, 신뢰적 관계를 형성하는 치료적 과정에 참여할 수 있도록 한다.

또한 아동이 치료사와 놀이 중 즐거움, 호기심, 성취감 등 긍정적 강화를 경험하는 순간에는 도파민 경로가 활성화되어, 탐색과 참여를 촉진하는 신경회로가 형성된다(Trezza, Damsteegt, & Vanderschuren, 2011). 이러한 옥시토신과 도파민 기반의 상호작용은 정서 조절, 신뢰 형성, 긍정적 관계 유지에 필요한 신경화학적 기반을 제공하며, 놀이 기반 개입

이 아동의 애착 회복과 정서 발달에 효과적일 수 있는 신경생물학적 근거를 마련해 준다.

3) 우뇌 발달의 중요성

초기 애착 경험은 영유아기 우뇌의 발달과 밀접한 관련이 있으며, 이러한 우뇌의 발달은 정서적 정보처리, 비언어적 의사소통, 사회적 상호작용에 중요한 역할을 한다(Schore, 2000). 생후 첫 수년 동안 양육자와 영유아가 얼굴 표정, 눈 맞춤, 목소리의 억양 등 비언어적 신호를 통해 지속적으로 상호작용할 때, 양육자의 우뇌와 아이의 우뇌는 신경생물학적으로 조율된 방식으로 소통하게 된다. 이러한 우뇌 간 의사소통은 정서적 조율과 애착 형성의 기초를 형성하며, 아동의 자기조절과 스트레스 반응 시스템(HPA 축)에 큰 영향을 미치게 된다(Schore, 2012). 아동이 양육자와의 안정된 애착관계를 통해 일관되고 민감한 정서적 반응을 경험할 경우, 우뇌의 발달이 촉진되어 아이는 자신의 감정을 인식하고 조절할 수 있는 능력을 형성하게 된다.

더 알아보기

비언어적 의사소통의 중요성

상호 시선, 정서적 억양이 담긴 목소리 톤과 표정, 민감하고 일관된 반응, 부드러운 신체 접촉과 같은 비언어적 의사소통 방식은 아동의 우뇌 발달을 촉진하는 핵심 요소이다. 이러한 신호는 언어 이전의 정서적 소통 방식으로서, 특히 생애 초기 아동의 정서적 조율과 안정된 애착 형성을 가능하게 한다(Schore, 2001).

치료사가 이러한 비언어적 소통을 민감하게 제공할 때, 아동은 감정적으로 안전한 환경 속에서 치료적 관계를 형성하고, 이를 통해 자기조절 능력과 사회적 상호작용 기술을 자연스럽게 발달시킬 수 있다. 특히 언어 표현이 미숙하거나 감정 조절에 어려움을 겪는 아동의 경우, 이러한 비언어적 정서 신호의 주고받음은 우뇌 기반의 정서적 연결과 신경회로 통합을 촉진하는 매우 중요한 치료적 수단이 된다.

4) 애착과 자기조절의 발달

생애 초기 영유아는 신체 및 생리 기능과 감정(예: 두려움, 좌절)을 조절할 수 있는 능력이 부족하며 강렬한 감각 자극(예: 촉각, 빛, 소리)으로부터 스스로를 보호할 수 없다. 자신이 경험하는 다양한 상황과 스트레스 상황에서 자신을 조절하는 능력을 배우는 것은 영유아 주요 발달 과제 중 하나이지만, 이 능력은 아동이 혼자 힘으로 자연스럽게 습득하기 어려운 기능이며, 주변 성인의 정서적 조율과 지원을 필요로 한다(Schore, 2012; Siegel, 2012b).

이러한 상황에서 안정된 애착관계는 영유아가 두려움 없이 새로운 경험을 탐색할 수 있도록 돕는 '심리적 안전기지(secure base)' 역할을 한다(Ainsworth et al., 1978). 또한 안전한 관계 안에서 경험한 정서적 조율의 경험을 통해 스트레스가 많거나 도전적인 상황에서도 자신을 조절하는 능력을 배우게 되는데 이는 아동의 인지 · 정서 · 행동 발달에도 큰 영향을 미친다(Blaustein & Kinniburgh, 2005). 이 과정에서 중요한 개념들에 대해 자세히 알아보도록 하자.

(1) 조율

조율(attunement)은 아동의 신호와 요구를 민감하게 포착하여 정서적 · 신체적 필요를 인지하고 이에 적절히 대응하는 양육자의 정서적 반응성을 말한다. 이러한 민감한 반응은 안정적 애착을 촉진하고, 감정 조절 능력을 강화하며, 아동의 전반적인 사회적 · 인지적 발달에 중요한 기초가 된다(Siegel, 2012a).

Ainsworth 등(1978)은 안정 애착의 형성 과정에서 조율의 중요성을 강조했으며 민감하고 반응적인 돌봄이 아이들이 이해받고 안정감을 느끼게 하는 방법이라고 설명한다. 조율은 안정적 애착을 촉진하고 자기조절에 중요한 역할을 한다(Tronick, 2007). 조율된 상호작용을 통해 구축된 안정 애착은 아이의 안전감과 관계에 대한 신뢰감을 키워 주고 사회적 능력과 회복탄력성을 촉진한다(Cassidy & Shaver, 2016).

연구에 따르면 일관된 조율은 스트레스 조절 및 정서적 처리와 관련된 뇌 구조의 성장을 촉진함으로써 아동의 정서적 · 사회적 발달을 지원하는 것으로 나타났다(Schore,

더 알아보기

조율의 요소

- 인식과 이해: 얼굴 표정, 몸짓, 발성 등 아동의 비언어적 · 언어적 신호를 정확하게 인지하고 해석하기
- 반응적 행동: 아동의 신호 및 요구에 부합하는 적절한 반응

2001). 또한 반복적인 조율의 경험은 유아가 초기에는 외부 조절에 의존하더라도, 점차 내면화된 자기조절 능력을 개발해 나가도록 돕는다.

(2) 공동조절

공동조절(co-regulation)은 양육자나 지지적인 성인(예: 치료사)이 적절한 반응과 행동을 통해 아동이 정서적 · 생리적 각성을 조절하도록 돕는 상호관계적 조절 과정을 의미한다(Tronick, 2007).

아동은 생애 초기 미성숙한 자기조절 체계를 가지고 태어나기 때문에 유아기 동안의 타인과의 조율된 정서적 상호작용은 필수적이다(Siegel, 2012d). 이 과정에서 성인은 유아의 감정 및 생리 상태를 민감하게 인식하고 적절하게 반응함으로써 유아가 내적 균형을 유지하도록 돕는다. 예를 들어, 신체적 혹은 정서적 불편함을 느껴 우는 아기에게 엄마는 부드럽고 차분한 목소리로 아기를 안심시키며 안아서 등을 부드럽게 쓸어내리거나, 두드리는 촉각 자극을 주거나, 좌우로 천천히 흔들며 전정감각 자극을 줄 수 있다. 이러한 외부 조절을 제공하여 영아의 정서와 생리 상태를 조절하도록 도움을 줄 때 영아는 점차 스트레스 상황을 조절해 낼 수 있다. 이러한 공동조절 행동은 뇌의 우뇌 구조 발달, 특히 감정과 스트레스 조절을 담당하는 회로의 성숙에 기여한다(Schore, 2001).

공동조절을 통해 아동은 자신의 내부 상태를 해석하는 방법을 배우고 스트레스 요인에 적응적으로 대응하는 데 필요한 인지적 · 정서적 능력을 키울 수 있다(Fonagy et al., 2002). 또한 공동조절은 실행 기능과 자기조절 능력의 기초가 되며, 이후 자신의 감정, 생각, 행동을 독립적으로 관리하는 자기조절의 기초 역할을 한다(Calkins & Hill, 2007).

5) 자아감의 발달

자아감(sense of self)은 유아가 환경, 양육자와 역동적인 상호작용을 통해 형성되며 안정된 애착관계는 자아감 형성의 기초를 제공한다(Stern, 1985). 정신분석과 유아의 대인관계 발달을 연구한 Stern(1985)은 유아기에 발달하는 자아감 영역을 4단계로 구분하여 설명하고 있다. 각 단계는 이전 단계 위에 구축되며, 새로운 단계가 발달하더라도 이전 단계는 소멸되지 않고 지속적으로 작용하여, 다양한 자아감 경험이 동시적으로 작동하게 된다. 예를 들어, 언어적 자아감을 획득하여 언어를 통해 감정과 경험을 표현할 수 있게 되더라도, 그 이전에 형성된 정서적이고 비언어적인 상호작용 양식은 여전히 발달과

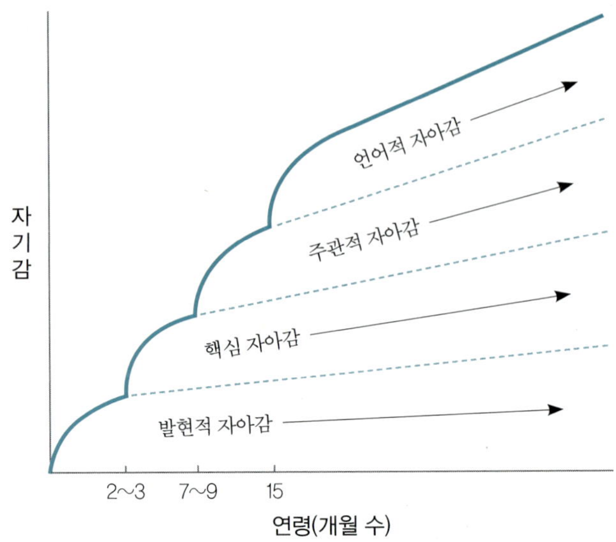

[그림 6-5] 자아감 발달단계(연령별)

출처: Stern (1985).

행동에 중요한 영향을 미친다.

(1) 발현적 자아감(sense of a emergent self): 생후~2개월에 출현

이 단계는 자아감의 초기 단계로, 유아는 감각과 운동을 통해 세상을 인식하고 반응한다. 감각 경험(시각, 청각, 촉각 등)과 신체 움직임은 유아에게 즉각적이고 단편적인 형태로 경험되며, 이 시기에는 자극 간의 관계나 통합된 자기 개념이 형성되어 있지 않다. 그러나 다양한 감각적 · 운동적 경험이 축적되면서 유아는 통합된 자기인식의 기준선을 만들게 된다.

(2) 핵심 자아감(sense of a core self): 2~6개월에 출현

이 단계에서 유아는 외부 환경과 자신을 구별하고 자신의 신체 행동을 인식하기 시작한다. 자신이 주변 세계에 영향을 미칠 수 있고 자신의 행동이 다른 사람의 행동과 분리되어 있다는 인식이 커지면서 유아는 선택, 의지, 일관성, 정서에 대한 이해를 나타내고 양육자에게 일관된 반응을 보이기 시작한다. 또한 자신의 움직임, 감정, 행동이 서로 연결되어 있다는 사실을 깨닫고 물건에 손을 뻗는 등 의도적인 행동을 보이기 시작하는데 이를 통해 자신을 하나의 통합된 존재로 인식하게 된다. 이 단계에는 유아가 친숙한 사

람들에게 명확한 인식 징후와 일관된 반응을 보이는 양육자와의 연결이 증가된다.

(3) 주관적 자아감(sense of a subjective self): 7~15개월에 출현

이 단계에서 유아는 공유된 경험을 이해하고 참여하는 능력이 발달한다. 공동주의, 가리키기, 관심 끌기 등 자기 경험과 의도를 다른 사람들과 공유하는 등 사회적 신호에 참여한다. 유아는 얼굴 표정, 발성, 몸짓과 같은 비언어적 의사소통을 통해 기쁨, 흥분, 괴로움 등의 감정 상태를 양육자와 공유하기 시작하고 불확실한 상황에서 어떻게 반응해야 하는지에 대한 단서를 얻기 위해 양육자를 찾는 사회적 참조가 출현한다. 이 시기 양육자는 이해와 인정을 보여 주는 방식(미소, 쿠잉, 비언어적 제스처 등)으로 유아의 감정 표현에 반응하여 정서적 조율을 해 주는 것이 중요하다. 이러한 상호 교환은 유아가 자신의 내부 감정 상태가 다른 사람과 소통되고 공유될 수 있다는 것을 배울 수 있도록 한다.

(4) 언어적 자아감(sense of a verbal self): 15개월 이후 출현

유아가 언어를 사용하기 시작하면 자신의 생각, 감정, 경험을 단어로 분류하고 표현할 수 있게 된다. 언어를 통해 아이는 자신의 내면 상태를 표현하고, 의도를 전달하여 좀 더 복잡한 사회적 상호작용과 상징적 사고가 가능해지고 인지도 더욱 발달하게 된다.

더 알아보기

자아감 발달의 중요성

자아감은 아동이 자신과 타인을 구별할 수 있게 하여 의미 있는 관계의 기초를 형성한다. 사물에 공동주의하고, 자신의 감정을 인식하고, 사회적 맥락에서 타인에게 적절하게 반응하는 아동의 능력은 자기인식에서 비롯되기 때문이다.

또한 자신이 환경에 영향을 줄 수 있다는 인식은 자아감 발달의 중요한 구성 요소이다. 이는 아동의 자신감, 문제해결 능력, 자발성을 키워 주어 아동이 세상과 보다 능동적이고 의도적으로 상호작용할 수 있도록 돕는다.

놀이치료는 발달장애가 있는 아동에게 자아감을 발달시킬 수 있는 체계적이면서도 유연한 기회를 제공한다. 안전하고 수용적인 놀이 환경에서 스스로 탐색하고 결정할 수 있는 자발적 경험과 치료사와의 정서적 상호작용 경험을 통해서, 아동은 자기 주도적 경험을 쌓고, 정서적 안정감과 함께 자아감 발달의 중요한 구성 요소를 구축해 나갈 수 있다.

6) 상호주관성

상호주관성(intersubjectivity)은 상호작용과 의사소통을 설명하는 개념으로, 두 명 이상의 사람들이 서로의 경험, 관점, 감정, 의도를 공유하고 이해하는 과정을 의미한다(Gillespie & Cornish, 2010). 이는 단순한 정보 교환을 넘어 정서적 교류와 깊은 상호작용의 본질을 말한다. 발달심리학자 Trevarthen(1979)은 유아기 상호작용의 발달을 설명하기 위해 일차 상호주관성, 이차 상호주관성이라는 개념을 제시하였다. 이 단계들은 초기 상호작용과 언어습득이 어떠한 과정을 통해 이루어지는지 잘 설명해 주고 있다.

상호주관성에 대한 이해는 발달장애 아동의 사회적 · 정서적 의사소통 발달을 위한 개입에 중요한 이론적 기반이 된다. 초기 상호작용의 원리를 이해함으로써, 발달지연 또는 발달장애 아동을 위한 효과적인 초기 개입 전략을 수립할 수 있으며, 이러한 이론적 토대 위에서 이루어지는 중재는 정서적 유대감, 공동주의 발달, 그리고 표상 능력 확장에 중요한 밑거름이 된다. 상호주관성 발달의 각 단계에 대해 구체적으로 살펴보도록 하자.

(1) 일차 상호주관성

일차 상호주관성(primary intersubjectivity)은 생후 초기 유아가 양육자와 감각운동적 신호(예: 얼굴 표정, 시선, 목소리, 몸짓 등)를 통해 정서적 조율과 상호작용을 이루는 첫 단계의 사회적 관계 형성 양식이다. 신생아는 타인의 목소리와 얼굴을 인식하고 적응하는 선천적 능력을 가지고 태어나는데, 이는 초기 정서적 · 사회적 상호작용의 기초를 형성하여 유아가 양육자와 연결되고 경험을 공유할 수 있도록 해 준다. 일차 상호주관성은 비언어적 신호를 통해 대화가 어떻게 이루어지는지 인간의 초기 사회적 상호작용 방법을 설명해 준다.

영유아는 발달 초기에는 언어를 사용하지 못하지만 공유된 경험과 정서적 교류에 참여하며 초기 상호작용을 시작한다. 타인을 인식하고 자기 감정을 표현하기 위해 눈 맞춤, 발성, 손짓, 팔과 머리의 움직임을 통해 이를 표현한다(Trevarthen, 1993). 예를 들어, 혀 내밀기, 입술 삐죽 내밀기, 미소 짓기 등과 같은 다양한 행동을 통해 언어 없이도 상호작용하며 다른 사람과 관계를 맺을 수 있는 능력을 보여 준다(Meltzoff & Brooks, 2007; Trevarthen & Aitken, 2001). 이러한 일차 상호주관성을 통해 유아의 뇌는 감정 조절과 사회적 이해에 필수적인 신경 연결을 구축하기 시작한다. 이러한 초기 상호작용은 유아에게 정서적 안정감을 주어 안전한 애착과 사회적 유대감을 위한 기초를 형성하고 의사소

통, 공감 및 정서적 조절에 대한 발달을 이루도록 한다(Schore, 2021).

▣ 일차 상호주관성 요소

감각운동기관(눈, 귀, 코, 입, 손, 발)은 태내에서부터 발달하기 시작하며 의사소통을 위한 기초를 형성한다. 영아는 이러한 감각운동기관을 활용하여 자신의 내부 상태를 외부에 표현하고, 외부의 자극에 반응하며 상호주관적 연결을 시도한다.

[그림 6-6]의 양방향 화살표는 감각 정보의 양방향 교환을 나타내며, 이는 의사소통이 일방적이지 않음을 보여 준다. 예를 들어, 엄마는 아기의 신호(예: 얼굴 표정, 소리, 몸짓)를 관찰하고 그에 반응하며, 아기는 엄마의 행동에 응답하여 반응한다. 아기가 먼저 신호를 보내기도 하고 양육자가 선제적으로 상호작용을 유도하기도 한다. 이처럼 감각운동의 상호작용은 이후의 공동주의, 애착 형성, 사회적 의사소통의 기초로 작용한다.

다시 말해, 감각운동의 발달은 단순한 생리적 기능이 아니라, 상호작용의 신경생물학적 기반이며, 발달 초기의 상호주관성 형성에 필수적인 요소이다.

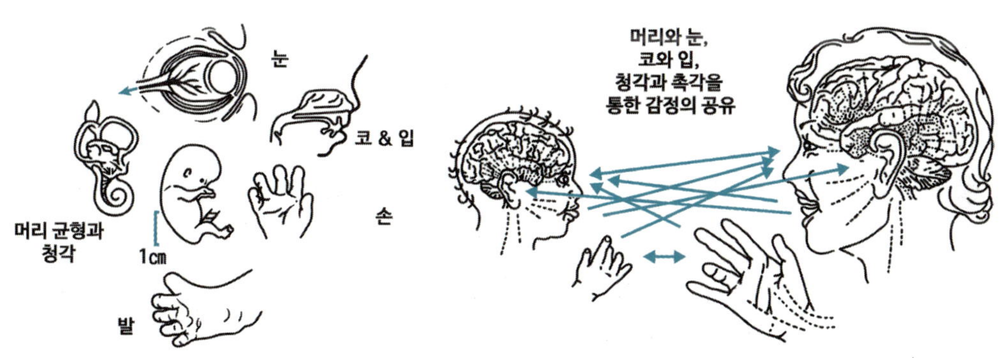

[그림 6-6] 감각운동 발달과 일차 상호주관성

출처: Malloch, Delafield-Butt, & Trevarthen (2019).

더 알아보기

일차 상호주관성 촉진 방법

일차 상호주관성은 아동이 비언어적 신호를 통해 감정, 관심, 의도를 주고받는 초기 의사소통의 기초이며 이 시기의 상호작용은 언어 이전의 정서 조율 기반을 형성한다. 그러나 발달장애 아동의 경우 이러한 일차 상호주관성이 제대로 형성되지 못하는 경우가 많으며, 이는 언어 발달지연 및 사회적 상호작용의 어려움으로 이어질 수 있다.

따라서 치료사는 상호주관성의 원리를 바탕으로 아동과의 관계를 형성하고, 안정적인 정서 기반 위에서 치료적 상호작용을 이끌어야 한다. 치료사는 아동의 감정과 의도를 민감하게 알아채고 반영함으로써 안전한 관계를 형성할 수 있어야 한다. 일차 상호주관성을 효과적으로 촉진하기 위해서는 다음과 같은 비언어적 의사소통 전략을 적극 활용하는 것이 중요하다.

- 눈 맞춤: 아동과 마주 앉아 시선 높이를 맞추고 지속적이고 따뜻한 눈 맞춤 유지
- 얼굴 표정: 과장되거나 생동감 있는 얼굴 표정을 통해 치료사의 감정 반영
- 제스처 및 움직임: 손짓이나 신체적 움직임을 크고 명확하게 사용하여 상호작용 촉진
- 발성: 목소리 톤과 성량, 속도, 리듬을 조절하여 연결감 형성

(2) 이차 상호주관성

이차 상호주관성(secondary intersubjectivity)은 생후 9~18개월경에 발달하며 외부 자극에 대한 관심, 감정, 의도를 타인과 공유하려는 능력을 의미한다. 이는 단순한 '얼굴-얼굴' 상호작용에서 벗어나, '자신-타인-대상(사건)'이라는 삼자 간 상호작용 구조로 확장되며, 이를 삼원적 상호작용(triadic interactions)이라 한다(Trevarthen & Hubley, 1978).

삼원적 상호작용은 타인, 자신, 외부 세계(대상 또는 사건) 간의 관계를 이해하고 공유하는 복잡한 사회적 상호작용 능력을 말하며, 여기에는 공동주의, 공유된 의도, 감정 공유가 주요 요소로 포함된다. 이러한 상호작용 능력은 복잡한 사회적 행동, 언어 습득, 인지 발달, 문제해결 능력, 그리고 의미 있는 관계 형성의 기초가 되며 아동의 상징적 사고 및 언어 발달로 나아가는 길을 열어 준다. 이 시기의 유아는 몸짓, 소리, 단어를 복합적으로 사용하여 공유된 의미를 표현하기 시작하며, 상호작용의 정교함이 점차 증가한다(Trevarthen, 1993).

① 공동주의

공동주의(joint attention)는 아동이 타인과 동일한 대상이나 사건에 주의를 기울이며 서로의 관심을 공유하는 능력을 말한다. Tomasello(1995)는 공동주의를 사회적 학습 능력의 핵심 기반으로 보았으며, 특히 시선, 제스처, 행동 등 타인의 비언어적 단서를 따라가면서 주의를 공유하는 과정이 사회적 상호작용의 출발점이라고 하였다. 이러한 삼원

적 상호작용은 단순한 시각적 공유를 넘어서, 유아가 타인의 주의와 환경을 연결 지어 경험을 해석하고 학습하는 데 중요한 역할을 한다. 공동주의는 언어 발달, 사회적 이해, 정서적 조율 등 다양한 발달 영역에 필수적인 기초 기술로, 타인의 마음과 의도를 이해하는 '공유된 의도성(shared intentionality)'의 토대가 된다(Tomasello, 1995). 따라서 공동주의는 발달적 관점에서, 놀이치료를 포함한 모든 치료 영역에서 중요한 개입 목표이다. 공동주의는 두 가지 구성 요소로 이루어져 있다.

표 6-4 공동주의의 두 가지 구성 요소

응답적 공동주의(Responsive Joint Attention: RJA)
• 타인의 주의 초점을 이해하여 타인의 시선과 행동을 따라가는 능력 • 타인의 의도를 이해하기 위한 첫 단계 (예: 양육자가 특정 물체를 바라볼 때, 유아가 그 시선을 따라 동일한 물체를 주시)
주도적 공동주의(Initiating Joint Attention: IJA)
• 타인의 주의를 끌기 위해 스스로 제스처나 행동을 사용하는 능력 • 자신의 관심이나 경험을 타인과 공유하려는 능동적인 사회적 의도 • 초기 의사소통과 협력의 기초 형성 (예: 유아가 흥미로운 물체를 발견하고 이를 양육자에게 가리키거나, 소리를 내어 그 물체로 주의를 유도하는 행동)

② 공유된 의도

공유된 의도(shared intentionality)는 타인과의 협력적 상호작용에서 공동의 목표를 이해하고 이를 실행으로 옮기는 능력을 의미한다. 이는 타인의 목표와 의도를 이해하고, 이를 바탕으로 협력적 행동을 수행하는 데 핵심적인 역할을 한다. 공유된 의도는 단순히 타인의 행동을 모방하는 것이 아니라, 공동 목표와 의도를 공유하며 협력할 수 있는 능력을 말한다. 이는 언어, 사회적 규범, 그리고 문화적 학습의 기초를 형성하며, 유아가 점차 복잡한 사회적 행동과 문제해결 과정을 학습하는 데 중요한 역할을 한다.

③ 감정 공유

감정 공유(emotional sharing)는 물체나 사건과 관련된 감정적 반응을 타인과 공유하는 능력을 의미하며, 이는 사회적 유대감과 상호 이해를 강화하는 데 중요한 역할을 한다. Feinman(1982)은 유아가 낯선 상황에서 양육자의 정서적 반응을 확인하고 자신의 행동을 조정하는 사회적 참조(social referencing)를 통해 감정을 공유한다고 설명하였다. 예를 들어, 유아는 새로운 물체나 장소를 탐색할 때 부모의 표정을 확인하여 안전 여부를 판단하고 이에 따라 자신의 행동을 조정한다. 이러한 과정은 유아가 타인의 감정적 신호를 이해하고 이에 반응하며, 사회적 관계를 형성하는 데 중요한 기초가 된다.

표 6-5 상호주관성 단계별 주요 특징

구분	특징
일차 상호주관성	• 신뢰, 정서적 연결, 사회적 상호작용의 기반 구축 • 순서, 감정 표현 등 의사소통의 기본
이차 상호주관성	• 더 넓은 환경과 상호작용하고, 공유된 목표 이해 • 초기 언어 기술을 개발하는 유아의 능력 확장 • 인지적 성장, 학습 및 보다 복잡한 사회적 관계 구축의 중요한 요소

3. 사회적 뇌의 구조와 기능

사회적 뇌는 개인이 사회적 상호작용에 참여하고 감정을 조절하며 다른 사람과 의미 있는 연결을 형성할 수 있도록 하는 뇌의 피질 및 피질하 구조의 네트워크를 말한다(Cozolino, 2006). 이 시스템은 감각, 운동 및 감정 정보를 통합하여 사회적 신호를 해석하고 스트레스 반응 관리 및 사회적 행동 동기부여를 위한 기반을 제공한다. 사회적 뇌의 구조와 기능은 감정 조절, 공감, 애착, 사회적 동기부여에 매우 중요하며, 얼굴 인식부터 두려움과 스트레스 조절까지 모든 것에 영향을 미친다.

1) 피질 및 피질하 구조

사회적 두뇌는 다양한 구조를 포함하며 각 구조는 사회적 행동을 가능하게 하는 특정 기능을 수행한다. 각 기능에 대한 설명은 〈표 6-6〉에 제시되어 있다.

표 6-6 피질 및 피질하 구조와 기능

내측안와전두피질	• 사회적 맥락에서 의사결정에 관여 • 감정적 · 사회적 보상에 대한 평가, 피드백을 기반으로 행동
체성감각 영역	• 촉각 정보를 처리하며 신체 감각을 통해 공감하고 타인의 감정을 인식
띠이랑	• 사회적 상호작용과 사회적 피드백 감지에서 감정처리 및 주의에 역할
섬피질	• 정서적 인식과 공감에 관여하여 다른 사람의 감정을 이해하고 공감
편도체	• 두려움, 사회적 위협과 같은 감정을 처리 • 사회적 의사결정
해마	• 사회적 기억과 정서적 맥락을 포함한 기억 형성
시상하부	• 호르몬 조절을 통해 정서적 반응, 스트레스, 유대감 행동 조절

2) 감각, 운동 및 감정 시스템

뇌는 감각, 운동 및 감정 정보를 통합하여 사회적 신호를 해석하고 스트레스 반응 관리 및 사회적 행동 동기부여를 위한 기반을 제공한다. 그리하여 개인이 사회적 상호작용에 참여하고 감정을 조절하며 다른 사람과 의미 있는 연결을 형성할 수 있도록 한다. 이러한 뇌의 기능은 감정 조절, 공감, 애착, 사회적 동기부여에 매우 중요하며, 얼굴 인식부터 두려움과 스트레스 조절까지 모든 것에 영향을 미친다(Billeke & Aboitiz, 2013).

사회적 처리(social processing)는 인간이 사회적 환경에서 적응하고 상호작용할 수 있도록 뇌가 다양한 정보를 처리하는 중요한 과정이다. Billeke와 Aboitiz(2013)는 이러한

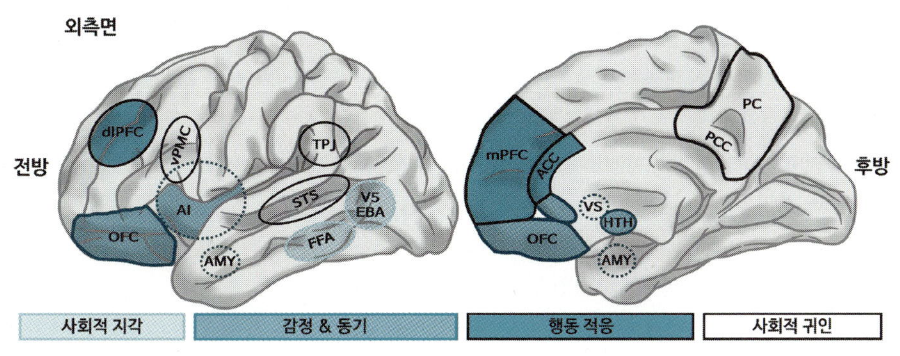

[그림 6-7] 사회적 처리에 관여하는 뇌 영역

출처: Billeke & Aboitiz (2013).

표 6-7 사회적 뇌의 기능과 영역

- 사회적 지각(social perception)

얼굴, 움직임, 신체 부위와 같은 기본적인 사회적 자극을 인식하고 초기 시각 정보에서 사회적 자극을 분리하여 더 복잡한 처리로 전달

✓ V5(Visual Area 5): 시각적 움직임을 감지하며, 생물학적 움직임에 대해 반응

✓ EBA(Extrastriate Body Area, 선조외 시각 피질): 신체와 신체 일부에 대한 시각적 처리 담당

✓ FFA(Fusiform Face Area, 방추상 얼굴 영역): 얼굴을 빠르게 식별하고 감정적 상태를 평가(얼굴 인식)

- 감정과 동기(emotion and motivation)

사회적 자극에 대한 정서적 평가 및 동기부여

✓ AMY(Amygdala, 편도체): 두려움(위협) 및 보상 평가와 같은 감정처리의 핵심

✓ AI(Anterior Insula, 전방 섬엽): 감정을 처리하고 신체 상태를 감정 경험과 통합

✓ OFC(Orbital Frontal Cortex, 안와 전두엽 피질): 보상, 정서적 결과를 평가하고 사회적 의사결정과 행동을 조율

✓ HTH(시상하부): 호르몬 조절을 통해 감정적 반응과 동기부여에 관여

- 행동 적응(behavioral adaptation)

목표 지향적이고 적응적인 행동을 수행하는 데 필요한 과정으로 인지적 자원을 활용하여 사회적 · 환경적 맥락에 따라 행동을 조정하고 규제

✓ dlPFC(Dorsolateral Prefrontal Cortex, 배외측 전전두엽 피질): 사회적 맥락에서 의사결정, 계획 및 실행 제어

✓ mPFC(Medial Prefrontal Cortex, 내측 전전두엽 피질): 자기참조적 사고와 사회적 추론을 포함한 고차원적인 사회적 평가

✓ ACC(Anterior Cingulate Cortex, 전대상피질): 오류 감지와 행동 적응, 목표 관리

✓ VS(Ventral Striatum, 복부선조체) 정서적 동기부여, 보상 및 목표 지향적 행동 조절

- 사회적 귀인(social attribution)

타인의 정신 상태를 추론하거나 이해하는 과정을 포함하며 사회적 인지와 마음이론에 중요한 타인의 의도에 대한 이해를 촉진

✓ vPMC(Ventral Premotor Cortex, 복부 전운동피질): 관찰된 행동의 모방과 추론을 지원

✓ TPJ(Temporo-Parietal Junction, 측두정엽 접합부): 관점 수용 및 마음이론(다른 사람의 의도 추론)을 처리

✓ PCC(Posterior Cingulate Cortex, 후대상피질): 자기 지시적 사고와 사회적 맥락 평가

✓ PC(Precuneus, 전두엽구): 자기인식과 반성적 사고

✓ STS(Superior Temporal Sulcus, 상측두엽고랑): 시선, 표정, 그리고 움직임과 같은 사회적 단서에 민감

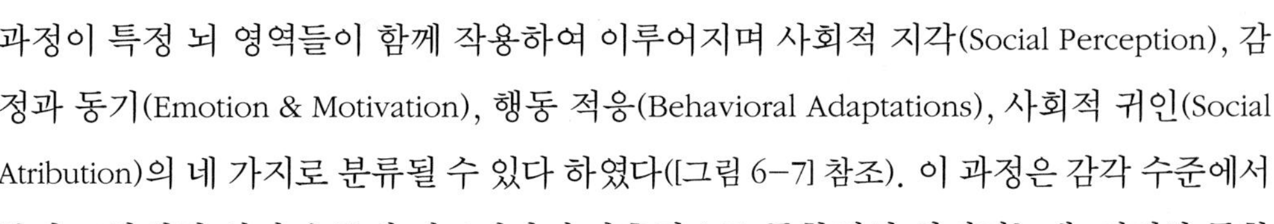

과정이 특정 뇌 영역들이 함께 작용하여 이루어지며 사회적 지각(Social Perception), 감정과 동기(Emotion & Motivation), 행동 적응(Behavioral Adaptations), 사회적 귀인(Social Atribution)의 네 가지로 분류될 수 있다 하였다([그림 6-7] 참조). 이 과정은 감각 수준에서부터 고차원적 인지 수준에 이르기까지 다층적으로 통합되어 처리되는데, 이러한 통합은 사회적 자극에 대한 적절한 반응을 가능하게 하고 정서적 유대감과 공감을 촉진한다.

이처럼 다양한 뇌 영역은 서로 상호작용하며 감각, 운동 및 감정 시스템을 통합하고 얼굴 표정, 신체 언어, 목소리 톤과 같은 사회적 신호를 해석하여 사회적 처리를 가능하게 한다. 특히 얼굴을 인식하여 다른 사람의 감정을 읽는 능력은 사회적 상호작용의 필수 구성 요소로 공감과 사회적 참여에 중요하며, 이때 거울신경은 다른 사람의 감정 상태를 이해하고 모방하는 역할을 한다.

3) 모방과 공명체계: 거울신경

거울신경은 타인의 행동을 관찰할 때, 마치 자신이 그 행동을 직접 수행하는 것처럼 활성화되는 신경세포이다. 거울신경 시스템은 단순히 움직임을 모방하는 것에 그치지 않고, 타인의 행동 뒤에 있는 의도와 감정을 이해하고 공감하는 능력에 깊이 관여한다(Rizzolatti & Sinigaglia, 2010). 이는 사회적 학습, 정서적 공감, 언어 발달, 마음이론(Theory of Mind: ToM) 등의 발달에 필수적인 신경학적 기초를 제공한다. 즉, 인간은 타인의 행동을 신경학적으로 '공명'함으로써 관계를 형성하고 사회적 참여성을 강화한다.

거울신경 체계는 단일한 뇌 부위가 아닌 여러 영역에 걸쳐 분산되어 있으며, 주요 활성화 영역으로는 전운동피질, 하두정엽, 상측두엽고랑(STS), 브로카 영역 등이 포함된다(Iacoboni et al., 1999). 이러한 네트워크는 감각 정보와 운동 실행을 연결하는 동시에, 타인의 감정 상태에 대한 이해를 가능하게 하는 정서적 공명체계로 기능한다. 이러한 신경학적 기제은 특히 발달 초기의 아동에게 중요한 역할을 하며, 모방을 통한 학습, 정서적 동기화, 언어적 · 사회적 상호작용의 기반을 제공한다.

일부 연구에서는 거울신경 시스템의 결함은 사회적 상호작용, 공감, 모방의 어려움에 관여할 수 있다고 보고한다(Ramachandran & Oberman, 2006). 거울신경 시스템에 이상이 생기면 타인의 행동을 즉각적으로 모방하고 학습하는 데 어려움이 생길 수 있으며 타인의 행동을 관찰하여 그 의도와 감정을 이해하거나, 표정, 몸짓, 목소리 톤과 같은 사회적 단서를 처리하는 능력에도 영향을 미칠 수 있다. 이는 자폐스펙트럼장애 아동에게서 흔히 관찰되는 핵심 증상 중 하나로, 거울신경 시스템의 기능 저하가 사회적 인지 및 정서적 공감의 신경기제와 연결되어 있음을 시사한다(Dapretto et al., 2006).

(1) 거울신경과 언어 발달

언어 습득 과정에서 영아는 양육자의 말을 듣고 이를 모방하면서 점진적으로 언어 능력을 발달시킨다. 거울신경은 이러한 음성 모방 과정에서 중요한 역할을 한다. 연구에 따르면 신생아는 생후 몇 시간 내에도 어른의 입 모양을 따라 하려는 경향을 보이는데, 이는 거울신경 네트워크가 선천적으로 존재하며 구어 모방에 기여함을 시사한다(Meltzoff & Moore, 1997). 거울신경은 다른 사람이 말하고 소리를 생성하는 것을 관찰함으로써 뇌의 거울신경은 관찰된 음성 움직임을 자신의 운동 시스템에 매핑하도록 돕는다. 이는 인식과 행동 실행 모두에 관여하여 유아가 성인의 말을 모방하여 말하는 법을 배우는 중요한 방법이다.

(2) 거울신경과 마음이론

거울신경은 사회적 맥락에서 정보를 처리하고 해석하여 상호작용하는 사회적 인지에도 관련이 있어 다른 사람의 행동을 예측하고 해석하는 데 도움을 주며, 사람의 감정적 경험에 공감하여 더 깊은 사회적 참여를 조성한다. 마음이론은 타인의 생각, 감정, 의도를 이해하고 추론하는 능력으로 이는 사회적 인지의 중요한 기초이다(Premack & Woodruff, 1978). 이를 통해 다른 사람이 생각하거나 느끼고 있다고 믿는 것을 기반으로 타인의 행동을 해석하고 예측하며 대응할 수 있다(Tomasello, 1995). 이 능력은 타인의 행

더 알아보기

거울신경의 발견

거울신경의 발견은 원숭이의 복부 전운동피질(Ventral Premotor Cortex, F5)을 연구하던 중 우연히 이루어졌다. 원숭이가 스스로 행동을 수행할 때 활성화되었던 뇌의 F5 영역의 뉴런이 인간이 동일한 행동을 수행하는 것을 원숭이가 관찰만 할 때에도 똑같이 활성화되는 것을 발견한 것이다(Rizzolatti et al., 1996). 이후 인간에서도 거울신경과 유사한 신경 기제이 존재한다는 증거가 fMRI 및 EEG 연구를 통해 제시되었다(Iacoboni et al., 1999; Mukamel et al., 2010). 이 발견은 거울신경이 행동 모방과 사회적 이해의 신경학적 기초로 작용한다는 중요한 의미를 지닌다.

동을 해석하는 데 필수이며 사회적 의사소통, 공감, 도덕적 판단, 갈등 해결 등에서 중요한 역할을 한다.

4) 스트레스 조절 시스템: HPA 축

HPA 축(Hypothalamic-Pituitary-Adrenal axis)은 스트레스 반응을 조절하고 항상성을 유지하는 데 핵심적인 역할을 하는 신경내분비 시스템이다. 이 축은 시상하부(hypothalamus), 뇌하수체(pituitary gland), 부신(adrenal glands)으로 구성되며, 외부 자극이나 위협 요인을 감지하면 신속히 활성화된다.

스트레스가 감지되면, 시상하부는 부신피질자극호르몬방출호르몬(CRH)을 분비하고, 이는 뇌하수체를 자극하여 부신피질자극호르몬(ACTH)을 방출하게 한다. ACTH는 혈류를 통해 부신에 도달하여 스트레스 호르몬인 코르티솔(cortisol)의 분비를 유도한다. 코르티솔은 교감신경계를 활성화시켜 신체에 에너지를 제공하고, 염증을 억제하며, 심박수와 혈압을 증가시키는 등 생존에 유리한 기능을 수행한다. 그러나 이러한 시스템이 만성적으로 과도하게 활성화될 경우, 코르티솔 수치의 지속적인 상승은 면역 기능 저하,

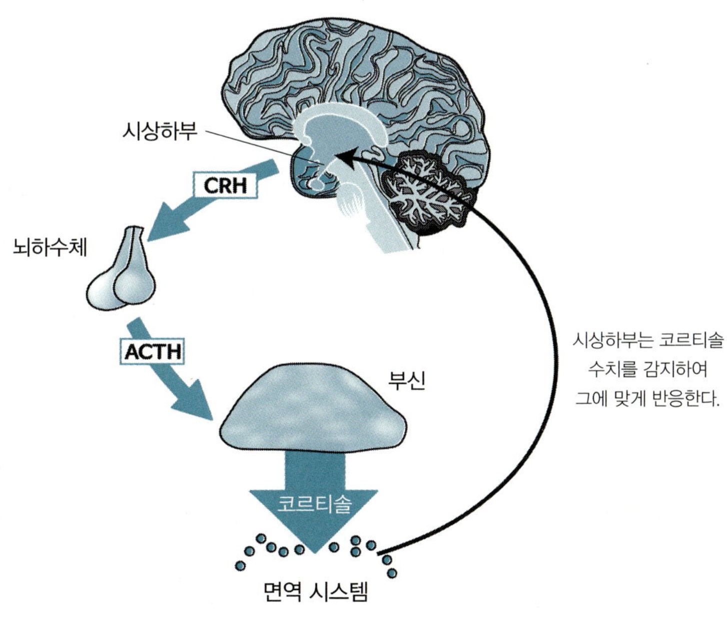

[그림 6-8] HPA 축의 작동 방식

출처: Chang et al. (2021).

감염에 대한 민감성 증가, 기억력 및 주의력 저하 등의 부정적인 영향을 초래할 수 있다(McEwen, 2007). 특히 발달 초기의 만성 스트레스 경험은 HPA 축의 기능을 구조적으로 변화시키고, 스트레스에 대한 민감도 증가 및 정서 조절의 어려움으로 이어질 수 있다(Gunnar & Quevedo, 2007).

5) 사회적 동기부여 시스템

사회적 동기부여 시스템(social motivation system)은 보상과 강화를 통해 개인이 사회적 상호작용에 자발적으로 참여하도록 유도하는 신경생물학적 기제이다. 이 시스템은 주로 도파민에 의해 조절되며, 옥시토신, 세로토닌 등 다른 신경전달물질들과 상호작용하여 사회적 접근 행동을 촉진한다(Chevallier et al., 2012). 애착, 수용, 긍정적 피드백과 같은 사회적 보상은 도파민 시스템을 활성화시켜, 사회적 상호작용을 즐겁고 의미 있는 경험으로 인식하게 하며, 이는 친사회적 행동의 강화를 유도한다(Bhanji & Delgado, 2014).

Chevallier 등(2012)은 '사회적 동기부여 이론(Social Motivation Theory)'을 통해 자폐스펙트럼장애 아동의 사회적 어려움이 단순히 사회인지 결함에서 기인하는 것이 아니라, 사회적 자극에 대한 내재적 동기의 저하와 관련되어 있다고 제안하였다. 자폐 아동은 사회적 보상에 대한 민감도가 낮아 사회적 자극에 대한 주의와 접근 행동이 감소하고, 이로 인해 사회적 학습 기회 또한 제한되는 어려움에 직면할 수 있다.

이러한 사회적 동기 시스템에 대한 이해는 자폐 아동을 위한 중재 전략 수립에 있어, 아동의 내적 동기와 사회적 보상을 고려한 접근이 필요함을 시사한다. 즉, 사회적 자극 자체를 보상적 자극으로 전환하는 방식의 개입은 사회적 상호작용을 촉진하고 치료적 개입의 효과를 높이는 핵심 요소가 될 수 있다.

4. 놀이의 신경생물학

놀이는 사회적 유대감 형성, 인지 발달, 정서 조절, 전반적인 뇌 발달에 중요한 기초를 제공하며 단순한 오락 활동을 넘어 신경회로를 발달시키고 정서와 사회적 기능의 기초를 형성하는 핵심적인 발달 과정이다(Panksepp, 1998). 놀이는 신경회로에 의해 유도되기도 하지만 동시에 놀이 경험 자체가 뇌 구조에 영향을 미치기도 한다.

놀이의 뇌 시스템은 뇌의 피질하 구조, 특히 변연계와 중뇌 영역에 깊이 뿌리내리고 있으며, 이러한 구조는 감정반응의 생성과 사회적 상호작용에 대한 동기부여를 담당한다(Panksepp, 1992). 또한 사회적 상호작용 중 발생하는 정서적 경험을 통해 사회인지, 감정 조절력, 회복탄력성을 기를 수 있도록 하며, 더 나아가 전두엽 피질 발달을 촉진함으로써 자기조절, 문제해결, 의사결정과 같은 고차원적 인지 기능의 기반을 마련한다(Panksepp, 1998).

놀이와 관련된 주요 뇌 영역들은 놀이에 필요한 감정, 조절, 운동 활동 및 사회적 신호를 처리하기 위해 함께 작동하며 놀이의 신체적 측면뿐만 아니라 발달에 중요한 정서적, 사회적 구성 요소를 촉진하기 위해 상호작용한다(Liu et al., 2017a). 놀이의 주요 뇌 영역을 그림으로 나타내면 [그림 6-9]와 같다.

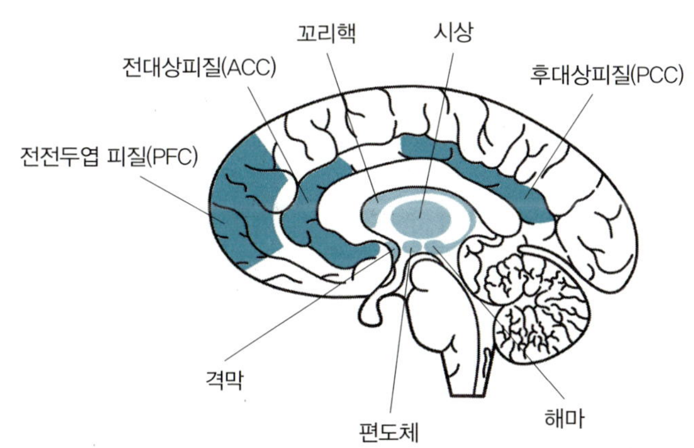

[그림 6-9] 놀이와 관련된 주요 뇌 영역

출처: Liu et al. (2017b).

표 6-8 놀이와 관련된 주요 뇌 영역의 기능

영역	기능
전전두엽 피질 (PFC)	• 의사결정, 계획, 사회적 상호작용, 고차원적인 인지 과정 관여 • 협동적인 놀이 중 감정 조절 및 충동적 행동 억제
전대상피질 (ACC)	• 감정 조절, 의사결정, 오류 발견 • 사회적 상호작용과 놀이 적응 조절
후대상피질 (PCC)	• 기억 회복 및 자기 지향적 사고 • 다른 사람 관점 이해 • 사회적 놀이

시상 (Thalamus)	• 감각 정보를 처리하고 피질로 전달하는 중계 센터 역할 • 활동적인 놀이 중 감각운동 통합 조정
꼬리핵 (Caudate Nucleus)	• 움직임 제어, 학습, 보상 처리 • 장난스러운 활동 중 행동 강화
해마 (Hippocampus)	• 기억 형성과 공간 탐색 • 과거 상호작용을 기억하고 놀이 환경 탐색
편도체 (Amygdala)	• 두려움, 흥분과 같은 감정처리 • 놀이 및 위험 감수 행동 중 감정적 참여 촉진
격막 (Septum)	• 감정을 조절하고 해마 및 시상하부와 같은 다른 영역과 연결 • 놀이 중 정서적 균형

▣ 놀이의 보상경로와 기억 형성

놀이는 도파민 분비를 촉진하여 학습과 기억을 향상시키며, 동기부여, 호기심, 주의력을 증가시키고 보상 및 동기부여와 관련된 신경 경로를 강화한다(Panksepp & Burgdorf, 2003). 도파민은 특히 측좌핵과 전전두엽과 같은 뇌 영역에서 분비되어 목표 지향적 행동과 사회적 상호작용의 즐거움을 강화하는데, 도파민이 유도하는 시냅스 가소성은 전전두엽과 해마에서 발생하며 집행 기능, 작업 기억, 의사결정과 같은 고차원 인지 기능에 중요한 역할을 한다(Lisman, Grace, & Duzel, 2011).

또한 도파민 외에도, 내인성 오피오이드(endogenous opioids)가 활성화되어 사회적 보상 처리와 정서적 회복탄력성을 강화한다(Panksepp & Beatty, 1980). 내인성 오피오이드는 엔돌핀과 같은 뇌에서 자연적으로 생성되는 화학 물질로 기분을 좋게 하고 통증을 줄이는 역할을 한다. 놀이 과정에서 분비되는 내인성 오피오이드는 아동의 스트레스를 줄이고, 행복감을 높이며, 사회적 유대를 강화하는 데 도움을 준다(Trezza, Damsteegt, & Vanderschuren, 2011). 이는 놀이에 대한 내재적 동기를 강화하고, 적응적 사회 행동을 촉진하는 역할을 한다.

또한 놀이 경험은 해마를 강력하게 활성화하여 학습과 기억 형성에도 중요한 역할을 한다. 의미 있고 정서적으로 몰입된 놀이 경험은 노르아드레날린과 도파민 분비를 촉진하여 시냅스 강도를 높이고 장기 기억 형성을 돕는다(Lester & Russell, 2008; McGaugh, 2000).

표 6-9 놀이와 관련된 신경전달물질

도파민	• 탐색 행동, 동기 유발, 즐거움 제공 • 놀이 참여 동기를 유발하고 행동 강화
엔도르핀	• 긍정적 감정, 스트레스 해소, 사회적 유대 강화 • 거친 몸 놀이에서 긍정적 감정 촉진
옥시토신	• 치료적 관계에서 감정 탐색과 학습 지원 • 정서적 유대, 신뢰, 사회적 상호작용 촉진
세로토닌	• 친사회적 행동 유도, 정서 안정 유지 • 기분 조절, 사회적 상호작용 조절, 공격성 감소
글루타메이트	• 인지 유연성, 문제해결력 향상 • 시냅스 가소성, 학습 및 기억 강화, 실행 기능 향상
노르에피네프린	• 사회적 자극에 주의를 기울이고 반응 유도 • 각성 수준 조절, 사회적 반응 촉진
감마 아미노부티르산 (GABA)	• 이완 및 안정 상태 유도 • 스트레스와 불안 감소, 수면의 질 및 집중력 향상

5. 다미주신경이론

다미주신경이론(Polyvagal Theory)은 Porges(1995)가 제안한 이론으로 자율신경계가 인간의 감정 조절, 사회적 참여, 자기조절 능력에 미치는 영향을 잘 설명해 준다. 이 이론은 자율신경계를 단순히 교감신경계와 부교감신경계로 나누는 기존의 이론을 넘어, 부교감신경계 내에서도 두 가지 경로인 배쪽 미주신경(Ventral Vagal)과 등쪽 미주신경(Dorsal Vagal)을 구분하여 생리적 안전과 사회적 행동 간의 관계를 자세히 설명하고 있다.

1) 신경지

신경지(Neuroception)는 신경계가 무의식적으로 환경과 신체 내부의 상태를 감지하여, '안전' '위험' 또는 '생존의 위협'을 자동으로 식별하는 내재된 생물학적 감시 시스템을 의미한다(Porges, 1995). 신경지는 주변 환경의 소리, 움직임, 분위기뿐 아니라, 자신의 내부 감각, 그리고 타인의 표정, 목소리 톤, 몸짓 등 사회적 신호를 종합적으로 평가한다.

이러한 무의식적인 감지 과정에 따라 신체는 감정과 생리 상태를 조절하고, 다음과 같은 자율신경계 경로를 선택하여 반응하게 된다.

신경지 반응	다미주신경 활성	반응
안전을 감지했을 때	배쪽 미주신경 활성	사회적 참여, 조절된 상태를 유지
위험을 감지했을 때	교감신경 활성	투쟁-도피 반응(fight-flight)
생명의 위험을 감지했을 때	등쪽 미주신경 활성	동결(freeze), 단절(shut-down), 위축 반응

신경지는 우리의 정서적 반응과 사회적 행동의 기초가 되며, 사회적 관계에 참여할 것인지, 혹은 방어 체계를 활성화할 것인지를 결정하는 데 중요한 역할을 한다. 만약 어린 시절의 트라우마나 반복된 부정적 경험, 또는 신경생리학적 취약성이 있을 경우, 신경지의 감지체계가 왜곡되어 객관적으로 안전한 상황에서도 위협으로 인식할 수 있다. 그 결과 지나친 경계 상태, 만성적인 불안과 과각성, 그리고 사회적 관계의 단절, 감정 조절의 어려움 등 다양한 어려움이 나타날 수 있으며, 이러한 왜곡된 반응은 아동의 발달과 정서적 안정감 형성에 큰 영향을 미칠 수 있다.

2) 자율신경계의 위계반응

자율신경계는 진화론적 발달 순서에 따라 등쪽 미주신경 복합체(Dorsal Vagal Complex), 교감신경, 배쪽 미주신경 복합체(Ventral Vagal Complex)의 세 가지 회로로 구성된 위계적 구조를 가지며 각각의 경로는 특정한 생리적 및 행동적 반응과 연관된다.

다미주신경이론은 이러한 자율신경계의 위계적 구조를 바탕으로, 신경계는 생존의 위협 여부에 따라 사회적 참여(social engagement), 투쟁-도피(fight-flight), 동결(freeze), 단절(shut-down)의 반응 상태를 전환한다는 점을 강조한다. 특히 배쪽 미주신경이 활성화된 상태에서는 심박수 안정, 안면 근육 조절, 억양 조절 등 생리적 안전감을 경험하며 타인과의 사회적 상호작용이 원활하게 이루어진다. 이는 인간의 사회적 유대와 정서 조절의 신경학적 기반이 된다. 하지만 환경이 위협적이거나 스트레스가 가해지는 상황에서는, 배쪽 미주신경의 활성이 억제되며, 보다 원초적인 신경회로인 교감신경이 활성화되어 투쟁 혹은 도피 반응이 유발된다. 만약 위협이 극단적으로 강하거나 회피가 불가능하다고 판단되면, 마지막 단계인 등쪽 미주신경이 활성화되어 동결, 무기력, 해리 등의 생

표 6-10 자율신경계의 세 가지 회로와 특징

등쪽 미주신경 (동결 체계)	• 진화적으로 가장 오래된 경로 • 횡격막 아래의 장기들을 조절 • 극심한 스트레스, 위협, 트라우마 상황에서 활성화 • 심박수 감소, 소화 및 대사 활동 감소 • 작동 중지, 사회적 단절, 무기력 • 에너지 보존 등의 생리적 변화 발생 • 보호 및 생존 시스템
교감신경 (행동 체계)	• 투쟁 혹은 도피 반응 • 위협을 인지할 때 활성화 • 심박수와 혈압 증가, 근육 긴장 • 스트레스나 위협에 대응하기 위한 신체적 준비 • 불안과 분노
배쪽 미주신경 (사회적 참여 체계)	• 가장 최근에 진화한 경로 • 얼굴과 심장 근육을 조절(표정, 발성, 심박수 제어) • 소화 촉진과 이완 상태 유도 • 위협적이지 않은 편안한 환경 • 안전감을 느낄 때 활성화 • 사회적 상호작용 촉진 • 소통과 신뢰 구축 강화 • 상호작용과 친밀감 형성

리적 · 행동적 반응을 보이게 된다(Dana, 2020; Porges, 2011).

이러한 자율신경계의 반응체계는 단순한 생리반응을 넘어 아동의 정서 상태, 주의 집중, 대인관계, 놀이 참여도에 깊은 영향을 미치므로, 치료사는 자율신경계의 위계적 구조에 대한 이해를 바탕으로 아동의 신경생리학적 안전감을 회복시키는 접근을 고려해야 한다.

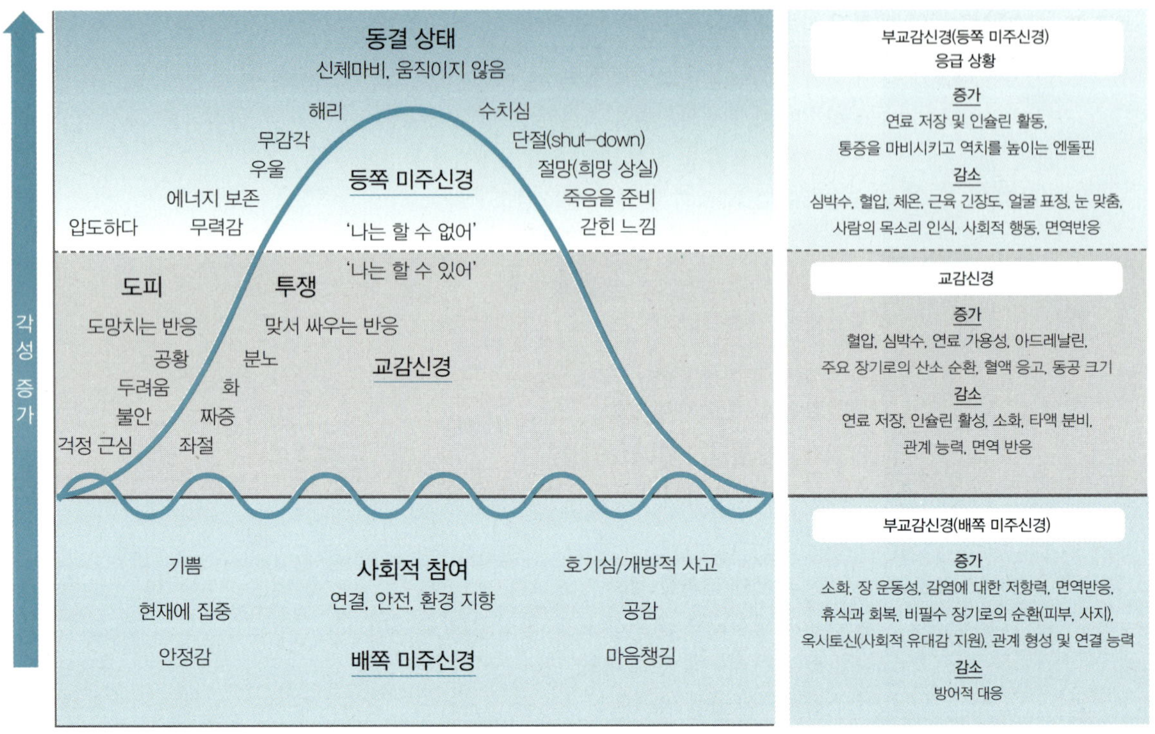

[그림 6-10] 다미주신경 차트

출처: Walker (2017).

3) 다미주신경이론과 놀이

다미주신경이론은 외상 경험이 있는 아동, 자폐스펙트럼장애, 불안장애, 정서조절장애를 가진 아동의 치료적 접근을 설명할 때 매우 유용한 이론이다. 이 아동들은 신경계가 지속적으로 위협을 감지하는 생존 모드에 놓여 있으며, 그 결과 '투쟁' '도피' '동결' 반응을 반복적으로 보이는 경향이 있다(Dana, 2020; Porges, 2004). 이때 놀이는 하위 수준의 신경계(뇌간, 변연계)에 직접적으로 작용하여 단순한 즐거움을 넘어, 아동이 자신의 신경계 상태를 조절하고 회복할 수 있도록 돕는 생물학적 조절 기전으로 작용할 수 있다.

아동은 놀이를 통해 교감신경계의 과각성 상태를 경험하면서도 배쪽 미주신경의 제어하에 안전하게 그 각성을 조절하는 경험하는데, 이는 마치 신경계가 리듬을 타듯 조화를 이루는 '생체 춤(bio-dance)'과 같다(Dana, 2020). 이를 통해 아동은 스트레스 반응 상태에서 벗어나, 정서적으로 안정되고 사회적 상호작용이 가능한 신경생리적 상태로 이동할 수 있게 된다(Porges, 2011).

특히 놀이 속에서 일어나는 치료사와의 조율된 상호작용은 아동이 특정 상태(예: 과도한 각성, 위축, 동결)에 고착되는 것을 방지하고, 보다 유연하게 신경 상태를 전환할 수 있도록 지원한다. 이는 자폐스펙트럼 아동이나 외상 후 아동에게 흔히 나타나는 고정된 신경반응 패턴을 변화시키는 데 중요한 역할을 한다(Porges & Dana, 2018). 또한 놀이 중에 자연스럽게 이루어지는 비언어적 상호작용(예: 표정, 눈 맞춤, 억양, 몸짓 등)은 배쪽 미주

표 6-11 다미주신경이론과 신경계

	배쪽 미주신경	교감신경 (투쟁-도피)	등쪽 미주신경 (동결/단절)
신체 감각	• 조절된 호흡 • 규칙적인 리듬 • 좋은 소화 • 충분한 휴식 • 집중력 향상, 편안한 상태	• 심박수 증가 • 얕은 호흡, 빠른 호흡 • 불안/초조함 • 혈압 상승, 아드레날린 급증 • 신체적 긴장	• 심박수 및 혈압 저하 • 눈 맞춤 어려움 • 자기인식 및 타인에 대한 인식 감소 • 감각과 신체 인식이 둔해짐
생각	• 나는 안전하다 • 이건 재미있다 • 감사하다 • 나는 생산적이다 • 지지를 받고 있다 • 호기심이 생긴다 • 연결감을 느낀다	• 이건 감당하기 어려워! • 무섭다! • 너무 많아! • 나는 절대 다 못할 거야! • 아 진짜…… 늦겠어! • 엉망진창이야! • 위험해!	• 나는 길을 잃었어……. • 희망이 없어……. • 나는 무력해……. • 망했어……. • 나는 할 수 없어……. • 아무도 나를 이해하지 않아……. • 버틸 수 없어……. • 아무것도 중요하지 않아…….
감정	• 만족감, 안정감 • 현재에 집중함 • 즐거움, 호기심, 창의적 • 연결감, 존중받는 느낌 • 열정, 자신감 • 마음챙김	• 두려움, 공포 • 걱정, 불안 • 짜증, 분노 • 스트레스 • 좌절 • 압도감	• 외로움, 우울 • 단절감, 피로감 • 머릿속이 멍함 • 절망감, 무력감 • 갇힌 느낌, 마비된 느낌 • 수치심
행동	• 웃기 • 놀이 • 일하기 • 명상 • 성관계 • 하이킹/산책 • 내적 통제감	• 방어적 태도 • 완벽주의 • 주의 산만/회피 • 자기 또는 타인 통제 • 공격적 행동 • 내적 통제감	• 자기 포기 • 과도한 수면 • 자기 고립 • 움직이지 않음 • 낮은 동기 • 낮은 자기 결정력 • 외적 통제감

출처: Sellers (2021).

신경을 활성화시키며, 아동의 사회적 참여 시스템을 자극한다. 이러한 치료사와의 비언어적 의사소통과 공동조절 경험을 통해 참여 아동의 자기조절 능력을 향상시킬 수 있다.

즉, 놀이치료는 아동이 안전한 관계 속에서 자신의 신경 상태를 조절하고 회복하며, 점차 정서적 · 사회적 통합으로 나아갈 수 있도록 하며, 다미주신경이론이 제시하는 '안전 속에서의 사회적 참여(social engagement within safety)'라는 개념을 치료실 현장에서 실현하는 구체적인 방법이라 할 수 있다.

요약하기

- 마음, 관계, 뇌의 통합이 잘 이루어질 때 인간은 행복하고 건강한 삶을 살 수 있다.
- 안정적인 애착의 경험은 뇌 구조를 형성하는 데 중요한 역할을 하며, 자기조절, 문제해결 및 사회정서적 발달에 필요한 정서적 안정과 적절한 자극을 제공한다.
- 뇌의 아홉 가지 통합 영역(의식, 반구 간 통합, 기억 통합 등)을 통해 적응적 행동과 정서적 유연성을 촉진한다.
- 순차적 뇌 발달은 뇌간, 중뇌, 변연계, 대뇌피질의 계층적 구조로 이루어지며, 초기 외상은 이 발달을 방해해 생존반응(투쟁, 도피, 동결)을 초래할 수 있다.
- 3R 원칙(조절, 관계, 추론)은 치료의 순서를 뇌간(조절), 변연계(관계), 대뇌피질(추론)로 나눠 신경발달 수준에 맞는 개입을 강조한다.
- 암묵적 기억과 명시적 기억: 초기 생애 경험은 무의식적 패턴(암묵적 기억)과 의식적 표현(명시적 기억)에 영향을 미친다.
- 애착은 아동의 정서적 · 사회적 · 신경생물학적 발달에 중요한 역할을 하며 안정된 관계 경험이 이를 촉진한다.
- 옥시토신과 도파민은 애착을 강화하며 정서적 안정과 사회적 유대를 촉진한다.
- 초기 애착은 우뇌 발달을 지원하며, 정서적 조율과 비언어적 의사소통을 통해 정서 조절을 배운다.
- 사회적 뇌는 사회적 신호를 처리하고 감정 조절과 공감, 사회적 동기부여를 지원하며 복잡한 사회적 행동과 연결 형성을 가능하게 한다.
- 일차 상호주관성은 생후 첫해 동안 주로 양육자와의 얼굴 마주 보기, 미소, 정서적 조율을 중심으로 형성되는 초기 상호작용을 의미한다.
- 이차 상호주관성은 생후 9개월경 이후 타인과 외부 세계에 대한 공유된 관심을 기반으로 하는 삼자 상호작용이 등장하는 단계이다.

- 거울신경은 행동 모방, 공감, 사회인지, 마음이론, 운동 조정에 기여하며 사회적 학습과 연결의 신경학적 기초를 제공한다.
- 놀이 과정은 도파민, 엔돌핀, 옥시토신 등 신경전달물질을 통해 동기부여와 정서적 안정, 사회적 상호작용을 강화하며, 신경가소성과 기억 형성에 기여한다.
- 놀이는 전두엽 피질, 편도체, 해마 등 주요 뇌 영역이 협력하여 감정, 기억, 사회적 상호작용을 조율하고 고차원적 인지 기능을 발달시킨다.
- 배쪽 미주신경(VVC)은 안전감을 바탕으로 사회적 참여를 촉진하고, 등쪽 미주신경(DVC)은 생존 모드로 작동하며 에너지를 보존한다.
- 교감신경계는 스트레스나 위협에 대응하기 위해 심박수를 증가시키고 행동을 준비한다(투쟁-도피 반응).
- 놀이치료는 배쪽 미주신경을 활성화시켜 아동의 심리적 안정과 사회적 참여를 지원한다.

생각해 보기

Q1. Daniel Siegel의 뇌의 손 모델 이론을 사용하여 아동의 행동을 뇌과학적 관점으로 설명해 보라.

Q2. 놀이 중 활성화되는 뇌 영역과 신경전달물질이 아동의 신경 발달과 정서 · 사회성 발달에 어떤 영향을 미치는지 생각해 보라.

Q3. 아동과 치료적 관계 형성을 위해 고려해야 할 요소가 무엇인지 신경생물학적 관점에서 생각해 보라.

Q4. 아동의 치료적 개입 순서에 대해 고민 중인 보호자에게 신경과학적 관점에서 치료의 우선순위에 대해 설명해 보라.

Q5. 놀이치료가 발달장애 아동의 발달에 미치는 영향을 신경생물학적 관점에서 설명해 보라.

참고문헌

Ainsworth, M. D. S., Blehar, M. C., Waters, E., & Wall, S. (1978). *Patterns of attachment: A psychological study of the strange situation*. Lawrence Erlbaum.

Beebe, B., & Lachmann, F. M. (2002). *Infant research and adult treatment: Co-constructing interactions*. The Analytic Press.

Bhanji, J. P., & Delgado, M. R. (2014). The social brain and reward: Social information processing in the human striatum. *Wiley Interdisciplinary Reviews: Cognitive Science*, *5*(1), 61-73. https://doi.org/10.1002/wcs.1266

Billeke, P., & Aboitiz, F. (2013). Social cognition in schizophrenia: From social stimuli processing to social engagement. *Frontiers in Psychiatry*, *4*, 4.

Blaustein, M. E., & Kinniburgh, K. M. (2005). *Treating traumatic stress in children and adolescents: How to foster resilience through attachment, self-regulation, and competency*. Guilford Press.

Bowlby, J. (1982). *Attachment and loss: Vol. 1. Attachment* (2nd ed.). Basic Books.

Brandone, A. C., Stout, W., & Moty, K. (2019). Triadic interactions support infants' emerging understanding of intentional actions. *Developmental Science*, *23*(2), e12880.

Calkins, S. D., & Hill, A. L. (2007). Caregiver influences on emerging emotion regulation: Biological and environmental transactions in early development. In J. J. Gross (Ed.), *Handbook of emotion regulation* (pp. 229-248). Guilford Press.

Cassidy, J., & Shaver, P. R. (Eds.). (2016). *Handbook of attachment: Theory, research, and clinical applications* (3rd ed.). Guilford Press.

Chang, M., Chen, B., Shaffner, J., Dworkin, L. D., & Gong, R. (2021). Melanocortin system in kidney homeostasis and disease. *Nature Reviews Nephrology*, *17*(4), 193-204.

Chevallier, C., Kohls, G., Troiani, V., Brodkin, E. S., & Schultz, R. T. (2012). The social motivation theory of autism. *Trends in Cognitive Sciences*, *16*(4), 231-239.

Clinton, T., & Sibcy, G. (2006). *Why you do the things you do: The secret to healthy relationships*. Thomas Nelson.

Comninos, A. (n.d.). Understanding your window of tolerance. *Mindfulness & Clinical Psychology Solutions*. Retrieved May 28, 2025, from https://mi-psych.com.au/understanding-your-window-of-tolerance/

Corrigan, F. M., Fisher, J. J., & Nutt, D. J. (2011). Autonomic dysregulation and the window of tolerance model of the effects of complex emotional trauma. *Journal of Psychopharmacology*, *25*(1), 17-25.

Cozolino, L. (2006). *The neuroscience of human relationships: Attachment and the developing social brain*. W. W. Norton & Company.

Cozolino, L. (2010). *The neuroscience of psychotherapy: Healing the social brain* (2nd ed.). Norton.

Dana, D. (2020). *The polyvagal theory in therapy: Engaging the rhythm of regulation*. W. W. Norton & Company.

Dapretto, M., Davies, M. S., Pfeifer, J. H., Scott, A. A., Sigman, M., Bookheimer, S. Y., & Iacoboni, M. (2006). Understanding emotions in others: Mirror neuron dysfunction in children with autism spectrum disorders. *Nature Neuroscience*, *9*(1), 28-30.

Feinman, S. (1982). Social referencing in infancy. *Merrill-Palmer Quarterly*, *28*(4), 445-470.

Feldman, R. (2012). Oxytocin and social affiliation in humans. *Hormones and Behavior*, *61*(3), 380-391.

Feldman, R. (2017). The neurobiology of human attachments. *Trends in Cognitive Sciences*, *21*(2), 80-99.

Fonagy, P., Gergely, G., Jurist, E. L., & Target, M. (2002). *Affect regulation, mentalization, and the development of the self*. Other Press.

Gillespie, A., & Cornish, F. (2010). Intersubjectivity: Towards a dialogical analysis. *Journal for the Theory of Social Behaviour*, *40*(1), 19-46.

Gunnar, M. R., & Quevedo, K. (2007). The neurobiology of stress and development. *Annual Review of Psychology*, *58*, 145-173. https://doi.org/10.1146/annurev.psych.58.110405.085605

Harricharan, S., Rabellino, D., Frewen, P. A., Densmore, M., Théberge, J., & Lanius, R. A. (2021). Resting-state functional connectivity of the periaqueductal gray in post-traumatic stress disorder and its dissociative subtype. *NeuroImage: Clinical, 29*, 102540. https://doi.org/10.1016/j.nicl.2020.102540

Iacoboni, M., Woods, R. P., Brass, M., Bekkering, H., Mazziotta, J. C., & Rizzolatti, G. (1999). Cortical mechanisms of human imitation. *Science, 286*(5449), 2526-2528.

Kandel, E. R. (1998). A new intellectual framework for psychiatry. *The American Journal of Psychiatry, 155*, 457-469. http://dx.doi.org/10.1176/ajp.155.4.457

Lester, B. M., & Russell, B. S. (2008). Play, stress, and the learning brain. In C. A. Brown & B. M. Lester (Eds.), *Why play?* (pp. 27-38). Office of Child Development and Early Learning.

Lisman, J. E., Grace, A. A., & Duzel, E. (2011). A neoHebbian framework for episodic memory; role of dopamine-dependent late LTP. *Trends in Neurosciences, 34*(10), 536-547. https://doi.org/10.1016/j.tins.2011.07.006

Liu, C., Solis, E., Ho, I., Li, Y., & Meck, W. H. (2017a). Play promotes neuroplasticity and adaptive behavior in early development. *Developmental Cognitive Neuroscience, 25*, 219-227.

Liu, C., Solis, L., Jensen, H., & Hopkins, E. J. (2017b). *Neuroscience and learning through play: A review of the evidence*. The LEGO Foundation.

Malloch, S., Delafield-Butt, J., & Trevarthen, C. (2019). Embodied intersubjectivity and the vitality of cultural meaning: Narratives of communicative musicality in learning and teaching. *Psychopathology*, *53*(2), 60-73.

McEwen, B. S. (2007). Physiology and neurobiology of stress and adaptation: Central role of the brain. *Physiological Reviews, 87*(3), 873-904. https://doi.org/10.1152/physrev.00041.2006

McGaugh, J. L. (2000). Memory—a century of consolidation. *Science, 287*(5451), 248-251. https://doi.org/10.1126/science.287.5451.248

Meltzoff, A. N., & Brooks, R. (2007). Intersubjectivity before language: Three windows on preverbal sharing. In S. Bråten (Ed.), *On being moved: From mirror neurons to empathy* (pp. 149-174). John Benjamins Publishing Company.

Meltzoff, A. N., & Moore, M. K. (1997). Explaining facial imitation: A theoretical model. *Early Development and Parenting, 6*(3-4), 179-192.

Mukamel, R., Ekstrom, A. D., Kaplan, J., Iacoboni, M., & Fried, I. (2010). Single-neuron responses in humans during execution and observation of actions. *Current Biology*, *20*(8), 750-756. https://doi.org/10.1016/j.cub.2010.02.045

National Scientific Council on the Developing Child. (2010). *Early experiences can alter gene expression and affect long-term development* (Working Paper No. 10). Harvard University, Center on the Developing Child. Retrieved from https://www.developingchild.harvard.edu/resources/working-paper/early-experiences-can-alter-gene-expression-and-affect-long-term-development/

Oberman, L. M., & Ramachandran, V. S. (2007). The simulating social mind: The role of the mirror neuron system and simulation in the social and communicative deficits of autism spectrum disorders. *Psychological Bulletin, 133*(2), 310-327.

O'Donnell, K. J., & Meaney, M. J. (2017). Fetal origins of mental health: The developmental origins of health and disease hypothesis. *The American Journal of Psychiatry, 174*(4), 319-328.

Panksepp, J. (1992). A critical role for "affective neuroscience" in resolving what is basic about basic emotions. *Psychological Review, 99*(3), 554-560. https://doi.org/10.1037/0033-

295X.99.3.554

Panksepp, J. (1998). *Affective neuroscience: The foundations of human and animal emotions*. Oxford University Press.

Panksepp, J., & Beatty, W. W. (1980). Social play in rats: Postnatal facilitation by D-amphetamine. *Neuroscience Letters, 17*(3), 333-337. https://doi.org/10.1016/0304-3940(80)90111-3

Panksepp, J., & Burgdorf, J. (2003). "Laughing" rats and the evolutionary antecedents of human joy? *Physiology & Behavior, 79*(3), 533-547. https://doi.org/10.1016/S0031-9384(03)00159-8

Pellis, S. M., Pellis, V. C., & Himmler, B. T. (2014). How play makes for a more adaptable brain: A comparative and neural perspective. *American Journal of Play, 7*(1), 73-98.

Perry, B. D. (1995). Incubated in terror: Neurodevelopmental factors in the 'cycle of violenc'. In J. Osofsky (Ed.), *Children, youth and violence: The search for solutions* (pp. 124-148). Guilford Press.

Perry, B. D. (2001). The neurodevelopmental impact of violence in childhood. In D. Schetky & E. P. Benedek (Eds.), *Principles and practice of child and adolescent forensic mental health* (pp. 97-106). American Psychiatric Publishing.

Perry, B. D. (2006). Applying principles of neurodevelopment to clinical work with maltreated and traumatized children: The neurosequential model of therapeutics. In N. B. Webb (Ed.), *Working with traumatized youth in child welfare* (pp. 27-52). The Guilford Press.

Perry, B. D. (2008). Child maltreatment: A neurodevelopmental perspective on the role of trauma and neglect in psychopathology. In T. Beauchaine & S. P. Hinshaw (Eds.), *Child and adolescent psychopathology* (pp. 93-128). Wiley.

Perry, B. D. (2017). The neurosequential model of therapeutics: Addressing trauma in children. *Journal of Child & Adolescent Trauma, 10*(3), 1-10.

Porges, S. W. (1995). Orienting in a defensive world: Mammalian modifications of our evolutionary heritage. *Psychophysiology, 32*(4), 301-318.

Porges, S. W. (2004). Neuroception: A subconscious system for detecting threats and safety. *Zero to Three, 24*(5), 19-24.

Porges, S. W. (2011). *The polyvagal theory: Neurophysiological foundations of emotions, attachment, communication, and self-regulation*. Norton & Company.

Porges, S. W., & Dana, D. A. (2018). *Clinical applications of the polyvagal theory: The emergence of polyvagal-informed therapies*. Norton Professional Books.

Premack, D., & Woodruff, G. (1978). Does the chimpanzee have a theory of mind? *Behavioral and Brain Sciences*, *1*(4), 515-526. https://doi.org/10.1017/S0140525X00076512

Ramachandran, V. S., & Oberman, L. M. (2006). Broken mirrors: A theory of autism. *Scientific American, 295*(5), 62-69.

Rizzolatti, G., & Craighero, L. (2004). The mirror-neuron system. *Annual Review of Neuroscience, 27*, 169-192. https://doi.org/10.1146/annurev.neuro.27.070203.144230

Rizzolatti, G., Fadiga, L., Gallese, V., & Fogassi, L. (1996). Premotor cortex and the recognition of motor actions. *Cognitive Brain Research*, *3*(2), 131-141. https://doi.org/10.1016/0926-6410(95)00038-0

Rizzolatti, G., & Sinigaglia, C. (2010). The functional role of the parieto-frontal mirror circuit: Interpretations and misinterpretations. *Nature Reviews Neuroscience, 11*(4), 264-274. https://doi.org/10.1038/nrn2805

Schore, A. N. (2000). Attachment and the regulation of the right brain. *Attachment & Human Development*, *2*(1), 23-47. https://doi.org/10.1080/146167300361309

Schore, A. N. (2001). Effects of a secure attachment relationship on right brain development, affect regulation, and infant mental health. *Infant Mental Health Journal*, *22*(1-2), 7-66. https://doi.org/10.1002/1097-0355(200101/04)22:1〈7::AID-IMHJ2〉3.0.CO;2-N

Schore, A. N. (2003a). *Affect dysregulation and disorders of the self*. W. W. Norton & Company.

Schore, A. N. (2003b). *Affect regulation and the repair of the self*. W. W. Norton & Company.

Schore, A. N. (2012). *The science of the art of psychotherapy*. W. W. Norton & Company.

Schore, A. N. (2021). The interpersonal neurobiology of intersubjectivity. *Frontiers in Psychology, 12*, Article 648616.

Sellers, R. (2021). Polyvagal theory and the nervous system. *Rachel Sellers Counseling*. https://www.rachelsellers.com/polyvagal-theory January 5, 2021

Siegel, D. J. (1999). *The developing mind: Toward a neurobiology of interpersonal experience*. Guilford Press.

Siegel, D. J. (2010). *Mindsight: The new science of personal transformation*. Bantam Books.

Siegel, D. J. (2012a). *Pocket guide to interpersonal neurobiology: An integrative handbook of the mind*. W. W. Norton & Company.

Siegel, D. J. (2012b). *The developing mind: How relationships and the brain interact to shape who we are* (2nd ed.). Guilford Press.

Siegel, D. J. (2012c). *The pocket guide to interpersonal neurobiology: An integrative handbook of the mind*. 이영호, 강철민 공역(2012). 쉽게 쓴 대인관계 신경생물학 지침서: 마음에 대한 통합 안내서. 학지사.

Siegel, D. J. (2012d). *The whole-brain child.* Delacorte Press.

Siegel, D. J. (2020). *The developing mind: How relationships and the brain interact to shape who we are* (3rd ed.). 김보연, 김정수, 김정호, 김지원, 김홍근, 김평호, 김태형, 나규일, 박희관, 박여진, 이승민 공역(2022). **마음의 발달(3판)**. 하나의학사.

Stern, D. N. (1985). *The interpersonal world of the infant: A view from psychoanalysis and developmental psychology*. Basic Books.

Stewart, A. L., Field, J. E., & Echterling, L. G. (2016). Neuroscience and the Magic of Play Therapy. *International Journal of Play Therapy, 25*(1), 1-10.

Strathearn, L. (2011). Maternal neglect: Oxytocin, dopamine and the neurobiology of attachment. *Journal of Neuroendocrinology, 23*(11), 1054-1065.

Tomasello, M. (1995). Joint attention as social cognition. In C. Moore & P. J. Dunham (Eds.), *Joint attention: Its origins and role in development* (pp. 103-130). Lawrence Erlbaum.

Trevarthen, C. (1979). Communication and cooperation in early infancy: A description of primary intersubjectivity. In M. Bullowa (Ed.), *Before speech: The beginning of interpersonal communication* (pp. 321-347). Cambridge University Press.

Trevarthen, C. (1993). The self born in intersubjectivity: The psychology of an infant communicating. In U. Neisser (Ed.), *The perceived self: Ecological and interpersonal sources of self-knowledge* (pp. 121-173). Cambridge University Press.

Trevarthen, C. (1996). Lateral asymmetries in infancy: Implications for the development of the hemispheres. *Neuroscience & Biobehavioral Reviews, 20*(4), 571-586.

Trevarthen, C., & Aitken, K. J. (2001). Infant intersubjectivity: Research, theory, and clinical applications. *Journal of Child Psychology and Psychiatry, 42*(1), 3-48.

Trevarthen, C., & Hubley, P. (1978). Secondary intersubjectivity: Confidence, confiding, and acts of meaning in the first year. In A. Lock (Ed.), *Action, gesture, and symbol: The emergence of language* (pp. 183-229). Academic Press.

Trezza, V., Damsteegt, R., & Vanderschuren, L. J. M. J. (2011). Nucleus accumbens μ-opioid receptors mediate social reward. *Journal of Neuroscience, 30*(24), 8259-8268.

Tronick, E. Z. (2007). *The neurobehavioral and social-emotional development of infants and children*. W. W. Norton & Company.

Vanderschuren, L. J. M. J., & Trezza, V. (2014). What the laboratory rat has taught us about social play behavior: Role in behavioral development and neural mechanisms. *Current Topics in Behavioral Neurosciences, 16*, 189-212.

Walker, R. J. (2017). *Polyvagal chart [Illustration]. Ruby Jo Walker*. Retrieved from rubyjowalker.com

Warneken, F., & Tomasello, M. (2006). Altruistic helping in human infants and young chimpanzees. *Science, 311*(5765), 1301-1303.

Wheeler, N., & Dillman Taylor, D. (2016). Integrating interpersonal neurobiology with play therapy. *International Journal of Play Therapy, 25*(1), 24-34. https://doi.org/10.1037/pla0000018

Wilson, M. (2023). *Self-regulation through rhythm*. Evolve in Nature.

제3부

발달놀이치료를 위한 다양한 접근

제7장

Brody의 발달놀이치료

학습목표

1. Brody의 발달놀이치료를 이해할 수 있다.
2. 접촉을 기반으로 한 Brody 발달놀이치료의 실제적 기법을 이해할 수 있다.

● ● ● 자폐스펙트럼장애를 포함한 발달장애 아동의 놀이치료적 개입으로 그간 행동주의 이론에 기반한 치료적 개입이 주를 이루었는데(Solomon, 2008), 그중 접촉을 주요한 요소로 둔 치료적 개입이 바로 Brody의 발달놀이치료이다. Brody의 발달놀이치료는 발달장애 아동뿐만 아니라 애착이나 외상을 경험한 아동에게도 적용되어 온 발달놀이치료의 대표적인 방법으로, 이 장에서는 Brody의 발달놀이치료에 대한 이론적 이해뿐만 아니라 실제적 적용을 위한 기법까지 다루어 보고자 한다.

1. 발달 배경

Brody(1978)는 다른 무엇보다 접촉의 중요성을 강조하면서 발달놀이치료(Developmental Play Therapy: DPT)를 개발하였다. 접촉은 Brody 발달놀이치료의 중심이며 중요한 방법으로, 이러한 접촉을 통해 아동의 자아가 성장한다고 본다(Brazelton, 1990). Brody의 발달놀이치료를 구체적으로 살펴보면, 그 핵심에는 존재(presense)와 친밀감(intimacy)이라는 요소가 존재하며, 이를 위해 치료 장면에서 신체 접촉을 사용하는 구조화된 회기를 진행하게 된다.

Brody의 발달놀이치료는 Ainsworth(1969), Bowlby(1979), Des Lauriers(1962), Buber(1958), Harlow(1958), Montagu(1986), Spitz(1946) 등의 다양한 이론에 기반을 두고 발달하였다. 그 발달 배경에 대해 좀 더 살펴보면, 처음에 Brody는 자신의 슈퍼바이저였던 Des Lauriers(1962)의 자아발달 이론에서 큰 영향을 받았다. Des Lauriers는 인간의 자아 발달은 신체에 대한 인식에서부터 시작된다고 보았으며, 신체에 대한 초기 지각을 '신체적 자아(bodily self)'라고 하였다. 신체적 자아의 발달을 중요하게 다루는 이유는 신체적 자아의 발달이 그다음에 발달하게 되는 심리적 자아의 발달을 위한 기초가 되기 때문이다.

Freud 또한 최초의 자기(self)는 신체적 자기라고 보았으며, 이러한 신체적 자아가 발달하게 되는 배경에서 어머니와의 관계 경험이 매우 중요하다고 보았다. 즉, 아동은 출생 이후 어머니와의 관계 경험을 통해 핵심적 자기의 발달을 위한 조건을 제공받게 되는데, 그 조건이 바로 접촉이다. 이러한 배경하에 Brody도 신체적 자아의 발달을 위해서는 신체 접촉이 매우 중요하다고 여겼으며, 이러한 신체 접촉을 감각 자극적 접촉(sensory stimulating)이라고 보았다. 접촉이 관계와 관련하여 중요한 이유는 바로 접촉하는 사람과 접촉받는 사람 사이에 관계를 형성하기 때문이다.

신체적 자아는 출생 시부터 시작되며, 그 이후 신경생리학적으로 기억하고, 사물을 인지하고, 근육운동을 조절할 수 있는 자아의 기능들이 나타나기 시작한다. 이는 Mahler (1975)의 분리개별화 과정으로도 설명할 수 있는데, 영아는 생후 3개월까지 자신과 어머니의 존재를 구분하지 못하고 자신을 어머니의 한 부분으로 지각한다. 그 이후 어머니와 자신이 별개의 존재라는 의식이 발달하게 되면서 자신의 신체 부분들을 지각하게 되고 아동의 신체는 아동의 세계로부터 아동을 구분 짓는 별개의 경계를 갖게 된다. 이처럼 초기 어머니와 자신이 하나라고 인식하는 자폐적인 단일 체계에서, 자기와 타인(self-other)이라는 두 사람 체계로 전환하는 과정을 통해 부모-자녀 관계가 형성된다. 이때 초기 자아의 경험은 신체에 대한 인식으로 시작되며 이 신체 인식은 접촉을 통해 이루어진다.

이러한 접촉 과정을 통해 심리적 자아가 성장하게 되는데, 심리적 자아의 성장은 타인의 자아와 관계 맺는 것에 영향을 미친다. 이때 그것을 지지하고 격려하는 사람이 필요하기 때문에 치료사는 어머니와 같은 존재, 즉 아동을 사랑하고 제한하지 않으며 헌신하는 성인으로 존재해야 한다. Spitz(1965)는 시설아동의 특성을 설명하면서 시설에 있는 아동의 경우 양육자와의 접촉 경험의 부재로 인해 아동이 성장하면서 환경에 대한 관심이 떨어지고 활동량이 줄어드는 특성을 보인다고 설명하였다. Winnicott도 출생 이후 몇 개월을 절대적 의존 시기로 보면서 어머니가 아기를 충분하고 편안하게 안아 줌으로써 아기는 좋고 편안한 신체감을 느끼게 되는데 이를 통해 신체와 정신이 통합되고 자신의 신체와 타인의 신체를 구별할 수 있게 된다고 보았다. 따라서 좋은 신체 경험은 내적 자기(self)를 발달시키는 기초가 된다(김광웅, 유미숙, 유재령, 2004).

Brody의 발달놀이치료는 Buber(1958)의 이론에서도 큰 영향을 받았는데, 이는 I-Thou의 만남으로 설명된다. 그 핵심은 당신(Thou)의 존재가 나(I)에게 영향을 주고 나(I)의 자아를 변화시킨다는 것이다. 이렇듯 나(I)와 당신(Thou)의 관계를 통해 자아는 자아를 만나게 된다고 보았다. 그 외에도 Harlow(1958)의 원숭이 실험에서는 신체적 접촉이 동물의 정상 발달에 핵심적이며, 이는 인간에게도 적용될 수 있는 부분으로 보았다.

지금까지 열거한 이론들에서 공통적으로 설명하고 있는 것은 자아발달을 위한 접촉의 중요성이라고 볼 수 있으며, 이는 Brody의 발달놀이치료를 이해하는 데 중요한 이론적 배경이 될 수 있다. 이러한 이해를 바탕으로 Brody의 발달놀이치료는 자폐스펙트럼장애를 포함한 신경발달장애뿐 아니라 애착 및 외상을 경험한 아동의 치료에도 효과적인 방법으로 알려져 활용되고 있다(Brody, 1995; Short, 2008).

2. Brody 발달놀이치료의 원리

Brody 발달놀이치료는 일반적으로 여섯 가지의 원리를 가지고 있다(〈표 7-1〉 참조). 〈표 7-1〉의 Brody 발달놀이치료의 원리를 통해 볼 수 있듯이, 아동을 접촉하는 것은 발달놀이치료의 중요한 방법이며 발달놀이의 대화 그 자체이다. 발달놀이치료의 모형은

표 7-1 Brody 발달놀이치료의 여섯 가지 원리

1. 접촉받음으로써 자기 자신을 경험한 아동은 자아감을 발달시킨다.
접촉을 통해 아동은 자신과 접촉하는 성인과 관계를 맺게 된다. 접촉을 경험한 아동은 자기 자신을 나(I)로 인식하게 되고 접촉해 주는 사람을 너(Thou)로 인식하게 된다. 이러한 성인과의 접촉을 통한 관계에 의해 아동은 자아감이 발달하게 된다. 결론적으로, 아동은 관계를 통해 성장한다.

2. 아동이 접촉을 경험하기 위해서는 능력 있는 성인이 아동을 접촉해야 한다.
여기에서 능력 있는 성인이란 실제로 접촉을 경험한 사람을 말한다. 접촉을 받는다는 것이 실제로 어떻게 느껴지는지를 알아야 하며, 또한 접촉해 주는 사람이 그 접촉의 느낌을 만들어 내기 위해 무엇을 해야 하는지를 알아야만 실제로 아동에게 접촉을 경험시킬 수 있다.

3. 접촉해 주는 사람이 되기 위해 먼저 기꺼이 접촉받는 것을 배워야 한다.
접촉은 접촉하는 사람이나 접촉을 받는 사람 모두에게 어린 시절의 경험을 떠올리기 때문에 접촉을 허용한다는 것은 쉬운 일이 아니다. 하지만 접촉받은 경험이 있어야만 아동을 접촉하게 만들 수 있다.

4. 접촉을 느끼기 위해 아동은 스스로 접촉받는 것을 허용해야 한다.
만약 부정적인 접촉을 경험한 아동이라면 접촉을 거부할 수도 있다. 하지만 치료사의 민감한 접촉을 경험하게 된다면 분명 신체적 자아를 경험할 수 있다.

5. 아동은 접촉을 통해 먼저 남에게 보여지는 것을 느낀다.
접촉은 아동이 접촉을 느낄 수 있게 하며, 자신의 신체 신호를 인정하게 하고 생생한 만남의 순간에 자신을 접촉해 주는 성인과의 관계를 경험하게 한다.

6. 접촉이 필요한 아동에게 관계를 만들어 주기 위해 성인은 발달놀이치료 회기에서 일어나는 활동을 통제한다.
Brody 발달놀이치료에서는 치료적 관계가 만들어지고 진전되게 할 책임이 성인에게 있기 때문에 치료사는 아동을 주목하고, 접촉하며, 아동의 단서에 반응하고 아동의 욕구를 충족시키는 성인으로 존재해야 한다. 그리고 이 성인이 아동의 관심 대상이 된다.

출처: Brody (1997).

성인이 아동을 접촉하고, 아동이 접촉받는 것에 반응하면 성인은 아동의 반응에 근거해 아동과 접촉할 수 있는 방법을 선택한다. 이러한 과정에서 접촉하고, 듣고, 주목함으로써 아동과 접촉한다.

> 접촉을 느끼는 아동의 행동, 태도, 감정은 반드시 변화한다. 접촉은 아동이 보다 이완되고 편안해지는 것으로, 보다 힘이 넘치고 생동감 있게 나타나는 신체 느낌의 경험이다. 접촉받는 아동은 단순히 행복하다. 아동은 자신이 누구인지에 대한 인식이 고조되며, 새로운 활동을 시작하고 성인과 새로운 방식으로 관계 맺음으로써 이러한 인식에 영향을 미친다. 마침내 접촉받는 것은 아동에게 지극한 즐거움이 된다. 결과적으로, 아동은 다시 접촉받고 싶어 한다. 아동이 느끼는 즐거움은 살아 있는 느낌, 자신의 실제성, 성장하는 자아에 대한 느낌의 즐거움이다. 아동은 성인이 접촉을 반복하게 하거나, 새로운 방식으로 접촉하게 함으로써 즐거움을 유지한다(Brody, 1995, p. 36).

> 아동이 자신의 몸을 느낄 수 있도록 하는 것이야말로 성인과 아동이 서로 접촉하는 관계에서의 유쾌한 요소이다. 스스로 느껴 본 자신의 몸을 통해 아동은 자신을 지각하게 되는 것이다. …… 반복적으로 자신의 신체를 느껴 봄으로써 아동은 말하고 상상하고 환상을 갖고 추상적으로 사고하는 능력을 갖게 된다. 자신과 온전히 함께해 주는 성인과 이렇게 반복적인 신체 접촉을 경험한 아동은 자신의 몸에 대해 안정적으로 지각하여 내면에 '집' 또는 '중심 공간'을 갖게 될 것이다. …… 가장 기본적인 것에는 외부의 자극이 있을 때 신체에 대한 자각을 경험하는 것이 포함된다. 이러한 자각은 아동으로 하여금 내부에서부터 밖으로 세상과 대응할 수 있도록 하는 내면의 자기를 형성하게 할 것이다(Brody, 1997, p. 161).

접촉에 대해 특별히 정해진 방법이 있는 것은 아니다. 먼저, 아동이 성인의 접촉을 인식하고 수용할 수 있는 접촉점을 찾아야 한다. 그 접촉점은 아동의 장애와 정도에 따라 다르며 그 접촉점을 찾아가는 치료사의 민감함이 필요하다. 발달놀이치료의 관계에서 접촉을 받는 아동의 경험도 중요하지만 접촉을 해 주는 성인의 주관적 경험도 중요하다.

> 아동을 접촉할 때, 나는 내 손에 에너지와 따뜻함을 느낀다. 동시에, 나는 아동의 피부도 느낀다. 나는 아동의 피부가 나를 접촉하게 하거나, 밀어내거나, 무시하는 것을 경험한다. 아동의 피부는 나를 인내하며 아동이 나에게 관해 또는 우리가 하고 있는 일에 관해 어떻게 느끼는지 말해 준다. 아동의 몸이 나를 허락하면, 나는 아동의 몸이 이완되고 무거워지는 것을 느낀다. 아동으로부터 내게, 그리고 나로부터 아동에게 에너지가 흐르는 것을 느낀다. 그리고 그 상태로 조용하고 멋지게 있는 것 이외에는 아무것도 할 것이 없다. 아동의

몸이 나를 밀어내면 나는 에너지가 차단되는 것을 경험한다. 그런 경우에는 달리 접촉을 시도한다. 그냥 아동을 보거나 옆에 앉아 있거나, 아동이 내 존재를 경험하고 아동이 무엇을 하든 상관없으며, 내가 사라지지 않을 것임을 배우게 한다(Brody, 1995, pp. 36-37).

3. Brody 발달놀이치료의 단계

일반적으로 발달놀이를 실시하는 치료사는 〈표 7-2〉와 같은 3단계를 경험하게 된다(Brody, 1995).

표 7-2 Brody 발달놀이치료의 단계

단계	내용
1단계	인사하는 단계
2단계	접촉을 허락하고 원하는 단계
3단계	아동이 치료사를 자신과 분리된 존재로 경험하게 되는 단계

첫 번째 단계는 인사하는 단계로, '아동을 알아 가는' 단계이다. 이때는 아직 아동과 치료사 간에 대화가 이루어지지 않는 상태이며, 아동이 치료사를 시험할 수도 있다. 이 단계에서 치료사는 아동의 단서와 신체에 매우 주의를 기울이게 된다.

두 번째 단계는 아동이 접촉을 허락하고 원하는 단계로 치료사에 대한 신뢰감이 생겨난다. Brody는 이 단계를 "내가 아동을 사랑하도록 아동이 허용한다."라고 표현할 만큼 아동이 접촉을 느끼고 있음을 치료사도 느끼게 되며 치료사에 대한 아동의 사랑이 느껴지는 단계이다. 이 과정에서 부드러운 에너지가 느껴지긴 하지만 아직은 에너지의 흐름이 치료사에서 아동으로 흐르는 단계이다. 대상관계이론에서 비추어 볼 때 이 단계는 애착 단계라고 볼 수 있다.

세 번째 단계는 아동이 치료사를 자신과 분리된 존재로 경험하게 되는 단계이다. 이때 아동은 자기 자신을 위해 말하는 자아를 갖게 된다. 그로 인해 아동도 대화에 참여하기 시작하게 되고 전정한 접촉의 대화가 이루어지는 단계이다. 이때 에너지의 흐름이 아동에서 치료사에게로도 어느 정도 이루어진다. 아동은 치료사를 동등하게 대하게 되면서 Levin(1987)이 말하는 접촉받는 사람이 접촉하는 사람이 되고, 접촉하는 사람이 접촉받는 사람이 되는 그런 단계가 된다. 이와 같이 접촉의 목표는 아동과 성인의 자아가 만나서 대화할 수 있는 관계를 만드는 것이다.

4. Brody 발달놀이치료의 구조

1) 발달놀이치료의 환경

Brody 발달놀이치료의 시간은 아동과 접촉하는 시간으로, 그것을 가능하게 하는 환경(setting)이 필요하다. 발달놀이치료의 환경에서 필요한 것들은 〈표 7-3〉과 같다.

표 7-3 발달놀이치료실의 환경

- 카펫(최소한 두 사람이 앉을 수 있는 정도의 크기)
- 흔들의자
- 테이블과 의자
- 종이, 크레용, 연필
- 로션

발달놀이치료에서 사용하는 물품들은 대체로 간단하며 수도 적다. 카펫과 흔들의자는 치료사와 아동 사이의 친밀한 신체적 접촉을 촉진하게 되며, 테이블과 의자, 크레용, 연필 등의 물품들은 아동이 자기표현을 쉽게 할 수 있도록 한다. 로션은 발달놀이 게임에서 사용하게 된다. 이처럼 발달놀이에서는 놀잇감이 반드시 필요하지는 않다.

발달놀이에서 중요한 요소는 아동과 치료사 사이에서 발전된 관계에 있기 때문이며, 그 요소는 치료사의 신체적 존재를 직접 경험하는 것이다. 따라서 발달놀이에서는 카펫만 있어도 가능할 수 있다.

2) 안고 흔들기

안고 흔들기(crading)는 Brody 발달놀이치료에서 매우 중요한 요소이다. 치료사는 흔들의자 혹은 카펫에 앉아서 젖먹이는 자세로 아동을 안는다(다음 페이지의 사진 참조). 이

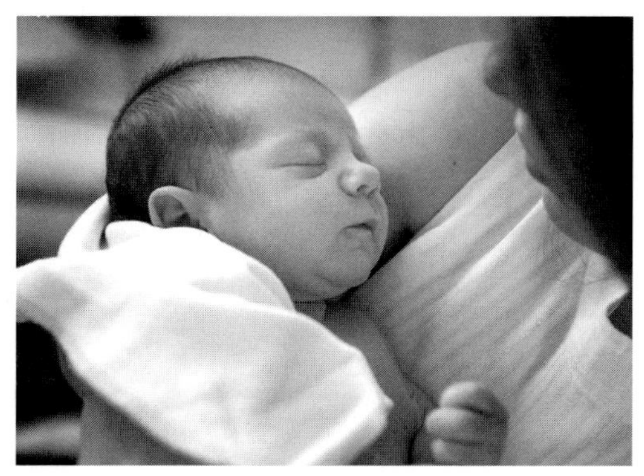

자세는 치료사와 아동 간의 눈맞춤을 용이하게 하며 아동에게 매우 부드럽게 말할 수 있다는 장점이 있다. 치료사는 아동을 안고 흔들면서 자장가를 불러주거나, 노래를 불러 준다. 때로는 치료사가 접촉하는 아동의 신체 부분의 이름을 노래로 불러 줄 수도 있다.

이러한 안고 흔들기를 통해 아동은 함께 있음을 경험하게 되며, 안전감을 느끼면서 몸의 이완을 느낀다. 또한 주변 자극에 주의가 분산되는 것을 없애고 정서와 신체 감각의 내부 세계에 아동이 관심을 집중하게 되면서 자신과 자신이 아닌 것을 경험하게 되며 자신 내부에서 나오는 기쁨을 경험하게 된다. 또한 안고 흔들기를 통해 자신의 감정과 욕구를 인식하게 될 뿐만 아니라 자기가 누구인지 알게 되며 자기를 조절하게 된다.

Brody의 발달놀이치료는 놀이치료 각 회기를 세 부분으로 나누어서 진행하게 된다. 처음에는 인사하기로, 이때는 아동에게 인사를 건네면서 치료사가 아동을 보고 있음을 아동이 인식하게 한다. 두 번째 단계는 활동하기 단계로, 치료사가 시작하기도 하고 아동이 시작하기도 한다. 세 번째 단계는 끝내기 혹은 안고 흔들기 단계로, 치료사와 아동 간의 안고 흔들면서 일어나는 경험으로 회기를 마친다. 대체로 Brody 발달놀이치료에서는 각 회기의 마지막 단계에 아동을 안고 흔들어 주는 활동을 하는 것으로 회기를 끝마치게 된다.

3) 신체 부위를 접촉하고 노래하기

Brody 발달놀이치료에서 치료사는 아동의 신체, 즉 손, 팔, 얼굴, 발, 다리 등을 접촉한다. 이러한 접촉을 용이하게 하도록 놀이치료실에 들어오면 양말을 벗게 하는 것이 일반적이다. 치료사는 이러한 부위(손, 팔, 얼굴, 발, 다리 등)를 접촉하면서 아동의 신체 부위의 이름을 말해 준다. 가끔은 접촉을 한 후 안아 주기도 하는데 이는 접촉시간을 길게 하기 위한 것이다. Brody 발달놀이치료에서 접촉은 치료사의 관심, 이해, 즐거움을 전달한다. 그리고 이런 종류의 접촉은 아동에게 즉각적인 반응을 이끌어 낸다.

Brody가 실제로 치료했던 아동의 사례 중 접촉의 어려움을 보이는 앤과의 접촉에 대한 사례를 소개하고자 한다(Brody, 1995, pp. 48-49).

Brody: (앤의 손을 접촉한다.) 이 손 좀 봐라.

앤: (벽에 그림을 가리키며) 저게 뭐예요?

Brody: (그림을 가리키고 있는 손을 잡으며) 그리고 이 손에는 손가락이 있고, 손가락은 움직여(한번에 한 손가락씩 움직인다).

앤: (손을 빼려 한다.)

Brody: (계속 손을 잡으며) 네 손이 얼마나 부드러운지 내게 보여 주렴(아동의 손으로 Brody의 목을 가볍게 접촉한 다음, 아동의 손을 아동의 뺨에 댄다). 이제 너도 네 손이 얼마나 부드러운지 보렴.

앤: (Brody가 그렇게 하도록 한다.)

접촉의 방법 중 하나로 Brody 발달놀이치료에서는 아동의 신체 부위에 뽀뽀를 해 주기도 한다. 이때 치료사는 아동에게 뽀뽀해 줄 만한 곳이 있는지 질문한다. 뽀뽀하기는 아동이 자신의 신체 중 중요하게 여기는 곳을 인식하게 하며 궁극적으로 자신을 가치 있는 존재로 느끼게 한다. 또한 뽀뽀하기를 통해 아동은 무조건적 애정을 주고받는 것에 대해 배울 수 있게 된다.

치료사의 말도 접촉의 일부분이 될 수 있다. 말하는 사람의 목소리는 듣는 이로 하여금 무엇을 느끼는지 알게 한다. 접촉을 위해 목소리를 내는 것의 대표적인 것이 바로 노래를 불러 주는 것이다. 아동은 노래하는 사람의 목소리 진동을 통해 성인의 존재를 느낀다. 만약 아동이 같이 부른다면 치료사의 목소리에 자신의 것을 첨가하여 조화를 이루는 것이라고 볼 수 있다. 안고 흔들기를 할 때 자주 부르는 노래는 바로 자장가이다. 자장가는 리듬, 목소리의 진동, 가사, 신체 접촉, 아동을 사랑스럽게 바라보는 눈 맞춤까지 긍정적인 효과를 가지도록 조합되어 있다.

4) 제한설정

Brody 발달놀이치료에서 제한설정은 어떤 행동이 허용되지 않는지를 아동에게 알리는 것으로, 중요한 것은 치료사를 조정할 수 없다는 것을 아동에게 분명히 전달하는 것이다. 발달놀이치료에서 아동의 역할은 치료사가 제공하는 구조에 반응하는 것이다. 아동의 욕구는 치료사에게 알려져야 하고 치료사가 그것을 충족시킬 수 있도록 해야 한다.

만약 파괴적이거나 통제를 벗어나는 상황이 발생하게 되면(예: 치료사를 때리려 하거나, 아동 자신을 때리려는 등의 행동 등) 아동 자신에 대한 아동의 관심에 집중하면서 "때리는 걸 그만두면 놓아 줄게." "내가 너를 잡게 하니 얼마나 좋으니?" "내가 잡고 있는 이 손 좀 봐라." 등으로 말할 수 있다.

이러한 제한설정을 통해 아동은 다른 사람이나 다양한 신체적인 면과 세상의 일들을 통제할 수 없다는 것을 이해할 필요가 있다. 자신의 능력을 알기 위해서는 먼저 무엇이 불가능한지를 알아야 한다. 이렇게 제한을 경험하게 되면서 아동은 제한이 존재한다는 사실을 알게 된다. 그 이후에 적절한 반응을 경험하면서 자신에게 있는 새로운 능력과 스스로 제한을 설정할 수 있는 경험을 하게 된다. 이러한 과정에서 치료사는 주도권을 가지게 되는데, 이를 통해 아동은 치료사를 조정할 수 없으며, 도망칠 수도 없다는 것을 인식하게 된다.

더 알아보기

Q. 만약 아동이 안고 흔들기를 싫어한다면 어떻게 할 것인가?

Brody 발달놀이치료는 접촉을 매우 중요하게 여기기 때문에 만약 아동이 안고 흔들기를 싫어한다면 치료사는 다른 방법으로 접촉하거나 함께 있으면서 다소 조심스러운 신체적 개입을 할 수 있다. 예를 들어, 아동이 "목이 아파요."라며 치료사의 접촉을 밀어내는 반응을 보일 때 치료사는 안고 흔들기를 멈추면서 "○○의 목이 어디 있지?"(목을 만져 준다.) 등으로 다른 방법으로 접촉을 시도하거나 접촉을 다소 천천히 시도할 수 있다.

Q. 치료사가 아동을 간질이는 행동도 긍정적인 접촉인가?

Brody 발달놀이치료에서 치료사는 절대로 아동에게 간질이는 행동을 하지 않는다. 이러한 행동은 아동에게 긍정적인 접촉이 아닌 가장 침입적이고 적대적인 일이기 때문이다. 만약 치료사가 이러한 행동을 통해 접촉을 시도하게 되면 아동은 전혀 방어할 수 없게 된다.

Q. 만약 아동이 몸의 중요한 부위를 접촉해 달라고 하면 어떻게 할 것인가?

Brody 발달놀이치료가 접촉을 중요하게 생각하고 치료사가 접촉을 시도하기 때문에 접촉에 있어 민감한 부위에 대한 주의가 반드시 필요하다. 만약 아동이 몸의 중요한 부위를 접촉해 달라고 한다면 치료사는 즉시 "거기에는 하지 않을 거야. 그 부분은 너 외에는 아무도 접촉할 수 없어."라고 말해 주어야 한다. 오히려 긍정적이고 가능한 접촉을 해 주거나 괜찮다고 느껴질 때까지 조용히 안아 줄 수 있다.

5) 고려 사항

Brody의 발달놀이치료는 접촉을 매우 중요한 요소로 여기는 치료적 개입이다. 그러나 최근 아동에 대한 접촉은 다소 민감한 사안이 될 수도 있기 때문에 치료사는 접촉과

표 7-4 치료사가 접촉을 시도할 때 고려할 사항

1. 보호자에게 신체적 접촉에 대한 사전 동의서를 제공하고 자필 동의서를 받는다.
2. 접촉은 아동의 욕구 및 치료 목표를 충족시키는 데 필요할 때만 행해야 한다.
3. 치료사는 슈퍼비전을 받는다.
4. 아동이 접촉에 대해 불편감을 느끼거나 성적으로 자극되거나 분노할 경우 윤리에 따라 치료사는 아동을 만져서는 안 된다.
5. 아동이 신체적 학대를 당한 경험이 있을 경우 치료사는 접촉에 대해 더욱 경계해야 한다.
6. 어떤 아동의 경우 안전 유지를 위해 신체적 제지에 대해 다룰 필요가 있으며, 이는 치료사의 훈련을 필요로 한다.
7. 접촉에 기반한 치료적 개입을 실행함에 앞서 치료사는 반드시 접촉과 관련된 특별한 훈련을 받아야 한다.
8. 치료사는 접촉과 관련하여 적절한 신체적 경계를 설정해야 한다. 예를 들어, 아동이 치료사의 가슴을 만지려 한다면 아동의 손을 떼며 "찌찌!"라고 말하면서 만지지 못하게 해야 하며, 반대로 아동이 자신의 성기를 만져 달라고 할 경우 "선생님은 그렇게 하지 않을 거야. 그 부분은 ○○이 몸에 있는 거라서 ○○이 말고는 아무도 만질 수 없어."라고 말할 수 있다
9. 다리를 만지는 경우 무릎 위로는 만지지 않는다.
10. 아동은 치료사가 자신을 만지지 않았음에도 치료사가 자신을 '만져 주었다'고 느낄 수 있다.
11. 접촉은 인형과 같은 물체를 통해서도 이루어질 수 있다(예: 입을 움직일 수 있는 손인형으로 아동의 손가락 세기).
12. 아동을 간지럼 피우지 않는다.
13. 접촉은 부드러우면서도 아동이 느낄 수 있을 만큼 확실해야 하나 결코 고통을 느끼거나 다치게 해서는 안 된다.
14. 포옹이나 적절한 접촉을 시도하는 아동의 접근을 절대 거절하지 않는다.
15. 절대 접촉을 강요하지 않는다.
16. 치료사의 '첫번째 과제'는 각 아동에게 '맞는' 접촉을 찾는 것이다. 예를 들어, 아동이 "또 해줘."라고 하는 것은 치료사가 적절한 촉감을 찾았다는 아동의 확인일 수 있다.
17. Brody는 온정과 애정의 촉감을 제공하기 전에 먼저 치료사가 자신을 사랑하는 방법을 배우고 실천해야 한다고 강조한다.
18. 접촉과 관련된 문화적 차이를 염두에 둔다.

출처: Gallo-Lopez & Rubin (2012).

관련하여 고려해야 할 사항을 숙지할 필요가 있다(Thomas & Jephcott, 2011). 이에 대해 Gallo-Lopez와 Rubin(2012)은 Brody(1993, 1997)가 제시한 임상적 지침을 좀 더 확장해서 앞의 〈표 7-4〉와 같은 고려 사항을 제시하고 있다.

5. 발달놀이 게임

Brody 발달놀이치료에서 게임은 재미있는 신체 접촉을 통해서 치료사와 아동이 I(나)-Thou(너) 관계를 경험하게 한다. '게임', 즉 신체 접촉이라는 만남의 시간을 통해서 아동은 접촉을 느끼면서 자아를 경험하게 된다. 다음은 Brody(1995)가 소개하는 게임이며, 그에 대해 이곳에 소개하고자 한다.

1) 언덕과 계곡 게임(Hills and Valleys Game)

▣ 활동

아동을 치료사의 무릎 위에 앉히고 난 후 아동의 손을 잡고 활동을 시작한다.

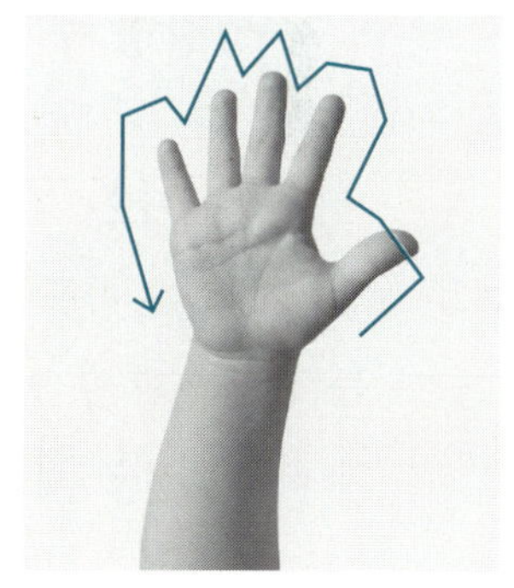

"네 손에 언덕과 계곡이 있다는 걸 아니?"라고 게임을 소개하고 치료사의 손가락으로 아동의 엄지손가락 바깥쪽에서 시작하여 손가락 끝 쪽으로 올라갔다가 다시 손가락 사이로 내려가면서 "아주 작은 언덕을 올라가고 내려오고", 검지손가락에 대해서도 마찬가지로 반복하면서 "또 큰 언덕을 올라가고 내려오고", 이렇게 중지손가락과 약지손가락, 새끼손가락까지 모두 다 할 때까지 계속한다.

▣ 고려 사항

이 활동을 할 때 치료사는 천천히, 그리고 확실하게 터치하면서 아동을 간지럽히지 않도록 손가락 끝에 약간 힘을 준다.

2) 미끄러운 손 게임(Slippery Hand Game)

▣ 준비물: 로션

▣ 활동

치료사가 먼저 자신의 손에 로션을 바른다. 그리고 로션을 바른 치료사의 손으로 아동을 잡고 아동의 손과 팔에 로션을 바른다. 그런 다음, 치료사 손으로 아동의 팔을 잡은 후, 팔을 지나 팔의 꼭대기인 어깨로 올라간다. 이제는 아동에게 손을 당겨 보라고 말한다. 이렇게 되면 아동의 팔은 어깨에서부터 팔, 손, 그리고 손가락 끝까지 치료사의 손을 통해 미끄러져 빠져나가게 되면서 치료사와의 접촉을 경험하게 된다.

▣ 고려 사항

만약 아동이 치료사가 이야기하는 "손을 당겨 보렴."이라는 말을 이해하지 못한다면 아동이 그 말을 이해하고 스스로 팔을 당겨 볼 때까지 "당겨 봐."라고 말하면서 치료사가 자신의 손을 아래로 미끄러져 내려오게 하는 과정을 통해 아동에게 그 개념을 이해시킨다.

3) 생강빵 쿠키 만들기(Gingerbread Cookies Game)

▣ 활동 개요

이 게임은 아동 자신이 쿠키로 만들어지고 있다고 상상하는 동안 치료사에게 접촉받는 경험을 할 수 있게 한다는 장점이 있으며, 자신의 몸이 치료사와 분리되어 있음을 알게 하고 안기는 접촉의 즐거움을 갖게 해 준다.

▣ 활동

치료사는 아동을 무릎에 앉히고, "나는 너를 훌륭한 쿠키로 만들 거야."라고 말하며 시작한다. 먼저, "너를 섞기 위해 믹서에 넣을 거야."라고 말하며 마치 믹서기가 작동되는 것처럼 아동을 이리저리 흔들면서 믹서 소리를 낸다.

그 이후 아동을 치료사의 무릎에서 내려서 치료사 앞에 눕히고 난 뒤 마치 밀대로 미는 것처럼 아동을 평평하게 민다. 이때 아주 천천히, 그리고 부드럽게 접촉하는 것이 필요하다.

그다음, 치료사는 쿠키 자르는 기계가 되어 쿠키 모양을 만든다. 이때 아동의 머리, 목, 어깨, 팔과 다리, 손, 발, 손가락, 발가락을 골고루 접촉한다. 처음에 아동의 얼굴을 만들고, 그다음 목을 만들고 어깨를 만드는 식으로 머리부터 발가락까지 온몸을 만들어 가는 접촉을 시도하면 된다.

마지막으로, 아동을 들어 치료사 무릎 위에 앉히고 나서 아동이 마치 오븐 안에 들어간 것처럼 아동을 안아 준다. 치료사는 오븐 뚜껑을 닫고 지금 익고 있다고 말하고, 아동의 몸을 접촉하면서 안에서 익어 가고 있는 소리를 낸다. 그리고 뚜껑을 열고 쿠키가 다 익었는지를 묻는다. "다 됐어요."라고 한다면 치료사는 아동을 오븐에서 꺼내는 척하면서 "그다음에 무엇을 할지 아니?" "넌 냄새가 좋구나. 너를 먹을 거야."라고 하고 아동에게 뽀뽀를 한다. 이때 너무 서두르지 말고 천천히 진행하는 것이 필요하며, 아동이 보이는 반응에 주의를 기울인다.

4) 초상화 게임(Portrait Game)

■ 활동 개요

이 게임은 아동이 자신의 얼굴을 경험해 보는 데 초점을 둔 개입이다. 치료사는 마치 미술가가 되어 그림을 그리는 것처럼 아동의 얼굴에 접촉을 시도한다.

■ 활동

치료사는 아동과 마주 앉아서 아동에게 "오늘 참 멋져 보이는구나. 나는 오늘 너를 그리고 싶어."라는 말을 하며 시작한다. 치료사는 아동의 왼손을 그림물감인 척하고, 오른손을 팔레트인 척하면서 물감을 가져다가 팔레트에 물감을 혼합하는 것처럼 아동의 손을 접촉한다. 그 이후 치료사의 손가락과 손을 붓처럼 사용하여 처음에는 얼굴 전체에 기본색을 칠하는 것처럼 접촉한다. 그러고 나서 아동의 눈썹, 눈, 속눈썹, 콧등 등에 가볍게 접촉하면서 마치 붓으로 그림을 그리는 것처럼 치료사의 손가락으로 접촉을 한다. 이 과정이 끝나고 나면 아동의 손을 잡고 마치 거울을 보는 것처럼 아동에게 보여 주면서 "이 손이 거울이니까 네 얼굴을 보렴. 뭐가 보이니?"라고 묻는다.

■ 고려 사항

마지막에 거울 작업을 하면서 "뭐가 보이니?"라는 치료사의 질문에 어떤 아동은 자신이 어떻게 보인다고 말하기도 하고, 어떤 아동은 그냥 손만 보인다고 말하기도 한다. 이러한 아동의 반응을 보면서 이들이 전상징적 단계인지 상징적 단계까지 발달했는지를 알 수 있다.

5) 나비키스(Butterfly Kiss)

▣ 활동 개요 및 활동

이 게임은 치료사의 속눈썹을 이용해서 아동과 접촉하는 개입으로, 아동은 치료사의 속눈썹의 부드러운 접촉을 경험하게 된다. 치료사는 아동을 치료사의 무릎에 앉히고 "오늘 나는 너에게 나비키스를 할 거란다."라고 하면서 시작한다. 치료사는 눈을 감고 속눈썹을 아동의 볼에 대고 살살 문지른다. 이때 매우 부드럽게 쓸면서 접촉한다.

6) 문두드리기 게임(Knock at the Door Game)

▣ 활동 개요

이 게임은 주로 얼굴에 하는 개입으로, 아동은 자신의 얼굴 접촉과 더불어 눈 접촉을 통해 다른 사람과 관계를 맺는 경험을 하게 된다. 이 게임은 접촉에 시각적인 것을 첨가한 활동이다(Gallo-Lopez & Rubin, 2012, p. 158)

▣ 활동

치료사는 아동과 마주 보고 앉는다. 그리고는 "사람의 얼굴이 집이랑 비슷한 거 아니? 눈이 창문이고 입은 문 같잖아."라고 말하면서 아동의 얼굴에 접촉을 시도한다. 그 순서는 다음과 같다.

① "문을 두드려요."라고 말하면서 주먹을 쥐고 아동의 이마를 살짝 두드린다.
② "그 안을 들여다봐요."라고 하면서 손가락으로 눈썹 아래를 만지고 아동의 눈을 들여다본다.
③ "자물쇠를 열어요."라고 하면서 아동의 코를 접촉한다.
④ "이제 들어가요."라고 말하면서 치료사의 두 손가락으로 '걷는' 시늉을 하며 닫힌 입으로 간다.

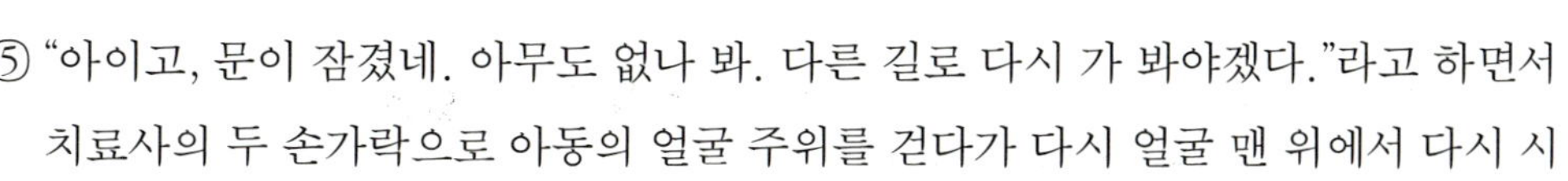

⑤ "아이고, 문이 잠겼네. 아무도 없나 봐. 다른 길로 다시 가 봐야겠다."라고 하면서 치료사의 두 손가락으로 아동의 얼굴 주위를 걷다가 다시 얼굴 맨 위에서 다시 시작한다.

⑥ 이번에는 아동이 입을 벌리도록 하고, "이 안에 있는 이들 좀 봐. 양치를 정말 열심히 하나 봐. 여기 혀도 있네."라고 이야기한다. 아동이 혀를 움직이면, "우와, 혀가 움직여 위로 아래로, 앞으로 뒤로 움직이네."라고 말해 준다.

7) 노 젓기 게임(Row, Row, Row Your Boat)

▣ 활동

치료사는 아동의 뒤에서 아동의 팔을 꼭 잡고 안는다. 마치 노를 젓는 것처럼 앞뒤로 움직이면서 물살을 가르듯 하는 행동을 한다. 그러면서 "저기 폭풍이 오고 있네. 네가 빠지지 않도록 꼭 잡아 줄게."라고 말하고 마치 폭풍 치는 물결 속에 배가 있는 것처럼 아동을 팔로 꼭 감싸안는다. 이 게임은 접촉을 잘 견디지 못하는 아동도 좋아하는 활동으로, 움직임이 있기 때문에 접촉에 크게 저항하지 않으며, 움직임에 집중한 상태이기 때문에 안겨 있는 것을 좋아한다.

8) 무지개 날씨 정보

▣ 활동 개요

이 게임은 치료사가 그림을 그리면서 아동에게 접촉을 시도하는 개입으로, 치료사가 질문을 하기도 하고 아동은 답변을 하면서 진행하는 특징을 가진다. 아동과의 대화를 바탕으로 이해할 수 있도록 활동을 소개하고자 한다(Gallo-Lopez & Rubin, 2012, pp. 159-160).

(아동은 치료사에게 등을 돌리고 바닥에 앉는다.)

치료사: 먼저, 판을 깨끗이 닦고(손으로 아동의 등을 쓸어내린다) 옛날 옛날에 어떤 애가 밖에서 놀고 있었대(아동의 등에 사람 모양을 그린다). 날씨가 너무 좋고 햇볕이 반짝반짝했대(손가락으로 원을 그린다). 햇살이 사방에서 비추고 있었대(여러 방향에서 나오는 '햇살'을 길게 그린다).

이 아이는 웃고 뛰고 점프하면서 재미있게 놀고 있었대. 놀다가 하늘을 올려다보니까 먹구름이 다가오고 있었대(손가락으로 구름을 그린다). 그다음에는 멋진 궁전이 보였대. ○○아, 궁전은 무슨 색일까?

아동: 보라색

치료사: 그래. 궁전은 보라색이었어. 아이가 궁전으로 뛰어 들어갔어. 그 안은 안전하고 튼튼했지. 그런데 바람이 엄청 세게 불더니 점점 더 세게 불었대(손바닥과 손등으로 센 바람을 아동의 등 위에 표현한다). 그러다가 비가 내리기 시작했대(손가락으로 쓸어내려 간다). 비가 너무 많이 내려서 폭풍이 된 거야(손가락 끝으로 아동의 등에 폭풍을 표현한다). 그리고 번개도 치고(주먹으로 긴 지그재그를 그린다), 천둥도 쳤어(주먹을 가볍게 내리친다). 그다음에 회오리바람도 왔어(아동의 척추 밑에서 위로 올라가며 소용돌이 모양으로 손을 움직인다). 그러다가 갑자기 엄청 센 바람이 불어와서 먹구름이 다 사라졌대(아동의 등을 오른쪽에서 왼쪽으로 쓸어내린다). 다시 해가 났고 그 아이는 궁전 밖으로 나왔대. 무지개는 모든 색을 다 갖고 있어. 거기에는 파란색도 있고(아동의 등에 주먹으로 각각의 색을 상징하는 반원을 그린다). ○○아, 무지개에 또 어떤 색이 있을까?

아동: 빨강!(소리 지른다.)

치료사: 그래. 빨간색이 있지. 또?

아동: 초록.

치료사: 우와, 또?

아동: 보라색.

치료사: 그래, 보라색도 있어. 또 뭐가 있지?

아동: 갈색.

치료사: 갈색. 이때 엄청 신기한 일이 일어났어. 아이가 하늘을 올려다보고 입을 벌렸는데, 무지개를 삼킨 거야. 그 많은 색이 몸속 여러 군데로 다 들어갔어. 파란색은 어디로 갔을까?

아동: 어, 머리.

치료사: 그래, 머리로(아동의 머리를 만진다). 빨간색은 어디로 갔을까?

아동: 여기(손을 가리킨다).

치료사: 그래, 손으로 갔어(아동의 이마, 목, 배, 어깨, 팔, 무릎, 발 등에 손을 얹으며 색이 다 소진될 때까지 활동을 지속한다).

요약하기

- Brody의 발달놀이치료는 접촉의 중요성을 강조하는데, 이러한 접촉을 통해 아동의 자아가 성장한다고 본다. 이를 위해 놀이치료 장면에서 신체 접촉을 사용하는 구조화된 회기가 진행된다.
- Brody 발달놀이치료는 첫째, 접촉받음으로써 자기 자신을 경험한 아동은 자아감을 발달시킨다. 둘째, 아동이 접촉을 경험하게 위해서는 능력 있는 성인이 아동을 접촉해야 한다. 셋째, 접촉해 주는 사람이 되기 위해 먼저 기꺼이 접촉받는 것을 배워야 한다. 넷째, 접촉을 느끼기 위해 아동은 스스로 접촉받는 것을 허용해야 한다. 다섯째, 아동은 접촉을 통해 먼저 남에게 보여지는 것을 느낀다. 여섯째, 접촉이 필요한 아동에게 관계를 만들어 주기 위해 성인은 발달놀이치료 회기에서 일어나는 활동을 통제한다는 원리를 가지고 있다.
- Brody 발달놀이치료의 환경은 카펫과 흔들의자, 테이블과 의자, 크레용, 로션 등으로 대체로 간단하며 단순한데, 아동이 치료사와의 접촉을 중요하게 여기기 때문이다. 이를 위해 안고 흔들기, 신체 부위를 접촉하고 노래 부르기와 같은 활동이 진행된다.

생각해 보기

Q1. 무지개 날씨 정보(이 책에서 소개한 활동의 예) 활동을 실제로 진행해 본 이후, 신체 접촉을 통해 어떤 경험을 하게 되었는지 나누어 보라.

Q2. 접촉에 대한 자신의 느낌을 생각해 보라.

Q3. 발달장애 아동의 놀이치료에서 접촉이 필요한 이유에 대해 생각해 보라.

참고문헌

김광웅, 유미숙, 유재령(2004). **놀이치료학**. 학지사.

장미경(2004). 신체자아 발달을 위한 신체 접촉 발달놀이치료. **유아교육**, 13(2), 125-136.

Ainsworth, M. (1969). Object relations, dependency and attachment: A theoretical review of the infant-mother relationship. *Child Development, 40*, 969-1025.

Bowlby, J. (1979). *The making and breaking of affectional bonds*. Methuen.

Brazelton, T. B. (1990). Saving the bath water. *Child Development*, *61*, 1661-1671.

Brody, V. A. (1978). Developmental play: A relationship-focused program for children. *Child Welfare, 57*(9), November.

Brody, V. A. (1993). *The dialogue of touch*. Developmental Play Therapy Associates.

Brody, V. A. (1995). *The dialogue of touch: Developmental play therapy* (2nd ed.). 성영혜, 장미경 공역(1997). **발달놀이치료**. 상조사.

Brody, V. A. (1997). Developmental play therapy. In K. J. O'Connor & L. M. Braverman (Eds.), *Play therapy theory and practice: A comparative casebook* (pp. 160-183). John Wuley & Sons.

Buber, M. (1958). *I and Thou*. Scribner.

Des Lauriers, A. (1962). *The experience of reality in childhood schizophrenia*. International Universities Press.

Gallo-Lopez, L., & Rubin, L. C. (Eds.). (2012). *Play-based interventions for children and adolescents with autism spectrum disorders*. 박랑규, 윤진영, 정은주, 이은주, 김난영, 박은선, 정난영 공역(2017). **자폐 아동 · 청소년을 위한 놀이기반 심리치료**(pp. 149-150). 시그마프레스.

Harlow, H. (1958). The nature of love. *American Psychologist, 3*, 673-685.

Levin, D. M. (1987). *The body's recollection of being*. Routledge & Kegan Paul.

Lovaas, I. (1971). Infantile autism. In D. Churchill, G. Alpern, & M. Demeyer (Eds.), *Considerations in the development of a behavioral treatment program for psychotic children*. Charles C. Thomas.

Mahler, M. (1975). *The psychological birth of the human infant: Symbiosis and individuation*. Basic Books.

Montagu, A. (1986). *Touching: The human significance of the skin* (3rd ed.). Harper & Row.

Short, G. F. N. (2008). *Developmental play therapy for very young children*. In C. E. Schaefer, S. Kelly-Zion, & J. McCormack (Eds.), *Play therapy for very young children* (pp. 367-378). Rowman & Littlefield Publishers.

Solomon, R. (2008). Play-based intervention for very young children with autism: The PLAY project. In C. E. Schaefer, S. Kelly-Zion, J. McCormack, & A. J. Ohnogi (Eds.), *Play therapy for very young children* (pp. 379-402). Littlefield Publishers.

Spitz, R. (1946). Hospitalism: A follow-up report. *Psychoanalytic Study of the Child* (Vol. 2). International Universities Press.

Spitz, R. A. (1965). *The first year of life: A psychoanalytic study of normal and deviant development of object relations*. International Universities Press.

Thomas, J., & Jephcott, M. (2011). Touch is a "hot topic." *Journal of the International and UK Societies of Play and Creative Arts Therapies*, 5.

제 8 장

DIR 플로어타임

학습목표

1. 플로어타임의 기본 철학과 이론적 배경을 이해할 수 있다.
2. 플로어타임의 DIR 모델을 이해할 수 있다.
3. 기능적 정서 발달 단계를 이해할 수 있다.
4. 플로어타임을 원칙을 이해하고 놀이에 적용할 수 있다.

DIR 플로어타임은 발달에 어려움이 있는 아동의 신경학적인 차이를 존중하며 즐거운 정서적 상호작용을 통해 의사소통, 정서 발달, 더 높은 수준의 사고와 인지발달을 이루도록 돕는 치료 모델이다. '플로어(Floor)'는 아동의 자연스러운 관심을 따르고 현 발달에 적합한 상호작용에 참여하기 위해 성인(양육자 혹은 치료사)이 바닥(floor)에 내려가 아동의 눈높이에 맞추어 놀이하는 과정을 의미한다. 이러한 접근 방식을 통해 아동은 상호작용을 시작하고 놀이를 확장해 나갈 수 있으며, 점진적으로 감정적 · 인지적 역량을 키워 나갈 수 있다(Greenspan & Wieder, 1997). 이 장에서는 플로어타임이론과 중재 방법에 대해 자세히 알아보도록 하자.

1. 발달 배경 및 특성

플로어타임은 Stanley Greenspan과 Serena Wieder(1997)가 개발한 관계 중심 발달 중재 모델로, 아동의 신경학적인 개인차 기반으로 하는 맞춤형 상호작용 전략을 활용하여 아동의 자발적인 상호작용을 촉진하고 발달을 지원한다.

이론의 창시자인 Greenspan은 조지 워싱턴 대학교 의과대학에서 정신의학, 행동과학, 소아과의 임상 교수와 국립정신건강연구소(National Institute of Mental Health)에서 영유아 발달 프로그램의 디렉터로 활동하며 발달에 어려움을 겪는 많은 아동과의 임상 경험을 통해 당시 주류 치료 방식이었던 행동 수정 중심의 전통적 접근법이 아동을 이해하고 깊은 정서적 연결과 사회적 기술 발달을 촉진하는 데 한계가 있음을 인식하게 되었다. 그는 아동의 마음과 뇌의 성장에 중요한 역할을 하는 것은 정서(affect)의 힘이며 이것이 상호작용을 강화하고 아동의 발달을 긍정적으로 이끌어 가는 핵심 요소로 작용한다고 주장하였다.

그는 발달에 어려움을 겪는 아동의 근본적인 1차 원인은 신경계의 취약성과 신경계 정상 발달의 어려움이며 이러한 신경 발달의 차이로 인해 적절한 감각 경험이 제한되거나 차단될 경우, 2차적 증상으로 사회적 의사소통 결함과 특이한 행동 패턴이 나타날 수 있다고 보았다. 즉, 아동의 이러한 증상과 행동은 감각 정보를 받아들이고 조절하고 통합하는 능력과 운동 기능, 정서적 통합 능력 등에 이상이 생길 때 발생하게 된다는 것이다. 그러므로 표면적인 행동 수정 이전에 아동의 독특한 신경 발달 경로와 개별적인 감각처리 방식을 이해하고 존중하는 것이 필요하며 이러한 개별 차이를 고려하여 관계를 중심으로 상호작용을 확장해 나갈 때 아동의 사회적 · 정서적 · 인지적 발달이 촉진될 수 있다고 주장하였다.

또한 자폐증 증상의 양상과 어려움은 아동마다 다르게 나타날 수 있기 때문에 단순히 진단명으로 아동을 규정하는 것이 부적절하며 아동의 신경학적 차이와 강점에 초점을 맞춘 개별화된 중재가 필요하다고 보았다. 그리하여 그는 '자폐아'라는 진단적 표현보다 '관계 형성과 의사소통에 어려움을 겪고 있는 아동' 혹은 '특별한 도움이 필요한 아동'이라는 용어를 더 선호하였다.

Greenspan은 신경계의 구조적 변화, 내적 동기, 정서적 변화를 바탕으로 아동의 외적인 행동에 변화가 이루어진다고 강조한다. 그리하여 아동의 외부 행동을 통제하거나 조정하려는 것이 아니라 아동의 내부 세계를 먼저 이해하고, 이를 바탕으로 의미 있는 관계를 형성하는 것에 초점을 둔다. 이 과정은 아동이 가진 결함을 교정하는 데 중점을 두었던 치료 중재와 달리 아동의 강점과 개별적 차이를 강조한다. 만약 아동이 특정 행동(예: 몸 흔들기, 점프하기, 손 펄럭거리기 등)을 보인다면 이를 문제행동으로 간주하여 수정하려는 것이 아니라, 그러한 행동의 근본적인 이유와 의미를 이해하는 것에 초점을 맞추며 이를 상호작용의 시작점으로 사용하기도 한다. 플로어타임에서 아동의 인지적·정서적 성장의 핵심은 단순한 기술 학습이 아니라, 더 높은 수준의 사고와 의사소통을 촉진하는 의미 있는 관계 참여에 있다고 말한다.

2. DIR 모델

DIR 모델은 아동의 신경 발달을 고려한 개별 맞춤형 접근 방법으로, 의미 있는 관계 속에서 아동이 성장할 수 있도록 돕는 플로어타임의 프레임워크이자 철학이다. 이를 통해 아동은 자신의 신경학적 다양성을 존중받으며 보다 효과적인 사회적·인지적 학습을 경험할 수 있다. DIR의 의미에 대해 자세히 알아보도록 하자.

1) D: Developmental

DIR 모델에서 'D'는 기능적 정서 발달(functional emotional developmental)을 의미하며, 아동이 건강한 정서적·사회적·인지적 성장 과정을 이루는 데 필요한 핵심 기술을 설명한다. 이는 상호작용의 흐름에서 발생하며 각 단계의 핵심 능력이 발달함에 따라 아동은 조절되고, 주의를 기울이고, 따뜻하고 친밀한 관계를 발전시키는 능력을 개발하고 이후 사고와 고차원적 인지 발달을 이루어 사회 구성원으로 기능할 수 있다(Greenspan & Wieder, 1997).

플로어타임의 목표는 아동이 숙달하지 못한 기능적 정서 발달 단계를 순차적으로 숙달하도록 돕는 것이며 여섯 가지 발달 수준은 다음과 같다.

(1) 1단계: 자기조절과 세계에 대한 관심(0~3개월)

이 단계의 아동은 생리적·정서적 상태를 조절하고 주변 환경에 관심을 가지기 시작

[그림 8-1] 감각-정서-운동의 상관관계의 예

한다. 생애 초기 영아는 양육자의 목소리에 반응하여 머리를 돌리거나, 자신을 즐겁게 하는 감각 자극에 반응하고 이를 운동과 연결하여 초기 참여 행동을 보인다. 즐거운 정서적 참여는 영아가 세상에 의도적으로 관심을 갖도록 동기를 부여하기 때문에 이 단계에서 정서(affect)의 역할은 중요하다. 정서는 감각과 운동을 연결하는 다리 역할을 하여 감각-정서-운동(sensory-affect-motor) 패턴을 형성한다. 이 과정은 인지와 정서적 성장의 기초를 마련하여 초기 사회적 상호작용을 가능하게 한다(Greenspan & Wieder, 1998).

이 단계 목표는 아동이 기본적인 신경계의 안정성을 형성하여 자극에 압도되지 않고 적절하게 반응하며 세상에 주의를 기울이고 관심을 갖도록 하는 것이다. 이 단계에서 감각 경험을 통해 환경과 관계를 맺고, 정서 조절을 배우며, 주의력을 기울일 수 있어야 한다.

(2) 2단계: 참여와 관계 형성(2~5개월)

이 단계의 아동은 세상에 대한 관심을 보이며 중요한 관계에 대한 애착을 형성한다. 영아는 자신의 시야에 애착 대상이 보이면 눈을 맞추고 미소를 지으며 즐거운 정서반응을 보이는데, 이러한 상호작용을 통해 양육자와 점차 깊은 애착을 형성한다. 이때 양육자가 영아의 신호에 민감하게 반응하고 목소리, 표정, 몸짓을 통해 정서적 유대를 형성하는 것이 중요하다. 이를 통해 영아는 안정적인 감정 조절을 배우며 신뢰감을 형성한다.

친밀감을 형성하는 능력은 이후 모든 관계의 기초가 되어 관계의 따뜻함과 사랑을 경험하고 사람들과의 관계가 즐겁고 의미 있을 수 있음을 배운다. 이러한 경험을 통해 안정적인 애착을 형성하고 이를 바탕으로 이후 형성될 관계의 기초를 마련하게 된다.

(3) 3단계: 의도적인 양방향 의사소통(4~10개월)

이 단계의 아동은 단순한 반응을 넘어서 의도적인 상호작용을 시작한다. 양육자의 말을 듣고 옹알이로 반응하거나, 웃으며 대화의 흐름을 이어 가는 등의 행동이 나타나는데, 이는 의사소통의 기본 구조를 형성한다. 플로어타임에서는 이것을 의사소통의 원(circle of communication), '서클'이라고 부르며, 서클이 연속적으로 이루어지는 상호작용이 반복되고 확장되는 것은 3단계의 중요한 목표이다. 이러한 의사소통의 순환이 반복되고 확장될수록 아동은 더 깊이 있는 관계를 맺고 자기표현 능력을 키울 수 있다.

또한 이 단계의 아동은 원인과 결과를 이해하기 시작하며, 자신의 행동이 양육자의 반응을 이끌어 낼 수 있음을 학습한다. 이를 통해 사회적 호혜성(reciprocity)의 기초가 마련되며 이후 정교한 의사소통 능력이 발달하게 된다.

(4) 4단계: 문제해결 및 복잡한 의사소통(10~18개월)

이 단계에서 아동은 단순한 상호작용을 넘어서 문제해결을 시도하기 시작한다. 예를 들어, 원하는 것을 얻기 위해 양육자에게 도움을 요청하거나 의도적으로 신체 표현을 사용하여 자신의 욕구를 전달하는 등의 행동이 나타난다. 이 단계는 상호작용의 연속성을 유지하는 것이 중요한 목표이며 아동과 20~30회 이상의 상호작용 서클을 열고 닫을 수 있어야 한다.

이를 통해 정서적 자기조절과 의사소통 기술이 향상되며, 아동은 감정을 보다 효과적으로 표현하고 타인의 감정을 이해하는 능력을 키워 나갈 수 있다.

(5) 5단계: 창의적인 사고와 감정 언어 사용(18~30개월)

이 단계는 아동은 30회 이상의 상호작용 서클을 열고 닫을 수 있으며 단순한 상호작용을 넘어서 상징적 사고(symbolic thinking)를 시작하는 중요한 시기이다. 예를 들어, 장난감에 이름을 붙여 부르거나 자동차를 운전하는 흉내를 내며 상징놀이를 통해 창의적 사고와 개념을 내면화한다. 또한 단순하고 반복적인 언어 표현을 넘어서 자신의 감정을 언어로 표현하려는 시도를 하는데, 이는 문제해결 능력과 창의적인 사고 발달에 중요한 역할을 한다.

(6) 6단계: 논리적 연결 형성 및 추론적 사고(30~42개월)

이 단계에서 아동은 서로 다른 생각을 연결하여 추론적 사고와 논리적 개념을 형성하

고 과거, 현재, 미래의 사건을 연결하며 인과관계를 이해하는 능력을 키운다. 이러한 사고 과정이 원활하지 않으면 학습 환경에서 비판적 사고와 문제해결 능력을 발휘하는 데 어려움을 겪을 수 있다. 이 단계의 아동에게는 단순한 질문을 던지는 것이 아니라, "왜 그렇게 생각했어?" "다른 방법이 있을까?"와 같은 질문을 통해 논리적 사고를 유도하고 감정과 경험을 연결하여 아동이 자신의 감정을 이해하고 표현할 수 있도록 도와야 한다.

표 8-1 자폐스펙트럼장애 영유아의 초기 징후

관계, 의사소통, 사고의 기초 능력	자폐스펙트럼장애 핵심 결함의 초기 징후	관련 증상
• 공동주의와 조절하기(0~3개월) 시각, 청각, 촉각, 움직임, 다른 감각 경험(예: 쳐다보기, 소리를 듣고 돌아보기)에 대한 조용한 흥미와 목적 있는 반응	다양한 시각적 · 청각적 자극에 대한 지속적 주의의 부족	목적 없는 혹은 자기자극적 행동
• 참여하기와 관계 맺기(2~5개월) 친밀감과 관계성의 점진적인 표현(예: 빛나는 눈과 행복한 미소의 시작과 지속)	관계에 아예 참여하지 않거나 강력하고 지속적인 참여가 아닌 순간적인 기쁨의 표현만이 존재	자기 몰입이나 철회
• 목적 있는 정서적 상호작용(4~10개월) 의도 전달을 위해 사용되는 감정 표현, 소리, 손짓 등과 같은 다양한 주고받는 상호작용	상호작용의 부재 혹은 짧게 주고받는 비자발적 상호작용	예측할 수 없는 (무작위적 혹은 충동적인) 행동
• 지속적으로 주고받는 정서적 신호의 교환과 공동 문제해결(공동주의)(10~18개월) 문제해결을 위한 많은 사회적 · 정서적 상호작용의 연속(예: 아빠에게 장난감 보여주기)	연속적으로 주고받는 많은 사회적 상호작용이나 정서적 신호 교환을 시작하고 지속하는 능력의 결여	반복적 혹은 보속적 행동
• 아이디어 형성하기(18~30개월) 단어나 구절의 의미 있는 사용과 또래나 부모와 함께하는 상호적인 가상놀이	말이 없거나, 암기된 단어의 기계적 사용(예: 대부분 들은 것을 반복)	반향어와 보고 들었던 것에 대한 다른 형태의 반복
• 아이디어 연결하기: 논리적 사고(30~42개월) 의미 있는 아이디어 간의 논리적 연결(예: "놀고 싶어서 밖에 나가고 싶어요.")	말이 없거나, 암기된 스크립트, 논리적이기보다는 무작위로 보이는 아이디어 사용	비합리적인 행동 혹은 비논리적이거나 비현실적인 아이디어의 사용

출처: Greenspan & Wieder (2003).

2) I: Individual Differences

DIR 모델에서 'I'는 Individual Differences(개인적 차이)를 의미하며, 이는 아동이 세상을 경험하고 처리하는 방식이 서로 다름을 강조한다. 이러한 개인적 차이를 인식하고 이해하는 것은 아동의 발달을 존중하고 지원하는 효과적인 중재를 설계하는 데 필수이다.

발달장애 아동들은 제2부에서 살펴보았듯이 다양한 생물학적 도전을 가지고 있다. 이러한 원인으로 인해 감각을 적절하게 처리하고 반응하는 것이 어렵거나 감각 정보를 해석하고 처리하여 운동과 연결시키는 데 어려움을 겪기도 한다. 이러한 아동의 신경학적 차이를 알지 못한다면 아동을 이해하고 공감하는 것이 제한적이며 아동의 세계에 연결되어 의미 있는 상호작용을 만들어 내는 것이 어렵다. 예를 들어, 청각처리에 어려움이 있는 아동에게 치료사가 높은 톤의 큰 목소리로 빠르게 말을 하거나 소리 나는 장난감을 제시하며 놀이를 시도한다면 아동과 의미 있는 상호작용을 만들어 내기 어려울 것이다.

▣ 감각처리의 개인적 차이

아동의 감각처리와 운동에 반응하는 방식은 개인적 차이의 핵심 요소이며, 이러한 감각반응의 차이는 아동이 주변 환경에서 어떻게 상호작용하는지에 큰 영향을 준다.

아동의 감각적 차이를 이해하는 것은 아동과 상호작용하는 방식을 조정하는 데 도움을 준다. 예를 들어, 감각 자극에 과민한 아동과 놀이할 때에는 조용하고 안정적인 환경을 제공하는 것이 필요하며, 운동 능력은 뛰어나지만 언어 처리 능력이 약한 아동에게는 제스처와 신체 언어를 통한 의사소통을 활발히 사용할 수 있다. 치료사는 아동이 세상을 어떻게 경험하고 감각 정보를 처리하는지를 파악함으로써 아동의 어려움을 보완하여 맞춤형 상호작용을 설계할 수 있다. 개인적인 차이를 고려하기 위해 먼저 아동의 감각 조절 능력과 공간 인지, 운동 계획 능력을 파악하여 아동이 어떤 감각 입력을 선호하고 어떤 자극에 과민하거나 둔감한지, 운동 계획 능력에 어려움이 있는지 파악할 수 있어야 한다(제5장 감각통합과 아동 발달 참조).

3) R: Relationship Based

DIR 모델에서 'R'은 Relationship-Based(관계 중심)를 의미하며, 'D(기능적 정서 발달)'와 'I(개인적 차이)'의 이해를 바탕으로 치료적 개입은 관계 속에서 이루어져야 한다는 철학

을 바탕으로 한다. DIR 모델에서 치료사는 아동과의 관계 안에서 발달을 돕는 환경을 조성하여 아동의 관심을 끌고 관계를 형성하는 역할을 해야 한다. 이 과정에서 중요한 요소는 정서이며, 이때 아동의 감정 경험이 발달 과정을 주도하고 세상과의 상호작용을 촉진한다.

■ 정서

정서(affect)는 상호작용에서 전달되는 정서적 메시지를 의미한다. 목소리 톤, 제스처, 표정, 자세, 기타 비언어적 단서를 통해 표현될 수 있는데, 이는 플로어타임에서 아동과 연결을 구축하고 발달을 촉진하는 주요 도구로 사용된다. 정서는 아동과 관계를 형성하고 의미 있는 상호작용을 유도하는 핵심 요소이다. 정서 경험은 세상과의 상호작용을 촉진하며 아동의 발달 과정을 이끌어 간다. 또한 이러한 정서적 인식은 뇌의 여러 부분을 조직하고 통합하여 주변 세계에 대한 진정한 이해를 발전시키고 마음과 뇌의 성장에 중요한 역할을 한다(Greenspan & Wieder, 1998).

3. 플로어타임 원칙

1) 아동의 리드 따르기

플로어타임의 중요한 원칙 중 하나는 아동의 리드(lead)를 따르는 것이다. 아동이 보이는 관심과 자연스러운 행동을 기반으로 그들의 감정 세계를 이해하고 상호작용을 유도하는 것이 핵심이다. 아동의 관심사는 그들에게 즐겁고 의미 있는 것이 무엇인지 보여주며 감정 및 인지 과정에 대한 중요한 단서를 제공한다. Greenspan(1997)은 아이의 관심을 따르는 것이 그들의 내면세계를 이해하는 창을 제공한다고 강조한다. 아동의 주도성을 따름으로써 치료사는 그들의 세계를 존중하고 인정하고 있음을 보여 줄 수 있다. 학습과 발달은 안전하고 신뢰할 수 있는 관계에서 시작되기 때문에 이러한 인정은 매우 중요하다. 아동의 리드에 근거한 공유된 활동을 통해 치료사는 아동과 의미 있는 유대감을 형성하고, 더 깊은 상호작용의 기반을 마련할 수 있다.

더 알아보기

아동의 리드와 관심사를 따르는 신경생물학적 이유: 사회적 동기 시스템 관점에서

플로어타임은 아동의 리드와 관심사를 따르는 것을 핵심 개입 원리로 삼는다. 이러한 접근은 아동을 존중하는 심리학적 가치에만 그치지 않고, 아동의 '사회적 동기 시스템(social motivation system)'을 활성화하기 위한 신경생물학적 전략이다.

사회적 동기 시스템은 도파민, 옥시토신, 세로토닌 등과 관련된 보상 회로로, 타인과의 상호작용을 즐겁고 의미 있게 느끼도록 한다. 하지만 자폐스펙트럼장애 아동의 경우 이 시스템의 반응성이 낮아 사회적 자극을 보상으로 인식하지 못할 수 있다.

이러한 배경에서 아동의 사회적 상호작용을 효과적으로 촉진하기 위해서는 아동이 자발성과 즐거움을 느낄 수 있는 유일한 경로인 아동의 '관심사'와 '리드'를 적극적으로 활용하는 것이 핵심 전략이 된다.

아동이 흥미를 느끼고 자발적으로 참여하려는 활동은 보상 시스템을 자극할 가능성이 높기 때문이다. 아동이 좋아하는 것을 중심으로 사회적 상호작용을 구성할 경우, 그 상호작용 자체가 아동에게 보상적 자극으로 전환되어 사회적 동기 시스템이 점진적으로 활성화된다. 이로써 아동은 사회적 상호작용에 대해 점차 긍정적인 경험을 축적하게 되고, 타인과 관계 맺으려는 내적 동기를 형성하게 된다.

결국 아동의 리드와 관심사를 따르는 접근은 아동의 내적 동기를 유도하여 뇌의 보상 회로를 자극하고, 이를 통해 사회적 상호작용을 치료적으로 의미 있는 경험으로 바꾸기 위한 과학적이고 전략적인 개입이라 할 수 있다.

2) 조율

치료사는 아동의 감정과 관심을 민감하게 파악하고 이에 즉각적으로 적절히 반응하여 공감적인 관계를 형성해야 한다. 이는 단순히 행동을 관찰하는 것이 아니라 아동이 세상을 어떻게 경험하고 느끼고 있는지 이해하고 그 경험을 함께 나누는 것을 말한다. 이 과정을 '조율(attunement)'이라고 한다. 아동이 표현하는 비언어적 신호(눈빛, 표정, 몸짓, 억양 등)를 치료사가 민감하게 읽고, 이에 정서적으로 조율된 방식으로 반응함으로써, 아동은 자신이 이해받고 있다는 느낌을 가질 수 있다. 조율은 신뢰 형성, 관계적 상호작용 촉진, 그리고 아동의 발달 능력을 이끌어 내는 데 중요한 역할을 한다.

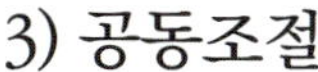

3) 공동조절

공동조절(co-regulation)은 사회적 상호작용에서 서로의 행동과 정서를 조율하며 조화를 이루는 과정으로, 아동과의 감정적 유대 형성, 소통, 관계 형성에 핵심적인 역할을 한다. 치료사는 아동의 감정과 행동을 민감하게 읽고, 이에 적절하게 정서와 행동을 동조하여 아동의 상태에 맞추는 역동적 조절자로 기능해야 한다.

이러한 공동조절 과정은 아동에게 정서적 안정감과 더불어 자기조절 능력을 발달시키는 기초가 된다. 예를 들어, 아동이 흥분 상태에서 신나게 뛰어다닐 때, 치료사도 비슷한 에너지 수준으로 감정을 맞추며 긍정적으로 반응하면(예: 크고 명확한 리액션으로 감정 공유) 정서적 공감이 증진된다. 반대로, 아동이 스트레스나 불안과 같은 부정적 정서를 보일 경우, 치료사는 자신의 정서 에너지를 낮추어 안정감을 주는 감각 자극이나 공감적 언어(예: "속상했어." "무서웠어." "답답했구나." 등)를 통해 아동의 상태를 반영하고 수용해야 한다.

공동조절이 성공적으로 이루어질 경우, 치료사와 아동 간의 신뢰와 연결감이 강화되며, 이후 더 확장된 상호작용으로 나아갈 수 있는 기반이 형성된다. 아동이 정서적 안정감을 느끼고 상호작용에서 '안전함'을 경험하는 것은 모든 학습과 참여의 전제 조건이다. 이를 위해 치료사는 아동과 지속적인 공동조절을 실현해야 한다.

표 8-2 공동조절의 전략(A.G.I.L.E.)

- 정서 표현(Affect): 아동은 치료사의 정서 상태를 가장 먼저 인식한다. 치료사의 감정 표현(미소, 따뜻함, 반응성 등)은 아동의 경험과 정서 안정에 직접적인 영향을 미친다.
- 제스처(Gesture): 얼굴 표정, 손짓, 몸짓, 자세, 움직임, 공간 조절 등 비언어적 요소를 조율하여 아동과의 상호작용을 효과적으로 조정해야 한다.
- 억양(Intonation): 목소리의 톤을 조절하여 정서적 의미를 전달할 수 있다. 천천히, 차분한 목소리는 아동에게 안전감을 제공하고 자기조절을 돕는다.
- 반응 대기 시간(Latency): 아동이 자발적으로 반응할 수 있도록 충분한 시간을 기다리는 것이 중요하다. 치료사의 빠른 반응이 아니라 아동의 속도를 존중하는 것이 공동조절의 핵심이다.
- 참여 유도(Engagement): 아동이 충분히 상호작용에 몰입하고 있는지 확인하고, 그에 따라 다음 단계로 전환한다. 이는 아동이 자신의 페이스를 유지하며 상호작용에 주체적으로 참여하도록 돕는다.

출처: Costa (2018).

효과적인 공동조절을 수행하기 위한 다섯 가지 핵심 전략으로, 치료사가 실제 상호작용에서 적용할 수 있는 정서 조율의 구체적 예시는 A.G.I.L.E.라는 약자를 통해 설명될 수 있다(〈표 8-2〉 참조).

4) 의사소통의 원

의사소통의 원(circle of communication)은 두 사람 사이의 의사소통 과정에서 열고 닫는 상호반응의 한 주기를 의미한다. 예를 들어, 한 사람이 신호(언어, 표정 등)나 행동을 시작하면(서클 열기), 다른 사람이 이에 반응하고, 이 반응에 처음 신호와 행동을 보낸 사람이 다시 응답(서클 닫기) 함으로써 원 하나가 형성된다. 의사소통의 원이 반드시 언어적일 필요는 없다. 몸짓, 표정, 손짓, 움직임과 같은 비언어적 신호만으로도 의사소통의 원은 형성될 수 있다. 특히 놀이 상황에서 치료사가 아동이 흥미 있어 하는 놀이에 주목하여 아동의 리드를 따를 때 원이 자연스럽게 생성될 수 있다.

일부 아동은 원을 열기를 어려워하며, 반대로 원을 열기는 하지만 원을 닫지 못하는 경우도 있다. 또 어떤 아동은 두 가지 모두에 어려움을 가질 수 있다. 이때 치료사는 아

표 8-3 의사소통의 원 형성 과정

열기 (opening)	• 의사소통(행동, 몸짓, 소리, 표정 등)의 시작(예: 아동은 혼자서 자동차를 밀어 보내는 놀이 중)
반응하기 (response)	• 치료사가 아동의 행동을 관찰하고, 아동의 관심에 감정을 담아 반응한다(예: "부웅웅~~~~ 출발. 빵빵~ 도착!!"). • 아동은 치료사에게 차를 의도하여 보내지 않았지만 치료사는 자동차가 도착하는 곳으로 이동해 상호적 반응을 보여 준다.
닫기 (closing)	• 아동이 치료사의 반응에 주목하고 다시 행동으로 반응함으로써 의사소통의 원(CoC)이 완성된다(예: 아동은 치료사의 반응에 시선을 주거나 미소를 보이며 관심을 표현하고, 이후 자동차를 치료사 쪽으로 다시 밀어 보냄).

동의 행동에 의미를 만들어 주고, 이후 아동이 주도적으로 원을 열고 닫을 수 있도록 돕는 것이 중요하다.

플로어타임의 목표는 이러한 의사소통의 원을 많이 만들고, 질적으로 의사소통이 깊어지도록 확장하는 것이다. 의사소통의 원의 수가 늘어날수록 아동은 타인과 연결(참여)되고, 상호작용의 기초 능력을 다지게 되어 이후 자기표현, 관계 기술을 더욱 발달시켜 나갈 수 있다.

5) 장난스러운 방해 전략

아동이 특정 놀이에 몰입하여 치료사의 개입에도 반응이 적거나 상호작용을 회피하는 경우, 치료사는 장난스러운 방해 전략(playful obstruction)을 활용하여 상호작용의 출발점을 만들어 낼 수 있다. 이 전략은 아동의 자율성과 흥미를 해치지 않으면서도 아동의 주의를 치료사에게 향하게 하는 데 목적이 있다. 플로어타임에서는 이를 '즐거운 간섭(joyful interference)'이라고도 하며, 치료사가 아동의 놀이를 지연시키는 방해 요소가 되어, 자연스러운 상호작용을 유도할 수 있다. 예를 들어, 아동이 자동차를 계속 앞뒤로 움직이는 놀이에 몰입하고 있다면, 치료사는 자동차가 지나가는 길에 손이나 블록을 놓아 장애물을 만드는 방식으로 방해를 시도할 수 있다. 또는 아동이 집착하는 장난감을 치료자의 머리 위에 올리는 등 장난스럽고 예측 불가능한 요소를 통해 치료사 자신을 '살아있는 놀이 도구'처럼 활용함으로써 아동의 반응을 유도한다.

이러한 방해는 단순히 놀이를 중단시키기 위함이 아니라, 아동의 과도한 감각 몰입을 치료사에게 대한 주의로 전환시키고, 이를 통해 치료사와의 공유된 경험으로 확장시키기 위한 전략이다. 이 순간이야말로 상호작용의 첫 걸음이자, 감정 조율의 시작점이 될 수 있다. 그러나 이 전략은 반드시 아동의 감정을 존중하고 충분한 지지를 보낸 이후에 시도되어야 한다. 아동이 방해로 인해 좌절하거나 방해받았다고 느끼지 않도록, 치료사는 반드시 장난스럽고 즐거운 정서를 함께 표현해야 하며, 치료사의 행동은 항상 예측 가능한 유쾌함을 포함해야 한다. 재미있는 소리를 내거나, 아동의 움직임을 모방하거나, 아동의 놀이에 일시적인 반전을 추가하는 등의 방식은 아동의 반응성을 높이고 치료사와의 정서적 연결을 강화하는 데 효과적이다.

4. 평가

1) 기능적 정서 발달 능력(FEDC)

아동의 기능적 정서 발달 수준을 이해하고 치료 방향을 설정하기 위해서는, 기능적 정서 발달 능력(Functional Emotional Developmental Capacities: FEDC)을 기준으로 아동의 현재 발달 위치를 평가해야 한다.

〈표 8-4〉는 FEDC 각 단계별 주요 발달 과업과 행동 지표를 정리한 것으로, 아동의 현재 기능적 수준을 보다 구체적으로 확인하고, 이에 기반을 둔 중재 계획을 수립하는 데 활용할 수 있다(Greenspan, Wieder, & Simons, 1998).

표 8-4 기능적 정서 발달 관찰 리스트

척도 점수		
	N(None)	능력 없음
	S(Seldom)	가끔 나타나는 능력
	A(Always)	항상 존재하는 능력
	L(Limit)	스트레스(배고픔, 분노, 피로 등) 시 능력 제한

역량	현재 점수	성취한 연령
1단계 발달이정표: 자기조절과 세상을 향한 관심		
1. 다양한 감각에 3초 이상 관심을 보인다.		
2. 2분 이상 침착하게 집중한다.		
3. 당신의 도움을 받아 20분 이내에 괴로움에서 회복 가능하다.		
4. 당신에게 관심을 보인다(즉, 물건에만 관심을 보이는 것이 아님).		
2단계 발달이정표: 친밀감		
1. 당신의 접근에 반응한다(미소, 얼굴 찡그림, 팔 뻗기, 음성 및 다른 의도적 행동).		
2. 당신의 접근에 명백한 즐거움으로 반응한다.		
3. 당신의 접근에 호기심과 강한 흥미로 반응한다(예: 당신의 얼굴을 관찰함).		
4. 보여 준 뒤 숨긴 물체를 기대한다(예: 흥미를 보이기 위한 미소나 옹알이).		
5. 당신이 30초 이상 놀이에 참여하지 않으면 속상해한다.		

6. 답답하거나 좌절할 때 항의하고 화를 낸다.		
7. 당신의 도움을 받아 15분 이내로 괴로움을 회복한다.		
3단계 발달이정표: 양방향 소통		
1. 당신의 제스처에 의도적인 제스처로 반응한다(당신이 손을 뻗을 때와 마찬가지로 손을 뻗거나 당신의 음성이나 눈빛에 화답).		
2. 당신과의 상호작용을 개시한다(예: 당신의 코나 머리나 장난감을 향해, 혹은 안아 올려 달라 손을 뻗음).		
3. 다음의 감정을 보인다.		
• 친밀감(예: 안아 줄 때 마주 안아 줌, 안아 올려 달라고 손을 뻗음)		
• 즐거움과 흥분(예: 손가락을 당신의 입에 넣으며 혹은 당신의 입에 있던 장난감을 가져와 자기 입에 넣으며 행복하게 웃음)		
• 강한 호기심(예: 당신의 머리를 만지고 탐색)		
• 항의나 분노(예: 식탁의 음식을 밀어내거나 원하는 장난감을 가져다주지 않을 때 소리를 지름)		
• 두려움(예: 모르는 사람이 빠르게 다가올 때 시선을 돌리거나 무서워하는 표정을 짓거나 움)		
4. 사회적 상호작용에 참여하는 것으로 10분 이내 괴로움을 회복한다.		
4단계 발달이정표: 복잡한 상호작용		
1. 연달아 10개 이상의 상호작용 순환을 닫는다(예: 당신의 손을 잡아 냉장고 앞까지 데려간 뒤 손으로 가리키며 음성을 내고, 당신의 질문에 더 많은 음성과 제스처로 답한 뒤 냉장고 문을 열고 원하는 것을 줄 때까지 제스처 교환을 유지).		
2. 당신의 행동을 의도적인 방식으로 모방한다(예: 아빠 모자를 쓰고 반응해 줄 때까지 집 안 곳곳을 돌아다님).		
3. 다음을 사용하여 10개 이상의 상호작용 순환을 닫는다.		
• 음성이나 단어		
• 얼굴 표정		
• 상호 호혜적인 접촉과 유지		
• 공간에서 움직임(예: 거친 놀이)		
• 대근육 운동 활동(예: 술래잡기, 높은 곳 오르기 놀이)		
• 공간을 가로지르는 소통(예: 방 안에서 거리를 둔 당신과 10개의 상호작용 순환을 닫을 수 있음)		
4. 다음의 감정을 느끼는 동시에 연달아 3개 이상의 상호작용 순환을 닫는다.		

• 친밀감(예: 얼굴 표정, 제스처, 음성을 이용해 포옹, 뽀뽀를 하려 하거나 당신과 장난감 전화기로 말하며 통화를 모방함)		
• 즐거움과 흥분(예: 눈빛과 음성을 이용해 다른 사람과 흥분의 상태를 나누려고 함, 다른 아이나 성인과 함께 어느 순간 웃는 것으로 '농담'을 나눔)		
• 강한 호기심(독립적으로 탐색을 함, 혼자 놀거나 탐색 중에 당신과 가까이 있다는 것을 느끼기 위해 소통 능력 사용)		
• 두려움(방어하기 위해 "아니."라고 말하고 당신 뒤에 숨는 식으로 자신을 보호함)		
• 화내기(예: 화를 표현하기 위해 의도적으로 때리고 꼬집고 부딪히고 소리 지르거나, 화난 것을 표현하기 위해 바닥에 드러눕기, 경우에 따라 냉담하거나 화난 눈빛을 보임)		
• 제한설정(예: 당신이 "안 돼, 그만해."와 같은 언어나 제스처를 보이거나, 손가락을 흔들거나, 화난 얼굴로 설정하는 제한을 이해하고 그에 반응한다.)		
5. 스트레스를 대처하고 회복하기 위해 모방을 한다(예: 아동에게 소리치면 아이도 바닥을 치며 마찬가지로 소리침).		
5단계 발달이정표: 정서적 아이디어		
1. 2개 또는 그 이상의 생각을 가지고 가상 드라마를 만든다(예: 트럭이 서로 충돌하고 돌을 주움, 인형들이 서로 안아 주고 티파티를 하기, 아이디어들은 서로 연관성이 없어도 괜찮음).		
2. 언어, 그림, 제스처를 사용해 동시에 2개 이상의 아이디어를 전달한다(예: "안 자. 놀래."와 같은 아이디어들은 서로 연관성이 없어도 괜찮음)		
3. 다음을 사용하여 소망, 의도와 감정을 소통한다.		
• 단어		
• 연달아 여러 제스처		
• 접촉(예: 많이 껴안거나 거친 놀이)		
4. 규칙이 있는 단순한 운동 놀이를 함(예: 공 주고받기)		
5. 가상놀이나 단어를 사용해 2개 이상의 아이디어를 표현하며 다음의 감정을 소통한다.		
• 친밀감(예: 인형이 "안아 줘."라고 말하게 한 뒤 아동이 "뽀뽀해 줄게."라고 함)		
• 즐거움과 흥분(예: 재미난 단어를 말하고 웃음)		
• 강한 호기심(예: 가상 비행기가 방 안을 날아다닌다고 하며 달에 갈 거라고 함)		

• 두려움(예: 인형이 큰 소리에 두려워하며 엄마를 부르는 연출)		
• 화내기(예: 군인들이 서로서로에게 총을 쏘고는 바닥에 쓰러지기)		
• 제한설정(예: 인형들은 티파티에서 규칙이나 예의를 지켜야 함)		
6. 스트레스에서 회복하려고 가상놀이 사용(쿠키가 없는데 쿠키를 먹는 놀이)		
6단계 발달이정표: 정서적 사고		
1. 가상놀이에서 2개 이상의 아이디어가 논리적으로 연결된다. 아이디어들은 비현실적일 수 있다(예: 자동차가 달에 갈 예정이고 아주 빠르게 날아서 감).		
2. 부모의 가상놀이 아이디어를 기반으로 새로 쌓아 간다(예: 아동이 국을 끓이고 있는데 부모가 그 안에 무엇이 들었냐고 물어봄. 아동은 "돌과 흙."이라고 대답함)		
3. 말을 할 때 아이디어를 논리적으로 연결하며 아이디어들은 현실에 기반을 둔다(예: "잠 안 자. TV 볼래.").		
4. 소통의 순환을 언어적으로 2개 이상 닫는다(예: "나가서 놀래." 어른이 "왜?"라고 물으면 "놀러."라고 대답함).		
5. 논리적으로 소통하고 2개 이상의 아이디어를 다음을 사용해 의도, 소망, 욕구나 감정을 나타낸다.		
• 단어		
• 연달아 보이는 여러 제스처(예: 화난 강아지인 척함)		
• 접촉(예: 아동이 아빠 역할을 하는 놀이에서 여러 번 껴안음)		
6. 규칙이 있는 공간과 운동 놀이를 한다(예: 차례를 지켜 미끄럼틀을 타고 내려감).		
7. 가상놀이나 단어로 다음의 감정을 다루며 2개 이상의 논리적으로 연결된 아이디어를 소통한다.		
• 친밀감(예: 인형이 다쳐 엄마가 치료해 줌)		
• 즐거움과 흥분(예: '똥'과 같은 화장실 용어를 사용하고 웃음)		
• 강한 호기심(예: 착한 군인들이 실종된 공주를 찾음)		
• 두려움(예: 괴물이 아기 인형을 무섭게 함)		
• 분노(예: 착한 군인들이 나쁜 군인과 싸움)		
• 제한설정(예: 규칙 때문에 착한 군인은 악당만 때릴 수 있음)		
8. 괴로움을 회복하기 위해 아이디어는 논리적으로 순서를 갖는 가상놀이를 이용하며, 그 놀이는 종종 괴로움에 대처하는 법을 제시한다(예: 아이는 놀이에서 선생님이 되어 학급 아이들에게 마음대로 지시함).		

출처: Greenspan, Wieder, & Simons (1998).

2) 개인적 차이 평가하기

플로어타임을 효과적으로 시작하기 위해서는 아동이 세상을 어떻게 경험하고 반응하는지를 이해하는 것이 필수적이며, 이를 위해 아동의 개인적 차이에 대한 면밀한 평가가 필요하다. 이러한 차이를 이해하는 것은 치료적 관계 형성뿐만 아니라 중재 전략 설계에도 중요한 요소이다. 이를 평가하기 위해 치료사는 부모상담과 놀이 관찰을 통해 아동의 개인적 특성을 다면적으로 탐색해야 한다.

〈표 8-5〉에 제시된 감각처리/운동 계획 설문지는 아동의 감각 조절(sensory modulation), 운동 계획과 순서화(motor planning and sequencing), 청각처리(auditory processing), 시공간 사고(visual-spatial thinking) 등의 기능을 등급 척도(Likert Scale)로 평가할 수 있도록 구성되어 있다(Greenspan, DeGangi, & Wieder, 2001). 이를 통해 치료사는 아동의 감각-운동 프로파일을 구조화하여 이해하고, 아동의 개인적 차이를 반영한 치료적 접근을 수립할 수 있다.

표 8-5 감각처리/운동 계획 설문지–등급 척도

감각처리/운동 계획 설문지–등급 척도
(Sensory Processing/Motor Planning Questionnaire-Rating Scale)
(0=전혀 그렇지 않다, 2=약간 그렇다, 4=보통 정도 그렇다, 6=매우 그렇다)

촉각	
• 과민성(hypersensitive) 헐렁한 옷을 선호하고 부드러운 옷은 좋아하지만 까끌한 옷을 싫어하는 등 촉각에 민감한가요?	0 … 2 … 4 … 6
축축하거나 지저분한 것을 만지기를 싫어하나요?	0 … 2 … 4 … 6
팔이나 다리에 부드러운 깃털 같은 것이 접촉되는 것을 싫어하나요?	0 … 2 … 4 … 6
• 둔감성(hyposensitive) 다양한 종류의 촉각 접촉에 비교적 둔감하여 많은 촉각 자극을 추구하는 경향이 있나요? (예: 보이는 모든 것을 만지는 것을 좋아함)	0 … 2 … 4 … 6
지저분한 물질을 만지는 것을 즐기나요?	0 … 2 … 4 … 6
통증	
• 과민성 아주 작은 긁힘이나 부딪힘에도 과민하게 반응하거나 무서워할 정도로 통증에 매우 민감한 편인가요?	0 … 2 … 4 … 6

• 둔감성 점프놀이, 구르기, 넘어짐 등의 신체 활동에 빨리 적응하고 통증반응이 적은 편인가요?	0 … 2 … 4 … 6
소리	
• 과민성 특정 주파수의 소리에 매우 민감한 경향이 있나요? (예: 진공청소기나 믹서와 같은 전동 가전제품의 낮은 주파수 소리, 또는 바이올린이나 피콜로와 같은 높은 음조의 음악, 매우 큰 소리의 음악)	0 … 2 … 4 … 6
• 둔감성 소리에 비교적 둔감하여 저음의 모터 소리, 고음의 소리, 큰 소리의 음악 등 모든 주파수의 소리를 즐기나요?	0 … 2 … 4 … 6
시각	
• 과민성 밝은 빛에 비교적 민감한가요?(예: 어두운 조명을 선호하거나 한낮의 햇빛을 즐기지 않음)	0 … 2 … 4 … 6
영화, TV, 그림 등에서 밝고 자극적인 색상이 많을 경우 쉽게 압도되거나 피곤함을 느끼나요?	0 … 2 … 4 … 6
• 둔감성 시각 자극에 비교적 반응이 적고, 밝은 빛, 화려한 색상, 애니메이션 스타일의 이미지를 즐기며 강한 시각 자극이 있어야 관심을 유지하는 편인가요?	0 … 2 … 4 … 6
움직임(movement)	
• 과민성 움직임에 비교적 민감하고, 많이 움직이는 것을 좋아하지 않고 조심하는 경향이 있나요?	0 … 2 … 4 … 6
방에서 뛰거나 깡충깡충 뛰는 것보다 가만히 앉아 있거나 서 있는 것을 좋아하나요?	0 … 2 … 4 … 6
• 둔감성 움직임에 비교적 둔감하고, 항상 움직이는 것을 즐기고, 움직임을 갈망하고, 달리고, 뛰고, 회전하고, 움직이는 것을 즐기나요?	0 … 2 … 4 … 6
공간에서의 움직임(movement in space)	
• 과민성 공간에서의 움직임에 민감한가요? 예를 들어, 롤러코스터나 거꾸로 매달리는 놀이기구, 또는 높은 곳에 올라가거나 그네를 타는 것과 같은 체조 활동을 싫어하나요?	0 … 2 … 4 … 6

• 둔감성 공간에서의 움직임에 둔감하여 롤러코스터와 같은 놀이공원 놀이기구 및/또는 땅에서 떨어져 있거나 거꾸로 매달리는 놀이터 활동(예: 철봉)을 즐기거나 갈망하나요?	0 … 2 … 4 … 6
운동 계획 및 순서화(motor planning and sequencing)–대근육 운동	
• 강함(strong) 자신의 나이에 비해 복잡한 대근육 활동을 잘 수행하나요?(예: 새로운 춤 배우기, 새로운 운동 배우기, 장애물 코스를 잘 통과하기 등)	0 … 2 … 4 … 6
• 약함(weak) 새로운 춤, 스포츠, 장애물 코스 해결 등 복잡한 행동 순서를 수행하는 데 비교적 약하고/또는 느린가요?	0 … 2 … 4 … 6
운동 계획 및 순서화(motor planning and sequencing)–소근육 운동	
• 강함 자신의 나이에 비해 도형 그리기, 글씨 쓰기 등을 잘하며, 많은 요소를 포함한 그림을 비교적 빠르게 그릴 수 있나요?	0 … 2 … 4 … 6
• 약함 글씨 쓰기나 도형 그리기에 비교적 약하고/또는 느린가요?	0 … 2 … 4 … 6
아이디어 순서화(sequencing ideas)	
• 강함 아이디어를 순서대로 배열하는 데 비교적 강세를 보이나요?(예: 논리적이고 일관성 있게 자신의 관점을 자발적으로 주장하거나 한 가지 요점이 논리적으로 다른 요점으로 이어지는 에세이를 구성하기 등)	0 … 2 … 4 … 6
• 약함 논리적인 주장이나 단계별 토론을 구성하는 측면에서 아이디어를 순서대로 배열하는 데 비교적 약세를 보이나요?(예: 에세이에서 한 주제에서 다른 주제로 뛰어다니는 경향이 있지만, 주장을 단단히 순서대로 유지하는 데 더 어려움이 있음)	0 … 2 … 4 … 6
청각처리–언어(auditory processing–language)	
■ 기억력(memory) • 강함 여러 단계로 이루어진 언어 지시를 또래에 비해 쉽게, 그리고 자연스럽게 잘 따르시나요?	0 … 2 … 4 … 6
• 약함 교사나 지도자가 세 가지 또는 네 가지 연속된 지시를 할 때, 그 지시들을 따르는 것이 상대적으로 어렵나요?	0 … 2 … 4 … 6

■ 이해력(comprehension) • 강함 연령에 비해 강의나 이야기를 들을 때 전체 흐름을 파악하고 핵심 내용을 이해하며, 다른 세부 정보가 어떻게 주요 내용과 연결되는지를 쉽게 이해하는 편인가요?	0 … 2 … 4 … 6
• 약함 전체 흐름을 파악하기보다는 특정 세부 사항에 집착하거나 매료되어, 이야기의 핵심 요점이나 전반적인 맥락을 이해하기 어려워하는 편인가요?	0 … 2 … 4 … 6
■ 아이디어 범위(ideational range) • 강함 어떤 주제에 대해서든 풍부한 아이디어를 떠올릴 수 있고, 다양한 주제에 관심을 가지며, 하나의 주제를 오랫동안 자유롭게 연결하며 이야기할 수 있는 편인가요? 즉, 어떤 주제든 풍부한 상상력으로 자유 연상이 가능한가요?	0 … 2 … 4 … 6
• 약함 더욱 제한된 흥미 영역을 가지고 있어 다양한 주제에 대해 아이디어를 확장하기 어려운 편인가요? 즉, 어떤 주제에 대해 이야기해 달라고 요청하면 1~2분 이상 이야기하기 어렵거나, 풍부한 상상력보다는 실제적인 세계에 더 관심을 두는 편인가요?	0 … 2 … 4 … 6
시공간 사고(visual-spatial thinking)	
■ 시각적 이미지 생성(creating visual imagery) • 강함 가족 구성원의 얼굴을 머릿속에 선명하게 떠올릴 수 있나요?	0 … 2 … 4 … 6
• 약함 사람의 이미지를 시각적으로 떠올리기 어려워서, 오히려 그들의 특징을 말로 표현하는 것이 더 쉬운가요?	0 … 2 … 4 … 6
■ 공간적 그림 구성(constructing a spatial picture) • 강함 잃어버리거나 숨겨진 물건을 체계적으로 찾아내고, 무엇이 빠졌는지 인식하며, 방향 감각이 좋은 편인가요?	0 … 2 … 4 … 6
• 약함 잃어버린 물건을 찾을 때 한두 곳만 보고 포기하거나, 방향 감각이 부족한 편인가요?	0 … 2 … 4 … 6
전체적 사고(big-picture type thinking)	
• 강함 넓은 범위의 주제를 탐구하는 것을 좋아하며, 이론적인 탐구에 재능이 있나요?	0 … 2 … 4 … 6

• 약함 넓고 이론적인 탐구가 어렵거나 부담스럽게 느껴지나요?	0 … 2 … 4 … 6
세부 중심 사고(detail-oriented thinking)	
• 강함 특정 주제의 세부 사항을 선호하고, 그에 대한 이해력이 뛰어난 편인가요?	0 … 2 … 4 … 6
• 약함 어떤 주제의 세부 내용이나 구체적인 정보를 다루는 것이 어렵게 느껴지나요?	0 … 2 … 4 … 6

출처: Greenspan, DeGangi, & Wieder (2001).

3) 놀이를 위한 환경 중재

아동의 감각 특성은 놀이에 대한 접근 방식, 참여도, 감정적 반응에 큰 영향을 미친다. 특히 감각 과민성, 감각 둔감성, 그리고 운동 계획과 시공간, 청각처리 등의 어려움은 아동이 놀이에 몰입하거나 타인과 정서적으로 상호작용하는 데 방해 요인이 될 수 있다. 따라서 플로어타임에서의 환경 중재는 아동의 감각적 요구를 고려하여 스스로 조절감과 안정감을 느끼고 놀이에 자발적으로 참여할 수 있는 조건을 마련하는 것이 핵심이다.

이러한 감각 특성과 운동 능력에 대한 이해는 플로어타임 실천에서 아동의 개별성을 존중하고, 정서 조율과 관계 형성을 가능하게 하는 중요한 기초가 된다. 아동의 감각적 요구에 민감하게 반응하고 환경을 유연하게 조정하는 치료사의 태도는 아동의 놀이 참여와 상호작용의 내적 동기를 크게 향상시킬 수 있다.

(1) 감각 과민성이 있는 아동을 위한 환경 조정

감각 과민성이 있는 아동은 특정 자극(예: 소리, 촉감, 빠른 움직임, 시각적 자극 등)에 예민하게 반응하며 새로운 것에 적응하는 데 시간이 많이 걸린다. 따라서 아동이 과민하게 반응하는 감각과 아동이 안정감을 느끼는 감각을 파악하여 예측 가능하고 안정적인 환경을 제공한다. 또한 아동에게 먼저 자극을 제시하기보다는 아동 스스로 환경과 놀잇감을 충분히 탐색하고 적응할 수 있는 시간을 주어 아동이 치료실 내에서 안정감을 느끼도록 하는 것이 중요하다.

<중재 전략 예시>

- 조용하고 예측 가능한 구조화된 환경 구성
- 부드럽고 친숙한 촉감을 제공하는 재료(예: 극세사 천, 말랑한 인형, 빈백 등) 활용
- 빛이 강하지 않은 조명 사용하기
- 놀이 시작 전, 치료사가 신체적 접촉이나 급격한 접근을 자제하고 아동의 리듬에 맞추어 천천히 다가가기
- 부드러운 목소리 톤을 사용하기
- 복잡한 시각적 자극이 많은 환경(예: 다양한 장난감이 한꺼번에 있는 상태)보다는 단순하고 복잡하지 않은 공간에서 놀이 진행
- 장난감을 한꺼번에 많이 노출하지 않고 아동이 충분히 관찰, 탐색 후 새로운 것들을 추가
- 아동이 안정감을 느끼는 감각(예: 부드러운 담요, 인형, 쿠션 등)을 활용한 놀이 진행

(2) 감각이 둔감한 아동을 위한 환경 조정

감각 둔감성(hyposensitive)을 가진 아동은 일상적인 감각 입력에 충분히 반응하지 않으며, 탐색이 적고 환경 자극에 무관심한 경향을 보일 수 있다. 그리하여 치료사의 놀이 제안에도 반응이 적고, 스스로 자극을 찾아 나서기보다 움직임이 적고 수동적인 모습을 보이기도 한다. 이 유형의 아동에게는 자발적인 참여를 유도하기 위해 아동이 좋아하는 감각이나 사물(장난감)을 파악하여 관심과 참여를 유도해 볼 수 있다. 이때 자극은 아

<중재 전략 예시>

- 아동이 선호하는 시각, 청각, 촉각 등 다양한 감각놀이 활동 활용(예: 비눗방울, 로션놀이, 악기, 짐볼, 트램펄린, 빈백 등)
- 높은 톤, 크고 생동감 넘치는 목소리, 반복적이고 리드미컬한 말하기
- 과장된 표정과 동작, 손동작 등을 통해 시각적 주의 집중 유도
- 악기나 노래를 활용한 리듬감이 있는 놀이(예: 노래에 맞춰 움직이기, "거미가 줄을 타고 올라갑니다.", "우리 모두 다 같이 손뼉을" 등)

동이 반응할 수 있을 만큼의 강도로 반복적이며 예측 가능한 방식으로 제공되어야 하며, 아동의 주의와 흥미를 끌 수 있는 역동적 요소를 포함해야 한다.

(3) 운동 계획 능력에 어려움이 있는 아동을 위한 환경 조정

운동 계획이 어려운 아동은 움직임을 조직화하거나 순차적으로 실행하는 데 어려움이 있다. 이 유형의 아동은 한꺼번에 많은 장난감이나 활동을 제시하기보다 작은 단계로 나누어 아동이 이를 경험하고 천천히 따라 할 수 있도록 충분한 시간을 주는 것이 좋다. 또한 터널이나 이불 속, 장애물이 있는 공간에서 놀이를 하거나 악기, 노래, 춤과 같이 음악에 맞춰 신체 움직임을 포함하는 놀이는 아동의 운동 계획 능력을 촉진하는 데 도움이 된다.

<중재 전략 예시>

- 다양한 구조물(짐볼, 쿠션, 빈백, 매트 등)이 있는 공간에서 숨바꼭질, 잡기놀이
- 아동이 좋아하는 노래에 맞춰 움직임 만드는 놀이(예: 율동, 타악기 치기, 박수 치기, '즐겁게 춤을 추다가 그대로 멈춰라' 등)
- 동물놀이(예: 토끼처럼 점프하기, 거북이처럼 엉금엉금 기기, 곰처럼 네발 기기) 등을 통해 신체의 다양한 움직임을 촉진하는 놀이

5. 플로어타임 시작하기

1) 1단계: 아동의 리드를 따르기

아동의 리드를 따르기 위해서는 아동의 행동을 자세히 관찰하여 그들의 감정과 동기를 파악하는 것이 중요하다. 이때 치료사는 성급하게 아동에게 개입하여 자극을 주는 것이 아니라 아동이 스스로 탐색하고 자신의 관심을 표현할 시간을 주어야 한다.

 엎드려 자동차 장난감을 앞뒤로 이동하며 놀이 중인 아동

관찰하기

- 아동의 시선은 어디에 머물러 있는가?
- 반복적인 놀이에는 어떤 패턴이 있는가?
- 자동차의 바퀴, 소리, 움직임 중 어떤 요소에 집중하는가?
- 현재 아동의 정서 상태는 어떤가?(예: 편안함, 흥분, 무표정 등)
- 치료사의 존재를 인식하고 있는가?

관찰 결과

- 아동의 시선은 자동차의 바퀴에 고정되어 있음
- 단순한 앞뒤 움직임을 반복하며, 놀이 반경이 매우 제한적임
- 치료사의 존재를 인식하지 않고 상호작용 시도 없음
- 아동은 시각 자극에 몰입한 상태이며, 정서적으로는 차분해 보임

☞ 아동은 현재 감각 자극(시각적 움직임)에 몰입하고 있으며 타인과의 공동주의 및 상호작용은 이루어지지 않는 기능적 정서 발달 1단계(FEDC 1)에 머물러 있다.

치료사는 아동이 보이는 반복적 놀이나 감각추구 행동을 '문제행동'으로 규정하기보다는, 사회적 상호작용으로 확장 가능한 잠재적 가능성으로 봐야 한다. 예를 들어, 아동이 자동차를 앞뒤로 움직이는 활동만 반복한다면 치료사는 아동의 감각적 흥미를 바탕으로 같은 장난감을 사용하거나, 동일한 자세를 취하거나, 아동의 행동을 모방하는 등의 방법을 활용하여 점진적으로 아동의 놀이에 참여한다.

이때 치료사는 자신의 정서를 적극적으로 활용하고 자동차가 움직일 때 "부릉부릉~!" 하는 생생한 효과음을 내거나, 놀이 상황을 마치 해설자처럼 중계하면서 아동의 정서에 공감하고 감정을 공유한다. 이러한 과정을 통해 아동은 치료사를 즐거운 자극의 일부로

받아들이기 시작하며, 정서적 안정감 속에서 타인과 함께 있는 경험을 긍정적으로 형성하게 된다.

이 단계의 핵심 목표는 아동의 자기조절 활동을 인정하며 감각적 즐거움과 정서적 안정감을 매개로 치료사와의 '연결 지점'을 만들어 가는 것이다.

2) 2단계: 아동에게 도전 주기

1단계를 통해 아동과의 정서적 연결과 상호작용이 형성되었다면, 그다음 단계는 공유된 세계에서 아동에게 적절한 도전을 주어 사회적 상호작용과 의사소통, 사고, 감정 조절 능력을 한층 더 확장할 수 있도록 돕는다. 아동의 리드를 따르고 아동의 세계에 들어가는 것이 치료의 시작점이지만, 치료사의 역할은 거기서 멈추지 않고 아동이 다음 발달 단계로 성장할 수 있도록 정서적 '계단'을 놓아주는 것이다. 이는 강압적인 과정이 아니라 아동이 자발적으로 그 계단을 오를 수 있도록 스스로 도전하게 하는 과정이다.

도전은 아동이 자발적으로 흥미를 유지하면서 치료사와 연결된 상태에서 한 걸음 더 나아가도록 유도한다. 치료사는 아동의 현재 놀이 수준을 관찰하고 이해한 뒤, 그 놀이 안에 새로운 요소나 문제 상황, 역할 바꾸기, 이야기 확장 등의 방식을 통해 점진적으로 도전을 추가한다.

이 과정에서 놀이의 복잡성을 점차 높여 나가며 아동이 사고, 감정 표현, 상호작용 능력을 확장해 나가도록 한다. 도전은 아동에게 재미있고 즐거운 경험이 되어야 하고 치료자와 상호작용을 유지할 수 있어야 한다.

치료사는 아동이 도전으로 인해 흥미를 잃지 않도록 주의해야 하며, 아동이 도전하고 반응할 수 있는 충분한 시간을 주고 아동 스스로 자신의 아이디어로 이를 해결할 수 있도록 기회를 준다. 예를 들어, 앞뒤 단순한 움직임을 반복하던 자동차가 다양한 공간을 탐색하는(언덕을 올라가거나 터널을 지나가는 등) 새로운 환경 요소를 추가하거나 다른 자동차와 부딪히는 사고 상황을 연출하는 방식으로 놀이의 복잡성을 높일 수 있다. 또한 새로운 등장인물의 개입(예: 경찰차, 구급차, 가족 역할 등)을 통해 놀이의 내러티브를 확장시킴으로써, 아동이 치료사와 함께 공유된 세계 속 상호작용을 이어 가도록 유도할 수 있다.

- 바보 같은 연기: 치료사가 일부러 실수를 하거나 모르는 척하여 아동이 주도권을 잡고 스스로 해결하도록 유도하며 의사소통의 범위를 확장한다(예: 아동이 원하는 자동차 장난감이 들어 있는 통의 뚜껑이 안 열리는 척 연기하여 이 과정을 통해 의사소통의 원을 만들고 아동 스스로 이 과정에 개입하여 문제해결 능력을 발휘하도록 한다).
- 기다리고 충분한 반응 시간을 주기: 자극을 처리하고 반응하는 데는 충분한 시간이 필요하다. 아동이 도전 상황을 인식하고 해결할 기회를 충분히 주고, 치료사는 빨리 도움을 제공하지 않는다. 충분히 기다려도 반응하지 않거나 문제해결에 어려움이 있을 시 모델링을 통해 아동에게 힌트를 줄 수 있다. 치료사는 아동이 자신의 아이디어로 해결할 수 있도록 충분한 기회와 시간을 준다.
- 놀이의 변형과 확장: 단조로운 놀이에 새로운 요소를 추가하여 자연스럽게 놀이 난이도를 높인다(예: 길을 막기, 다른 장난감을 등장시키기, 사고 상황 만들기, 미션 부여하기 등).

3) 3단계: 아동의 상호작용 확장하기

아동이 치료사와 함께 공유된 세계 속에서 상호작용에 참여하기 시작하면, 치료사는 아동의 사고와 반응을 이끌어 낼 수 있도록 놀이에 새로운 요소를 조심스럽게 추가해야 한다. 이 단계의 핵심 목표는 아동의 현재 놀이 수준을 기반으로 하여 새로운 아이디어와 적절한 도전을 제공함으로써, 유연하고 복잡한 사고, 언어 표현, 감정 조절, 문제해결 능력을 발달시킬 수 있도록 돕는 것이다.

이 과정에서 치료사는 아동의 주도성과 도전 과제 사이의 균형을 세심하게 조율해야 한다. 확장된 상호작용은 자칫 아동에게 좌절을 유발할 수 있으므로, 아동이 충분히 몰입하고 놀이의 상호작용 순환이 원활하게 이루어지는 시점에 시도되어야 한다. 놀이 확장은 기존의 놀이 맥락을 존중하며, 점진적으로 더 많은 사회적 소통과 상징적 표현이 포함되도록 구성하는 것이 중요하다. 예를 들어, 바퀴의 움직임에 몰두하며 반복적으로 자동차를 움직이던 아동이 공유된 세계에 들어오게 되면, 그 자동차는 단순한 감각적 대상이 아닌 '가족이 소풍 가는 교통수단'이라는 상징적 역할로 변환될 수 있다. 여기서 더 나아가 '동물원으로 가는 길에 사고가 나고 구급차와 소방차가 출동하는 이야기' 혹은 '기름을 넣고 세차하는 장면' 등 다양한 내러티브 확장이 가능하다. 이처럼 놀이의 상징성과 이야기 구조를 풍부하게 만들어 가는 과정은 아동의 표상 능력을 자극하며, 이는 결국 언어, 정서, 인지, 사회성 발달에까지 긍정적인 영향을 미친다.

만약 놀이 확장 시도가 아동의 반응을 이끌어 내지 못하거나 상호작용이 중단된다면, 치료사는 이전의 익숙하고 안정된 놀이로 되돌아가 다시 한번 도전적인 개입을 시도해야 한다. 이러한 반복적이고 점진적인 확장 과정 속에서 아동은 사람과 사건, 감정, 사회적 관계를 내면화하고 상징적으로 재현할 수 있는 능력을 발달시키게 된다.

요약하기

- 플로어타임은 아동의 표면적인 행동 수정 이전에 아동의 독특한 신경 발달 경로와 개별적인 감각처리 방식을 이해하고 존중하여 개별 차이를 고려한 관계 중심 상호작용 개입이다.
- 플로어타임은 DIR 모델을 따르며 이 모델은 아동의 발달, 개인적 차이, 관계 중심 상호작용을 고려하여 개별 맞춤형 개입을 제공한다.
- D(기능적 정서 발달)는 아동이 건강한 정서적 · 사회적 · 인지적 성장 과정을 거치는 데 필요한 핵심 기술을 설명한다.
- I(개인적 차이)를 안다는 것은 아동과 관계를 맺을 때 무엇을 피하고 무엇을 통해 연결을 시도해야 하는지 최선의 방법을 결정할 수 있는 단서가 된다.
- R(관계 중심)은 기능적 정서 발달과 개인적 차이에 대한 깊은 이해를 바탕으로 아동과의 관계를 최우선으로 하며, 관계 안에서 아동의 발달을 돕는 환경을 조성한다.
- 의사소통의 원(서클)은 두 사람 사이의 의사소통 과정에서 상호반응의 한 주기를 의미하며, 몸짓, 표정, 손짓, 움직임과 같은 비언어적 의사소통으로도 원을 만들어 낼 수 있다.
- 정서(affect)는 플로어타임에서 핵심 요소로, 아동과의 정서적 연결을 통해 사회적 · 인지적 성장을 촉진한다.
- 아동의 리드를 따르기는 아동이 주도하는 활동에 참여하여 자발적 상호작용과 흥미를 이끌어 낸다.
- 조율은 아동의 신호를 민감하게 포착하고 반응하여 상호작용의 질을 높인다.
- 공동조절은 아동의 감정을 조절하고 안정적인 상호작용이 이루어지도록 지원한다.
- 장난스러운 방해 전략은 놀이 중 적절한 도전을 제공하여 문제해결력과 사회적 상호작용을 유도한다.

- 도전과 확장은 아동의 현재 발달 수준을 고려하여 새로운 사고와 행동을 유도하는 도전적인 기회를 제공한다.

생각해 보기

Q1. 플로어타임이론과 아동중심 놀이치료 이론의 공통점과 차이점에 대해 생각해 보라.

Q2. 아동의 리드를 따르기는 왜 중요한가? 발달심리학적 관점과 신경생물학적 관점에서 그 의미를 생각해 보라.

Q3. 플로어타임의 접근 방식은 기존의 행동주의 접근 방식의 치료 중재들과 어떠한 차이를 보이며, 이러한 차이가 아동의 발달에 미치는 영향이 무엇인지 생각해 보라.

참고문헌

Brown, D. (2020). *How do we best prepare our multidisciplinary professionals in the field of autism? Developmental interventions*. Podcast, Video podcast.

Costa, G. (2018). *AGILE Co-Regulation [Training handout]*. Technical Assistance Center, New York. Retrieved from https://ttacny.org/files/trainings/106/costa-agile-handout-2018.pdf

Davis, A., Harwell, M., Isaacson, L., & Biederman, G. (2014). *Floortime strategies to promote development in children and teens: A user's guide to the DIR® model*. 정희승, 박홍주, 이정헌 공역(2018). 플로어타임. 학지사.

Greenspan, S. I. (1985). *First feelings: Milestones in the emotional development of your infant and child from birth to age 4*. Viking Press.

Greenspan, S. I. (1989). *The development of the ego: Implications for personality theory, psychopathology, and the psychotherapeutic process*. International Universities Press.

Greenspan, S. I. (1992). *Infancy and early childhood: The practice of clinical assessment and intervention with emotional and developmental challenges*. International Universities Press.

Greenspan, S. I. (1997). *Developmentally based psychotherapy*. International Universities Press.

Greenspan, S. I. (2002). *The secure child: Helping our children feel safe and confident in a changing world*. Perseus Books.

Greenspan, S. I. (2004). *The Greenspan social-emotional growth chart: A screening questionnaire for infants and young children*. Harcourt Assessment, PsychCorp.

Greenspan, S. I., & Benderly, B. L. (1997). *The growth of the mind and the endangered origins of intelligence*. Perseus Books.

Greenspan, S. I., & Brazelton, T. B. (2000). *The irreducible needs of children: What every child must have to grow, learn, and flourish*. Perseus Books.

Greenspan, S. I., DeGangi, G. A., & Wieder, S. (2001). *The Functional Emotional Assessment Scale (FEAS) for infancy and early childhood: Clinical and research applications*. Interdisciplinary Council on Developmental and Learning Disorders.

Greenspan, S. I., & Greenspan, N. T. (1989). *The essential partnership: How parents and children can meet the emotional challenges of infancy and childhood*. Viking Penguin.

Greenspan, S. I., & Greenspan, N. T. (2003). *The clinical interview of the child* (3rd ed.). American Psychiatric Publishing, Inc.

Greenspan, S. I., & Greenspan, N. T. (2010). *The learning tree: Overcoming learning disabilities from the ground up*. Da Capo Press.

Greenspan, S. I., & Lewis, N. B. (1999). *Building healthy minds: The six experiences that create intelligence and emotional growth in babies and young children*. Da Capo Press.

Greenspan, S. I., & Salmon, J. (1993). *Playground politics: Understanding the emotional life of your school-age child*. Perseus Books.

Greenspan, S. I., & Salmon, J. (1995). *The challenging child: Understanding, raising, and enjoying the five "difficult" types of children*. Perseus Books.

Greenspan, S. I., & Salmon, J. (2001). *The four-thirds solution: Solving the childcare crisis in America today*. Perseus Books.

Greenspan, S. I., & Shanker, S. G. (2004). *The first idea: How symbols, language, and intelligence evolved from our primate ancestors to modern humans*. Da Capo Press.

Greenspan, S. I., & Tippy, G. (2011). *Respecting autism: The Rebecca School DIR casebook for parents and professionals*. CreateSpace Independent Publishing Platform.

Greenspan, S. I., & Wieder, S. (1997). Developmental patterns and outcomes in infants and children with disorders in relating and communicating: A chart review of 200 cases of children with autistic spectrum diagnoses. *Journal of Developmental and Learning Disorders, 1*(1), 87-141.

Greenspan, S. I., & Wieder, S. (1998). *The child with special needs: Encouraging intellectual and emotional growth*. Perseus Books.

Greenspan, S. I., & Wieder, S. (2003). *Engaging autism: The Floortime approach to helping children relate, communicate, and think*. 김태련, 박랑규, 강우선, 정나영 공역(2024). **자폐 스펙트럼 장애 아동과 함께 참여하기**. 굿에듀북.

Greenspan, S. I., & Wieder, S. (2006). *Infant and early childhood mental health*. American Psychiatric Publishing, Inc.

Greenspan, S. I., & Wieder, S. (n.d.). *Basic principles of Floor Time* [Handout]. Interdisciplinary Council on Development and Learning. https://www.icdl.com

Greenspan, S. I., Wieder, S., & Simons, R. (1998). *The child with special needs: Encouraging intellectual and emotional growth*. 정희승 역(2023). **특별한 요구를 가진 아동의 지능과 정서적 성장 지원하기**. 학지사.

Liao, S. T., Hwang, Y. S., Chen, Y. J., Lee, P., Chen, S. J., & Lin, L. Y. (2014). Home-based DIR/Floortime™ intervention program for preschool children with autism spectrum disorders: Preliminary findings. *Physical & Occupational Therapy in Pediatrics, 34*(4), 356-367.

Mahoney, G., & Perales, F. (2021). The Developmental, Individual-Differences, Relationship-Based Model (DIR) and Its Effect on Parental Engagement: A Systematic Review. *Journal of Autism and Developmental Disorders, 51*(3), 785-797.

Solomon, R., Van Egeren, L. A., Mahoney, G., Quon Huber, M. S., & Zimmerman, P. (2019). PLAY Project Home Consultation intervention program for young children with autism spectrum disorders: A randomized controlled trial. *Journal of Developmental & Behavioral Pediatrics, 35*(8), 475-485.

제9장

치료놀이

학습목표

1. 치료놀이의 개념을 이해할 수 있다.
2. 발달장애 아동을 위한 개입으로서의 치료놀이에 대해 이해할 수 있다.

● ● ● 치료놀이(Theraplay)는 애착을 기초로 한 직접적이고 상호작용적인 치료 개입으로, 양육자와 아동 간의 안정적인 애착관계에 내재되어 있는 동시성과 기쁨을 중요하게 여기면서, 이러한 초기 상호작용이 아동의 자아 및 성격 발달에 결정적이라고 본다(Gallo-Lopez & Rubin, 2012). 치료놀이의 목적은 네 가지 기본적인 원리인 구조, 도전, 개입, 양육이며, 이는 부모-자녀 간의 건강한 관계를 형성하는 데 필요한 요소라고 본다. 초기에 치료놀이는 양육자와 아동 간의 애착 문제에 있어 효과적이라고 보았으나 현재는 애착뿐만 아니라 정서나 행동 문제, 외상, 자폐스펙트럼장애 등을 포함하는 발달장애 등에 효과적인 치료 개입으로 좀 더 폭넓게 적용되고 있다. 이 장에서는 치료놀이의 개념에 대한 이해와 함께 발달장애 아동에게 적용할 수 있는 치료놀이의 특성에 대해서도 살펴보고자 한다.

1. 발달 배경

치료놀이는 1967년 Ann Jernberg에 의해 개발된 치료 기법으로, Jernberg가 실제로 임상에 적용했던 접촉하기, 안고 흔들어 주기, 노래 부르기와 같이 양육에서 사용하는 요소를 적용했던 치료적 작업에서 영감을 받아 고안되었으며, Phyllis Booth에 의해 확대되었다(Booth & Jernberg, 2010). 1960년대 Jernberg는 헤드스타트 프로그램에 참여한 부모와 대학생, 치료사들에게 치료놀이를 훈련시키고 지도하여 현장에 참여할 수 있도록 하였고, 그 이후 프로그램 사례보고를 통하여 치료놀이 프로그램의 성공적인 효과를 입증하게 되었다. 1971년 치료놀이는 미국 대학의 교과목으로 채택되었고, 1972년 HEW(Health Education Welfare)에 정식적으로 등록하게 되었다(이주연, 윤정희, 2009).

치료놀이는 일반적으로 애착이론(Bowlby, 1973, 1988), 자기 심리학(Kohut, 1971, 1977, 1984)과 대상관계이론(Winnicott, 1958, 1965, 1971)에 이론적인 근거를 두고 있다. 특별히 치료놀이는 부모-아동 간의 관계 및 애착에 중점을 두고 소개하고 있는데(Jernberg, 1979), 아동은 초기 부모-아동 상호작용을 바탕으로 자기와 성격이 발달하며, 이를 통해 긍정적 혹은 부정적인 내적 자기 표상을 형성한다고 본다. 즉, Winnicott(1987)이 주장하는 안아 주는 환경(holding environment)으로서 적절하게 조율된 양육이 제공될 때 아동은 자기에 대한 '내적 작동모델(inner working model)'(Bowlby, 1973)을 발달시키게 되며, 양육자의 안전기지를 경험하게 된다(Booth & Jernberg, 2010). 이러한 원리에 따라 치료놀이는 성인이 주도하며, 성인과 아동 간의 상호작용을 통해 각성과 정서가 조절된다(Schore, 1994).

Brody의 발달놀이치료와 마찬가지로 치료놀이도 접촉을 중요하게 여기는데, 아동은 접촉 경험을 통해 '지금-여기(here and now)'의 구체적인 경험을 하게 되고, 자기와 타인의 대한 인식, 의사소통의 의도, 조절과 조율에 대해 익히게 된다. 이러한 적절한 수준의 다감각적이고 직접적인 상호작용을 경험함으로써 아동은 타인과 관계를 형성하고, 상호 조율된 관계가 발전할 수 있다.

초기 치료놀이는 양육자와 자녀 간의 애착을 증진시키기 위한 개입으로 여겨졌으나, 최근에는 정서뿐만 아니라 행동장애, 복잡한 외상, 자폐스펙트럼장애, 조절장애, 감각통합장애 등 대부분 아동의 정신장애에 있어 효과적인 치료로 보다 폭넓게 사용되고 있다(Booth & Jernberg, 2010).

2. 치료놀이의 원리

1) 치료놀이의 핵심 개념

치료놀이는 치료적 관계 안에서 즐거움, 신체적인 상호작용을 포함하는 건강한 관계를 통해 아동의 애착, 자존감, 다른 사람과의 신뢰 향상에 도움이 되며, 아동의 문제행동을 변화시키는 치료 개입이다. 이러한 치료놀이의 핵심 개념은 〈표 9-1〉과 같다.

표 9-1 치료놀이의 핵심 개념

치료놀이는 직접적이며 '지금-여기' 경험을 제공한다	치료놀이는 실제 회기 내에서 치료사와 아동, 혹은 부모와 아동 간의 실제적인 상호작용을 경험하게 된다. 치료놀이의 차원인 구조, 개입, 양육, 도전의 활동은 모두 직접적인 상호작용으로 아동과 '지금-여기'의 경험을 하게 된다.
치료놀이는 성인이 안내한다	자녀를 양육하는 부모라면 양육 과정에서 자녀가 안전한지, 정서적으로 충족되었는지를 보살핀다. 치료사도 마찬가지로 회기 내에서 아동의 반응을 관리하고 안내하게 된다. 치료놀이의 구조는 아동에게 안전을 전달하는 주요한 차원이다.
치료놀이는 반응적이고 조율적이며 반영적이다	건강한 부모는 자녀의 감정을 조율하고, 공감하는 태도를 가진다. 마찬가지로 치료사는 상호작용 과정에서 아동에게 필요한 공동조절을 하게 된다. 치료놀이의 개입은 이러한 반응적이고 조율된 상호작용의 주요한 차원이다.
치료놀이는 전언어적, 사회정서적, 우뇌 수준의 발달에 맞춰져 있다	치료놀이는 신체 접촉으로의 정서적 의사소통을 하는 우뇌의 언어, 즉 신체 접촉, 눈 맞춤, 리듬, 속도와 강도와 같은 조율된 반응을 사용한다. 여기에는 구조, 개입, 양육, 도전의 모든 차원이 포함된다.
치료놀이는 다감각적이다	치료놀이는 모든 감각을 사용한다. 치료사와 아동은 눈 맞춤, 언어, 신체적 활동들을 통해 다양한 감각적 경험을 하게 된다. 치료놀이의 양육과 개입의 차원은 특별히 다감각적인 면과 연관되어 있다고 볼 수 있다.
치료놀이는 즐겁다	치료놀이는 아동을 관계 안으로 이끌고 그 안에서 즐거움을 제공한다. 치료놀이의 개입과 도전은 주요한 차원이 될 수 있다.

출처: Booth & Jernberg (2009).

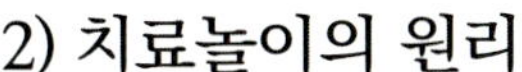

2) 치료놀이의 원리

치료놀이는 구조, 개입, 양육과 도전이라는 네 가지 차원으로 구성되어 있다. 이러한 차원은 건강한 부모–자녀 관계를 위해서 반드시 필요한 요소들로 각 차원에 대해 살펴보면 다음과 같다.

(1) 구조

구조(structure)가 의미하는 것은 안전과 조직화, 조절이라고 볼 수 있다. 아동이 안전하고 건강하게 성장하기 위해서는 부모를 포함하는 중요한 타인(성인)에 의해 구조화된 시간과 공간이 필요하다. 그러한 경험을 통해 아동은 해야 되는 것과 하면 안 되는 것을 배워 나가기 때문이다(신현정, 2007; Bowlby, 1988). 부모는 자녀에게 안전과 편안함을 제공하면서 상호작용 과정에서 조절하고 조직화하며 때에 따라 제한을 설정하기도 한다. 이는 자녀에게 "내가 널 잘 돌볼 수 있는 방법을 알고 있으니 나와 함께 있으면 안전하단다."(Booth & Jernberg, 2009)라는 메시지를 전달한다.

치료놀이에서는 성인이 주도하는 통제 안에서 아동으로 하여금 안정감을 느끼게 한다. 구조는 더 크고 능력을 가진 존재(부모, 성인)가 세상을 안전하고 예측 가능하게 만들 수 있다는 개념을 아동에게 전달하는 것이다. 따라서 치료놀이를 하는 치료사는 아동의 욕구를 이해하여 이를 세심하게 조율하고 반응하는 동시에 안전, 조직화, 조절을 제공하기 위해 상호작용을 구조화한다. 치료놀이 활동 중 구조와 관련한 내용은 먼저 아동에게 치료실의 안전을 제공하는 것을 포함하며, 그 외에 노래 부르기와 같이 처음, 중간, 끝이 있는 활동, 손도장 찍기와 같이 신체 경계를 정의하는 활동을 통해서도 이루어진다.

'구조'가 말하는 메시지

"내가 널 잘 돌볼 수 있는 방법을 알고 있으니 나와 함께 있으면 안전하단다."

(2) 개입

개입(engagement)이 의미하는 것은 부모와 자녀 간의 즐거운 상호작용이라고 볼 수 있으며, 이러한 개입을 통해 자신에 대해서, 그리고 몸의 경계에 대해서 알게 된다(신현정,

2007). 긍정적인 부모와 자녀 사이의 상호작용에는 즐거운 활동이 존재한다. 아기와 까꿍놀이를 하는 부모를 상상해 보라. 아기는 부모와 눈을 마주치면서 부모의 반응에 몰입하고, 부모는 얼굴을 가렸다 얼굴을 드러내는 까꿍놀이를 통해 아기와 함께 즐거움의 감정을 공유한다. 그러면서 속도를 늦추기고 하고 강도를 더하기도 하는 등 아기가 더 즐거워하는 반응을 얻고자 상황을 조절해 간다. 이처럼 부모-자녀 간의 즐거운 상호작용 활동은 즐겁고, 자극이 있으며, 개입적이고, 아동의 긍정적인 자기 이미지를 촉진한다. 이러한 경험을 통해 아동은 자신을 특별하고 가치 있는 사람으로 인식하게 된다. 개입이 전달하는 메시지는 "이 세상에서 넌 혼자가 아니란다. 너는 특별한 존재란다. 그러고 넌 다른 사람들과도 적절하게 상호작용할 수 있는 능력이 있단다."(Booth & Jernberg, 2009)이다.

치료놀이에서 치료사는 아동을 기분 좋은 상호작용으로 끌어들이면서 정서적 접촉을 시도한다. 치료사는 아동의 개인적인 반응에 집중하면서 자극의 강도나 종류, 지속 시간 등을 조절하고 즐거움을 유지할 수 있도록 조율하게 된다.

'개입'이 말하는 메시지

"이 세상에서 넌 혼자가 아니란다. 너는 특별한 존재란다.
그러고 넌 다른 사람들과도 적절하게 상호작용할 수 있는 능력이 있단다."

(3) 양육

양육(nurturing)이 의미하는 것은 돌봄과 보살핌이다. 긍정적인 부모-자녀 관계 안에서 부모는 자녀의 필요에 맞추어 먹이고, 안아 주는 등의 보살핌을 제공한다. 이러한 돌봄과 보살핌을 경험한 자녀는 안심되고 진정되면서 부모와의 안전한 관계를 형성한다. 이러한 과정 속에서 자녀는 그러한 안정감을 내면화시키게 되고, 궁극적으로 스스로 안정되는 법을 배우게 된다. 양육이 전달하는 메시지는 "넌 사랑스럽단다. 내가 보살핌, 편안함, 애정에 대한 너의 욕구에 반응해 줄게."(Booth & Jernberg, 2009)이다.

치료놀이에서 치료사는 아동의 충족되지 않은 유아기적 욕구를 해결해 주고 이완된 상태에서 양육을 '수용'할 수 있게 돕는다. 이러한 경험을 통해 아동은 자신이 사랑받을 만하고 가치 있는 사람이라고 느끼게 된다. 치료놀이에서의 대표적인 양육 활동으로 먹여주기, 로션으로 손도장 찍기, 요람 태워 주기 등이 있다. 이 활동은 아동으로 하여금 긴장을 풀게 하고, 치료사와의 신체 접촉, 따뜻하고 반응적인 보살핌을 경험하도록 해 준다.

'양육'이 말하는 메시지

"넌 사랑스럽단다. 내가 보살핌, 편안함, 애정에 대한 너의 욕구에 반응해 줄게."

(4) 도전

도전(challenge)이 의미하는 것은 성취와 숙달의 지지이다. 부모는 자녀와의 관계에서 자녀가 성장하면서 경험하게 되는 적절한 위험을 극복할 수 있도록 도와주면서 자녀가 성취감을 느낄 수 있도록 지지함으로써 숙달감을 느낄 수 있도록 해 준다. 자녀는 이런 경험을 통해 도전을 받아들이고 자신의 능력에 대한 자신감을 가지게 된다. 도전이 전달하는 메시지는 "넌 성장하여 세상에 긍정적인 영향을 미칠 수 있는 능력이 있단다." (Booth & Jernberg, 2009)이다.

치료놀이에서 치료사는 도전의 활동들을 통해 아동의 자신감을 지지하고 격려한다. 예를 들어, 신문지 펀치나 쌓아 놓은 방석 위에서 뛰어내리기 등의 활동은 아동으로 하여금 성공 경험을 느끼도록 하며 치료사와 협력하는 경험을 가지게 한다.

'도전'이 말하는 메시지

"넌 성장하여 세상에 긍정적인 영향을 미칠 수 있는 능력이 있단다."

3. 치료놀이의 특징 및 과정

1) 치료놀이 환경

(1) 치료놀이 대상

치료놀이는 대체로 18개월에서 12세 사이의 아동을 대상으로 한다. 초기 치료놀이는 애착 형성의 어려움을 경험한 아동을 대상으로 하였지만, 현재는 수줍음과 같은 내면화 문제, 그리고 행동화, 분노와 같은 외현화 행동 문제 및 관계 문제를 보이는 아동에게도 적용 가능하며, 더 확대하여 조절 문제, 자폐스펙트럼장애, 발달지연 등의 발달장애 아동에게도 효과적이라고 보고 있다(Booth & Jernberg, 2010).

(2) 부모 참여

치료놀이의 특별함은 바로 회기에 부모가 참여한다는 점이다. 치료놀이는 초기 사정에서 부모-자녀 상호작용 평가(Marshack Interaction Method: MIM)를 실시하면서 부모가 평가에 참여하게 되며, 그 이후 치료 목표를 설정하고 치료가 진행되는 과정에도 필요할 경우 부모가 아동과 함께 참여하게 된다. 이 과정에서 만약 치료사 한 명이 진행한다면 아동과의 치료를 마친 이후 부모상담을 진행하며, 부모와 아동이 준비되었다고 판단될 때 부모를 치료에 참여시킨다. 만약 두 명의 치료사가 함께할 수 있다면 한 명의 치료사는 아동과 상담을 하고 다른 한 명의 치료사는 해석 치료사로서 부모와 함께 있으면서 아동과 상담하는 치료사가 아동에게 개입하는 과정을 해석하는 역할을 하게 된다.

(3) 환경

치료놀이실은 기존 놀이치료실과 비교할 때 간단한 편이다. 방석들과 기대어 앉을 수 있는 커다란 쿠션 등으로 편안하게 쉴 수 있는 분위기를 준다. 만약 해석 치료사가 함께 하는 치료놀이를 진행한다면 해석 치료사와 부모가 함께 관찰하고 이야기를 나눌 수 있도록 일방경 설치가 필요하다. 그렇지 않다면 MIM 및 회기 촬영을 위한 비디오 시설이 필요할 수 있다.

(4) 회기의 횟수와 시간

일반적으로 치료놀이는 18~24회의 회기로 구성되며, 그 과정 안에는 사정기간, 치료기간, 그리고 1년에 4~6회에 거친 추후 점검기간이 포함된다. 만약 어려운 주호소의 내담자라면 6개월~1년이 될 수도 있다. 치료놀이 한 회기의 시간은 30~44분 정도이며, 보통 일주일에 한 번 시행한다(Booth & Jernberg, 2009).

(5) 치료놀이의 규칙

치료놀이를 진행하는 치료사가 치료 과정에서 반드시 지켜져야 할 규칙이 존재한다. 치료놀이의 규칙은 아동에게 치료놀이의 의미를 전달하면서 변화를 이끌기 위해 중요하다. 치료놀이의 규칙은 다음과 같다(신현정, 2019; Booth & Jernberg, 2009).

첫 번째 규칙은 성인이 책임을 지는 것(The adult is in charge)이다. 아동의 안전과 보호, 성장을 위해서는 반드시 부모를 포함하는 주양육자인 성인이 책임을 져야 한다. 치료놀이는 이러한 경험을 온전히 받지 못한 아동에게 성인이 책임지는 것을 경험하게 함으로써 애착, 자존감, 타인에 대한 신뢰와 즐거움을 회복할 수 있도록 한다. 이러한 이유로 치료놀이는 성인이 활동의 시작과 끝을 결정하고, 각각 어떻게 대처하는지 결정한다. 예를 들어, "우리는 지금 신문지를 치는 활동을 할 거야."라는 메시지를 정확하게 제시한다. 아동은 이러한 경험을 통해 안전감과 안정적인 의존을 경험하게 된다. 이는 건강한 독립심을 형성하기 위한 토대가 된다. 이를 통해 아동은 자신이 따뜻하게 보호받고 있다는 확신을 가질 수 있다.

두 번째 규칙은 상처 주지 않기(no hurt)이다. 치료놀이를 진행하는 치료사는 아동과의 상호작용 속에서 발견되는 아동의 특성에 대해 민감하게 관심을 기울인다. 예를 들어, 치료 과정에서 아동에게 신체상의 상처가 발견되는 경우가 있다. 이때 상처에 관심을 기울이고 반창고를 붙이고 약을 바르는 등의 치료사의 관심을 전달한다. 이 외에도 치료놀이 과정 중 실패나 위축, 부정적인 감정, 불편감을 느꼈을 때, 치료사는 아동의 마음을 반영해 주고 그 정서에 함께 머물러 준다. 이렇듯 치료사는 아동의 행동뿐만 아니라 정서에 적극적으로 반응하면서 민감하게 대처한다.

세 번째 규칙은 가까이에서 함께하기(stick together)이다. 치료사는 언제나 아동이 놀이에 함께할 수 있도록 도와야 한다. 아동의 놀이에 집중하며, 아동이 놀이에서 불편함을 느끼는 부분은 없는지 세심하게 살펴야 한다. 또한 아동과의 신체 접촉에서부터 오는 긍정적 경험을 중요하게 다루어야 한다.

네 번째 규칙은 즐기기(have fun)이다. 치료놀이는 즐거워야 하는데, 이는 아동이 생애 초기에 형성되어야 할 행복한 애착의 경험을 놀이를 통해 재경험하는 것이 목적이기 때문이다. 만약 아동이 흥미를 잃거나 참여를 거부한다면 활동에 변화를 줄 필요가 있다.

2) 치료놀이 과정

치료놀이의 과정은 크게 사정 단계, 치료 단계, 추후 점검 단계로 나뉘어 진행된다. 각각의 단계에 이루어지는 개입에 대해서 살펴보면 다음과 같다.

(1) 사정 단계

치료놀이의 첫 단계는 아동이 지닌 문제를 평가하고, 아동과 가족을 위해 적절한 치료 계획을 세우는 것을 목표로 한다. 이 과정은 초기 면접과 MIM으로 구성된다. 초기 면접은 일반적으로 아동이 참여하지 않은 상황에서 부모와 먼저 진행한다. 그 이후 아동과 부모 간의 관계 평가는 MIM을 통해 진행된다. MIM은 사정 단계에서도 시행되지만 치료의 종결 단계에서 치료 이후의 변화를 평가하기 위해서도 시행된다.

① 초기 면접

치료놀이의 첫 번째 회기는 부모와 함께하는 초기 면접으로 진행된다. 치료사는 부모와의 초기 면접을 통해 아동의 다양한 특성들에 대한 정보를 수집하게 되는데, 이때 특별히 부모-자녀의 애착과 관계에 초점을 두는 것이 필요하다. 초기 면접을 통해 아동의 발달사 및 아동의 강점과 약점, 가정환경, 아동에 대한 부모의 기대 등의 다양한 정보를 얻을 수 있다. 이 과정에서 치료사는 가족의 과거와 현재의 기능에 대해 알게 된다. 초기 면접을 통해 탐색해야 할 영역은 〈표 9-2〉와 같다.

표 9-2 초기 면접 시 탐색해야 할 정보

- 의뢰 사유
- 발달력
- 부모의 기대와 애착 문제를 포함한 부모의 태도
- 부부관계 등

② MIM을 통한 부모-자녀 상호작용 관찰

치료놀이의 두 번째 회기는 MIM을 이용하여 부모와 아동의 행동 및 관계를 관찰한다. 이 평가 기법은 치료놀이의 네 가지 차원(구조, 개입, 양육, 도전)의 상호작용을 이끌어 내기 위해 고안된 과제들을 수행하면서 진행되며, 진행 이후 MIM에 참여한 부모와 함께 피드백 회기를 가지게 된다. 이 회기에서는 아동의 문제에 대한 치료사의 초기 평가를 설명하기 위해 MIM 회기가 녹화된 녹화영상의 일부를 보여 줄 수 있다. 이 피드백 회기를 통해 아동에게 치료놀이 개입이 필요하다고 판단되면 부모와 치료 목표를 합의하고 치료가 진행된다. MIM에 대한 자세한 내용은 제14장에서 다루기로 한다.

(2) 치료 단계

치료놀이의 초기 사정과 피드백 회기를 마치고 부모와 치료 목표에 합의하게 되면 그 이후 치료 회기가 진행된다. 치료놀이는 각 회기를 치료사가 계획하고 준비한다. 일반적으로 회기는 치료 목표와 아동의 현재 욕구를 고려하여 계획되지만, 각 회기 상황에 따라 아동의 반응에 근거하여 변화될 수 있다. 각각의 치료놀이 회기는 〈표 9-3〉과 같은 순서로 진행된다.

표 9-3 치료놀이 회기 내 진행 순서

도입
• 인사 활동 • 체크업 활동
회기 내 중심 활동: 욕구에 따라 다음의 것을 적절하게 섞는다.
• 구조 활동 • 개입 활동 • 양육 활동 • 도전 활동
끝맺음
• 헤어짐 • 바깥세상으로 나아감

① 도입

치료놀이 회기가 시작되면 도입, 즉 인사 활동과 체크업 활동으로 이루어진다. 인사 활동은 대기실에서 아동을 만나는 순간부터 시작되며 아동에게 초점을 맞추는 개인적이며, 기분 좋은 것이어야 한다. 예를 들어, "안녕 수영아. 나는 오늘 너를 만나는 시간을 기다리고 있었단다!" 혹은 "우리 치료실에 들어갈 때까지 업어 줄게."(Booth & Jernberg, 2009) 등과 같이 아동의 존재를 반기는 반응을 하는 것으로 시작한다. 만약 부모가 참여하는 회기라면 부모도 인사 활동에 함께 참여하게 된다.

아동과 인사 활동을 하였다면 바로 체크업 활동을 진행하게 되는데, 이 활동의 목적은 아동에게 존재하는 특별한 가치를 반영해 줌으로써 아동이 자기 항상성을 갖게 하고 아동에게 성장 가능성을 전달하기 위함이다. 이러한 체크업 활동에는 지난주와 다르게 이번 주 발견되는 아동의 변화(예: 벌레 물린 자리를 찾아내는 것, 키 재기 등)를 통해 아동을 주의 깊게 관찰하고 아동의 특별한 특성을 발견하는 점검으로 시작한다. 만약 아동에게 넘어진 상처 등 지난주와 다른 변화가 나타났다면, "주영이 이곳을 다쳤었구나. 많이 아팠겠다."라며 그곳에 로션을 발라 주거나, 밴드를 붙이는 활동 등을 통해 아동에게 치료사의 특별한 관심을 전달할 수 있다.

② 회기 내 중심 활동

일반적으로 치료놀이 회기에는 치료놀이의 차원(구조, 도전, 양육, 개입)이 골고루 다루어지도록 계획하게 되며, 어떤 하나의 차원에만 초점을 맞추는 일은 드물다. 각각의 차원에 따른 활동의 예는 〈표 9-4〉와 같다(Booth & Jernberg, 2009).

치료놀이 회기 활동을 계획하는 치료사는 아동의 치료 목표 및 현재 나타나는 문제를 해결하는 것을 목적으로 활동을 구성하게 되는데, 이러한 모든 활동은 치료사와의 관계를 증진시킨다는 공통된 목표를 가진다. 아동의 욕구에 맞도록 차원에 따른 활동을 선택

표 9-4 차원에 따른 활동의 예

구조 활동	• 셋을 셀 때까지 기다렸다가 뛰기 • 손탑 쌓기 • 손과 몸의 윤곽 그리기 등
개입 활동	• 박수 치기 게임 • 주근깨 세기 • 숨바꼭질 • 노 젓기 • 솜공 찾기 등
양육 활동	• 먹여 주기 • 로션이나 파우더 발라 주기 • 안아 주기 • 자장가 불러 주기 • 요람 태우기 등

도전 활동	• 방석 위에서 균형 잡기 • 엄지손가락 씨름 • 신문지 펀치 • 줄다리기 • 솜공 가져가기 등

할 때, 활동 간의 균형과 적절한 흐름을 유지하도록 하는 것이 중요하다. 예를 들어, 체크업 활동이 조용하게 이루어졌다면 그다음 활동은 활기 있는 활동으로 계획하고 회기 마지막에는 먹여 주기나 안아 주기, 자장가 불러 주기 등의 양육 활동을 진행하는 등으로 구성할 수 있다.

③ 끝맺음

치료놀이는 반드시 인사 활동, 체크업 활동과 같은 시작 단계와 헤어짐과 부모에게로 돌아가는 끝맺음 단계로 구성된다. 헤어짐 활동은 치료놀이 회기에서 경험한 치료사와의 관계를 유지하면서 일상으로 돌아갈 수 있도록 하는 것이 목표이다. 예를 들어, 오늘 회기에서 어떤 것이 재미있었는지 등을 나눌 수 있다. 그러한 헤어짐 활동을 마치면 아동은 부모에게 돌아가게 되는데 이때 치료사는 아동과의 마지막 단계로 아동이 '다시 일상으로 돌아가기' 위한 준비로 양말을 신겨 주거나 신발을 신겨 주기도 한다. 대기실에서 기다리고 있는 부모에게 데려다 주면서 "어머니, 오늘은 세영이가 엄마, 아빠랑 할 수 있는 재미있는 놀이를 배웠어요." 혹은 "우리 다음 주 목요일에 다시 만나."라는 반응을 통해 아동과의 관계성을 인식시켜 줄 수 있다.

치료놀이에서 부모 참여 시기는 아동의 욕구 및 치료 목표에 따라 초기부터 치료실에 함께 있을 수도 있고, 혹은 관찰실에서 치료사와 아동의 활동을 관찰할 수도 있다. 이때 치료사는 아동과의 활동이 의미하는 바를 부모가 이해할 수 있도록 돕고, 궁극적으로 부모가 참여할 수 있도록 준비시키게 된다. 부모가 치료놀이 활동에 익숙해지면, 다음 회기 전까지 집에서 시도해 볼 수 있는 활동들을 과제로 내 주기도 한다.

치료놀이 마지막 회기에서는 그간 아동의 성장을 축하하는 파티를 하게 되는데, 이 시간은 아동과 부모가 서로 얼마나 즐겁게 지낼 수 있는지에 대해 강조하는 시간이기도 하다. 치료가 종결될 때, 부모는 사정 단계에서 시행했던 표준화된 질문지를 다시 작성하고 치료의 성과를 평가하기 위한 MIM을 실시하게 된다.

(3) 추후 점검 단계

치료놀이에서는 추후 점검 회기를 계획하는데, 일반적으로 처음 세 달 동안은 1개월 간격, 그 이후에는 3개월 간격으로 1년 동안 진행된다. 회기가 시작될 때 부모는 그간 발생한 사건이나 문제에 대해 이야기하거나, 자녀와 함께 경험했던 활동들을 치료사에게 보여 줄 수도 있다.

4. 치료놀이의 단계

치료놀이는 대체로 예측 가능한 패턴으로 전개되는데, 대략적인 단계는 다음과 같다(Booth & Jernberg, 2009).

- 도입 단계
- 탐색 단계
- 불확실한 수용 단계
- 저항 단계
- 신뢰와 성장 단계
- 종결 단계

1) 도입 단계

치료놀이의 도입 단계에서 치료사는 아동이 개입될 준비가 되어 있는지 평가하고, 아동과의 관계를 조율하기 위한 접근을 선택한다. 치료놀이의 모든 단계는 공통적으로 확신이 있고 즐겁다는 특성을 가지나, 특별히 도입 단계에서는 조율되고 즐거운 활동을 통해 아동을 조금씩 더 알아 가게 된다. 만약 아동이 불편해하거나 확신하지 못한다고 느낀다면 치료사는 속도를 늦추거나 활동을 바꾸면서 아동이 편안하게 느끼도록 할 수 있다.

2) 탐색 단계

치료놀이의 탐색 단계는 치료사와 아동이 서로에 대해 적극적으로 알아 가는 단계로, 아동의 내적 작동모델에 변화를 주기 위해 중요하다. 치료사가 아동에 대해 알게 되고 아동 또한 치료사에 대해 알게 되는 것과 동시에 치료사가 제공하는 새로운 관계를 경험하면서 아동은 새로운 관점으로 자신을 바라보게 된다. 치료사가 아동의 모든 것을 수용하고 흥미를 가져 줌으로써, 아동은 착한 아이가 되거나 성인에게 만족감을 주기 위해 어려운 과제를 성취할 필요를 느끼지 않게 된다. 이 단계에서의 목표는 치료사와 아동의 관계 속에 서로에 대한 인식과 진지하고 즐거운 관계의 순간을 공유하는 것이다. 만약 이러한 관계가 설정되었다면 아동은 아마도 다음 주 상담 회기에서 "선생님! 지난주보다 이만큼 컸어요."라면서 치료사를 기억하고, 그가 자신의 특성에 흥미를 보였다는 사실도 기억할 것이다.

3) 불확실한 수용 단계

치료놀이의 불확실한 수용 단계에서 아동은 겉으로는 활동을 잘 따라 하는 것 같지만 내면은 유보된 상태를 보이기도 한다. 치료사는 이러한 아동의 불확실성에 민감해야 하고, 아동이 보여 주는 반응이 표면적일 수 있다는 것을 이해해야 한다. 이 단계에서 치료사는 지속적으로 확실하고, 민감하고, 반응적이며, 흥미롭고, 즐거운 모습을 보여야 한다.

4) 저항 단계

치료놀이의 저항 단계에서 아동은 치료사의 적극적인 노력에 저항을 보일 수도 있다. 이전 단계에서 수용적인 것처럼 보였던 아동이 갑자기 늘어지기도 하고, 말이 없어지거나 적극적으로 저항할 수도 있다. 이것은 아동의 입장에서는 그간 치료사에게 많은 영향을 받긴 했지만 아직은 치료사가 자신의 욕구를 고려해 줄지에 대해서는 확신할 수 없기 때문에 발생하는 것이다. 이러한 아동의 저항에 대해 치료사는 실제적이고 개입적인 반응을 보여야 한다. 이러한 반응은 아동으로 하여금 치료사가 아동의 욕구에 주의를 기울일 것이고, 무슨 일이 있더라도 곁에 있을 것이며, 아동과 함께하고자 하는 놀이는 즐거울 것이라는 메시지를 전달하는 것이다. 이러한 저항이 지속될 수는 있지만 치료사의 확고한 인내심으로 인해 점점 강도가 약해지다가 마침내 사라질 수 있다. 기억해야 할 점은 모든 아동이 저항 단계를 겪는 것은 아니라는 것이다. 어떤 아동의 경우에는 매 순간의 치료놀이 과정을 즐기기도 한다.

5) 신뢰와 성장 단계

치료놀이의 신뢰와 성장 단계가 되면 아동은 적극적으로 다른 사람과 상호작용하는 즐거움을 경험하기 시작한다. 이는 아동이 자신감과 함께 세계에 대한 신뢰감을 발달시키기 시작했다는 의미이기도 하다. 이 단계에서 아동은 치료사뿐만 아니라 다른 사람들도 즐겁고 지지적으로 반응해 줄 수 있다고 느끼게 되는데, 이러한 아동의 인식을 확장시키기 위해 부모가 더 적극적인 역할을 할 필요가 있다.

6) 종결 단계

치료놀이의 종결 단계는 초기 부모와의 치료 목표를 합의하는 과정에서 결정되지만 가능하다면 아동의 변화에 기초해서 정해야 한다. 만일 초기 합의한 과정을 마쳐 가는데도 아동이 종결할 준비가 되어 있지 않다면 초기에 한 합의를 재조정해야 할 필요가 있다. 치료사와 부모가 치료의 종결을 결정하면, 종결 준비는 일반적으로 종결일 전, 네 번째 회기부터 시작하는데, 이때 준비, 예고, 작별이라는 요소가 필요하다.

(1) 준비

이 절차는 부모와의 면담을 통해 종결이 적절한지를 결정하는 것이다. 이때 초기에 합의했던 목표들이 달성되었는지에 대해 점검해야 한다.

(2) 예고

종결 회기가 결정되면 종결 4주 전에 아동에게 종결 계획을 알려야 한다. 종결이 예고된 후 남은 회기 동안에는 아동이 가장 좋아하던 활동들에 중점을 두어야 한다. 부모는 가정에서 아동과 함께 하는 활동을 치료사와 공유하면서 부모가 점점 더 중심적인 역할을 하게 된다. 종결 전, 마지막 회기에 치료사는 아동에게 다음 회기가 마지막 시간이라는 점을 상기시켜 주면서 아동과 마지막 파티를 계획할 수 있다.

(3) 작별

종결 회기에서 치료사는 아동과 부모의 관계에 주된 초점을 두면서, 참석자와 안내자의 자세로 함께해야 한다. 종결 회기에 치료사와 가족은 파티 모자를 쓰거나, 파티 음식을 나누기도 하고, 아동의 독특한 특성에 대한 노래를 부를 수 있다. 혹은 로션 손도장 찍기나 함께 사진찍기 등으로 특별한 시간을 보낼 수도 있다.

5. 발달장애 아동을 위한 치료놀이 접근

1) 조절장애 아동에 대한 치료놀이 접근

일반적으로 발달장애 아동은 감각 지각에 이상이 있는 경우가 많다(지경미, 2015). 예를 들어, 자폐스펙트럼장애 아동의 경우 약 80%가 감각 조절의 어려움을 경험한다고 보고한다(Ben-Sasson et al., 2009). 다미주신경이론에서는 인간의 신경생리학적 특성을 신호등으로 설명하는데, 초록(안전), 노랑(경계 상태: 투쟁-도피), 빨강(부동화, 감각 차단)의 상황 중 초록의 상태에서 사회적 상호작용이 가능하다고 보았다(김세영, 유미숙, 2018). 그러나 발달장애 아동의 경우는 사회적 상황에서 노랑의 상태를 많이 보이게 되는데, 만약 이때 적절한 조율이 없다면 아동은 급격히 투쟁-도피 회로가 가동되어 공격적인 행동을 보인다(김세영, 2021). 따라서 노랑 상태에 있는 아동에게 안전감을 느끼도록 하는 것이 필요하다. 이와 더불어 발달장애 아동에게 다양한 감각(촉각, 전정감각, 고유수용감각, 시각, 청각)이 어떻게 나타나는지를 이해할 필요가 있다. 이러한 조절의 어려움으로 인해 아동은 접촉, 균형, 움직임, 시야, 소리 등에 대한 반응을 조절하려고 할 때 어려움을 보일 수 있다. 이에 대해 치료놀이는 발달장애 아동의 감각 이상과 안전성 순환의 과민을 이해하며 발달장애 아동의 감각 상태를 편안하게 돕고 이후에 상호작용을 하면서 '함께하는 즐거운 놀이'를 경험하게 한다(김세영, 2021). 〈표 9-5〉는 Booth와 Jernberg(2009)가 소개하는 다양한 감각(촉각, 전정감각, 고유수용감각, 시각, 청각) 특성에 따른 치료놀이 활동의 예이다.

표 9-5 조절장애 아동을 위한 치료놀이 활동

감각	활동
촉각	• 로션, 파우더와 같은 재료를 활용하여 촉감놀이하기(양육)[1] • 부채나 신문지 등을 이용하여 부채질함으로써 부드러운 바람 느끼기(양육) • 솜공 터치(양육)[2] • 손발 찍기(양육)[3] • 매니큐어 바르기(양육) • 먹여 주기(양육)[4] • 담요 흔들어 주기(양육) • 특별한 키스(양육) • 까꿍놀이(개입) • 쎄쎄쎄 등의 단순한 박수 치기 놀이(개입) • 비눗방울 터뜨리기(구조)
전정감각	• 이불 요람 태우기(양육) • 빙글빙글 돌면서 노래 부르기(구조) • 노 젓기(구조) • 밀어 넘어뜨리기, 무릎 위 타기(개입)[5] • 위로 당겨 올리기(개입) • 배를 저어라(개입) • 등에 올라타기(개입) • 균형 잡기(도전)[6] • 베개 위에서 균형 잡기, 뛰어내리기(도전)[7] • 터널 통과하기(도전)

1) 로션, 파우더와 같은 재료를 활용하여 촉감놀이하기(양육): 로션이나 파우더를 사용하여 아동의 팔, 손, 다리, 발 등에 발라 주는 활동이다. 이때 노래를 불러 주어도 좋다. 활동 중에 아동의 감각적 요구에 주의를 기울이면서 강한 압력을 주거나, 촉각 민감성의 아동이라면 로션보다는 파우더를 사용하는 것이 좋다.

2) 솜공 터치(양육): 아동에게 손을 내밀게 하고 손가락 하나를 부드럽게 건드린 후에 어느 손가락이었는지 아동이 찾도록 한다. 그다음 아동의 눈을 감게 한 후 아동의 신체 부위를 건드린 후 눈을 뜨고 어느 부위였는지 맞추도록 한다.

3) 손발 찍기(양육): 아동의 손과 발에 로션을 바른 이후에 종이나 바닥, 거울 등에 찍어 본다. 예를 들어, 어두운 색의 종이에 찍었다면 그 위에 파우더를 뿌려서 손이나 발이 더욱 선명하게 보이도록 한다.

4) 먹여 주기(양육): 치료놀이에서는 대부분 회기에 간단한 간식과 음료를 준비하는데, 치료사는 아동을 무릎에 앉히거나 마주 앉아서 아동을 먹여 준다. 만약 아동이 먹여 주는 것을 거부한다면 아동이 먹도록 할 수 있지만 이때도 치료사는 활동에 참여하면서 아동이 먹는 것에 대해 반응해 주어야 한다.

5) 밀어 넘어뜨리기, 무릎 위 타기(개입): 아동은 치료사의 무릎 위를 타고 올라갔다가 내려왔다가 하면서 전정감각 자극을 느끼게 된다.

6) 균형 잡기(도전): 바닥에 누워 배 위에 베개를 올려놓고 아동의 베개가 떨어지지 않도록 하거나, 아동이 머리 위에 물건을 올려놓고 방을 걸어 다니며 균형을 잡는다.

고유수용감각	• 줄다리기(도전) • 상대방 밀기(도전) • 베개 밀기(도전) • 손수레(도전) • 빠져나가기(도전)[8] • 손가락, 팔, 다리씨름(도전) • 기어가기 경기(도전) • 베개 위에서 균형 잡기, 뛰어내리기(도전) • 신문지 펀치, 골대에 던져 넣기(도전) • 자유롭게 던지기(개입) • 로션이나 파우더 발라 주기(양육) • 미끌미끌 쭉(양육)[9]
시각과 청각	• 과민증 또는 저감각 아동에게 조심스럽게 접근하면서 치료놀이 활동과 조율함 • 저감각 아동에게 밝게 색칠한 공을 사용하는 것 • 과민증 아동에게 부드럽게 속삭이는 것 등

2) 자폐스펙트럼장애 아동을 위한 치료놀이

발달장애 중 특별히 자폐스펙트럼장애는 타인과의 사회적 관계를 형성하는 데 어려움을 보인다. 치료놀이는 관계에 기초한 모델로, 개입과 관계 맺기, 의사소통을 위한 기본적 능력을 기르는 데 초점을 두기 때문에 자폐스펙트럼장애 아동의 성장을 돕는 데 이상적이라고 볼 수 있다.

자폐스펙트럼장애 아동에게 적용하는 치료놀이는 애착, 참여, 자존감, 타인에 대한 신뢰 증진에 중점을 두어 진행하며, 개인적이고 신체적인 활동을 주로 하고 재미가 포함되어 있다(Rieff & Booth, 1994). 특별히 자폐스펙트럼장애 아동은 자극 지각의 역치가 아동

7) 베개 위에서 균형 잡기, 뛰어내리기(도전): 아동이 방석 위에서 균형을 잡도록 하는데, 처음에는 방석 하나부터 시작하여 아동이 성공할 때까지 하나씩 계속 추가한다. 아동이 방석 위에서 균형을 잡으면 치료사는 아동의 손을 떼고 스스로 균형을 잡는 것에 대한 느낌을 갖도록 한 이후에 치료사가 신호를 주면 아동은 치료사의 품으로 뛰어내린다.

8) 빠져나가기(도전): 치료사가 둘러싸고 있는 팔 안에서 아동이 빠져나오도록 하는 활동이다.

9) 미끌미끌 쭉(양육): 아동의 팔이나 다리에 로션을 바르고 그 이후 아동의 팔이나 다리를 잡고 "미끌미끌 쭉"이라고 말하면서 당긴다.

마다 다르기 때문에 관계 형성을 위해서는 자극 강도의 수준과 초점을 다르게 적용할 필요가 있다(Bundy-Myrow, 2000).

자폐스펙트럼장애 아동에게 적용되는 치료놀이 영역은 구조, 도전, 개입, 양육이 모두 포함되는데(Jernberg & Booth, 1999), 먼저 개입 활동을 통해 아동 자신을 인식하도록 집중, 지속, 놀람을 제공해야 한다. 또한 구조 활동을 통해 아동의 예측성과 안정감을 제공해야 하며, 도전 활동을 통해 아동과의 연결을 유지하면서 아동이 참여하도록 해야 한다. 마지막으로, 양육적 편안함을 지각하는 것이 어려운 자폐스펙트럼장애 아동을 위해 양육 활동으로의 접촉이 필요하다(Bundy-Myrow, 2000).

(1) 자폐스펙트럼장애 아동의 치료놀이 목표

치료놀이를 진행하는 치료사는 자폐스펙트럼장애 아동이 갖는 세계에 대한 두려움과 압도감에서 벗어나도록 도와주는 방법을 모색하면서 다양한 활동과 변화를 시도하여 아동이 외부 자극에 대해 수용할 수 있도록 도와야 한다(박랑규, 2003). 자폐스펙트럼장애 아동의 치료놀이의 목적은 확실한 자아감 발달, 자신과 분리된 타인의 인식, 타인에 대한 신뢰감 발달 및 부적절한 행동을 감소하는 것이다. 그 세부적인 행동 목표는 신체 접촉 허용, 눈 맞춤, 주의를 공유하기, 차례로 하기, 비언어적·언어적 의사소통 등의 행동 개선과 분노 발작, 자기자극, 고집, 공격 행동 등 부적절한 행동을 감소시키는 두 가지 측면이다(박랑규, 2003). 자폐스펙트럼장애 아동을 위한 치료놀이의 목표를 구체적으로 살펴보면 〈표 9-6〉과 같다(Booth & Jernberg, 2009).

표 9-6 자폐스펙트럼장애 아동의 치료놀이 목표

목표	내용
감각, 감정, 행동의 상호 조절과 조율의 기본 패턴 만들기	자폐스펙트럼장애 아동과의 치료놀이에서 치료사는 활동을 통해 아동에게 직접적으로 개입하는데, 이때 아동의 감각, 정서, 행동이 서로 긴밀하게 조절된 상호작용이 되도록 해야 한다. 자폐스펙트럼장애 아동은 다양한 감각적 특성과 그로 인한 정서적·행동적 특성을 보이기 때문에 이에 대한 조절된 상호작용을 통해 조절감을 경험할 수 있게 된다. 이때 구조라는 치료놀이 원리는 아동이 활동들을 조직하고 조절하며 참여할 수 있도록 돕는다.

아동의 비언어적/언어적 단서에 반응하기	자폐스펙트럼장애 아동과의 치료놀이에서 치료사는 아동의 비언어적 혹은 언어적 단서를 조심스럽게 관찰하고 반응해야 한다. 이를 통해 아동은 타인의 존재를 인식하고, 타인의 의도를 이해하도록 할 수 있게 된다. 이때 개입이라는 치료놀이 원리는 아동이 타인의 단서를 읽고 반응할 수 있는 다양한 기회를 마련해 준다.
느낌과 생각으로 의사소통하기	치료놀이는 언어적 의사소통에 의존하지 않기 때문에 자폐스펙트럼장애 아동의 개입에 적합하다. 자폐스펙트럼장애 아동과의 치료놀이에서 치료사는 언어적 의사소통뿐만 아니라 비언어적 의사소통으로서의 아동이 전달하는 느낌과 생각을 민감하게 알아차리고 의사소통을 해야 한다. 이때 개입이라는 원리는 아동이 느낌과 생각에 관한 메시지들을 의사소통할 수 있도록 하는 발판이 될 수 있다.
최적의 감각적 각성으로 개입하기	자폐스펙트럼장애 아동과의 치료놀이에서 치료사는 아동의 각성 수준에 맞추어 치료사의 의도를 조심스럽게 조율하게 된다. 이때 양육의 원리는 아동을 안정시키는 감각 경험을 제공하는 활동들로 구성되며, 구조, 개입, 도전의 즐겁고 활발한 놀이는 자기 수용과 전정 신경의 욕구를 충족시킨다.
관계 맺고 조절하며 참여하는 능력 만들기	자폐스펙트럼장애 아동과의 치료놀이에서 치료사는 아동에게 초점을 두면서 관계를 맺고, 조절하며, 참여하는 의사소통 능력을 기르도록 한다. 이때 치료놀이의 구조, 개입, 양육의 원리는 아동에게 관계 맺는 능력을 강화시키는 기초를 제공하고, 도전은 좀 더 복잡한 기술을 발달시킨다.
부모가 아동과 일체감, 조율, 즐거운 개입을 하도록 돕기	자폐스펙트럼장애 아동과의 치료놀이에서 치료사는 부모가 아동과의 관계에서 일체감과 조율을 느끼도록 해야 한다. 건강한 부모-자녀 관계는 치료놀이의 중요한 목표가 되며, 이는 자폐스펙트럼장애 아동에게도 마찬가지이다. 치료사는 부모가 아동과의 일상에서 치료놀이의 원리를 이해하고 활용할 수 있도록 안내한다.

(2) 네 가지 차원에 따른 자폐스펙트럼장애 아동의 치료놀이 개입

치료놀이의 네 가지 차원인 구조, 개입, 양육과 도전은 건강한 부모-자녀 관계 등 관계를 위해서 반드시 필요한 요소들이다. 이러한 건강한 상호작용 및 관계는 자폐스펙트럼장애 아동에게 너무도 중요한 치료 목표로서, 여기에서는 Booth와 Jernberg(2009)가 제안하는 네 가지 차원에 따른 고려 사항에 대해 살펴보도록 한다.

① 구조

자폐스펙트럼장애 아동에게 있어 구조는 매우 중요하다. 이는 아동에게 안전감과 예측 가능함을 경험하게 하며, 이러한 안정감이 선행될 때 아동은 치료사나 부모와의 관계에 대한 연결성을 경험할 수 있다. 자폐스펙트럼장애 아동에게 구조의 차원으로서 고려해야 할 점은 〈표 9-7〉과 같다(Booth & Jernberg, 2009).

표 9-7 자폐스펙트럼장애 아동 치료놀이의 구조 차원에서 고려할 점

고려 사항	내용
놀이 공간과 위치	• 자폐스펙트럼장애 아동은 안정감과 예측 가능함을 느끼게 해야 치료사와의 상호작용에 집중하기 쉽다. • 신체적으로 편안함을 느낄 수 있도록 해야 한다(예: 치료사의 무릎 위에 아동을 앉히거나 방석 위에 앉힘). • 안전감과 편안함은 아동이 관계 안에서 자발적이 되도록 돕는다.
최적의 각성 유지	• 자폐스펙트럼장애 아동은 쉽게 외부 자극을 통해 불안감을 느끼므로 신체적 접촉과 즐거운 상호작용을 통해 최적의 각성을 유지할 수 있도록 해야 한다.
아동 이끌기	• 자폐스펙트럼장애 아동은 자신이 이해하지 못한 새로운 활동을 하게 될 때 불안감을 느끼게 된다. 이때 치료사는 아동이 좋아하지 않는 활동을 하지 않게 되거나 아동의 저항에 부딪히게 된다. 이때 치료사는 아동이 활동을 통해 상호작용을 경험하도록 돕기 위해 버티는 것이 필요한데, 이 경우 노래나 음악을 이용하는 것이 좋다.
상호작용을 연장하기	• 자폐스펙트럼장애 아동은 치료사와의 상호작용에서 쉽게 산만해지거나, 위축되어 도주하려는 경향성을 보이므로 치료사는 아동의 주위와 집중을 좀 더 연장하는 것이 필요하다. • 일단 활동을 시작하면 번갈아 하기나 반복을 통해서 그 활동을 더 오래 지속하도록 하며, 진행 중에 활동에 여러 변수와 복잡성(예: 템포나 강도의 변화 등)을 더할 수 있다.
전환에 대처하기	• 자폐스펙트럼장애 아동은 어떤 일이 일어나는지 이해하지 못하거나 너무 빨리 진행되어 버릴 때 쉽게 불안해진다. 치료사는 즐거운 활동을 통한 전환으로 아동을 이끌면서 아동이 전환을 다룰 수 있도록 해야 한다. • 아동이 익숙한 놀이를 많이 반복함으로써 각 회기가 예측 가능한 구조로 되어 있다는 안전에 대한 확신을 줄 수 있다. • 아동에게 활동을 소개하는 사진을 보여 주거나 일정을 미리 적어 놓는 것도 도움이 될 수 있다.

② 개입

자폐스펙트럼장애 아동은 사회적 상호작용의 어려움을 경험하기 때문에 치료사와의 상호작용 속에서 개입을 수용하는 것은 매우 어려울 수 있다. Greenspan과 Wieder(2006)는 자폐스펙트럼장애 아동에게 치료놀이에서 개입의 중요성에 대해 다음과 같이 설명하였다. "개입을 통해서 우리는 따스함과 환희, 신뢰를 가지고 아동의 세계에 들어간다. 이는 아동이 스스로를 조절하도록 도울 수 있는데, 그 초점이 개입하려는 양육자에게 있기 때문이다. 이러한 개입은 의사소통할 희망을 이끌어 내고, 타인과 관계 맺는 즐거움을 발견하도록 하며, 외부 세계에 참여하도록 이끌 수 있다." 자폐스펙트럼장애 아동에게 개입의 차원으로서 고려해야 할 점은 〈표 9-8〉과 같다(Booth & Jernberg, 2009).

표 9-8 자폐스펙트럼장애 아동 치료놀이의 개입 차원에서 고려할 점

고려 사항	내용
아동에게 초점 두고 반응 확인하기	• 치료놀이 회기 중 체크업 활동을 통해 치료사는 아동에게 초점을 두게 되는데, 이러한 활동은 자폐스펙트럼장애 아동에게 자기와 타인 그리고 관계에 대해 배우는 기초가 된다. • 치료사는 활동 중 아동의 반응에 비언어적이거나 언어적으로 반응하면서 아동이 좋아하고 좋아하지 않는 것 혹은 기뻐하거나 침울해하는 것에 대해 알아차릴 수 있어야 한다.
아동 따라 하기	• 자폐스펙트럼장애 아동은 다른 사람의 행동을 따라 하기 어려워하므로 치료사가 먼저 아동의 모습을 따라하는 것이 좋은데 이는 치료적 반영이 될 수 있다. 이러한 활동은 아동이 성인에게 영향을 미칠 수 있다는 것을 느끼게 한다. 자폐스펙트럼장애 아동의 경우에는 좀 더 의도적으로 반영의 형태를 활용할 수 있다.
아동과 번갈아 활동하기	• 번갈아 하는 활동을 통해 자폐스펙트럼장애 아동은 놀이 활동에 좀 더 참여할 수 있으며, 다른 사람의 행동을 기대하는 것에 대해 경험하게 된다.
상호작용 레퍼토리 발달시키기	• 치료사나 부모가 아동과의 활동에 참여하는 과정에서 아동과 함께할 수 있는 활동을 좀 더 늘려 가야 한다.

③ 양육

치료놀이의 원리 중 양육은 예민하고 불안한 아동뿐 아니라 자폐스펙트럼장애를 포함하는 발달장애 아동에게도 매우 중요하다. 이러한 양육은 발달장애 아동에게 안전과 안정, 편안함을 제공하면서 관계에서 가장 기본적인 유대를 경험하게 한다. 자폐스펙트럼

장애 아동에게 양육의 차원으로서 고려해야 할 점은 〈표 9-9〉와 같다(Booth & Jernberg, 2009).

표 9-9 자폐스펙트럼장애 아동 치료놀이의 양육 차원에서 고려할 점

고려 사항	내용
아동과의 관계에서 편안하고 즐거움 경험하기	치료사가 자폐스펙트럼장애 아동이 수용할 수 있는 편안한 양육적 접촉 방식을 알게 될 때, 아동은 자신을 돌보는 성인에 의한 보살핌, 관심을 받으며 친밀한 상호작용을 즐기는 경험을 할 수 있게 된다.
아동이 진정될 수 있도록 양육 활용하기	양육은 쉽게 동요되고 불안해하는 자폐스펙트럼장애 아동을 진정시키고 가라앉히는 잠재력이 있다.

④ 도전

도전이라는 치료놀이 원리는 자폐스펙트럼장애 아동에게는 다소 부담스러울 수 있는 요소이기 때문에 활동 중 조금씩, 조심스럽게 추가하여야 한다. 예를 들면, 처음에는 단순한 개입 활동으로 시작해서 아동이 적응하였다고 생각될 때 새로운 활동과 도전의 요소를 조금씩 추가하면 된다. 이러한 경험을 통해 자폐스펙트럼장애 아동은 새로운 상황에 직면하고 경험하게 되면서 유능감과 편안을 느끼게 될 수 있다. 이러한 치료놀이 활동의 경험은 그 이후 타인과의 상호작용으로 범위를 확장시킬 수 있으며 이를 통해 자폐스펙트럼장애 아동이 새로운 활동의 다양함을 견딜 수 있게 된다. 자폐스펙트럼장애 아동에게 도전의 차원으로서 고려해야 할 점은 〈표 9-10〉과 같다(Booth & Jernberg, 2009).

표 9-10 자폐스펙트럼장애 아동 치료놀이의 도전 차원에서 고려할 점

고려 사항	내용
새로운 활동 참아 내기	• 자폐스펙트럼장애 아동은 단순하고 익숙한 활동에는 개입될 수 있지만 새롭고 친숙하지 않은 활동에는 저항할 수 있다. 이때 치료사는 계속 노력하는 것이 중요하며, 아동은 치료사가 기대하는 것을 이해할 시간이 필요하다. • 자폐스펙트럼장애 아동은 새로운 것으로 전환할 시간이 필요할 수 있으므로, 치료사는 자신의 움직임이나 표정을 다소 과장되고 느리게 표현하면서 직접 안내하며 활동을 보여 주는 것이 도움이 된다.
어려운 활동 성취하도록 하기	• 자폐스펙트럼장애 아동에게 약간의 어려운 활동을 끝까지 할 수 있도록 하거나, 좀 더 오랜 시간 상호작용에 머무르도록 함으로써 도전을 통한 성취를 경험하게 할 수 있다. • 이전에는 거부했던 자극을 참아 낼 수 있는 능력도 도전에 포함될 수 있다.

요약하기

- 치료놀이는 애착을 기초로 한 직접적이고 상호작용적인 치료 개입으로, 양육자와 아동 간의 안정적인 상호작용을 통해 아동의 자아와 성격이 발달한다고 본다. 거기에는 구조, 도전, 개입, 양육이라는 치료놀이의 네 가지 기본 원리가 존재하며, 이는 부모-자녀 간의 건강한 관계를 형성하는 데 필요한 요소라고 본다.
- 치료놀이의 과정은 사정 단계, 치료 단계, 추후 점검 단계로 나누어 진행된다. 사정 단계는 아동이 지닌 문제를 평가하고 아동과 가족을 위한 적절한 치료 계획을 세우는 것을 목표로 하며 초기 면접과 MIM으로 구성된다. 치료 단계에서 각 회기는 치료사가 계획하고 준비한다. 일반적으로 회기는 치료 목표와 아동의 현재 욕구를 고려하여 계획되지만, 각 회기 상황에 따라 아동의 반응에 근거하여 변화될 수 있다. 추후 점검 단계에서는 추후 점검 회기를 계획하는데, 일반적으로 처음 세 달 동안은 1개월 간격, 그 이후에는 3개월 간격으로 1년 동안 진행된다.
- 발달장애 아동은 대체로 타인과의 사회적 관계를 형성하는 데 어려움을 보인다. 치료놀이는 관계에 기초한 모델로, 개입과 관계 맺기, 의사소통을 위한 기본적 능력을 기르는데 초점을 두기 때문에 발달장애 아동의 성장을 돕는 데 이상적이라고 볼 수 있다. 발달장애 아동에게 적용하는 치료놀이는 애착, 참여, 자존감, 타인에 대한 신뢰 증진에 중점을 두어 진행하며, 개인적이고 신체적 활동을 주로 하고 재미가 포함된다.

생각해 보기

Q1. 치료놀이의 네 가지 차원이 의미하는 메시지가 실제 아동에게 어떤 영향을 미칠지에 대해 생각해 보라.

Q2. 치료놀이의 네 가지 차원의 활동을 실제로 경험해 본 이후 느낌을 함께 나누어 보라.

1) 구조 활동에 대한 경험 나누기
2) 개입 활동에 대한 경험 나누기
3) 도전 활동에 대한 경험 나누기
4) 양육 활동에 대한 경험 나누기

Q3. 치료놀이 치료사가 가져야 할 태도에 대해 생각해 보라.

참고문헌

김세영(2021). 발달장애 아동의 치료놀이기반 부모훈련 실행사례연구. 숙명여자대학교 대학원 박사학위논문.

김세영, 유미숙(2018). 섭식장애 아동의 치료놀이 적용에 대한 질적 사례연구: Polyvagal 이론을 중심으로. **한국콘텐츠학회논문지**, 18(4), 601-612.

박랑규(2003). 자폐 아동의 사회성 발달을 위한 Theraply 접근. **자폐성장애연구**, 4(1), 45-55.

신현정(2007). 치료놀이 상호작용에 관한 질적연구. 숙명여자대학교 대학원 박사학위논문.

신현정(2019). 집단치료놀이를 통한 아동의 사회적 상호작용 탐색: 감정과 행동에 대한 뇌신경학적 해석을 중심으로. **발달지원연구**, 8(3), 1-22.

이주연, 윤정희(2009). 국내 치료놀이 연구동향. **한국놀이치료학회지**, 12(1), 65-77.

지경미(2015). 지적장애 청소년의 집행 기능 향상을 위한 태블릿 PC 기반 음악 만들기 활동 사례. 이화여자대학교 교육대학원 석사학위논문.

Ben-Sasson, A., Hen, L., Fluss, R., Cermak, S. A., Engel-Yeger, B., & Gal, E. (2009). A Meta-Analysis of Sensory Modulation Symptoms in Individuals with Autism Spectrum Disorders. *Journal of Autism and Developmental Disorders, 39*, 1-11. https://doi.org/10.1007/s10803-008-0593-3

Booth P. B., & Jernberg A. M. (2009). *Theraplay: Helping parents and children build better relationships through attachment-based play*. 윤미원, 김윤경, 신현정 공역(2011). **치료놀이**. 학지사.

Booth, P. B., & Jernberg, A. M. (2010). *Theraplay*. Paper presented at the First International Theraplay Conference, June 27, 2003, Chicago, IL.

Bowlby, J. (1973). *Attachment and loss. Vol II: Separtion: anxiety and anger*. Hogarth Books.

Bowlby, J. (1988). Developmental psychiatry comes of age. *The American Journal of Psychiatry, 145*(1), 1-10.

Bundy-Myrow, S. (2000). Group Theraplay for children autism and pervasive developmental disorder. In E. Munns (Ed.), *Theraplay; innovation in attachment-enhancing playtherapy* (pp. 301-320). Jason Aronson Inc.

Bundy-Myrow, S., & Booth, P. B. (2009). Theraplay: Wupprting attachment relationships. In K. J. O'Connor & L. D. Braverman (Eds.), *Play therapy theory and practice: Comparing theories and techniques* (pp. 315-366). John Wiley & Sons.

Gallo-Lopez, L., & Rubin, L. C. (Eds.). (2012). *Play-based interventions for children and adolescents with autism spectrum disorders*. 박랑규, 윤진영, 정은주, 이은주, 김난영, 바은

선, 정난영 공역(2017). 자폐 아동 · 청소년을 위한 놀이기반 심리치료: 다학문적 접근과 혁신적 시도. 시그마프레스.

Greenspan, S. I., & Wieder, S. (2006). *Engaging autism: Using the Floortime approach to help children relate, communicate, and think*. Perseus Books Group.

Jernberg, A. M. (1979). *Theraplay: A new treatment using structured play for problem children and their families*. Jossey-Bass.

Jernberg, A., & Booth, P. (1999). *Theraplay: Helping parent and children build better relationships through attachment based play* (2nd ed.). Jossey-Bass Publisher.

Kohut, H. (1971). *The analysis of the self.* International Universities Press.

Kohut, H. (1977). *The restoration of the self.* International Universities Press.

Kohut, H. (1984). *How does analysis cure?* University of Chicago Press.

Makela, J. (2003). *What makes Theraply effective: Insights from developmental sciences.* The Theraplay Instituede Newsletter, Fall/Winter.

Makela, J., & Vierikko, I. (2004). *From heart to heart: Interactive therapy for children in care.* Report on the Theraplay project in SOS chilrend's willages in Finland 2001-2004. Published by the SOS children's villages in Filand.

Rieff, M., & Booth, P. (1994). Theraplay for children with pervasive development disorder and autism. *The Theraplay Institute Newsletter*, *Spring*, 1-7.

Schore, A. N. (1994). *Affect regulation and the origin of the self: The neurobiology of emotional development.* Eribaum.

Siegel, D. J., & Hartzell, M. (2003). *Parenting from the inside out.* Jeremy P. Tarcher/ Putnam.

Winnicott, D. W. (1958). The capacity to be alone. In D. W. Winnicott (Ed.), *The maturational process and the facilitating environment* (pp. 29-36). Hogarth Press and the Institute of Psycho-Analysis, 1965.

Winnicott, D. W. (1965). *The maturational process and the facilitating environment*. Hogarth Press and The Institute of Psycho-Analysis.

Winnicott, D. W. (1971). *Therapeutic consultation in child psychiatry.* Hogarth Press and the Institute of Psycho-Analysis.

Winnicott, D. W. (1987). *Babaies and their mothers.* Addison-Wesley.

제10장

조기개입덴버모델(ESDM)

학습목표

1. 자연주의적 발달 행동 중재가 무엇인지 이해할 수 있다.
2. 조기개입덴버모델(ESDM)의 주요 이론과 핵심 원칙을 이해할 수 있다.
3. ESDM 놀이 개입 단계를 이해하고 이를 적용할 수 있다.

● ● ● 조기개입덴버모델(Early Start Denver Model: ESDM)은 발달심리학과 응용행동분석(Applied Behavior Analysis: ABA)을 결합한 자연주의적 발달 행동 중재(Naturalistic Developmental Behavioral Intervention: NDBI) 방법으로, 자폐스펙트럼장애를 가진 영유아의 사회적 · 언어적 · 인지적 발달을 촉진하기 위해 설계된 접근법이다(Rogers & Dawson, 2010). 이 모델은 행동분석 원리를 바탕으로 하지만 기존의 ABA 프로그램과는 달리 아동의 흥미와 관심을 중심으로 하여 더 유연하고, 자연스러운 환경에서 아동이 능동적으로 학습하고 참여하도록 한다(Schreibman et al., 2015). 이 책에서는 자연주의적 발달 행동 중재(NDBI) 방법의 대표적 모델 중 하나인 조기개입덴버모델(ESDM)에 대해 살펴보고자 한다.

1. 발달 배경

1) 자연주의적 발달 행동 중재(NDBI)

자연주의적 발달 행동 중재(Naturalistic Developmental Behavioral Interventions: NDBI)는 행동 및 발달 요소를 환경 내에서 자연적으로 발생하는 사회 활동의 맥락에서 중재를 제공하는 접근 방식을 말한다. 아동이 활동 안에서 상호작용을 통해 자연스럽게 발생하는 학습 기회와 측정 가능한 목표에 도달하기 위해 ABA(응용행동분석) 접근 방식을 기반으로 한다. 초기의 ABA의 개별시도훈련(Discrete Trial Training: DTT) 방식은 구조화된 환경에서 반복적 훈련과 연습을 통해 특정 기술을 습득하도록 하는 방법이나 이러한 방식은 학습의 일반화, 동기부여, 사회적 상호작용 촉진 등을 고려할 때 한계점이 많았다. 이러한 한계점을 보완하기 위해 자폐스펙트럼 아동이 특정 기술을 효과적으로 습득하고 유지하기 위해서는 학습의 맥락이 자연스럽고 의미 있어야 한다는 점을 강조하며 자연주의적 발달 행동 중재(NDBI) 방법이 등장하게 되었다. 자연주의적 발달 행동 중재(NDBI)의 주요 특징은 다음과 같다.

- 자연스러운 학습 환경: 아동이 일상에서 자연스러운 활동과 놀이, 사회적 활동을 통해 배울 수 있도록 유도
- 발달적으로 적절한 목표: 사회적 상호작용, 언어, 인지 발달 등 아동의 발달 수준에 맞춘 목표 설정
- 아동의 관심을 따름: 전통적인 ABA와 달리, 아동의 관심과 흥미를 중심으로 학습 진행
- 사회적 강화: 아동이 사회적 상호작용을 통해 자연스럽게 보상을 경험하도록 함
- 부모 참여: 부모가 아동의 학습을 돕도록 훈련받아 치료가 가정에서도 지속되고 일반화될 수 있도록 함

연구 결과에 따르면, 자연주의적 발달 행동 중재(NDBI)는 자폐스펙트럼장애 아동의 학습 동기 향상, 기술의 일반화, 자연스러운 강화 기제 활용, 언어적 · 사회적 기술 촉진, 문제행동 감소 등 다양한 측면에서 효과적인 접근 방식으로 입증되었다(McGee, 2005).

특히 부모가 가정에서 적용할 수 있는 점에서 실용성이 높으며, 자폐 아동의 조기개입 전략으로서 강력한 가능성을 보여 주었다(Fenske et al., 2001).

표 10-1 NDBI 접근 중재의 종류

- IT(Incidental Teaching)
- PRT(Pivotal Response Training)
- ESDM(Early Start Denver Model)
- Project ImPACT(Improving Parents as Communication Teachers)
- JASPER(Joint Attention, Symbolic Play, Engagement, and Regulation)
- SCERTS(Social Communication, Emotional Regulation, and Transactional Support)

더 알아보기

개별시도훈련

개별시도훈련(DTT)은 자폐스펙트럼장애 아동의 특정 기술 습득을 돕기 위해 고도로 구조화된 ABA(응용행동분석) 기반 교수법이다. 하나의 기술을 작은 단위로 나누어 개별 시도를 반복하여 목표 행동을 가르치는 방식으로 구성되며, 일반적으로 치료사나 교사가 아동을 대상으로 실시한다. DTT는 다음과 같은 절차로 진행된다.

① 단서 제공(prompting): 아동에게 특정 행동을 수행하도록 하는 지시어 또는 자극(예: 그림 카드)을 제공함
② 반응(response): 아동이 지시나 자극에 반응함
③ 피드백(강화 또는 교정): 아동이 올바르게 반응하면 즉각적인 보상(예: 칭찬, 간식, 장난감 제공)을 통해 강화함. 잘못된 반응을 보이면 오류 수정(예: 추가적인 단서 제공, 시범 보여 주기)을 통해 학습 기회를 다시 제공함
④ 시도 반복(trials repetition): 여러 번 반복하며 연습하여 목표 기술이 습관화되도록 함

2) 자연주의적 발달 행동 중재(NDBI)의 구성 요소

자연주의적 발달 행동 중재(NDBI)는 학습을 효과적으로 지원하기 위해 중재 목표, 학습 환경, 발달 촉진 전략이라는 세 가지 핵심 영역을 기반으로 한다(Schreibman et al., 2015).

(1) 중재 목표

자연주의적 발달 행동 중재(NDBI)는 인지, 사회, 언어, 놀이 및 운동 발달을 포함한 다양한 영역을 통합하여 접근하며 학습된 영역이 일상생활에서 의미 있게 활용될 수 있는 일반화를 강조한다. 예를 들어, 아동이 새로운 단어를 배울 경우 이를 단순히 습득시키는 것이 아니라 놀이 중 다른 사람과의 상호작용 속에서 자연스럽게 활용할 수 있도록 해당 기술을 사회적 상호작용과 결합하여 확장되도록 유도한다. 아동은 이러한 기술들을 고립된 훈련이 아닌 실생활 맥락에서 자연스럽게 습득하게 되고 이를 통해 사회적 의사소통 능력을 기를 수 있다.

이러한 요소들은 언어 발달 및 사회적 관계 형성의 중요한 기반이 되며 자연주의적 발달 행동 중재(NDBI)는 이 기술들이 자연스럽게 사용될 수 있도록 학습 환경을 조성하는 것을 강조한다. 이러한 학습을 촉진하는 핵심 요소는 다음과 같다.

- 타인에게 주의를 기울이는 능력
- 타인의 행동을 모방하는 능력
- 감정과 관심을 공유하는 공동주의
- 타인과 조율된 상호작용을 지속하는 능력
- 제스처, 소리, 표정, 단어 등을 통해 의미를 전달하는 능력

이러한 핵심 기술들이 형성되면 아동은 점진적으로 보다 복잡한 언어, 놀이, 행동 및 상호작용 패턴을 습득할 수 있다. 특히 공동주의와 모방은 초기 발달에서 중요한 요소로 언어 발달과 밀접한 관련이 있으며 치료 개입에서 중요한 핵심 목표이다.

모방은 사회적 참여 및 학습의 중요한 도구가 되며 아동은 모방을 통해 사회적 상호작용을 경험하고, 타인의 행동을 관찰하면서 학습하는 과정을 거친다(Meltzoff & Gopnik, 1993). 연구에 따르면, 자폐스펙트럼장애 아동도 자연주의적 발달 행동 중재(NDBI) 환경에서 사회적 맥락 속에서 모방을 학습할 수 있으며, 이를 통해 보다 효과적인 상호작용 능력을 개발할 수 있다(Ingersoll, 2010; Landa et al., 2011).

(2) 학습 환경

학습은 의미 있는 사회적 상호작용 속에서 이루어질 때 가장 효과적이며, 이러한 접근법은 신경생물학적 발달에도 긍정적인 영향을 미친다(Dawson et al., 2012; Knudsen, 2004). 연구에 따르면 감정적으로 풍부한 환경에서 학습이 이루어질 때 인지적 · 언어적 성장 속도가 더욱 빠름이 입증되었다(Topal et al., 2008). 다시 말해, 아동이 흥미를 느끼는 활동을 활용하여 동기를 높이고 이를 통해 자연스럽게 학습하도록 하는 사회적 맥락 기반 접근은 학습효과와 일반화를 촉진할 수 있다.

(3) 발달 촉진 전략

자연주의적 발달 행동 중재(NDBI)에서 활용되는 발달 촉진 전략은 아동의 성공 경험을 극대화할 수 있도록 일상생활 속 자연스러운 맥락에서 실행된다. 이 과정에서 행동주의 전략을 활용하며 이러한 전략들을 통해 아동의 사회적 의사소통 기술, 놀이 기술, 인지 및 운동 기술이 발달하며 자연스러운 환경 속에서 학습 동기가 유지될 수 있다.

표 10-2 행동주의 전략

- 모델링(modeling): 시범을 보여 아동이 따라 할 수 있도록 유도
- 행동 형성(shaping): 작은 단계에 대한 보상을 통해 행동이 목표 행동에 점진적으로 가까워질 수 있도록 강화
- 연쇄법(chaining): 복잡한 행동을 작은 단계로 나누고 하나씩 단계적으로 가르침
- 촉진법(prompting): 학습을 돕기 위해 신호(힌트)를 제공하고 점진적으로 이를 감소시킴
- 차별 강화(differential reinforcement): 좋은 행동에 대해 보상하여 더 자주 일어나도록 하고, 원치 않는 행동을 무시하여 사라지게 함

3) 조기개입의 중요성

조기개입은 발달장애 아동의 발달을 촉진하는 데 중요하다고 많은 전문가는 공통되게 주장한다. 연구에 따르면 생애 첫 몇 년은 뇌 가소성이 강화되는 기간으로, 이 기간 동안 표적화된 개입이 발달 궤적에 중대한 영향을 미칠 수 있음이 밝혀졌기 때문이다(Hensch, 2004; Knudsen, 2004).

ESDM은 이러한 조기개입의 중요성을 언급하며 언어 · 인지 발달의 기초가 되는 공동

주의, 모방, 사회적 참여를 향상시키는 활동을 통해 발달에 민감기를 활용한다. 연구에 따르면 2년에 걸쳐 주당 20시간 동안 ESDM 개입을 받은 어린이가 전통적인 지역 사회 기반 개입을 받은 대조군에 비해 인지, 언어 및 적응 행동이 크게 향상되었음을 보여 주었는데 이러한 연구 결과는 조기개입 모델로서 ESDM의 효과를 강조하고 민감기에 적극적인 개입이 발달 문제를 해결하는 데 있어서의 중요성을 강조한다(Dawson et al., 2010).

4) 덴버 모델

덴버 모델(Denver Model)은 아동과의 상호작용에서 정서적 · 관계적 측면과 놀이 기술의 발달을 강조하는 모델로 ESDM은 〈표 10-3〉과 같은 덴버 모델의 교수 방법을 적용한다(Rogers & Dawson, 2010).

표 10-3 덴버 모델의 교수 방법

① 아동의 정서 · 각성 · 집중 상태 조절 및 최적화
- 아동의 정서 상태를 고려하여 치료사의 목소리 톤, 활동 수준 등을 조절
- 감각이 과민하거나 둔감한 아동, 과잉 행동을 보이는 아동의 감각에 맞게 조절

② 성인의 긍정적 정서 활용
- 명확하고 진실된 긍정적 정서 표현
- 아동의 욕구 및 능력과 적절히 조화되도록 조절

③ 번갈아 가며 하기(상호작용 유도)
- 아동과 치료사 사이의 지속적인 상호작용을 유도(눈 맞춤, 순서 지키기 등)
- 아동이 상대방의 동작을 인식하고 반응하도록 도움

④ 아동의 의사소통 단서에 민감하게 반응
- 아동의 말, 동작, 기분에 즉각적이고 적절하게 반응
- 아동이 '잘 듣고 있다'는 느낌을 받을 수 있도록 말과 행동으로 반응
- 아동의 얼굴 표정과 감정을 읽고 공감적으로 반응

⑤ 다양한 의사소통 기회 제공
- 요청, 저항, 언급하기, 도움 요청, 인사, 명칭 말하기 등 다양한 의사소통 기능 활용
- 아동의 언어 수준에 맞게 적절한 기회 제공

⑥ 활동의 정교화

- 다양한 도구와 주제를 활용해 활동을 조직적으로 진행
- 아동이 선택하고 주도적으로 참여할 수 있는 환경 조성

⑦ 언어를 아동 수준에 맞게 조정

- 짧고 명확한 문장을 사용하며, 적절한 화용적 기능 포함
- 발화 길이를 아동의 발달 수준에 맞게 조절

⑧ 효율적인 활동 전환

- 아동의 흥미를 지속적으로 유지하며 자연스럽게 활동 전환
- 전환 시 아동의 주의나 동기를 민감하게 살펴 조정
- 독립성을 길러 주면서도 집중과 참여 촉진

5) 가족 참여 모델

가족 참여는 부모와 보호자가 자녀의 발달에 필수적인 파트너임을 인식하는 ESDM의 중요한 구성 요소이며 학습은 치료실을 넘어 아동의 일상생활까지 확장된다. 부모님 역시 치료 팀에 중요한 구성원으로 치료사에게 교육을 받아 가정 내에서도 아동을 위한 개입이 동일하게 이루어진다. ESDM에서는 부모를 위한 교육 회기가 포함되어 치료사는 부모에게 아동의 진행 상황에 대한 정기적인 피드백을 제공하고 아동의 현재 목표에 부합하는 활동을 제공한다.

부모는 가정에서 ESDM 전략을 구현할 수 있는 언어 모델링, 의사소통 촉진, 효과적인 강화 사용과 같은 기술을 배워 일상에서 연습하고 학습을 강화하여 일반화할 수 있다. 이러한 지속적인 협력은 부모가 공동 치료사로서의 역할에 대해 지원을 받고 자신감을 갖도록 도울 수 있다.

2. ESDM 구성 요소

ESDM(Early Start Denver Model)은 12개월에서 48개월 사이의 아동을 위한 조기개입 중재 모델로, 발달심리학, 응용행동분석(ABA), 신경과학의 원리를 통합하여 조기개입에

대한 구조적이면서도 자연주의적 발달 행동 중재 방식을 따른다. ESDM의 주요 목표는 놀이 기반 및 관계 중심의 학습 경험을 통해 아동의 전반적인 발달 영역을 향상시키고 자폐스펙트럼 증상을 감소시키는 것이다(Rogers & Dawson, 2010).

1) 평가

평가는 Rogers와 Dawson(2009)이 개발한 ESDM 커리큐럼 체크리스트를 통해 이루어진다. 평가는 9개월에서 48개월까지의 연령대에 해당하는 네 가지 발달 수준을 제시하고 있으며 ESDM이 목표로 하는 일곱 가지 주요 발달 영역으로 이루어져 있다. 각 레벨은 이전 레벨을 기반으로 발달하며 평가를 통해 아동의 현 발달 상황을 파악하여 개입 목표를 정하고 이후 치료의 진행 상황을 모니터링할 수 있다.

표 10-4 ESDM 평가 영역

수준	연령대	평가 영역
레벨 1	9~18개월	수용언어, 표현언어, 사회 기술, 모방 인지, 놀이, 소근육 운동, 대근육 운동 행동, 자조 기술(식사, 의생활, 위생, 집안일)
레벨 2	18~24개월	
레벨 3	24~36개월	
레벨 4	36~48개월	

2) 치료 계획

ESDM 커리큐럼 체크리스트를 통해 아동의 현 발달 수준을 파악한 후에 아동이 성취해야 하는 2~3개의 목표 기술을 체크리스트에서 선택한다. 개입을 위한 단기목표(12주)는 아동이 3개월 안에 달성할 수 있다고 기대되는 교육 과정이 포함되며 치료의 방향성을 이끌어 간다.

평가는 향후 12주마다 재평가되어 개입 진행 상황을 점검하는 기준선 역할을 한다. 치료사는 이 목표를 12주 이상의 교육을 통해 아동이 성취해 나갈 수 있도록 개입해야 하며 각 목표에는 다음과 같은 구성 요소가 포함되어야 한다(Rogers & Dawson, 2010).

표 10-5 학습목표 기술에 관한 가이드라인

① 배워야 할 기술을 선택한다.
- 현재 P/F로 평가된 항목을 포함한다.
- 일관되게 P가 나타나는 가장 수행이 좋은 레벨의 영역을 완수하는 데 초점을 둔다.
- P/F를 받은 항목 이후 처음으로 F가 거의 나타나지 않는 구간을 살펴보고, 아동의 학습 속도를 판단한다.
- 의심스러울 경우, 실제보다 낮게 평가한다.

② 선행사건을 선택한다.
- 행동을 자연스럽게 유발하는 단서를 사용한다(다른 행동, 환경적 단서, 내적 단서, 뒤따라오는 행동)
- 적절한 경우, 행동에 대한 한 가지 이상의 선행사건이 구체화될 수 있다.
- 세팅이 선행사건으로 사용되는 것을 주의해야 한다.

③ 행동(배워야 하는 목표 기술)을 설명한다.
- 구체적이고, 관찰 가능하며, 측정 가능해야 한다.
- 한 가지 이상의 행동이어야 한다.

④ 완수 기준을 설명한다.
- 양
- 정확도
- 유창성
- 수행의 대기 시간
- 첫 번째 반응
- 독립성 정도
- 지속 시간

⑤ 일반화 기준을 설명한다.
- 여러 다른 세팅에서, 그리고/또는
- 여러 다른 사물 및 재료를 이용하여, 그리고/ 또는
- 여러 다른 사람과

출처: Rogers & Dawson (2010).

3) 학습 절차

ESDM은 아동의 동기를 끌어내고, 놀이를 통한 학습과 상호작용을 증진하기 위해 두 단계의 학습 절차로 이루어진다. 첫 번째는 아동의 놀이 파트너가 되는 것이며, 두 번째

는 공동 활동 일과로 발전시키는 것이다(Rogers & Dawson, 2010).

(1) 아동의 놀이 파트너가 되기

ESDM은 상호작용 놀이 안에서 아동의 자연스러운 참여와 동기를 중요시하기 때문에 치료의 개입은 아동의 관심사와 일치하는 활동에서부터 시작한다. 이때 치료사는 아동의 놀이에 긍정적 정서로 반응하고 아동의 리드를 따라야 한다. 만약 아동이 특정 물건 혹은 장난감에 관심을 보이면 치료사는 이를 반영하여 아동의 활동에 함께 참여하여 아동의 행동을 모방하고 아동과 함께 공동 목표를 만들어 간다. 만약 아동이 자동차를 일렬로 나열하고 있다면 치료사도 이를 모방하여 아동과 순서를 번갈아 가며 자동차를 일렬로 줄을 세워 공동 목표를 이룰 수 있다.

놀이는 아동과 함께 공동 목표 활동으로 만들어 나가야 하며 치료사가 계획한 학습 개입 목표들을 놀이 안에 통합하여 아동이 자연스럽게 배워 나갈 수 있도록 발전시켜 나간다. 치료 초기에는 최대한 아동과의 갈등을 피하고 아동과 협조적인 파트너로서 좋은 관계를 형성해야 아동에게 추후 많은 도움을 줄 수 있다(Rogers & Dawson, 2010).

협조적인 파트너로서 놀이에 참여한 후 스토리텔링 요소를 추가해 놀이 주제를 자연스럽게 확장할 수 있다. 이때 치료사는 다양한 어휘를 모델링하여 아동의 언어 모방을 촉진할 수도 있으며 다양한 놀이 상황을 제시하여 상징놀이와 사회적 상호작용 또한 확장해 나갈 수 있다. 이 과정에서 치료사는 아동의 감정과 경험을 공유하는 긍정적이고 즐거운 분위기를 유지해야 하며 아동과 언어적 및 비언어적 의사소통을 통해 언어 발달뿐만 아니라 사회적 · 감정적 성장을 촉진할 수 있다. 치료사가 아동에게 안전하고 신뢰할 수 있는 존재로 인식될 때 아동은 치료사의 존재와 개입을 자연스럽게 받아들이게 되고 이후 치료사가 계획한 학습목표에 더 다가갈 수 있게 된다.

▣ 아동의 관심 끌어내기

자폐스펙트럼장애 아동의 경우 사회적 동기부여가 낮고 아동의 관심을 끄는 방식이 신경전형 발달 아동과는 다를 수 있다. 예를 들어, 사회적 자극(사람)보다는 물리적인 환경에 더 관심을 두어 특정 사물이나 감각에 대한 흥미가 강할 수 있다. 이럴 경우 아동이 사람에게 집중하고 관심을 돌릴 수 있도록 아동의 집중을 방해하는 요소(장난감, 움직이는 사물 등)를 환경에서 최소화하거나 제거하는 것이 좋다. 또한 아동과 지속적인 눈 맞춤, 미소, 목소리, 제스처를 통해 아동의 관심이 사람에게 향하도록 한다. 또한 아동이 치료사와 함께 있는 시간을 편안하게 느낄 수 있도록 적절한 거리를 유지하면서 자연스럽게 상호작용을 유도하도록 한다. Rogers 등(2012)이 제시한 아동의 주의 집중을 이끌어 낼 수 있는 5단계는 다음과 같다.

① 1단계: 아동의 관심을 끄는 것을 확인하기

모든 아동은 자기만의 독특한 관심과 선호를 가지고 있다. 자폐스펙트럼장애를 가진 아동은 움직임, 밝은 색 또는 소리 등 감각 자극에 더 매료되기도 하며 특정 활동을 선호하기도 한다. 치료사는 아동의 관심과 선호를 파악하고 활용함으로써 동기부여 학습 환경을 만들고 사회적 참여를 위한 진입점으로 사용할 수 있다.

② 2단계: 무대에 들어가서 위치 설정

아동의 관심사가 파악되면 다음 단계는 아동의 관심사에 치료사 자신을 자연스럽고 매력적인 방식으로 배치하여 아동의 놀이에 함께 참여하는 것이다. 이때 치료사는 얼굴 표정, 눈 맞춤, 제스처, 목소리 톤 등 비언어적 의사소통 방식을 적극적으로 활용할 수 있다. 자폐스펙트럼장애 아동은 사회적 상호작용을 자발적 동기가 낮기 때문에 치료사가 아동의 시야 내에서 자신의 존재를 적절하게 위치시키고 치료사의 행동을 아동의 관심사와 일치시켜야 한다.

③ 3단계: 경쟁자 제거하기

다양한 장난감으로 가득 찬 놀이방에 있다면 아동은 과도한 감각 입력으로 쉽게 산만해져 하나의 활동에 집중하기 어려울 수 있다. 치료사는 놀이 환경에서 상호작용에서 불필요한 경쟁 자극을 최소화하여 아동의 놀이 참여, 학습 및 상호작용에 더 도움이 되는 환경을 만들어야 한다.

④ 4단계: 아동의 사회적으로 안전하게 느끼는 구역을 확인하기

아동이 치료사와 함께 있는 치료 공간을 편안하고 안전하게 느끼는 것은 아동과의 상호작용에 매우 중요하다. 아동마다 안전하고 편하게 느끼는 기준은 다르기 때문에 치료사가 아동의 편안해하는 지점을 확인하고 파악하고 있어야 한다. 일부 아동들은 친밀한 신체 접촉과 신체적 상호작용을 즐기지만 또 다른 아동은 이러한 접촉을 불편해하며 치료사가 너무 가까워지면 이것을 불편하게 느낄 수 있기 때문이다. 사회적 안전 구역의

선호도를 인식하면 치료사는 아동에게 안전한 환경을 제시하여 아동의 신뢰와 참여를 구축할 수 있다.

⑤ 5단계: 아동의 리드를 따라 참여하기

아동이 사회적 상호작용이 포함되지 않은 자기 몰입적인 놀이를 하더라도 치료사는 이러한 행동을 수정하고 지시하는 대신, 아동의 리드를 따라서 현재 아동이 하고 있는 활동에 즐겁게 참여해야 한다. 치료사가 아동의 관심사에 일치하는 놀이를 함께할 때 아동의 사회적 참여가 시작되고 공동 활동을 시작할 수 있다.

(2) 공동 활동

공동 활동(joint activities)은 아동과 치료사가 학습에 바탕이 되는 놀이를 함께하는 것을 의미한다. 이때 치료사는 놀이 안에서 아동을 모방하거나 아동과 번갈아 가며 같은 활동을 함께 만들어 가는데 이것은 ESDM의 학습을 위한 틀이 된다(Rogers & Dawson, 2010).

아동이 개시하는 활동에 반응함으로써 학습이 시작될 수 있으며, 이때 치료사는 아동의 행동과 사용하는 사물을 언어로 모델링하거나 이 사물을 통해 의사소통 행동을 확장해 나가도록 촉진할 수 있다(예: 사물 이름 명명하기, 단어, 문장, 요구하기, 공동주의 등). 치료사는 이를 통해 아동과 의사소통을 반복하여 강화하고 학습목표를 이룰 수 있다. 공동 활동 루틴(Joint activities routines)의 구조는 〈표 10-6〉과 같은 4단계로 이루어진다.

표 10-6 공동 활동 루틴의 구조

구성	성인과 아동 중 한 사람이 장난감을 선택하고 그것으로 무언가를 시작한다.
주제	활동에 참여하여 서로를 모방하면서 무언가를 함께 형성하거나 서로 번갈아 하여 해당 활동을 완성한다.
변화	한동안 같은 것을 하는 것은 지루하고 반복적일 수도 있으므로 얼마간 시간이 흐른 후에는 놀이에 변화를 준다. 변화 시에도 번갈아 하기 구조는 계속하여 두 사람이 처음과는 약간 다른 방식으로 놀이를 번갈아 한다.
종료	활동에 대한 아이의 관심이 줄어들기 시작하면 하던 놀이를 끝내고 다른 것으로 넘어간다(새로운 활동으로 전환).

출처: Rogers, Dawson, & Vismara (2012), p. 142.

① 사물 중심의 공동 활동

사물 중심의 공동 활동은 사물을 이용하는 놀이 활동으로 치료사와 아동이 같은 사물을 가지고 놀이하는 것을 말한다. 치료사는 아동이 주도하는 관심 사물을 따라 놀이 주제를 형성하고 사물을 주고받거나 번갈아 가며 놀이를 진행하는데, 이는 사회적 · 언어적 성장에 기초가 되는 공동주의를 형성하는 데 매우 중요하다. 서로의 놀이를 모방하고 번갈아가며 놀이하는 과정에서 아동의 관심은 사물과 치료사 사이를 넘나들어 공동주의 능력을 형성해 갈 수 있다.

② 감각을 이용한 사회적 일과(파트너 중심 공동 활동)

감각을 이용한 사회적 일과는 사물 중심이 아닌 파트너 중심의 공동 활동으로 상호 간의 참여로 이루어지는 놀이다. 이때 관심은 사물이 아닌 상대방에게 집중되며 이 과정에서 감각과 신체가 매개로 사용된다. 감각을 이용한 사회적 일과의 목표는 다음과 같다(Rogers & Dawson, 2010).

- 아동의 관심이 치료사의 몸동작, 자세, 예측되는 동작, 특히 눈 맞춤과 얼굴과 같은 사회적 · 의사소통적 신호로 향하게 한다.
- 아동의 얼굴 표정과 감정 표현 인식 능력 및 다른 이와 얼굴을 서로 맞대고 표정을 나눌 수 있는 능력을 발달시킨다.
- 성인들은 놀이에서 미소를 나누고, 재미있는 표정을 짓고, 소리 효과와 표현을 만들며 아동의 관심을 성인의 얼굴로 끌어온다.
- 아동이 사회적 의사소통을 시작하고, 의사소통에 반응하며, 눈 맞춤, 얼굴 표정, 제스처, 소리 및 단어들을 통해 이어 나갈 수 있도록 한다.
- 아동의 각성 수준, 상태 및 관심을 최대한 활용한다. 감각을 이용한 사회적 일과는 소극적이고 '지친' 아동을 생기 있게 만들 수 있고, 지나치게 활동적이거나 자극되어 있는 아동을 차분하게 만들 수 있다.
- 감각을 이용한 사회적 일과는 기분이 좋지 않은 아동을 달래 주거나 까불까불한 아동을 집중하게 만들며 아동의 기분을 바꿀 수 있다.

출처: Rogers & Dawson (2010), p. 194.

더 알아보기

놀이 동기가 낮은 아동과 놀이하기

일부 아동은 동기가 낮아 스스로 어떠한 활동을 시작하지 않는 경우가 있다. 그럴 경우 감각 자극을 통한 놀이로 아동의 관심과 흥미를 끌어낼 수 있다.

ESDM에서는 이것을 '감각을 이용한 사회적 장난감'이라고 부르며 감각을 이용한 놀이는 상호 간의 즐거움과 참여를 이끌어 낼 수 있다. 이러한 놀이를 통해 놀이 동기가 낮은 아동과 즐거운 상호작용을 시작해 볼 수 있다. 감각놀이 활동의 예는 다음과 같다.

- 비눗방울
- 바람개비
- 태엽으로 움직이는 장난감
- 악기연주(마라카스, 피리, 셰이커)
- 털 방울놀이, 비즈구슬
- 까꿍놀이
- 손가락이 몸을 따라 기어 올라가기 (〈거미가 줄을 타고 올라갑니다〉)
- 트램펄린
- 몸놀이(빙빙 돌기)
- 무릎 위에서 말 태워 주기
- 숨바꼭질
- 율동하기(〈반짝반짝 작은 별〉)
- 비행기 태우기
- 그네놀이
- 빈백 놀이(구르기, 자동차놀이)

4) 모방 가르치기

자폐스펙트럼장애 아동은 제스처, 표정, 단어 모방이 적고 자발적인 모방이 어려운 경우가 많으며, 이러한 모방 능력의 손실은 학습 기회를 제한하여 사회적 상호작용 및 언어 발달에도 영향을 줄 수 있다. ESDM에서는 모방이 사회성과 언어 발달의 핵심 요소라고 강조하며 모방을 가르치는 것을 중요한 학습목표로 본다. Rogers 등(2012)은 아동의 모방을 향상시키기 위한 5단계를 다음과 같이 제시한다.

(1) 1단계: 소리를 모방한다

이 단계의 목표는 아동이 자신의 발화를 알아채고 소리를 내는 빈도를 높이고 구체적인 발화를 의도적으로 내도록 하는 것이다. 그러기 위해 치료사는 아동이 낸 소리를 의미 있게 여기어 반응하고 소리를 모방하여 주고받음으로써 아동이 더 많은 소리를 의도적으로 낼 수 있도록 촉구한다.

(2) 2단계: 물건을 가지고 하는 행동을 모방한다

이 단계는 아동이 놀이하는 것과 동일하거나 비슷한 장난감을 사용하여 아동의 놀이 행동을 모방함으로써 아동의 관심을 끌 수 있다. 이때 치료사는 물건과 행동에 이름을 붙여 언어화하고 아동과 똑같이 행동한다. 아동이 멈추면 치료사도 멈추고 아동이 시작하면 다시 똑같이 모방한다. 아동이 이를 눈치 채고 치료사를 의식하기 시작하면 모방 행동에 조금씩 변화를 준다. 이후 아동이 새로운 변화를 자발적으로 모방하게 되면 치료사는 다시 새로운 행동을 보여 준다.

(3) 3단계: 손짓과 몸/얼굴 움직임을 모방한다

앞서 1, 2단계의 모방을 만들어 냈다면, 이번 단계에서는 손짓과 몸을 사용하여 모방 기술을 가르친다. 예를 들어, 신체를 이용한 율동(예: 〈즐겁게 춤을 추다가 그대로 멈춰라〉 〈반짝반짝 작은 별〉 〈코코코 눈!〉 〈거미가 줄을 타고 올라갑니다〉)을 통해 신체 활동을 따라 하는 방법을 가르친다.

(4) 4단계: 행동을 모방하고 확장한다

이 단계는 아동이 여러 가지 방법으로 물건을 이용하는 방법을 배울 수 있으며 놀잇감을 좀 더 유연하고 복잡한 놀이로 발전시킬 수 있다. 치료사는 아동이 새로운 행동을 따라 하게 함으로써 자율적으로 놀이를 확장할 수 있도록 유도한다.

(5) 5단계: 공동 활동에 모방 놀이를 넣는다

아동이 단순히 개별적으로 모방하는 것이 아니라, 함께하는 놀이 속에서 모방을 자연스럽게 적용하도록 유도한다. 또한 점차 놀이의 구조를 확장하여 주제를 변경하거나 새로운 요소를 추가하여 장난감을 활용해 아동이 더 적극적으로 놀이에 참여하도록 한다. 예를 들어, 처음에는 단순히 블록을 쌓는 것에서 시작하지만 이후에는 집을 만들고 역할 놀이로 발전시킬 수 있다.

5) 놀이 기술 가르치기

(1) 기능놀이

기능놀이는 장난감이나 사물을 사회적으로 기대되는 방식에 따라 적절하게 사용하는 놀이를 말한다. 예를 들어, 장난감 컵으로 마시는 동작을 하거나 인형의 머리를 빗기는 행동 등이 이에 해당한다. 이러한 기능놀이 행동은 타인의 행동을 관찰하거나 직접 경험하는 과정을 통해 학습되며, 이는 놀이 발달의 초기 단계에서 매우 중요한 역할을 한다 (Rogers & Dawson, 2010). 기능놀이는 아이가 주변 세계를 이해하고, 사물이 지닌 고유한 목적과 기능을 인식하는 데 도움을 준다. 또한 기능놀이는 상징놀이나 역할놀이, 사회적 놀이로 나아가기 위한 기초 단계로 작용한다. 특히 발달지연이나 자폐스펙트럼장애를 가진 아동에게 있어 기능놀이는 놀이 개입의 첫 번째 목표이자 핵심 영역이 된다.

- 적절한 장난감 선택: 자동차, 인형, 컵, 포크, 모자, 장난감 음식 등 기능적 의미를 가진 사물 제공
- 관찰과 모방 활용: 2개의 동일한 장난감을 사용하여 아동이 관찰하면서 기능적 사용을 모방할 수 있도록 유도
- 사회적 상호작용 촉진: 아동이 특정 행동에 관심을 보이면 칭찬과 모델링을 통해 강화
- 촉구 전략 활용: 아동이 관심이 없을 경우, 치료사가 적절한 단어를 사용하며 관심을 끌고 모방을 유도

(2) 상징놀이

아동은 모방을 통해 기본적인 기능놀이 행동을 익힌 후, 이를 바탕으로 보다 복잡한 사고와 표현이 필요한 상징놀이로 발달하게 된다. 상징놀이는 실제 대상이나 사물에 추상적이고 상징적인 의미를 부여하는 놀이로, 언어, 상상, 정서 표현 등 여러 발달 영역과 밀접하게 연결되어 있다. 상징놀이를 교육할 때는 치료실에 실제 물건이나 인형, 동물 피규어 등 아동이 상징적으로 사용할 수 있는 놀이 자재가 충분히 마련되어 있어야 하며 치료사는 놀이 모델링을 통해 아동의 상징 능력이 자연스럽게 확장될 수 있도록 도와야 한다. McCune-Nicolich(1977)는 상징놀이를 다음과 같은 세 가지 범주로 나누어 설명한다.

- 인형과 동물 피규어를 행위자로 사용하기
- 상징적 대체물 사용하기
- 상징적 행동을 조합하는 놀이

치료사는 인형이나 피규어 등을 행위자로 이용하여 아동에게 사람 인형이나 동물 인형이 행동하는 것을 모델링한다. 예를 들면, "토끼에게 당근 줘." "아기에게 우유 줘." 등 인형을 활용하여 치료사가 시연하고 아동이 이를 따라 하도록 유도한다. 초기에는 아동이 따라 할 수 있도록 언어적 촉구를 통해 놀이 행동을 습득하게 한 뒤 촉구를 점차 줄여 나가며 아동이 인형에게 자발적인 행동을 할 수 있도록 한다. 이후 치료사는 적절한 대사를 통해(토끼: "아 배고파.") 인형이 살아 있는 생명체로 여겨지도록 한 뒤 아동이 이에 맞는 상징적 행동을 하도록 촉구한다.

이후 중립적 사물(특정 기능이 없는 사물)을 상징적 대체물로 활용하여 점진적으로 더 어려운 상징놀이로 확장한다. 예를 들어, 실제 당근 모양 장난감을 토끼에게 먹여 주는 놀이에서 주황색 원통 모양 블록을 당근이라 명명하여 점진적으로 대체할 수 있다.

상징놀이의 최종 단계는 다양한 상징적 행동을 조합하여 연속적인 놀이를 형성하는 것으로, 아동이 모방을 습득하고 사물의 다양한 상징 행동을 자발적으로 할 수 있게 된 후에 시작한다. 예를 들어, "토끼가 당근 주스를 만들어 마셔요."라고 하며 당근을 컵에 넣고 주스를 만들어 토끼 인형의 입에 가져다 대는 행동을 보여 준 후 "토끼한테 당근 주스를 만들어 줄래?"라고 물어보는 촉구를 통해 아동의 참여를 유도한다. 또한 좀 더 다양한 음식을 요리하고 먹는 장면을 추가하여 놀이를 더 정교화할 수 있다.

상징놀이는 아동이 실제 경험한 것을 기반으로 주제를 정하는 것이 좋다. 예를 들어, 식사, 목욕, 이 닦기, 요리, 수면시간, 병원, 생일 파티 등은 상징놀이 주제 선정으로 적합하다.

(3) 역할놀이

역할놀이는 현실 세계와의 연결을 돕고, 아동이 특정 역할을 맡아 연기하면서 현실 상황에서 능동적으로 대처할 수 있는 사회적 기술과 상호작용을 배울 수 있도록 한다. 치료사는 역할놀이를 가르치기 위해 인형과 피규어 등을 사용하여 등장인물들을 상징적으로 표현하고, 블록이나 장난감을 소품으로 활용할 수 있으며, 다양한 시나리오를 활용해야 한다.

이때 놀이 시나리오는 아동이 경험한 일상생활을 활용하여 구성하는 것이 좋다. 예를 들어, 마트에 장보러 가는 일상의 이야기를 활용한다면, ① 차 타고 마트에 가기, ② 마트에 도착해 장보기, ③ 줄 서서 계산하기, ④ 장본 물건 가방에 넣기, ⑤ 집에 와서 장본 재료로 요리하기, ⑥ 친구 초대하기, ⑦ 음식 함께 먹기 등 많은 사물과 사람, 행동 요소들이 필요하다.

이 과정에서 치료사는 다양한 등장인물과 더 복잡한 상황 및 이야기들을 만들어 갈 수 있다. 아동은 놀이 안에서 다른 사람들의 역할(예: 엄마 역할, 점원 역할, 손님 역할 등)을 해 보기도 하며 불안하거나 낯선 상황도 놀이 안에서 미리 경험해 볼 수 있다(예: 병원 가기, 이사 가기, 동생의 출생, 학교 가기 등)

6) ESDM 치료 회기

공동 활동 일과를 통해 치료사는 교육 목표를 정하고 활동의 순서와 시간을 계획한다. 아동의 학습목표를 이루기 위해 치료사는 감각을 이용한 사회적 일과와 사물 중심 공동 활동을 번갈아 가며 진행해야 하며, 이를 위해 치료실 내에는 신체 활동에 쓰일 다양한 감각놀이 도구와 사물 활동에 필요한 도구들이 배치되어 있어야 한다.

공동 활동 일과에는 대/소근육, 언어, 사회 기술, 모방, 인지, 놀이, 자조 기술 등 발달 영역을 포함하는 치료 활동 계획이 포함되어야 한다. 초기 치료 아동은 각 활동을 2~5분 정도 지속하고 치료 회기가 더 진행되었거나 연령이 많은 아동은 5~10분 정도 활동을 지속할 수 있다. 〈표 10-7〉은 ESDM 치료 회기(1시간)의 일반적인 활동 순서의 예시이다.

표 10-7 ESDM 치료 회기(1시간)의 일반적인 활동 시퀀스

활동	장소	활동	목표
만나서 인사하기	안녕 의자	노래(및 제스처)로 하는 인사 일과, 신발 벗기	사회 기술, 자조 기술, 모방
사물 활동 1		퍼즐–사물 활동 일과	소근육, 인지, 놀이, 언어
감각을 이용한 사회적 활동 1	카펫 위에서 움직이며	〈둥글게 둥글게〉–감각을 이용한 사회적 일과	사회 기술, 모방, 언어
운동–움직임 활동 1	카펫 위에 서서	오뚝이에 공 던지기–신체적 움직임–대근육 운동 활동	모방, 소근육, 인지, 언어

사물 활동 2	책상에 앉아서	색깔별 블록으로 탑 쌓기–사물 활동 일과	모방, 소근육, 인지, 언어
감각을 이용한 사회적 활동 2	카펫 위에 서서	비눗방울 터뜨리고 밟기–감각을 이용한 사회적 일과	사회 기술, 모방, 언어
간식	책상에 앉아서	간식–포크로 과일 찍어 먹기	자조 기술, 언어, 사회 기술, 소근육
운동–움직임 활동 2	카펫 위에 서서	공 앞뒤로 굴리기–사물 일과	사회 기술, 언어, 모방, 소근육
책	빈백에 앉아서	동물 접촉 및 소리–책 일과	언어, 합동주시, 사회 기술
사물 활동 3	카펫에 앉아서	음악과 리듬 밴드	언어, 사회 기술, 모방, 놀이
헤어짐 인사	안녕 의자	끝마침 노래와 신발 신기	자조 기술, 사회 기술, 언어, 모방

출처: Rogers & Dawson (2010), p. 215.

▣ 환경 중재

아동의 발달 수준에 맞는 장난감들을 아동의 손이 닿는 곳에 준비하고 상호작용에 방해가 될 수 있는 사물은 제거한다. 아동이 무엇을 선택하든 학습목표를 위한 활동을 수행할 수 있도록 치료실 환경을 구성해야 한다. 만약 치료실 안에 계획한 활동 외에 필요 없는 사물들은 사전에 제거하여 아동의 집중이 분산되는 것을 사전에 방지한다. 또한 책상에서 활동할 수 있는 활동 공간을 위해 아동에게 적합한 책상과 의자를 두어 학습 계획에 적합하게 만든다.

요약하기

- 자연주의적 발달 행동 중재(NDBI)는 행동분석과 발달심리학을 결합하여 자연스러운 환경에서 아동의 학습과 참여를 촉진하는 중재 방법이다.
- ESDM은 자연스러운 학습 환경, 아동의 흥미 중심, 사회적 상호작용 강화, 부모 및 보호자 참여를 강조한다.
- ESDM은 행동주의적 접근을 기반으로 아동의 발달 수준에 맞춰 자연스럽고 의미 있는 학습 경험을 제공한다.

- ESDM은 조기개입의 중요성에 대해 언급하며 신경가소성이 높은 시기(생후 48개월 이전)에 개입할수록 인지, 언어, 사회 기술 향상에 효과적이다.
- ESDM은 아동의 발달 수준을 평가하고 12주 단위 목표를 설정하여 개입을 진행한다.
- ESDM은 감각을 이용한 사회적 활동과 사물 중심 활동을 번갈아 진행하며, 놀이 기반으로 학습을 촉진한다.
- ESDM은 모방을 강조하며 소리, 행동, 손짓, 신체 움직임을 모방하도록 유도하고 점진적으로 확장하여 사회적 상호작용을 강화한다.
- 놀이 지도 시 기능놀이 → 상징놀이 → 역할놀이 순으로 확장하여 사회적 · 인지적 기술 발달을 유도한다.
- 공동 활동은 아동과 치료사가 번갈아 하는 놀이 구조를 통해 상호작용을 자연스럽게 유도하여 상호작용을 촉진할 수 있다.
- 학습목표에 적합한 환경을 구성하여 아동의 집중력을 높이고 효과적인 치료가 이루어지도록 조정해야 한다.

생각해 보기

Q1. ESDM은 타 분야의 전문가들도 적용하는 접근 모델이다. 놀이치료사가 ESDM을 적용한다면 다른 전문가들과 어떠한 차이점이 있을 수 있을지 생각해 보라.

Q2. ESDM은 기존의 행동주의 접근 방식을 어떻게 보완하였는지 생각해 보고 이러한 변화가 발달장애 아동의 발달에 미치는 영향력에 대해 생각해 보라.

Q3. 치료 1회기의 일반적인 활동 시퀀스를 어떻게 구성할 수 있을지 생각해 보라.

참고문헌

Dawson, G., Jones, E. J., Merkle, K., Venema, K., Lowy, R., Faja, S., Kamara, D., Murias, M., Greenson, J., Winter, J., Smith, M., Rogers, S. J., & Webb, S. J. (2012). Early behavioral intervention is associated with normalized brain activity in young children with autism. *Journal of the American Academy of Child & Adolescent Psychiatry, 51*(11), 1550–1559.

Dawson, G., Rogers, S., Munson, J., Smith, M., Winter, J., Greenson, J., Donaldson, A., & Varley, J. (2010). Randomized, controlled trial of an intervention for toddlers with autism: The Early Start Denver Model. *Pediatrics, 125*(1), e17–e23.

Estes, A., Munson, J., Rogers, S. J., Greenson, J., Winter, J., & Dawson, G. (2014). Long-term outcomes of early intervention in 6-year-old children with autism spectrum disorder. *Journal of the American Academy of Child & Adolescent Psychiatry, 54*(7), 580–587.

Fenske, E. C., Krantz, P. J., & McClannahan, L. E. (2001). *Incidental teaching: A non-discrete-trial teaching procedure*. In C. Maurice, G. Green, & R. M. Foxx (Eds.), *Making a difference: Behavioral intervention for autism* (pp. 75–82). Pro Ed.

Hensch, T. K. (2004). Critical period regulation. *Annual Review of Neuroscience, 27*, 549–579.

Ingersoll, B. (2010). Brief report: Pilot randomized controlled trial of reciprocal imitation training for teaching elicited and spontaneous imitation to children with autism. *Journal of Autism and Developmental Disorders, 40*(9), 1154–1160.

Kasari, C., Ingersoll, B., Kaiser, A. P., Bruinsma, Y., McNerney, E., Wetherby, A., & Halladay, A. (2015). Naturalistic developmental behavioral interventions: Empirically validated treatments for autism spectrum disorder. *Journal of Autism and Developmental Disorders, 45*(8), 2411–2428.

Knudsen, E. I. (2004). Sensitive periods in the development of the brain and behavior. *Journal of Cognitive Neuroscience, 16*(8), 1412–1425.

Koegel, R. L., & Koegel, L. K. (2006). *Pivotal response treatments for autism: Communication, social, & academic development*. Brookes Publishing.

Koegel, R. L., Schreibman, L., Loos, L. M., et al. (1987). Generalization of parent training results. *Journal of Applied Behavior Analysis, 20*(1), 11–21.

Landa, R. J., Holman, K. C., O'Neill, A. H., & Stuart, E. A. (2011). Intervention targeting development of socially synchronous engagement in toddlers with autism spectrum disorder: A randomized controlled trial. *Journal of Child Psychology and Psychiatry, 52*(1), 13–21.

McCune-Nicolich, L. (1977). Beyond sensorimotor intelligence: Assessment of symbolic maturity through analysis of pretend play. *Merrill-Palmer Quarterly*, *23*(2), 89-99.

McGee, G. G. (2005). *Incidental teaching*. In M. Hersen, G. Sugai, & R. H. Horner (Eds.), *Encyclopedia of behavior modification and cognitive behavior therapy: Educational applications* (pp. 1359-1362). Sage Publications.

McGee, G. G., & Daly, T. (2007). Incidental teaching of social behavior. *Journal of Applied Behavior Analysis, 40*(3), 609-610.

McGee, G. G., Krantz, P. J., McClannahan, L. E., & MacDuff, G. S. (1985). The facilitative effects of incidental teaching on prepositional usage by autistic children. *Journal of Applied Behavior Analysis, 18*(1), 17-31.

Meltzoff, A. N., & Gopnik, A. (1993). The role of imitation in understanding persons and developing theories of mind. In S. Baron-Cohen, H. Tager-Flusberg, & D. J. Cohen (Eds.), *Understanding other minds: Perspectives from autism* (pp. 335-366). Oxford University Press.

Morrier, M. J., McGee, G. G., & Daly, T. (2009). Effects of adult interaction on language development in children with autism. *Journal of Autism and Developmental Disorders, 39*(9), 1338-1347.

Rogers, S. J., & Dawson, G. (2010). *Early Start Denver Model for young children with autism: Promoting language, learning, and engagement*. 정경미, 신나영, 김민희, 김주희 공역 (2018). **어린 자폐증 아동을 위한 ESDM: 언어, 학습, 사회성 증진시키기**. 학지사.

Rogers, S. J., Dawson, G., & Vismara, L. A. (2012). *An early start for your child with autism: Using everyday activities to help kids connect, communicate, and learn*. 이경숙, 김소현 공역(2023). **어린 자폐 자녀를 위한 esdm 부모용 지침서: 일상생활 활동을 이용한 상호작용, 의사소통, 학습을 돕기**. 세원프레스.

Schreibman, L., Dawson, G., Stahmer, A. C., Landa, R., Rogers, S. J., McGee, G. G., Kasari, C., Ingersoll, B., Kaiser, A. P., Bruinsma, Y., McNerney, E., Wetherby, A., & Halladay, A. (2015). Naturalistic developmental behavioral interventions: Empirically validated treatments for autism spectrum disorder. *Journal of Autism and Developmental Disorders*, *45*(8), 2411-2428. https://doi.org/10.1007/s10803-015-2407-8

Topál, J., Gergely, G., Miklósi, Á., Erdőhegyi, Á., & Csibra, G. (2008). Infants' perseverative search errors are induced by pragmatic misinterpretation. *Science*, *321*(5897), 1831-1834.

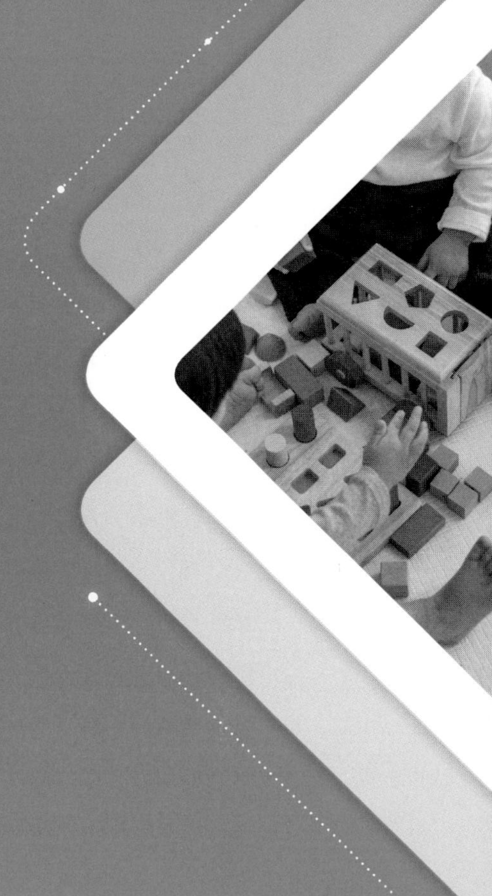

제11장

집단 놀이치료

학습목표

1. 집단 놀이치료를 이해할 수 있다.
2. 발달장애 아동을 대상으로 하는 집단 놀이치료를 이해할 수 있다.
3. 구조화된 집단 놀이치료와 비구조화된 집단 놀이치료에 대해 이해할 수 있다.

● ● ● 집단 놀이치료(Group Playtherapy)는 집단치료와 놀이치료라는 두 가지의 양식을 모두 포함하는 개념이다(Sweeney & Homeyer, 1999). 즉, 놀이치료는 아동이 놀이를 통해 현실에서 경험하는 정서적 부적응이나 발달상의 문제를 해결하는 심리치료 방법이며, 집단치료는 치료사와 2명 이상의 내담자로 구성된 집단 상호작용을 통해 문제를 해결하고 성장과 발달을 촉진하는 개입이라고 설명할 수 있다.

이러한 두 가지 개념을 모두 포함하는 집단 놀이치료는 개별 놀이치료의 치료사와 아동이라는 다소 제한적 경험보다는 폭넓은 대인관계 경험을 할 수 있을 뿐만 아니라, 또래가 함께 참여함으로써 정서적으로 덜 위협적이며(Ginott, 1975), 함께 참여하는 아동들과의 상호작용을 통해 자기와 타인의 관계에 대해 학습하게 되고, 관계에서 발생하게 되는 문제를 해결하는 방법을 배우며, 집단 안에서 지켜야 할 규칙을 통해 사회 적응력, 사회 규범의 준수라는 사회성 발달이 이루어진다는 장점이 있다(손명희, 박세정, 2008). 특별히 발달장애 아동을 대상으로 하는 집단 놀이치료는 사회적 상황에서 어려움을 경험하는 발달장애 아동에게는 매우 필요한 치료적 접근이라고 볼 수 있다.

이 장에서는 집단 놀이치료의 개념과 함께 발달장애 아동을 대상으로 하는 집단 놀이치료에 대해 살펴보고자 한다.

1. 집단 놀이치료의 이해

1) 집단 놀이치료의 정의

집단 놀이치료는 2명 이상의 아동과 놀이치료 및 집단치료에 대해 훈련을 받은 치료사 사이의 역동적이고 대인관계적이며 상호적인 관계 경험으로 정의할 수 있다(Sweeny et al., 2014). 이러한 집단치료와 놀이치료는 두 가지 모두 창의적이고 역동적이며, 신뢰를 기반으로 하여 치료적 관계를 형성하고 발전시키는 데 초점을 맞춘다는 점에서 공통적인 특성을 보인다. 특별히 놀이를 활용하게 되는데, 아동에게 있어 놀이는 가장 자연스러운 활동이며, 아동은 놀이를 통해 긍정적이거나 부정적인 정서뿐만 아니라 세상에 대한 이해와 느낌도 표현하게 된다. 이러한 놀이를 활용한 집단 놀이치료는 아동에게 놀이를 통해 정서 및 인지 발달을 촉진시킬 뿐 아니라, 집단 경험을 통해 새로운 행동을 배우며, 사회적 기술도 습득하게 된다는 장점이 있다(손명희, 박세정, 2008; Segal, Montie, & Iverson, 2000; Sweeney & Homeyer, 1999).

무엇보다 집단 놀이치료는 놀이치료의 치유적 효과를 활용하기 때문에 놀이의 치유적 속성과 기능을 잘 이해하는 놀이치료사가 놀이치료 집단을 효과적으로 운영할 수 있다. 따라서 집단 놀이치료를 제대로 이해하기 위해서는 먼저 놀이치료에 대한 이해가 선행되어야 한다(장미경, 이세화, 이여름, 2023).

2) 집단 놀이치료의 치료적 요인

놀이치료는 놀이의 치유적 요소를 활용하는데, 특별히 집단 놀이치료는 개별 놀이치료에서 설명하는 요소와는 차별화된 집단만의 성격을 가지고 있다. 이러한 집단의 역동을 통해 경험할 수 있는 치료적 요인은 〈표 11-1〉과 같다(장미경, 이세화, 이여름, 2023).

표 11-1 집단 놀이치료의 치료적 요인

요인	설명
보편성	집단 경험을 통해 참여하는 집단 구성원들은 서로 비슷한 감정과 생각 그리고 문제를 경험한다는 인식을 공유하게 된다.
이타주의	집단의 활동 중 다른 집단 구성원과 서로 도움을 주고받는 경험을 통해 긍정적인 자아감 및 공감 능력을 발달시킬 수 있다.
희망의 주입	집단에 함께 참여하는 집단원의 성공 경험을 관찰하면서 자신의 상황에 대해서도 개선될 수 있다는 희망을 발견하게 된다.
가족 경험의 수정	집단 경험을 통해 집단 구성원 각자 가족의 역동이 재연될 수 있으며, 그러한 가운데 다른 관계 역동을 경험하게 되는 기회가 될 수 있다.
사회적 기술 개발	집단 경험을 통해 집단 구성원 사이의 효과적인 의사소통을 촉진하는 등의 사회적 기술이 향상될 수 있다.
응집력	집단 경험을 통해 집단 구성원 간 신뢰감, 소속감, 유대감을 경험할 수 있다.
실존적 요인	집단 활동을 하는 가운데 선택이나 결정을 경험하게 되면서 책임을 배우는 기회가 될 수 있다.
표출	집단의 활동을 하는 가운데 과거 또는 현재 경험에 대한 자신의 감정을 다른 사람에게 표현하는 방법을 배우거나 경험하게 된다.
모방	집단 경험을 통해 다른 집단 구성원의 행동을 모방함으로써 궁극적으로 사회적인 상황에 맞는 행동을 익힐 수 있다.
정보전달	집단 활동을 통해 치료사 혹은 다른 집단 구성원이 제공하는 정보와 조언을 전달받을 수 있게 된다.

특별히 아동의 집단 놀이치료 경험은 다음의 영역들을 촉진시킬 수 있으며, 치료적 관계 형성에도 도움을 줄 수 있다. 〈표 11-2〉는 Sweeney와 Homeyer(1999)가 제시한 집단 놀이치료의 효과성에 대한 것이다.

표 11-2 집단 놀이치료의 효과성

- 아동은 2~3명의 다른 아동과 함께 참여하면서 새로운 경험의 시작에 대해 덜 위협적으로 느끼게 된다.
- 여러 아동의 존재는 치료사와 각 아동 간의 바람직한 관계 형성을 촉진시킨다.
- 다른 아동의 존재는 긴장을 감소시키고 활동과 참여를 자극한다.
- 다른 아동의 존재는 자발성을 증가시킨다.

- 모든 아동이 도움을 주는 사람일 수 있고 도움만 받는 사람이 아니라는 사실로 인해 치료 과정이 향상된다.
- 집단은 아동이 집단의 허용적 특성을 신속히 인식하도록 돕는다.
- 아동은 함께 참여하는 다른 아동의 반응을 보면서 자신의 행동을 재평가하게 된다.
- 아동은 다른 아동과 관계하는 새롭고 만족스러운 방식을 발견하고 실험하는 사회적 장을 제공받게 된다.
- 여러 아동의 존재는 치료적 경험과 현실 세계를 연결하도록 돕는다.
- 집단은 대리 학습과 문제해결이나 대안적 행동을 마련하는 직접적인 학습을 위한 기회를 제공한다.
- 치료사는 아동이 현실 세계에서 어떻게 해야 하는지 통찰해 보도록 도울 수 있다.

출처: Sweeney & Homeyer (1999), p. 66.

3) 발달장애 아동을 위한 집단 놀이치료

집단 놀이치료는 사회적 어려움을 경험하는 발달장애 아동에게도 매우 필요한 치료적 개입이다. 아동들은 저마다의 다양한 이유로 놀이치료에 의뢰되지만 그중 가장 큰 비중을 차지하는 것이 바로 관계의 어려움이다. 특별히 발달지연이 있거나 장애가 있는 아동의 경우 전반적으로 인지 능력이 낮고, 적응 행동 문제를 보이는 등 여러 발달적 특성을 지니고 있으며, 발달 과정에서 기대되는 사회성에 어려움을 경험한다(김선주, 2005). 하지만 관계 경험은 누구에게나 꼭 필요한 요소이며, 이는 자폐스펙트럼장애 아동을 포함하는 발달장애 아동에게도 마찬가지이다. 관계 욕구가 충족되지 않을 때 모든 사람은 자신의 기능을 충분히 발휘할 수 없다(장미경, 이세화, 이여름, 2023). 이러한 이유로 아동에게 있어 또래와의 경험은 매우 중요한 요소라고 볼 수 있다. 특별히 발달지연이나 발달장애 아동의 사회적 기술 습득을 위해 또래와의 상호작용 경험은 매우 중요하며, 교사가 주도하는 중재보다 또래 주도의 중재가 더 효과적이라고 보는 연구 결과도 있다(박선영, 2007; 천현주, 2008).

이를 통해 볼 때 또래와 함께하는 집단 놀이치료 프로그램은 아동의 사회성 발달에 긍정적 영향을 미친다고 볼 수 있으며(하영례, 지성애, 2009), 특히 발달의 어려움이 있는 아동을 대상으로 사회성 증진을 위해 진행되는 집단 놀이치료가 매우 필요하다(박선영, 2007).

발달장애 아동을 대상으로 한 연구에서 집단치료 경험은 아동의 발성, 표정, 몸짓, 눈맞춤과 같은 비언어적 행동에 의한 사회적 행동을 증가시켰고, 저항 행동은 감소되었다고 보고하고 있으며(정정순, 2003), 지적장애 아동을 대상으로 한 연구에서도 집단 놀이치료 후 학교 적응 행동 및 자기주장, 협력 행동 등의 사회적 기술 능력이 향상되었다고 보고하고 있다(이한나, 김은경, 2008).

우리가 여기에서 한 가지 고민해 보아야 하는 것은 집단 놀이치료 프로그램을 구성하는 데 있어 비장애 아동과 장애 아동을 함께 구성할 수 있는가에 대한 부분이다. 우리가 알고 있듯이 발달장애 아동의 사회적 기회란 대체로 제한적이다. 그들은 일반적으로 자유놀이가 덜 중요시되는 특수교육 프로그램에 참여하게 되면서, 유사한 장애를 지닌 아동들과 시간을 보내며 비장애 또래들과 어울릴 기회가 적다. 하지만 여러 연구에서 비장애 아동과의 경험은 장애 아동의 발달에 긍정적인 영향을 미친다고 주장한다. 또한 긍정적인 사회적 상호작용은 교육 활동을 하는 시간보다는 놀이 시간 동안에 더 빈번하게 발생하기 때문에(Odom et al., 1990), 발달장애 아동의 사회적 놀이를 증가시키기 위한 개입으로 가능하다면 비장애 아동과 장애 아동을 통합시키는 프로그램이 필요하다. Lieber(1993)는 발달장애 아동이 비장애 아동에게 완벽하게 수용되기가 쉽지 않은 이유가 특정한 장애 그 자체보다는 사회적 기술의 부족과 연관이 있다고 설명하고 있다. 발달장애 아동은 대체로 혼자놀이를 하며 협동놀이는 훨씬 적게 한다(Beh-Pajooh, 1991). 그로 인해 사회적 놀이를 지속하는 데 어려움을 보이며, 그 결과 전반적으로 또래 간 상호작용을 어려워한다(Robert, Pratt, & Leach, 1991). 하지만 발달장애 아동이 사회적 놀이를 시작하고 유지하는 데 필요한 사회적 기술에 관해 구체적인 훈련을 받게 되면 또래의 긍정적 반응성이 증가하고(Haring & Lovinger, 1989), 함께 참여하는 또래 간 상호작용 및 사회적 놀이의 양도 증가한다(Handlan & Bloom, 1993). 비장애 아동과 장애 아동을 함께 구성하는 집단 놀이치료가 현실적으로 매우 어렵긴 하지만 발달장애 아동의 사회성 발달 향상을 위해서는 함께 고민해 보아야 할 부분이라고 보인다.

2. 집단 놀이치료에서 구조화된 집단 놀이치료와 비구조화된 집단 놀이치료

일반적으로 집단 놀이치료는 구조화된 집단과 비구조화된 집단, 그리고 구조화와 비

구조화를 절충하는 혼합집단으로 구성되나, 대부분 미리 정해진 프로그램으로 진행되는 구조화된 집단이 대부분이다. 특별히 발달장애 아동을 대상으로 하는 치료적 개입의 경우 그 특성은 더 두드러지는데, 대부분 치료사가 회기별 목표를 설정하고 정해진 목표에 따라 활동을 실시하는 치료사 주도의 구조화된 특징을 보이게 된다(임신자, 2014).

하지만 이렇듯 성인이 주도하고 아동은 수동적으로 따르게 되는 방식의 구조화된 프로그램에서는 상대적으로 자발적인 놀이의 경험이 부족할 수밖에 없다. 최근 들어 내적으로 동기화된 자발적 놀이의 경험을 강조하는 비구조화된 집단 놀이치료에 대한 중요성이 강조되고 있다(나은숙, 2005).

일반적으로 아동의 자발적인 놀이 선택과 자기치유의 과정을 강조하는 비구조화된 집단 놀이치료는 기법을 적용하거나 구조화된 활동 또는 계획된 활동보다는 따뜻하고 수용적이며 안정적인 치료적 환경에서 치료사와 참여하는 아동과의 관계에 중점을 둔다. 비구조화된 집단 놀이치료로 대표되는 아동중심 집단 놀이치료는 아동중심 놀이치료의 대표적 이점들과 집단 과정의 대표적 장점들을 결합한 것이다. 특별히 Landreth와 Sweeney(1997)는 아동중심 접근법의 비지시적 성격은 일반 아동뿐 아니라 발달상의 어려움을 경험하는 아동에게도 적합하다고 보았다. 발달지연 또는 부적응을 보이는 아동을 대상으로 한 비지시적 접근에 관한 연구가 극히 제한적이기는 하지만, 소수의 선행연구들에서 낮은 지시적 경험이 발달 문제를 가진 아동의 인지 발달과 의사소통 기능에 유익하다고 보고하고 있다(Cole, Dale, & Mills, 1991). 따라서 발달장애 아동을 대상으로 하는 집단 놀이치료에서 구조화된 집단을 진행할 것인지, 비구조화된 집단을 진행할 것인지 혹은 두 가지 요소를 혼합할 것인지에 대한 부분을 치료사가 충분히 고민할 필요가 있다.

1) 구조화된 집단 놀이치료 모델

구조화된 집단 놀이치료는 놀이의 종류, 방법, 도구 등이 미리 정해져 있고 구조화되어 있다. 그렇다 보니 치료사가 놀이의 종류, 방법, 규칙 등을 제시하는 치료사 주도로 진행된다. 이러한 구조화된 집단 놀이치료의 장점은 〈표 11-3〉과 같다(장미경, 이세화, 이여름, 2023).

표 11-3 구조화된 집단 놀이치료의 장점

치료 목표에 맞는 활동을 계획하기 때문에 효율적이다	구조화된 집단 놀이치료는 치료 목표에 맞는 활동과 놀이를 적용하기 때문에 좀 더 효율적이다.
아동의 행동과 감정 등을 예측할 수 있다	구조화된 집단 놀이치료는 일반적으로 놀이 활동을 미리 계획하기 때문에 아동이 대체로 어떤 반응을 할지, 어떤 돌발 상황이 발생할지에 대해 미리 예측할 수 있다.
적용하기 편리하다	구조화된 집단 놀이치료는 정해진 프로그램으로 진행되기 때문에 초보 놀이치료사가 프로그램을 사용하더라도 편리하게 적용할 수 있다.
아동 개인에 대한 이해를 높일 수 있다	구조화된 집단 놀이치료는 같은 활동과 과정을 따르게 되는데 이때 과정에 따라 다르게 반응하는 아동 개개인에 대한 특성을 이해할 수 있다. 또한 아동들은 다른 아동의 행동이나 감정을 관찰하고 모델링할 수 있다.
문제에 적합한 해결책을 촉진하도록 설계할 수 있다	구조화된 집단 놀이치료는 연령에 따른 사회적 능력을 개발하지 못한 아동이 집단에 참여함으로써 안전한 상황에서 사회적 대처를 연습할 기회를 제공받게 된다.

여러 구조화된 개입 모델이 있겠으나 대표적으로는 O'Connor의 구조화된 집단 놀이치료와 서클타임, 집단 치료놀이 등이 있다.

(1) O'Connor의 구조화된 집단 놀이치료

O'Connor의 구조화된 집단 놀이치료는 아동의 문제를 인지적 · 행동적 · 정서적 · 신체적 · 사회적 측면에서 다루는 것이 특징이다(Sweeney & Homeyer, 1999). O'connor는 적응 문제, 심각한 정신병리 등과 같은 다양한 문제를 가진 아동에게 놀이치료가 효과적이라고 말하면서 구조화된 집단 놀이치료를 강조하였다(O'Connor, 2001). 특별히 이 모델이 발달장애 아동에게 효과적인 이유는 발달지체로 인한 여러 특성으로 인해 아동 자신의 문제를 통찰하는 것이 어렵기 때문에(Lee, 1997) 스스로 성장 가능성을 믿고 기다리는 놀이치료 기법(Landreth & Sweeney, 1997)보다는 치료사가 주도하는 O'Connor의 구조화된 집단 놀이치료가 발달장애 아동에게 도움이 된다고 본다. O'Connor가 제시한 구조화된 집단 놀이치료의 구성 요소는 <표 11-4>와 같다(Sweeney & Homeyer, 1999).

표 11-4 구조화된 집단 놀이치료의 구성 요소

구성 요소	내용
인지적 구성 요소	• 문제해결훈련 • 사회기술훈련[예: 큰 소리로 말해 보기(think aloud), 자기와 타인을 이해하는 능력 키우기]
신체적 구성 요소	• 이완 훈련 • 소근육 및 대근육 활동 계획
행동상 구성 요소	• 행동 수정 체계(예: 강화인, 강화 스케줄이 포함된 활동)
정서적 구성 요소	• 정서 분류하기 • 정서, 경험, 행동 간의 연관성을 알도록 돕기 • 아동의 대인관계 상호작용을 안내하는 데 있어서 정서가 필수적 요소라는 생각을 아동이 통합하도록 돕기
사회적 구성 요소	• 강화 전략(예: 다른 집단 구성원을 직접 강화하는 것을 관찰함으로써 강력한 학습이 일어남) • 해석 • 구조화된 활동(예: 협력적인 게임, 집단 예술작품, 휴가파티 계획하기 등)

구조화된 집단 놀이치료 프로그램의 목표는, 첫째, 집단은 아동의 자기조절 기술을 촉진한다. 둘째, 집단의 사회적 환경은 아동이 또래 및 치료사와 사회적 상호작용을 하도록 하는 과정에서 이러한 사회적 기술을 확립하도록 한다. 셋째, 집단의 구조는 아동이 개별 놀이치료 환경에서는 설명되지 않는 상황을 설명할 수 있을 만큼 충분히 안정감을 가지도록 한다(O'Connor, 1991). 구조화된 집단 놀이치료 프로그램을 통해 또래들과 구조화된 놀이 안에서 서로에게 집중하게 되고 참여하는 아동 서로의 행동 특성을 이해하게 되면서 아동의 사회성 기술의 발달과 새로운 문제해결 방식을 시도하는 데 도움이 된다(김소영, 김민지, 노효련, 2014).

(2) 발달놀이치료에서의 서클타임

집단 놀이치료는 발달장애 아동의 치료적 개입에 꼭 필요한 요소이다. 그중 Brody의 발달놀이치료를 기반으로 한 서클타임은 발달장애 아동을 위한 집단적 개입으로 매우 효과적이다. 이는 전 상징적 형태의 집단 놀이치료로, 아동에게 상징놀이를 하기 위해 터득할 필요가 있는 기본적인 경험을 제공하는 상호작용 접근이자, 신체 접촉과 신체에 초점을 둔 개입이다(Sweeney & Homeyer, 1999).

발달장애 아동을 대상으로 하는 서클타임의 구성은 크게 세 가지의 내용으로 구성되며, 매주 3시간 프로그램으로 5~6명의 아동과 5~6명의 성인이 1:1로 짝지어 진행하게 된다. 치료사와 아동이 1:1로 구성되는 것이 이 프로그램의 큰 특징이라고 볼 수 있다.

서클타임 프로그램의 세 가지 내용은 크게 교육, 개별 아동 치료, 집단치료로 구성된다. 세부적으로 살펴보면 전체 3시간 프로그램 중 처음 한 시간은 성인들이 서로 함께 치료를 진행하며, 그 이후 1시간은 성인과 아동이 함께하는 개별치료(30분)와 서클타임이라는 집단치료(30분)로 진행된다. 그리고 마지막 한 시간은 교육 회기로 진행된다.

서클타임의 진행은 먼저 각각 5명의 아동과 성인이 카펫이 깔린 공간에서 서로 마주보고 앉아서 시작된다. 진행은 첫인사 단계, 창조 놀이 단계, 끝인사 단계가 이루어지는데, 첫인사 단계에 치료사는 아동을 보고 이름을 부르고 신체 접촉을 한다. 창조 놀이 단계에서는 발달놀이치료의 여러 기법을 사용하며 아동과 상호작용하는 시간이며, 끝인사 단계에서 치료사는 아동이 집단을 떠나는 것에 대해 안전감을 느끼도록 한다. 서클 타임에서 자주 사용하는 활동은 Brody의 발달놀이치료와 마찬가지로 요람 흔들기이며, 이 경험을 통해 아동은 스스로 이완되고 수용되는 것을 배우게 된다.

(3) 집단 치료놀이

집단 치료놀이는 즐거움을 바탕으로 한 구조, 도전, 개입, 양육의 다섯 가지 차원의 원리를 가지고 있으며(Jernberg & Booth, 1999), 구체적인 내용은 다음과 같다.

첫째, 집단 치료놀이에서 구조는 시작과 끝이 어떠한지를 명확하게 전달하고, 안전한 환경을 조성하며, 치료사가 주도한다는 점을 중요한 내용으로 한다. 이를 통해 아동은 명확한 경계 안에서 안전하게 활동에 참여할 수 있다(Jernberg & Booth, 1999). 특히 치료사가 활동에 대한 책임을 지게 되기 때문에 아동은 안전감과 자신감을 가지고 활동에 참여할 수 있으며, 치료사가 활동을 주도하므로 수동적이고 소극적인 아동들에게 부담감을 덜어 줄 수 있다(Munns, 2000).

둘째, 집단 치료놀이에서 개입은 건강한 부모가 아동에게 여러 가지 방법으로 장난을 치며 함께 놀아 주는 과정에서 착안한 개념으로, 아동이 자신을 탐색하고 새로운 세계와 접할 수 있도록 해 주어야 한다. 이러한 개입은 위축되고 경직된 아동 또는 자폐스펙트럼장애 아동과 같이 고립된 아동에게 필요한 요소라고 볼 수 있다(박랑규, 윤진영, 2008; Munns, 2000).

셋째, 집단 치료놀이에서 도전은 아동에게 흥분, 신뢰, 성취감, 유능감, 충족감을 경험할 수 있게 해 주며(박랑규, 윤진영, 2008), 타인과의 관계 증진 및 내적 스트레스를 해소할 수 있도록 한다. 이러한 도전은 소심하고 소극적이고 위축된 아동, 겁이 많은 아동, 초조한 아동에게 자신감을 불어넣어 주는 데 효과적이다(이주연, 2007).

넷째, 양육은 모든 아동에게 필수적이기 때문에 집단 치료놀이 매 회기마다 양육적인 활동을 포함하며 구성한다(Jernberg & Booth, 1999). 양육 활동을 통해 아동은 다른 사람이 자신을 돌보는 것을 허용하며, 스스로 사랑스럽고 소중하다는 내적 표상을 만들 수 있다. 양육은 양육이 결핍된 아동에게 정서적 충족감을 주며 간식 먹여 주기, 로션 발라 주기, 이불 그네 태워 주기와 같은 활동이 포함된다(박랑규, 윤진영, 2008; Munns, 2000).

마지막으로, 즐거움은 아동이 집단 치료놀이 프로그램의 활동에서 흥미를 느끼고 재미있게 참여할 수 있도록 하는 것을 의미한다(Jernberg & Booth, 1999).

집단 치료놀이의 목적은 결속력 있는 분위기 안에서 아동들이 친밀감을 경험하며 수용되는 느낌을 제공받고, 더욱 긍정적인 방법으로 서로와 관계를 맺는 능력을 지도하고 증진시키며, 치료사와 또래와의 애착 형성으로 건강한 심리적 발달을 도모한다는 것이다(성영혜 외, 2005).

발달장애 아동을 위한 집단 치료놀이는 대략 4~8명이 참여하게 되는데, 만약 어린 연령의 아동을 대상으로 할 경우 보조 치료사가 더 많이 필요하다. 일반적으로 치료사는 주 치료사(리더) 1명, 보조 치료사 1명 또는 그 이상으로 진행되는 것이 권장된다.

집단 치료놀이에서는 두 가지의 의례적인 활동을 하게 되는데, 그것은 바로 체크업 활동과 음식 나누어 먹기 활동이다. 체크업 활동은 아동으로 하여금 다른 사람으로부터의 존중과 보살핌을 경험하게 하며 신체적 상처뿐 아니라 정서적 상처에 대해 위로를 받는 경험을 하게 한다. 회기가 끝날 때쯤 집단의 리더인 치료사는 음식 나누어 먹기 활동을 진행하게 되는데 아동은 다른 사람이 먹여 주는 것을 수용함으로써 가장 기본적인 보살핌과 신뢰의 경험을 할 수 있게 된다. 이처럼 두 가지 활동은 집단 구성원에게 강한 의미를 전달할 수 있기 때문에 집단 치료놀이에 꼭 포함되어야 하는 활동이다(김윤경, 2005).

2) 비구조화된 집단 놀이치료

비구조화된 집단 놀이치료는 단연 아동중심 집단 놀이치료로 생각할 수 있다. Axline (1969)은 사회적 적응의 어려움을 겪고 있는 아동이라면 개별 놀이치료보다 집단 놀이치료가 더 효과적이라고 주장하였으며, Landreth(2012)는 집단 놀이에 대해 "아동들이 놀이방에서 서로 자연스럽게 상호작용하는 과정에서 다른 아동뿐만 아니라 자신에 대해서도 배우는 심리적 · 사회적 과정"(p. 42)이라고 설명하였다.

이러한 아동중심 집단 놀이치료의 장점은, 첫째, 아동은 다른 아동과 함께함으로써 더 편안함을 느낄 뿐만 아니라 서로의 허용적인 환경을 경험하면서 더 자유롭게 참여할 수 있다(Sweeney & Homeyer, 1999). 둘째, 다른 아동의 놀이를 관찰함으로써 정서적으로 자극을 받아 자신의 문제를 해결하는 대리적인 카타르시스를 경험할 수 있으며(Ginott, 1961), 다른 아동과 관계를 유지하면서 자신의 개인적 필요를 충족하는 방법을 배우기도 한다. 셋째, 놀이치료사는 개별 놀이치료에서 쉽게 관찰할 수 없는 아동의 대인관계 기술과 다른 사람과 함께하는 방법을 관찰할 수 있는 기회를 허용한다(Ginott, 1961). 넷째, 안전한 치료 환경에서 아동은 대인관계에 대한 대처 기술을 개발하면서 현실 문제와 한계 설정을 실험할 수 있다(Sweeney & Homeyer, 1999). 마지막으로, 치료사의 촉진과 성찰을 통해 아동은 "동료와의 긍정적인 경험"을 증가시킬 수 있는 "인식과 결합된 상호작용"을 가진 환경을 경험한다(Ray, 2011, p. 185).

아동중심 집단 놀이치료의 주요 목표는 아동이 자기수용과 자립을 높이고, 대처 기술을 배우며, 자기 책임을 높이고, 자기통제력을 개선하며, 집단 놀이치료에서의 경험을 현실과 연결할 수 있도록 하는 환경을 촉진하는 것이다(Ray, 2011; Sweeney & Homeyer, 1999). 또한 놀이치료사의 촉진과 성찰을 통해 집단에 참여하는 아동은 자신과 타인의 감정, 생각, 필요를 더 잘 인식할 수 있으며, 그것을 수용하고 지원하는 방법을 배울 수도 있다(Ray, 2011).

아동중심 놀이치료가 발달장애 아동에게 효과적인지에 대한 논의는 제14장에서 좀 더 살펴보기로 하자.

3) 발달장애 아동을 위한 구조화/비구조화의 혼합된 집단 놀이치료 프로그램 예시

본 프로그램은 장미경, 이세화와 이여름(2023)에서 소개한 '발달지연 아동을 위한 집단 놀이치료 프로그램'이다. 본 프로그램은 특별히 신체 접촉을 중요하게 여기는 Brody의 발달놀이치료와 치료놀이라는 구조화된 접근과 함께 아동중심의 비구조화된 자유놀이의 총 8회기로 구성된 프로그램이며, 각 회기에 대한 요약은 〈표 11-5〉와 같다.

표 11-5 혼합된 집단 놀이치료 프로그램 예시

회기	회기별 목표 및 내용	
1회기	주제	프로그램 및 자기소개
	내용	1. 반가워 친구야!(25분) 1) 자기소개 및 프로그램 구조화 2) 집단 규칙 만들기 2. 자유놀이(20분) 3. 손가락에 과자 끼워 먹여 주기 및 마무리(5분) 1) 손가락에 과자 끼워 먹여 주기 2) 마무리
2회기	주제	또래 인식과 친밀감 형성
	내용	1. 도입(5분) 2. 전개(40분) 1) 우리들의 섬 2) 협력의 탑을 쌓아라 3) 자유놀이 3. 푸딩 먹여 주기 및 마무리(5분) 1) 푸딩 먹여 주기 2) 마무리
3회기	주제	친밀감 형성과 신체 조절
	내용	1. 도입(5분) 2. 전개(40분) 1) 손탑 쌓기 2) 여우야 여우야 뭐하니 3) 자유놀이 3. 내 느낌대로 먹여 보기 및 마무리(5분) 1) 내 느낌대로 먹여 보기 2) 마무리
4회기	주제	감정 표현하기
	내용	1. 도입(5분) 2. 전개(40분) 1) 감정 젠가 2) 몸으로 말하기 3) 자유놀이 3. 꼭 껴안아 주기 및 마무리(5분) 1) 꼭 껴안아 주기 2) 마무리

5회기	주제	부정적 감정 표현하기
	내용	1. 도입(5분) 2. 전개(40분) 1) 신문지 격파 2) 신문지 찢기 3) 신문지 공놀이 4) 자유놀이 3. 막대과자 먹기 및 마무리(5분) 1) 막대과자 먹기 2) 마무리
6회기	주제	이완과 표출
	내용	1. 도입(5분) 2. 전개(40분) 1) 콩알 폭탄 발사 2) 자유놀이 3. 마무리(5분)
7회기	주제	규칙 수용과 좌절 견디기
	내용	1. 도입(5분) 2. 전개(35분) 1) 스머프 사다리 게임 2) 자유놀이 3. 사탕 숨기고 찾기 및 마무리 1) 사탕 숨기고 찾기 2) 마무리
8회기	주제	마무리하기
	내용	1. 도입(5분) 2. 전개(35분) 1) 쿠키 만들기 3. 종결파티(10분)

3. 발달장애 아동을 위한 집단 놀이치료의 요소

1) 집단의 구성

(1) 이질성과 유사성

일반적으로 집단 놀이치료는 집단 안에 이질성과 유사성(예: 같은 성별 집단, 같은 연령 집단, ADHD 집단, 발달장애 아동 집단 등)이 공존하는 것이 필요하다(장미경, 이세화, 이여름, 2023). 아동은 유사성을 통해 쉽게 관계를 맺고, 소속감과 응집력을 발달시키게 되는 장점이 있으나, 유사성을 가진 집단이라고 하더라도 참여하는 구성원의 경험과 특성은 이질적이라고 볼 수 있으며, 이러한 이질적 특성은 서로에게 역할모델이 될 수 있고, 아동을 자아 중심적 조망에서 벗어나게 하는 데 도움이 될 수 있다. 집단을 구성하게 될 때 이러한 이질성과 유사성 간의 균형을 맞추는 것이 필요하다(Sweeny & Engblom-Deglmann, 2016).

(2) 집단 크기

집단 놀이치료의 인원은 참여하는 아동의 특성에 따라 달라질 수 있다. 집단 놀이치료를 시작하기 위해 가장 먼저 준비되어야 하는 것은 집단 놀이치료의 대상이 되는 아동의 유형, 아동들이 가진 어려움의 특성, 아동의 발달단계 등을 고려하는 것이다.

만약 대상 아동이 집단에 적응하기 어려울 것으로 예상이 된다면 2명의 또래로 구성된 집단으로 시작하는 것도 좋다. 함께 참여하는 아동이 단 한 명이면서 치료사의 도움을 받을 수 있는 안전한 환경을 통해 아동은 자신의 감정과 의사를 표현하고 상대 아동의 표현에 반응하는 연습을 충분히 할 수 있게 된다. 2명의 또래집단 적응이 향상되었다고 판단되면, 그다음으로 아동은 가장 적은 규모지만 대집단과 동일한 효과를 갖는 3명으로 이루어진 집단에서 적응하는 과정을 가질 수 있다(장미경, 이세화, 이여름, 2023).

중요한 것은 아동을 대상으로 하는 집단의 경우 5명 이상을 넘지 않는 것이 좋다. 아동은 성인과 비교하면 차례 지켜 표현하기, 경청하기 등의 기술이 부족하므로 한 집단에 7~8명씩 포함하는 것은 집단 놀이치료의 효과를 거두기 어렵게 한다. 만약 참여하는 아동의 연령이 어리거나 발달단계가 낮다면 인원수는 더 적어야 한다(장미경, 이세화, 이여름, 2023). 발달장애 아동과 같이 사회적 기술의 부족이 심각하면 심각할수록 집단은 더 소규모여야 하며 치료사는 좀 더 직접적이고 구조화된 놀이를 하는 것이 중요하다 (Meany-Walen, Bratton, & Kottman, 2014).

2) 집단 진행

집단 놀이치료는 집단의 목적, 유형, 아동의 연령 등에 따라 회기당 시간이나 기간이 달라질 수 있다. 일반적으로는 3~4명의 유아 또는 아동 집단이라면 회기당 50~60분이 적당하며, 5~10명으로 구성된 청소년 또는 고학년 초등학생의 경우에는 60~90분 정도가 적당하다(장미경, 이세화, 이여름, 2023). 특별히 발달장애 아동을 대상으로 하는 집단 놀이치료일 경우 참여하는 아동의 연령과 장애의 정도 등에 따라 시간은 좀 더 유동적일 수 있으며 대체로 적은 수의 집단 운영이 필요할 수 있다. 집단의 기간에 대해 아직 경험이 적은 초심 놀이치료사의 경우라면 미리 치료 회기를 정해 놓은 구조화된 접근으로 진행하는 것이 나을 수 있으며, 오랜 경험을 가진 숙련된 놀이치료사라면 장기로 진행할 수도 있다. 이 경우에도 10~15회기 단위를 한 세트로 나누고 아동의 진전 상황을 평가하면서 여러 세트를 진행할 수도 있다(장미경, 이세화, 이여름, 2023).

3) 집단 놀이치료 과정

집단 놀이치료가 진행되는 과정에 대해 장미경, 이세화와 이여름(2023)은 집단 놀이치료가 시작되기 이전 단계와 집단 놀이치료가 처음 시작되는 첫 회기, 그리고 그 이후 진행 과정으로 나누어서 설명하였는데, 그 부분에 대해 간략하게 소개하면 〈표 11-6〉과 같다.

표 11-6 집단 놀이치료 과정

단계	내용
사전 단계	• 일반적인 정보(집단 놀이치료가 진행되는 요일 및 시간, 참여하는 집단 아동의 수, 장소 등)와 절차적 정보(집단 회기, 집단에 대한 대략적 설명, 집단치료 참여에 대한 설명 등)을 제공한다. • 잦은 결석과 지각은 집단 유지에 가장 큰 방해 요소가 될 수 있음을 미리 충분히 안내해야 한다. • 집단 참여에 대해 불안해한다면 집단이 시작되기 전에 집단 놀이치료실을 미리 간단히 소개하는 것도 도움이 될 수 있다

첫 회기	• 구성원 소개하기: 구성원을 소개하는 과정은 라포 형성을 증진하고 어색한 분위기를 줄일 수 있다. • 집단 놀이치료 구조화: 전체 과정을 소개하는 것을 주요한 요소로 한다(예: 어떤 놀이를 할 것인지, 얼마나 오랫동안, 얼마나 자주 만나 놀이를 할 것인지 등). • 집단의 비밀보장, 치료사의 비밀보장 원칙에 대해서도 설명한다.
집단 놀이치료 회기	• 집단 놀이치료의 진행 과정과 내용은 집단 구성원의 연령, 이론적 접근, 구조화 또는 비구조화 접근, 기간, 참여자 수 등에 따라 달라진다. • 회기 마무리하기 또는 소감 나누기, 요약 상기시키기의 활동에 대해 유아 집단의 경우에는 마무리하기, 소감 나누기 등의 활동을 포함할 필요가 없지만 초등학생 이상의 아동 · 청소년들에게는 소감을 나누는 시간이 있는 것이 바람직하며 이때 너무 교훈적이거나 학습적인 방향으로 가지 않도록 주의해야 한다.

4) 집단 놀이치료사의 역할

집단 놀이치료는 개별 놀이치료와 비교했을 때 치료사의 역량을 더 많이 요구하는 치료 방법이다. 치료사가 보이는 반응과 태도를 통해 집단에 참여하는 아동들이 친밀감을 형성할 수 있으며 집단 놀이치료의 효과에도 결정적 영향을 미치게 된다(장미경, 이세화, 이여름, 2023). 만약 치료사가 집단을 적절히 운영하지 못하게 될 경우, 아동 간의 힘겨루기가 강하게 나타나거나 집단 안에서 소외되는 아동이 발생할 수도 있다.

무엇보다 집단 놀이치료를 진행하는 치료사는 집단 놀이치료 과정에서 나타나는 갈등을 다룰 줄 알아야 한다. 집단 놀이치료 안에서 발생하게 되는 갈등은 자연스러운 과정이며 치료사가 함께하는 안전한 환경에서의 적절한 갈등은 치료에 효과적인 영향을 미친다. 집단 놀이치료에 참여하는 아동은 갈등을 통해 상대방의 감정을 알 수 있고 갈등을 해소하는 과정에서 사회적 기술을 배우며 성숙해질 수 있다. 또한 갈등을 해결하는 것은 집단의 응집력을 높이고 개별 아동에게는 성취감을 주며, 다른 갈등을 해결할 수 있는 자신감을 얻게 한다. 치료사는 집단 역동에서 나타나는 갈등을 적절히 조절하여 집단 구성원들이 갈등을 해결할 수 있도록 반응해 주어야 한다.

장미경, 이세화와 이여름(2023)은 개별 놀이치료와 다른 집단 놀이치료에서의 치료사의 역할에 대해 〈표 11-7〉과 같이 설명하고 있다.

표 11-7 집단 놀이치료사의 역할

역할	내용
아동과 함께 놀이하는 집단 구성원의 역할	집단 놀이치료사는 아동과 함께 놀이를 하는 집단 구성원의 역할을 함으로써 치료사가 단지 어른이 아닌 함께 놀이하는 특별한 성인이라고 느끼도록 한다.
아동의 감정 및 상태 상황을 읽어 주는 사람	집단 놀이치료사는 집단, 또래, 놀이 상황 및 아동의 감정과 상태, 상황들을 읽어 주는 사람의 역할을 한다. 아동들이 미처 인식하지 못한 자신이나 다른 아동의 감정, 상태, 상황을 읽어 줌으로써 모델링의 역할을 할 수 있고 아동이 공감받는다고 느끼게 할 수 있다.
소외되거나 어울리지 못하는 아동의 행동과 감정을 대신 표현해 주는 역할	집단에서 소외되거나 어울리지 못하는 아동이 있다면 그 아동의 행동과 감정을 대신 표현해 주는 역할을 한다. 다른 아동들이 그 아동의 존재를 인식하고 감정을 이해할 수 있도록 함으로써 소외된 아동이 적절한 역할과 자신감을 느끼게 한다.
집단에서 새롭게 배운 기술이나 행동을 적용해 보도록 격려하는 역할	집단 놀이치료사는 아동이 집단에서 새롭게 배운 기술과 행동을 적용해 보도록 격려하는 역할을 하며, 아동이 공감, 표현 및 반응할 수 있도록 안내한다.
모델링 역할	집단 안에서 치료사의 행동과 말은 아동에게 모델링 역할을 한다. 따라서 치료사는 적절한 공감과 행동, 언어 표현을 사용해야 한다.
정보제공자의 역할	모든 집단은 어느 정도 정보 제공의 기능을 가지고 있는데, 치료사는 이러한 정보를 제공하는 역할을 한다.
옹호자의 역할	집단 놀이치료사는 다소 뒤처지는 아동을 위한 옹호자의 역할을 한다. 아동을 위해서 눈에 띄지 않게 아동을 지지하고 옹호하면서 아동의 강점을 찾아내어 다른 아동들에게 인식될 수 있게 함으로써 아동의 자존감을 올려 주고 그 결과, 아동이 조금 더 자신감을 갖고 능동적으로 대처할 수 있도록 하는 역할을 한다.

요약하기

- 집단 놀이치료는 2명 이상의 아동과 놀이치료 및 집단치료에 대해 훈련을 받은 치료사 사이의 역동적이고 대인관계적이며 상호적인 관계이다.
- 집단 놀이치료 프로그램은 아동의 사회성 발달에 긍정적 영향을 미치며, 특히 발달의 어려움이 있는 아동에게는 사회성 증진을 위해 진행되는 집단 놀이치료가 매우 필요하다.
- 일반적으로 집단 놀이치료는 구조화된 집단과 비구조화된 집단, 그리고 구조화와 비구조화를 절충하는 혼합집단으로 구성되며, 미리 정해진 프로그램으로 진행되는 구조화된 집단이 대부분이다. 특별히 발달장애 아동을 대상으로 하는 치료적 개입의 경우 구조화된 개입이 주를 이루게 된다.
- 발달장애 아동을 대상으로 한 구조화된 집단 놀이치료에는 O'Connor의 구조화된 집단 놀이치료와 서클타임, 집단 치료놀이 등이 있다.

생각해 보기

Q1. 발달장애 아동을 위한 구조화된 집단 놀이치료 프로그램 구성에 대해 함께 논의해 보라.

Q2. 개별 놀이치료와 집단 놀이치료에서의 치료사의 역할은 어떤 점이 다를지 생각해 보라.

Q3. 비장애 아동과 발달장애 아동의 집단 놀이치료를 구성할 때 유의해야 할 점에 대해 논의해 보라.

참고문헌

김선주(2005). 발달장애 아동을 위한 집단프로그램이 사회성발달에 미치는 효과. 신라대학교 대학원 석사학위논문.

김소영, 김민지, 노효련(2014). 집단적 놀이치료가 발달장애 아동의 사회성 기술 향상에 미치는 효과. 한국임상보건과학회지, 2(1), 47-57.

김윤경(2005). 영아의 애착 증진을 위한 집단치료놀이 프로그램 개발과 효과. 숙명여자대학교 대학원 박사학위논문.

김지신, 김아연, 김현진, 민그래(2016). 발달지연아동의 사회성 증진을 위한 비구조화 소집단 놀이치료의 효과성에 관한 탐색적 연구. 영유아아동정신건강연구, 9(1), 131-154.

나은숙(2005). 유아에게 자유선택 활동이 지니는 의미. 덕성여자대학교 대학원 박사학위논문.

박랑규, 윤진영(2008). 다문화 가정의 모-자 애착 증진을 위한 집단 치료놀이 프로그램의 개발. 한국아동심리치료학회지, 3(2), 61-82.

박선영(2007). 또래아동과의 소집단 미술치료가 자폐성 아동의 사회성 향상에 미치는 효과. 재활심리연구, 4(1), 17-42.

성영혜, 윤미원, 이주연(2005). 집단 치료놀이 실제: 아동편. 한국치료놀이연구소.

손명희, 박세정(2008). 인간행동과 사회환경. 창지사.

손명희, 송영혜(2009). 집단 놀이치료 프로그램 효과에 대한 메타분석. 놀이치료연구, 13(1), 19-43.

송영혜, 손명희(2004). 놀이 활동 프로그램에 관한 고찰. 정서 · 행동장애연구, 20(3), 367-387.

송영혜, 윤지현(2001). 놀이치료 입문. 시그마프레스.

이주연(2007). 집단홈 아동의 사회적 유능성 증진을 위한 집단 치료놀이 프로그램의 효과. 숙명여자대학교 대학원 박사학위논문.

이한나, 김은경(2008). 자폐성향 유아의 상징놀이 향상 단기프로그램 적용 사례연구. 놀이치료연구, 9(2), 47-61.

임신자(2014). 집단발달놀이치료가 위축아동의 또래 상호작용에 미치는 영향. 한양대학교 대학원 박사학위논문.

장미경, 이세화, 이여름(2023). 집단 놀이치료: 임상적 접근. 어가.

정정순(2003). 놀이미술치료가 발달장애유아의 사회적 행동에 미치는 효과. 정서 · 행동장애연구, 19(1), 211-238.

천현주(1998). 또래중재 놀이 활동이 자폐성 아동의 친사회적 행동에 미치는 효과. 대구대학교 대학원 석사학위논문

하영례, 지성애(2009). 집단 놀이치료를 활용한 사회정서적 유능감 프로그램 효과. 미래유아교육학회지, 16(2), 319-343.

Axline, V. (1969). *Play therapy*. Ballantine Books.

Beh-Pajooh, A. (1991). Social interactions among severely handicapped children, nonhandicapped children, and their mothers in an integrated playground. *Early Child Development and Care, 74*, 83-94.

Cole, K. N., Dale, P. S., & Mills, P. E. (1991). Individual differences in language delayed children's responses to direct and interactive preschool instruction. *Topics in Early Childhood Special Education, 11*, 99-124.

Ginott, H. G. (1961). *Group psychotherapy with children: The theory and practice of play-therapy*. McGraw-Hill Book Company.

Ginott, H. G. (1975). Group psychotherapy with children. *Journal of Projective Techniques, 26*(1), 3-10.

Handlan, S., & Bloom, L. A. (1993). The effect of educational curricula and modeling/coaching on the interactions of kindergarten children with their peers with autism. *Focus on Autistic Behavior, 8*, 1-11.

Haring, T. G., & Lovinger, L. (1989). *Promoting social interaction through teaching generalized play initiation responses to preschool children with autism*. The Journal of the Anthropo-meeting of the Associaltion for the Anthropologial Study of Play, Baton Rouge, LA.

Jernberg, A. M., & Booth, P. B. (1999). *Theraplay: Helping parents and children build better relationships through attachment-based play*. 김태련, 박랑규, 윤진영 공역(2005). **테라플레이 놀이치료**. 학지사.

Landreth, G. L. (2012). *Play therapy: The art of relationship* (3rd ed.). Routledge/Taylor & Francis Group.

Landreth, G. L., & Sweeney, D. (1997). Child-centered play therapy. In K. J. O'Connor & L. M. Braverman (Eds.), *Play therapy theory and practice*. John Wiley & Sons, Inc.

Lee, A. (1997). Psychoanalytic play therapy. In K. O'Connor and L. Braverman (Eds.), *Play therapy theory and practice: A comparative presentation*. Wiley.

Lieber, J. (1993). A comparison of social pretend play. *Mental Retardation, 23*, 131-136.

Meany-Walen, K., Bratton, S. C., & Kottman, T. (2014). Effects of Adlerian play therapy on reducing students' disruptive behaviors. *Journal of Counseling Development, 92*(1), 47-56.

Munns, E. (2000). *Theraplay: Innovation in attachment-enhancing play therapy*. Jason Aronson.

O'Connor, K. J. (1991). *The play therapy primer*. Wiley.

O'Connor, K. J. (2000). *The play therapy primer* (2nd ed.). John Wiley & Sons Inc.

O'Connor, K. (2001). Ecosystemic play therapy. *International Journal of Play Therapy, 10*(2),

33-44. https://doi.org/10.1037/h0089478

Odom, S. L., Peterson, C., McConnell, S., & Ostrosky, M. (1990). Ecobehavior analysis of early education/specialized classroom setting and peer social interaction. Special Issue: Organizing caregiving environments for young children with handicaps. *Education and Treatment of Children, 13*, 316-330.

Ray, D. (2011). *Advanced play therapy: Essential conditions, knowledge, and skills for child practice*. Taylor & Francis.

Ray, D., & Cheng, Y. (2018). Child-centered group play therapy: Therapeutic power of relationship. *Journal of Taiwan Play Therapy, 7*, 1-21.

Robert, C., Pratt, C., & Leach, D. (1991). Classroom and playground interaction of students with and without disabilities. *Exceptional Children, 57*, 212-224.

Segal, M., Montie, J., & Iverson, T. J. (2000). Observation for individual differences in the social interaction styles of preschool children. In K. Gitlin-Weiner, A.Sandgrand, & C. Schaefer (Eds.), *Play diagnosis and assessment* (pp. 544-562). John Wiley &Sons Inc.

Sweeney, D. S., Baggerly, J. N., & Ray, D. C. (2014). *Group play therapy: A dynamic approach*. Routledge.

Sweeney, D. S., & Englom-Deglmann, M. (2016). Group play therapy. In C. Haen & S. Aronson (Eds.), *The handbook of child and adolescent group therapy*. Routledge Publishers.

Sweeney, D. S., & Homeyer, L. (1999). *The handbook of group play therapy: How to do it, how it works, whom it's best for*. 유미숙, 유재령, 우주영, 전정미 공역(2009). **집단놀이치료 핸드북**. 시그마프레스.

제12장

부모-아동 상호작용 치료(PCIT)

학습목표

1. 부모-아동 상호작용 치료(PCIT)의 개념을 이해할 수 있다.
2. 발달장애 아동을 위한 개입으로서의 PCIT에 대해 이해할 수 있다.

● ● ● 부모–아동 상호작용 치료(Parent–Child Interaction Therapy: PCIT)는 Sheila Eyberg가 개발한 근거 기반의 부모 훈련 프로그램으로, 다양한 문제행동을 보이는 자녀와 부모를 대상으로 하여 부모가 적절한 훈육을 할 수 있도록 돕는 치료적 개입이다(Eyberg & Robinson, 1983). 이 프로그램은 다른 부모교육과는 다르게 긍정적인 양육 기술과 행동 수정 기술을 학습하기 위해 부모와 아동이 실제로 참여하는 과정에서 실시간 직접적인 코칭이 이루어진다.

그간 PCIT를 통해 부모와 아동 간의 관계 질 향상, 사회적 행동의 증가와 행동 문제 감소, 부모의 양육 기술의 증가, 아동의 문제행동과 관련된 부모의 스트레스 감소 등이 보고되었으며(Zlomke et al., 2017), 주의력결핍 과잉행동장애, 파괴적인 행동장애가 있는 아동에게도 그 효과가 입증되었다(Perez, 2008; Wagner & McNeil, 2008). 최근에는 행동 문제가 있는 아동뿐 아니라 발달지연 및 자폐스펙트럼장애 아동 등을 대상으로 연구가 확대되어 진행되고 있다(Garcia et al., 2015; Garcia, Magarino, & Bagner, 2018; Masse et al., 2016). 이 장에서는 PCIT에 대한 이해와 더불어 발달장애 아동과 부모의 상호작용을 위한 PCIT의 개입에 대해 살펴보고자 한다.

1. 발달 배경 및 특성

부모-아동 상호작용 치료(PCIT)는 다양한 문제행동을 보이는 자녀와 부모를 대상으로 하며, 부모가 적절한 훈육을 할 수 있도록 도움으로써 부모-자녀 관계의 질을 개선시키고 긍정적인 상호작용으로의 변화를 유도하기 위한 치료적 개입이다. Eyberg(2004)는 부모가 자녀를 건강하게 양육하기 위해서는 Axline(1947)과 Guerney(1964)가 주장하는 공감과 수용을 바탕으로 하는 아동중심 놀이치료의 기법뿐 아니라 Baumrind(1966)가 말하는 권위 있는 양육을 위한 구체적인 의사소통과 제한 설정 기술이 필요하다고 보았다(Urquiza & Timmer, 2012).

이러한 근거에 따라 PCIT는 두 단계로 구성되는데, 아동 주도 상호작용(Child-Directed Interaction: 이하 CDI)과 부모 주도 상호작용(Parent-Directed Interaction: PDI)이 그것이다. 첫 번째 단계인 CDI에서는 부모와 아동의 긍정적 관계와 양육 행동을 증가시키며 궁극적으로 아동의 사회적 기술 향상을 목표로 하는 반면, PDI는 부모가 아동에게 효과적인 제한을 설정하고 일관성을 증가시켜 아동의 문제행동을 감소시키는데 목표를 둔다(Zlomke, Jeter, & Murphy, 2017).

이 프로그램은 부모가 아동과 상호작용하는 실제 상황에서 치료사가 부모를 코칭하는 방법을 사용한다. 부모가 실제 치료 프로그램에 참여함으로 인해 아동은 좀 더 정서적으로 안정적인 상황에서 치료에 임할 수 있게 되고, 부모 또한 치료사로부터 직접적으로 자녀와 상호작용하는 방법, 부모-아동 상호작용 속에서 나타나는 문제행동을 인식하고 개선하는 방법을 익힌다는 면에서 다른 치료적 개입과 큰 차별성을 지니고 있다. PCIT가 이루어지는 과정에서 대부분 치료사는 일방경 뒤에서 이어폰을 사용한 무선 송수신기와 같은 통신수단을 사용하여 부모에게 CDI와 PDI 기술을 코칭한다. 먼저, CDI에서는 부모-아동 관계가 향상되도록 놀이치료 기술을 배우게 되며, PDI에서는 아동의 파괴적 행동을 감소시키는 기술을 배우게 된다(Eyberg & Furderburk, 2011). 일반적으로 PCIT는 일주일에 한 번, 약 12주 정도 소요되는 단기치료 프로그램이다. 가족이 기술을 숙달하는 정도에 따라 치료 기간은 다를 수 있다. 부모가 CDI와 PDI의 기술을 모두 마스터하고 아동의 행동에 대한 주호소가 해결된다면 종결하게 된다. 이러한 PCIT의 주요한 특성을 요약하면 〈표 12-1〉과 같다(McNeil & Hembree-Kigin, 2010).

표 12-1 PCIT의 주요 특성

- 부모와 아동이 함께 참여: 부모는 아동의 발달에 막대한 영향력을 미치게 되기 때문에 PCIT에서는 부모와 아동이 함께 참여하게 된다.
- 부모-아동 상호작용 직접 코칭: PCIT에서는 치료사가 부모와 아동의 상호작용에 직접적인 코칭을 하게 되는데, 이렇게 함으로써 부모에게 좋은 모델링이 될 수 있다.
- 데이터에 근거한 치료: PCIT는 뚜렷한 목표가 제시되는 매뉴얼화된 프로그램으로 매 회기 초반에 부모-아동 상호작용을 코딩하고 마스터 기준에 맞춰 얼마만큼 진척을 보이는지 알아보게 된다. 이러한 정보에 따라 그 회기에 어떤 것을 강조하여 코칭할 것인지를 결정하게 된다.
- 발달 사항에 민감: PCIT는 부모에게 자녀의 발달단계에 따른 적절한 기대치를 교육하기 때문에 치료사는 각 아동의 발달단계 특성에 대해 민감하게 파악하게 된다.
- 다양한 문제행동에 초점: PCIT는 아동의 다양한 문제를 다룰 수 있는 조기개입으로 지시 불이행, 언어적·신체적 공격성, 과잉행동, 도벽, 거짓말, 파괴적인 행동, 낮은 자존감, 이혼 이후의 적응 등에 어려움을 보이는 아동에게 적합하다.
- 특화된 공간과 설비: PCIT를 진행하기 위한 환경적 조건으로, 치료사는 관찰실에서 이어폰과 무선 송수신 장치를 사용하여 일방경을 통해 놀이실에서 상호작용을 하는 가족을 코칭하게 된다. 일반적으로 놀이실은 최소한 네 사람이 편안하게 앉을 수 있을 만한 크기라면 좋다.
- 개별 행동보다는 상호작용 패턴이 목표: PCIT는 아동의 개별적인 문제행동에 초점을 두는 행동 개입 중심의 부모훈련과 달리 좀 더 넓은 상호작용 패턴의 변화에 집중한다. 이를 위해 문제행동을 지속시키는 선행사건이 무엇인지 찾아내고 변화를 주기 위해 기능분석을 한다.
- 긍정적·비판단적 철학: PCIT를 진행하는 치료사는 부모가 할 수 있는 한, 최선을 다하고 있다고 가정하기 때문에 부모의 노력에 대한 존중을 전달하는 것을 기본적인 철학으로 한다.

2. PCIT의 단계

PCIT는 놀이치료와 행동치료의 효과적인 결합으로 구성된 구조화된 치료 방법으로, 〈표 12-2〉와 같은 단계로 진행된다(McNeil & Hembree-Kigin, 2010).

표 12-2 PCIT의 단계

단계	절차
1단계	아동과 가족 기능에 대한 치료 전 평가(1~2회기)
2단계	CDI 기술교육(1회기)
3단계	CDI 기술 코칭(3~4회기)

4단계	PDI 기술교육(1회기)
5단계	PDI 기술 코칭(4~6회기)
6단계	아동과 가족 기능에 대한 치료 후 평가(1~2회기)
7단계	추수 회기(필요시)

〈표 12-2〉에서 보는 바와 같이, PCIT는 본격적인 치료가 진행되기 전 평가 회기로 시작되는데, 이때 배경정보와 주호소에 대한 인터뷰, 검사지 작성, 부모-아동 관계 관찰(비디오 녹화)이 이루어진다. 치료는 아동 주도 상호작용(CDI)으로 시작된다. 치료사는 부모를 대상으로 CDI의 기본적 기술을 가르치는 교육 회기를 제공하는데, 이때 기본적인 기술 설명, 토의, 라이브 모델링과 역할놀이가 이루어진다. 교육 회기 이후에 부모와 아동은 함께 참여하게 되고, CDI 기술에 대한 코칭이 여러 회기에 걸쳐 이루어진다. 기간은 부모의 습득 정도와 아동의 문제 양상에 따라 달라질 수 있다. CDI의 기준을 마스터하게 되면 부모는 다시 치료사와 함께 부모 주도 상호작용(PDI)의 기본적인 내용을 배운다. PDI 교육 회기에서는 기본 기술 설명, 토의, 역할놀이가 진행된다. 이 회기 후에 부모는 다시 아동과 함께 참여하며 몇 회기에 걸쳐 PDI 기술에 대한 코칭을 직접적으로 받게 된다. 만약 주호소가 해결되면 종결회기를 가짐으로써 치료가 마치게 된다. 치료 후 평가 회기는 치료 전에 시행된 평가 절차를 반복하게 된다. 이 과정에서 치료 전과 후의 발전에 대한 피드백을 제공한다. 대부분의 경우 PCIT의 전체 과정은 약 12회기 정도 소요되며, 추수 회기는 보통 3개월 정도 후에 진행된다. 추수 회기를 통해서 부모 기술을 계속 유지하도록 돕고 아동이 당면하게 되는 새로운 발달상의 문제를 다루게 된다. 각 단계에 대해 좀 더 자세히 다루면 다음과 같다.

1) 1단계 초기 평가와 치료 오리엔테이션 회기

PCIT는 먼저 아동과 가족의 기능을 평가하는 초기 면접 및 평가로 진행된다. 핵심적인 PCIT의 초기 평가 내용 및 그에 대한 설명은 〈표 12-3〉과 같다(McNeil & Hembree-Kigin, 2010).

이러한 초기 면접 및 평가를 진행한 이후 평가 결과에 대한 설명 및 PCIT를 소개하는 과정이 진행된다. 먼저, 초기 평가 결과를 토대로 피드백을 주게 되는데, 이때 주의할 점은 치료사가 제공하는 부모훈련의 제안이 마치 부모로서의 무능함으로 인식될 수 있기

표 12-3 PCIT 초기 평가

초기 평가	내용
반구조화된 초기 면접 인터뷰 (약 45분)	• 아동의 발달 정보(발달사 및 생육사) • 학교생활, 친구관계 • 가족관계 및 훈육 방법 • 아동의 강점과 약점 등에 대한 정보 수집 • 질문의 예 -가장 다루기 힘든 아동의 행동은 무엇인가요? -가장 사랑스러운 아동의 행동은 무엇인가요? -자녀 양육의 어떤 점이 좋은가요? -자녀 양육과 관련하여 어떤 점을 변화시키고 싶나요?
Eyberg 아동 행동검사(ECBI) (5~10분)	• 만 2세에서 16세 사이의 아동을 대상으로 행동 문제를 평가할 수 있는 부모 보고식 평가도구(36문항) • 아동의 문제행동 빈도를 측정하기 위한 강도 척도(Intensity Scale: IS)와 그 문제행동이 부모에게 문제가 되는지를 측정하기 위한 문제 척도(Problem Scale: PS)로 나뉨(Rhee & Rhee, 2015)
Sutter-Eyberg 학생 행동검사(SESBI) (5~10분)	• 형식은 ECBI와 비슷 • 학교 세팅에 맞게 문항이 수정되었고, 어린이집, 유치원 또는 초등학교 교사가 작성하도록 제작 • 강도 점수 15, 문제성 점수 19점 이상은 임상적 수준
Dyadic 부모-아동 상호작용 (DPICS) 코딩 시스템 관찰 (각 부모마다 15분)	• 부모-아동의 상호작용 질을 평가할 수 있는 구조화된 관찰평가도구(총 20분 동안 세 가지 상황에서 모와 아동의 상호작용 질을 관찰) • 처음 10분은 아동 주도 놀이(Child-Led Play: CLP)로 부모에게 아동이 선택하는 장난감이나 활동을 따라가며 놀아 주도록 하는데, 처음 5분은 모와 아동이 상황에 적응하고 자연스럽게 상호작용을 할 수 있도록 하는 워밍업 시간이며, 나머지 5분은 코딩이 이루어짐 • 다음 10분은 부모 주도 놀이(Parent-Led Play: PLP)로 부모가 장난감이나 활동을 선택하고 아동이 부모의 규칙에 따라 놀도록 하며, 정리하기(Clean-UP: CU) 상황에서는 부모가 아동에게 장난감을 정리할 시간임을 알려 주고 스스로 정리하도록 지시를 내리는데, 이때도 각 상황마다 5분 코딩을 함

때문에 치료사는 부모에게 특별한 자녀 양육의 개념이라고 설명하면서 접근하는 것이 좋다. PCIT는 역기능 부모를 위한 개입이라기보다는 자녀와 더 잘 맞는 관계를 형성하도록 부모를 돕는 방법이기 때문이다. 치료사는 부모에게 평가 결과 및 아동의 행동 및 정

서 문제의 원인과 앞으로의 개입에 대한 설명을 한 이후 PCIT를 소개한다. 이때 PCIT가 필요한 이유 및 CDI와 PDI의 두 가지 요소가 왜 중요한지에 대해서도 설명하게 된다. 마지막으로, 매 회기에 숙제가 있다는 사실을 설명해 주어야 한다.

2) 2단계 CDI 교육

초기 평가를 마치고 결과에 대한 피드백을 받고 난 이후 부모는 CDI의 놀이치료 기본 기술에 대한 교육 회기에 참석하게 된다. CDI 기술의 교육 과정 진행은 〈표 12-4〉와 같다(McNeil & Hembree-Kigin, 2010).

표 12-4 CDI 교육 과정

과정	내용
숙제 점검	• 초기 평가 및 오리엔테이션 회기에서 제시받은 숙제를 검토하는 것으로 시작
CDI 목적 설명	• PCIT의 전체 구조와 목적 설명 • CDI는 관계 향상 작업으로 PDI의 강도 높은 훈육 프로그램의 효과를 높이기 위한 기초를 제공하는 것으로 설명
매일 5분 가정에서 연습하기 논의	• 부모가 가정에서 매일 5분 '특별한 놀이 시간'을 가짐
'하지 말아야 할 것' 기술 설명/모델링	• 하지 말아야 할 것(명령, 질문, 비난, 비꼬는 말 등)에 대한 언어 기술 설명
'해야 할 것' 기술 설명/모델링	• 해야 할 것(칭찬하기, 반영하기, 따라 하기, 묘사하기)에 대해 설명
전략적 관심 사용 논의	• 전략적 관심은 CDI의 '해야 할 것' 기술을 사용하여 아동이 자주 보이길 바라는 행동이나 성품을 보상 • 첫 번째 단계는 아동에게 이러한 부분이 거의 찾을 수 없다고 느껴질지라도 부모가 생각하기에 바람직하고 친사회적인 행동이나 성품이 무엇인지를 아동에게서 찾아봄 • 두 번째 단계는 목표한 행동이 일어나는지 주의 깊게 관찰하여 아동이 잘하고 있는 순간을 놓치지 않는 것
선택적 무시하기 사용 논의	• 선택적 무시하기는 전략적으로 행동에 관심을 보이지 않음으로 행동을 조성하는 것 • 먼저, 부모가 아동에게서 감소하기를 바라는 행동이나 성품을 알아보는 것

	• 원칙 1. 아동의 문제행동이 부모의 반응을 끌어내려 할 때만 효과적이기 때문에 치료사는 아동의 각 행동에 대하여 부모의 관심이 왜 보상이 되는지, 그래서 반응을 보이지 않는 것이 행동에 영향을 주는지에 대해 부모가 분석하도록 도움 2. 반응을 보이지 않은 행동은 좋아지기 이전에 오히려 더 악화된다는 것을 이해시키고 이 단계를 부모가 견디어 낼 수 있는지 판단함 3. 무시하기 시작한 행동은 끝까지 무시하기를 유지해야 함
종합적인 기술 모델링	• CDI 기술을 설명하면서 간단한 기술을 보여 주기는 하지만 이것만으로 부족할 수 있기 때문에 부모 또는 협력 치료사에게 아동의 역할을 하게 해서 전체적인 기술 사용을 보여 줌
기술에 대한 역할놀이 코칭	• 복합적으로 기술을 보여 주고 난 이후 부모에게 역할놀이를 하게 함 • 역할놀이의 목적은 부모에게 기술을 사용하는 것이 어떤 느낌인지, 자신의 행동에 대해 누군가로부터 긍정적인 피드백을 계속 받는 것이 어떤 느낌인지를 소개하는 것
가정에서 놀이치료 실행 계획 논의	• 실제 가정에서 교육받은 것을 실행하는 것에 대해 부모와 논의함
새로운 숙제 제공	• 다음 치료 회기까지 아동과 매일 5분씩 특별놀이시간을 연습할 것을 약속받고 숙제 용지를 나누어 줌

3) 3단계 CDI 코칭

먼저, 부모에게 Eyberg 아동 행동 검사(ECBI)를 작성하도록 하고 그 결과에 대해 부모에게 피드백을 한다. 일반적으로 회기의 시작은 숙제를 점검하는 것부터이다. 숙제와 가정의 스트레스 요인을 탐색하면서 발생한 문제를 논의한 후, 부모가 아동과 놀이치료를 진행하는 모습을 5분 동안 관찰하는데 이때는 직접적인 코칭을 하지 않는다. 5분 동안 부모가 사용하는 CDI 기술을 Dyadic 부모-아동 상호작용 코딩 시스템 기록지에 기록하고, PCIT 진행 용지에 옮겨 적어서 부모로 하여금 매 회기의 변화를 확인할 수 있도록 한다. 5분의 관찰이 끝난 이후 치료사는 부모로 하여금 아동에게 PRIDE 기술을 사용하는 것에 대한 코칭을 진행하게 된다. PRIDE 기술 및 피해야 하는 기술은 〈표 12-5〉와 같다.

표 12-5 PRIDE 기술

기술	이유	예시
Praise 구체적 칭찬	• 아동의 긍정적인 행동 증가 • 아동의 자아존중감 향상	• "네가 조용하게 놀아 줘서 엄마는 참 좋아."
Reflect 언어적 반영	• 아동이 대화를 이끎 • 부모가 이야기를 경청하고 있다는 것을 알려 줌	• 아동: "뽀로로가 친구 할 거래요." • 부모: "뽀로로가 친구 할 거구나."
Imitate 행동 모방	• 부모가 함께한다는 것을 보여 줌 • 타인과 노는 방법이나 교대로 놀이하는 방법을 아동에게 알려 줌	• 아동: (종이에 원을 그림) • 부모: "나도 너처럼 종이에 동그라미를 그려야겠다."
Describe 행동 묘사	• 아동이 놀이를 주도 • 아동이 하고 있는 행동에 대해 부모가 관심이 있다는 것을 보여 줌	• "소방차에 사람을 태웠네." • "네모를 그렸네."
Enjoy 열정적 참여	• 아동과 함께하는 이 시간이 매우 즐겁다는 것을 아동에게 보여 줌 • 친밀감을 증가시킴	• 놀이에서의 다양한 역할에 따라 억양을 달리하고 활기차게 말하기

출처: 김유진(2019), p. 20.

표 12-6 피해야 하는 기술

	이유	예시
지시	• 아동의 주도권을 빼앗음 • 놀이의 즐거움을 빼앗음	• "다음엔 농장놀이를 해 볼까?" • "옆에 있는 돼지를 줘."
질문	• 부모가 대화를 주도함 • 질문은 부모가 아동의 말을 경청하지 않거나 동의하지 않는 것처럼 보임	• "우리가 높은 탑을 쌓았네, 그렇지?" • "소는 어떻게 소리를 내지?"
부정적인 말	• 비판적인 행동을 증가 • 아동의 자존감을 낮아지게 함	• "그렇게 놀지 마."

출처: 김유진(2019), p. 20.

회기의 마지막 10분은 부모의 발전적 태도에 대해 피드백을 하고 가정에서 연습할 때 특별히 집중해야 할 부분에 대해 설명하게 된다. 이러한 CDI 회기의 수는 부모가 마스터 기준에 도달할 때까지 계속된다.

4) 4단계 PDI 교육

PDI는 사회학습이론에 주요 근거를 두는데, 사회학습이론에서는 아동의 문제행동이 역기능적인 부모-아동 상호작용에 의해서 형성된다고 본다. 따라서 PDI에서는 역기능적인 부모-아동 상호작용에 영향을 미치는 요인을 살펴보고 문제행동의 요인을 차단하도록 돕는다(김유진, 2019).

부모는 이 과정에서 양육이나 훈육에 필요한 행동 기준 및 따뜻하지만 확고한 태도를 일관성 있게 유지하는 것을 배우게 된다(McNeil & Hembree-Kigin, 2010). 그 대표적인 내용으로, 아동이 부모의 지시에 순종했을 경우에는 구체적인 칭찬을 해 주지만 불순종할 때 타임아웃을 사용하여 일관성 있게 아동을 대하는 방법을 배우게 된다(Brinkmeyer & Eyberg, 2003). PDI에서 사용하는 효과적인 지시는 [그림 12-1]과 같다.

이 단계는 PDI의 기본 전제를 설명하는 것부터 시작하는데 그 내용은 '집중 문제, 행동

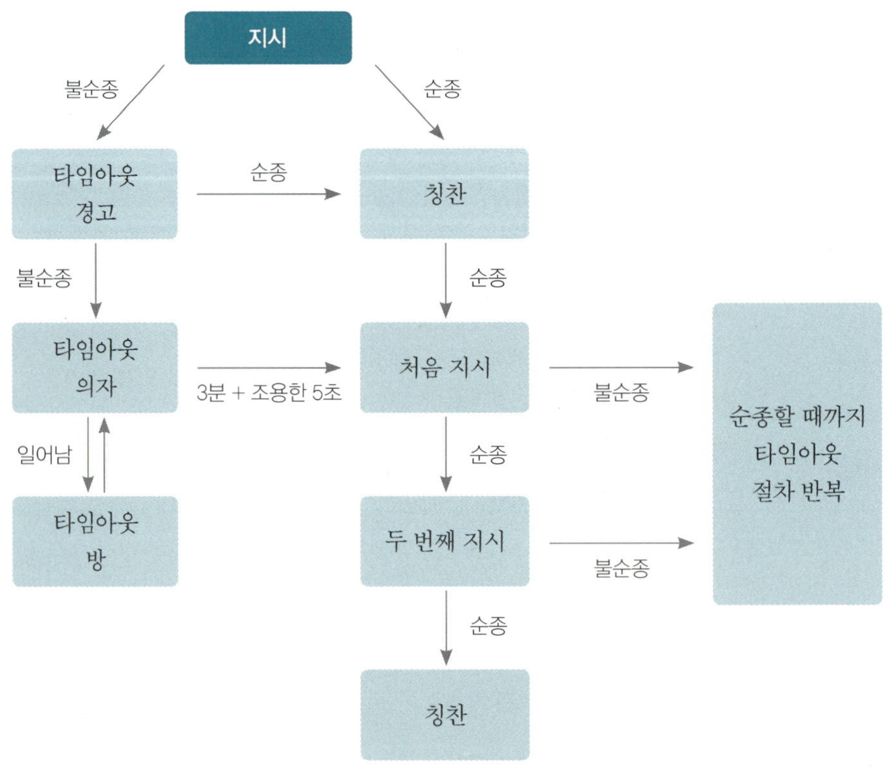

[그림 12-1] 타임아웃 절차

출처: 김유진(2019), p. 22.

문제가 있는 아동은 구조화를 필요로 한다.'는 것이다. PDI의 첫 번째 규칙은 '아동은 지시 받으면 꼭 해야만 한다.'이다. PCIT에서는 아동의 문제행동을 다양한 원인으로 보지 않고 두 개의 범주, 즉 명령 불이행과 파괴적 행동에 속한다고 본다. 명령 불이행은 '하라고' 한 것을 거부하는 행동으로 정의되고 파괴적 행동은 '하지 말라고' 한 것을 하는 행동으로 정의된다. PDI에서는 명령 이행이 중요하기 때문에 부모가 지시를 잘하도록 가르쳐야 한다. 이를 위해 간접 명령이 아닌 직접 명령 사용하기, 복잡하지 않게 하나씩만 명령하기, 긍정적인 문장으로 명령하기, 모호하지 않은 구체적인 명령하기, 평범한 목소리 톤으로 명령하기, 아동의 발달에 맞는 적절한 명령하기를 교육한다. PDI의 효과적인 지시를 위한 규칙은 〈표 12-7〉과 같다.

표 12-7 PDI 기술(효과적인 지시를 위한 여덟 가지 규칙)

규칙	근거	예시
간접 지시보다는 직접 지시	• 선택의 의미가 들어가거나 부모의 의도가 들어간 제안을 하지 않음 • 아동의 혼란을 줄이기 위해 간단하고 구체적으로 지시함	• "나에게 블록을 줘." • "동그라미를 그려라."
지시는 긍정적으로	• '하지 말라'는 표현보다는 '무엇을 하라'고 말함	• "방에서 뛰어다니지 마." (대신에) "내 옆에 와서 앉아."
지시는 한번에 한 가지	• 지시를 기억할 수 있도록 도와줌 • 지시를 수행했는지 판단할 수 있음	• "신발을 신발장에 넣고 샤워하고 이 닦아라." (대신에) "신발을 신발장에 넣어라."
지시는 구체적으로	• 부모가 무엇을 원하는지 아동이 정확하게 알 수 있음	• "조심해." (대신에) "의자에서 내려와."
연령에 적절하게	• 지시는 아동이 이해할 수 있어야 함	• "육각형을 그려라." (대신에) "네모를 그려라"
아동을 존중하는 마음으로	• 아동이 공손하고 정중한 명령에 순종하는 것을 가르침 • 소리 지를 때만 순종하는 것이라고 배우지 않게 함	• 아동이 테이블 위에 블록을 내려칠 때, (큰 소리로) "블록 내놔!" (대신에) "블록을 나에게 줘."

지시를 하기 전 혹은 아동이 순종을 한 이후에 이유 설명	• 아동이 부모의 지시 이후에 "왜?"라는 질문하는 것을 권장하지 않음 • 아동에게 불복종할 수 있는 기회를 주지 않음	부모: "가서 손 씻어라." 아동: "왜?" 부모: "손이 더럽잖아." (대신에) "지금은 점심시간이야. 가서 손 씻고 오렴."
지시는 필요할 때만	• 지시를 끝까지 완수하게 함	(아동이 마구 뛰어다닐 때) "이 의자에 앉아라."

출처: 김유진(2019), p. 23.

효과적인 지시의 모든 규칙을 설명한 이후에는 부모가 그 기술을 연습하도록 한다. PDI에서는 문제행동에 대한 대가로 타임아웃을 선택하는데 이 훈육 프로그램의 성공 여부는 이 절차를 일관성 있게 끝까지 완수하는 데 달려 있다. 교육을 마치게 되면 부모는 다음 회기까지 PDI 도표 3개를 복습해야 하고 해야 할 말을 암기하도록 한다. 숙제는 부모 자료 읽기, 매일 CDI 연습하기, 집에서 타임아웃 의자를 놓을 장소 생각하기 등이다.

5) 5단계 PDI 코칭

먼저, 부모는 Eyberg 아동 행동검사(ECBI)를 작성한다. 치료사는 회기가 시작되기 전에, ECBI 피드백과 숙제 점검을 한다. 숙제를 하면서 발생했던 문제 및 가족의 다른 스트레스 요인에 대해 이야기를 나눈 후 부모의 CDI 기술을 관찰하고 코딩한다. 만약 부모의 CDI 기술이 퇴보하여 마스터 기준에 미치지 못한다고 생각되면 약 10분 동안 CDI 기술을 코칭한다. 마스터 기준이 충족되었다면 CDI 기술에 대한 피드백을 주고 5분 동안 PDI를 코칭한다. PDI 코칭 이후에 잘한 부분과 개선되어야 할 부분에 대한 피드백을 받고 다시 강점을 확인받는 '건설적인 피드백 샌드위치'를 받게 된다. 그 이후 부모는 CDI 기술과 함께 PDI 기술을 코칭받게 되며, 치료사는 부모에게 회기에 대한 피드백과 함께 다음 주 숙제를 줌으로써 회기를 마친다.

3. 발달장애 아동에 대한 PCIT의 적용

PCIT는 원래 외현화 행동 문제가 있는 가족을 위하여 고안되었지만 그 이후 연구들을 통해 자폐스펙트럼장애를 포함하는 발달장애 아동에게도 효과가 있다는 것이 입증되기 시작하였다(Bagner & Eyberg, 2007). 실제로 자폐스펙트럼장애를 포함하는 발달장애 아동 대부분이 처음에는 외현화 행동 문제를 주호소로 치료실에 방문하게 되며, 발달장애 아동을 양육하는 대다수 부모가 실제 양육에서 아동의 명령 불이행과 공격성을 해결하고 싶어 한다는 것 등이 발달장애 아동을 대상으로 한 PCIT 치료의 필요성을 보여 주고 있다(Mandell et al., 2005).

발달장애 중 대표적인 자폐스펙트럼장애 아동의 경우를 보더라도 자주 부주의하고 불순종적이며 공격적인 행동 문제를 자주 보이기 때문에 학습에 몰두하거나 긍정적인 사회적 행동을 유지하기 어렵다. 이 때문에 부모와 교사는 자폐스펙트럼장애 아동을 훈육하거나 교육하는 데 있어 과도한 시간과 에너지를 소비하게 된다. 따라서 문제행동을 감소시키고 긍정적인 기술 발달을 증가시키는 데 효과적인 개입이 무엇인지 확인하는 것이야말로 자폐스펙트럼장애 아동의 성장을 위해 매우 중요하다(Agazzi, Tan, & Tan, 2013).

실제로 Garcia 등(2015)은 발달지연이 있거나 심각한 외현화 행동 문제를 지닌 20~70개월 사이의 모와 영유아 46쌍을 대상으로 PCIT를 실시한 결과, 어머니가 '해야 하는' 기술을 더 많이 사용할수록 아동의 어휘 사용이 현저하게 증가하였으며, 어머니의 양육 기술이 향상되었다고 보고한다. 국내에서는 장미애(2019)가 문제행동을 보이는 만 2세 6개월~6세 11개월 사이의 언어지연 유아와 부모 11쌍을 대상으로 PCIT를 실시하였는데, 그 결과 부모의 긍정적인 상호작용 기술이 향상되었고, 부모의 지시를 따르는 비율도 높아졌다고 보고한다. 그와 함께 부모의 양육 스트레스와 아동의 문제행동이 유의미하게 감소하였고 아동의 어휘 능력도 향상되었다. 공정윤과 선우현(2019)은 만 3~7세 사이의 전반적 발달지연 아동과 어머니 4쌍을 대상으로 PCIT를 실시하였는데, 그 결과 어머니의 긍정적 의사소통 기술은 향상되고 아동의 문제행동이 감소하였고, 연구에 참여한 아동의 언어 능력이 향상되었다고 보고하고 있다. 이러한 연구들을 통해 PCIT가 발달장애 아동에게 효과적임을 알 수 있다.

PCIT가 발달장애 아동에게 효과적이라고 보는 다른 이유는 PCIT가 발달장애 아동을 대상으로 하는 여러 치료적 기법이 혼합되어 있기 때문이다. 예를 들어, PCIT는 발달장애 아동의 효과적인 치료적 개입으로 알려져 있는 플로어타임(Floortime)이나 티치(TEACCH)와 마찬가지로 아동과 부모의 지속적인 일대일 상호작용의 중요성을 강조한다. 또한 아동에게 편안한 환경과 친숙한 놀잇감 사용의 중요성을 강조하여 일반화를 촉진시키려는 한다는 점에서 중심축 반응훈련(Privotal Response Training: PRT)과도 유사하다. 특별히 발달장애 아동을 대상으로 하는 치료적 개입들의 공통적인 주제는 부모가 치료 과정에 중요한 역할을 한다는 가족 중심의 개념을 중요시한다는 점이다. 이러한 맥락에서 PCIT는 부모의 참여를 증대시킴으로써 치료실에서 배운 기술들이 실제 가정이나 공공장소와 같은 다른 환경에서도 일반화되게 할 수 있다. 이처럼 발달장애 아동을 대상으로 하는 치료적 개입과의 유사성으로 인해 PCIT가 발달장애 아동에게도 도움이 될 수 있는 요소들을 갖추고 있음을 확인할 수 있다.

1) 발달장애 아동을 위한 CDI

PCIT에서 CDI는 아동의 언어와 행동이 수용될 뿐 아니라 사회적 강화를 통해 격려받고 보상받는다는 메시지를 전달하게 되기 때문에 부모-아동 관계를 개선시킨다. 특별히 CDI는 발달장애 아동의 언어와 대화 기술 향상에 효과적이다. 예를 들어, 언어 사용에 제한을 보이는 자폐스펙트럼장애 아동에게 부모가 아동이 내는 소리나 단어들을 반영해 줌에 따라 점차 발화하는 횟수가 증가하는 변화를 관찰할 수 있다. 또한 CDI는 발달장애 아동이 언어를 사용하고자 하는 동기를 촉진시킬 수 있다. 예를 들어, 언어적인 능력이 있음에도 불구하고 자신이 원하는 무언가를 얻고자 할 때, 그 대상을 가리키거나 소리를 지르거나 물리적으로 부모를 끌고 가서 그것을 얻어 내려는 아동이 있다고 생각해 보자. 치료사는 부모에게 부적절한 방법에 대한 요청을 들어주게 되면 아동은 언어 사용에 아무런 동기를 느끼지 못하게 되고, 이를 통해 아동의 언어 기능 발달은 점점 더 지체된다고 설명하면서 숙제로 아동이 적절한 언어를 사용하여 요청할 때까지 원하는 물건과 보상을 주지 않도록 교육함으로써 아동의 언어를 사용하고자 하는 동기를 촉진할 수 있다. 이와 함께 CDI 기술은 발달장애 아동의 집중 시간을 향상시키고 활동에 오래 집중할 수 있게 해 준다. 실제로 부모가 아동의 놀이에 주목함으로써 생기는 사회적 강화는 아동이 특정 놀이를 하며 보내는 시간을 증가시킬 수 있다.

2) 발달장애 아동을 위한 PDI

발달장애 아동에게 PCIT를 적용할 때 생각해 보아야 하는 부분이 있다면 그것은 바로 타임아웃이라고 볼 수 있다. 대부분의 전문가들은 타임아웃이 자폐스펙트럼장애 아동에게 효과적이지 않다고 보는데, 그 이유는 사회적 관심으로부터 타임아웃이 자폐스펙트럼장애 아동에게 혐오감을 주기보다는 오히려 강화의 기능을 할 수 있기 때문이다.

하지만 실제 발달장애 아동에게 PCIT를 적용할 경우, 아동이 타임아웃으로부터 돌아왔을 때 곧바로 명령을 수행하도록 하기만 한다면 고기능 자폐스펙트럼장애 아동에게도 타임아웃을 성공적으로 적용할 수 있다고 본다. 명령-보상 또는 명령-타임아웃의 절차는 응용행동분석(ABA)의 접근과 많은 부분 닮아 있다. 또한 기본적인 명령이 주어지고 그에 따른 결과가 뒤따른다는 점에서 비연속 개별 시도 훈련에서 사용되는 지시와도 유사하다. 다른 점이라면 PCIT는 ABA와는 달리 직접적인 물건이나 음식을 강화물로 사용하지 않고, 대신에 구체적인 칭찬이나 CDI의 형태로 사회적인 강화를 사용한다는 점이다(McNeil & Hembree-Kigin, 2010).

발달장애 아동에게 적용되는 PDI 과정에서는 명령 이행을 충분히 훈련하여 아동에게 습관이 되도록 하는 것이 중요하다. 이러한 명령 이행 훈련은 우선 간단한 '놀이' 명령에서부터 시작하여 일상생활에서의 지시를 따르는 것까지 발전된다. McNeil와 Hembree-Kigin(2010)은 PDI가 자폐스펙트럼장애 아동에게서 발견되는 적대적이고 공격적인 행동들을 줄이는 데 도움이 될 뿐만 아니라 자기자극적인 행동들을 개선하는 데에도 효과적이라고 보았다. 예를 들어, 끊임없이 전화번호를 써 내려가는 행동을 하는 자폐스펙트럼장애 아동이 있다고 보자. PDI 과정에서 어머니는 아동을 자기자극적인 행동으로부터 끌어내서 다른 과제(예: "나무를 하나 그려 주렴.")를 수행하게 하도록 코칭받았다. 명령 이행의 절차를 배우고 아동이 원래 명령을 피하지 못하도록 함으로써 어머니는 아동의 적대적이고 자기자극적인 행동들을 줄어들게 할 수 있었을 뿐만 아니라 이전에는 불가능했던 다양한 과제와 활동을 아동에게 가르칠 수 있었다고 보고한다.

3) 발달장애 아동을 위한 PCIT의 변형

McNeil와 Hembree-Kigin(2010)은 자폐스펙트럼장애를 포함하는 발달장애 아동에게 PCIT를 적용하게 될 때 중요한 요소 중 하나가 바로 사회기술훈련이라고 보았다. 이를 적용하기 위해서는 먼저 언어 능력 지체와 불이행 사이의 차이를 구별해야 하기 때문에 아동이 최소 24개월 이상으로 언어의 표현이나 수용 능력이 가능할 경우 적용할 수 있다.

부모는 아동이 주어진 질문에 대답하고, 질문을 던지고, 눈을 맞추고, 대화를 시작하거나 유지할 수 있도록 하는 여러 가지 사회기술훈련의 방법을 코칭받게 된다. 또한 사회적 역량 강화를 위하여 아동에게 동기부여 할 수 있는 다양한 방법도 코칭받게 되면서, 아동이 사회적 기술을 사용할 수 있는 다양한 상황에 노출된다. 이에 대해 좀 더 구체적으로 살펴보도록 하자.

(1) 질문에 대답하기

발달장애 아동에게 변형된 PCIT의 사회 기술 요소에서 가장 먼저 가르치는 대화 기술 중 하나가 바로 질문에 대답하기이다. 자폐스펙트럼장애 아동에게는 질문에 대답하기가 괴로운 일이 될 수 있는데, 이는 아동에게 자기자극적인 행동을 멈추고 사회적 상호작용에 주의를 기울일 것을 요구하기 때문이다. 자폐스펙트럼장애 아동의 실제 언어 기술은 일반 아동의 발달 수준과 달라서 질문을 이해하고 답하는 데 훨씬 더 많은 노력이 필요하다. 이러한 이유로 자폐스펙트럼장애 아동은 질문에 답을 해야 하는 상황을 피하기 위해 부모의 질문을 무시할 수 있다. 따라서 부모가 아동으로 하여금 대답을 회피할 기회를 주지 않는 것이 중요하다. 만약 부모가 같은 질문을 반복하는 시도를 하지 않는다면, 아동의 무시하는 행동이 부정적으로 강화되어 아동은 점점 더 대화의 요구에 반응하지 않게 될 수 있다.

자폐스펙트럼장애 아동을 위한 PCIT에서 부모는 전략적이고 건설적인 질문을 추가하는 방법을 코칭받게 된다. 건설적인 질문이란 발달적으로 적절하며, 의문사로 시작되고 아동에게 대답할 5초의 시간을 주는 질문이다. 대부분의 자폐스펙트럼장애 아동은 시간의 개념을 잘 이해하지 못하기 때문에, "오늘 아침에 학교에서 뭐 했니?"와 같은 질문은 적절하지 못하다. 이는 아동이 아직 그런 추상적인 개념에 대한 생각을 전달하는 것이 어렵기 때문이다. 부모는 좀 더 구체적이고 쉽게 이해할 수 있는 질문을 하도록 코칭받는다. 아동이 대답을 하면 칭찬과 함께 휴식시간이라는 강화를 준다.

적절한 질문과 더불어 부모는 대답이 나올 때까지 같은 질문을 계속 반복하는 '고장난 음반 기법'을 배우게 된다. 이 기법은 세 번째 질문에도 아동이 대답하지 않을 경우, 대답을 할 때까지 아동이 좋아하는 활동을 금하는 것이다. 예를 들어, 아동이 그림을 그리고 있다면 부모는 아동이 대답을 할 때까지 아동의 손에서 크레용을 빼앗거나 아동의 손을

잡고 놓아주지 않음으로 대답을 회피하지 않도록 한다.

부모에게 코칭하는 다른 기술은 '만약 ~한다면 ~할 수 있다(when-the)'식의 '조건부 명령법'이다. 이 조건부 명령은 요구된 행동을 할 때까지 아동이 선호하는 활동을 금지시키는 방법이다. 어떤 아동의 경우에는 고장 난 음반 기법이나 조건부 명령을 시도해도 끝내 대답을 하지 않는 경우가 있을 수 있다. 이때 최후 수단으로 타임아웃이 고려될 수 있는데, 타임아웃은 의사소통 훈련에서 최후의 수단으로 사용된다.

(2) 질문하기

부모는 아동에게 질문하는 법을 가르치기 위해 특권을 보류하는 방법을 사용하도록 코칭받는다. 예를 들어, 아동이 허락 없이 어떤 물건을 잡으려고 하는 경우 부모에게 "저 블록을 가져도 돼요?"라고 먼저 물어보면 "가지고 놀아도 돼."라고 말하도록 코칭한다. 아동이 어떤 물건을 원할 때마다 물어보도록 함으로써 질문하기는 아동의 언어 표현에 있어 더 큰 부분을 차지하게 되고, 다양한 환경에서 일반화될 수 있다.

요약하기

- 부모-아동 상호작용 치료(PCIT)는 Sheila Eyberg가 개발한 근거 기반의 부모훈련 프로그램으로, 다양한 문제행동을 보이는 자녀와 부모를 대상으로 하여 부모가 적절한 훈육을 할 수 있도록 돕는 치료적 개입이다.
- PCIT는 아동 주도 상호작용(CDI)과 부모 주도 상호작용(PDI)로 구성된다. CDI에서는 부모와 아동의 긍정적 관계와 양육 행동을 증가시키며, 궁극적으로 아동의 사회적 기술 향상을 목표로 한다. PDI는 부모가 아동에게 효과적인 제한을 설정하고 일관성을 증가시켜 아동의 문제행동을 감소시키는 것을 목표로 한다.
- PCIT는 원래 외현화 행동 문제가 있는 가족을 위하여 고안되었지만 그 이후 연구들을 통해 자폐스펙트럼장애를 포함하는 발달장애 아동에게도 효과가 있다는 것이 입증되고 있다. 발달장애 아동에게 PCIT를 적용하게 될 때 중요한 요소는 사회기술훈련이다.
- 부모는 아동이 주어진 질문에 대답하고, 질문을 던지고, 눈을 맞추고, 대화를 시작하거나 유지할 수 있도록 하는 여러 가지 사회기술훈련의 방법을 코칭받으며, 사회적 역량 강화를 위하여 아동에게 동기부여 할 수 있는 다양한 방법도 코칭받게 되면서 아동이 사회적 기술을 사용할 수 있는 다양한 상황에 노출된다.

생각해 보기

Q1. PCIT와 일반적인 부모교육의 차이점에 대해 생각해 보라.

Q2. 만약 PCIT를 진행하는 치료사라면 부모코칭 시 필요한 치료사의 역량에는 무엇이 있을지 생각해 보라.

Q3. 비장애 아동과 발달장애 아동에게 PCIT를 적용할 때 차이점이 있다면 어떤 부분이 있을지 생각해 보라.

참고문헌

공정윤, 선우현(2019). 전반적 발달지연 자녀를 둔 모와 아동 간의 부모-아동 상호작용 치료(PCIT) 적용 연구. **한국놀이치료학회지, 22**(1), 105-121.

김유진(2019). 문제행동을 보이는 아동과 부모를 대상으로 한 부모-아동 상호작용치료(PCIT)의 효과 검증. 한양대학교 대학원 박사학위논문.

두정일(2014). ADHD 성향 아동의 문제행동과 그 어머니의 심리 및 상호관계에 미치는 부모-아동 상호작용치료(PCIT)의 효과연구. **정서 · 행동장애연구, 30**(2), 307-335.

두정일(2018). 자폐스펙트럼장애 아동과 그 부모를 대상으로 실시한 부모-아동 상호작용 치료(PCIT) 효과 검증. **한국아동심리치료학회지, 13**(2), 51-71.

두정일, 이정숙(2012). 파괴적 행동문제가 있는 아동과 그 부모를 대상으로 실시한 집단 부모-아동 상호작용 치료(PCIT) 효과 검증. **한국심리학회지 상담 및 심리치료, 24**(2), 339-363.

이윤정(2022). 부모-아동 상호작용 치료(PCIT) 효과 검증: 부모-동반 참여와 모-단독 참여, 대기통제 비교. **한국심리학회지: 임상심리 연구와 실제, 8**(3), 477-501.

장미애(2019). 언어지연 아동을 대상으로 한 부모-아동 상호작용치료(PCIT)의 효과성 연구. 한양대학교 대학원 석사학위논문.

Agazzi, H. A., Tan, R., & Tan, S. Y. (2013). A case study of Parent-Child Interaction Therapy for the treatment of autism spectrum disorder. *Clinical Case Studies, 12*(6), 428-442.

Axline, V. (1947). *Play therapy*. Ballantine Books.

Bagner, D. M., & Eyberg, S. M. (2007). Parent-child interaction therapy for disruptive behavior in children with mental retardation: A randomized controlled trial. *Journal of Clinical Child & Adolescent Psychology*, *36*(3), 418-429.

Baumrind, D. (1966), Effect of authoritative parental control on child behavior. *Child Development, 37*(4), 887-907.

Brinkmeyer, M. Y., & Eyberg, S. M. (2003). Parent-Child Interaction Therapy for oppositional children. In A. E. Kazin & J. R. Weisz (Eds.), *Evidence-based psychotherapies for children and adolescents* (pp. 204-223). Guilford.

Eyberg, S. M. (2004). The PCIT story (part 1): Conceptual foundations of PCIT Pages. *The Parent-child Interaction Therapy Newsletter, 1*, 1-2.

Eyberg, S. M., & Funderburk, B. (2011). *Parent-Child Interaction Therapy Protocol*. PCIT International.

Eyberg, S. M., & Robinson, E. A. (1983). Conduct problem behavior: Standardization of a behavioral rating scale with adolescents. *Journal of Clinical Child Psychology, 12*, 347-354.

Garcia, D., Bagner, D. M., Pruden, S. M., & Nichols-Lopez, K. (2015). Language production in children with and at risk for delay: Mediating role of parenting skills. *Journal of Clinical Child & Adolescent Psychology, 44*(5), 814-825.

Garcia, D., Magarino, L., & Bagner, D. M. (2018). Parent-Child Interaction Therapy for children with developmental delay and related problems. In L. N. Niec (Ed.), *Handbook of Parent-Child Interaction Therapy* (pp. 99-111). Central Michigan University.

Guerney, B., Jr. (1964). Filial therapy: Description and rationale. *Journal of Consulting Psychology, 28*, 304-310.

Mandell, D. S., Walrath, C. M., Manteuffel, B., Sgro, G., & Pinto-Martin, J. (2005). Characteristics of children with autistic spectrum disorders served in comprehensive community-based mental health settings. *Journal of Autism and Developmental Disorders, 35*, 313-321.

Masse, J. J., McNeil, C. B., Wagner, S., & Quetsch, L. B. (2016). Examining the efficacy of Parent-Child Interaction Therapy with children on the autism spectrum. *Journal of Child and Family Studies, 25*(8), 2508-2525.

McNeil, C. B., & Hembree-Kigin, T. L. (2010). *Parent-Child Interaction Therapy*. 이유니 역

(2013). 부모-아동 상호작용치료. 학지사.

Perez, J. C. (2008). *Predictors of patterns of change in child disruptive behavior and parenting stress during Parent Child Interaction Therapy and its relation to treatment outcome*. Unpublished doctoral dissertation, University of Florida.

Rhee, E. R., & Rhee, E. S. (2015). Psychometric properties and standardization of the Korean version of the Eyberg Child Behavior Inventory. *Journal of Child and Family Studies*, *24*(8), 2453-2462.

Urquiza, A. J., & Timmer, S. G. (2012). Parent-Child Interaction Therapy: Enhancing parent-child relationships. *Psychosocial Intervention, 21*(2), 145-156.

Wagner, S., & McNeil, C. B. (2008). Parent-Child Interaction Therapy for ADHD: A conceptual overview and critical literature review. *Child and Family Behavior Therapy, 30*, 231-256.

Zlomke, K. R., Jeter, K., & Murphy, J. (2017). Open-trial pilot of Parent-Child Interaction Therapy for children with autism spectrum disorder. *Child & Family Behavior Therapy, 39*(1), 1-18.

제 13 장

발달장애 아동을 위한 다양한 놀이치료 접근

학습목표

1. 발달장애 아동을 위한 개입으로서 아동중심 놀이치료를 이해할 수 있다.
2. 발달장애 아동을 위한 개입으로서 모래놀이치료를 이해할 수 있다.
3. 발달장애 아동을 위한 개입으로서 미술매체를 활용한 놀이치료를 이해할 수 있다.

●●● 우리는 지금까지 발달장애 아동을 위한 다양한 놀이치료 접근에 대해 살펴보았다. 그간 대부분 행동주의에 기반한 치료적 중재가 자폐스펙트럼 아동을 포함하는 발달장애 아동에게 적용되었다(Dawson & Adams, 1984). 여기에는 인지행동치료, 사회기술훈련, 체계적 둔감법, 응용행동분석(ABA), 집중 조기행동 개입 등이 포함된다. 이러한 행동 개입이 발달장애 아동이 보이는 문제행동을 제거하고 언어 능력과 사회적인 행동을 강화하는 데 매우 성공적일 수 있다는 것에는 동의하지만, 행동 개입을 통해 도달한 새로운 행동은 강화가 끝나면 종종 사라지는 특성을 보이기도 한다(Dawson & Adams, 1984). 따라서 자연스러운 상황에서 이루어지는 비지시적 개입으로서의 놀이치료 접근이 논의되어야 할 필요성이 있다고 볼 수 있다. 우리가 알다시피 아동의 세계는 놀이를 통해 이해되고 표현되며, 이는 경험으로 가득 찬 실재하는 현실 중 하나이다(Landreth, 2012). 아동은 자기주도적이고 비지시적인 놀이를 통해 자신의 경험을 전달한다.

그렇다면 발달장애 아동에게 이러한 비지시적 놀이가 적용되지 않았던 이유는 무엇일까? 통념적으로 자폐스펙트럼장애를 포함하는 발달장애 아동은 상징놀이와 창의적인 생각을 할 수 있는 능력이 부족하다는 생각을 자주 한다(Hobson, Lee, & Hobson, 2009; Wolfberg, 1995). 실제로 자폐스펙트럼장애 아동은 또래의 비장애 아동과 비교할 때 판타지 놀이를 덜 하는 경향이 있다(Wolfberg, 2009). 만약 특별한 개입이 없다면 자폐스펙트럼장애 아동과 상징놀이를 한다는 것은 매우 드문 일일 것이다(Hobson, Lee, & Hobson, 2009; Wolfberg, 2009).

그렇다면 이러한 놀이가 자폐스펙트럼장애를 포함하는 발달장애 아동에게는 불가능한 걸까? 여기에 대해 Hobson, Lee와 Hobson(2009)은 자폐스펙트럼장애 아동도 상징놀이에 참여할 수 있는 능력이 있으며, 성인이 보이는 동기에 의존할 수 있다고 보았다. 실제로 최근 아동의 자폐스펙트럼장애 진단이 급격히 증가함에 따라 놀이, 상징적 사고, 사회적 관련성, 의사소통 문제 등의 어려움을 해결하기 위한 효과적인 개입 전략 개발의 필요성이 높아지고 있으며(Thomas & Smith, 2004; Wolfberg, 2009), 특별히 그러한 개입 전략 중 아동 중심의 개입이 고려되고 있다. 이러한 결과로 자폐스펙트럼장애 아동을 위해 지시적 접근과 비지시적 접근 모두를 포함한 놀이 중재가 점점 증가하고 있다(Thomas & Smith, 2004).

따라서 이 장에서는 자폐스펙트럼장애를 포함하는 발달장애 아동의 아동중심 놀이치료나 모래놀이치료 등의 개입 가능성에 대해 좀 더 논의해 보고자 한다. 또한 발달장애 아동의 놀이치료에서 적용될 수 있는 미술매체 사용에 대해서도 살펴보고자 한다.

1. 아동중심 놀이치료

1) 아동중심 놀이치료의 이해

아동중심 놀이치료(Child-Centered Play Therapy: CCPT)는 치료사와 아동 간의 관계를 강조하는 치료적 개입으로, 비지시적 개입의 놀이치료로 대표된다. 무엇보다 놀이를 통해 아동의 세계라는 맥락에서 전체로서의 아동을 이해하게 되며, 아동에게 자기 성장의 잠재력을 촉발하는 환경을 제공하게 된다. Axline(1947, pp. 73-74)은 아동중심 놀이치료의 비지시적 철학을 실행하는 방법에 대한 지침을 〈표 13-1〉과 같은 여덟 가지 기본 원리로 제시하였다.

〈표 13-1〉의 원리들은 아동중심 놀이치료의 구조를 제공하며, 치료사가 아동을 수용하고 신뢰하면서 아동의 주도를 따르도록 한다. 이러한 배경에 따라 치료사는 특정 유형의 반응을 통해서 비지시적 철학을 실행하는데, 이러한 반응에는 감정의 반영, 내용의 반영, 행동 따라가기, 의사결정의 촉진, 창의성의 촉진, 격려, 관계의 촉진, 제한설정 등이 포함된다(Landreth, 2002). 일반적으로 아동중심 놀이치료에서 무엇보다 중요하게 생각하는 것은 치료사의 태도이며, 이는 정해진 방식대로 아동에게 반응하는 것보다 더 우

표 13-1 아동중심 놀이치료의 기본 원리

1. 놀이치료사는 아동과 따뜻하고 우호적인 관계를 발달시킨다.
2. 놀이치료사는 있는 그대로의 아동을 수용하며, 아동이 특정한 방식으로 달라지는 것을 기대하지 않는다.
3. 놀이치료사는 허용적인 분위기를 형성하여 아동이 생각과 느낌을 충분히 표현할 수 있도록 한다.
4. 놀이치료사는 아동의 느낌을 조율하고, 이를 반영하여 아동에게 되돌려 줌으로써 아동이 자신의 행동에 대한 통찰을 얻을 수 있도록 돕는다.
5. 놀이치료사는 문제를 해결할 수 있는 아동의 능력을 존중하고 선택의 책임을 아동에게 준다.
6. 놀이치료사는 아동의 행동이나 대화를 지시하지 않는다. 치료사는 아동의 주도를 따른다.
7. 놀이치료사는 치료를 서두르지 않으며, 치료 과정이 점진적이라는 것을 인식한다.
8. 놀이치료사는 최소한의 제한을 설정한다. 제한은 아동이 현실에 기반하여 관계에서의 책임을 인식할 수 있게 한다.

선시된다.

2) 발달장애 아동을 위한 아동중심 놀이치료

아동중심 놀이치료는 아동의 관계와 의사소통을 강조하는 개입으로, 주요한 치료적 요인은 바로 치료사와 아동 간의 관계이다. 우리가 자폐스펙트럼장애 아동의 특성을 이해할 때 핵심은 바로 관계적 의사소통장애라고 볼 수 있는 부분이다. 이러한 맥락에서라면 아동중심 놀이치료는 관계적 의사소통의 개입으로서 자폐스펙트럼장애를 포함하는 발달장애 아동에게 적합한 개입이라고 볼 수 있다. 만약 아동이 치료사와 관계를 형성하여 함께할 수 있게 된다면 아동은 다른 외부 관계에도 긍정적 영향을 미칠 수 있을 정도로 성장을 지속하리라 기대할 수 있을 것이다.

이러한 기반에 근거하여 관계를 중심으로 하는 아동중심 놀이치료에서 치료사는 자폐스펙트럼장애 아동의 이차적 증상, 즉 눈 맞춤, 언어적 반응성, 경직성을 고려하지 않는다. 오히려 아동의 어려움에 직면하기 위해 관계와 의사소통을 함으로써 자폐스펙트럼장애의 주요 핵심 영역에 관심을 기울인다. 만약 아동중심 놀이치료에서 행동적 기법을 사용하여 훈련한다면, 이는 아동중심 놀이치료의 핵심 철학과 불일치되는 것이라고 볼 수 있다.

그렇다면 한 가지 여전한 의문은 자폐스펙트럼장애를 포함하는 발달장애 아동의 개입에 있어서 아동중심 놀이치료가 어떻게 도움이 될 수 있는지에 대한 부분이다. 〈표 13-2〉는 자폐스펙트럼장애를 포함하는 발달장애 아동에게 아동중심 놀이치료가 기여할 수 있는 부분에 대해 정리한 것이다.

표 13-2 아동중심 놀이치료가 발달장애 아동에게 미치는 영향

1. 아동중심 놀이치료를 통해 발달장애 아동은 자신을 있는 그대로 이해받고 수용되는 경험을 할 수 있다. 일반적으로 발달장애 아동은 치료사의 온전한 수용을 경험하기 어렵다. 많은 경우 세상과 상호작용을 하는 데 있어 성인의 관점을 강요받으며, 아동의 관점을 가지고 아동 세계로 들어오는 성인은 거의 만나지 못한다. 아동중심 놀이치료는 치료사가 아동의 관점 및 아동의 세계로 들어가는 독특한 경험을 제공하게 된다. 이러한 온전한 수용과 무조건적인 긍정적 존중은 아동에게 존중의 메시지와 안전을 제공하여 아동이 자신의 세상을 자유롭게 공유할 수 있게 한다. 아동이 안전함을 느끼고 이해받고 있다고 여기게 되면 외적 세상과 상호작용하려는 아동

의 동기는 높아진다(Attwood, 1998).

2. 아동중심 놀이치료의 비언어적 요소는 발달장애 아동에 대한 유용한 치료적 요인이 될 수 있다. 아동중심 놀이치료에서 아동은 치료사와 이야기를 하거나 상호작용하도록 강요받지 않는다. 치료사는 아동의 행동이나 반응에 대한 지속적인 반영과 함께 눈과 몸으로 아동을 따라가면서 언어적 · 비언어적으로 아동과 함께한다. 이렇게 치료사가 아동의 행동을 따라감으로써 아동은 비언어적 방식으로 의사소통할 수 있게 되고, 이는 몸짓을 사용한 의미 있는 상호작용을 촉진시킨다. 자폐스펙트럼장애 아동의 핵심 문제는 의미 있는 상징적 상호작용의 손상이므로, 비언어적인 아동-치료사 상호작용은 아동의 의사소통 향상에 도움이 될 수 있다.
3. 아동중심 놀이치료를 통해 장애와 관련된 정서적 · 행동적 문제를 감소시킬 수 있다. 자폐스펙트럼장애를 포함하는 발달장애 아동은 많은 경우 우울, 불안, 주의력 문제로 인해 어려움을 겪는다(Howlin, 2005). 아동중심 놀이치료는 아동이 자기의 부정적 감정을 놀이를 통해 표현할 수 있는 기회를 제공하고, 이를 통해 아동은 부정적인 자아감을 극복하고 희망을 향해 나아갈 수 있는 기회를 갖게 된다.
4. 아동중심 놀이치료에서 아동은 자신이 달라져야 한다는 압박을 느끼지 않음으로써 내재적으로 동기화된 자아감(sense of self)을 통해 변화를 추구하게 된다. 아동중심 놀이치료에서 아동이 새로운 행동이나 관계적인 능력을 드러내게 된다면 이는 아동 자신으로부터 나온 것이라고 믿으며, 이러한 변화는 치료가 종결되거나 보상이 주어지지 않아도 아동의 일부가 된다고 본다. 아동중심 놀이치료의 과정에서 비지시적 방식으로 놀이할 수 있는 기회를 제공함으로써 발달장애 아동은 변화의 속도와 초점을 스스로 선택하게 되고, 기술을 통해 학습한 놀이 방식에 의해서가 아닌 내재적 동기로 다른 사람들의 세상에 참여할 수 있게 된다(Josefi & Ryan, 2004). 아동중심 놀이치료를 통해 형성된 치료사와 아동의 관계는 점차 아동 생활 속의 다른 성인이나 아동에게로 전이된다. 자폐스펙트럼장애 및 발달장애 아동의 핵심 문제는 바로 관계의 문제이고 아동중심 놀이치료의 핵심 요소 역시 관계이므로, 아동중심 놀이치료는 자폐스펙트럼장애 및 발달장애 아동의 핵심 이슈를 해결하는 데 있어 효과적이라고 할 수 있다.

(1) 발달장애를 대상으로 하는 아동중심 놀이치료의 이전 연구들

임상 장면에서 아동중심 놀이치료사가 자폐스펙트럼장애 및 발달장애 아동과의 작업을 보고하곤 하지만 실제 이 진단군의 아동에 대한 아동중심 놀이치료 관련 연구는 제한적이다. 소수이긴 하지만 다양한 진단을 받은 아동에 대한 아동중심 놀이치료의 효과성에 대한 연구들이 진행되어 왔는데, 그 예로 Schumann(2010)의 공격적 아동에 대한 연구, Ray, Schottelkorb와 Tsai(2007)의 주의력 문제를 가진 아동에 대한 연구, Blanco와 Ray(2011)의 학업적으로 위험군에 속하는 아동에 대한 연구 등이 있다.

자폐스펙트럼장애를 포함하는 발달장애 아동에 대한 아동중심 놀이치료 개입에 대해 현재까지 진행된 연구로, Josefi와 Ryan(2004)은 자폐스펙트럼장애로 진단받은 아동을 대상으로 아동중심 놀이치료와 행동 개입 간의 비교 연구를 진행하였다. 이 연구에서 아동중심 놀이치료 개입이 다루는 네 가지 중추적 영역인 공동주의, 모방, 마음이론, 상징적 · 기능적 놀이 기술을 구체적으로 확인하였다(Baldwin, 2014; Delinicolas & Young, 2007).

구체적으로 살펴보면, 먼저 공동주의 발달은 사회인지의 발달과 밀접하게 연관되어 있다고 보고하고 있다(Schietcatte, Roeyers, & Warreyn, 2012; Tomasello, 2014). 아동중심 놀이치료에서 아동이 자신의 관심 영역을 치료사와 공유할 때 공동 관심이 형성되고, 이는 아동에게 안전한 지대를 형성하게 한다. 이러한 경험이 계속됨에 따라 아동은 치료사와의 관계를 더 안전하게 느끼게 되고, 그럼으로써 이 지대는 더 넓어지며, 결과적으로 아동은 더 넓은 범위의 활동에 참여할 수 있게 된다. 그리고 치료실에서 나타나는 사회적 행동의 변화들이 가정과 다른 사회적 환경으로 일반화될 수 있다(Axline, 1969; Josefi & Ryan, 2004; Mittledorf, Hendricks, & Landreth, 2001).

다음으로, 모방은 사회적 반응과 언어적 의사소통을 포함한 상호적인 사회적 기술을 발달시키는 데 중요한 요소이다(Doepke et al., 2014). 아동중심 놀이치료 개입은 사회적 상호작용에서 자연스럽게 일어나는 치료사의 모델링 행동을 통해 모방 기술을 발달시키는 데 도움을 준다(VanFleet et al., 2010; Wilson & Ryan, 2005).

마음이론은 자폐스펙트럼장애 및 발달장애 아동에게 중요한 개념으로, 이 아동들의 경우 타인의 관점과 공감의 발달에서 사회적 결손의 어려움을 보인다(Boucher, 2009; Frith & Happé, 1994). 아동중심 놀이치료 개입은 아동이 공감적이고 수용적인 치료사의 지원과 모델링으로 인식이 발달하는 발달단계를 통해 작동할 때 마음이론을 강화할 수 있다. 치료사와의 안전한 연결은 아동이 이 과정을 통해 움직일 수 있도록 지원한다. 놀이는 일반적으로 다양한 발달단계를 반영하는 인지적 기능을 가지고 있는 것으로 알려져 있다(Piaget, 1962; Wilson & Ryan, 2005). 이 틀에서 이해할 때 기능놀이에서 상징놀이로의 진행은 굉장히 복잡한 과정으로 간주된다. 그것은 인지적 도식과 개인적 도식을 통합하기 위해 아동이 현재의 삶의 경험과 함께 생각, 상상, 그리고 정신적 이미지의 정보를 통합하는 것을 포함한다(Piaget, 1962; Wilson & Ryan, 2005). 이 발달단계는 아동이 자신의 속도로 이러한 구성을 탐구하고 통합하는 것을 수용하는 아동중심 놀이치료 중재에서 지원된다. 따라서 아동중심 놀이치료 중재는 숙련된 치료사의 지원을 사용하여 이 네 가지 중추적 영역에 걸쳐 발달적으로 적절한 자기주도적 입력을 아동에게 제공할 수 있다.

Kenny와 Winick(2000)은 공격적이고 적대적인 행동을 보이는 자폐스펙트럼장애로 진단받은 11세 소녀 Judy를 대상으로 연구를 실시하였다. 이 연구에서는 비지시적인 놀이와 부모의 지지를 주요한 형식으로 사용했을 뿐만 아니라 개인 위생과 사회적 기술의 영역에 대한 지시적인 개입도 포함했는데, 결과는 Judy가 비지시적 개입으로부터 긍정적 효과를 얻었음을 보고하고 있다. Judy의 어머니는 비지시적 놀이를 통해 부모-자녀 간의 갈등이 줄어들었고, Judy의 짜증도 감소했다고 보고했으며, Judy의 교사 또한 지시에 대한 순응도가 증가하고 분노를 표출하는 것도 감소하는 긍정적인 행동 변화를 보고하였다.

다음으로, Mittledorf, Hendricks와 Landreth(2001)는 자폐스펙트럼으로 진단받은 5세 소년 Brad를 대상으로 약 18개월에 걸쳐 격주로 아동중심 놀이치료를 진행하였는데, 그 결과 친밀함을 추구하는 치료사와의 애착 행동에 참여하는 빈도가 늘었다고 보고하고 있다. Josefi과 Ryan(2004)은 자폐스펙트럼으로 진단된 6세 아동에게 아동중심 놀이치료 개입을 실시한 결과, 자율성과 주도성의 증가를 보여 주었고, 더 오랜 시간 동안 놀이에 참여할 수 있었으며, 놀이 활동의 레퍼토리 또한 증가하였다. 그리고 개입이 끝날 무렵, 상징놀이뿐만 아니라 치료사와의 공동 관심과 사회적 상호작용의 개선도 나타났다고 보고하고 있다.

Carden(2009)은 자폐스펙트럼장애로 진단받은 10세 소녀를 대상으로 1년 동안 매주 개별 아동중심 놀이치료를 진행한 결과, 아동에게 보이던 자해 행동이 상당히 감소했다고 보고하였다. 이러한 그간의 연구들을 살펴볼 때 자폐스펙트럼장애를 포함하는 발달장애 아동에게 아동중심 놀이치료를 적용하는 것에 대한 가능성을 엿볼 수 있게 한다.

(2) 발달장애 아동에게 아동중심 놀이치료를 적용할 때 지켜야 할 지침

아동중심 놀이치료를 자폐스펙트럼장애 및 발달장애 아동에게 적용할 때 지켜야 하는 특정 지침들이 있다. 그 지침에 대해 구체적으로 살펴보면 다음과 같다.

첫째, 자폐스펙트럼장애 및 발달장애로 진단을 받은 아동과 작업하기 전에 아동중심 놀이치료사는 진단과 관련된 특징과 증상에 대해 상당한 지식을 갖고 있어야 한다. 예를 들어, 자폐스펙트럼장애 아동은 자해 행동이나 파괴적 행동을 보일 가능성이 크므로 치료사는 이에 대해 미리 준비되어 있어야 한다. 적절한 대처를 위해서는 치료 초기에 아동에 대해 적절한 평가를 실시하는 것이 좋다. 아동은 스펙트럼상에서 다양한 특성을 가질 수 있으며, 장애로 진단된 아동들 중에 핵심적인 손상의 징후를 보이지 않는 경우도 있다(Greenspan & Wieder, 2006). 평가 시 몇 가지 유의할 사항은 낯선 사람과 함께 있는 경우 낮은 능력 수준을 보일 가능성이 높으므로, 평가는 주양육자와 함께 상호작용하는 과정에서 이루어져야 하며, 한 가지 평가나 부모 보고 등 단일 정보원을 통해 이루어져서는 안 된다. 다면적 평가가 실시되어야 하고, 평가 점수, 부모 보고, 가능하다면 교사의 보고도 고려하는 것이 좋고, 부모와의 상호작용과 같은 자연스럽고 친숙한 환경에서의 관찰 역시 포함되어야 한다.

둘째, 자폐스펙트럼장애 및 발달장애 아동에 대한 아동중심 놀이치료의 치료 계획에는 지속적인 부모상담이 포함되어야 한다. 또한 아동이 관계 기술을 다른 아동에게로 전이시킬 준비가 되었다는 결론이 내려지면 집단 아동중심 놀이치료 역시 치료 계획에 추가되어야 한다.

셋째, 자폐스펙트럼장애 및 발달장애 아동을 대상으로 아동중심 놀이치료를 진행할 경우 아동의 세계로 들어가는 과정에서 서서히 아동의 신뢰를 얻어야 한다. 많은 경우 치료 초반에 아동에 의해 접촉이 좌절되는 경험을 할 수 있다. 이런 경우 치료사는 포기하지 않고 아동의 세계로 들어감으로써 서서히 아동의 신뢰를 얻어야 한다. "너는 그쪽으로 가고 있구나." 혹은 "너는 공을 가지고 놀고 있구나." 같은 비위협적인 행동 따라가기 반응은 아동을 방해하지 않으면서 아동의 세계로 들어가는 한 가지 방법이 될 수 있다. 또한 과도한 눈 맞춤으로 아동을 압도하지 않는 것이 도움이 될 수 있다. 자폐스펙트럼장애 아동은 치료사의 관계적 접근에 천천히 반응하기 때문에 치료사는 이러한 과정으로 인해 좌절해서는 안 된다. 이와 더불어 치료사는 아동이 반응하지 않는다는 이유로 치료사와 함께하고 싶지 않다고 추측해서는 안 된다. 자폐스펙트럼장애 아동은 치료사를 인식하기 훨씬 이전부터 경청이나 침묵을 통해 관계에 함께 참여하고 있는 것일 수도 있다.

넷째, 아동중심 놀이치료사는 아동의 신경학적 기능의 행동적인 특성들, 특히 소리나 상호작용 혹은 빛에 대한 민감성에 정확하게 조율할 수 있어야 한다. 놀이실 상황은 아동이 안전함을 느낄 수 있도록 조정될 필요가 있다. 예를 들어, 조명을 낮추거나 아동의 내원 시간에 맞춰 혼잡하지 않게 하고, 혹은 너무 큰 소리로 이야기하지 않거나 과도하게 시끄럽게 하지 않도록 조정해야 할 필요가 있다. 치료사가 이러한 아동의 특성을 더 많이 알게 될수록 자연스럽게 아동의 내적 시스템에 가장 잘 접촉할 수 있는 방법으로 반응하게 될 것이다.

다섯째, 아동중심 놀이치료에서 일치성은 치료사 입장에서 완전한 진정성으로 볼 수 있다(Sweeney & Landreth, 2011). 아동이 치료에 들어가면 아동중심 놀이치료사는 아동이 부조화 상태에 있다고 믿어야 하며(Rogers, 1951), 결과적으로 전환 과정에 도움을 주는 것이 치료사의 역할이고, 치료사는 말, 행동, 몸짓 언어를 통해 나타나는 놀이에서의 전반적인 진정성에 대한 모델링을 할 수 있다(Axline, 1969). 일치성이 존재하기 위해서는 치료사가 치료적 관계 안에서 통찰력을 가지고 조화를 이루어야 한다(Landreth, 2012). 관계 안에서 완전한 진정성은 아동이 전문가로서가 아니라 감정을 가진 인간으로서 치료사를 경험하게 해 준다.

여섯째, 발달장애 아동을 만나는 아동중심 놀이치료사는 아동이 자발적인 모방 행동을 할 수 있도록 해야 한다(Dawson & Adams, 1984). 행동적 기법과 달리 아동중심 놀이치료사의 역할은 놀이를 통한 유기적인 의사소통 방법을 통해 아동과의 관계에 참여하는 것이다(Ray, Sullivan, & Carlson, 2012). 행동 중재는 전형적으로 자폐스펙트럼장애 아동의 발달 궤적을 다루지는 않는다. 그러나 아동중심 놀이치료는 치료사가 발달적으로 아동을 만날 수 있는 공간을 제공한다. 아동중심 놀이치료는 치료에서 아동과 함께 작업하는 방법으로 그 관계에서 치료적 관계와 의사소통의 중요성을 강조한다. 치료사와 아동의 관계는 아동중심 놀이치료의 주요 치료적 요소이다.

2. 모래놀이치료

1) 모래놀이치료의 이해

모래놀이치료(Sandplay Therapy)는 놀이치료의 한 형태로, Margaret Lowenfeld(1939)에 의해 '세계 기법(world technique)'으로 시작되었다. 그 이후 Dora Kalff(2003)는 Jung의 심리치료를 활용하기 위해 모래놀이를 발전시키게 되는데, 아동은 피규어의 상징을 사용하여 모래 위에 자신의 세계를 만들고 모래에 내면의 갈등과 무의식적 과정을 표현하게 되는데, 이러한 과정을 통해 무의식과 의식 사이에 다리가 놓이게 되고 궁극적으로 변화를 경험하게 된다.

모래놀이치료는 Jung의 분석심리학과 상징심리학에 근거하고 있으며, 특히 무의식에 존재하는 상징과 원형(archetype)을 시각적으로 드러내는 매체로서 모래와 모형을 활용한다(Kalff, 2003). 3차원으로 창조해 내는 모래놀이는 상징의 형태로 무의식의 갈등을 끌어와서 정신적 내용을 건강하게 재정리함으로써 치유와 변화를 촉진시키게 되는데, 이때 치료사와 아동 간의 관계 안에서 치료사의 이해를 바탕으로 아동의 무의식적인 내용을 담아 주거나 버텨 주는 안아 주는 환경(holding environment)이 결정적인 역할을 한다(Turner, 1994). 따라서 모래놀이 치료사는 아동과의 놀이 과정에서 나타나는 상징의 내용을 버텨 주고 의식적으로 인식하는 능력을 지속적으로 다듬고 개발하는 것이 필요하다.

그간 모래놀이치료는 아동뿐만 아니라 청소년, 성인, 노인 등 다양한 연령대와 심리적 특성을 지닌 대상자에게 적용하여 왔으며, 최근에는 자폐스펙트럼장애 아동, 트라우마 경험자, 불안 및 우울 증상을 가진 이들에게서도 긍정적인 치료적 효과가 보고되고 있다(Homeyer & Sweeney, 2017; Rubin, 2001).

하지만 그간 아동중심 놀이치료와 마찬가지로 모래놀이치료 또한 자폐스펙트럼장애 및 발달장애 아동의 놀이치료적 접근에 쉽게 적용되지는 않았던 것 또한 사실이다. 그 이유는 바로 발달장애 아동이 가지는 언어적·비언어적 상호작용의 한계와 상징 이해의 어려움 때문이라고 볼 수 있다. 모래놀이치료는 상징을 통한 표현과 비언어적 의사소통에 중점을 두게 되는데 자폐스펙트럼장애 및 발달장애 아동은 상징적 사고(symbolic thinking)와 추상적 표현에 어려움을 겪으며, 타인의 의도를 추론하거나 사회적 의미를 내포한 행동이나 상징물을 이해하는 것이 어렵다. 이에 따라 자폐스펙트럼장애를 포함하는 발달장애 아동에게 비지시적이고 상징 중심의 심리치료를 적용할 때 각 아동의 특성에 맞는 조정된 접근이 요구될 수 있다.

2) 발달장애 아동을 위한 모래놀이치료

놀이치료는 아동의 세계로 들어갈 수 있는 방법으로(Landreth, Ray, & Bratton, 2009), 아동은 놀이를 통해 소통하고 놀잇감을 사용하여 문제를 해결하고, 감정을 표현하게 된다(Parker & O'Brien, 2011). 특별히 자폐스펙트럼장애를 포함한 발달장애 아동 개인의 관점에서 볼 때, 놀이의 치료적 사용은 정서적이거나 행동적인 문제를 해결하도록 도우며, 감각적 문제해결을 지원하고 사회적 기술 발달에 영향을 미치게 된다. 또한 상징놀이 기술을 개발하는 데 도움이 되며, 자기조절 능력의 발전 및 문제행동을 줄이는 데에도 도움이 된다.

이 장에서 살펴보고 있는 모래놀이치료는 언어와 문화의 장벽을 넘어 언어적 장애를 가진 아동에게도 이상적인 상담 방법이 될 수 있다. 일반적으로 언어 기반의 상담을 진행하기 위해서는 의사소통과 사회적 상호작용 기술이 필요하다. 하지만 자폐스펙트럼장

애 및 발달장애 아동은 대부분 의사소통에 어려움을 겪기 때문에 전통적인 상담의 방식은 도움이 되지 않는다. 이에 반해 상징을 통해 표현하는 모래놀이치료는 언어로 자신의 삶의 이야기를 할 필요가 없으며, 아동의 높은 감각 자극을 포함하기 때문에 매우 유용할 수 있다.

(1) 발달장애 아동에게 모래놀이치료가 효과적인 이유

Gallo-Lopez와 Rubin(2012)은 자폐스펙트럼장애 아동에게 모래놀이치료가 효과적인 이유를 다음과 같이 설명하고 있다.

첫째, 모래놀이치료는 자폐스펙트럼장애 아동의 정서, 생각, 관심사 등이 드러날 수 있는 특별하고 수용적인 공간이 될 수 있다. 이러한 모래의 안아 주는 환경을 통해 자폐스펙트럼장애 아동은 치료사와의 공유된 놀이 경험의 기회를 얻을 수 있다.

둘째, 모래놀이치료는 다감각적이며 아동중심적인 접근을 취한다(De Dominico, 1988). 모래놀이치료는 아동의 어떠한 문제를 교정하는 데 목적을 두지 않는데, 이러한 수용적 태도는 자폐스펙트럼장애 아동에게 매우 중요하다(Wetherby, Prizant, & Schuler, 2000).

셋째, 자폐스펙트럼장애 아동에게 있어 모래놀이치료는 충만한 놀이의 언어를 제공해 주는데, 이를 통해 아동은 자신의 감정을 상징에 연결시킬 수 있다(Greenspan & Shanker, 2004). 이러한 연결성은 아동으로 하여금 의미를 담고 있거나 의사를 전달하는 방식으로 언어를 사용하게 하는 동기가 된다.

넷째, 모래놀이치료의 시각적 언어는 자폐스펙트럼장애 아동의 관심사를 보여 준다. 모래놀이치료 안에 존재하는 심상언어에는 비시각적 요소 및 비언어적 요소 또한 포함되어 있으며, 이러한 것들은 다른 감각들에 온전하게 참여하게 하는 힘이 있다. 모래에서 놀이하는 과정은 그 자체만으로도 감각에 기초하여 감정에 접근할 수 있는 기회를 제공한다.

다섯째, 모래의 감각적인 놀이는 감각통합이나 전반적인 운동에 결함이 있는 자폐스펙트럼장애 및 발달장애 아동에게 안정감을 제공한다. 모래를 옮기는 운동적인 과정은 소리와 움직임을 일으키면서 아동과 감각적이고 의사소통적인 측면에서 연결이 일어나게 하고, 이러한 과정을 통해 아동을 안정시키고 집중하게 하는 데 도움을 준다. 이처럼 안정을 주는 모래의 특성은 불안 및 감각적 경험에 압도당하는 자폐스펙트럼장애 아동에게 유용할 수 있다.

(2) 발달장애 아동과의 모래놀이치료 과정

자폐스펙트럼장애를 포함하는 발달장애 아동과의 모래놀이치료 과정은 다음과 같다.

- 초기 접촉 및 신뢰 형성: 자폐스펙트럼장애 아동은 환경 변화에 민감한 특성을 가지고 있기 때문에 모래놀이치료 초기에는 치료 환경에 익숙해지고 치료사와 신뢰관계를 형성하는 것이 중요하다. 이 과정에서 치료사는 아동에게 지시 내릴 때 조심해야 하며, 아동의 비언어적 신호에 민감하게 반응하고, 반복적이고 예측 가능한 놀이 경험을 제공해야 한다(Homeyer & Sweeney, 2017).
- 환경 및 도구 소개: 이 과정은 모래놀이치료에 사용하는 모래 상자와 다양한 모형을 친숙하게 소개하는 단계이다. 아동의 감각 과민성을 고려하여 마른 모래, 젖은 모래 등 다양한 질감을 제공하고, 다양한 피규어를 탐색하도록 한다. 만약 아동이 모래 자극에 불편함을 느낀다면 도구를 활용해 간접 접촉을 지원하는 것이 효과적이다 (Tomchek & Dunn, 2007).
- 자유놀이 단계: 이 과정은 아동이 자유롭게 모래 위에서 피규어를 배치하는 시간이다. 이때 치료사는 개입을 최소화하면서 아동의 놀이를 관찰해야 한다. 자폐스펙트럼장애 아동의 경우 반복 행동이나 특정 모형 선호가 나타날 수 있으므로 이를 존중하며 놀이를 진행해야 한다(Rubin, 2001).

아동이 모래상자에 세계를 만드는 동안 치료사는 아동의 놀이에 조용한 목격자로 존재하게 된다. 이때 치료사가 해야 할 일은 아동의 세계에 온전하게 집중하는 것과 모래 위에서 일어나고 있는 아동의 여정을 기록하는 일이다. 간혹 아동이 치료사를 놀이에 초대하기도 하는데 이때 치료사는 아동과 함께 공동 참여자가 된다. 이 과정에서 치료사가 아동의 감정에 잘 조율해 주고 아동과 적절하게 의사소통하게 되면서, 아동의 놀이는 치료사와 함께하는 모래상자 놀이로 옮겨 갈 수 있게 된다. 이때 치료사가 주도권을 가지고 아동의 역할을 대신하거나 참견하지 않도록 주의해야 한다.

- 상징적 의미 탐색 및 촉진: 아동이 자신만의 세계를 만들었다면 그 이후 조용하게 감상하고 반영해 보는 시간을 가지게 되는데, 이때 치료사는 아동이 스스로 만든 세계에 머물 수 있도록 해야 한다. 이를 위해 치료사 또한 아동이 만든 세계를 편안하게 감상하는 모습을 아동에게 보여 주어야 하며, 아동이 자신이 만든 세계를 온전히 경

험하고 이를 치료사와 공유할 수 있도록 해야 한다.

언어적 표현에 어려움이 있는 아동에게는 상징놀이를 점진적으로 유도해야 한다. 치료사는 아동의 놀이를 관찰하며 적절한 시점에 간단한 질문이나 모델링을 통해 상징적 의미를 확장하도록 돕는다. 시각 자료를 병행해 의사소통을 보조하는 것도 중요하다(Homeyer & Sweeney, 2017).

- 상호작용 및 사회성 증진: 세계를 공유한 이후 이 세계를 함께 경험하는 시간을 갖게 된다. 이 단계는 아동의 세계에 함께 집중하는 시간이기 때문에 자폐스펙트럼장애 아동에게 특히 의미가 있다. 특별히 이 과정에서는 눈 맞춤이 아동이 아닌 모래상자를 향해 이루어지기 때문에 자폐스펙트럼장애 아동에게 안정감을 제공할 수 있다. 모래놀이치료는 자폐스펙트럼장애 아동이 가진 독특한 관심 영역을 수용하게 한다. 아동이 이미지나 주제를 선택하는 것을 관찰하면서 치료사는 이러한 특별한 관심사, 이미지, 주제가 왜 아동에게 중요한지 알 수 있다. 이처럼 치료사는 아동의 흥미를 공감한 이후 그와 관련된 정서적 경험을 공유하도록 해야 한다. 예를 들어, 엄마 공룡과 아기 공룡이 등장하는 모래상자를 꾸몄다면 "엄마 공룡 옆에 있는 아기 공룡은 지금 어떨까?"라는 질문을 통해 정서적 경험을 촉진시킬 수 있다. 이처럼 치료사와 아동이 함께 세계에 대해 질문을 해 나가면서 아동이 만든 세상을 탐색하게 된다.

〈8세 경도 지적장애 아동의 모래놀이치료 적용 사례〉

이 사례는 잦은 분노표현을 보이는 경도 지적장애 아동의 모래놀이치료 사례로, 아동은 자신이 만든 뱀이 등장하는 자신만의 이야기를 표현하였다. 다음은 아동의 모래상자와 그 이야기를 소개하고자 한다.

- 17회기 뱀의 등장

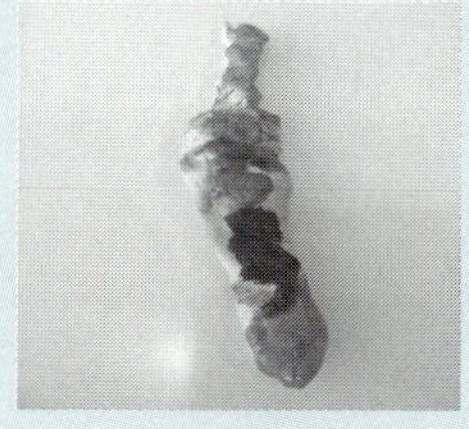

아동은 점토로 뱀을 만들고 치료사에게 이 뱀을 잘 보관해 달라는 부탁을 하였다. 아동과 함께 뱀에 색을 입히고 코팅제를 바르는 과정이 진행되었다. 아동에게 이 뱀은 매우 의미 있는 존재로 그 이후 이 뱀과 관련한 이야기가 진행되었다.

- 46회기 '불의 나라에 사는 뱀'

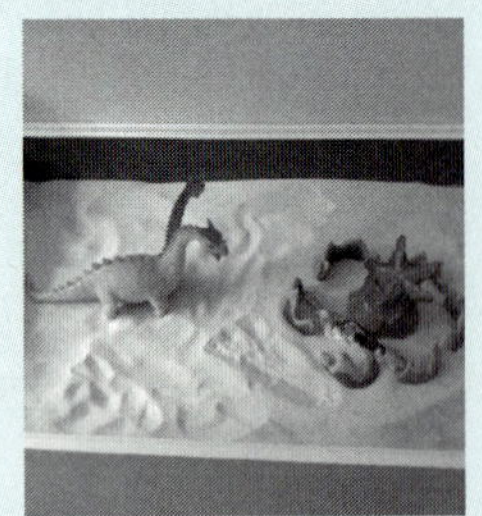

"여기는 불의 나라예요. 이 나라는 아무도 들어올 수가 없어요. 들어오면 모두 불에 타 버려요."
아동은 불의 나라를 만들고 그 안에 뱀을 배치하였다. 아무래도 불의 나라는 아동의 잦은 분노표현과 연결되어 생각하게 한다. 이곳에 아무도 들어올 수 없고 들어오면 불에 타 버린다는 표현이 아동의 조절되지 않은 분노 표현에 대한 좌절감을 나타낸다고 보인다.

- 50회기 '불의 나라'와 '물의 나라' '식물의 나라'의 등장

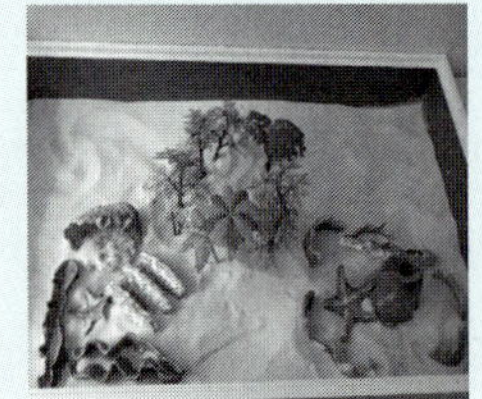

불의 나라와 물의 나라, 식물의 나라가 등장하였다. 여전히 뱀은 불의 나라에 머물고 있으며 각각의 나라는 서로 오갈 수 없는 곳이라고 표현하였다.

- 56회기 '하나가 된 세상'

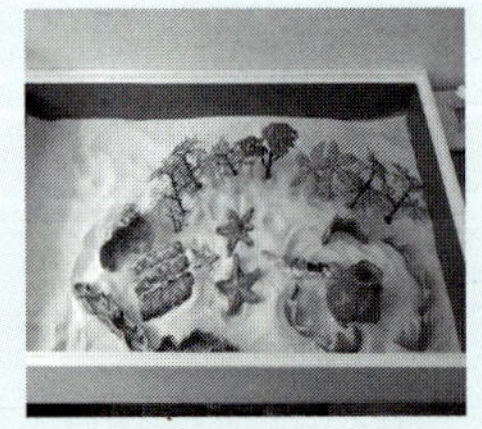

여전히 뱀은 불의 나라 근처에 머물고 있지만 이 세 나라는 이제 하나의 세상이 되었고 서로 왕래도 할 수 있는 나라가 되었다. "불의 세상은 물의 세상이 옆에 있어서 불이 너무 뜨겁지 않게 식혀 줄 수 있고, 물도 따뜻하게 데울 수 있게 되었어요."

- 정리 및 전환 준비: 자폐스펙트럼장애 아동은 예측 불가능한 전환에 민감하므로, 놀이 종료를 사전에 예고하는 것이 필요하다. 타이머, 그림 카드 등의 시각적 도구를 사용해 종료 시점을 알려 주고, 긍정적 강화를 통해 혼란과 거부반응을 줄인다(Homeyer & Sweeney, 2017).

(3) 발달장애 아동에게 모래놀이치료를 적용할 때 유의할 점

자폐스펙트럼장애를 포함하는 발달장애 아동에게 모래놀이를 적용할 때 좀 더 유의해야 할 점은 다음과 같다.

- 구조화된 환경 제공: 자폐스펙트럼장애 아동은 예측 가능하고 일관된 환경에서 심리적 안정감을 느끼는 경향이 있다(APA, 2022). 이는 인지적 유연성의 제한과 변화에 대한 민감성에 기인한 것으로 모래놀이치료를 진행하고자 할 때 명확한 구조와 시각적 일정표를 통해 치료 과정을 안내하는 것이 효과적이다(Homeyer & Sweeney, 2017). 일반적으로 자폐스펙트럼장애 아동에게 모래놀이치료를 진행할 때 '도입-놀이-정리-마무리'의 일관된 흐름으로 구성해 아동이 다음 활동을 쉽게 예측할 수 있도록 해야 한다.
- 감각 조절 지원: 자폐스펙트럼장애 아동은 감각처리 민감성 또는 둔감성을 보이는 경우가 많으며, 모래의 촉감에 대한 반응도 다양하다(Tomchek & Dunn, 2007). 아동의 불쾌감을 줄이기 위해 마른 모래와 젖은 모래 등 다양한 재질을 제공하고, 삽이나 붓 등 도구를 사용하여 간접적으로 접촉할 수 있도록 하는 방식을 활용하는 것이 필요하다.
- 상징놀이의 단계적 유도: 자폐스펙트럼장애 아동은 상징놀이 발달이 제한적이므로 초기에는 실제적인 피규어를 사용해 실제와 유사한 놀이를 유도하고, 점차 치료사가 상징적 의미를 모델링하는 단계적 접근이 필요하다(Baron-Cohen, 2008; Rubin, 2001). 예를 들어, 치료사가 역할을 설명하며 아동이 상징적 표현을 점차 확장하도록 돕는 것이 효과적이다.
- 시각적 자료 활용: 자폐스펙트럼장애 아동은 언어보다 시각 정보를 선호하는 경향이 있으며 의사소통에 제한이 있을 수 있다. 따라서 그림 카드, 사진, 순서도 등 시각 자료를 사용해 놀이 절차 및 역할을 명확히 하고, 아동의 의도 표현을 돕는 보조 의사소통 도구를 병행하는 것이 좋다(Homeyer & Sweeney, 2017; Rubin, 2001).
- 치료사와의 상호작용 조정: 자폐스펙트럼장애 아동은 지시나 요구에 민감하게 반응할 수 있으므로 치료사는 아동의 놀이를 수용적으로 관찰하고 공감하는 역할에 집중해야 한다(Homeyer & Sweeney, 2017). 언어 표현이 부족한 아동에게는 반복 발화, 문장 확장, 반응적 모델링 등을 통해 자연스럽게 상호작용을 증진시키는 것이 필요하다(Rubin, 2001).
- 정리 및 전이 활동 예고: 활동이 종료되는 예기치 않은 전환은 자폐스펙트럼장애 아동에게 혼란과 저항을 유발할 수 있으므로, 타이머나 시각적 알림 도구를 활용해 종료를 사전에 예고하는 것이 필요하다(Homeyer & Sweeney, 2017). 놀이 마무리 후 긍정적 강화를 제공해 다음 상담에 대한 안정감과 기대감을 높이는 전략도 효과적이다.

3. 미술매체를 활용한 놀이치료

1) 미술매체를 활용한 놀이치료의 이해

미술매체를 활용한 놀이치료는 아동이 다양한 미술 재료와 놀이를 통해 내면의 감정, 생각, 경험을 자유롭게 표현하고 탐색하도록 하는 개입이다. 특별히 언어적 표현이 어려운 아동에게 비언어적 의사소통 수단을 제공하여 심리적 안정과 자기이해를 도울 수 있다(Kim & Kim, 2016). 또한 미술의 시각적·촉각적 특성과 놀이의 자유로움이 결합되어 아동의 창의성과 정서적 회복탄력성을 증진시키는 데 효과적이다(Leitch, 2008). 특별히 미술매체를 활용한 놀이치료는 비언어적 표현이 수용됨에 따라 아동이 자신을 표현할 수 있는 안전한 공간을 제공받게 된다. 아동은 스스로 재료와 표현 방식을 선택하며, 다양한 질감과 색채를 통해 감각통합을 촉진한다(Kramer, 1971). 치료사는 아동의 작품을 통해 내면의 감정을 이해하고, 비판보다는 공감과 지지로 반응하게 되면서 아동의 표현을 촉진시키게 된다. 치료 과정에서 그림 그리기, 점토 만들기, 콜라주 등 다양한 미술 활동을 자유롭게 제공하게 되는데, 치료사는 아동이 표현하는 과정에서 적절한 질문과 격려를 통해 감정 탐색을 돕고, 완성된 작품을 바탕으로 대화를 통해 자기인식을 심화시킨다(Schouten, 2013). 이처럼 미술매체를 활용한 놀이치료는 아동의 정서 표현 및 조절 능력을 향상시키며, 불안과 스트레스 감소에 효과적이다. 또한 자존감과 사회성 발달에도 긍정적인 영향을 미친다(Kim & Kim, 2016).

특별히 미술매체를 활용한 놀이치료는 언어적 표현이 미숙하거나 정서적 어려움을 겪는 아동에게 효과적인 치료 방법이다. 자폐스펙트럼장애, ADHD, 정서·행동장애, 학대 경험 등을 가진 아동, 불안 또는 우울 증상을 보이는 아동 등 다양한 대상에게 활용된다(Kim & Kim, 2016). 자기표현이 제한되거나 감정을 억제하는 아동의 경우, 미술놀이를 통해 심리적 해소와 안정감을 경험할 수 있다(Kramer, 1971).

2) 발달장애 아동을 위한 미술매체 활용 놀이치료

(1) 미술매체를 활용한 놀이치료 개입이 필요한 이유

미술매체를 활용한 놀이치료는 미술을 매개로 아동의 감정, 사고, 행동을 탐색하고 표현하며, 심리적 문제를 완화하거나 발달을 촉진하기 위한 치료 방법이다(Rubin, 2011). 특히 자폐스펙트럼장애 아동에게는 감각 자극, 상징 표현, 자기조절 기회 등을 제공함으로써 그들의 독특한 발달적 욕구에 접근할 수 있다(Kramer, 1971).

자폐스펙트럼장애 및 발달장애 아동에게 미술매체를 활용한 놀이치료 개입이 필요한 이유를 정리해 보면 다음과 같다.

첫째, 미술매체의 활용은 언어적 표현의 한계를 보완하는 비언어적 소통 수단이 될 수 있다. 자폐스펙트럼장애 및 발달장애 아동은 언어를 통한 감정 표현과 의사소통에서 어려움을 겪는 경우가 많다. 이들에게 미술은 감정과 욕구를 비언어적으로 외현화할 수 있는 수단으로 작용한다. Malchiodi(2012)는 언어적 한계가 있는 아동의 경우 미술 활동을 통해 내면의 감정을 드러내고 치료적 관계를 형성할 수 있다고 보았다. 예를 들어, "선생님! 저 속상해요."라고 언어적 자기표현을 하기 어려운 아동도 검은색과 날카로운 선으로 자신의 감정을 표현할 수 있다.

둘째, 아동의 감정 인식 및 자기표현력 향상에 도움을 줄 수 있다. 자폐스펙트럼장애 아동은 자신의 감정을 구별하고 표현하는 데 어려움을 보이는데, 색상, 표정, 상징 등의 시각적 요소를 활용한 미술 활동은 감정을 외부로 표현하는 데 도움이 될 수 있다. 예를 들어, '오늘 기분을 색으로 표현해 볼까?'와 같은 활동을 통해 아동은 언어로 자신의 기분을 표현하기 어렵지만 색이라는 시각적 요소로 자신의 감정을 표현할 수 있다. Kim과 Kim(2016)의 연구에 따르면 색깔 감정일기를 활용한 미술놀이치료는 아동의 감정 표현력과 자존감을 유의미하게 향상시키는 효과를 보였다.

셋째, 자폐스펙트럼장애 아동의 감각 조절과 통합을 지원한다. 자폐스펙트럼장애 아동은 감각 민감성 또는 감각추구 행동을 보이기 쉬우며, 이는 일상생활에서 정서적 어려움으로 이어질 수 있다. Baranek(2002)은 반복적이고 예측 가능한 미술 활동이 자폐스펙트럼장애 아동의 감각처리 특성을 조절하는 데 효과적이라고 지적하였다. 예를 들어, 점토나 촉각 도구를 활용한 미술 활동은 자극에 대한 수용성을 높이고 불안을 감소시킬 수 있다.

넷째, 상징놀이 및 상상력을 확장시킨다. 자폐스펙트럼장애 아동은 상징적 사고가 제한되며, 이는 놀이와 사회적 상호작용에도 영향을 미친다. Rubin(2011)은 미술을 통한 상징 사용 훈련이 아동의 자기표현 능력과 내면세계의 구조화에 중요한 역할을 한다고 설명하였다. 상징 표현은 언어적 사고와 정서 발달의 중간 다리 역할을 한다.

다섯째, 사회적 상호작용과 공동주의 학습을 촉진한다. 미술매체를 활용한 집단 놀이치료는 또래와의 상호작용을 자연스럽게 촉진하는 환경을 제공한다. Kramer(1971)는 미술이 아동 간의 공동 활동을 가능하게 하며, 협동, 순서 지키기, 타인의 표현 수용 등의 사회적 기술 학습에 기여한다고 보고하고 있다.

여섯째, 자기조절력 및 정서 안정감을 향상시킨다. 자폐스펙트럼장애 아동은 정서 조절 능력이 낮아 충동적 행동이나 불안 증상을 동반하기 쉽다. Schore(2003)는 예측 가능하고 반복적인 활동이 정서 조절과 자기조직화 기능을 발달시키는 데 도움을 줄 수 있다고 하였으며, 미술놀이의 반복 패턴 활동은 이러한 안정감 형성에 적합한 방법으로 제시된다.

(2) 미술매체를 활용한 놀이치료 실제 적용의 예

다음에서는 미술매체를 활용하여 자폐스펙트럼장애 아동과의 놀이치료에서 적용할 수 있는 활동을 몇 가지 소개하고자 한다.

감정 얼굴 만들기 (Rubin, 2011)	목적	• 기본 감정 구분 및 표현 능력 향상
	활동 절차	• 다양한 감정(기쁨, 화남, 슬픔, 놀람 등)이 표현된 표정 카드 제시 • 아동에게 "오늘 어떤 기분이야?"라고 질문 • 점토, 종이, 색연필 등을 이용해 그 감정을 표현한 얼굴을 만들거나 그리게 함 • 완성된 얼굴을 치료사와 함께 보며 감정 명명 연습 ("이 얼굴은 어떤 감정일까?")
	사용 재료	• 감정 그림 카드, 점토, 색종이, 사인펜, 거울
나만의 안전 공간 그리기 (Schore, 2003)	목적	• 심리적 안정감 및 자기보호 개념 강화
	활동 절차	• "어디에 있으면 가장 편안하고 안전할까?"라고 질문 • 상상하거나 기억 속의 공간을 자유롭게 그리고 꾸미게 함 • "그곳에 누가 있고, 무엇이 있고, 어떤 소리가 나?" 등의 질문을 통해 공간을 확장 • 작품을 설명하며 그 공간에서의 감정 표현 연습
	사용 재료	• 크레용, 색종이, 잡지 오려 붙이기, 스티커, 천 조각 등
반복 패턴 그리기 (Baranek, 2002)	목적	• 감각 조절 및 자기조절 능력 향상
	활동 절차	• 다양한 패턴(물결, 원형, 지그재그 등)이 인쇄된 도안 제공 • 색칠하거나 따라 그리는 활동을 하면서 긴장 완화 • 아동이 좋아하는 모양이나 선을 반복해 그리도록 격려 • 원한다면 자신만의 패턴을 만들어 꾸미게 함
	사용 재료	• 패턴 도안, 색연필, 도형 스탬프, 마커, 펜촉 도구

(3) 발달장애 아동에게 적합한 미술매체와 그 적용

자폐스펙트럼장애를 포함하는 발달장애 아동은 감각처리 및 운동 조절에 어려움을 겪는 경우가 많아, 이에 맞는 미술매체를 활용하는 것이 치료와 발달에 큰 도움이 된다. 미술매체는 아동의 감각적 경험을 풍부하게 하여 자기표현력과 정서 조절 능력 향상에 기여한다(Malchiodi, 2012).

- 점토: 점토는 촉각 자극을 직접적으로 제공하며 손과 손가락 근육을 사용하는 활동으로, 아동의 소근육 발달과 감각통합 능력 향상에 매우 효과적이다. 또한 점토를 눌러 보고 형태를 만들면서 아동은 자신의 생각과 감정을 비언어적으로 표현할 수 있다(Rubin, 2011). 특히 발달장애 아동의 경우 반복적이고 조작적인 점토 활동이 집중력과 인내심 증진에도 도움을 준다.
- 수채화 및 아크릴 물감: 붓을 이용해 색을 칠하는 수채화나 아크릴 물감은 시각적 자극과 더불어 미세 운동 기능 향상에 도움을 준다. 물감을 섞거나 칠하는 과정에서 아동은 색채 감각을 발달시키고 창의력을 확장할 수 있다. 다만, 촉감에 민감한 아동의 경우 물감의 질감이 불편할 수 있으므로 개별 특성을 고려해 사용해야 한다(Malchiodi, 2012).
- 크레파스, 색연필, 파스텔: 크레파스와 색연필은 비교적 사용법이 간단하여 초보자도 쉽게 접근 가능하다. 선 긋기, 색칠하기 활동을 통해 소근육 조절 능력과 집중력을 증진시키며, 다양한 색채 경험을 통해 정서 표현에도 긍정적 영향을 준다(Kim & Kim, 2016). 또한 이동성과 정리의 편리성도 장점으로 작용한다.
- 콜라주 재료(종이, 천, 단추 등): 다양한 질감의 재료를 활용한 콜라주 활동은 촉각 및 시각 자극을 동시에 제공한다. 이를 통해 감각통합 능력을 증진시키고 창의적 사고를 자극한다. 또한 가위질, 붙이기 등의 활동으로 손과 눈의 협응력과 문제해결 능력을 함께 발달시킬 수 있다(Rubin, 2011).
- 스탬프 및 스펀지 도장: 스탬프 찍기와 같은 반복적인 활동은 발달장애 아동에게 스트레스 완화와 심리적 안정감을 주며, 동시에 주의 집중력을 높이는 데 도움이 된다. 다양한 패턴을 만들어 보는 과정은 계획력과 예측 능력 증진에 효과적이다(Malchiodi, 2012).

요약하기

- 아동중심 놀이치료는 아동의 관계와 의사소통을 강조하는 것으로 주요한 치료적 요인은 바로 치료사와 아동 간의 관계이다. 자폐스펙트럼장애가 관계적 의사소통장애라고 생각할 때 아동중심 놀이치료는 관계적 의사소통의 개입으로서 자폐스펙트럼장애를 포함하는 발달장애 아동에게 적용될 수 있다. 치료사와 관계를 형성함으로써 아동은 다른 외부 관계에도 긍정적 영향을 미칠 수 있을 정도로 성장할 수 있다.
- 모래놀이치료는 언어와 문화의 장벽을 넘어 언어적 장애를 가진 아동에게도 이상적인 상담 방법이 될 수 있다. 일반적으로 언어 기반의 상담을 진행하기 위해서는 의사소통과 사회적 상호작용 기술이 필요하다. 하지만 자폐스펙트럼장애 및 발달장애 아동은 대부분 의사소통에 어려움을 겪기 때문에 전통적인 상담의 방식은 도움이 되지 않는다. 이에 반해 상징을 통해 표현하는 모래놀이치료는 언어로 자신의 삶의 이야기를 할 필요가 없으며, 아동의 높은 감각 자극을 포함하기 때문에 매우 유용할 수 있다.
- 미술매체를 활용한 놀이치료는 미술을 매개로 아동의 감정, 사고, 행동을 탐색하고 표현하며, 심리적 문제를 완화하거나 발달을 촉진하기 위한 치료 방법으로, 자폐스펙트럼장애 아동에게는 감각 자극, 상징 표현, 자기조절 기회 등을 제공함으로써 그들의 독특한 발달적 욕구에 접근할 수 있다.

생각해 보기

Q1. 이 장에서 소개한 아동중심 놀이치료, 모래놀이치료 이외에 발달장애 아동에게 효과적인 놀이치료 개입에는 무엇이 있는지 생각해 보라.

Q2. 발달장애 아동과 비지시적 놀이치료를 진행할 때 치료사로서 유의해야 할 점에는 무엇이 있을지 생각해 보라.

Q3. 본문에 제시한 모래놀이치료 사례의 이야기 변화 과정에서 아동이 표현하고자 했던 정서적 표현은 무엇일지 생각해 보라.

참고문헌

American Psychiatric Association. (2022). *Diagnostic and statistical manual of mental disorders* (5th Edition Text Revision). American Psychiatric Publishing.

Attwood, T. (1998). *Asperger's syndrome.* Jessica & Kingsley.

Axline, V. M. (1947). *Play therapy.* Ballantine.

Axline, V. M. (1969). *Play therapy: The inner dynamics of childhood.* Houghton Mifflin.

Bandura, A. (1977). Self-efficacy: Toward a unifying theory of behavioral change. *Psychological Review, 84*, 191-215. http://dx.doi.org/10.1037/0033-295X.84.2.191.

Baranek, G. T. (2002). Efficacy of sensory and motor interventions for children with autism. *Journal of Autism and Developmental Disorders, 32*(5), 397-422.

Baron-Cohen, S. (2008). Autism and symbolic play. In M. H. Johnson & Y. Munakata (Eds.), *Processes of change in brain and cognitive development: Attention and performance XXI* (pp. 131-148). Oxford University Press.

Blanco, P. J., & Ray, D. C. (2011). Play therapy in elementary schools: A best practice for improving academic achievement. *Journal of Counseling & Development, 89*(2), 235-243. https://doi.org/10.1002/j.1556-6678.2011.tb00083.

Boucher, J. (2009). *The autism spectrum: Characteristics, causes, and practical issues.* Sage.

Carden, M. (2009). Understanding Lisa: A play therapy intervention with a child diagnosed on the autistic spectrum who presents with self harming behaviours. *British Journal of Play Therapy, 5*, 54-62.

Dawson, G., & Adams, A. (1984). Imitation and social responsiveness in autistic children. *Journal of Abnormal Child Psychology, 12*(2), 209-225. doi: 10.1177/1362361301005003008.

De Domenico, G. (1988). *Sand tray world play: A comprehensive guide to the use of the sand tray in psychotherapeutic and transformational setting.* San Francisco University.

Delinicolas, E. K., & Young, R. L. (2007). Joint attention, language, social relating, and stereotypical behaviours in children with autistic disorder. *Autism: The International Journal of Research and Practice, 11*(5), 425-436. http://dx.doi.org/10.1177/1362361307079595.

Doepke, K., Mulderink, T., D'Santiago, V., & Karlen, C. (2014). Prospective social entrainment: Imitation interventions in children with autism. *Journal of Cognitive Education and Psychology, 13*(2), 176-187. http://dx.doi.org/10.1891/1945-8959.13.2.176

Frith, U., & Happé, F. (1994). Autism: Beyond "theory of mind". *Cognition, 50*, 115-132. http://dx.doi.org/10.1016/0010-0277(94)90024-8

Gallo-Lopez, L., & Rubin, L. C. (Eds.). (2012). *Play-based interventions for children and adolescents with autism spectrum disorders*. 박랑규, 윤진영, 정은주, 이은주, 김난영, 바은선, 정난영 공역(2017). 자폐 아동 · 청소년을 위한 놀이기반 심리치료. 시그마프레스.

Greenspan, S., & Shanker, S. (2004). *The first idea: How symbols, language, and intelligence evolved form our primate ancestors to modern humans*. Capo Press.

Greenspan, S., & Wieder, S. (2006). *Engaging autism: Using the Floortime approach to help children relate, communicate, and think*. Da Capo.

Hobson, R. P., Lee, A., & Hobson, J. A. (2009). Qualities of symbolic play among children with autism: A social-developmental perspective. *Journal of Autism and Developmental Disorders, 39*, 12-22. doi: 10.1007/s10803-008-0589-z

Homeyer, L., & Sweeney, D. (2017). *Sandtray therapy: A practical manual* (3rd ed.). Routledge. https://doi.org/10.4324/9781315651903

Howlin, P. (2005). Outcomes in autism spectrum disorder. In F. Volkmar, P. Rhea, A. Klin, & D. Cohen (Eds.), *Handbook of autism and pervasive developmental disorder* (vol. 1, pp. 200-220). John Wiley & Sons.

Josefi, O., & Ryan, V. (2004). Non-directive play therapy for young children with autism: A case study. *Clinical Child Psychology and Psychiatry, 9*(4), 533-551. doi: 10.1177/1359104504046158.

Kalff, D. M. (2003). *Sandplay: A psychotherapeutic approach to the psyche*. Shambhala Publications.

Kenny, M., & Winick, C. (2000). An integrative approach to play therapy with an autistic girl. *International Journal of Play Therapy, 9*, 11-33. http://dx.doi.org/10.1037/h0089438

Kim, S. H., & Kim, Y. J. (2016). The effect of art play therapy on emotional expression and self-esteem of children. *Korean Journal of Art Therapy, 23*(2), 57-72.

Kramer, E. (1971). *Art as therapy with children*. Schocken Books.

Landreth, G. L. (2002). *Play therapy: The art of the relationship*. Routledge.

Landreth, G. L. (2012). *Play therapy: The art of the relationship* (3rd ed.). Routledge.

Landreth, G. L., Ray, D. C., & Bratton, S. C. (2009). Playtherapy in elementary schools. *Psychology in the Schools, 46*(3), 281-289.

Leitch, R. (2008). Creatively researching children's narrative through images and drawings. In P. Thompson (Ed.), *Doing visual research with children and young people* (pp. 37-58). Routledge.

Lowenfeld, M. (1939). "The World Pictures of Children: A method of recording and studying them": (Paper read on March 23rd, 1938 to the Medical Section of the British Psychological Society). *British Journal of Medical Psychology, 28*, 65-101.

Malchiodi, C. A. (2012). *Handbook of art therapy* (2nd ed.). Guilford Press.

Mittledorf, W., Hendricks, S., & Landreth, G. (2001). Play therapy with autistic children. In G. Landreth (Ed.), *Innovations in play therapy: Issues, process and special populations* (pp. 257-270). Brunner-Routledge.

Parker, N., & O'Brien, P. (2011). Play therapy-reaching the child with autism. *International Journal of Special Education*, *26*(1), 80-87.

Piaget, J. (1962). *Play, dream and imitation in childhood*. Norton.

Ray, D. C., Schottelkorb, A., & Tsai, M.-H. (2007). Play therapy with children exhibiting symptoms of attention deficit hyperactivity disorder. *International Journal of Play Therapy*, *16*, 95-111. http://dx.doi.org/10.1037/1555-6824.16.2.95

Ray, D. C., Sullivan, J. M., & Carlson, S. E. (2012). Relational intervention: Child-centered play therapy with children on the autism spectrum. In L. Gallo-Lopez & L. C. Rubin, (Eds.), *Play-based interventions for children and adolescents with autism spectrum disorders* (pp. 159-175). Taylor & Francis Group.

Rogers, C. (1951). *Client-centered therapy*. Houghton-Mifflin.

Rubin, J. A. (2011). *The art of art therapy: What every art therapist needs to know*. Routledge.

Rubin, L. C. (2001). Using play therapy with children with autism. *Journal of Child and Adolescent Psychiatric Nursing, 14*(3), 99-104. https://doi.org/10.1111/j.1744-6171.2001.tb00303.x

Schietecatte, I., Roeyers, H., & Warreyn, P. (2012). Exploring the nature of joint attention impairments in young children with autism spectrum disorder: Associated social and cognitive skills. *Journal of Autism and Developmental Disorders, 42*, 1-12. http://dx.doi.org/10.1007/s10803-011-1209-x

Schore, A. N. (2003). *Affect regulation and the repair of the self*. W.W. Norton & Company.

Schouten, K. A. (2013). Art therapy techniques and applications. *Journal of Creativity in Mental Health, 8*(3), 247-258.

Schumann, B. (2010). Effectiveness of child centered play therapy for children referred for aggression in elementary school. In J. Baggerly, D. Ray, & S. Bratton (Eds.), *Child-centered play therapy research: The evidence base for effective practice* (pp. 193-208). Wiley.

Sweeney, D. S., & Landreth, G. L. (2011). Child-centered play therapy. In C. E. Schaefer (Ed.), *Foundations of play therapy* (2nd ed., pp. 129-152). John Wiley & Sons.

Thomas, N., & Smith, C. (2004). Developing play skills in children with autism spectrum disorders. *Educational Psychology in Practice, 20*, 195-206.

Tomasello, M. (2014). Joint attention as social cognition. In C. Moore & P. Denham (Eds.), *Joint attention: Its origins and development* (pp. 103-130). Psychology Press.

Tomchek, S. D., & Dunn, W. (2007). Sensory processing in children with and without autism: A comparative study using the Short Sensory Profile. American *Journal of Occupational Therapy, 61*(2), 190-200. https://doi.org/10.5014/ajot.61.2.190

Turner, S. (1994). *The social theory of practices: Tradition, tacit knowledge and presuppositions*. Polity Press.

VanFleet, R., Sywulak, A. E., & Sniscak, C. C. (2010). *Child-centered play therapy*. The Guilford Press.

Wetherby, A. M., Prizant, B. M., & Schuler, A. L. (2000). Understanding the nature of communication and language impairments. In A. M. Wetherby & B. M. Prizant (Eds.), *Autism spectrum disorders: A transactional developmental perspective* (pp. 109-141). Paul Brookes.

Wilson, K., & Ryan, V. (2005). *Play therapy: A non-directive approach for children and adolescents*. Baillière Tindall.

Wolfberg, P. J. (1995). Enhancing children's play. In K. Quill (Ed.), *Teaching children with autism: Strategies to enhance communication and socialization* (pp. 193-218). Delmar.

Wolfberg, P. J. (2009). *Play and imagination in children with autism* (2nd ed.). Autism Asperger Publishing Company.

제4부

아동발달평가와 치료적 개입의 통합적 관점

제 14 장

발달놀이평가

학습목표

1. 발달장애 아동을 대상으로 하는 평가에 대해 이해할 수 있다.
2. 발달놀이치료 중 진행되는 놀이평가 및 부모-자녀 상호작용 평가에 대해 이해할 수 있다.

●●● 발달놀이치료는 발달장애 아동의 발달상에서 나타나는 문제를 평가하고 개선하는 데 도움을 주는 치료 방법으로, 발달장애 아동에게 적합한 치료 개입을 하기 위해 현재 아동의 발달 수준을 평가하는 일은 매우 중요하다. 특별히 발달장애 아동은 여러 발달 영역(예: 언어, 인지, 사회성 등)에서 발달적 특성을 지니고 있기 때문에 놀이치료사는 아동의 현재 상황을 제대로 평가하는 과정이 필요하다.

발달 영역에 따른 평가들이 있겠으나 여기에서는 놀이치료사가 진행하게 되는 개별적인 놀이평가 및 부모-자녀 상호작용 평가(MIM)에 대해 다룸으로써 발달장애 아동에게 시행되는 발달놀이평가에 대한 이해를 돕고자 한다.

1. 개별 놀이평가

발달장애 아동은 비장애 아동과 비교할 때 놀이 활동의 빈도나 다양성에서 차이가 있으며, 가장놀이 등에 한계를 드러낸다(Malone, Stoneham, & Langone, 1994). 이로 인해 발달장애 아동을 위한 개입은 대다수 언어와 사회적 목표에 중심을 두고 있지만(임선자, 선우현, 2018; Warren & Gazdag, 1990), 놀이는 적응 행동과 밀접한 관련이 있으며 낮은 놀이성이 자폐스펙트럼 아동의 적응에 결정적인 영향을 준다고 보고한다(Sutton-Smith, 1999). 따라서 장애 아동에게 있어 놀이는 적응행동의 증진을 의미하는 것으로 장애를 최소화시키는 중요한 요인이 될 수 있다(진홍신, 2003).

그 밖에도 놀이는 발달에서 해석적 기능을 제공한다. 아동교육협회(The National Association of Young Children: NAEYC)는 놀이의 이러한 측면에 대해 "놀이는 아동의 발달을 반영하는 것은 물론, 아동의 사회성 · 정서 · 인지 발달의 중요한 동력"이라고 하였다(Gitlin-Weiner, Sandgrund, & Schaefer, 2000). 즉, 놀이는 발달 평가와 중재를 연계할 수 있는 활동으로 활용할 수 있다는 장점이 있다.

1) DPA(발달놀이 사정)를 활용한 개별 놀이평가

만약 아동이 부모와 분리가 가능하고 치료사와 함께 놀이실 입실이 가능하다면 아동 개별 놀이평가를 먼저 진행하고 부모면담을 그 이후에 진행하는 것이 좋다. 상담자는 부모와의 면담 이전에 아동을 만나게 됨으로써 아동이 가지는 특성에 대해 어떠한 사전 정보 없이 아동을 이해할 수 있게 되기 때문에 치료사의 객관적인 평가가 좀 더 가능하게 할 수 있다. 또한 이러한 평가를 통해 아동의 발달 특성을 평가하게 된다.

발달장애 아동의 발달 특성을 평가할 수 있는 도구로 Lifter와 Bloom(1989)이 고안한 발달놀이평가(Developmental Play Assessment: DPA)가 있다. 이 평가도구는 발달지체나 발달장애 아동의 놀이를 평가하기 위해 개발된 것으로, 평가 정보는 아동의 발달을 촉진시키기 위한 개별화 놀이 중재를 계획하고 시행하는 데 활용될 수 있다.

DPA의 기초가 되는 전제는 먼저, 발달장애 아동에게 놀이를 통한 발달평가 및 개입은 아동의 의사소통과 사회적 상호작용을 이해할 수 있게 하며, 다음으로 놀이 중재를 할 경우에 아동의 발달 수준을 고려하여 중재하도록 하는 데 도움을 준다는 것이다. 즉, 놀이는 발달에서 표현적이고 해석적인 기능을 모두 수행한다는 전제로 만들어진 평가도구이다(Lifter & Bloom, 1998).

이러한 DPA의 놀이 범주는 발달적 진행을 따르는데, 사물에 적용되는 단순한 행동(예: 모든 사물을 입에 넣는 행동)로부터 시작하여 사물을 변별하는 활동(예: 공 굴리기—이때 공은 굴리는 놀잇감이라는 것을 이해하고 있을 것, 인형 껴안기—부드러운 놀잇감은 껴안을 수 있다는 것을 이해하기), 일반적인 방식으로 사물을 서로 관련시키기(예: 컨테이너 안팎으로 사물을 나르기), 서로 관련된 사물의 물리적・전통적 속성을 고려하여 구체적인 방법으로 사물을 연관시키기(예: 포개진 컵 세트 쌓기, 컵에 숟가락을 넣고 젓기), 자신과 다른 것에 사물을 연관시키기(예: 마시기 위해 컵을 움켜잡기, 인형이나 양육자에게 마시도록 컵을 내밀기), 순차적으로 행동을 결합하기(예: 인형에게 먹인 다음 침대에 눕히기), 한 사물을 다른 것으로 대치하기(예: 모자라고 생각하면서 머리에 그릇을 얹기), 인형 모형을 의인화하기(예: 트럭에 블록을 싣고서 모형을 움직이는 놀이), 사회극 놀이와 상상놀이의 역할에 다른 아동을 참여시키기(예: 소꿉놀이, 우주인으로 가장하기)로 발달해 나간다. 이에 대한 구체적인 내용은 〈표 14-1〉과 같다.

표 14-1 발달놀이평가(DPA)에서 사용하는 놀이 내용의 순서와 정의

수준	범주	정의
1	비변별 행동	모든 사물을 같은 것으로 취급함 (예: 모든 사물을 입에 넣기)
2a	하나의 사물에 대한 변별 행동	물리적 또는 전통적 속성이 있는 사물을 구별함 (예: 구슬 굴리기, 동물 인형 껴안기)
2b	결합-분해 조합	사물의 형태를 분리하기 (예: 퍼즐에서 조각을 모두 빼내기)
3a	외형을 조합하기	외형의 형태에 따라 물건을 다시 조합하기 (예: 퍼즐 안에 퍼즐 조각 넣기, 포개진 컵 위에 컵 쌓기)
3b	일반적 조합하기	그릇과 같은 단순하고, 특별하지 않은 형태 안에 물건을 조합하기 (예: 컵 안에 구슬이나 퍼즐 조각을 넣기)
3c	자기인 척 가장하기	사물과 자신을 관련시켜 가상의 행동을 함 (예: 마시는 것처럼 빈 컵을 입으로 가져가기)
4	구체적 조합하기 (물리적 속성)	형태에서 물건의 고유한 물리적 특성을 보존함 (예: 쌓인 컵에 포개 쌓기, 구슬을 실에 꿰기)

5a	행위자로서의 아동	행위자로서 아동이 인형에게 친숙한 행동을 확장하기 (예: 인형 입에 컵을 대는 것으로 확장하기)
5b	구체적 조합하기 (전통적 속성)	형태에서 물건의 고유한 전통적 속성을 보존함 (예: 컵받침 위에 컵 놓기)
6a	단일 도식 배열	둘 이상의 대상에게 친숙한 동작을 확장하기 (예: 아기인형, 양인형, 상호작용하는 사람에게 컵을 가져다 대기)
6b	대치	하나의 물건을 사용하여 다른 물건의 역할 하기 (예: 모자를 쓰는 것처럼 그릇을 머리에 얹기)
7a	행위자로서의 인형	인형을 마치 움직일 수 있는 것처럼 움직이기 (예: 피규어를 이동하여 블록을 트럭에 싣기, 자신을 보기 위해 인형 손에 거울 잡게 하기)
7b	다중 도식 배열	같은 모형으로 다양한 행동을 확장하기 (예: 숟가락으로 인형을 먹이고, 천으로 닦은 후 침대에 눕히기)
8a	사회극 놀이	놀이 주제에서 친숙하고 다양한 역할을 적용하기 (예: 다양한 역할로 소꿉놀이하기)
8b	주제가 있는 판타지 놀이	판타지 캐릭터의 역할을 적용하기 (예: 다양한 역할이 부여되는 '슈퍼맨' '원더우먼' 놀이하기)

출처: Gitlin-Weiner, Sandgrund, & Schaefer (2000), p. 243.

(1) 평가 절차

DPA는 아동이 평가자 앞에서 네 가지 묶음의 장난감을 가지고 30분간 놀이하는 장면을 평가하는 비구조화된 놀이 평가도구이다. 이 평가도구는 취학 전 발달장애 아동을 평가하기 위해 고안된 것이지만 유아나 학령기 아동에게도 적용할 수 있다. 일반적으로는 아동이 놀이하는 장면을 비디오로 녹화하고 이를 평가하게 된다.

DPA의 평가 목표는 30분 동안 놀잇감 세트를 가지고 노는 아동의 자발적 행동을 관찰하는 것이다. 평가를 시작할 때 네 가지 세트의 놀잇감 중에서 첫 번째 세트는 아동이 왔을 때 바닥에 놓여 있어야 한다. 평가자는 아동을 평가 영역으로 데리고 와서 새로운 놀잇감을 가지고 노는 시간이라고 아동에게 말해 주는 것으로 시작한다. 즉, "○○야! 이 놀잇감은 네가 가지고 놀 수 있는 거야."라고 소개하는 것이다. 평가자는 아동에게 놀잇감을 가지고 무엇을 하라고 지시하지 않고, 시범을 보이지도 않으며 아동의 행동에 반영하고 반응적 태도를 취한다(예: 만약 아동이 가족 모형을 기차의 객차 중 하나에 배치할 때 "너는 그 아이를 기차에 태우는구나."라고 반응함).

평가가 일반적으로 잘 진행된다면 아동은 전체 평가 시간 30분 동안 4개의 세트에 각기 7~8분 정도 놀 수 있다. 각 놀잇감 세트를 가지고 노는 시간은 아동이 놀잇감에 흥미가 적거나 없다면 짧게 하는 등 탄력적이어야 한다. 아동이 한 놀잇감 세트에 많은 시간을 할애하게 되면 다른 놀잇감을 가지고 놀 기회가 주어지지 않을 수도 있으므로 나머지 놀잇감 세트도 소개되어야 한다. 한 세트의 놀잇감을 가지고 노는 시간이 끝났을 때 그 놀잇감 세트는 손이 닿지 않게 옆으로 치우고 다음 세트를 제시한다. 평가자는 아동에게 "○○야! 네가 가지고 놀 수 있는 놀잇감이 더 있어."라고 말한 다음, 옆에 있는 놀잇감 상자를 집어서 설명한 것 같이 놀잇감을 펼친다. 만약 어떤 경우에는 평가자가 아동이 놀잇감에 주의를 기울이도록 지시를 해야 할 수도 있다. 이때 "이 놀잇감들은 네가 가지고 놀 수 있는 거야."라고 말하면서 아동의 시야로 놀잇감을 옮겨서 아동이 놀잇감에 관심을 가지도록 해야 한다. 만약 아동이 한 놀잇감에만 오랜 시간 머물러 있다면 세트 안의 다른 놀잇감으로 관심이 가도록 해야 한다.

(2) 평가도구

아동이 가지고 놀 수 있는 4세트의 놀잇감이 필요한데, 각 놀잇감들은 단순한 조작놀이부터 가장놀이, 사회극 놀이, 판타지 놀이 활동까지 다양한 놀이를 할 수 있도록 구성된다. 놀잇감 목록은 〈표 14-2〉와 같다.

표 14-2 평가를 위한 놀잇감 목록

- 세트 1: 다섯 조각으로 구성된 끼우기 퍼즐(예: 동물 퍼즐), 구슬을 꿸 수 있도록 구슬과 실이 담긴 그릇, 두 사람의 운전자 모형이 있는 덤프트럭, 색칠이 되지 않은 6개의 나무구슬(3개의 입방체, 3개의 원추 모양), 봉제인형
- 세트 2: 뚜껑 있는 플라스틱 상자에 담긴 블록과 막대기, 포개지는 작은 컵들(포개어 세워 놓음), 옷을 입힌 아기인형(똑바로 앉힘), 숟가락, 담요(넷으로 접음), 빗과 거울
- 세트 3: 농장에서 키우는 네 가지 동물(망아지, 젖소, 송아지, 돼지; 뚜껑 있는 플라스틱 상자에 넣음), 작은 소년 가족 모형, 세 부분으로 된 열차(연결시켜 있지 않음), 컵, 컵받침, 물주전자(따로따로 놓음), 접시에 있는 볼트와 너트
- 세트 4: 엄마, 아빠 가족 모형(바닥에 길게 눕힘), 자동차, 주유소 혹은 정비소(기름통, 공구세트), 커다란 포개진 컵(포개서 똑바로 세움)

(3) 평가 분석

아동과의 놀이관찰이 끝난 후 3단계에 걸쳐 평가 분석을 하게 된다. 첫 번째 단계는 다양한 놀이 활동의 빈도를 기록하는 것이다. 예를 들면, 〈표 14-3〉과 같다.

표 14-3 단계 1: 행동 빈도 기록하기(기록의 예)

아동 이름	Jack(4.6세)		
세트 1		세트 2	
퍼즐에 조각 넣기	5	상자에 블록/막대기를 다시 넣기	5
그릇에 구슬 넣기	6	포개져 있는 컵들을 포개기	28
입에 그릇 갖다 대기	1	포개져있는 컵 쌓기	12
구슬 쌓기	11	입에 숟가락을 대기	2
트럭 안에 구슬 넣기	4	거울을 보기	1
블록 쌓기	1	인형의 입으로 숟가락 대기	3
세트 3		세트 4	
상자에 동물을 다시 넣기	1	컵 포개기	4
상자 뚜껑 얹기	1	컵 쌓기	7
컵 상부에 받침을 가져가기	1	가족모형 '걷게 하기'	1
열차에 컵을 가져가기	1	차 바퀴 돌리기	1
열차에 덮개 얹기	1	바닥 위에서 자동차 모형 밀기	1
나사들을 쌓기	5	가스 펌프의 크랭크 돌리기	1

출처: Gitlin-Weiner, Sandgrund, & Schaefer (2000), pp. 261-262.

두 번째 단계는 아동이 놀이한 활동을 놀이 범주에 따라 조직화한다. 이때 활동은 이중으로 부호화될 수도 있다. 〈표 14-3〉에 제시된 아동의 행동 빈도에 나타난 활동을 놀이 범주로 조직화한 예를 소개하면 〈표 14-4〉와 같다.

표 14-4 단계 2: 활동을 놀이 범주에 조직화하기

수준	범주	놀이 활동	빈도
1	비변별 행동	행동 없음	
2a	하나의 사물에 대한 변별 행동	입에 그릇 대기	1
		입에 숟가락 대기	2
		거울에 비춰 보기	1
		가족 모형을 걷게 하기	1

		자동차 바퀴 돌리기	1
		바닥 위에서 자동차 모형 밀기	1
		가스 펌프의 크랭크 돌리기	1
2b	결합-분해 조합		
3a	외형을 조합하기	퍼즐에 조각 넣기	5
		그릇에 구슬 넣기	6
		상자에 블록/막대기를 다시 넣기	5
		컵들을 포개기	28
		플라스틱 상자에 동물 넣기	1
		상자에 뚜껑을 얹기	1
		포개는 컵들을 포개기	4
3b	일반적 조합하기	컵에 받침을 놓기	1
		열차에 컵을 넣기	1
		열차에 덮개를 놓기	1
		입에 컵을 갖다 대기	1
3c	자기인 척 가장하기	머리에 그릇 얹기, '모자'	4
		마시기 위해 입에 젖병 대기	1
4	구체적 조합하기 (물리적 속성)	포개지는 컵들을 쌓기	12
		블록 쌓기	1
		구슬 쌓기	11
		트럭 안에 구슬 쌓기	4
		포개는 비커들 쌓기	5
		나사	7
5a	행위자로서의 아동	행동 없음	
5b	구체적 조합하기 (전통적 속성)	행동 없음	
6a	단일 도식 배열	행동 없음	
6b	대치	행동 없음	
7a	행위자로서의 인형	행동 없음	
7b	다중 도식 배열	행동 없음	
8a	사회극 놀이	행동 없음	
8b	주제가 있는 판타지 놀이	행동 없음	

출처: Gitlin-Weiner, Sandgrund, & Schaefer (2000), pp. 262-263.

세 번째 단계는 놀이 행동의 다양한 범주와 빈도를 요약하는 것이다. 〈표 14-4〉에서 보듯이 제시된 아동의 놀이 행동을 보면 대체로 변별 행동, 외형 조합, 구체적 조합(물리적 속성)의 범주체가 모여 있는 것을 확인할 수 있다. 이렇게 다양한 놀이 범주를 요약하여 정리한 것은 〈표 14-5〉와 같다.

표 14-5 놀이 범주 요약

범주	유형/토큰	상태	표적
비변별 행동	–		
하나의 사물에 대한 변별 행동	7/8	출현	
결합-분해 조합	–		
외형을 조합하기	7/50	숙달	
일반적 조합하기	3/3	출현	
자기인 척 가장하기	0	부재	←
구체적 조합하기(물리적 속성)	1/40	부재	←
행위자로서의 아동			
구체적 조합하기(전통적 속성)			
단일 도식 배열			
대치			
행위자로서의 인형			
다중 도식 배열			
사회극 놀이			
주제가 있는 판타지 놀이			

출처: Gitlin-Weiner, Sandgrund, & Schaefer (2000), p. 264.

〈표 14-5〉를 보면 놀이 범주에 따라 빈도(놀이 행동 발생 수)와 각 범주 내의 다양성(유형)에 따라 분석될 수 있다. 이러한 빈도에 따라 숙달, 출현, 부재를 결정할 수 있다. '숙달'은 30분 내에 최소한 네 가지의 다른 유형으로 표현되는 것으로 적어도 10개 범주의 사례가 발생하는 것을 말한다. '출현'은 적어도 두 가지 다른 유형으로 표현되는 것으로 최소한 범주의 사례가 발생하는 것이며, 이보다 적으면 '부재'라고 정의한다.

앞의 아동의 놀이 분석을 보면 101개의 놀이 활동이 기록되었지만 대체로 외형의 조합(n=50)에 가장 많은 활동을 보이는 것을 볼 수 있다. 따라서 이 아동을 위한 놀이 개입을 계획할 때 자기인 척 가장하기와 구체적 조합하기 단계에 맞추어 계획할 필요가 있다.

2) KPPS 놀이척도(KPPS)

KPPS 놀이척도(Knox Preschool Play Scale: KPPS)는 작업치료사 Susan Knox(1974)에 의해 개발된 관찰 기반 놀이척도이다. 이 척도는 놀이를 통해 자연스럽게 발현되는 아동의 능력을 평가하므로, 표준화된 검사에 반응하기 어려운 아동들(예: 자폐스펙트럼장애, 발달지연 아동 등)의 발달 수준을 파악하는 데 매우 유용하다. KPPS는 아동이 자발적으로 놀이에 참여하는 자연스러운 환경에서의 행동을 관찰하여, 아동의 놀이 발달 프로파일을 작성하고 개별화된 치료 목표를 수립하며, 중재 전후의 발달 변화를 평가하는 데 활용될 수 있다.

(1) 평가 구조

KPPS는 4개의 주요 평가 항목과 12개의 놀이 행동 범주로 구성되며, 〈표 14-6〉과 같이 정리된다.

표 14-6 KPPS의 평가 항목

평가항목	평가 내용	주요소
공간 운용	자신의 신체와 공간을 어떻게 관리하는지를 평가	• 대근육 활동(예: 걷기, 뛰기, 균형 잡기) • 흥미: 새로운 활동에 대한 관심, 다양한 움직임 시도
놀잇감 관리	사물과 장난감을 어떻게 조작하고 사용하는지를 평가	• 조작(장난감 사용 능력) • 구성(물건을 만들거나 조합하는 능력) • 목적(활동의 목표) • 주의력(놀이 집중 시간 및 유지 능력)
상징놀이	상징적 사고 및 상상놀이 능력을 평가	• 모방(행동이나 언어 모방 능력) • 극화(역할놀이 및 가상 상황 구성 능력)
참여도	또래 및 성인과의 사회적 상호작용, 협력성, 독립성 평가	• 놀이 유형(사회적 참여 수준: 혼자놀이부터 협력놀이까지) • 협력(타인과의 상호작용 및 협력 능력) • 유머(웃음과 재미에 반응하는 능력) • 언어(상호작용 및 표현 능력)

(2) 평가 방법

KPPS는 표준화된 환경이나 놀잇감이 아닌, 자연스러운 환경과 아동이 선호하는 놀잇감을 이용해 평가를 진행한다. 검사 지시에 따르지 않거나 구조화된 활동을 거부하는 아

동이라 하더라도, 자유놀이 상황에서 보여 주는 행동을 통해 아동의 발달 수준을 추정할 수 있다.

Knox(1974)가 개발한 놀이척도는 이후 Bledsoe와 Shepherd(1982)의 연구를 통해 신뢰도와 타당도가 입증되어 현재는 수정된 형태인 KPPS−R(Revised Knox Preschool Play Scale)로 임상에서 활용되고 있다.

〈표 14−7〉은 Knox(1974)의 놀이척도, 그리고 Bledsoe와 Shepherd(1982)의 유아 놀이척도 타당도 연구를 바탕으로 임상 적용을 위해 재구성된 것으로, 원 출처는 『The American Journal of Occupational Therapy』, 36(11), pp. 783-788에서 발췌하여 번역하였다.

표 14−7 0~18개월 Knox 학령전 놀이척도(Revised Knox Preschool Play Scale: RKPPS)

평가 영역	0~6개월	6~12개월	12~18개월
공간관리	대근육 운동: 손과 발을 뻗고 움직이며, 만지거나 쥐는 등 즐거운 감각을 유지하기 위해 움직이기	대근육 운동: 엎드려서 손 뻗기, 기기, 균형 잡고 앉기, 앉아서 장난감 가지고 놀기, 서기 위해 당기기	대근육 운동: 지지 없이 서기, 앉기, 구부리고 균형 되찾기, 다리 넓게 벌리고 걷기, 큰 근육 집단을 포함하는 넓은 움직임, 공 던지기
	홍미: 사람, 얼굴 보기, 움직임 따라가기, 목소리 및 소리 주의 기울이기, 손 닿는 범위 내에서 자신과 물체 탐색	홍미: 사물을 눈으로 추적하며, 움직임 예상하기, 목표 지향적 움직임	홍미: 기본적인 움직임 패턴 연습, 움직임 실험, 다양한 운동감각 및 고유수용감각 탐색, 움직이는 물체(예: 공, 트럭, 끌 장난감)
놀잇감 관리	조작: 물건을 입에 넣거나 두드리기, 흔들기	조작: 당기기, 돌리기, 찌르기, 찢기, 긁기, 떨어뜨리기, 작은 물체 집기	조작: 던지기, 넣기, 밀기, 당기기, 나르기, 돌리기, 열기, 닫기
	구성: 두 놀잇감 함께 가져오기	구성: 관련된 놀잇감 결합하기, 놀잇감 용기에 넣기	구성: 쌓기, 분해하기, 조립하기, 결과물 만들려는 시도는 거의 없음, 두 물체를 적절하게 연관시키기(예: 냄비에 뚜껑 덮기)
	목적: 감각−보고, 만지고, 듣고, 냄새 맡고, 입에 넣기 위해 재료 사용	목적: 효과를 내기 위한 행동, 원인과 결과	목적: 다양한 도식, 과정 중요, 시행착오, 관계적 놀이
	주의력: 움직이는 물체 눈으로 따라가기, 3~5초 주의	주의력: 상세한 물체에 15초, 시각 및 청각 장난감에 30초	주의력: 빠른 전환

상징놀이	모방: 관찰된 표정 및 신체 움직임 모방(예: 미소 짓기, 잼잼), 발성 모방	모방: 관찰된 행동, 감정, 소리 및 몸짓 모방(자신의 레퍼토리 일부가 아닌 것), 익숙한 활동 패턴 모방	모방: 간단한 행동, 현재 사건 및 성인 모방, 새로운 움직임 모방, 간단한 도식 연결(예: 사람을 차에 태우고 밀기)
	극화: 나타나지 않음	극화: 나타나지 않음	극화: 자신을 이용한 가장놀이 시작(예: 숟가락으로 자신에게 먹이기), 살아 있거나 살아 있지 않은 물체에 가장놀이
참여도	놀이 유형: 혼자놀이, 다른 아동과 상호작용하려는 노력 없음, 안기거나 흔들리는 것을 즐김	놀이 유형: 영아 간 상호작용, 아동과 성인에게 다르게 반응	놀이 유형: 혼자놀이와 구경꾼 놀이의 조합, 또래와의 상호작용 시작
	협력: 개인적인 관심 요구, 보호자와 간단한 주고받기 상호작용(간지럼 태우기, 까꿍)	협력: 따르기보다 게임 시작, 물건 보여 주고 주기	협력: 도움을 기대하고 요청함
	유머: 미소 짓기	유머: 미소 짓기, 신체 게임에서 웃기, 예상하며 웃기	유머: 어울리지 않는 사건에 웃기
	언어: 소리와 목소리 주의 기울이기, 옹알이, 혀 짧은 소리 사용	언어: 의사소통하려는 의도를 몸짓으로 표현, 익숙한 단어 및 표정에 반응, 질문에 반응	언어: 놀이 중 혼자 재잘거리기, 몸짓과 단어를 사용하여 원하는 것 전달, 물체 이름 말하기, 다른 사람에게 인사하기, 간단한 요청에 반응하기, 놀리기, 외치기, 반대하기, 단어와 몸짓 결합하기

※ 이 표는 Knox, S. (1974)의 『A Play Scale』을 기반으로 Bledsoe & Shepherd(1982)에 의해 수정되어 사용된 것을 인용함.

표 14-8 18~36개월 Knox 학령전 놀이척도

평가 영역	18~24개월	24~30개월	30~36개월
공간 관리	대근육 운동: 달리기, 웅크리기, 의자 오르내리기, 계단 오르내리기(한 발씩 오르기), 공 차기, 세발자전거 타기	대근육 운동: 활동에 전신 통합 시작–복잡한 움직임에 집중, 바닥에서 점프, 한 발로 잠시 서기, 넘어지지 않고 자세 잡고 공 던지기	대근육 운동: 장애물 주변 달리기, 모퉁이 돌기, 놀이터 기구 오르기, 계단 오르내리기(교차 발 사용), 공을 잡아서 트랩하기, 발끝으로 서기
	흥미: 수단과 목적 인식, 다단계 과제에 흥미	흥미: 새로운 움직임 패턴 탐색(예: 점프), 어지르기	흥미: 거친 몸놀이(rough and tumble play)

놀잇감 관리	조작: 기계 장난감 작동, 팝 비즈 분해, 비즈 꿰기	조작: 느끼기, 쓰다듬기, 쏟아 내기, 짜기, 채우기	조작: 맞추기, 비교하기
	구성: 도구 사용	구성: 낙서, 구슬 꿰기, 퍼즐 4~5조각 맞추기, 수평·수직 쌓기	구성: 여러 도식 조합
	목적: 행동 전 예측(계획) 시도	목적: 결과물보다 과정에 관심(예: 낙서, 짜기 등), 계획적 놀이 시작	목적: 움직이는 장난감에 관심(예: 트럭, 관절 인형 등)
	주의력: 조용한 놀이 5~10분, 단일 장난감 사용은 약 5분	주의력: 강한 흥미, 조용한 놀이 최대 15분, 단일 물체 또는 주제로 5~10분 놀이	주의력: 15~30분 가능
상징 놀이	모방: 표상적 모방, 모방하여 장난감 작동 방법 인식, 지연 모방	모방: 장난감 관련 흉내를 통한 성인 일상 모방(예: 아동이 인형에게 먹이기), 또래 모방, 표상적 놀이	모방: 장난감을 행위자로 사용(예: 인형이 스스로 먹기), 물체에 대한 더 추상적인 표상, 여러 도식 조합(예: 인형에게 먹이기, 쓰다듬기, 재우기)
	극화: 인형에 행동하기(예: 옷 입히기, 머리 빗겨 주기), 하나 이상의 물체나 사람에게 가장 행동, 가장놀이에서 2개 이상의 행동 결합, 상상 속 물체	극화: 인형, 봉제 동물, 상상 친구 인격화, 단일 캐릭터 묘사, 일상 사건 상세하게 꾸미기	극화: 이야기 구조 발달, 에피소드 전개 능력(예: 인형이 케이크 굽고 나눠 주기)
참여도	놀이 유형: 구경꾼, 또래 간 간단한 행동 및 조건적 반응	놀이 유형: 병행 놀이(다른 사람 옆에서 놀지만 놀이는 독립적), 다른 사람의 존재 즐기기, 낯선 사람에게 수줍음	놀이 유형: 병행 놀이, 연합 놀이 시작, 2~3명의 아동과 놀기, 1~2시간 동안 함께 놀기
	협력: 다양한 성인과 더 복잡한 게임(숨바꼭질, 추격), 다른 사람에게 행동 지시	협력: 소유욕 강함, 많이 뺏고 잡기, 쌓아 두기, 공유하지 않음, 장난감 뺏기는 것 저항, 독립적, 자신의 놀이 시작	협력: 타인의 욕구 이해 시작
	유머 감각: 사물 명명 오류 등에 웃음	유머 감각: 간단한 사건과 말장난에 웃음	유머 감각: 복잡한 상황이나 언어적 유희에 웃음

	언어: 행동 단어 이해, 정보 요청, 현재 없는 사람 및 물체 언급, 단어 결합	언어: 수다스러움, 재잘거림 거의 없음, 생각, 정보, 질문, 활동에 대한 의견 전달에 단어 사용 시작	언어: WH 질문이 많아지고, 시간 순서에 따라 사건 서술 가능

※ 이 표는 Knox, S. (1974)의 『A Play Scale』을 기반으로 Bledsoe & Shepherd(1982)에 의해 수정되어 사용된 것을 인용함.

표 14-9 36~72개월 Knox 학령전 놀이척도

평가 영역	36~48개월	48~60개월	60~72개월
공간 관리	대근육 운동: 더 협응된 신체 움직임, 더 부드러운 걷기, 점프, 오르기, 달리기, 가속, 감속, 한 발로 3~5회 뛰기, 한 발로 스킵하기, 공 잡기, 어깨와 팔꿈치 사용하여 공 던지기, 거리 점프	대근육 운동: 활동 수준 증가, 움직임 대신 목표에 집중 가능, 총체적 운동 능력의 용이함, 묘기, 힘겨루기, 과장된 움직임, 기어오르기, 갤럽, 사다리 오르기, 팔꿈치를 옆에 붙여 공 잡기	대근육 운동: 더 차분함, 좋은 근육 조절 및 균형, 한 발로 5회 이상 뛰기, 직선으로 뛰기, 공 튕기고 잡기, 스킵하기, 앞구르기, 스케이트 타기, 몸을 땅에서 들어 올리기
	흥미: 새로운 것 모두, 놀이 재료의 소근육 조작, 어려운 과제로 자신에게 도전	흥미: 자신의 작업에 자부심(예: 결과물 보여 주고 이야기하기, 친구와 비교하기, 그림 전시 좋아하기), 복잡한 아이디어, 거친 놀이	흥미: 상상놀이와 실제 같은 활동에 몰입, 유용한 것을 만듦. 장난감으로 실질적인 작업을 함
놀잇감 관리	조작: 소근육 활동(망치질, 정렬, 작은 물체 넣기 등)	조작: 정밀한 소근육 조작(선 그리기, 밀기, 당기기)	조작: 도구를 사용하여 물건 만들기, 따라 그리기, 재료 결합하기
	구성: 간단한 결과물 만들기, 놀이 재료 결합하기, 분해하기, 3차원, 디자인 명확함	구성: 결과물 만들기, 특정 디자인 명확함, 복잡한 구조물 만들기, 10조각 퍼즐	구성: 인지 가능한 결과물 만들기, 작은 조립 좋아하기, 세부 사항에 주의 기울이기, 놀이에서 결과물 사용
	목적: 결과물에 대한 흥미 보이기 시작	목적: 결과물이 매우 중요하며 자신을 표현하는 데 사용, 과장하기	목적: 현실 반복하기
	주의력: 집중 시간 약 30분, 단일 물체 또는 주제로 10분 놀이	주의력: 스스로 1시간까지 즐겁게 놀기, 단일 물체 또는 주제로 10~15분 놀이	주의력: 단일 대상 또는 주제에 장시간 몰입

상징 놀이	모방: 현실 세계에 대한 더 복잡한 모방, 가정 놀이 및 동물 강조, 상징적, 과거 경험	모방: 성인의 새로운 스크립트 조립(예: 옷 입기), 현실 중요	모방: 현실 재구성에 중점을 두어 새로운 테마 계속 구성
	극화: 가상 놀이 시퀀스를 위한 복잡한 스크립트 사전 준비, 이야기 시퀀스, 복제 장난감으로 가장 놀이, 한 장난감을 다른 것으로 표현하기, 감정을 가진 여러 캐릭터 묘사(주로 분노와 울음), 의상에 대한 흥미 거의 없음, 상상 캐릭터	극화: 익숙한 지식을 사용하여 새로운 상황 구성(예: 이야기나 TV 쇼 주제 확장), 다른 사람을 위한 또는 다른 사람과 함께 역할놀이, 더 복잡한 감정 묘사, 이야기 시퀀스, 주제가 가정에서 마술로 전환, 옷 입기 즐기기, 자랑하기	극화: 이야기 시퀀스, 의상 중요, 소품, 인형극, 세 인형의 직접적인 행동–상호작용하게 만들기, 역할 놀이를 위해 다른 아동과 소품 조직화하기
참여도	놀이 유형: 연합놀이, 공통 목표 달성을 위한 조직화 없음, 활동보다 또래에 더 관심, 친구들과 함께 있는 것 즐김, 협동놀이 시작, 집단놀이	놀이 유형: 협동놀이, 목표 달성을 위해 조직된 2~3명의 집단, 혼자보다 다른 사람과 놀기 선호, 간단한 규칙이 있는 집단 게임	놀이 유형: 3~6명의 협동 집단, 더 복잡한 게임 및 극적 놀이 조직화, 경쟁 게임, 공정한 놀이 규칙 이해
	협력: 제한적, 일부 차례 지키기, 뺏기보다 요청하기, 다른 사람 통제하려는 시도 거의 없음, 쉽게 분리됨, 다른 사람 놀이에 합류	협력: 차례 지키기, 다른 사람의 활동 통제 시도, 거만함, 가족 및 가정에 대한 강한 감각, 부모를 권위자로 인용	협력: 집단놀이 촉진을 위해 타협하기, 경쟁 놀이에서 경쟁심, 규칙이 있는 게임, 역할이 협력되고 주제가 목표 지향적인 협력놀이
	유머: 말도 안 되는 단어, 운율에 웃기	유머: 익숙한 이야기 왜곡에 반응	유머: 단어의 여러 의미에 웃기
	언어: 또래와 의사소통하기 위해 단어 사용, 새로운 단어에 흥미, 간단한 노래 부르기, 묘사적인 어휘 사용, 듣는 사람에 따라 말 변화	언어: 말놀이, 지어내기, 긴 이야기, 끈질기게 질문하기, 활동 조직을 위해 또래와 의사소통하기, 자랑하기, 위협하기, 익살 부리기, 노래 전체 부르기, 역할을 표현하기 위해 언어 사용, 언어적 추론	언어: 이야기 구조 표현, 노래 가사 이해 및 질문

※ 이 표는 Knox, S. (1974)의 『A Play Scale』을 기반으로 Bledsoe & Shepherd(1982)에 의해 수정되어 사용된 것을 인용함.

3) Westby 놀이척도

Westby 놀이척도(Westby Play Scale)는 유아기의 언어 및 상징놀이 발달을 평가하기 위한 관찰 기반 도구로, 언어병리학자 Carol Westby(1980)에 의해 개발되었다. 이 척도는 유아기의 상징놀이(symbolic play)와 언어 발달 간의 관계를 체계적으로 분석하여 아동의 놀이 행동을 통해 인지적 · 언어적 능력의 수준을 파악하고, 이에 따른 중재 방향을 설정할 수 있는 유용한 틀을 제공한다.

Westby는 놀이 발달이 언어 발달과 병행하여 진행된다고 보았으며, 아동이 어떻게 사물을 다루고, 의미를 부여하고, 사회적 상호작용을 어떻게 형성하고, 언어를 어떤 방식으로 사용하는지를 종합적으로 평가기준에 반영하였다. 특히 이 척도는 놀이 내용과 언어 사용 양상을 병렬적으로 기술하고 있어, 놀이 행동을 통해 아동의 언어 발달 수준을 간접적으로 추론할 수 있다.

(1) 평가 구조

Westby 놀이척도는 크게 상징이전(Presymbolic) 단계와 상징놀이(Symbolic) 단계로 구분되며, 총 10단계로 세분화된다. 각 단계는 아동의 연령, 놀이 행동, 언어 사용 양상, 그리고 인지적 조직화 수준을 종합적으로 반영하여 다음과 같은 핵심 영역을 통합적으로 평가한다.

- 놀이 행동: 기능적 놀이, 상징놀이, 역할놀이, 이야기 구성 능력 등
- 사물 활용 방식: 실제 도구 사용, 대체물 활용, 상상적 소품 구성 등
- 놀이 조직화: 단일 행동, 연속적 시퀀스, 복합적 스크립트의 구성
- 사회적 역할 분화: 자기를 중심으로 한 놀이에서 타인과의 역할 교환으로 확장
- 언어 기능 및 형식: 요청, 명령, 설명, 감정 표현, WH 질문 등

(2) 평가 방법

Westby 놀이척도는 구조화된 검사도구가 아니라, 자유놀이 상황에서 아동의 자발적인 놀이 행동을 관찰함으로써 평가가 이루어진다. 평가자는 아동이 어떤 놀이 도구를 선택하고, 어떻게 다루며, 놀이를 어떻게 확장하거나 상호작용하는지를 체계적으로 기록

하고 분석한다. 이러한 관찰을 통해 언어, 인지, 사회정서 발달의 통합적 수준을 파악할 수 있다.

Westby 놀이척도는 평가도구일 뿐 아니라, 효과적인 놀이 중재 전략을 설계하는 지침서 역할을 한다. 예를 들어, 상징놀이에 어려움을 보이는 아동에게는 역할놀이 모델링, 스토리텔링 활동, 소품 대체 활용 유도 등 발달 촉진을 위한 구체적 놀이 중재 전략을 적용할 수 있다. 이러한 접근은 치료사가 아동의 현재 발달 수준에 맞는 중재 방향을 설정하는 데 유용한 근거가 될 수 있다. 〈표 14-10〉은 Westby(2000)의 『A Scale for Assessing Development of Children's Play』를 바탕으로 번역 및 재구성하였다.

표 14-10 놀이척도 1단계: 상징이전 단계(Phase 1: Presymbolic Level I–II: 8~17개월)

Play			의사소통 (communication)
사물영속성 (object permanence)	수단-목적/문제해결 (means-end/problem solving)	사물 사용 (object use)	
상징이전 수준 I: 8~12개월			
□ 사라져도 물체가 존재한다는 것을 인식함 □ 천, 상자 등으로 가린 장난감을 찾음 □ 물체와 위치를 연관 지어 기억함	□ 장난감 위에 덮인 천을 잡아당겨 장난감을 찾음 □ 끈을 당겨 장난감을 끌어당김 □ 활동을 계속하기 위해 어른을 터치함	□ 천을 끌어 장난감을 얻음 □ 장난감의 움직이는 부분을 탐색함 □ 모든 장난감을 입에 넣지 않음 □ 다양한 도식(두드리기, 흔들기, 돌리기, 던지기 등)을 사용함; 익숙한 장난감에서 약간의 차이를 보이는 도식을 사용함	□ 장난감과 사람 모두에 대한 공동주의 □ 진정한 언어는 없음; 행동이나 전체 상황과 관련된 수행적 언어만 사용함 □ 물건을 보여 주고 건넴 의사소통 기능: □ 요청(request; 도구적) □ 명령(command; 규제적)

상징이전 수준 II: 13~17개월			
□ 물체가 위치와 무관하게 존재한다는 것을 이해함: 장난감이 한 곳에 없으면 다른 장소도 찾아봄	□ '안에 있음' 개념 이해: 병에서 물체 꺼냄 □ 장난감 작동이 어려우면 어른에게 건넴 □ 어른에게 관심 끌기 위해 장난감 건넴 □ 원하는 물건을 가리키기 위해 집게손가락 사용	□ 장난감의 작동 부위에 관심 가짐(버튼, 레버 등) □ 시행착오를 통해 장난감의 작동 방법을 스스로 발견함 □ 장난감 간 관계를 구성함(예: 인형을 차에 태움, 상자를 겹쳐 쌓음) □ 실제 물체를 적절히 기능적으로 사용함	□ 상황 의존적 단일 단어 사용(예: 자동차를 타고 있을 땐 "차"라고 말하지만, 길에서 볼 때는 사용하지 않을 수 있음); 단어는 일시적으로 나타났다 사라짐 의사소통 기능: □ 요청(Request) □ 명령(Command) □ 항의(Protest) □ 명명(Label) □ 상호작용적(Interactional) □ 반응(Response) □ 개인적(Personal) □ 인사(Greeting)

출처: Westby, C. E. (2000).

표 14-11 놀이척도 2단계: 상징 단계(Phase 2: Symbolic Level I–IV: 17~30개월)

탈맥락화	주제별 콘텐츠	조직화	자기/타인관계	기능	형식과 내용
상징놀이에서는 어떤 도구를 사용하는가?	어떤 도식/대사를 표현하는가?	도식/대사는 얼마나 일관되고 논리적인가?	자신은 어떤 역할을 맡고 다른 사람이나 장난감에 어떤 역할을 부여하는가?		
놀이				언어	
상징적 수준 1(17~19개월)					
□ 내면적 정신 표상을 나타냄 □ 도구 사용(예: 막대기로 장난감을 끌어오기)	□ 자신이 경험한 익숙한 일상 활동을 주제로 놀이(예: 먹기, 자기 등)	□ 단순하고 독립적인 도식(하나의 단일 상징적 행동)	□ 자기 자신을 행위자로 설정함(자기상징적 또는 자기표현적 놀이;	□ 지시하기 □ 요청 □ 명령 □ 상호작용 □ 자기 유지 □ 항의 □ 자기보호 및 권리 주장	□ 진정한 언어적 의사소통의 시작 단계 어휘는 다음과 같은 기능적 및 의미적 관계를 포함함: □ 반복

□ 보이지 않는 장난감을 찾음(예: 상자에 넣은 후 스카프로 덮기) □ 실제와 유사한 도구로 놀이함 □ 고형 링을 쌓지 못함			예: 아동이 자기 자신을 재우거나, 숟가락으로 먹는 척, 컵에서 마시는 척함)	□ 설명 □ 명명 (사물 및 활동) □ 개인 감정 표현	□ 존재 □ 부재 □ 거부 □ 부정 □ 주체 □ 대상 □ 사람이나 사물과 연관된 대상 표현
상징적 수준 II(19~22개월)					
	□ 익숙한 타인의 활동 표현(예: 요리, 청소, 면도 등)	□ 단순한 도식의 조합(예: 인형을 흔들고 침대에 눕히기, 물컵에 붓기, 숟가락으로 인형 먹이기)	□ 인형에게 행동 수행(인형은 수동적 수용자) □ 여러 대상(인형, 어른, 또래 등)에게 두 가지 이상 행동을 순차적으로 수행함	□ 보이지 않는 대상/사람을 언급함 □ 정보를 요청함	형식 및 내용: 단어 조합 시작, 다음의 의미 관계를 포함한 단어 조합 사용 □ 주체–행동 □ 행동–대상 □ 주체–대상 □ 속성 □ 수여 대상 □ 행동–위치 □ 소유 관계
상징적 수준 III(24개월)					
		□ 세부를 포함한 단일 도식 구성(예: 뚜껑 닫기, 냄비 불에 올리기, 식기류 모으기 등)	□ 역할 바꾸기("내가 너 할게, 너는 나 해.")	□ 자기 행동에 대한 설명(예: "사과 가져와.") □ 인형 행동에 대한 코멘트("아기 자요.")	□ 구와 짧은 문장 사용 문법적 형태소 출현 시작 □ 현재진행형 □ 복수형 □ 소유격
상징적 수준 IV(30개월)					
	□ 잘 겪지 않지만 인상적인 경험(즐겁거나 충격적인 경험 포함) □ 쇼핑놀이		□ 인형과 대화 □ 상호 역할놀이 수행(예: 의사/환자, 손님/계산원)		WH 질문에 상황에 맞게 반응함 □ 무엇 □ 누구 □ 누구의 □ 어디

	□ 병원놀이 (아픈 인형 돌보기)				□ 무엇을…해 □ 질문(WH) 시작은 하나, 정확한 답변은 제한됨 □ '왜' 질문 사용은 늘어나지만 응답 이해도는 낮음

출처: Westby (2000).

표 14-12 놀이척도 2단계: 상징 단계(Phase 2: Symbolic Levels V–VIII: 3~5세)

탈맥락화	주제별 콘텐츠	조직화	자기/타인관계	기능	형식과 내용
상징놀이에서는 어떤 소품을 사용하는가?	어떤 도식/대사를 나타내는가?	도식/대사는 일관되고 논리적인가?	자신은 어떤 역할을 맡고 장난감과 다른 사람들에게 어떤 역할을 맡기는가?		
놀이				언어	
상징적 수준 V(3세)					
	□ 보상적 놀이 (실제 경험한 사건을 재현하지만 결과를 바꾸어 재구성)	□ 비계획적 사건 순서화 형성(예: 아이가 케이크를 섞고, 굽고, 접시에 담고, 의사를 부르고, 환자를 병원에 데려감); (계획된 순서가 아님)	□ 자신을 역할에 따라 변환 □ 연합놀이 참여; 또래와 유사한 역할을 수행하나, 명확한 목표나 계획은 없음	□ 보고하기 □ 예측하기 □ 이야기/서술	□ 과거시제 사용 ("나는 케이크를 먹었어.") □ 미래 시제 표현 ("나는 설거지를 할 거야.")

상징적 수준 VI(3~3.5세)					
□ 미니어처 장난감으로 가상놀이 수행(예: 인형의 집, 농장, 차고, 마을, 공항 등) □ 하나의 사물을 다른 사물로 대체하여 사용(예: 빗=빵, 의자=자동차) □ 모래 상자, 블록 등을 울타리나 집처럼 사용해 상상 공간 구성	□ 직접 참여하지 않은 사건을 재현함(예: 경찰, 소방관, 전쟁, TV 프로그램 장면 등) □ 상상력이 풍부한 이야기나 스토리라인 생성함		□ 다른 아이에게 역할을 부여하고 놀이 내 협상함(예: "내가 엄마 하고, 너는 아기 해. 그다음엔 내가 아기 할게.") □ 다중 역할 교환 놀이 수행(예: "나는 엄마이자 운전사" 등의 복합적 역할 분화 가능) □ 인형이나 피규어로 역할에 참여시킴 □ 인형에게 말하거나 인형의 말을 대신해 주는 상징적 대화 수행 □ 상호적 역할 교환 가능: 인형의 부모 역할을 수행하며 상호작용함	□ 투사적 발언: 자신의 소망, 생각, 감정을 인형이나 인형극을 통해 표현함 □ 간접적인 요청(예: "쿠키 더 먹고 싶다."라고 말함으로써 요청) □ 청자에 따라 말의 형식을 바꿈 □ 추론적 사고(예측, 이야기, 문제해결, 정보 보고 등 포함) □ 메타 의사소통 전략을 사용함	지각적 속성을 더 잘 인식하고 서술어 어휘가 확장됨 사용 예시(정확하지 않을 수 있음) □ 모양 □ 크기 □ 색깔 □ 질감 □ 공간적 관계 □ 메타언어적/메타인지적 언어를 사용함(예: "그 애가 그랬어……." "나는 알아…….")
상징적 수준 VII(3.5~4세)					
□ 언어를 통해 놀이 장면과 배경을 설정함 □ 블록 등으로 3차원 구조를 만들어 놀이 세계를 구성함	□ 즉흥 놀이와 주제 변형 능력 향상: 놀이 중 설정을 바꾸거나 즉흥적으로 새로운 스토리를 추가함	□ 스크립트/주제를 계획함 □ '만약 ~라면 어떻게 될까?'와 같은 가정놀이를 함	□ 아동 또는 인형이 다수의 역할을 수행할 수 있음(예: 엄마이자 의사, 남편이자 아빠) □ 자신과 인형이 여러 역할을 수행(예: 엄마와 아내, 소방관, 아빠 등)	□ 역할, 소품, 이야기 구조에 대해 언어로 설명하며 상징놀이를 지시하거나 조정함	□ 조동사 사용 □ 접속사 사용 □ (참고: 조동사와 접속사의 완전한 사용 능력은 일반적으로 10~12세에 발달함) □ 이유와 관련된 '왜' 질문에 적절히 대답함

상징적 수준 VIII(5세)					
□ 장면, 행동, 역할을 설정하기 위해 언어를 사용할 수 있음; 물리적 소품 없이도 놀이 구성이 가능해짐	□ 실제로 경험하거나 본 적이 없는 사건들까지 포함하여 상상력을 발휘하는 높은 수준의 활동을 구성함(예: 우주인이 우주선을 조종하고 낯선 행성에 가서 탐험하며, 낯선 존재들과 대화함)	□ 놀이를 사전 계획하고, 필요한 사람과 소품을 구성함 □ 다수의 시나리오를 동시에 조정하는 능력 출현(예: 병원놀이와 시장놀이가 동시에 이루어짐)	□ 협력놀이가 나타남(예: 역할이 조율되고 주제에 따라 목표 지향적으로 놀이가 진행됨)		□ 관계용어 사용(예: '그러고 나서' '먼저' '다음에' '전에' '후에' 등) □ 참고: 이러한 개념의 완전한 사용은 10~12세에 발달

출처: Westby (2000).

2. 부모-자녀 상호작용 평가(MIM)를 활용한 부모-자녀 놀이평가

아동이 부모와의 분리가 어려워 개별 놀이평가 진행이 어렵거나, 부모-자녀 관계에 대한 이해가 필요할 때 부모-자녀 관계 놀이평가를 진행할 수 있다. 이때 사용할 수 있는 평가도구로 부모-자녀 상호작용 평가(MIM)가 있다. MIM은 양육자와 아동 간의 관계를 관찰하고 사정하기 위해 구조화된 기법으로, 이 기법은 치료놀이의 네 가지 차원의 상호작용을 이끌어 내기 위해 고안된 일련의 과제들로 이루어져 있다. 치료놀이의 네 가지 차원에 대한 자세한 설명은 제9장 치료놀이를 참고하면 된다.

표 14-13 치료놀이의 네 가지 차원

- 적절한 지시와 안전한 환경을 제공하고 제한 설정을 하는가(구조)
- 아동의 상태와 반응을 조율하면서 즐거운 상호작용으로 아동을 개입시킬 수 있는가(개입)
- 편안함과 평온함, 그리고 양육에 대한 아동의 욕구를 충족시키는가(양육)
- 발달상 적절한 수준에서 성공을 위한 아동의 노력을 지지하고 격려하는가(도전)

MIM은 부모-자녀 관계 안에 존재하는 문제 영역을 세심하게 관찰할 수 있는데, 평가의 과정을 통해 부모와 아동 모두의 강점과 그들의 관계에서의 상호작용 패턴을 관찰하는 데 특별한 기회가 된다.

1) MIM 실시 환경

기본적인 MIM 관찰 회기는 부모와 자녀 간의 관찰로 이루어지는데, 만약 부모가 함께 참여할 경우 아동이 먼저 한 부모와 함께 MIM을 진행한 후, 다른 부모와 아동이 진행하는 두 부분으로 이루어진다. 즉, 양육자 1명과 자녀 1명의 1:1 평가로 진행되어야 한다. MIM은 다음과 같은 절차로 실시된다.

(1) 배치

먼저, 부모와 아동은 책상 앞에 나란히 앉는다. 부모와 아동이 나란히 앉는 이유는 제시하는 상호작용을 진행하기 쉽도록 가까이 있어야 하기 때문이다. 만약 영아나 유아와 함께할 경우라면, 부모가 안거나 부모 옆에 소파나 베개에 기댈 수 있게 해 주어도 좋다.

(2) 녹화

MIM의 평가는 일반적으로 일방경을 통해 관찰되며, 사후 분석을 하기 위해 녹화하게 된다. 그러나 만약 일방경이나 녹화 장비가 없다면 평가자는 부모와 자녀에게 방해가 되지 않도록 조용히 평가실의 한쪽에 앉아 기록할 수 있다.

(3) 평가 세팅

MIM의 각 활동을 진행하기 위해 지시 사항이 기록된 카드는 평가가 이루어지는 책상 위에 뒤집어서 부모 앞에 놓는다. 각 평가를 진행하기 위한 재료는 봉투에 라벨을 붙여서 바구니에 담아 부모 가까이에 둔다. 부모가 과제와 도구를 적절하게 사용할 수 있도록 지시 사항과 필요한 재료가 들어 있는 각각의 봉투는 활동 순서대로 번호를 매겨 제공하면 좋다.

2) MIM 과정

(1) 과제 선택하기

MIM을 실시할 경우 아동의 연령 수준을 고려한 과제를 제시해야 한다. 일반적으로 사용하는 과제 목록은 〈표 14-14〉와 같다.

표 14-14 3세 이상의 아동과 양육자에게 실시하는 MIM 과제 예시

1. 봉투에서 동물 인형을 하나씩 나누어 갖고 놀이하세요(개입).
2. 아이가 모르는 무언가를 가르쳐 주세요(도전).
3. 서로에게 로션을 발라 주세요(양육).
4. 두 사람에게 익숙한 게임/놀이를 해 보세요(개입).
5. 성인이 아이에게 아이가 어린아이였던 시절의 이야기를 해 주세요(양육).
6. 서로에게 모자를 씌워 주세요(개입).
7. 성인은 아동을 남겨 두고 1분 동안 방을 떠나세요(양육).
8. 성인과 아동이 각자 종이, 연필을 나눠 가진 후, 성인이 그린 그림을 아동이 그대로 따라 그리도록 하세요(구조, 도전).
9. 성인과 아동이 서로 먹여 주세요(양육).

출처: Booth & Jernberg (2010).

(2) 부모에게 안내하기

먼저, 평가자는 부모에게 MIM 평가 절차에 대한 안내를 하게 된다. 만약 녹화를 실시하는 경우라면 부모에게 카메라를 보여 주고, 평가자가 어디에서 관찰할 것인지에 대해 안내한다. 예를 들어, "저는 지금부터 진행하게 되는 평가를 녹화할 것이고, 그 이후 그것을 세심하게 살펴볼 것입니다. 평가를 마치고 난 이후에 녹화 사용에 대한 동의서에 서명해 주실 것을 부탁드립니다."라고 안내해야 한다. 이때 비디오를 포함한 모든 기록은 비밀보장이 되어야 하며, 동의서의 서명이나 승인이 있어야만 공유될 수 있다.

다음으로, 부모에게 MIM 실시 절차에 대한 안내를 하게 된다. 일반적으로 부모에게 제공하는 안내는 쉽고 간단해야 한다. MIM 절차에 대한 안내는 다음과 같다.

"여기에 아버지(어머니)와 아이가 앉으시면 됩니다. (카드를 보여 주며) 이 카드에는 어머님과 아이가 무엇을 해야 할지 알려 주는 내용이 적혀 있어요. 한번에 하나씩 순서대

로 저희가 알 수 있도록 큰 소리로 읽어 주신 이후에 활동을 하시면 됩니다. 어떤 활동들은 재료가 필요한 과제도 있어요. 필요한 재료는 테이블 옆에 카드와 동일한 번호가 매겨진 봉투에 들어 있어요. 지금부터 시작할 텐데, 여기에서 하는 활동에는 맞고 틀린 방법이 있지 않아요. 그러니 편하게 진행하시면 됩니다. 저는 일방경 뒤에(혹은 평가실 한쪽 구석에) 있으니 혹시 질문이 있다면 말씀해 주세요. 만약 모든 활동이 끝났다는 것을 알려 주면 제가 몇 가지 질문을 할 거예요. 그럼 이제 시작해 주시면 됩니다."

각각의 부모와 아동 간의 MIM이 진행되고 난 이후 치료사는 부모에게 다음과 같은 질문을 한다. 이러한 질문에 대한 대답을 통해 부모-자녀 활동의 의미에 대해 통찰할 수 있다.

- 가정에 있을 때와 같은 모습이었나요?
- 혹시 뜻밖의 일이 없었나요?
- 가장 좋았던 활동은 무엇이었나요? 왜 그런가요?
- 가장 좋지 않았던 활동은 무엇이었나요? 왜 그런가요?
- 부모님이 생각하시기에 자녀가 좋아했던 활동은 무엇이었나요? 왜 그렇게 생각하나요?
- 자녀가 가장 좋아하지 않는 활동은 무엇이라고 생각하나요? 왜 그렇게 생각하나요?

출처: Booth & Jernberg (2010).

(3) 상호작용 평가하기

MIM을 마친 이후 치료사는 치료놀이의 네 가지 차원에 따른 평가를 진행하게 되는데 MIM의 평가 영역은 〈표 14-15〉와 같다.

표 14-15 MIM 평가 영역

영역	양육자	아동
구조	아동의 안전을 위해 적절한 환경을 제공하고 제한을 설정하는가?	양육자가 제공하는 놀이규칙을 받아들이는가?
개입	아동의 욕구에 민감하고 적절한 방법으로 상호작용하는가?	양육자와 함께 활동에 참여하는가?

양육	아동의 필요를 충족시키고 적절한 돌봄과 양육을 제공하는가?	양육자가 제공하는 양육을 편안해하고 잘 받아들이는가?
도전	아동의 발달에 적합한 수준에서 도전과 격려를 주고 있는가?	양육자의 도전에 무관심하거나 지나치게 경쟁적이지 않고 적절히 반응하는가?

출처: Booth & Jernberg (2010).

이러한 평가를 하는 과정에서 치료사는 다음과 같은 질문을 해 봄으로써 좀 더 평가에 도움이 되는 답을 얻을 수 있다.

- 하루 종일 이 아동이나 부모와 함께 산다는 건 어떨까?
- 관계 안에서 어떤 일들을 경험하며 격려 받을 만한 것은 무엇인가?
- 관계 안에서 어떤 것들이 결핍되어 있으며, 변화되어야 할 것은 무엇인가?
- 아동이 부모에게 원하는 것은 무엇인가?
- 부모가 아동에게 원하는 것은 무엇인가?
- 그들의 강점은 무엇이며, 변화하기 위해서는 어떤 도움이 필요한가?

출처: Booth & Jernberg (2010).

(4) 부모에게 피드백 주기

MIM 평가를 마친 이후 부모와 피드백 회기를 가지게 되는데 이때 아동은 참여하지 않는다. 피드백 회기를 위해서 치료사는 MIM을 주의 깊게 분석해야 하며, 치료놀이의 네 가지 차원 중 어느 차원에 특별히 초점을 맞출 필요가 있는지가 명확해야 한다. 피드백 회기에서는 평가에 따른 해석을 부모에게 잘 전달하기 위해 녹화된 영상의 두 부분 혹은 세 부분을 선택하여 부모와 함께 녹화 영상을 보면서 피드백을 진행하게 된다. 이때 치료사는 가능하다면 긍정적인 상호작용을 강조할 수 있어야 하며, 부모를 돕기 위한 과정으로 이해해야 한다.

피드백 회기에서 치료사는 부모에게 자녀를 공감하고 이해할 수 있도록 가르쳐 주어야 하며, 건강한 부모-자녀 관계를 위한 방법을 제시하고, 만약 그 이후 치료가 진행된다면 치료의 과정에 대한 흐름을 알려 주는 것이 필요하다.

이 피드백 회기를 통해 부모는 자녀와의 관계를 개선할 수 있다는 기대를 가질 수 있도록 하는 것이 무엇보다 필요하다. 이를 위해 치료사는 다음과 같은 부분에 신경을 써야 한다.

- **긍정적인 것에 초점 맞추기**: 피드백 회기에서 치료사는 부모의 긍정적인 면을 찾아내고 잘 이루어진 상호작용을 강조하는 것이 필요하다. 이를 통해 부모는 좀 더 자발적인 동기를 가지고 부모–자녀 관계를 개선시키고자 하는 노력을 기울일 수 있다.
- **부모가 자신의 행동을 이해하도록 돕기**: 피드백 회기를 통해 치료사는 부모가 자신의 반응에 대한 새로운 통찰과 함께 자신의 행동에 따라 변화하는 아동의 행동을 이해하도록 도와야 한다.
- **부모가 자녀의 욕구를 이해하도록 돕기**: 피드백 회기를 통해서 치료사는 부모가 자녀의 감정과 욕구에 대해 더 잘 이해할 수 있도록 도와주어야 한다.

요약하기

- 발달장애 아동에게 적합한 치료 개입을 하기 위해 현재 아동의 발달 수준을 평가하는 일은 매우 중요하다. 특별히 발달장애 아동은 여러 발달의 영역(예: 언어, 인지, 사회성 등)에서의 발달적 특성을 지니고 있기 때문에 놀이치료사는 아동의 현재 상황을 제대로 평가하는 과정이 필요하다.
- 만약 아동이 부모와 분리가 가능하고 치료사와 함께 놀이실 입실이 가능하다면 아동 개별 놀이평가를 먼저 진행하고 부모면담을 그 이후에 진행하는 것이 좋다. 치료사는 부모와의 면담 이전에 아동을 만나게 됨으로써 아동이 가지는 특성에 대해 어떠한 사전 정보 없이 아동을 이해할 수 있게 되기 때문에 좀 더 치료사의 객관적인 평가가 가능할 수 있다. 또한 이러한 평가를 통해 아동의 발달적 특성을 평가하게 된다.
- 아동이 부모와의 분리가 어려워 개별 놀이평가 진행이 어렵거나, 부모–자녀 관계에 대한 이해가 필요할 때 부모–자녀 관계 놀이평가를 진행할 수 있다.

생각해 보기

Q1. 이 책에서 소개하고 있는 발달평가 체크리스트를 활용하여 발달장애 아동을 평가해 보도록 하자.

Q2. 평가 이후 개별 평가 및 부모-자녀 놀이평가에 대한 소감을 나누어 보도록 하자.

Q3. 발달장애 아동을 위한 평가 시 평가자인 놀이치료사는 어떤 점을 고려해야 하는가?

참고문헌

임선자, 선우현(2018). 발달장애 아동의 놀이치료에 관한 연구동향. **놀이치료연구**, 22(1), 21-39.

진홍신(2003). 한국판-놀이다움 평정척도(K-ToP) 표준화 예비연구. **정서 · 행동장애연구**, 19(4), 71-90.

Bledsoe, N. P., & Shepherd, J. T. (1982). A study of reliability and validity of a preschool play scale. *The American Journal of Occupational Therapy*, *36*(12), 783-788. https://doi.org/10.5014/ajot.36.12.783

Booth, P. B., & Jernberg, A. M. (2010). *Theraplay: Helping parents and children build better relationships through attachment-based play*. 윤미원, 김윤경, 신현정, 전은희, 김유진 공역(2018). **치료놀이**. 학지사.

Gitlin-Weiner, K., Sandgrund, A., & Schaefer, C. (2000). *Play diagnosis and assessment* (2nd ed.). 송영혜 외 공역(2004). **놀이진단 및 평가**(제2판). 시그마프레스.

Knox, S. (1974). A play scale. In M. Reilly (Ed.), *Play as exploratory learning* (pp. 247-266). Sage.

Lifter, K., & Bloom, L. (1989). Object knowledge and the emergence of language. *Infant Behavior & Development, 12*, 395-423.

Lifter, K., & Bloom, L. (1998). Intentionality and the role of play in the transition to language.

In A. M. Wetherby, S. F. Warren, & J. Reichle (Eds.), *Transitions in Prelinguistic Communication and Language Intervention Series*. Brooks Publishing Company.

Malone, D. M., Stoneham, Z., & Langone, J. (1994). Contextual variation of correspondences among measures of play and developmental level of preschool childeren. *Journal of Early Intervention, 18*(2), 199-215.

Sutton, J., Smith, P. K., & Swettenham, J. (1999). Bullying and "theory of mind": A critique of the "social skills deficit" view of anti-social behaviour. *Social Development, 8*(1), 117-127.

Sutton-Smith, B. (1999). Evolving a consilience of play definition: Playfully. In S. Reifel (Ed.), *Play and culture studies, 2* (pp. 239-256). Ablex.

Warren, S. F., & Gazdag, G. (1990). Facilitating early language development with milieu intervention procedures. *Journal of Early Intervention, 14*(1), 62-86.

Westby, C. E. (1980). Assessment of cognitive and language abilities through play. *Language, Speech, and Hearing Services in Schools, 11*(3), 154-168. https://doi.org/10.1044/0161-1461.1103.154

Westby, C. E. (2000). A scale for assessing development of children's play. In K. Gitlin-Weiner, A. Sandgrund, & C. Schaefer (Eds.), *Play diagnosis and assessment* (2nd ed., pp. 93-113). Wiley.

Westby, C. E., & Wilson, D. (2017). Using imaginary play to promote foundations for text comprehension: Examples from a program for children who are deaf and hard of hearing. *Topics in Language Disorders, 37*(3), 282-301.

제15장

발달평가

학습목표

1. 발달평가의 종류에 대해 이해한다.
2. 각 발달평가의 목적과 시행 방법을 이해한다.

● ● ● 발달평가는 발달지연 또는 발달장애가 의심되는 아동의 신체적 · 인지적 · 언어적 · 사회정서적 영역의 발달 수준을 객관적이고 체계적으로 파악하기 위한 평가이다. 이를 통해 치료사는 아동의 발달적 강점과 약점을 명확히 이해하고, 개별화된 치료 계획 수립에 필수적인 발달 프로파일을 파악할 수 있다. 이러한 발달평가는 단순한 기능 수준의 측정을 넘어, 발달의 위계와 전반적인 발달 경향성, 발달 영역 간의 비교 분석을 통해 현재 아동이 보이는 발달의 불균형 양상을 파악하고, 이를 기초로 목표 중심의 치료 중재 계획을 세울 수 있다는 점에서 임상적 활용 가치가 매우 높다.

이 장에서는 국내에서 자주 활용되는 대표적인 평가인 한국형 덴버 발달선별검사(K-Denver-II), 한국형 베일리 영유아 발달검사(K-BSDI-III), 심리교육 프로파일(PEP-R), 한국형 아동발달검사(K-CDI)에 대해 소개하고자 한다.

1. 한국형 덴버 발달선별검사(K-Denver-II)

1) 검사 목적

한국형 덴버 발달선별검사(Korean Denver Developmental Screening Test: K-Denver-II)는 생후 2주부터 만 6세까지의 아동을 대상으로, 발달지연 여부를 조기에 선별하기 위해 고안된 표준화된 도구이다(Frankenburg, 1992).

이 검사는 아동의 수행 능력을 연령 기준과 비교하여 발달지연의 가능성을 조기에 발견하고, 고위험군 아동을 추적 관찰하기 위한 목적으로 사용되기 때문에 검사 결과는 진단이 아닌 선별이 목적이다(Frankenburg, 1992).

한국형 Denver-II는 다른 평가도구에 비해 비교적 간편하고 신속하게 평가할 수 있는 장점을 가지고 있어 발달지연 조기발견을 위한 1차 선별 도구로 다양한 현장에서 사용되고 있다. 평가는 총 110문항으로 이루어져 있으며 4개의 발달 영역을 통해 아동의 발달지연 여부를 평가한다. 평가 영역은 〈표 15-1〉과 같다.

표 15-1 한국형 Denver-II 평가 영역

발달 영역	평가 내용
개인-사회성	사람들과 상호작용하고 일상생활을 위한 개인적 요구를 스스로 해결할 수 있는 능력
미세운동-적응	눈-손의 협응, 작은 물체 조작, 문제해결 능력
언어 발달	수용언어 및 표현언어
운동 발달	대근육 운동, 자세 조절, 걷기, 뛰기 등

2) 검사 실시 및 채점

(1) 연령 계산 및 연령선 그리기

검사를 시작하기 전, 아동의 생년월일과 검사일을 기준으로 아동의 연령을 연, 개월, 일 단위로 계산한다. 만 2세 이하인 조산아의 경우 예정일보다 2주 이상 조산하였다면 연령을 조정하여 한 달은 4주, 1주일은 7일로 계산하여 조산한 시일만큼 연령에서 빼 주어야 한다. 계산된 연령은 검사지 상단의 발달 연령선에 표시되며, 해당 연령의 위치에 세로 연령선을 그어 각 항목 수행 여부를 판단하는 기준선으로 활용된다.

(2) 검사 실시 및 채점

총 110개의 항목 중, 아동의 연령선이 통과하는 각 영역(개인-사회성, 미세운동-적응, 언어, 운동)별 항목을 중심으로 평가를 진행한다. 각 영역별로 연령선의 왼쪽에서 가장 가까운 3개 항목까지 추가적으로 시행해야 하는데 이때 통과(P)가 3개 나올 때까지 왼쪽으로 이동하여 평가한다. 반대로, 연령선 오른쪽 항목은 3개 항목에서 연속 실패(F)가 나올 때까지 평가한다. 일부 항목은 아동에게 3회의 기회를 부여할 수 있으며, 관찰이 필요한 항목의 경우 아동에게 직접 시도 기회를 제공하지 않고 관찰로 대체할 수 있다. 평가 결과는 다음 네 가지 기호로 기록된다.

표 15-2 한국형 Denver-II 결과 표시

기호	의미
P	• Pass: 성공적으로 과제 수행 • 과제의 기준에 부합하는 방식으로 반응하거나 행동했을 때
F	• Fail: 과제 수행 실패 • 수행 시도는 있었지만 평가 기준에 도달하지 못한 경우
R	• Refusal: 아동이 수행 자체를 거부함 • 명확한 수행 기회를 제공했음에도 불구하고 아동이 시도하지 않으려 할 때
No	• No Opportunity: 과제를 시도할 기회 없음 • 환경이나 상황적 요인으로 인해 과제 시도가 불가능했을 때 해당

3) 검사 해석

아동의 연령선이 항목 막대의 75~90% 구간에 위치하고 그 영역의 과제를 실패한 경우 해당 항목은 주의(C)로 표기되며, 이 영역의 발달이 다소 느릴 가능성이 있음을 시사한다. 만약 아동의 연령선이 항목 막대의 90% 이상에서 실패한 경우 이는 해당 영역에서 발달지연이 의심됨을 나타내며 이 항목의 막대기 오른쪽 끝에 굵은 선으로 색칠하여 표시한다. 전체 항목의 수행 결과를 종합하여, 다음과 같이 아동의 발달 상태를 종합적으로 해석한다.

표 15-3 한국형 Denver-II 종합해석 기준

결과	해석
지연 없음, 주의 항목 1개 이하	정상 발달 범위로 간주되며, 다음 정기 검진 시 재검사 권장
지연 1개 이상 또는 주의항목 2개 이상	의심스러운 발달 상태, 약 1~2주 내 재검사를 통해 발달 추이를 면밀히 관찰할 필요 있음
검사 불능(거부 등)	평가가 어려운 경우로, 1~2주 내 재검사 실시 혹은 필요 시 전문가에 의뢰하여 추가 평가 권장

2. 한국형 베일리 영유아 발달검사(K-BSDI-III)

1) 검사 목적

한국형 베일리 영유아 발달검사(Bayley Scales of Infant and Toddler Development III: K-BSDI-III)는 생후 1개월부터 42개월(만 3세 6개월)에 이르는 영유아의 전반적인 발달 수준을 평가하는 종합적이고 표준화된 발달 평가도구이다(Bayley, 2006). 인지, 언어, 운동, 사회정서, 적응 행동 등 발달의 다섯 가지 주요 영역에 걸쳐 아동의 현재 기능 수준을 정밀하게 평가함으로써, 발달지연의 조기발견, 개입 필요성 여부 판단, 중재 계획 수립, 중재 효과의 추적, 부모상담 및 교육 등 다양한 목적으로 활용된다.

검사 구성 항목의 5개 핵심 영역은 〈표 15-4〉와 같다.

표 15-4 K-BSDI-III 평가 영역

영역	하위 항목 및 평가 내용
인지	• 감각운동 발달, 탐색 행동, 사물 인식, 개념 형성, 기억, 문제해결 능력 등
언어	• 수용언어: 소리와 구어 지시를 듣고 이해 • 표현언어: 몸짓, 언어를 사용하여 의사소통
운동	• 대근육 운동: 자세 유지, 걷기, 점프하기 등 • 소근육 운동: 손가락 조작, 블록 쌓기 등
사회정서	• 타인과의 상호작용, 정서적 반응, 애착반응, 공감 능력, 사회적 규칙 이해 등
적응 행동	• 일상생활 기술, 사회성, 의사소통 능력, 자조 등 일상에서의 적응 능력

2) 검사 실시 및 채점

검사도구는 놀이 재료, 표준화된 질문지 및 평가 키트 등으로 구성되어 있으며, 1:1 대면 평가와 보호자 보고 척도로 실시된다. 인지 · 언어 · 운동 영역에서는 평가자가 아동과의 직접 검사를 진행하며, 사회정서 영역과 적응 행동 영역에서는 보호자가 작성하는 보고식 평가로 이루어진다.

검사 시작 지점은 아동의 연령(조정된 연령 포함)에 해당하는 시작 지점부터 검사를 시작하고 시작 지점에서 처음 3개 항목 중 하나라도 0점을 받으면 이전 연령대의 시작 지점으로 돌아가 검사를 진행한다. 만약 아동이 연속 5개 항목에서 0점을 받으면 검사를 중단한다.

3) 검사 해석

평가된 점수는 각 하위 척도별로 원점수를 기준으로 환산 점수로 변환되며, 표준화된 규준에 따라 표준점수와 발달연령, 백분위수 등의 다양한 지표로 해석된다. 표준점수는 평균 100점, 표준편차 15점을 기준으로 해석되며, 115점 이상은 우수한 수행, 85~115점은 정상 범위, 70~84점은 약간 지연, 69점 이하일 경우 심각한 지연이 있는 것으로 해석한다. 발달연령 지표는 아동의 수행이 어느 연령대의 평균 발달 수준에 해당하는지를 나타내며, 부모상담과 중재 계획 수립 시 효과적으로 활용될 수 있다.

3. 심리교육 프로파일(PEP-R)

1) 검사 목적

심리교육 프로파일(Psychoeducational Profile: PEP-R)은 1세부터 7세 5개월 아동을 대상으로 하며, 자폐스펙트럼장애 및 발달지연 아동의 발달 특성과 행동 특성을 평가하고 개별화된 교육 및 치료 계획 수립을 목적으로 사용되는 평가도구이다(김태련, 박랑규, 2014). 이 검사는 1979년 Schopler와 Reichler에 의해 개발된 초기 PEP(PsychoEducational Profile)를 개정한 것으로, 발달척도(Developmental Scale)와 행동척도(Behavioral Scale)를

포함하여 총 174문항으로 구성된다.

발달척도는 아동 발달에 주요한 7개의 영역으로 구분되며 131개의 항목으로 이루어져 있다(〈표 15-5〉 참조). 행동척도는 사회적 반응, 감각반응, 언어, 놀이 등 아동의 전반적인 행동 특성을 임상적으로 평가할 수 있도록 4개의 영역으로 구분되며 43개 항목이 여기에 해당된다(〈표 15-6〉 참조).

표 15-5 PEP-R 평가 영역: 발달척도

영역	내용
모방	언어 및 운동 모방 능력
지각	시각, 청각 등 감각의 자극처리
소근육 운동	손가락 및 손의 미세 협응
대근육 운동	팔, 다리 등 몸 전체의 조절 능력
눈-손 협응	눈-손 협응과 소근육 운동 영역 포함
동작성 인지	비언어적 인지 및 언어이해 능력
언어성 인지	언어 이해 및 표현 능력

표 15-6 PEP-R 평가 영역: 행동척도

영역	내용
대인관계 및 감정	타인과의 상호작용, 애착, 정서반응
놀이 및 재료에 대한 흥미	검사도구 및 놀이 상황에 대한 흥미
감각반응	자극에 대한 민감성, 과민반응/저반응 등의 감각통합 특성
언어	의사소통 방식, 언어 사용의 특이성(예: 반향어)

2) 검사 실시 및 채점

발달척도의 문항들은 일반적으로 발달 순서에 따라 배열되어 있으며, 쉬운 과제에서 점차 어려운 과제로 진행되도록 구성되어 있다. 다만, 반드시 정해진 순서에 따라 시행할 필요는 없으며, 아동의 주의 집중도나 흥미, 정서 상태에 따라 순서를 조정하여 유연하게 적용할 수 있다. 검사자는 아동의 반응에 따라 다음과 같은 단계적 지시 방식을 활용하여 평가를 진행한다.

- 단순 언어 지시: 아동에게 과제 수행을 간단한 말로 요청한다.
- 비언어적 단서 제공: 몸짓이나 손짓 등 시각적 힌트를 제공한다.
- 직접 시범: 과제를 실제로 시연해 보임으로써 아동이 이해하도록 한다.
- 신체적 도움 제공: 최소한의 물리적 도움을 제공하여 과제 수행을 유도한다.

행동척도는 발달척도의 과제가 진행되는 전체 검사 과정에서 아동이 보이는 비구조화된 자연반응을 관찰하여 평가한다. 이때 단일 항목 수행의 성공 여부보다 검사 전반에 걸쳐 나타나는 검사자와 사회적 상호작용, 검사도구에 대한 흥미와 사용 방식, 감각 자극에 대한 민감성 또는 반응 양상, 아동의 정서반응과 조절 능력 등 아동의 전반적인 행동 특성을 임상적으로 종합 분석한다. 이를 통해 아동의 발달적 기능뿐 아니라 행동적 · 정서적 특성까지 임상적으로 포괄해서 이해할 수 있다. 각 척도의 채점 기준은 〈표 15-7〉과 같다.

표 15-7 PEP-R 채점 기준

발달척도		행동척도
합격(P)	• 검사자의 시연 없이 독립적으로 과제를 수행	• 정상 • 경증(mild) • 중증(severe)
싹트기(E)	• 검사자의 반복적 시연이 필요 • 부분적으로 수행하거나 도움 필요	
실패(F)	• 검사자의 시연 수에도 과제 수행이 불가능	

3) 검사 해석

발달척도의 결과는 아동이 각 하위 영역(인지, 지각, 소근육, 대근육, 언어이해, 언어표현, 사회성)에서 획득한 수행 점수를 기준으로, 연령에 해당하는 발달연령으로 환산된다. 이후 아동의 실제 생활연령과 비교함으로써 지연 정도를 판단할 수 있다.

특정 영역에서 발달연령이 생활연령보다 유의미하게 낮게 나타난 경우, 해당 영역에서의 발달지체를 시사하며 집중적 개입이 필요함을 나타낸다. 반면, 특정 영역의 발달연령이 생활연령과 비슷하거나 높은 경우에는 아동의 강점 영역으로 간주되며, 중재 계획

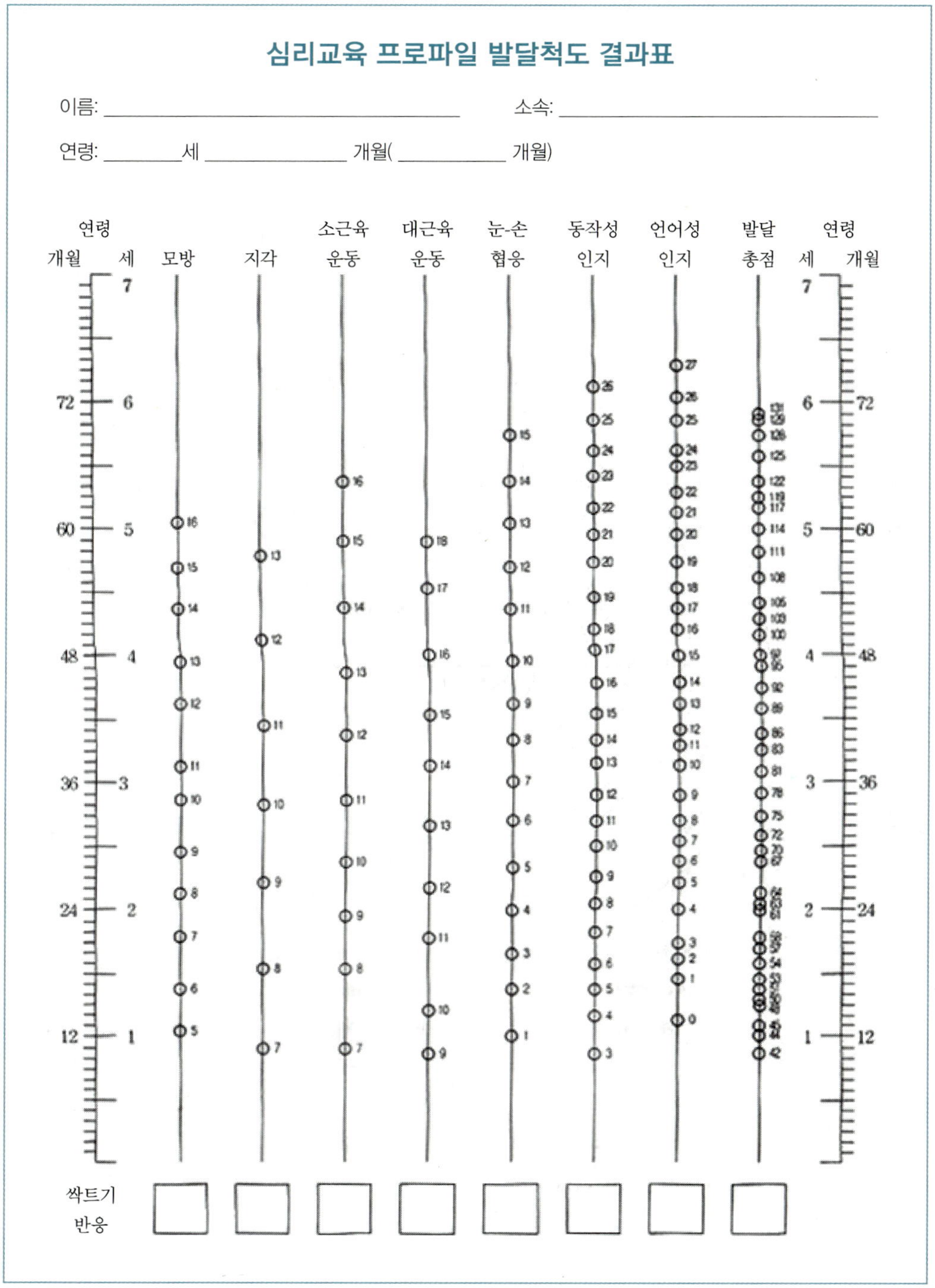

심리교육 프로파일 발달척도 결과표

이름: ______________________ 소속: ______________________

연령: ________세 ______________ 개월(__________ 개월)

연령 개월 세	모방	지각	소근육 운동	대근육 운동	눈-손 협응	동작성 인지	언어성 인지	발달 총점	연령 세 개월
싹트기 반응									

[그림 15-1] 심리교육 프로파일 발달척도 결과표

출처: 김태련, 박랑규(2014), p. 203.

시 중요한 자원으로 활용할 수 있다.

행동척도는 각 행동 항목에서 관찰된 경증 또는 중증 반응의 빈도와 정도를 바탕으로 시각적 프로파일을 작성한다. 각 항목에 대해 '중증'으로 평가된 수만큼 진한 색으로 표시되고, '경증'은 그보다 옅은 색으로 표시되어 각 행동 문제의 분포와 정도를 쉽게 파악할 수 있도록 한다.

이러한 시각화된 행동 프로파일은 아동의 사회적 상호작용, 감각반응성, 정서 조절 등 다양한 행동 영역에서의 강점과 어려움을 명확하게 보여 주며, 치료사나 교육자가 개입

심리교육 프로파일 행동척도 결과표

이름: ______________________ 생년월일: ________ 년 _____ 월 _____ 일

소속: ______________________ 검사일: ________ 년 _____ 월 _____ 일

연령: _____ 세 _____ 개월(________ 개월)

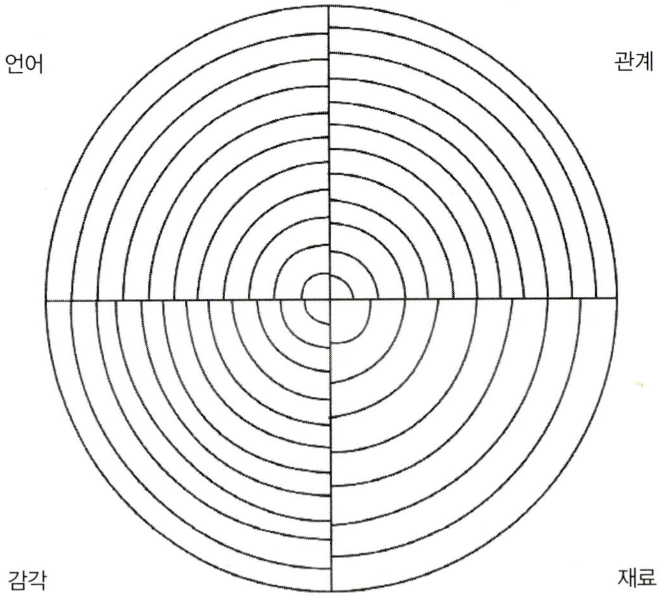

[그림 15-2] 심리교육 프로파일 행동척도 결과표

출처: 김태련, 박랑규(2014), p. 204.

의 우선순위를 설정하는 데 중요한 참고자료로 활용될 수 있다.

4. 한국형 아동발달검사(K-CDI)

1) 검사 목적

한국형 아동발달검사(Korean Child Development Inventory: K-CDI)는 생후 15개월부터 만 6세 5개월 아동의 전반적인 발달 수준을 부모(주 양육자)의 관찰 보고에 기반을 두어 평가하는 질문지 형식의 발달선별검사이다(김정미, 신희선, 2006).

본 검사는 구조화된 검사실 환경이 아닌 아동의 실제 생활 맥락에서 관찰된 행동을 바탕으로 부모의 보고에 의해 평가가 이루어진다. 총 270개의 질문이 8개의 평가 영역 항목으로 나뉘어 구성되어 있으며, 각 영역의 세부 내용은 〈표 15-8〉과 같다.

표 15-8 K-CDI 평가 영역

영역	내용
사회성	또래 및 성인과의 상호작용, 집단 활동 참여
자조 행동	먹기, 옷 입기, 화장실 사용 등 일상생활 자조 기술
대근육 운동	걷기, 뛰기, 오르기, 점프하기, 타기, 균형 잡기 등
소근육 운동	손의 정밀 조작(그리기, 가위질, 블록 쌓기 등)과 눈-손 협응
표현언어	몸짓에서 문장 표현까지의 의사소통 능력
언어 이해	지시 따르기, 개념 이해 등 수용언어 발달 수준
글자	문자와 단어의 인지, 읽기와 쓰기 기술(36개월 이상부터 측정 가능)
숫자	숫자 세기, 수 개념, 양 개념 등 수학적 기초 능력(24개월 이상부터 측정 가능)

또한 발달 영역 외에도 건강, 수면, 행동 문제, 정서적 어려움을 파악할 수 있는 30개의 문제행동 항목이 별도로 포함되어 있어, 아동의 전반적인 발달 양상과 관련 증상을 통합적으로 이해할 수 있는 구조를 갖추고 있다.

2) 검사 실시 및 채점

K-CDI는 발달이정표에 기초하여 구성된 문항들에 대해 부모가 각 항목에 대해 '예' 또는 '아니요'로 응답하는 자기보고식 검사이다. 응답 기준은 〈표 15-9〉와 같다.

표 15-9 K-CDI 응답 기준

'예' 응답 기준	현재 하는 행동이거나 또는 지금은 하지 않지만 이전에 했던 행동들
'아니요' 응답 기준	현재 하지 못하거나 또는 요즘 막 시작하려는 행동으로 가끔씩 관찰

3) 검사 해석

K-CDI의 검사 결과는 아동의 발달 수준이 연령 규준에 비해 어느 범주에 속하는지를 시각적으로 파악할 수 있도록 구성되어 있다. 이를 위해 세 가지 연령선을 기준으로 해석이 진행된다. 1차 연령선은 평가일을 기준으로 아동의 현재 연령을 산출한 생활연령을 의미한다. 2차 연령선은 아동 연령 이하 25% 범위 연령선을 의미하며, 3차 연령선은 아동 연령 이하 30% 범위 연령선이다. 이렇게 설정된 연령선을 기준으로 아동이 수행한 문항들이 시각적으로 표준화된 발달 프로파일상에 표시되며, 이를 통해 아동의 현재 발달 수준이 평균적인 또래 아동과 비교하여 어느 정도에 위치해 있는지 확인할 수 있다. 발달 수준은 일반적으로 [그림 15-3]과 같이 세 가지 범주로 나뉜다.

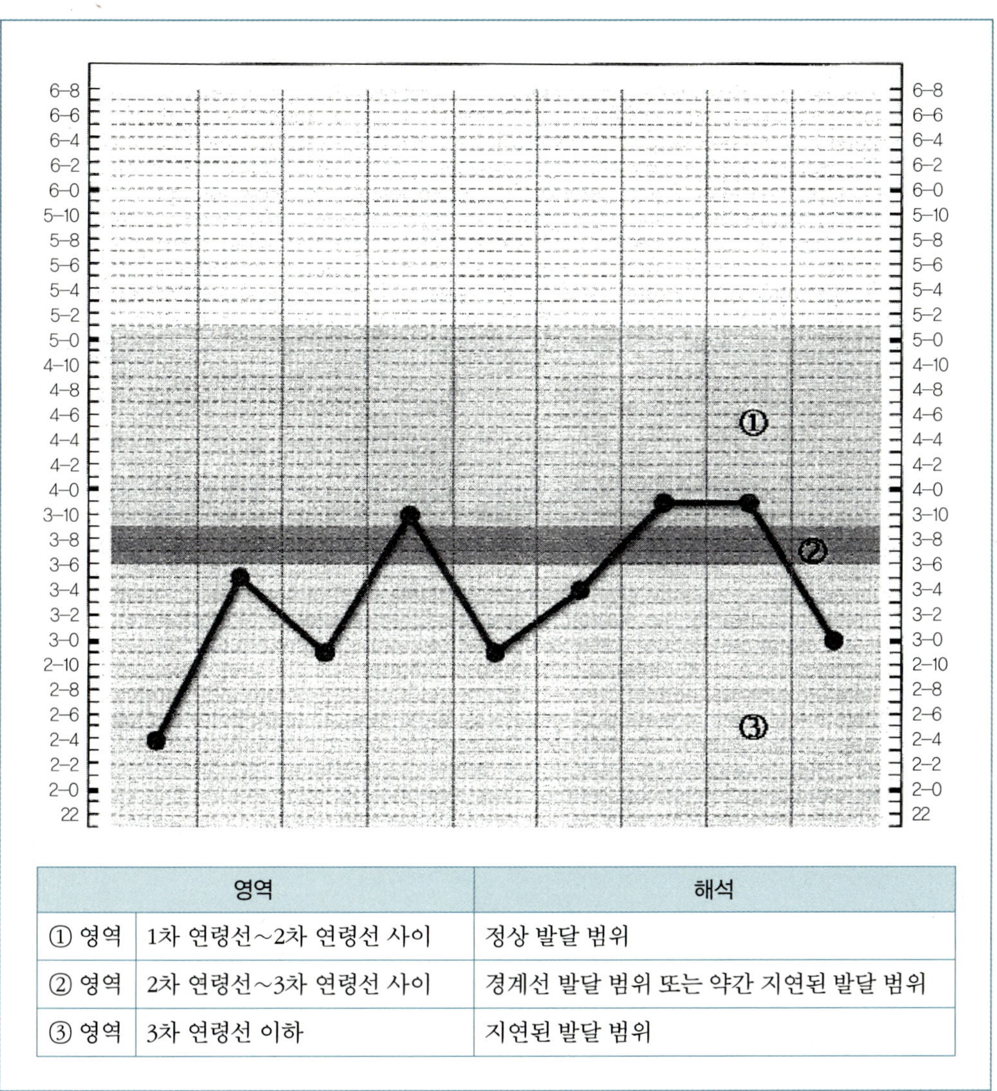

영역		해석
① 영역	1차 연령선~2차 연령선 사이	정상 발달 범위
② 영역	2차 연령선~3차 연령선 사이	경계선 발달 범위 또는 약간 지연된 발달 범위
③ 영역	3차 연령선 이하	지연된 발달 범위

[그림 15-3] K-CDI 검사 결과에 따른 정상, 경계선, 지연 발달 범위

출처: 김정미, 신희선(2006), p. 66.

요약하기

- 발달평가는 아동의 신체 · 인지 · 언어 · 사회정서 발달 수준을 객관적으로 파악하기 위한 평가로, 이를 통해 아동의 강점과 약점을 확인해 치료 목표, 개입 방향, 부모상담 자료로 다양하게 활용된다.
- 발달검사는 대상 연령, 평가 방식, 활용 목적이 다르므로 상황에 맞는 도구 선택이 중요하다.
- K-Denver-II는 생후 2주~만 6세 아동을 위한 발달선별검사로, 조기선별이 목적이며 개인-사회성, 미세운동-적응, 언어, 운동 등 4개 영역을 평가할 수 있다.
- K-BSDI-III는 생후 1~42개월 영유아의 전반적인 발달을 평가하는 검사이며 인지, 언어, 운동, 사회정서, 적응 행동의 다섯 가지 영역에서 발달 수준을 정밀하게 측정한다.
- PEP-R은 1세~7세 5개월 자폐스펙트럼장애 및 발달지연 아동의 발달과 행동 특성을 평가하며 발달척도 7영역(모방, 지각, 소근육 운동, 대근육 운동, 눈-손 협응, 동작성 인지, 언어성 인지), 행동척도 4영역(대인관계 및 감정, 놀이 및 재료에 대한 흥미, 감각반응, 언어)으로 구성된다.
- K-CDI는 생후 15개월~만 6세 5개월 아동의 발달을 부모의 관찰 보고를 통해 평가하며 8개 발달 영역(사회성, 자조 행동, 대근육 운동, 소근육 운동, 표현언어, 언어 이해, 글자, 숫자)과 문제행동 항목이 포함된다.

생각해 보기

Q1. 발달평가가 발달놀이치료의 목표 설정, 중재 전략 선정, 부모상담에 어떻게 구체적으로 적용될 수 있는지 생각해 보라.

Q2. 표준화된 발달평가의 한계점은 무엇이며 이를 보완하기 위해 치료사가 할 수 있는 질적 평가에는 어떤 것이 있을지 생각해 보라.

Q3. 놀이 장면에서 관찰되는 발달 수준이 검사 결과와 다를 때, 치료사는 어떤 시각으로 이것을 해석하고 접근해야 하는지 생각해 보라.

참고문헌

김정미(2021). K-CDI 아동발달검사 전문가 지침서. 학지사.

김정미, 신희선(2006). 아동발달검사 전문가 지침서. 학지사.

김태련, 박랑규(2014). 심리교육 프로파일: 자폐 아동과 발달장애 아동의 개별평가와 중재. 굿에듀북.

서경희, 이상복, 이상훈, 이효신(2012). 발달장애 아동 평가. 대구대학교출판부.

Aylward, G. P. (2010). *Bayley-III: Clinical use and interpretation* (2nd ed.). Elsevier.

Bayley, N. (1969). *Manual for the Bayley Scales of Infant Development*. The Psychological Corporation.

Bayley, N. (2006). *Bayley Scales of Infant and Toddler Development: Administration manual and technical manual* (3rd ed.). Harcourt Assessment.

Frankenburg, W. K. (1992). *Denver II: Training manual. Denver Developmental Materials*. 신희선 외 공역(2002). 한국형 Denver II 검사지침서. 현문사.

Ireton, H. (1992). *Child Development Inventories Manual*. Behavior Science Systems.

Lennon, E. M., & Flory, M. J. (2008). Bayley Scales of Infant Development. In M. H. Marshall & J. B. Benson (Eds.), *Encyclopedia of infant and early childhood development* (Vol. 1, pp. 194-201). Academic Press.

Schopler, E., Lansing, M., Reichler, R., & Marcus, L. (2005). *Psychoeducational Profile* (3rd ed., PEP-3). Pro-Ed.

Schopler, E., Reichler, R. J., Bashford, A., Lansing, M., & Marcus, L. (1990). *Individualized assessment and treatment for autistic and developmentally disabled children: Vol. 1. Psychoeducational Profile-Revised (PEP-R)*. Pro-Ed.

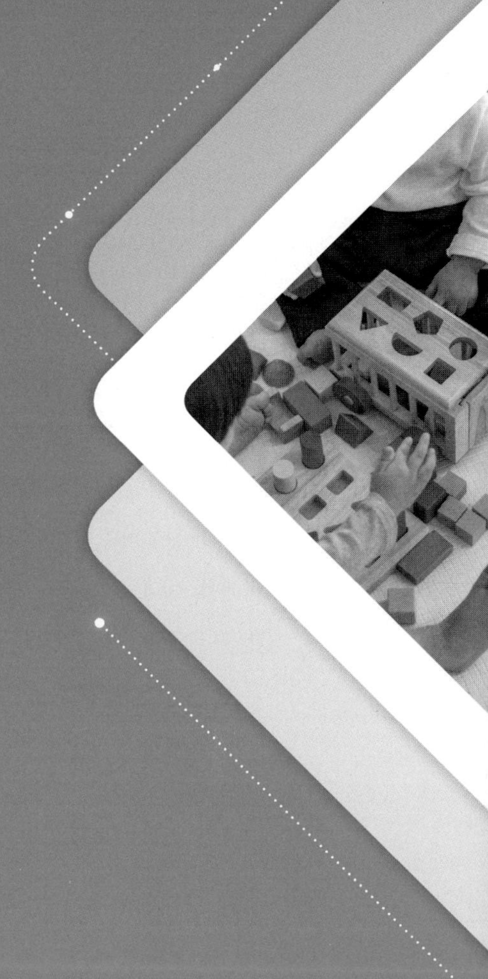

제16장

다양한 치료적 접근

학습목표

1. 다양한 치료적 접근으로서 작업치료에 대해 이해할 수 있다.
2. 발달장애 아동을 대상으로 하는 언어치료에 대해 이해할 수 있다.
3. 응용행동분석에 대해 이해할 수 있다.
4. 발달장애 아동을 대상으로 한 약물치료에 대해 이해할 수 있다.
5. 발달장애 아동을 대상으로 한 보완대체치료에 대해 이해할 수 있다.

● ● ● 발달장애 아동을 대상으로 발달놀이치료를 하고 있는 놀이치료사라면 모두 경험하는 일이겠지만, 발달장애 진단에 따른 치료적 개입은 매우 다양하며 실제로 발달장애 아동들이 다양한 치료적 개입을 병행하고 있는 것이 사실이다. 이는 여러 발달 영역에 따른 치료적 개입이 필요하기 때문이기도 하다.

다학제적인 접근으로서 다양한 치료적 개입을 경험하고 있는 아동을 상담하는 놀이치료사는 아동이 진행하고 있는 다양한 치료적 접근의 특성에 대해 이해할 필요가 있다. 왜냐하면 이러한 이해를 토대로 치료적 개입 간에 소통을 할 수 있으며, 더욱 효과적인 발달 목표를 가지고 발달 촉진을 도울 수 있기 때문이다. 따라서 이 장에서는 발달장애 아동들이 일반적으로 병행하게 되는 다양한 치료적 접근에 대해 살펴보고자 한다.

1. 작업치료

작업치료(Occupational Therapy: OT)는 신체적 · 정신적 어려움을 겪는 개인이 삶에서 의미 있고 목적 있는 활동(작업, occupation)에 능동적으로 참여할 수 있도록 지원하는 보건의료 전문 영역이다(AOTA, 2002). '작업(occupation)'은 일반적으로 '직업'이나 '일'로 해석되기 쉽지만, 작업치료 맥락에서 작업이란, 개인이 일상 속에서 반복적으로 수행하며 정체성 형성과 삶의 만족감에 중요한 역할을 하는 모든 활동을 의미한다. 이는 일상생활동작, 학습, 놀이, 휴식, 여가, 사회적 관계 맺기, 수면 등 생애 전반의 활동이 포함된다.

아동기의 주요 작업에는 일상생활(자조), 수면과 휴식, 놀이, 학습, 사회적 참여 같은 활동들이 포함된다. 아동 작업치료는 단순한 신체 기능 훈련을 넘어 아동이 일상 속에서 자율적이고 주체적으로 참여할 수 있도록 발달 수준에 맞는 통합적 개입을 제공하는 데 중점을 둔다.

1) 작업치료는 누가 시행하는가

작업치료는 국가공인 자격을 갖춘 작업치료사가 수행하는 보건의료 영역이다. 아동 작업치료의 주요한 접근 중 하나인 감각통합치료가 널리 알려지면서, 일부 보호자나 전문가들 사이에서 작업치료사를 '감각통합치료사'로 지칭하는 경우가 있으나, 이는 정확한 표현이 아니다.

작업치료는 병원, 아동발달센터, 특수교육기관, 유치원, 초등학교 등 다양한 환경에서 이루어지며, 치료 방식 또한 개별치료, 집단치료, 부모 코칭, 환경 수정, 학교 기반 중재 등으로 다양하게 적용된다.

2) 작업치료가 필요한 아동

작업치료는 자폐스펙트럼장애, 주의력결핍 과잉행동장애(ADHD), 지적장애, 뇌성마비 등 발달에 어려움이 있는 아동에게 적용될 수 있다. 작업치료사는 아동의 발달 수준, 기능적 어려움, 감각 · 운동 · 인지 · 정서적 특성을 종합적으로 평가하고, 이를 바탕으로 맞춤형 중재 계획을 수립하여 실행한다. 작업치료가 필요한 아동은 다음과 같은 어려움을 보일 수 있다.

- 전반적인 발달의 어려움
- 감각처리 문제(감각 과민, 과소반응, 감각추구 등)
- 미세운동 및 대운동 기능 저하
- 주의 집중의 어려움 및 주의 전환의 어려움
- 자기조절 및 감정 조절의 어려움
- 자조 기술(식사, 옷 입기, 화장실 사용 등) 습득의 지연
- 또래와의 놀이 및 사회적 상호작용의 제한
- 학교 적응의 어려움 및 학습 준비 기능 저하(쓰기, 읽기, 도구 조작 등)

3) 작업치료의 중재 목표

작업치료의 중재 목표는 단순한 기능 향상을 넘어, 아동이 실제 생활환경(가정, 학교, 지역사회) 속에서 자신의 역할을 수행하고 의미 있게 참여할 수 있도록 지원하는 데 있다.

작업치료의 목표는 아동의 개별적 특성과 환경을 종합적으로 고려하여 장기 목표와 단기 목표로 구분하여 설정된다. 장기 목표는 보통 수개월에서 1년 이상의 기간을 두고 도달하고자 하는 기능적 독립성과 참여 수준을 중심으로 설정된다. 이는 아동의 삶 속에서 나타나는 의미 있는 변화를 지향하며, 예를 들어 또래와 자발적으로 놀이에 참여하거나,

표 16-1 작업치료 목표 예시

- 감각처리 및 운동 실행 능력 향상
- 소근육 및 대근육 발달 향상(쓰기, 그리기, 도구 조작, 자세 조절, 균형, 신체 안정성 등)
- 시지각 기능 향상(읽기, 쓰기, 시각-운동 통합 촉진 등)
- 일상생활 기술 습득(옷 입기, 양치질, 화장실 사용, 목욕, 위생관리, 식사 등)
- 학업 준비 기술(학교 적응을 위한 기초 기능 지원)
- 놀이 및 사회적 상호작용 기술 향상
- 생체역학 및 환경 접근(아동에게 적합한 환경 조정 및 보조기기 적용 등)
- 가정 내 중재를 위한 부모교육 및 코칭

학교생활에 안정적으로 적응하여 과제에 독립적으로 참여하는 것 등이 이에 해당한다.

반면, 단기 목표는 장기 목표를 달성하기 위한 구체적이고 측정 가능한 중간 단계의 기술을 의미하며, 치료의 효과를 점검하고 조정하는 기준이 되기도 한다. 예를 들어, 아동의 장기 목표가 '독립적인 일상생활 수행'이라면, 이에 따른 단기 목표는 '양손을 사용하여 양말 한 켤레를 모두 신을 수 있다.' 또는 '큰 단추 8개를 혼자 끼울 수 있다.'와 같이 구체적인 기술 수준으로 설정된다.

4) 아동 작업치료의 주요 이론적 틀

(1) 감각통합이론

Ayres(1972)가 제안한 감각통합이론은 신경발달장애 아동의 작업치료에 있어 매우 중요한 평가 및 중재의 이론적 틀로 사용되고 있다. 작업치료사는 아동의 감각, 운동 반응의 특성과 놀이 발달 수준을 파악하기 위해 감각 프로파일(Sensory Profile−2), 임상관찰(Clinical Observations), 감각통합실행검사(SIPT), 운동검사(BOT−2), 놀이평가(Korean Play Performance Scale: KPPS) 등을 활용하여 아동의 기능적 어려움을 평가하고, 개별화된 중재 계획을 수립한다.

이후 감각통합을 촉진할 수 있는 치료적 환경을 구성하여 아동이 다양한 감각 정보를 보다 효과적으로 탐지하고, 조직화하여 해석하고, 적절하게 반응할 수 있도록 돕는다. 이러한 환경에서 자발적 움직임과 즐거운 감각 경험의 기회를 제공받은 아동은 적응반응(adaptive response)을 경험하게 되며, 이는 신경 기능의 변화와 발달적 성장을 촉진하는 데 중요한 역할을 한다.

감각통합치료는 단순한 감각 자극 제공이 아니라, 아동의 능동적 참여와 신경학적 적응을 유도하는 구조화된 치료 과정이며, 다음과 같은 치료 원리를 기반으로 실행된다(Schaaf & Mailloux, 2015).

- 내적 동기를 유발하는 놀이 기반 활동
- 도전적이며 성공 가능한 활동
- 아동의 자기주도적 활동
- 즐겁고 의미 있는 감각 경험

- 적응반응(adaptive response) 유도
- 치료사와 아동 간의 신뢰 기반 상호작용

(2) 시지각이론

시지각이론은 아동이 시각적 자극을 인식하고 해석하며, 이를 통해 의미 있는 작업을 조직할 수 있는 능력을 설명하는 이론이다. 주요 하위 영역으로는 시각적 변별(visual discrimination), 공간 관계(spatial relations), 시각 기억(visual memory), 형태 항상성(form constancy), 시지각 운동 통합(visual-motor integration) 등이 포함된다.

이 이론은 읽기, 쓰기, 수학 학습에 어려움을 보이거나, 복잡한 시각 환경에서 주의 집중이나 작업 조직이 어려운 아동에게 적용된다. 시지각 기능은 아동의 학습과 일상 수행 능력과 밀접하게 관련되어 있으며, 작업치료사는 시각적 자극에 대한 반응과 처리 과정을 체계적으로 평가하고 중재한다.

(3) 습득이론

습득이론(Acquisitional Theory)은 아동에게 반복, 강화, 피드백을 통해 기능적 행동을 학습하도록 하며, 이러한 기술적 훈련과 성공 경험의 누적을 통해 작업 능력을 향상시킨다. 작업치료사는 아동의 현재 기능 수준에서 학습 가능한 기술을 설정하고, 과제 분석, 반복 연습, 즉각적 피드백을 통해 기술을 학습하도록 지원한다. 특히 자기관리 기술(예: 옷 입기, 정리하기)이나 학교 준비 기술(예: 연필 쥐기, 쓰기, 주의 집중)을 훈련하는 데 사용된다.

(4) PEO 모델

작업 수행은 인간(Person), 환경(Environment), 작업(Occupation) 간의 상호작용을 통해 이루어지며 작업치료 중재는 아동 자체의 기능 향상뿐 아니라 환경 수정, 작업 요구도 조절이 병행되어야 한다(Law et al., 1996). 작업치료사는 PEO(Person-Environment-Occupation) 모델을 활용하여, 아동의 기능 향상뿐 아니라 작업 자체의 수정(adaptation), 물리적/사회적 환경의 조정(modification) 등을 함께 고려함으로써, 전체적 작업 수행을 향상시키는 전략을 수립한다. 이 모델은 특히 학교 기반 작업치료나 가정 기반 조기중재에서 사용된다.

5) 놀이치료와 작업치료

작업치료에서 '놀이'는 아동 발달에 필수적인 주요 작업으로 간주된다. 아동에게 놀이는 단순한 여가 활동을 넘어, 신체 조절, 감각통합, 정서 조절, 사회적 기술 발달 등 다양한 발달 과제를 자연스럽게 성취하게 하는 핵심 활동이다. 이러한 이유로 작업치료에서 놀이는 치료의 수단일 뿐 아니라, 치료의 궁극적 목표가 되기도 한다(Ayres, 2005; Parham & Fazio, 2008).

놀이를 중재의 중심에 두는 공통점 때문에, 임상 현장에서 보호자들이 종종 발달놀이치료와 작업치료의 목적이나 접근 방식을 혼동하는 경우가 있다. 실제로 두 접근 모두 아동의 발달 촉진을 핵심 목표로 삼고 있으나, 이론적 기반과 중재의 초점에서 명확한 차이를 가진다.

놀이치료는 아동의 정서 표현, 자아감 발달, 관계 형성과 같은 정서 측면과 관계 성장을 중요시하며 아동의 발달을 촉진하는 개입이다. 반면, 작업치료는 감각통합이론, 신경과학이론, 습득이론 등을 기반으로 하여 감각처리, 운동 계획, 신체 조절, 일상생활 기술(ADL)과 같은 기능적 발달 영역을 중재의 목표로 삼는다.

이처럼 두 치료는 접근의 초점이 다르지만 상호 보완적인 관계에 있으며, 협력할 경우 아동의 신체, 감각, 정서, 사회성 발달 등 전인적 발달을 지원하는 데 시너지 효과를 발휘할 수 있다.

2. 언어치료

발달장애는 생애 초기부터 시작되며, 발달 기능의 일부 또는 전반에 걸쳐 지속적인 어려움을 유발하는 신경발달장애로, 성장하는 과정에서 학습과 의사소통, 사회적 상호작용뿐만 아니라 일상생활 전반에 발달적 제한이 나타나는 것이 특징적이다. 발달장애의 특성에 따라 아동은 각기 다른 정도와 양상의 발달지체를 보이지만, 공통적으로는 전반적인 기능의 저하 또는 발달 속도 차이를 보인다. 이러한 이유로 발달장애로 진단을 받게 아동들은 지체된 각 발달 영역에 대한 발달 촉진을 위해 다양한 치료적 개입을 하게 된다. 그중 대표적인 것이 바로 언어치료, 감각통합치료 등이다.

그중 언어치료란 말이나 언어의 장애로 인하여 의사소통에 문제를 가진 아동의 잠재되어 있는 언어 능력을 최대한 개발시키며, 의사소통 기술을 습득하게 하여 일상생활에서 원만한 의사소통을 할 수 있도록 정상적인 언어 발달을 유도하는 치료적 개입이라고 볼 수 있다.

특별히 발달기에 있는 아동에게 있어 언어치료가 중요한 이유는 인간이 살아가는 데 있어 의사소통 능력은 개인의 학습, 사회성, 정서적 안정, 직업적 성공에 이르기까지 다양한 영역에 걸쳐 중대한 영향을 미치기 때문이다.

1) 발달장애 아동의 언어적 특성

발달장애 아동의 언어적 특성은 장애 유형에 따라 다르긴 하겠지만, 일반적으로 의사소통 능력의 부족, 어휘 발달지연, 문법적 오류, 사회적 언어 기술 부족 등의 문제를 공통적으로 보인다(Paul & Norbury, 2012). 특별히 자폐스펙트럼장애 아동의 언어적 특성에 대해 언어를 구성하는 구문론, 의미론, 화용론의 측면으로 살펴보면 〈표 16-2〉와 같다(양문봉, 신석호, 2016).

표 16-2 자폐스펙트럼장애 아동의 언어적 특성

- 언어가 발달하면서 억양이나 속도 강도에서 어려움(예: 억양의 단조로움)
- 또래에 비해 현저하게 떨어지는 수준의 언어 구사 능력
- 언어 이해력의 어려움(예: 간단한 질문 지시 등을 이해하지 못함)
- 반향어로서의 상동증적이고 반복적인 언어 사용

2) 언어평가

언어 발달에 제한을 보이는 아동을 위한 언어평가에는 다양한 검사도구가 있지만 여기서는 대표적인 세 가지 검사도구를 소개하고자 한다.

(1) 영유아 언어발달검사(SELSI)

영유아 언어발달검사(Sequenced Language Scale for Infants: SELSI)는 생후 5개월에서 36개월 사이의 영유아를 대상으로 실시할 수 있는 평가로, 영유아의 현재 언어 발달 정도를 평가할 수 있어 언어장애의 조기선별 및 언어지체 여부를 판별할 수 있는 검사도구이다.

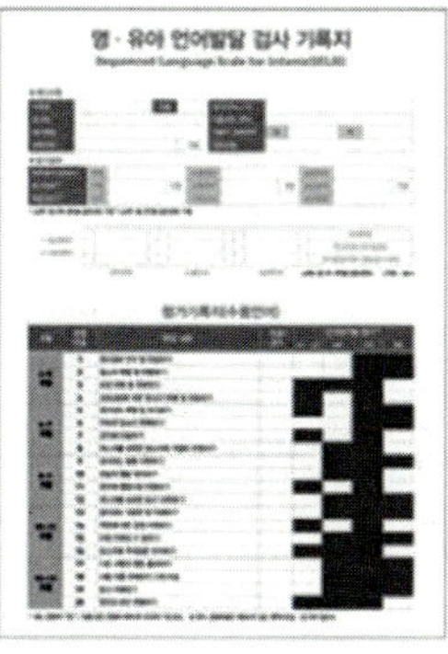

검사의 구성은 초기 유아 인지 개념, 의미론적 언어 능력, 음운 능력, 구문론적 언어 능력, 화용적 언어 능력 등의 수용언어와 표현언어 112문항으로 구성되어 있다. 이 검사는 주양육자가 문항을 체크하는 간접 평가로 발달 등가 연령 및 백분위 지수가 산출되면서 정상발달과 약간 지체, 언어발달지체로 나눌 수 있다.

이 검사의 주요 장단점이라면 부모 보고 형식인 관계로 검사 실시가 용이한 특성을 가지고 있고, 수용언어와 표현언어 중 어느 부분이 더 지체되었는지에 대한 분석이 가능하여 영유아의 전반적인 언어 능력을 제시해 주는 장점이 있는 반면, 주양육자 보고에 따라 과대 혹은 과소 평가될 가능성도 있어 이 검사의 결과만으로 아동의 언어능력을 평가할 수는 없다는 단점이 있다.

(2) 취학 전 아동의 수용언어 및 표현언어 척도(PRES)

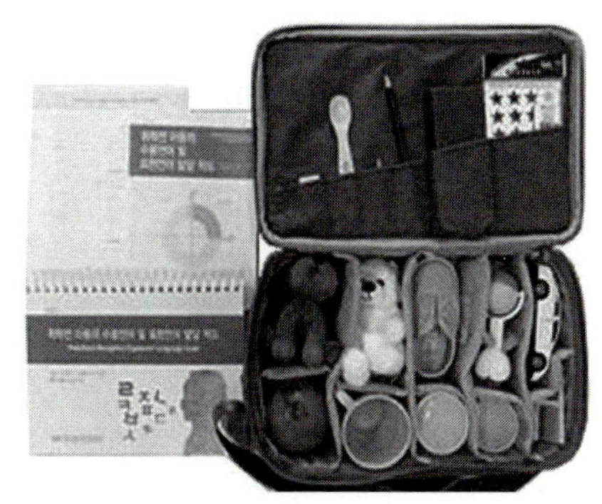

취학 전 아동의 수용언어 및 표현언어 척도(Preschool Receptive-Expressive Language Scale: PRES)는 2세 6개월에서 6세의 아동을 대상으로 수용 및 표현 언어 영역을 평가하는 각각 45개씩의 문항으로 구성되어 있으며, 아동을 직접적으로 평가하며 평가 점수로 아동의 언어연령 및 백분위지수를 산출하게 된다. 이 검사는 정상과 약간의 언어발달지체(1~2년), 언어장애(2년 이상)로 구분된다. 검사의 문항들은 언어의 의미, 구문, 화용 측면을 모두 포함하고 있고, 수용, 표현 측면뿐만 아니라 구체적인 언어 영역들에 대한 평가가 가능하다는 장점이 있는 반면, 인형이나 모형 등의 다양한 검사 자료를 사용하기 때문에 검사를 진행하는 사람의 숙달 능력이 필요하고, 복잡한 문항들이 있어 실시 시간이 오래 걸린다는 단점이 있다.

(3) 수용·표현 어휘력 검사(REVT)

수용·표현 어휘력 검사(Receptive and Expressive Vocabulary Test: REVT)는 2세에서 16세

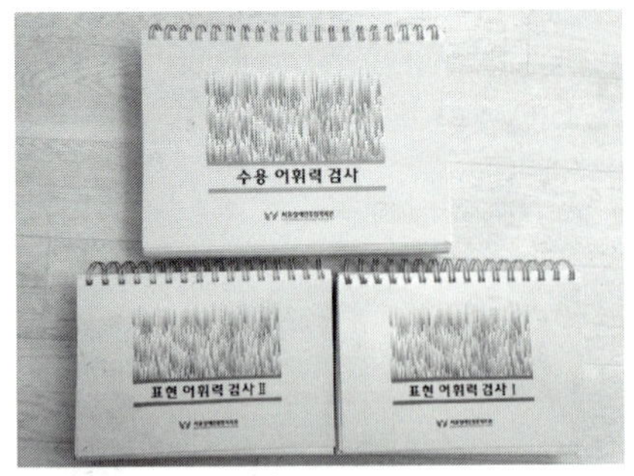

이상을 대상으로 하며 수용 및 표현 능력, 어휘력을 평가하게 된다. 아동을 통한 직접적인 평가로 진행되며 평가 점수로 아동의 언어 능력 및 백분위지수를 산출하게 된다.

이 검사는 대상자의 어휘 능력에 대한 전반적인 정보를 제공함으로 인해 언어치료를 진행할 때 목표 어휘의 선정과 치료 효과를 점검하는 데 활용할 수 있다.

3) 언어치료

발달장애 아동 중 대다수가 언어 및 의사소통 발달에서의 어려움을 경험하게 된다. 이에 따라 언어치료를 진행하게 되는데 이때 고려되어야 하는 점에 대해 살펴보도록 하자.

(1) 치료 목표

언어치료의 목표를 설정할 경우 고려되어야 하는 점은 현재 나타나는 언어의 어려움 외에 다른 장애가 함께 동반되어 있는지 여부이다. 만약 언어장애만 있는 경우라면 아동의 언어 및 의사소통 수준에 따라 단기 목표를 정하고 가족의 지지 등 환경적 요인을 고려하여 장기 목표를 정하면 된다. 하지만 언어장애 이외에 지적장애, 자폐스펙트럼장애, 청각장애, 뇌성마비 등의 동반 장애가 있는 경우라면 각 장애의 예후와 치료에 영향을 받게 되기 때문에 다각적이고 통합적인 접근을 필요로 하게 된다.

(2) 개별치료

언어치료를 계획하는 데는 개별 아동의 언어 발달 정도가 어떠한지가 중요하다. 일반적으로 언어치료는 개별치료가 효과적이며, 일반적으로 2세에서 6세까지가 언어 발달에 중요한 시기이므로 이 시기에 언어를 적극적으로 사용할 수 있도록 유도하는 치료적 개입이 필요하다.

최근에는 사회적 상호 소통에 기본을 두고 자연스러운 환경에서의 언어 중재 방식을 선호하는 상황이다. 따라서 언어치료 개입을 받는 아동이 언어 사용에 대한 동기를 가지도록 하는 것이 중요하며, 이에 따라 발달장애 아동이 좋아하는 활동이나 놀이를 사용하기도 하도, 부모와의 훈련을 통해 좀 더 자연스럽고 자발적인 방법으로 언어 중재를 하

는 방향으로의 변화를 보이고 있다(양문봉, 신석호, 2016).

만약 아동이 구어를 사용한 의사소통에 제한을 보일 경우 보완대체언어를 교육하여 의사소통에 자신감과 동기를 가지도록 하는 것이 좋다. 최근에는 그림교환의사소통시스템(Picture Exchange Communication System: PECS)을 통해 발달장애 아동에게 지체된 자발어를 향상시키는 개입을 시도하고 있다.

(3) 부모교육

부모는 '제2의 언어치료사'라고 할 수 있을 만큼 아동의 언어환경에 중요한 대상이다. 특별히 언어 발달 초기 단계나 취학 전 아동에게 언어장애가 있는 경우라면 부모교육은 매우 중요한 요소가 될 수 있다.

(4) 사회화 훈련

언어 사용의 궁극적인 목적은 사회적 의사소통이라고 볼 수 있다. 따라서 아동이 기관이나 가정에서 사회화될 수 있도록 하는 것이 매우 중요하며, 집단 언어치료를 통하여 자연스럽게 언어적 활동이 일어날 수 있도록 하는 것도 도움이 된다.

3. 응용행동분석(ABA)

응용행동분석(Applied Behavior Analysis: ABA)은 행동주의 이론에 기반하여 인간의 행동을 관찰, 분석하고, 체계적인 중재를 통해 긍정적인 방향으로 변화시키는 중재 방법이다. 환경과 행동 간의 기능적 관계를 바탕으로 중재 전략을 구성하며, 특히 발달장애 아동의 문제행동 감소 및 기술 습득에 효과적인 접근으로 널리 활용되고 있다.

ABA 기반 중재가 자폐스펙트럼장애 아동의 치료에서 본격적으로 주목을 받게 된 계기는 Lovaas(1987)의 연구였다. 그는 2~4세 자폐 아동을 대상으로 주당 40시간, 1:1 집중 행동 중재 프로그램을 가정 환경에서 실시하였으며, 이 중재는 눈 맞춤, 언어, 모방 등 초기 발달 기술을 목표로 구성되었다. 그 결과, 중재 집단 아동의 47%가 치료 종료 후 자폐 진단 기준을 더 이상 충족하지 않을 정도의 발달적 향상을 보였고, 이 효과는 이후의 장기 추적 연구에서도 유지되는 것으로 나타났다(McEachin, Smith, & Lovaas, 1993).

미국 공중보건국(U.S. Public Health Service, Office of the Surgeon General, 1999)과 뉴욕

주 보건국(New York State Department of Health, 1999)은 ABA의 효과성을 인정하며, 자폐 스펙트럼장애 아동을 위한 주요 권장 중재로 제시한 바 있다.

1) ABA의 원칙

Baer 등(1968)은 ABA가 과학적 기반 위에서 평가되고 실행되는 중재 방법임을 강조하며 일곱 가지 핵심 원칙을 〈표 16-3〉과 같이 제시하였다.

표 16-3 ABA의 일곱 가지 핵심 원칙

1. 적용(Applied): 사회적으로 중요한 행동에 초점, 일상생활에서 중요한 기술을 목표로 함
2. 행동(Behavioral): 관찰 가능하고 측정 가능한 행동을 다룸
3. 분석(Analytic): 데이터 기반 증거를 통해 동작 변화를 명확히 분석함
4. 기술적(Technological): 사용된 모든 절차 및 방법에 대한 자세한 설명 필요
5. 개념적 일관성(Conceptually Systematic): 절차가 행동 분석의 원칙에 부합하는지 확인
6. 효과적(Effective): 개입은 중요하고 의미 있는 행동 개선으로 이어짐
7. 일반화 가능(Generality): 변화가 다양한 환경에 일반화되고 지속되도록 함

2) ABA는 누가 시행하는가

ABA의 전문가가 되기 위해서는 국제적으로 인정받는 자격을 취득하고, 해당 분야의 교육 및 임상 수련을 체계적으로 이수해야 한다. 가장 널리 인정되는 자격은 국제행동분석위원회(Behavior Analyst Certification Board: BACB)에서 인증하는 BCBA(Board Certified Behavior Analyst) 자격으로, 자세한 내용은 다음과 같다.

- BCBA(Board Certified Behavior Analyst): 석사 학위 이상의 교육, 공식 수련 시간, 자격시험을 통해 인증. BCBA는 행동평가, 중재 설계, 치료 감독, 팀 교육 등 전체 ABA 치료 과정을 총괄하며, 가장 권위 있는 국제적 자격이다.
- BCaBA(Board Certified Assistant Behavior Analyst): BCaBA는 학사 학위 수준의 교육을 바탕으로 일정 수련 과정을 거친 준전문가 자격이다. 독립적 치료는 제한되며, 반드시 BCBA의 감독하에 치료를 수행한다.

3) ABA의 중재 목표

ABA는 관찰 가능하고 측정 가능한 행동을 중심으로, 환경 조절과 강화 원칙을 전략적으로 활용하여 사회적으로 의미 있는 행동의 변화를 유도하는 것을 목적으로 한다(Baer, Wolf, & Risley, 1968). 이를 위해 의사소통, 자기관리, 또래와의 사회적 상호작용 등 기능적이고 적응적인 행동은 증가시키고, 자해, 공격, 고집, 상동행동과 같이 일상생활을 방해하는 문제행동은 체계적으로 감소시키는 데 중점을 둔다(Cooper, Heron, & Heward, 2020). 이러한 중재 목표는 아동의 발달 수준과 환경적 맥락을 반영하여, 구체적이고 실천 가능한 방식으로 설정된다.

4) ABA의 핵심 원리: ABC 모델

ABC 모델은 인간의 행동을 이해하고 변화시키기 위한 ABA의 핵심 분석 틀이다. 이 모델은 선행사건(Antecedents: A), 행동(Behavior: B), 결과(Consequences: C)의 세 가지 요소로 구성되어 있으며, 각 요소는 행동이 발생하는 맥락과 기능을 파악하고 중재 전략을 체계화하는 데 도움을 준다.

(1) 선행사건(Antecedents: A)

선행사건은 행동이 발생하기 직전의 자극이나 환경 변화를 의미하며, 특정 행동을 유발하는 조건이 될 수 있다. 예를 들어, "안 돼."라는 지시나 특정 상황, 인물, 장소 등이 선행사건이 될 수 있다. 선행사건을 식별하면 행동이 언제 발생할지를 예측할 수 있으며, 이를 사전에 조절함으로써 문제행동을 예방하거나 바람직한 행동을 촉진할 수 있다.

(2) 행동(Behavior: B)

행동은 아동이 보이는 관찰 가능하고 측정 가능한 반응 또는 활동을 의미한다. 걷기, 말하기, 쓰기와 같은 외현적 행동뿐 아니라, 특정 상황에서의 정서반응, 시선 회피, 사회적 상호작용 회피 등도 포함될 수 있다. 행동은 기능(기능적 목적)을 지닌다. 예를 들어, 주의 끌기, 요구 충족, 과제 회피, 감각 자극 추구 등 행동의 기능은 아동의 의사소통 수단이 되며, 중재자는 이 기능을 파악해야 적절한 중재 전략을 설계할 수 있다.

(3) 결과(Consequences: C)

결과는 행동 직후에 따라오는 사건으로, 그 행동이 미래에 반복될 가능성에 직접적인 영향을 미치는 핵심 변수이다. 응용행동분석(ABA)에서는 결과를 〈표 16-4〉와 같이 세 가지 유형으로 구분한다.

표 16-4 ABA 결과의 세 가지 유형

강화제	특정 행동의 발생 가능성을 증가시키는 자극 또는 사건 (예: 칭찬, 간식 제공, 과제 면제 등)
벌	특정 행동의 발생 가능성을 감소시키는 자극 또는 사건 (예: 장난감 회수, 관심 차단, 주의 주기 등)
중립적 결과	행동에 유의미한 영향을 미치지 않는 결과 (예: 아무 변화 없음, 무반응)

ABA의 기본 원리에 따르면, 어떤 행동 뒤에 긍정적인 결과(강화)가 따를 경우 해당 행동은 반복될 가능성이 높아지며, 반대로 강화가 제공되지 않거나 부정적인 결과(벌)가 따를 경우 해당 행동은 감소할 가능성이 높다.

따라서 중재 이후에도 문제행동이 지속된다면, 이는 제공된 결과가 그 행동의 기능(기대되는 결과)에 부합하지 않거나, 강화의 강도가 충분하지 않았을 가능성을 시사한다. 이러한 경우, 중재자는 행동의 기능을 정밀하게 분석하고 중재 전략을 적절히 조정해야 한다.

표 16-5 ABA의 주요 중재 기법

개별시도훈련 (Discrete Trial Training: DTT)	• 선행사건-행동-결과의 구조 • 유연한 촉진과 소거 절차는 빠른 습득과 독립적인 반응에 효과적임
우연 교수 (Incidental Teaching: IT)	• 아동의 자발적 의사소통 유도를 통해 자연스러운 상황에서 언어 및 사회 기술을 향상시킴
중심축 반응 훈련 (Pivotal Response Treatment: PRT)	• 동기부여 구성 요소(예: 아동의 선택, 자연스러운 강화물, 다양한 과제)를 통합하여 일반화된 행동 변화를 이끌어 냄
기능적 의사소통 훈련(FCT)	• 문제행동을 대체하는 의사소통 기술을 가르침
행동 형성(shaping)	• 목표행동에 점진적으로 접근하는 근사 행동들을 연속적으로 강화하여 새로운 행동을 가르치는 절차

토큰경제	• 토큰을 조건화된 강화물, 특히 일반화된 조건화된 강화물로 사용하여 목표행동을 강화
보완대체 의사소통 [Augmentative and Alternative Communication: AAC/그림교환 의사소통 체계(Picture Exchange Communication System: PECS) 포함]	• 언어적 표현이 어려운 아동을 위해 그림, 기호, 텍스트, 음성생성장치(Speech Generating Device: SGD) 등을 활용하여 기능적 의사소통을 가능하게 하는 중재

5) ABA와 놀이: 자연주의적 발달 행동 중재로의 변화

ABA의 구조화된 훈련 중심 방법은 특정 기술의 습득에 효과적이지만, 아동의 자발성, 정서적 반응성, 그리고 배운 기술의 일반화를 제한할 수 있다는 비판이 꾸준히 제기되어 왔다. 이러한 한계를 극복하기 위해, ABA는 점차 아동의 발달 특성과 흥미를 반영한 놀이 기반 접근으로 진화하고 있다.

특히 자연주의적 발달 행동 중재(Naturalistic Developmental Behavioral Interventions: NDBI)는 ABA의 과학적 기반 위에 발달심리학의 요소를 통합하여, 놀이 상황과 일상적 맥락 속에서 아동의 사회적 · 의사소통 기술을 촉진하는 중재로 주목받고 있다 (Schreibman et al., 2015).

대표적인 NDBI 접근에는 ESDM(Early Start Denver Model, 조기개입덴버모델)과 JASPER (Joint Attention, Symbolic Play, Engagement & Regulation)가 있다. ESDM은 자폐스펙트럼 장애 아동을 위한 조기중재 모델로, ABA의 원리를 기반으로 하되, 놀이와 상호작용 중심의 교수법을 강조한다(Dawson et al., 2010). 특히 모방, 공동주의, 감정 공유와 같은 초기 사회적 기술 발달을 위해 놀이를 핵심 전략으로 활용한다(제10장 ESDM 참조).

JASPER는 공동주의와 상징놀이의 발달을 주요 목표로 하며, 초기 사회적 의사소통 기술의 습득과 정서적 조율, 상호작용 참여를 강화하는 데 중점을 둔다(Kasari et al., 2010).

이처럼 놀이 기반의 NDBI는 기존의 일방향적 과제 수행 중심 구조에서 벗어나, 아동의 능동적 참여와 정서 조절 능력을 함께 고려하는 접근으로 확대되고 있다. 이는 ABA가 단순한 행동 기술 습득을 넘어, 정서적 · 사회적 발달과 전인적 성장을 지원하는 통합적 발달 모델로 변화하고 있음을 보여 준다.

4. 약물치료

자폐스펙트럼장애를 포함하여 다양한 발달장애가 다양한 신경생물학적 원인을 가진다는 점은 그간의 연구를 통해 충분히 입증되었다. 하지만 이러한 신경생물학적 기반은 형태학적으로나 기제으로나 매우 복잡하기도 하고, 신경생물학적 일탈(abnormality) 정도가 개인에 따라 매우 다양하게 때문에 현재까지 장애의 원인이 무엇이라고 분명히 밝힐 수 있을 만큼 구체적인 생물학적 표적(marker)을 찾아내지는 못하고 있다. 이로 인해 발달장애에 대한 구체적인 치료 방법은 없으며, 다만 현재로서의 최선의 방법은 부모상담, 행동 수정, 체계적 특수교육, 감각통합, 언어치료, 사회기술훈련, 발달치료, 약물치료 등의 포괄적인 방법을 사용하여 최선을 다하는 것이며, 이러한 포괄적 치료교육이 상당한 효과를 나타낼 수 있다고 본다(Tsai, 2001).

지금까지 연구된 바에 따르면 신경발달장애 및 정서행동장애로 인한 여러 행동 문제나 정서적 불안 등은 약물치료로 많은 부분 개선될 수 있다고 본다. 실제로 이러한 영역에서 사용되는 악물들이 상동행동이나 과잉행동, 정서적 불안정, 충동성, 언어 및 행동 등의 개선을 돕고 있다.

1) 발달장애 아동의 약물치료

발달장애를 포함하는 정서행동 문제의 치료를 위해 약물치료를 시행하는 것은 1937년 미국에서 Bradley가 행동장애 아동에게 벤제드린(benzederine)을 투여한 이후 학습이 향상되고, 산만한 행동이 줄어드는 것을 발견한 이후부터이다. 그 이후 1970년대 들어 아동 및 청소년 정신의학이 발전하면서 약물치료에 대한 관심이나 비중이 높아지고 있다. 특별히 최근 뇌과학의 발전으로 인해 약물치료에 대한 중요성이 부각되고 있으며 전문가뿐 아니라 일반인들의 관심이 고조되고 있다(박랑규 외, 2019).

이렇듯 약물치료가 행동이나 정서적인 문제를 개선하는 데 긍정적인 효과를 보이지만 그러함에도 몇 가지 고려해야 하는 상황이 있다. 여기에서는 크게 지적장애와 자폐스펙트럼장애 아동의 약물치료에 대해 설명하고자 한다.

지적장애 아동의 경우 자해행동이나 상동행동, 과잉행동 등이 나타나게 되는데 이러한 증상을 완화시키기 위해 약물치료를 시행하기도 하며, 자폐스펙트럼장애의 경우에는 전반적인 적응력을 촉진하기 위한 교육적 · 환경적 · 사회적 접근들과 함께 약물치료를 시행하는 경우가 많다. 일반적으로 자폐스펙트럼장애 아동들에게 과잉 활동, 분노발작, 자극민감성, 위축, 상동증, 공격성, 자해행동, 우울, 강박행동 등의 문제행동이 나타날 수 있다. 대체로 아동기 초기에는 과잉 활동, 자극민감성, 분노발작이 두드러지는 데 비해 후기에는 공격성과 자해행동이 두드러지며, 청소년기와 성인기에 이르러서는 우울이나 강박 행동이 문제가 되기도 한다. 이러한 경우 약물치료는 교육이나 심리사회적 치료의 효과를 증진시키며 학습을 촉진할 수 있다고 본다. 일반적으로 사용되는 약물로는 세로토닌재흡수차단제(SSRIs), 중추신경계자극제 및 알파 촉진제, 세크레틴 등이 있다.

2) 약물치료 시 고려할 점

발달장애 아동에게 약물치료를 적용하는 데 있어 고려해야 할 사항은 다음과 같다(Tsai, 2001).

(1) 일상생활 지장 초래 여부

아동이 행동 문제 등으로 일상생활에서 어느 정도 지장을 초래하는지를 고려해야 한다. 만약 심하지 않다면 약물치료를 2차 혹은 3차로 고려하면서 비약물적인 치료(예: 행동치료 등)를 시행하는 것을 고려할 수 있다.

(2) 연령

다음으로, 아동의 연령이 고려되는데, 약물치료는 대개 만 6세 이후에 시행하는 것이 일반적이다. 만약 아동의 증상이나 행동이 굉장히 심하거나 지장을 초래하는 경우가 아니라면 다른 치료적 개입을 먼저 시도해 보는 것이 좋다.

(3) 아동의 주된 문제

마지막으로, 아동의 주된 문제가 어떤 것인가 하는 점이다. 만약 자폐스펙트럼장애 아동의 경우 과격하고 파괴적인 행동이나 굉장히 산만한 행동이 나타나는 경우라면 적절한 약물치료를 진행함으로써 보다 좋은 교육 및 치료 효과를 볼 수 있다.

(4) 약물치료 지속 문제

다음으로 많이 궁금해하는 점은 언제까지 약물치료를 지속할 것인가의 문제이다. 대개 약물치료가 도움이 되는지, 효과가 있는지, 아동이 약을 견디어 내는지를 판단하기까지는 2~3개월 정도의 기간이 필요하다. 이때까지 빠르면 일주일 간격으로 혹은 2~3주 간격으로 약 용량을 조절해 가면서 효과 및 부작용 등을 체크한다. 적정용량(optimal dose)을 찾게 되면 짧게는 6개월에서 길게는 약 2년 정도를 유지해 나간다. 그러고 나서 약을 줄이거나 혹은 중단하고 주의 깊게 행동을 평가한다. 이때 경우에 따라서는 증상이나 행동에 대한 검사를 시행하는 수도 있다. 이때도 짧게는 2주~1개월, 길게는 3~6개월 정도 경과를 관찰하거나 아니면 검사 소견을 참조하여 약을 계속 중단할 것인지 혹은 다시 복용하도록 할지를 결정한다(박랑규 외, 2019).

3) 약물치료 고려 증상 및 약물

흔히 약물치료를 고려하게 되는 증상은 다음과 같다.

- 공격성, 자해행동
- 과잉행동, 집중력 저하
- 불안, 강박적 행동
- 반복적이고 상동적인 행동
- 수면장애

일반적으로 발달장애 아동에게 사용하는 약물로는 항우울제(antidepressants), 항정신병 약제(antipsychotics), 콜린성 약제(cholinergic agents), GABA계 약제(GABA-ergic agents), 기분조절제(mood stabilizer), 글루타메이트계 약제(glutamatergic agents), 노르아드레날린계 약제(noradrenergic agents), 오피오이드계 약제(opioidergic agents), 정신자극제(stimulantes), 비타민제제 등이 있다(조인희 외, 2007).

4) 약물치료의 일반적 원칙

정확하고 성공적인 약물치료를 위해 알아야 하는 것 중 하나는 약물치료의 일반적 원칙이다. 그 일반적 원칙은 다음과 같다(Tsai, 2001).

(1) 기능 행동 분석으로 철저한 의학적 진단 및 평가가 시행되어야 한다

자폐스펙트럼장애 및 정서행동장애 아동은 모든 범주의 신경정신 영역의 다양한 증상들이 나타날 가능성이 크기 때문에 신중하고 정확한 문제 규명을 위해서는 자격과 경험을 갖춘 전문가가 아동의 문제행동이나 증상에 대해 기능 행동 분석을 하여 자료를 얻는 것이 필요하다.

(2) 철저한 자료의 검토가 필요하다

약물치료와 관련하여 아동의 임상적 이력, 철저한 신체검사, 신경학적 검사, 기타 실험실 검사 자료들이 충분히 검토되어야 한다. 이러한 자료는 아동의 문제행동이나 증상을 명확하게 구별하는 데 필요하며, 약물치료를 결정하는 데 필수적인 요소이다. 예를 들어, 주의력결핍 과잉행동장애 아동에게 리탈린을 처방하게 되는 경우 틱이 생길 가능성을 고려해 보아야 한다.

(3) 약물치료만으로 문제를 해결하고자 하는 것은 금물이다

중요한 것은 충분한 자료를 근거로 하여 명확한 진단이 이루어져야 한다는 점이다. 다른 치료적 대안과 비교해 보았을 때 약물이 반드시 필요하다고 판단되는 경우에만 약물치료가 고려되는 것이 필요하다. 반드시 기억해야 할 중요한 사항은 약물치료 하나만으로 모든 것이 해결된다고 생각하는 것은 매우 위험한 일이라는 것이다.

(4) 다른 비의학적 치료 프로그램을 제공한 후 반응이 없거나 미미한 경우에만 약물치료를 생각해야 한다

ADHD, 투렛증후군 등 이외에 대부분의 행동이나 정서상의 문제 개선에는 약물보다는 상담이나 심리치료 또는 행동치료 등의 기법들로 해결될 수 있으므로 약물치료 이전에 다른 치료 기법들이 우선적으로 적용되어야 한다. 다양한 치료 방법을 사용했음에도 불구하고 아무런 효과가 없거나 미미할 때 약물치료를 고려해야 한다.

(5) 최대한 아동을 치료 과정에 참여시켜야 한다

아동의 행동이나 정서 문제를 해결하고자 약물치료를 하는 경우, 약물치료의 중심은 아동이다. 따라서 모든 치료 과정에 가능한 한 아동이 참여하도록 해야 한다. 아동이 어리고 이해 수준이 낮다 하더라도 약을 복용하는 이유와 목적을 이해시키도록 최선을 다할 필요가 있다. 약물에 대해 질문이 있거나 느낌이 있는 경우에는 어느 것이든지 표현할 수 있도록 격려해야 한다. 필요한 경우에는 아동이 전문적인 상담을 받도록 하여 약물치료에 대한 불안이 있거나 학교에서 약을 복용하는 경우, 염려가 되지 않도록 돕는 것도 필요하다.

(6) 약물치료 과정에서 아동에게 나타나는 약물의 효과를 관찰해야 한다

부모는 아동의 기능 수준과 처방된 약물에 대한 아동의 반응을 가장 가까이서 지켜보는 중요한 사람으로서, 약물치료의 혜택과 가능한 부작용들에 대해 자세한 정보를 받을 권리가 있다. 부모는 아동 약물치료의 전체 과정 동안 적극적인 참여자이며, 아동의 약물치료와 관련 있는 모든 정보를 담당의사에게 이야기해 줘야 한다. 아동이 이전에 어떤 병을 앓았는지, 어떤 약을 처방받았었는지, 약물에 대한 반응은 어떠했는지, 약물로 인한 부작용은 없었는지 등의 모든 정보는 아동의 약물치료를 보다 최적으로 하는 데 의사에게 상당한 도움이 된다.

(7) 정기적으로 약물치료의 효과를 평가해야 한다

약물치료를 시작하기 전에 보였던 아동의 행동 문제와 정서 문제를 측정하여 기초자료를 확립해 두고, 약물치료 기간뿐만 아니라 모든 치료 과정이 끝난 후의 기간 동안에도 아동의 증상이나 행동이 얼마나 자주 일어나며 어느 정도로 일어나는지 정기적으로 기록해서 약물의 임상적 효과를 기록해 두어야 한다.

(8) 아동의 약물치료 기간은 장애나 문제의 속성 및 치료 진행 단계에 따라 정해진다

약물치료를 하는 첫 단계 때에는 적어도 일주일에 한 번 의사를 만나야 하며, 증상이 적절하게 감소하고 어느 정도 안정이 된 상태에는 이전 단계로 다시 돌아가지 않도록 하기 위해 지속적인 약물 유지 프로그램을 하면서 몇 주에 한 번씩 의사를 만나야 한다. 그러다가 한 달에 한 번 또는 두 달에 한 번 의사를 만나 치료 효과와 부작용 발생 여부를 점검해야 한다.

(9) 약물치료를 끝내려 할 때는 담당의사와 서로 협의하여 결정해야 한다

자폐 및 정서행동 장애 아동이 수개월 또는 여러 해 동안 장기적인 약물치료를 받은 후에 약물치료를 멈추고자 하는 경우에는 서서히 계획을 진행시켜야 한다. 약물을 갑자기 끊으면 심한 부작용이 생길 수 있기 때문이다.

5. 보완대체치료

보완대체치료(Complementary and Alternative Therapy: CAM)는 전통적인 의학 또는 주류 치료체계 외에 활용되는 다양한 치료적 접근을 총칭하는 개념이다. 여기서 '보완(Complementary)'이란 기존의 의학적 치료와 함께 병행되는 형태의 중재를 의미하며, '대체(Alternative)'는 기존 치료를 대신하여 사용되는 독립적인 치료 형태를 말한다(National Center for Complementary and Integrative Health: NCCIH, 2021). NCCIH(2008)에 따르면, 보완대체치료는 다음과 같은 다섯 가지 유형으로 분류된다.

- 심신 기반 치료: 명상, 요가, 바이오피드백, 최면, 창의적 발산(예술 · 음악 · 무용 치료 등)
- 생물학적 기반 치료: 비타민, 미네랄, 오메가3, 허브, 프로바이오틱스, 특정 식이요법(글루텐 · 카제인 제거 식이), 제독치료 등
- 수기 및 신체 기반 치료: 마사지, 카이로프랙틱, 청각통합치료, 지압 등
- 에너지 치료: 레이키(Reiki), 기치료, 치료적 접촉, 자기장 요법 등
- 전체의료체계: 한의학, 아유르베다, 전통 중의학 등

1) 보완대체치료와 발달장애치료

발달장애 아동의 부모들은 전통적인 치료 외에 다양한 보완대체치료를 행하고자 하는 경향이 높다(Brown et al., 2017). 이는 약물 부작용에 대한 우려, 기존 치료의 한계, 아동의 기호 및 반응, 전인적 접근에 대한 관심 등이 복합적으로 작용한 결과이다. 그러나 보완대체치료의 효과성에 대한 과학적 근거는 치료 종류에 따라 상이하며, 현재까지의 연구는 방법론적 한계로 인해 결과를 일반화하기에는 조심스러운 측면이 있다. 치료사

는 아동의 보호자가 보완대체치료를 병행하고자 하는 마음을 이해하고 무조건 배제하기보다는, 열린 자세로 소통하는 것이 필요하다. 이를 위해 전문가로서 다음과 같은 윤리적 · 실천적 기준을 고려해야 한다.

- 과학적 근거 확인: 보완대체치료의 효과성에 대한 체계적 문헌고찰이나 메타분석을 연구들을 통해 근거 수준을 확인해야 한다. 효과성이 일관되지 않거나 과학적으로 입증되지 않은 중재에 대해서는 그 한계와 불확실성을 보호자에게 명확하고 객관적인 언어로 설명할 수 있어야 한다.
- 의료적 안전성 검토: 식이요법, 영양 보충제, 허브치료, 한약 등은 알레르기, 약물과의 상호작용, 또는 의학적 금기 사항을 유발할 수 있으므로, 반드시 소아정신과 전문의 또는 소아과 의사와의 협의가 필요함을 안내해야 한다.
- 보호자와의 협력적 의사결정: 보호자와 공감적 협력관계 속에서 보완대체치료의 치료 효과, 비용, 위험성, 아동의 반응 및 가족 상황을 함께 고려하여 현실적 기대 수준을 조율하고 올바른 치료 방향을 선택하도록 안내해야 한다.

2) 영양 보충제(비타민, 미네랄, 오메가3, 허브, 프로바이오틱스) 치료

발달장애 아동은 대사적 불균형, 산화 스트레스(oxidative stress), 염증반응, 신경전달물질 조절의 이상 등을 동반하는 경우가 많아, 영양 보충을 포함한 생의학적 접근의 중요성이 점차 주목받고 있다(Adams et al., 2011b; James et al., 2009; Rossignol & Frye, 2012).

오메가3 지방산(DHA, EPA)은 뇌세포막의 주요 구성 요소로서, 시냅스의 안정성, 세로토닌과 도파민 등의 신경전달물질 기능 조절에 중요한 역할을 한다. 연구에 따르면, 오메가3 지방산은 신경계 발달과 행동 조절에 필수적인 영양소이며, 자폐스펙트럼장애 아동의 사회적 상호작용 향상, 과잉행동과 과민성 감소 등의 긍정적 효과가 보고되었다(McNamara & Carlson, 2006).

또한 최근에는 장-뇌 축(gut-brain axis)의 중요성이 대두되면서 프로바이오틱스에 대한 관심도 높아지고 있다. 자폐스펙트럼장애 아동을 대상으로 Microbiota Transfer Therapy(MTT)를 시행한 결과, 위장 증상과 자폐 행동 증상의 동시 개선이 관찰되었으며, 이는 장내 환경의 조절이 행동 증상 완화에 기여할 수 있음을 시사한다(Kang et al., 2017).

비타민 B6, 마그네슘, 아연, 철분은 자폐 아동에게서 빈번히 결핍되는 영양소로 보고되며, 이들 보충제를 병행한 연구에서는 주의력 향상, 감정 조절, 감각 민감성 완화 등의 효과가 보고되고 있다. 연구에 따르면, 영양 보충제를 3개월간 복용한 자폐스펙트럼장애 아동 집단은 위약 집단에 비해 행동, 수면, 소화기 기능, 주의력에서 유의미한 개선을 보였다(Adams et al., 2011a). 그러나 이러한 영양 보충제 접근들은 아동의 개인별 대사 상태, 위장 건강, 약물 복용 여부, 기타 기저 질환 등을 정밀하게 고려해야 한다.

3) 글루텐 · 카제인 제거 식이

글루텐 · 카제인 제거 식이(Gluen-Free Casein-Free: GFCF diet)는 밀, 보리, 호밀에 함유된 단백질인 글루텐(gluten)과 우유 및 유제품에 포함된 단백질인 카제인(casein)을 식단에서 제외하는 식이 중재로, 자폐스펙트럼장애 아동의 행동 문제와 위장관 증상 완화를 목적으로 제안된 중재이다.

이 식이요법은 자폐 아동에게서 흔히 보고되는 장내 투과성(leaky gut) 증가, 오피오이드 펩타이드(opioid peptides)의 생성, 면역과민반응(immune hypersensitivity) 등의 생리적 · 면역학적 특성에 기반을 두고 있다. 이러한 생물학적 가설에 따르면, 일부 자폐스펙트럼장애 아동은 글루텐과 카제인이 분해되는 과정에서 생성되는 펩타이드가 중추신경계에 영향을 미쳐 행동 증상이나 사회적 반응성에 변화를 유발할 수 있다고 여겨진다.

이러한 가설을 검증하기 위해 2~16세의 자폐스펙트럼장애 아동 15명을 대상으로 6주간의 GFCF 식이를 실시한 무작위 이중맹검 교차설계(double-blind crossover) 연구가 진행되었으며 연구 결과, 전체 집단 수준에서는 행동 및 사회 반응에 통계적으로 유의한 차이를 발견하지 못하였다. 그러나 일부 아동에게는 부모가 관찰한 긍정적인 반응이 있었으며, 연구자들은 이를 바탕으로 개별 반응 차이의 가능성과 향후 대규모 연구의 필요성을 제안하였다(Elder et al., 2006).

또 다른 연구에서는 387명의 자폐스펙트럼장애 아동의 부모를 대상으로 한 관찰 기반 설문연구에서 GFCF 식이를 6개월 이상 시행한 경우, 특히 위장 증상이나 알레르기 증상을 가진 아동군에서 행동 · 언어 · 사회성 영역의 유의미한 개선이 보고되었다(Pennesi & Klein, 2012). 이 연구에서는 식이요법을 충실히 따르고 위장 관련 동반 문제가 있는 아동일수록 효과가 두드러졌다고 보고되었으며, 이는 특정 아동군에서의 식이 반응성 가능을 시사한다.

이러한 결과는 GFCF 식이의 효과가 모든 자폐스펙트럼장애 아동에게 일반화되기 어렵고, 개인의 생리적 특성(특히 장기능 이상이나 음식 과민성 여부)에 따라 달라질 수 있음을 보여 준다. 따라서 GFCF 식이는 일률적인 치료법으로 간주되기보다는, 철저한 평가와 전문가의 영양 상담을 통해 맞춤형으로 적용되어야 하며, 장기 시행 시 영양 불균형의 위험 가능성도 고려되어야 한다.

4) 제독치료

제독치료(Detoxification Therapy)는 체내에 축적된 독성 물질, 중금속, 환경 화학물질 등이 신경 발달에 영향을 줄 수 있다는 가설에 기반한 치료 방식이다. 특히 자폐스펙트럼장애 아동의 경우 수은, 납, 알루미늄과 같은 중금속 노출이 증상과 관련된다는 주장이 제기되어 왔으며, 이에 따라 킬레이션(chelation) 치료가 사용된 사례가 있다.

그러나 미국의학연구소(Institute of Medicine: IoM)(2004)는 킬레이션 요법의 효과에 대해 과학적 근거가 불충분하며, 심각한 부작용(저칼슘혈증, 사망 등) 가능성을 경고하였다. 제독치료에 대해 일관된 치료 효과를 증명한 대규모 연구는 부족하며 과학적 안전성과 유효성이 입증되지 않았기에 임상에서 적용 시 신중한 판단이 요구된다.

5) 청각통합치료

청각통합치료(Auditory Integration Therapy: AIT)는 자폐스펙트럼장애 아동에게 자주 관찰되는 청각 과민, 특정 소리에 대한 과도한 반응, 소리 회피 또는 선호와 같은 청각처리의 불균형을 완화하고자 고안된 치료법이다.

대표적인 AIT 접근에는 토마티스 접근법(Alfred Tomatis, 1950), 베라르 접근법(Guy Bérard, 1993), 치료적 듣기(Therapeutic Listening; Sheila, 2002) 등이 있으며, 이들은 모두 특정 주파수로 조정된 음악을 활용하여 중이 및 청각 경로의 신경반응을 조절함으로써 청지각 기능 향상과 감각 조절 능력을 높이는 것을 목표로 한다.

일부 아동의 경우, AIT를 받은 후 소리에 대한 과도한 반응이 완화되거나, 언어 사용 빈도 및 사회적 상호작용이 증가하는 등의 긍정적인 변화가 보고되기도 하지만 이러한 긍정적 사례에도 불구하고, 현재까지의 과학적 근거는 제한적이다. 일부 사례에서 긍정적인 효과가 관찰되기는 했으나, 무작위 대조시험과 같은 과학적으로 엄격한 연구에서

는 통계적으로 유의한 효과가 입증되지 않았다(Sinha et al., 2006).

AIT는 일부 아동에게 긍정적인 효과를 줄 수 있는 가능성 있는 중재이지만, 모든 아동에게 동일한 효과가 나타나는 것은 아니며, 치료 적용 시에는 아동의 특성과 반응을 면밀히 평가한 후 전문가의 판단 아래 진행되어야 한다.

6) 반복적 경두개자기자극술

반복적 경두개자기자극술(repetitive Transcranial Magnetic Stimulation: rTMS)은 비침습적인 신경조절 기법으로, 외부에서 생성된 빠르게 변화하는 자기장을 이용하여 두개골을 통과시킨 후 대뇌피질의 특정 부위에 미세한 전류를 유도함으로써 신경 활동을 조절하는 치료법이다. 자극의 빈도에 따라 뉴런의 흥분성을 억제하거나 항진시킬 수 있으며, 이러한 반복적인 자극은 신경가소성(neuroplasticity)을 유도하여 장기적인 뇌 기능의 변화를 가져올 수 있다.

rTMS는 주로 성인 신경정신의학 영역에서 활용되어 왔으며, 특히 주요우울장애, 강박장애, 만성통증 등에서 치료 효과가 과학적으로 입증되어 미국 식품의약국(FDA)으로부터 안전성과 유효성을 인정받아 승인된 치료법이다. 최근에는 자폐스펙트럼장애를 비롯한 발달장애 아동을 대상으로도 rTMS의 적용 가능성이 주목받으며 활발히 연구되고 있다(Oberman et al., 2010).

치료의 주요 표적 부위는 왼쪽 배외측 전전두엽(dorsolateral prefrontal cortex)으로, 이 부위는 실행 기능, 주의 조절, 사회적 인지와 같은 고위 인지 기능에 핵심적인 역할을 한다. 자폐스펙트럼장애 아동의 경우, 전전두엽과 측두엽 간의 기능적 연결 이상, 감각 과민성, 실행 기능 결함 등의 특징이 자주 나타나며, rTMS는 이러한 뇌 기능의 조절을 목표로 한다.

임상 연구에서 자폐스펙트럼장애 아동의 전두엽에 저빈도 rTMS를 적용한 결과, 주의력 향상, 감각 과민반응의 감소, 충동적 행동의 완화와 같은 유의미한 변화를 관찰하였다(Sokhadze et al., 2012). 또한 rTMS 치료 이후 자폐스펙트럼 아동의 사건 관련 전위(Event-Related Potentials: ERP) 반응이 개선되고, 사회적 반응성이 증가한 결과가 보고되었다(Baruth et al., 2011).

그러나 현재까지 아동을 대상으로 한 rTMS의 적용은 여전히 실험 단계에 있으며, 표준화된 치료 프로토콜이 확립되어 있지 않고 장기적인 안전성과 유효성에 대한 평가가 필요한 실정이다. 또한 고가의 장비와 치료 비용, 접근성 등의 현실적인 제약이 있으며, 두통이나 피로와 같은 경미한 부작용뿐만 아니라 드물게는 경련과 같은 심각한 이상 반응도 보고되고 있어, 치료 적용 전에는 반드시 의학적 평가와 전문가의 판단이 선행되어야 한다(Rossi et al., 2009).

요약하기

- 작업치료는 신체적 · 정신적 어려움을 겪는 개인이 삶에서 의미 있고 목적 있는 활동에 능동적으로 참여할 수 있도록 지원하는 보건의료 전문 영역으로, 아동기의 주요 작업에는 일상생활(자조), 수면과 휴식, 놀이, 학습, 사회적 참여 같은 활동들이 포함된다. 아동 작업치료는 단순한 신체 기능 훈련을 넘어 아동이 일상 속에서 자율적이고 주체적으로 참여할 수 있도록 발달수준에 맞는 통합적 개입을 제공하는 데 중점을 둔다.
- 언어치료란 말이나 언어의 장애로 인하여 의사소통에 문제를 가진 아동의 잠재되어 있는 언어능력을 최대한 개발시키며, 의사소통 기술을 습득하게 하여 일상생활에서 원만한 의사소통을 할 수 있도록 정상적인 언어 발달을 유도하는 치료적 개입이다. 발달기에 있는 아동에게 있어 언어치료가 중요한 이유는 인간이 살아가는 데 있어 의사소통 능력은 개인의 학습, 사회성, 정서적 안정, 직업적 성공에 이르기까지 다양한 영역에 걸쳐 중대한 영향을 미치기 때문이다.
- 응용행동분석(ABA)은 행동주의 이론에 기반하여 인간의 행동을 관찰, 분석하고, 체계적인 중재를 통해 긍정적인 방향으로 변화시키는 중재 방법으로, 환경과 행동 간의 기능적 관계를 바탕으로 중재 전략을 구성하며, 특히 발달장애 아동의 문제행동 감소 및 기술 습득에 효과적인 접근으로 널리 활용되고 있다.
- 아직까지 발달장애에 대한 구체적인 치료 방법은 없으며 현재 최선의 방법은 부모상담, 행동수정, 체계적 특수교육, 감각통합, 언어치료, 사회기술훈련, 발달치료, 약물치료 등의 포괄적인 방법을 사용하여 최선을 다하는 것이다. 지금까지 연구된 바에 따르면 신경발달장애 및 정서행동장애로 인한 여러 행동 문제나 정서적 불안 등은 약물치료로 많은 부분이 개선될 수 있다고 본다. 실제로 이러한 영역에서 사용되는 약물들이 상동행동이나 과잉행동, 정서적 불안정, 충동성, 언어 및 행동 등의 개선을 돕고 있다.
- 보완대체치료는 전통적인 의학 또는 주류 치료 체계 외에 활용되는 다양한 치료적 접근을 총칭하는 개념이다. 대표적으로는 영양 보충제 치료, 글루텐 · 카제인 제거 식이, 제독치료, 청각통합치료, 반복적 경두개자기자극술 등이 있다.

생각해 보기

Q1. 발달장애 아동을 대상으로 하는 다양한 치료적 개입에 이 책에 소개한 것 이외에 어떠한 것들이 있는지 살펴보라.

Q2. 놀이치료사가 발달장애 아동을 위한 다양한 치료적 개입에 대한 이해를 가질 필요성이 무엇인지에 대해 논의해 보라.

참고문헌

박랑규, 안동현, 유희정, 어수지, 이슬, 신혜민(2019). **발달장애 아동 통합치료교육.** 학지사.

양문봉, 신석호(2016). **자폐스펙트럼장애 A to Z.** 시그마프레스.

조인희, 유한익, 손정우, 유희정, 구영진, 정운선, 안동현, 안정숙(2007). 전반적 발달장애의 한국형 치료 권고안: 약물치료. **소아청소년정신의학**, 18(2), 109-116.

지석연, 김희정(2016). **아동을 위한 작업치료의 목표와 활동 설정.** 수문사.

Adams, J. B., Audhya, T., McDonough-Means, S., Rubin, R. A., Quig, D., Geis, E., Gehn, E., Loresto, M., Mitchell, J., Atwood, S., Barnhouse, S., Lee, W. L., & Edelson, S. M. (2011a). Nutritional and metabolic status of children with autism vs. neurotypical children, and the association with autism severity. *Nutrition & Metabolism, 8*, 34. https://doi.org/10.1186/1743-7075-8-34

Adams, J. B., Audhya, T., McDonough-Means, S., Rubin, R. A., Quig, D., Geis, E., Gehn, E., Loresto, M., Mitchell, J., Atwood, S., Barnhouse, S., Lee, W. L., & Edelson, S. M. (2011b). Safety and efficacy of nutritional supplements in autism: A randomized controlled trial. *Journal of Alternative and Complementary Medicine, 17*(6), 555-560. https://doi.org/10.1089/acm.2010.0713

American Academy of Pediatrics. (2010). Policy statement: The pediatrician's role in the diagnosis and management of autistic spectrum disorder in children. *Pediatrics, 120*(5), 1162-1182.

American Occupational Therapy Association. (2002). *Occupational therapy practice framework: Domain and process*.

Ayres, A. J. (1972). Types of sensory integrative dysfunction among disabled learners. *American Journal of Occupational Therapy, 26*(1), 13–18.

Ayres, A. J. (2005). *Sensory integration and the child: Understanding hidden sensory challenges* (25th anniversary ed.). Western Psychological Services.

Baer, D. M., Wolf, M. M., & Risley, T. R. (1968). Some current dimensions of applied behavior analysis. *Journal of Applied Behavior Analysis, 1*(1), 91–97. https://doi.org/10.1901/jaba.1968.1-91

Baruth, J. M., Casanova, M. F., El-Baz, A., Horrell, T., Mathai, G., Sears, L., & Sokhadze, E. M. (2011). Repetitive transcranial stimulation (rTMS) improves electroencephalographic and behavioral outcome measures in autism spectrum disorders. *Autism Science Digest, 1*(1), 52–57.

Bérard, G. (1993). *Hearing equals behavior: Updated and expanded*. Keats Publishing.

Brondino, N., Fusar-Poli, L., Rocchetti, M., Provenzani, U., Barale, F., & Politi, P. (2015). Complementary and alternative therapies for autism spectrum disorder. *Evidence-Based Complementary and Alternative Medicine, 2015*, 258589. https://doi.org/10.1155/2015/258589

Brown, A. F., & Elder, J. H. (2014). *The use of complementary and alternative medicine in children with autism spectrum disorders*. ISRN Nursing, 2014, Article ID 169769. https://doi.org/10.1155/2014/169769

Brown, K. A., Patel, D. R., & Darmawan, D. (2017). Complementary and alternative medicine use in children with developmental disabilities. *Children, 4*(11), 86. https://doi.org/10.3390/children4110086

Bundy, A. C., Lane, S. J., & Murray, E. A. (2002). *Sensory integration: Theory and practice* (2nd ed.). F. A. Davis.

Cooper, J. O., Heron, T. E., & Heward, W. L. (2020). *Applied behavior analysis* (3rd ed.). Pearson.

Dawson, G., Rogers, S. J., Munson, J., Smith, M., Winter, J., Greenson, J., ... & Varley, J. (2010). Randomized, controlled trial of an intervention for toddlers with autism: The Early Start Denver Model. *Pediatrics, 125*(1), e17–e23. https://doi.org/10.1542/peds.2009-0958

Elder, J. H., Shankar, M., Shuster, J., Theriaque, D., Burns, S., & Sherrill, L. (2006). The gluten-free, casein-free diet in autism: Results of a preliminary double blind clinical trial. *Journal of Autism and Developmental Disorders, 36*(3), 413–420. https://doi.org/10.1007/

s10803-006-0079-0

Frick, S., & Hacker, C. (1997). *Listening with the whole body: Clinical concepts and treatment guidelines for therapeutic listening*. Vital Links.

Gillen, G. (2013). *Stroke rehabilitation: A function-based approach* (3rd ed.). Elsevier Health Sciences.

Gold, C., Wigram, T., & Elefant, C. (2006). Music therapy for autistic spectrum disorder. *Cochrane Database of Systematic Reviews*, *2*, CD004381. https://doi.org/10.1002/14651858.CD004381.pub2

Institute of Medicine (US). (2004). *Immunization safety review: Vaccines and autism*. National Academies Press.

James, S. J., Melnyk, S., Jernigan, S., Cleves, M. A., Halsted, C. H., Wong, D. H., ... & Gaylor, D. W. (2009). Metabolic endophenotype and related genotypes are associated with oxidative stress in children with autism. *American Journal of Medical Genetics Part B: Neuropsychiatric Genetics, 141B*(8), 947-956.

James, S. J., et al. (2009). Metabolic biomarkers of increased oxidative stress and impaired methylation capacity in children with autism. *American Journal of Clinical Nutrition, 80*(6), 1611-1617. https://doi.org/10.1093/ajcn/80.6.1611

Kang, D.-W., Adams, J. B., Gregory, A. C., Borody, T., Chittick, L., Fasano, A., ... & Krajmalnik-Brown, R. (2017). Microbiota Transfer Therapy alters gut ecosystem and improves gastrointestinal and autism symptoms: An open-label study. *Microbiome, 5*, 10. https://doi.org/10.1186/s40168-016-0225-7

Kasari, C., Freeman, S., Paparella, T., Wong, C., & Kwon, S. (2010). Early intervention in autism: Joint attention and symbolic play. In D. Amaral, G. Dawson, & D. Geschwind (Eds.), *Autism spectrum disorders* (pp. 973-986). Oxford University Press.

Kielhofner, G. (2002). *A model of human occupation: Theory and application* (3rd ed.). Lippincott Williams & Wilkins.

Kramer, P. L., & Hinojosa, J. (1999). *Frames of reference for pediatric occupational therapy* (5th ed.). 김경미 외 공역(2007). 아동작업치료 이론의 틀. 현문사.

Langga, F. R. W., Nefertiti, E. P., Radhiah, S., & Mutiadesi, W. P. (2022). Pengaruh penerapan metode Applied Behavior Analysis (ABA) pada anak penyandang autisme [The effect of applying the ABA method to children with autism]. *Prominentia Medical Journal, 3*(1), 10-17.

Lovaas, O. I. (1987). Behavioral treatment and normal educational and intellectual functioning in young autistic children. *Journal of Consulting and Clinical Psychology, 55*(1), 3-9.

https://doi.org/10.1037/0022-006X.55.1.3

Law, M., Cooper, B., Strong, S., Stewart, D., Rigby, P., & Letts, L. (1996). The person-environment-occupation model: A transactive approach to occupational performance. *Canadian Journal of Occupational Therapy, 63*(1), 9-23. https://doi.org/10.1177/000841749606300103

Makrygianni, M. K., Gena, A., Katoudi, S., & Galanis, P. (2022). The effectiveness of applied behavior analytic interventions for children with Autism Spectrum Disorder: A meta-analytic study. *BMC Psychiatry, 22*, Article 472. https://doi.org/10.1186/s12888-022-04412-1

Mann, S. K., & Malhi, N. K. (2023). *Repetitive transcranial magnetic stimulation (rTMS)*. In StatPearls. StatPearls Publishing.

Marí-Bauset, S., Zazpe, I., Mari-Sanchis, A., Llopis-González, A., & Morales-Suárez-Varela, M. (2014). Evidence of the gluten-free and casein-free diet in autism spectrum disorders: A systematic review. *Journal of Child Neurology, 29*(12), 1718-1727. https://doi.org/10.1177/0883073814531330

McEachin, J. J., Smith, T., & Lovaas, O. I. (1993). Long-term outcome for children with autism who received early intensive behavioral treatment. *American Journal on Mental Retardation, 97*(4), 359-372.

McNamara, R. K., & Carlson, S. E. (2006). Role of omega-3 fatty acids in brain development and function: Potential implications for the pathogenesis and prevention of psychopathology. *Prostaglandins, Leukotrienes and Essential Fatty Acids, 75*(4-5), 329-349.

Mutschler Collins, I., Romani, P. W., & Romani, M. A. (2025). A meta-analysis of applied behavior analysis-based interventions to improve communication, adaptive, and cognitive skills in children on the autism spectrum. *Behavior Analysis in Practice, 18*(2), 123-140. https://doi.org/10.1007/s40489-025-00506-0

National Center for Complementary and Integrative Health. (2021). *Complementary, alternative, or integrative health: What's in a name? U.S. Department of Health and Human Services*. https://www.nccih.nih.gov/health/complementary-alternative-or-integrative-health-whats-in-a-name

New York State Department of Health. (1999). *Clinical Practice Guideline: Autism/Pervasive Developmental Disorders*.

Oberman, L., Ifert-Miller, F., Najib, U., Bashir, S., Woollacott, I., Gonzalez-Heydrich, J., Picker, J., Rotenberg, A., & Pascual-Leone, A. (2010). Transcranial magnetic stimulation provides means to assess cortical plasticity and excitability in humans with fragile x syndrome and autism spectrum disorder. *Frontiers in Synaptic Neuroscience, 2*, 26.

Parham, L. D., & Fazio, L. S. (Eds.). (2008). *Play in occupational therapy for children* (2nd ed.). Mosby Elsevier.

Paul, R., & Norbury, C. (2012). *Language disorders from infancy through adolescence* (4th ed.). Elsevier Health Sciences.

Pennesi, C. M., & Klein, L. C. (2012). Effectiveness of the gluten-free, casein-free diet for children diagnosed with autism spectrum disorder: Based on parental report. *Nutritional Neuroscience, 15*(2), 85-91. https://doi.org/10.1179/1476830512Y.0000000003

Rossi, S., Hallett, M., Rossini, P. M., Pascual-Leone, A., & Safety of TMS Consensus Group. (2009). Safety, ethical considerations, and application guidelines for the use of transcranial magnetic stimulation in clinical practice and research. *Clinical Neurophysiology, 120*(12), 2008-2039. https://doi.org/10.1016/j.clinph.2009.08.016

Rossignol, D. A., & Frye, R. E. (2012). A review of research trends in physiological abnormalities in autism spectrum disorders: Immune dysregulation, inflammation, oxidative stress, mitochondrial dysfunction, and environmental toxicant exposures. *Molecular Psychiatry, 17*(4), 389-401. https://doi.org/10.1038/mp.2011.165

Schaaf, R. C., & Mailloux, Z. (2015). Clinician's guide for implementing Ayres Sensory Integration®: Promoting participation for children with autism. *Frontiers in Integrative Neuroscience, 9*, Article 40. https://doi.org/10.3389/fnint.2015.00040

Schreibman, L., Dawson, G., Stahmer, A. C., Landa, R., Rogers, S. J., McGee, G. G., Kasari, C., Ingersoll, B., Kaiser, A. P., Bruinsma, Y., McNerney, E., Wetherby, A., & Halladay, A. (2015). Naturalistic developmental behavioral interventions: Empirically validated treatments for autism spectrum disorder. *Journal of Autism and Developmental Disorders, 45*(8), 2411-2428. https://doi.org/10.1007/s10803-015-2407-8

Sheila, F. (2002). Therapeutic listening: An overview. In Bundy, A. C., Lane, S. J., & Murray, E. A. (Eds.), *Sensory integration theory and practice* (2nd ed.). Davis.

Sinha, Y., Silove, N., Wheeler, D., & Williams, K. (2006). Auditory integration training and other sound therapies for autism spectrum disorders: A systematic review. *Archives of Disease in Childhood, 91*(12), 1018-1022. https://doi.org/10.1136/adc.2006.099267

Smith, T. (2001). Discrete trial training in the treatment of autism. *Focus on Autism and Other Developmental Disabilities, 16*(2), 86-92. https://doi.org/10.1177/108835760101600204

Sokhadze, E. M., Baruth, J. M., Sears, L. L., Sokhadze, G. E., El-Baz, A. S., & Casanova, M. F. (2012). Prefrontal neuromodulation using rTMS improves error monitoring and correction function in autism. *Applied Psychophysiology and Biofeedback, 37*(2), 91-102. https://doi.org/10.1007/s10484-012-9182-5

Tomatis, A. A. (1950). *L'oreille et la voix* [The Ear and the Voice].

Tsai, L. (2001). *Taking the mystery out of medications in Autism/Asperger syndromes: A guide for parents and non-medical professionals.* 이상복, 김진희, 김정일 공역(2001). **자폐 및 정서 · 행동장애 아동의 약물치료에 대한 이해: 부모, 행동치료사, 교사, 비의료진문인들을 위한 안내서.** 시그마프레스.

U.S. Public Health Service, Office of the Surgeon General. (1999). *Mental health: A report of the Surgeon General.* https://www.ncbi.nlm.nih.gov/books/NBK44243/

Zhou, Y., Liang, Y., Gao, T., & Liu, L. (2024). Effectiveness of ABA-based interventions on social and emotional functioning in children with ASD: A systematic review and meta-analysis. *BMC Psychology, 12*(1), Article 55. https://doi.org/10.1186/s40359-024-02045-5

찾아보기

인명

내용

ㄱ

ㄴ

ㄷ

저자 소개

전성희(Jeon Seonghui)

숙명여자대학교 대학원 아동심리치료전공으로 석사 및 박사 학위를 받고 숙명여자대학교 심리치료대학원 겸임교수 및 더드림아동 & 성인상담센터 강남점/동탄점의 소장으로 재직 중이다. 현재 한국놀이치료학회 놀이심리상담전문가, 한국미술심리치료연구학회 교육전문가, 청소년상담사 1급 및 서울가정법원 가사상담위원으로 활동하고 있다. 주요 저서 및 역서로는 『발달장애 아동을 위한 미술치료 가이드북』(공저, 제2판, 박영스토리, 2024), 『엄마가 모르는 아이 마음: 행동 사례를 통해 보는 내 아이의 속마음』(공저, 싸이프레스, 2015), 『내 아이의 일기장: SBS 성장다큐 '내 마음의 크레파스'가 전하는 감성 부모 레시피』(감수, 예문사, 2014), 『이야기 놀이치료: 이론과 실제』(공역, 학지사, 2018), 『임상 슈퍼비전: 단계별 효과적인 슈퍼비전이란 무엇인가』(공역, 학지사, 2015), 『부부의 성격차이 해결법』(공역, 시그마프레스, 2013)이 있다.

남은정(Nam Eunjung)

연세대학교 작업치료학과를 졸업하였으며, 숙명여자대학교 심리치료대학원 놀이치료전공으로 석사학위를 받고 리틀포레스트아동발달연구소 소장으로 재직 중이다. 현재 DIRFloortime® 공식 교육기관인 ICDL(International Council on Development and Learning)에서 강의를 진행하고 있다.

발달장애 아동을 위한 발달놀이치료의 이론과 실제

Theory and Practice of Developmental Playtherapy
for Children with Developmental Disabilities

2026년 2월 5일 1판 1쇄 인쇄
2026년 2월 10일 1판 1쇄 발행

지은이 • 전성희 · 남은정
펴낸이 • 김진환
펴낸곳 • ㈜학지사
04031 서울특별시 마포구 양화로 15길 20 마인드월드빌딩
대표전화 • 02-330-5114 팩스 • 02-324-2345
등록번호 • 제313-2006-000265호

홈페이지 • http://www.hakjisa.co.kr
인스타그램 • https://www.instagram.com/hakjisabook

ISBN 978-89-997-3615-5 93180

정가 27,000원